海军新军事变革丛书
总策划：魏 刚 主 编：马伟明

无人水中航行器的研究与开发

FURTHER ADVANCES IN UNMANNED MARINE VEHICLES

[英] G. N. Roberts
R. Sutton 编

卢晓平 孙 源 常书平 译
张纬康 主审

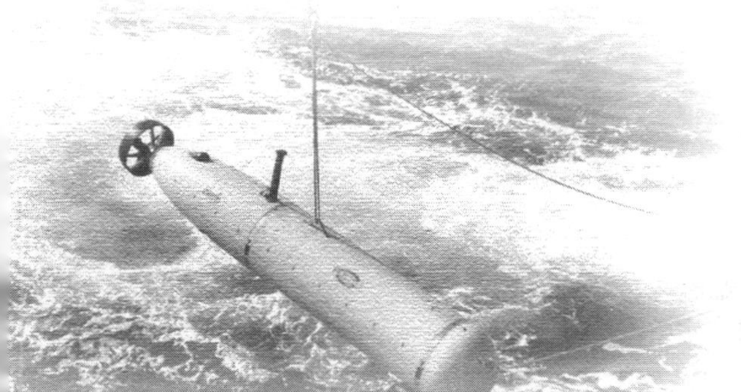

電子工業出版社·
Publishing House of Electronics Industry
北京 · BEIJING

Further Advances in Unmanned Marine Vehicles edited by G.N. Roberts and R. Sutton, ISBN: 9781849194792

版权贸易合同登记号 图字：01-2017-7535

图书在版编目（CIP）数据

无人水中航行器的研究与开发 / (英) G. N. 罗伯茨 (G. N. Roberts) , (英) R. 萨顿 (R. Sutton) 编；卢晓平，孙源，常书平译. -- 北京：电子工业出版社, 2020.8
(海军新军事变革丛书)
书名原文：Further Advances in Unmanned Marine Vehicles
ISBN 978-7-121-38179-9

Ⅰ. ①无… Ⅱ. ①G… ②R… ③卢… ④孙… ⑤常… Ⅲ. ①可潜器—研究 Ⅳ. ①U674.941

中国版本图书馆CIP数据核字(2019)第289895号

责任编辑：王小聪　　特约编辑：田学清
印　　刷：三河市鑫金马印装有限公司
装　　订：三河市鑫金马印装有限公司
出版发行：电子工业出版社
　　　　　北京市海淀区万寿路173信箱　邮编 100036
开　　本：720×1000　1/16　印张：26.25　字数：483 千字
版　　次：2020年8月第1版
印　　次：2020年8月第1次印刷
定　　价：115.00 元

凡所购买电子工业出版社图书有缺损问题，请向购买书店调换。若书店售缺，请与本社发行部联系，联系及邮购电话：（010）88254888，88258888。

质量投诉请发邮件至zlts@phei.com.cn，盗版侵权举报请发邮件至dbqq@phei.com.cn。

本书咨询联系方式：（010）57565890，meidipub@phei.com.cn。

海军新军事变革丛书

无人水中航行器的研究与开发

翻　　译　　卢晓平　孙　源　常书平　欧勇鹏
　　　　　　潘雨村　王　中　李井煜　熊　虎
主　　审　　张纬康

《海军新军事变革丛书》第三批总序

当今世界，新一轮科技革命和产业变革正在加速推进，以信息技术为引领，人工智能、生物科学、大数据、新材料、新能源等技术发展运用、交叉融合和相互渗透，正逐步改变着人类社会形态和生产生活方式。高新技术的发展和世界安全态势的演变，同样催生当今世界军事领域的深刻变革，在广度、深度上已超越以往历史上任何一轮军事变革。这次变革以安全态势演变为动因、以高新技术特别是信息技术发展为动力、以军事观念转变为牵引、以军事体系调整为中心，覆盖军事领域各个方位和全部系统，涉及军事理论、军事战略、战争形态、作战思想、指挥体制、部队结构、国防工业等方方面面，形成信息主导、体系支撑、精兵作战、联合制胜的新态势，数字化、网络化、智能化和系统化将贯穿决策指挥、组织形态和战场战法全过程，渗透到各个方面，作战域将加速向网络、电磁、深海、太空、极地等战略新疆域拓展，其所产生的影响，必将影响未来世界格局，决定各国军事力量对比。

习主席曾深刻指出："每一次科技和产业革命都深刻改变了世界发展面貌和格局。一些国家抓住了机遇，经济社会发展驶入快车道，经济实力、科技实力、军事实力迅速增强，甚至一跃成为世界强国。"党的十八大以来，党中央、中央军委着眼于实现中国梦、强军梦，制定新形势下军事战略方针，全力推进国防和军队现代化，军队改革取得历史性突破，练兵备战有效遂行使命任务，现代化武器装备加快列装形成战斗力，军事斗争准备稳步推进，强军兴军不断开创新局面。党的十九大，吹响了"到 21 世纪中叶把人民军队全面建设成世界一流军队"的时代号角，郑重宣告国防和军队建设全面迈进新时代。经略海洋、维护海权、建设海军始终是强国强军的战略重点，履行新时代军队历史使命，海军处在最前沿、考验最直接，职能最多样、任务最多元，需求最强劲、发展最迫切。瞄准世界一流、建设强大的现代化海军，我们更须顺应新形势，把准新趋势，进一步更新观念、开阔视野，全面深入实施科技兴军战略，瞄准世界军事科技前沿，坚持自主创新的战略基点，加强前瞻性谋划、体系化设计，加快全域全时全维的信息化、智能化建设，抢占军事科技战略性、前沿性、颠覆性发展制高点，努力实现从跟跑、并跑到领跑的历史性跨越。

根据海军现代化建设的实际需求，2004 年 9 月，海军装备部与海军工程大学联合组织一批学术造诣深、研究水平高的专家学者，启动了《海军新军事变革丛书》的编撰工作。2004 年至 2009 年，第一批丛书陆续出版，集中介绍了信息技术及其应用成果。2009 年至 2017 年，第二批丛书付梓，主要关注作战综合运用和新一代武器装备情况。该丛书具有鲜明的时代特征和海军特色，对推进中国特色军事变革要求，谋划海军现代化建设具有很好的参考价值，在部队、军队院校、科研院所、工业部门均被广泛使用，深受读者好评。丛书前两批以翻译出版外文图书和资料为主，以自编海军军内教材与专著为辅，旨在借鉴外国海军先进技术和理念，反映世界海军新军事变革中的新观念、新技术、新理论，着重介绍和阐释世界新军事变革的“新”和“变”。为全面贯彻落实习主席科技兴军的战略思想，结合当前世界海军发展趋势和人民海军建设需要，丛书编委会紧跟科技发展步伐，拟规划出版第三批丛书。在前期成果的基础上，第三批丛书计划逐步从编译转向编著，将邀请各领域专家学者集中撰写与海军人才培养需求密切相关的军事理论和装备技术著作，这是对前期跟踪研究世界海军新军事变革成果的消化、深化和转化。

丛书的编撰出版凝结了编委会和编写人员的大量心血和精力，借此机会，谨向付出辛勤劳动的全体人员致以诚挚的敬意，相信第三批丛书定会继续深入贯彻习主席强军思想，紧盯科技前沿，积极适应战争模式质变飞跃，研判战争之变、探寻制胜之法，为建设强大的现代化海军带来新的启迪、新的观念、新的思路，不断增强我们打赢信息化战争、应对智能化挑战的作战能力。

海军司令员　沈金龙

2018 年 6 月 2 日

译者序

一、略谈无人水中航行器的发展

当今世界，国内外无人水中航行器发展迅速，在军用和民用上都有广阔应用前景。大体而言，无人水中航行器可以承担情报收集、边境监视与防卫、战场武力对抗、反潜与猎雷扫雷、应急救援、海洋勘探和科学考察、海洋环境监控和资料采样收集、在海洋中危险区域和人员难以企及之处作业等军用和民用的使命与任务。世界上已经有海军舰队、科研单位和工程机构将发展成熟的无人水中航行器付诸实用。

例如，在2010年墨西哥湾漏油事故中，英国石油公司使用了Oceaneering ROV（海洋工程遥控水中航行器），帮助控制深约1500m处的泄漏；这些ROV（Remotely Operated Vehicle，遥控水中航行器）通过水面平台的脐带缆操作，带领操作人员进行封井作业，执行连接管道转移石油和加盖密封油井等工作。

2010年，英国国家海洋学中心研制的*HyBIS*（“海比斯”）ROV在开曼群岛扩散中心探测了地球上最深的水下热液点，从而使*HyBIS* ROV与自主水下航行器（Autonomous Underwater Vehicles，AUV）*Autosub 6000*相结合成为世界上热液喷口定位最成功的技术。事实上，探测水下热液喷口是当今水中航行器重要民用高科技使命之一。水下热液喷口不但拥有诸如热液烟囱的壮观景象，而且是积累生态系统和化学合成生命形式的知识实场，在生物技术工业领域具有相当大的潜力，是了解地球上生命演变的窗口。

水中航行器在军用上也有广泛的应用。例如，挪威康斯堡海洋公司属下Hydroid公司的“雷穆斯”（Remote Environment Measuring Unit System，REMUS，远距离环境测量装置）AUV已用于猎雷和探测海床，美国海军在21世纪初就着手将“雷穆斯”AUV用于港口和港区侦测水雷，这种AUV现在已成为美国海军著名和主要的系统化无人装备，也被世界各地的海军舰队使用。军用AUV除“雷穆斯”AUV外，还有美国海军的“曼塔”AUV。

2003年年底“斯巴达侦察兵”USV（Unmanned Surface Vessel，无人水面航

行器）首次正式部署在美国海军巡洋舰“葛底斯堡号”（CG63）上，并进行了有关试验，获得了舰艇编队人员的好评；2004 年 2 月法国也加入了“斯巴达侦察兵”USV 的先进概念技术演示计划；2005 年 4 月美国海军以“斯巴达侦察兵”USV 进行了实弹射击试验。如今，美国海军已有“遥控猎雷系统”USV、“海狐”USV 和“斯巴达侦察兵”USV 3 种类型无人水面航行器服役。其中“斯巴达侦察兵”USV 与以色列 2006 年列装的“保护者”USV 一起被认为是应用最成功的第一代无人水面航行器。“斯巴达侦察兵”USV 的长度有 7m 和 11m 两种，有效载荷分别为 1360kg 和 2360kg，该类型无人水面航行器被认为是适合由其他舰船作为母船搭载的 USV，据称“斯巴达侦察兵”USV 虽然尺寸不大，却有较强的火力，可完成遂行水雷战、侦察与部队保护、港口保护、水面和陆地目标精确打击等使命，也可用于反潜战。

这些无人水中航行器在众多军用和民用使命中是极其有用的工具，特别是在难以采用载人平台作业的情况下更能突显其强大的威力，因此多个国家都将无人水中航行器的发展列入中长期发展计划中，如美国国防部颁布了《2013—2038 财年无人系统路线图》（该规划自 2007 年首次发布以来，滚动式发布新版，每 2 年更新发布新版）；2019 年 6 月 7 日，美国国会研究处（Congressional Research Service，CRS）发布了《海军大型无人水面航行器和水下无人航行器：背景和相关问题》报告，指出美国海军希望在 2020 财年之后，研发和采办 3 种新型无人系统，即“大型无人水面航行器”“中型无人水面航行器”“超大型无人水下航行器”，美国海军强调了这类大型水面和水下无人系统的重要性，拟采取加速采办策略使其尽快服役。当然，关于大型无人水中航行器，国外也有学者提出了不同看法，如 2012 年有英国学者认为远程操控大型船舶是不可行的方案。在此，译者无意评述大型无人水中航行器是否可行，或者水中航行器大到何种程度可采用无人操控方式，只是提示领域的发展趋势，即无人水中航行器备受关注，且大型无人水中航行器也开始受到关注。

20 世纪 80 年代初“第三次浪潮”引起国内关注，基于大规模集成电路的计算机技术同时处于“第三次浪潮”的前沿区域、核心区域和基础区域。当时不少学者预测，计算机技术得到充分发展之后，基于人工智能的机器人技术开始发展；几十年过去了，回顾有关领域的发展历程，可以认为在集成电路、计算机技术与人工智能、机器人技术之间插入了一个重要的发展时期，那就是以计算机和通信技术为基础的网络技术猛进的时期。网络技术起源于美国军事科技领域，之后逐渐扩展到世界各个领域，故在一定程度上说网络技术的发展虽然出乎 20 世纪 80 年代人们的预测，但在情理之中。网络技术的出现对于人工智能和机器人领域的发展节奏或许具有一定的缓冲作用，但打下了更为坚实的基础，开拓了更为广泛的前景。如今，计算机技术、网络技术仍在沿着广泛、纵深、高端、更新换代，以及与各领域相互交织等多个维度发展；而人工智能和机器人技术正在蓬勃兴起，与计算机技术、网络技术、NGC 技术（Navigation，Guidance and Control，导航、制导和控制技术）、先进设计制造技术等领域的发展相辅相成，相得益彰。甚至有人预测，当今世界正面临以人工智能和机器人技术的兴起和发展为特征之一的新的技术革命。若沿用 20 世纪 80 年代的观念，那么新的技术革命可称为第四次技术革命或“第四次浪潮”。无人水中航行器的发展与人工智能和机器人技术、先进设计与制造技术、舰船 NGC 技术和舰船总体技术是密切相关的，尤其是无人装备技术（含无人水中航行器技术）与人工智能和机器人技术是密不可分的。在本书的原著 *Further Advances in Unmanned Marine Vehicles* 中，有时就直接将 UUV（Unmanned Underwater Vehicle，无人水下航行器）称为水下机器人航行器，UMV（Unmanned Marine Vehicle，无人水中航行器）称为水中机器人；而第 2 章介绍的 *LATIS* ROV 称为下一代水下智能航行器，事实上，第 2 章末提出的未来展望和后续工作中的一项主要内容就是对 *LATIS* ROV 进行智能化升级。第 8 章讨论的 AUV 基于声呐的 SLAM（Simultaneous Localization and Mapping，同步定位与图形测绘）技术，与移动机器人自主定位问题的 SLAM 求解方法在原理上来说是相通的。本书直接将用于 SLAM 算法实场测试的 *ICTINEU* AUV 称为机器人。在计算机技术、网络技术、人工智能和机器人技术等领域的发展历程中，网络技术的迅猛发展给人工智能和机器人技术留出的缓冲、技术积累和铺垫时期（大约 20 年），为今天国内在有关领域的崛起提供了宝贵的机遇，也为国内无人水中航行器的发展提供了宝贵的机遇。中国是制造业大国，拥有完整的制造业体系，同时也是造船大国，这些也为无人水中航行器的发展创造了优良的条件。

纵观国内外无人水中航行器的发展历程，国内无人水中航行器与世界上科技发展先进的国外机构相比，科技发展先进的国外机构仍处于领先的地位，与之相比国内在该领域的发展还有差距。例如，国外的“雷穆斯”AUV、“曼塔”AUV、“金枪鱼”AUV 和“斯巴达侦察兵”USV 等水中航行器已成为付诸军事应用、商业应用或大规模实际应用的产品；而国内在UMV实际应用方面还没有这么成熟。又如，国外针对UMV的发展进行了大量基础研究，取得了诸多成果，提出了UMV的NGC和总体技术方面的概念、理论和方法，其中有的被称为“定义”“定理”“命题”“法则”，还有更多的是具有新意的一般见解；而国内在UMV基础研究方面还没有达到这个水平。与科技发展先进的国外机构相比，国内UMV发展的主要差距一方面体现在实用化和商业化应用（包括军事应用）研究还不够充分，另一方面体现在基础研究不够充分。

主要基于国内外无人水中航行器发展状况、科技发展快的时代背景，以及国内无人水中航行器发展薄弱环节的一些或许还不算成熟的看法，我们提出引进、翻译和出版这本著作，以期对相关领域的从业者学习借鉴和消化吸收有所裨益，为无人水中航行器的发展和国际间交流做出应有的贡献。

本书内容在国内外属于船舶与海洋结构物设计制造，船舶导航、制导和控制，无人水中航行器和军事海洋学等领域的热点或前沿，对国内科研、教育、国防建设和相关行业的发展具有积极的意义。

二、译著简介

本书的原著是英国工程技术学会（Institution of Engineering and Technology，IET）于2012年出版的当时最新的科技著作，包括导航、制导和控制、总体设计、总体性能、水动力学和刚体动力学的理论、技术、研究和应用等方面内容。原书名为*Further Advances in Unmanned Marine Vehicles*，译著书名为《无人水中航行器的研究与开发》。2006年，由相同作者主编出版的该领域著作*Advances in Unmanned Marine Vehicles*（《无人水中航行器进展》），汇集了介绍无人水中航行器UMV研究和发展的19章内容。*Advances in Unmanned Marine Vehicles*出版后，世界上该领域的团队几乎都在开发和研究实际的UMV，这意味着在国际上UMV领域的研究开发节奏加快、获得成果增多，该领域新的进展迫切需要继续总结、归纳、汇集和报道，本书原著就是在这种背景下于2012年出版的，并重新汇集了17章内容，介绍了自主水下航行器（AUV）、遥控水中航行器（ROV）、自主水面航行器（Autonomous Surface Vessels，ASV）和无人水面航行器（USV），还介绍了多种无人水中航行器的协同运行，以及混合动力水下滑翔机、仿生自主水下航行器、海洋动物与AUV对比等无人水中航行器的NGC、总体设计、总体性能、水动力学和刚体动力学的理论、技术、研究和应用等方面内容。

相对于 2006 年出版的 *Advance in Unmanned Marine Vehicles* 而言，2012 年出版的 *Further Advances in Unmanned Marine Vehicles* 内容是全新的。两书各有特色，在内容架构上的主要区别在于 *Further Advances in Unmanned Marine Vehicles* 中大多数内容包含各国（各团队）新的研究开发项目和新研究开发出的实际 UMV 材料，以及针对此区别的表述、讨论和阐释，这方面内容是形成全书及各章体系的重要组成部分，本书也将这种实际的 UMV 称为 Work-Class UMV（“实用级”UMV 或“工作级”UMV）；而 2006 年出版的 *Advance in Unmanned Marine Vehicles* 则倾向于以概念、理论、方法和所得结果为重点进行表述、展开讨论和阐释，其中涉及的 UMV 多数属于“研究级”UMV（Research-Class UMV）。另外，两本著作的书名虽都用了“Advances”（直译为“进展”）一词，但其内容实则不属于进展综述类著作，而是既有基本概念、基本理论、数值模拟和模型试验等方面内容的具体表述，又有项目研究开发过程和结果的详细阐释，当然也有一些综述、回顾和展望等方面的内容，但所占篇幅并不多。本书的每一章都涉及与 UMV 研究与开发相关的项目，为后续进一步进行 UMV 研究与开发提供了支撑。本书的每一章都自成体系，由来自不同国家相关领域的作者以独立专题的形式，以及参加的研发项目为背景材料，并结合相关的基础知识撰写成文。本书由十几个科技发展先进国家的几十名各相关专业的研究人员供稿，由英国机电一体化领域专家 G.N.Roberts 教授和控制系统专家 R.Sutton 教授主编并撰写第 1 章导论，各章分工明确而互不重复，既有关联又相互呼应，构成了有机的整体，故本书既不同于一般学术专著、教材，也不同于一般论文集，而属于具有独特形式的科技著作，书中内容丰富，覆盖面广泛，大量内容至今仍属于国内外领域的前沿和热点。经对原著书名英文含义推敲和书中内容梳理，最终将该著作书名译为《无人水中航行器的研究与开发》。

第 2 章、第 3 章、第 5～7 章可概括为遥控水中航行器 ROV 的使命、功能阐释，导航、制导和控制系统的理论、设计和应用的探讨推介，总体设计和总体性能分析，动力学理论阐释和动力学分析，数值仿真模拟算例的求解过程和结果分析，实场测试验证和分析，实际应用情况报道和今后工作展望。

第 2 章介绍了遥控水中航行器 *LATIS* ROV 的使命、功能、研发过程和部分实场测试验证结果，还介绍了与 *LATIS* ROV 研发、操作相关的 MPPT Ring

（Multi-Purpose Platform Technologies Ring，多用途海底作业平台技术系统，也称“MPPT 环”）的研发概况和功能。*LATIS* ROV 展示了先进的 ROV 技术，主要特色和创新在于具有多种作业模式，拥有高级操作员界面，2D 顶视显示（2D Advanced Topview Display），3D 实时增强现实显示（3D Real-Time Augmented Reality Display）和具有容错功能的高级控制系统，该遥控航行器在近岸海洋工程中有广泛的应用前景。据称 *LATIS* ROV 有可能代表 ROV 操作的未来发展趋势，是下一代智能航行器和水下机器人的先驱。

第 3 章主要介绍新型深潜多功能 *HyBIS* ROV 的使命、研发过程、功能特点和实用情况。*HyBIS* ROV 具有低成本、多目标、操纵性优良、光纤控制探测和可以下潜到 6000m 深度等特点，该航行器的另一特点是能够与配套开发的蛤壳形采样抓斗、操纵臂、工具撬，以及回收海底仪器用的绞车模块与海底地震仪布放模块等多种底层工具模块对接，这使其功能和用途得到很大扩展。*HyBIS* ROV 研发出来后对地球上最深的热液喷口进行了搜寻、成像和采样，此外，该航行器还多次完成了回收和布放数百到数千千克的深海仪器，取得了很大的成功，充分展示了其实用价值。

第 5 章提出了 ROV 的一种新型控制策略，基于神经网络的切换自适应控制，用于求解事先未知详情的不同载荷配置的水下航行器轨迹追踪控制问题。新型控制策略的要点是在切换控制策略中引入自适应机制（自动调谐机制），以使该控制策略具有一定程度的“智能”，从而在对航行器可能的载荷配置资料所知甚少时，消除水下航行器轨迹追踪控制中模式切换过程引起的大额瞬态误差问题。该控制策略已应用于求解意大利 ENI 团队研制的开采沉积在大深度海底可燃气体的 ROV 轨迹追踪控制问题，并获得了满意的结果。总体来说，本章内容偏于遥控水中航行器控制问题的基础研究，所得结果具有推广价值。

第 6 章回顾了 *Minerva* ROV 的动力定位系统和轨迹追踪系统的研发过程。其中，动力定位系统主要用于研究和教学，从而使得设计方案、控制策略、传感器配置和包括操控臂在内的工具包测试更加方便。本章给出了动力定位系统在“米诺瓦”小型 ROV 上实验验证的结果。本章介绍的研究工作的特色是研发项目与对研究生培养密切结合，鉴于此，所述动力定位系统是针对快速控制样机定制的。

第 7 章介绍了水下航行器轨迹追踪的一种新策略，即具有积分过程的端口-哈密尔顿函数（Port-Hamiltonian）系统控制法则，目的在于提高非标称情况下的水下航行器轨迹追踪控制法则的鲁棒性。该策略的要点是将水下航行器动力学和运动学数学模型表达为端口-哈密尔顿函数的形式，从中导出控制法则，再对控制法则引入积分过程，进一步使控制法则对缓慢变化的扰动具有稳定性和鲁棒性。例如，采用一个重 140kg，拥有 4 个 X 型配置推进器的开放架构近海 ROV 模型进行数值仿真模拟，证明所得控制器具有总体渐近稳定性，并展示控制器的性能。本章与第 5 章类似，总体来说偏于遥控水中航行器控制问题的基础研究，所得结果具有推广价值。例如，本章数学模型和控制法则构建过程是针对全驱动水下航行器水平运动的，但可以推广到欠驱动水中航行器的情况。

由此可见第 2 章、第 3 章、第 5～7 章内容的覆盖面非常广泛，有基础理论、数学模型、算法和算例，并研制了样机，提供了实验验证，还有重要的实际应用情境报道，几乎涵盖了 ROV 领域的各个方面，对该领域的专业学习人员和从业人员有重要的参考价值，可作为其必读文献或教材。

第 4 章、第 8 章、第 9 章、第 13 章、第 14 章可概括为自主水下航行器（AUV）的使命和功能阐释，导航、制导和控制系统的理论分析、算法研究和实现，总体设计和总体性能分析，动力学理论阐释和动力学分析，数值仿真模拟求解过程和结果分析，实场测试验证和分析，实际应用情况报道和今后工作展望。

第4章主要展示了*Pirajuba*（“皮拉茹巴”或“黄鱼”）AUV的背景和形体构型等技术特性，还展示了*Pirajuba* AUV的控制架构、操纵性的CFD（Computationd Fluid Dynamics，计算流体力学）和ASE（Analytical and Semi-Empirical，半经验解析）方法数值模拟过程、结果分析和对比，*Pirajuba* AUV操纵性拘束模拟试验过程、试验结果分析和对数值模拟结果的验证。研究表明，CFD和ASE方法对*Pirajuba* AUV的操纵性预报均具有良好的应用前景，在目前的技术条件下ASE方法具有省时和精度不差的优点，值得关注。另需指出，*Pirajuba* AUV的几何形体是参照Myring标模几何体构建的，著名的“雷穆斯”AUV采用的也是这类外形，从而使*Pirajuba* AUV成为“雷穆斯”类形体的AUV水动力学和控制研究的有用试验平台，在这种意义下，该形体可以用作不同研究机构AUV水动力性能数值模拟和试验测试的标模。这类似于在船舶水动力学联合研究中，长期以来惯用的确定标模的措施，如将TDMB5415和SUBOFF分别取为水面舰船和潜艇水动力性能数值模拟和试验测试的标模，于是各机构的数值模拟和试验测试结果可以相互对比，以提高结果分析的可信度和效用。另需指出，即使对于一般的潜艇，其操纵性和其他水动力性能预报问题在国际上都是需要深入研究的方向，但与导航、制导和控制密切相关的AUV的水动力学问题更值得深入探讨。

第 8 章讨论 AUV 基于声呐的 SLAM 技术，旨在解决具有挑战性的非结构、无约束和在混浊环境中的 AUV 自主定位问题。该技术将声呐作为其主要的感知传感器，提出了一种基于扫描匹配的 SLAM 算法，首次修正了在 SLAM 算法中由航行器运动引起的扫描变形。还采用自主水下航行器 *ICTINEU* AUV 在一个码头采集的真实数据集对所提出的 SLAM 算法进行了测试，以验证该方法的可行性。据译者所知，本章探讨的 AUV SLAM 技术是解决 AUV 自主定位问题的关键技术之一，也是当今国际上自主水下航行器研发领域的热点和前沿，同样还有不少需要继续研究的问题。另需指出，除了应用于 AUV 自主定位，SLAM 算法也是各种机器人系统自主定位的通用算法。

第 9 章介绍 AUV 机载 Teleo-Reactive EXecutive（T-REX，自适应控制）系统，将其用作 AUV 的自主控制系统，以提高 AUV 自主控制能力和智能化程度。作为一种机载自适应控制系统，其整合了人工智能规划方法和概率状态估算方法，从而形成一种复合执行机制，旨在对反应行为和计划行动审慎规划取得平衡，并平衡考虑短期反应与长期影响，从而高效和高成本效益地研究动态过程，将指令从航行器低层次控制中解脱出来。此时规划不再是预先设定的，而是在 AUV 上形成的，是综合高级指令而非低级指令形成的。按 AUV 机载 T-REX 的架构，将由机载自适应控制系统 T-REX 来审议未来状态、规划行为和实施行动，同时监控规划、发现异常和计划任务。该架构采用分区控制环路实施“分而治之，各个击破”的求解策略，从而使航行器加强适应能力，提高故障恢复的鲁棒性和分隔特性，方便增量计算模型建立，简化软件开发。该架构具有使用继承计算范例或外来计算范例的能力，这使软件工程具有良好的可持续性。本章详细探讨和介绍了 AUV 机载 T-REX 系统的概念、理论和算法，并报道了 T-REX 系统用于 *Dorado*（“剑鱼”）AUV 进行动态沿岸水体探测和水中特征斑片追踪的实场测试结果，表明 AUV 机载 T-REX 系统对改进 AUV 的自主控制性能有效。T-REX 系统现已日常应用在 *Dorado* AUV 上和业务海洋学领域，为动态沿岸海洋采样和观察提供了一种新的科学研究工具。另外，提高 AUV 的自主能力也是当今国际上的研发领域热点和前沿。

第13章介绍了混合动力滑翔机的概念和相关数学模型，混合动力滑翔机是将一般水下滑翔机的滑翔行为与AUV螺旋桨驱动行为相结合形成的一类特种AUV，兼顾了螺旋桨驱动AUV和一般水下滑翔机的优势，有望在一般水下滑翔机常用领域和螺旋桨驱动AUV常用领域之间开展业务，并填补该中间地带的空白。通过对航行器能量效率和系统可靠性的细致分析，突显了增强现有水下滑翔机能力的相关问题，进而提出了研发混合动力滑翔机的动机。在此基础上详细讨论了Slocum级水下滑翔机辅助推进模块的设计和试验测试，采用OpenProp螺旋桨分析和设计代码中的示例介绍螺旋桨、电动机和齿轮箱的设计方案优化过程。通过模型试验对系统进行了测试和评估，在开阔水域进行了滑翔试验测试，验证了该设计方案的正确性。另需指出，混合动力滑翔机AUV的研发和AUV推进装置的研究，至今仍是国际上无人水中航行器研发领域的热点和前沿，值得进一步研究。

第 14 章延续第 13 章的论题，仍然涉及与混合动力滑翔机研发相关的问题。本章主要展示混合动力滑翔机 *Folaga*（*eFolaga*）AUV 插入模块化有效载荷分段的研发过程，为此说明了插入的有效载荷模块与原有形体分段对接的工艺措施，阐释了由用户开发的插入有效载荷模块的 NGC、智能化、机电、力学和几何性能要求；针对水下声学网络（Underwater Acoustic Network，UAN）欧洲项目安装在 *eFolaga* AUV 上的有效载荷模块，本章整合一个相应的软件设计架构，采用安装了 UAN 项目有效载荷模块的 *eFolaga* AUV 进行实场试验，显示了安装 UAN 模块的 *eFolaga* AUV 在测试系统中的重要作用。此外，本章还介绍了建立 *eFolaga* 一类航行器动力学模型的一般方法，分析和报道了 *eFolaga* AUV 浮力变化和质量排水量驱动器的认定验证。至今，上述多项工作对该方向的发展仍有重要引导意义和借鉴价值，另外，*eFolaga* AUV 上的有效载荷模块涉及水下充电措施，这也是当今国际上无人水中航行器研发领域的热点和前沿。

可见第 4 章、第 8 章、第 9 章、第 13 章、第 14 章的内容也很丰富，尤其是这些章的大部分论题至今仍属于国际上无人水中航行器研发领域的热点和前沿问题，对该领域的科研工作有重要参考价值。

第 10 章、第 11 章讨论无人水面航行器（USV），其中第 10 章阐述了与 USV 对象跟随算法相关的主要问题和结果。文中结合在“阿兰尼斯”（*ALANIS*）双模式船和“查理”（*Charlie*）双体 USV 上开展的实验测试，讨论了虚拟目标方法的有效性；还关注了执行重复性实验的步骤和对所提方法定量评估的适合量度。第 11 章概述了“斯普林格”（*Springer*）USV 的研发过程，重点是“斯普林格”USV

导航、制导与控制系统的研究、设计及其实现方法，导航系统包括先进的基于模糊逻辑的联合卡尔曼滤波器技术，自动驾驶仪包括改型的线性二次高斯（Linear Quadratic Gaussian，LQG）驾驶仪和模型预测控制器（Model Predictive Controllers，MPC）；还介绍了“斯普林格”USV 的软硬件架构，表明了其模块化特性。本章也给出了多航路点跟随算法的试验结果，以验证功能完整性和全系统有效性。另外，第 11 章提出了无人水面航行器机载障碍探测和规避系统（Obstacle Detection and Avoidance，ODA）研发的重要性，但本章项目的“斯普林格”USV 还没有该系统，关于 USV 的 ODA 系统研究的其他项目也很少。事实上，据译者所知，USV 的 ODA 系统的研究也是当今国际上无人水中航行器研发领域的热点和前沿。

第 12 章讨论协同运行的多个自主水中航行器先进运动控制系统中的一些理论和实用问题，主要解决海上执行科研和商业使命的自主水中航行器集群的设计、开发和协同运行的问题。首先文中给出了自主水中航行器集群协同运行执行使命的多个情境设定，包括寻找热液喷口和海洋生境图测绘两个当今海洋科学和无人水中航行器领域的重要使命情境；随后系统地讨论了多航行器协同运行控制架构，包括协同控制和协同导航等多方面的架构，构建了一系列单航行器和多航行器基元，并将其作为求解航行器协同运行的基础和工具；然后应用 *NetMarSyS* 模拟器给出了多航行器协同运行 2D 和 3D 问题的数值仿真模拟结果；最后介绍了在葡萄牙亚述尔群岛（Azores）和赛新布拉（Sesimbra）海域所做的多航行器协同运行的若干实场试验结果。数值仿真模拟结果和实场试验结果均表明所提理论模型和数值方法可获得满意的效果。顺便指出，航行器集群和多航行器协同运行的研究存在不少悬而未决的问题需要研究解决，也是当今国际上无人水中航行器研发领域的热点和前沿。

第 15 章和第 16 章探讨仿生水下航行器设计概念。第 15 章介绍带有仿生推进系统的水下航行器样机 *RoboSalmon*（“罗博萨蒙”“机器鲑鱼”）的研究，目的是探讨仿生系统相对于常规推进系统的潜在优势。首先为加强对系统动力学方面的整体理解，建立了 *RoboSalmon* 航行器的数学模型，将该模型得出的数值模拟结果与试验结果进行对比，对比结果表明二者具有良好的相关性。然后进行了带有仿生尾系统的 *RoboSalmon* 样机与螺旋桨系统的对比试验，并给出了相应的试验结果。本章主要研究结果表明 *RoboSalmon* 向前游动的最大纵向速度是 0.18m/s，在该速度下仿生系统比螺旋桨系统效率更高；同时，若考虑操纵性则仿生系统的回转半径显著减小。第 16 章介绍了仿生操控型水下航行器（机器鱼）的研制，首先利用最新动态系统理论和机电技术建立了柔性振荡鳍推进系统，这为实现机器鱼仿鱼类柔性运动奠定了基础，在此基础上展示了世界上最早的机器鱼（机器海鲷）及相应的全自动游动系统的开发。然后简要说明了扑翼型机器鱼概念及其游动机制，展示了相应的扑翼型设计和试验测试安装；最后简要介绍了几种机器鱼新的鳍和翼的概念，并展望了机器鱼方面需要研究的问题及其可能形成的新技术。

第 17 章讨论了海洋动物和 AUV 能量成本比较，本章总能量成本对比的量度为运输成本（Cost Of Transport，COT），该指标是经规格化的动物或航行器质量移动单位距离所消耗能量的表达参数，消耗能量包含了非推进功率消耗，驱动器、机械连接和尾流的消耗能量。对比结果表明，海洋动物比相当尺度的工程系统最佳 COT 量值高；两者相通之处是对于海洋动物和 AUV 来说，增加航程有利于减少非推进功率成本，缓慢运动有利于降低 COT。第 17 章澄清了海洋动物与 AUV 对比能量成本优劣的误解，并且为 AUV 和仿生型 AUV 的研发、工程设计和实际应用确定了重要标准，奠定了基础。

三、译后启示

翻译本书是一次深度学习的过程，结合翻译中的体会和近年来了解到的无人水中航行器领域的发展状况，概括地交流一下译后启示。

1. 无人水中航行器研发领域的热点和前沿方向

经梳理，归纳出无人水中航行器研发领域当前的热点和前沿方向如下，供专业学习人员和从业者参考。

- 无人水中航行器在常规环境和复杂环境中的自主能力提升。
- 无人水中航行器推进装置研究。
- 无人水中航行器水下充电技术。
- 无人水中航行器的 SLAM 技术。
- 无人水中航行器先进导航技术。
- 混合动力水下滑翔机的总体性能、设计方法、水动力学和动力装置分析。
- 无人水中航行器的布放和回收技术。
- 无人水面航行器机载障碍探测和规避系统研发。

- 无人水面航行器机载避碰系统研发。
- 无人水中航行器集群和多航行器协同运行 NGC 研究。
- 无人水中航行器的军用情境想定。
- 无人水中航行器的民用情境想定。
- 仿生型无人水中航行器的军用情境想定和民用情境想定。

2. 关于无人水中航行器发展策略的管见

1）加强基础

无人水中航行器的发展是覆盖面非常广泛的领域，涉及很多学科，而且须深入到相关学科的知识基础层面。从书中各章内容可见，尽管大多数章节都结合了“工作级”UMV 进行介绍和阐释，也就是说“工作级”UMV 是书中推介的重点内容之一，或者说书中各章内容的成熟度已达到或接近“工作级”UMV 的程度，但为了阐释清楚相关的论题，书中大量介绍了基础知识的内容，包括数学基础理论，软件工程基础理论，人工智能基础理论，水中运载器导航、制导和控制（NGC）基础理论，水动力学和分析力学基础理论等多个学科基础理论层面的内容，还介绍了算法设计、模块化设计、船舶性能、机械制造、船舶建造工艺、水动力学 CFD 计算、海洋地理学、海洋地质和海洋生境、海洋生物等多个学科的详细、具体和基本的知识。所以本书也是明显具有推介基础知识意向的科技著作。鉴于该领域涵盖知识面广泛的特点，结合翻译该书的体会，试提出发展无人水中航行器须十分重视加强基础知识和基础理论建设的看法。译者曾在一次学术报告会上向研究生们提出“没有基础就没有创新”的言论，该言论也适用于无人水中航行器的发展。

2）目标明确

无人水中航行器的应用也非常广泛，涉及军用和民用多个行业，这从书中描绘的无人水中航行器应用的多个情境想定可见一斑。正是由于应用范围广和涉及行业多，故要强调无人水中航行器的发展目标明确。书中在第 3 章讨论了“海比斯”ROV 研发的结论中提出，“在研制中我们确保该装置从一开始就设计为具有功能裕度和通用格式，使之易于扩充和拓展满足未来的需求。这种途径成功的关键在于准确知晓用户所需，并将此与用户认为其所需加以区分。这就要求信息流为双向过程，即对工程人员和用户都加以指导，使二者都知道能实现什么和实际需要什么”。这段话的含义充分强调了“海比斯”ROV 研发项目很注重目标明确。在翻译该书的过程中译者体会到以下两个途径有利于实现“目标明确”，一是加强项目主管、科技人员和用户之间的沟通，确保供应方与需求方之间的“信息流为双向过程”，且信息流透明、顺畅；二是采用书中多次提及的无人水中航行器应用的“情境想定”研究途径，该方法有利于使研究方案细化、直观和深入，促进各方准确地知道“能实现什么和实际需要什么”，当今已推出了各种可视化设计工具，故现在也有条件通过软件仿真模拟加强无人水中航行器应用的“情境想定”研究。译者在相同的学术报告会上向研究生们提出了“没有目标就没有创新”的言论，该言论也适用于无人水中航行器的发展。

3. 使用本书的建议

本书以专题的形式撰写各章，共汇集了几十个专业人员多年的研究成果，而且各专题既自成体系又互相呼应，多数章节涉及“实用级”UMV，并深入或详细到基本概念、基本理论、具体方法、实际算法、数值仿真模拟、模型测试和实场测试的层面。显然这种形式的科技著作对专业学习和实际应用都很有益处，确实有望实现原著主编的期望，“真诚希望，如同之前的著作 *Advance in Unmanned Marine Vehicles* 一样，各个学科的读者认为本书饶有兴趣、知识广博，并在各个方面对其参与的 UMV 设计工作有所裨益，也能够为其他相关研究领域提供思想源泉”。译者也认为本书具有多用途的特性，尤其适用于船舶与海洋结构设计制造，船舶导航、制导和控制，无人水中航行器和军事海洋学等领域的本科生、研究生、教师、科研人员和工程技术人员，可作为其参考书或教材。

试对使用本书提出具体建议如下：作为专业学习的基础读物或教材通读；作为撰写学术论文或研究生论文开题的参考读物选读；作为 UMV 研发和设计工作的参考读物选读；书中列出了几百篇参考文献，以本书和所列参考文献为线索，系统检索有关文献，共同用作有关领域科研工作的参考文献；结合阅读本书和所列参考文献，撰写综述或制定科研规划。

最后，本书的策划和出版得到了马伟明院士和海军装备部魏刚副部长的支持，贲可荣教授、李安教授、吴旭升教授为本书的立项和出版提供了很多帮助，张纬康教授担任主审，在此一并致谢。由于译者学识有限，书中难免存在不足之处，恳请读者批评指正。

目录

第 1 章　导论：无人水中航行器的研究与开发

G.N. Roberts 和 R. Sutton

1.1　引言

在我们以前出版的著作 *Advances in Unmanned Marine Vehicles*（《无人水中航行器进展》）（Roberts 2006）导论中，对其中介绍无人水中航行器研究和发展的 18 章内容进行了汇总，概括了 1886—2006 年 UMV 重要发展的简要历史。作者认为在此没有必要重复这些内容了，因为想必本书读者已拥有 *Advances in Unmanned Marine Vehicles* 一书。考虑到近年来在世界范围内无人水中航行器研发领域取得了较大进展，而且研究团队几乎都在开发研制实际的 UMV，这意味着可按较快节奏测试、评估和再评估各团队的设计方案，从而迅速报道新的方法、技术、设计和成果。这种快速设计—评估周期是无人水中航行器研发领域向前发展的主要动因，这体现在两个方面，一是为了巩固已有设计成果，二是为了产生新的设计概念和在科学技术上的创新。自 2006 年 *Advances in Unmanned Marine Vehicles* 出版以来，已证明该书是有用和受欢迎的文献，然而快速设计—评估周期意味着取得了新的进展，鉴于此，认为有必要出版第 2 本内容更加新颖的著作，用来报道近年来的重要发展。

1.2　内容安排与简介

正如作者之前编写 *Advances in Unmanned Marine Vehicles* 一样，关于 UMV 研究与开发的重点仍集中放在 ROV 和 AUV 方面，这些内容反映在第 2～9 章、第 12 章、第 13 章、第 14 章中；第 10 和 11 章介绍 USV；而第 12 章讨论多艘 AUV 和 USV 的协同运行；第 15 和 16 章将仿生水下航行器设计概念用于 AUV 和机器鱼的设计上；最后，第 17 章提出关于海洋动物和 AUV 能量成本的看法。因为本书的每一章都是独立阐述各研究者所做的工作，故在此对每章内容和有关工作进行介绍生评述如下。

第 2 章介绍一套辅助工具套件中的创新点，并阐述其用于海洋能源装置（波浪能转换装置和潮汐涡轮机）系统整合、部署、监控和维护中的各项技术。工具套件中有仿真、建模、控制和可视化工具等，可针对海洋波浪、海流，水面和水下能量转换器，海洋平台和支援用海洋运载工具（船舶和 ROV）等对象建模。这些工具的灵活设计使之能用作分离独立的模块，也能整合为一个独特的整体系统。该系统的一个主要部分是智能遥控水中航行器，即 *LATIS* ROV，该水中航行器设计为一个样机平台，用于演示系统的有效性和可操作性，并证明利莫瑞克大学（Limerick University）的移动和海洋机器人研究中心（Mobile and Marine Robotics Research Centre）所开发的新技术。*LATIS* ROV 是下一代智能 ROV，有多种操作模式，包括水面—拖曳模式、水面—推进模式、ROV 操作模式和强水流中 ROV 水下拖曳模式。该系统在软件上主要有 4 个创新：先进的 2D 顶视显示（2D Advanced Topview Display），先进操作员界面，3D 实时增强现实显示（3D Real-Time Augmented Reality Display）和具有容错能力的先进控制系统。2010 年，在爱尔兰西海岸戈尔韦湾（Galway Bay）和香农湾（Shannon Estuary）通过了基于不同支援船舶的一系列试验测试，对系统进行了验证和技术演示，本章包含从中所选的若干试验结果。

第 3 章介绍 *HyBIS* ROV——探测和采样机器人水下航行器。该水下航行器具有低成本、多目标、操纵性优良、光纤控制探测和可以下潜到 6000m 深度等技术性能。*HyBIS* ROV 由 HydroLek 有限公司与南安普顿国家海洋研究中心（National Oceanography Centre）在英国合作制造，该水下航行器采用模块化设计，其顶层模块是一个指令和动力系统，由动力管理、摄像机、照明、液压装置、推进器和遥测系统组成。较低层的模块包括蛤壳形采样抓斗、操纵臂、工具撬、回收仪器用的绞车和海底地震仪布放模块。与常规的 ROV 不同，*HyBIS* ROV 没有浮力，而是由与母船直接连接的脐带缆悬挂，直接悬挂的优点在于 *HyBIS* ROV 可以回收或布放重达 500kg 的有效载荷。*HyBIS* ROV 于 2008 年 10 月首次展示了其用途，那时在富埃特文图拉（Forteventura）加纳利群岛（Canary Island）要用其搜寻和回收附近搁浅在 2200m 水深处的一个重 250kg 的着陆器。*HyBIS* ROV 于 2010 年 4 月在加勒比海（Caribbean）的开曼海沟（Cayman Trough）执行的首次科研使命中，取得了最大成果，这次 *HyBIS* ROV 与一艘 AUV（*Autosub 6000*）配合，对两处迄今尚未知的热液喷口位置进行搜寻、成像和采样，其中一处位于水下 5000m 深度，是地球上已知最深的热液喷口。

2011 年，该水下航行器的多功能和可靠性又一次得到展示，当时该水下航行器用于北冰洋海底回收和重新布放一个重 4000kg 的着陆器，以及从活性渗出物中对甲烷气体进行采样，并在海底布置一系列地球物理学仪器。

第 4 章展示了关于 AUV 的一个项目和该项目在水下航行器动力学研究中的应用，该项目由巴西的圣保罗理工大学机电一体化工程系（Department of Mechatronics Engineering，Polytechnic School of University of São Paulo，Brazil）承担。AUV 动力学的研究包括拘束模和自由模的试验，使用 “皮拉茹巴”（*Pirajuba*）AUV 时实施了拘束模试验。文中还介绍了“皮拉茹巴”航行器的主要系统，重点是其控制架构；该嵌入式系统成本低并且基于现成的组件及免费和广为人知的软件工具，这类软件工具有 C 语言和 GNU 编译器等。该 AUV 模型的水池试验是与静态水动力导数预测方法验证相关的；文中还阐述了计算流体力学（CFD）方法、解析方法和半理论半经验方法，并提出结合应用上述方法改进和解释预测结果。

第 5 章介绍基于神经网络的切换自适应控制，这种控制方法可用于解决具有不同载荷配置的水下航行器轨迹追踪控制问题。该研究的目的在于提出一种切换自适应控制策略，以便在对不同的航行器可能的配置资料所知甚少时，来消除所考虑的模式在切换过程中引起的大额瞬态误差问题。研究表明，如果拥有不同的航行器那么可能配置较多的预知信息，则当航行器改变其运行状况时，切换控制方案就能够相对于常规自适应控制减少瞬态扰动；然而，如果对实际航行器运行状况所知甚少，切换控制则不能保证还具有这种优良的控制性能。因为预先计算好的控制器不能遍历所有环境和载荷状态，所以需要引入自动调谐机制，因此，本章所提出的切换控制采取了经监管切换逻辑机制改进的自适应控制策略，即确定一系列候选控制器，从而能够根据确定的适宜逻辑过程在这些候选控制器中进行切换。这使得该方法特别适用于处理参数大额变化和/或不确定性。在每个瞬时，监管器将决定哪个候选控制器应该接入反馈环路中。其中考虑采用多重神经网络对非线性效应和设备的不确定性进行补偿，并对不同任务和配置储存不同的航行器动力学资料。上述切换自适应控制策略已应用于解决 ENI 团队（意大利）研制的 ROV 轨迹追踪控制问题中，该 ROV 用于开采沉积在大深度海底的可燃气体。

第 6 章回顾 “米诺瓦”（*Minerva*）ROV 的动力定位（Dynamic Positioning，DP）系统和轨迹追踪系统的研发过程。该项目的背景是，已有各种 ROV 应用于承担不同的海底作业任务，这些 ROV 包括从小型手动布放的 ROV 到介入近海海底设施大量工作的大型工作级（Work-Class）ROV；所有类型的 ROV 都具有共同点，即许多应用程序不再需要人工控制而已替换为更高精度和更高效率的自动定位控制系统控制，从而使操作人员可以重点监控和规划那些需要人员干预和决策的作业。2010—2011 年，一组位于挪威特隆海姆(Trondheim，Norwegian)的挪威科技大学(Norwegian University of Science and Technology，NTNU）的硕士研究生、博士研究生和研究人员，为 ROV 研发了一个 DP 系统和轨迹追踪系统，DP 系统主要设计用于研究和教学目的，从而使得反复设计、控制策略、传感器配置和包括操控臂在内的工具包测试更加方便。本章给出了在“米诺瓦”ROV 上实验验证的结果。

第 7 章展示了水下航行器轨迹追踪的一种新策略，该项目由澳大利亚纽卡斯尔大学工程学院（School of Engineering，University of Newcastle）与位于挪威特隆赫姆（Trondheim）的挪威科技大学船舶与海洋结构中心（Centre for Ship and Ocean Structure，Norwegian University of Science and Technology）联合立项开展研究。其中的控制设计以端口-哈密尔顿函数（Port-Hamiltonian）理论为基础。按端口-哈密尔顿函数系统形成了平衡漂浮水下航行器的数学模型，针对水平面运动（纵向、横向和转首方向的运动）设计了具有积分过程的轨迹追踪控制器，通过将误差动力学模型作为一个有源输出的具有积分过程的定点调节端口-哈密尔顿函数(Port-Hamiltonian)控制问题来实现设计意图。采用开放架构的近海水下航行器模型，证明了闭环系统的总体渐近稳定性并展示了控制器的性能。尽管以上所述只限于全驱动航行器的水平控制情形，但认为所得结果可以推广到欠驱动水中航行器。

第 8 章讨论关于 AUV 基于声呐的 SLAM 技术。要进行非结构、无约束和混浊环境中的 AUV 定位仍然是一个具有挑战性的问题，本章对此进行了阐释。理想的 AUV 应该仅凭自身传感器套件，而不需要外部基础设施就能在任何条件下实现自主定位。文中重点讨论 SLAM 技术，该技术将声呐作为其主要的感知传感器，声呐的优势是其比视觉系统在水中能穿透的距离更远。首先评述了基于水下声呐的 SLAM 技术进展，并提出了一种基于扫描匹配的方法；通过对广为认可的扫描匹配算法进行比较，揭示了各自的优缺点；研究表明基于声呐的 SLAM 算法首次修正了由航行器运动引起的扫描变形问题。然后结合概率扫描匹配技术实现连续扫描交叉登录，以估算航行器的位移。最后，增强的扩展状态卡尔曼滤波器用于估算和保存登录的扫描姿势，在此未计入预知的结构化信息和初始姿态。本章还以真实数据集对所提 SLAM 算法进行了测试，以验证该算法的可行性。

第 9 章介绍基于通用人工智能的控制架构，要介绍的架构是在 AUV 上实施感知—规划—行动模式的变体。此时规划不再是预先设定的而是在 AUV 上形成的，是综合高级指令而非低级指令形成的。由 T-REX 系统框架审议未来状态、规划行为和实施行动，同时监控规划、发现异常。该架构采用分区控制环路实施“分而治之，各个击破”的求解策略，从而使航行器易于适应，提高故障恢复的鲁棒性和分隔特性，方便增量计算模型建立，简化软件开发，并具有使用继承计算范例或外来计算范例的能力。结果表明，通过上述途径凭借所关注的应用情况选择性地使用附加模块，航行器能够现场适应环境和进行采样。而且将求解问题抽象化，能使不同的应用程序的编程相对简单，核心搜索引擎几乎无须改变，从而使软件工程的可持续性良好；另外，在一定程度上可以灵活表达时间以处理环境和操作的不确定性问题。T-REX 系统已在业务海洋学领域日常应用，为动态的沿岸海洋采样和观察提供了一种新的科学研究工具。

第 10 和 11 章都讨论 USV。第 10 章阐述用于 USV 的对象跟随方法相关的主要问题和结果；尤其是在路径追踪措施的框架下，通过对满足空间约束和时间约束的任务进行分离，设计了一种李雅普诺夫（Lyapunov）控制法则，从而使一艘跟随的 USV（从属 USV）无须预知路径本身的任何信息，就可沿着主船运动产生的路径航行。文中以在“阿兰尼斯”（*ALANIS*）双模式船和“查理”（*Charlie*）双体 USV 上开展的实验为基础，讨论了虚拟目标方法的有效性；特别关注了实施重复性实验的步骤确定和对所提方法定量评估的适宜量度。第 11 章概述了“斯普林格”（*Springer*）USV 的研发过程，文中的重点放在“斯普林格”USV 导航、制导与控制系统的研究、设计及其实现方面，其中导航系统包括先进的基于模糊逻辑的联合卡尔曼滤波器技术，而自动驾驶仪包括改版形式的线性二次高斯驾驶仪和模型预测控制器。本章还介绍了“斯普林格”USV 的软硬件架构，表明了软硬件架构的模块化特性，其他操作人员能灵活地对其修改并使用自己的仪器和 NGC 软件。最后本章也给出了验证功能完整性和全系统有效性的多航路点跟随算法的试验结果。

第 12 章讨论在海上执行科研和商业使命时，自主水中航行器集群的设计、开发和协同运行所遇到的挑战。除有效和可靠地操作自主水中航行器集群必须解决的一般技术问题以外，文中论题也涉及大量的在多航行器运动规划、制导、导航与控制方面具有挑战的理论问题。本章对开发协同运行的多个自主水中航行器先进运动控制系统过程中出现的一些理论和实践问题进行了概述，主要内容集中在作者参与的两个欧洲项目中所遇到并解决的若干问题，这两个项目：①GREX—“在不确定环境下协同控制异构无人系统”（Coordination and Control of Cooperating Heterogeneous Unmanned Systems in Uncertain Environments）；②CO3AUVs—“自主水下航行器的协同认知控制”（Cooperative Cognitive Control for AUVs）。文中为读者简明扼要地阐述了协同控制的基础，着重介绍了有关的实际工作；将 ASV 和 AUV 在科研使命中协同行动案例的情境作为展示主要内容的背景材料，尤其关注了确定异构航行器编队的具有鲁棒性的网络控制策略，而且该航行器编队处于复杂的航行器动力学、外部干扰和间歇性故障及延迟造成的声学通信严格约束的情况下。为此，在时变通信拓扑结构和存在通信损耗的情况下，对协同运行的水中航行器控制引入了一个总体架构。采用里斯本科技大学（Technical University of Lisbon）高等理工学院（Instituto Superior Técnico）系统与机器人研究室（Institute for Systems and Robotics）的网络化海洋系统模拟器（Networked Marine Systems Simulator，$\mathrm{NetMar}_{\mathrm{SYS}}$），得到了数值仿真模拟结果，展示了为协同运动控制开发算法的有效性。为了减免理论研究与实际应用之间的差距，本章最后一部分重点针对实际问题，介绍了一个水中航行器集群在葡萄牙亚述尔群岛（Azores）和赛新布拉（Sesimbra）海域所做试验测试的结果。

在过去的 10 年里，螺旋桨驱动的 AUV 和水下自主滑翔机已成为海洋相关研究的常用工具，应用范围已经从使用滑翔机进行水体测量扩展到使用越来越复杂的螺旋桨驱动 AUV 进行海底测绘、管道监控和水雷探测。第 13 章说明了发展远程水下滑翔机的动机，尤其是通过对航行器能量效率和系统可靠性的细致分析，突显了选择增强现有水下滑翔机的相关问题；同时还基于这些系统的参数设计了一个辅助推进模块。通过在系统层面的优化对推进器模块各个子系统进行匹配，在此过程中详细地考虑了系统的鲁棒性和长期性能。通过大量的水池试验和实场试验对上述方法进行了评估。

第 14 章展示和说明了 *Folaga*（*eFolaga*）AUV 模块化有效载荷运载功能的研发过程。*Folaga*（“弗拉加”）AUV 是具有两方面特征的 AUV，一是采用泵喷推进或螺旋桨推进（如同常规、鱼雷形状的 AUV），二是压载或载重会发生变化（如同海洋地理学用的水中滑翔机）。*eFolaga*（“埃弗拉加”，增强型 *Folaga*）AUV 的设计与其前身版本一致，特别是保持了重量尺度小和成本低的特性，以及优良的操纵性和悬停功能。文中介绍了建立 *eFolaga* AUV 一类航行器动力学模型的一般方法，分析

和报道了 *eFolaga* AUV 浮力变化和质量排水量驱动器的认定验证；也讨论了针对水下声学网络欧洲项目而安装在 *eFolaga* AUV 上的有效载荷模块软件设计架构，展示了使命管理与 *eFolaga* AUV 制导、导航和控制系统之间界面如何设计才能在硬件和软件层面上保持模块化的情况。

第 15 和 16 章探讨仿生水下航行器设计概念。第 15 章强调导致 AUV 使命受限制的因素是推进系统的效率，而推进系统通常都是基于船舶螺旋桨构建的，故提出增加推进系统效率的潜在方法可能要采用仿生措施，即模拟自然界形成的求解方案。由于鱼在水中游动效率很高，所以通过模仿鱼尾推进系统可望获得更高的推进效率。本章介绍了格拉斯哥大学（The University of Glasgow）的一项研究，该项目重点放在称为 *RoboSalmon*（“罗博萨蒙”“机器鲑鱼”）的带有仿生推进系统的水下航行器样机上，研究目的是探讨仿生系统相对于常规推进系统的潜在优势。项目的第一部分包括建立 *RoboSalmon* 航行器的数学模型，建立该模型是为了加强对该系统动力学方面的整体理解。由该模型得出的数值模拟结果与试验结果进行了对比，表明二者具有良好的相关性；之后进行了带有仿生尾系统的 *RoboSalmon* 样机与螺旋桨系统的对比试验，给出了相应的试验结果。这些试验包括研究直线游动性能、操纵性能、反冲运动和功率消耗，主要研究结果表明 *RoboSalmon* 向前游动的最大纵向速度是 0.18m/s，在该速度下仿生系统比螺旋桨系统效率更高；同时，若考虑操纵性则仿生系统的回转半径显著减小。第 16 章延续上一章的主题，介绍仿生操控型水下航行器的研制，文中通过分析鱼类海洋生物的观察结果及其操控机制的工程应用展开讨论，所得出的水下机器人称为机器鱼。本章评述了机器鱼和一种带有鳍推进系统的水下航行器的发展历程，并展望了其今后发展前景，该水下航行器是日本北九州大学（The University of Kitakyushu）作为仿生操控型水下航行器研究的一部分而研制的。

最后的第 17 章阐述了海洋动物与 AUV 能量成本的比较。海洋动物拥有的生理适应范围使其能够成功地在海洋环境中活动，这激发了 AUV 设计者丰富的想象。本章比较了海洋动物和 AUV 线运动的总能量成本，将运输成本 COT 作为对比的量度。COT 是动物或航行器质量移动单位距离所消耗能量的规格化表达参数，其中包含了非推进功率需求，也考虑了驱动器、机械连接和尾流中所消耗的能量。本章给出的对比结果表明，海洋动物要比相当尺度的工程系统的最佳 COT 更高。然而，两者也有相通之处。例如，对于海洋动物和 AUV，都显示出增加航程有利于减少非推进功率成本，缓慢运动有利于确保以最低的 COT 运行。

1.3　总评

本书包括了 16 章关于 UMV 的 NGC 的新内容。真诚希望，如同之前的著作 *Advances in Unmanned Marine Vehicles* 一样，各个学科的读者认为本书饶有趣味、知识广博，并在各个方面对其参与的 UMV 设计工作有所裨益，也能够为其他相关研究领域提供思想源泉。

致谢

本书各章节内容的质量优良，对各位撰写人衷心祝贺；并衷心感谢各位撰写人对本书给予的支持和付出的热情！

参考文献

1. Roberts GN, Sutton R. 2006. Advances in Unmanned Marine Vehicles. IET

第 2 章　*LATIS* ROV：下一代水下智能航行器

Edin Omerdic[①]、Daniel Toal[①]、Sean Nolan[①]和Hammad Ahmad[①]

2.1　引言

海洋能源设备的部署、安装和维护会用到水下机器人和支援船舶，这些支援船舶在诸如石油和天然气等其他近海工业中也会用到。这些支援船舶可能非常昂贵，而且其成本很不稳定，成本变化情况与其近海运营的峰值需求相关。因此，考量以下因素是很重要的，一是对海洋能源部署中所用船舶的要求，二是各项要求如何调配以降低这些船舶的运营成本并促进技术发展。

据加拿大纽芬兰纪念大学海洋学院的 ROV 操作及水下机器人技术主管理查德·范德沃特（Richard Vandervoort）所述："用于近海油气开发的现代工作级 ROV 中，仅有方向自动控制、深度自动控制和高度自动控制真正实现了自动控制。这些 ROV 实际上是依赖于操作人员的技术来实现良好操控的。"在 ROV 深水作业中，操作人员所面临的困难包括低能见度、随时间变化的海流和脐带缆阻力的影响。

利莫里可大学"可移动和海洋机器人技术研究中心"（Mobile and Marine Robotics Research Centre，MMRRC）的研究团队，已经提出 MPPT 环（MPPT Ring）概念，MPPT 环是一套安装于 ROV 上和其控制舱内的硬件/软件系统组件，该套装置可用于提高自动化水平，简化 ROV 操作并节省 20%或更多昂贵的船舶工时。该项目研究结果可用于发展中的国际海洋油气领域，也可为未来海洋能源设备（尤其是波浪能转换装置和潮汐涡轮机）部署、监测和维护提供支撑。

MPPT Ring 系统的一个主要组成部分是智能遥控水下航行器 *LATIS* ROV，*LATIS* ROV 是作为演示系统有效性、可操作性和验证 MMRRC 新技术的平台样机设计的。*LATIS* ROV 是拥有独特性能的下一代智能 ROV，其特征包括多重操作模式，先进的 2D 和 3D 显示器，直观且便于使用的操作员界面和容错控制系统。通过使用

---

① 爱尔兰利莫里可大学可移动和海洋机器人技术研究中心（Mobile & Marine Robotics Research Centre, University of Limerick, Limerick, Ireland）。

不同的支援船舶在爱尔兰西海岸戈尔韦湾（Galway Bay）和香农湾（Shannon Estuary）进行一系列试验测试，完成了系统验证和技术演示。本章重点介绍 *LATIS* ROV 及相关系统的主要特性，给出了试验测试所得的部分结果，并讨论实际应用中需要解决的问题和该技术的潜在效益。

2.2　背景

在过去的 8 年中，利莫里可大学可移动和海洋机器人技术研究中心的研究者，一直在开展科学合作和工程导引的海床探测研究项目，研究内容包括技术设计和整合，近海支援（Grehan et al.，2005，2006）和探测作业等，其中探测作业要完成多项详细的探测项目，获得高分辨率海洋测深、侧向扫描和视频成像/地图等资料。研究者已经进一步建立了实时虚拟水下实验室（Virtual Underwater Laboratory，VUL）（Omerdic et al.，2006），并研制了高分辨率实时侧向扫描声呐模拟器（Riordan，2006），以用于进行实验室测试、人员培训和近海作业支援。把所有这些技术整合为一个独特系统的想法已经由 Omerdic（2008）等提出，该系统是多用途海底作业平台技术系统（MPPT 环）。其中包括探测设备的整合、高效规划、使命模拟、ROV 操作员训练、ROV 容错控制、执行加强型的探测使命、对所得数据进行离线分析和重放等技术。MPPT 环（见图 2.1）表征了平台技术的双重属性：内环和外环可以独自运转和拓展，这意味着任何技术/模块都可以方便地在模拟环境和实际环境之间切换。在操作中的这种双重属性有助于现代控制、建模和模拟工具在海洋技术发展中的应用。上述 MPPT 环提供了一个框架，使研究者处于与实际环境非常相似的条件下，在模拟的虚拟环境中开发、运行和检测高级控制算法。

通过 MPPT 环，一套硬件和软件工具（系统核心）可同时用于实验室开发（虚拟环境）和实场测试（实际环境）（Omerdic et al.，2010a）。由于虚拟组件和实际组件在信号的层面是兼容的，两者之间的切换简单而且直观，其中虚拟环境可用于新的控制算法开发。

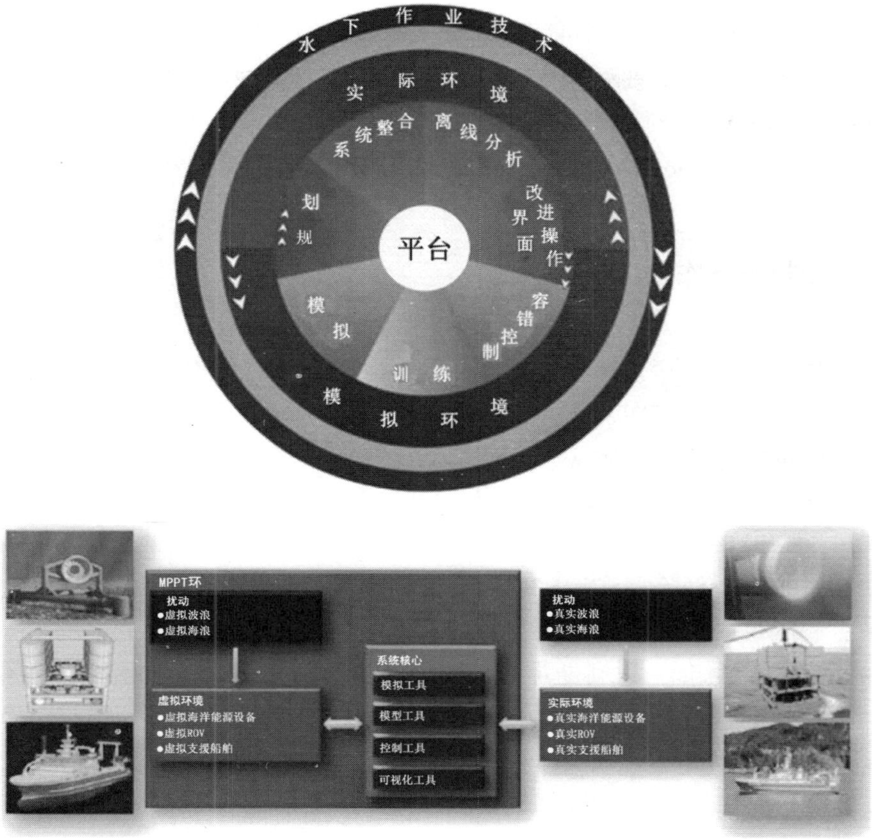

图2.1　MPPT环

基于以往项目所得经验、遇到的困难和提出的解决方法，以及海洋技术和近海作业领域固有的高成本需求，MMRRC 决定开发一种灵活的航行器样机——*LATIS* ROV，用作测试系统有效性和可行性的一个平台。

海事部门提供了种类广泛的先进计算机图形技术应用软件，Lukas（2010）从虚拟现实和增强现实（virtual/augmented reality）技术的角度对这些应用软件进行了评述。Lin 和 Kuo（2001）已提出了在水下远程操控和培训中使用虚拟现实技术；Curtis（2010）则介绍了水下航行器高水平模拟器的近期进展。

运营和维护成本是近海能源系统总成本中的重要部分，因此，海洋能源场设计和运营中辅助工具的开发认为是需要优先开展的项目（Beaudoin et al.，2010）。正如 Rourke（2009）等强调指出的，限制波浪和潮汐能源设备发展的主要障碍包括高部署和维护成本，这是由海洋能源设备部署区域的严酷环境造成的。*LATIS* ROV 设计中内置的辅助工具通过两种途径来降低这些成本，并直接处理相关的问题：使近海作业（包括 ROV 作业）更为简单和高效；减少海洋能源设备在部署、服役、检测、维护和修理（Inspection，Maintenance and Repair，IRM）过程中昂贵的支援船舶工时。

2.3 国际合作

2009 年，加拿大圣约翰斯海洋技术学校（School of Ocean Technology，SOT）、海洋研究所（Marine Institute，MI）与利莫里可大学签署了 MOU（Memorandum Of Understanding，谅解备忘录）。该 MOU 认可水下机器人领域技术利益共享，并且提供一个多领域院校合作的框架，该框架包括给予学生和教职员相互交流的机会。在研究和开发中联合提议，以及在设计、提供教学和培训课程方面分享最佳方法。有多年 ROV 操作员经验的 SOT 教师理查德 · 范德沃特与两个海洋研究所的学生多诺万 · 图尔克（Donovean Tulk）和安德烈 · 波默罗伊（Andrew Pomeroy），来到爱尔兰与 MMRRC 的团队一起协助对 ROV *LATIS* 进行校验和验证。在由爱尔兰海洋学会科考船“凯尔特旅行者”（*Celtic Voyager*）主导的 2010 年 8 月 CV-10-029 航次的巡航中，*LATIS* ROV 参加了多种智能特性的试验测试，同时在爱尔兰大陆架上探测了各种物理和生物现象。在 2.7 节中将介绍参加项目的 SOT 协作者对 *LATIS* ROV 的反馈意见。

2.4 系统描述

2.4.1 设计目标

MMRRC 自 2000 年以来就关注多个领域的研究，包括 AUV/ROV 系统整合、嵌入式控制器开发、传感器系统开发、AUV/ROV 动力学建模、实时模拟，以及机载水声仪器研究等。由科学界赞助的生态调查，如海洋生境图测绘和在地理参照坐标下进行商业化船舶残骸的声学测绘等，也都属于 MMRRC 主导的辅助活动。MMRRC 需要一种新型远程传感器部署平台，该平台要求满足 MMRRC 在浅水中即刻探测的需求，并且提供一个灵活的实验测试平台，用于水中航行器研究、控制系统开发和未来传感器系统改进。设计该新型水中航行器的动机，在一定程度上是由于在探测之前要进行仪器系统设计/整合，以及使用租用的 ROV 传感器平台开展沿岸和近海探测工作中所遇的实际困难和窘境而激发的。

新平台的设计包括以下各项要求。

- 新平台应能够支持核心探测套件，包括多波束探测仪、侧向扫描设备、惯性导航系统（Inertial Navigation System，INS）、多普勒速度仪（Doppler Velocity Log，DVL）、压力（深度）传感器和超短基线（Ultra-Short Base Line，USBL）转发器。
- 新平台应同时适用于水下探测活动和广泛区域（海面）探测活动，以实现设备功能最大化。
- 新平台应既适合采用诸如拖船或拖网渔船等小型水面支援船舶布放，来降低作业成本，同时又适合用于更大尺度勘测船舶。

控制设计包含以下各项要求。

- 新平台应为底层控制器设置嵌入式自动调谐功能。
- 新平台应能够检测、隔离和容纳推进器错误。
- 新平台应能够以全自动的模式运行，即实现自动航路点导航。

2.4.2 特性

LATIS ROV 的主要特性概括如下。

- 针对多模态作业的模块化设计。
- ROV 在深水中的定位精度非常高。
- ROV 在半自动速度模式下的鲁棒性，能够通过简单鼠标单击实现 ROV 稳定准确的航线跟随和动力定位。
- 全自动航路点导航功能能自动补偿海洋水流和脐带缆阻力的影响。
- 先进的 2D 和 3D 实时可视化处理，提供较好的情境认知。
- 内置推进器具有容错功能，且对任意推进器配置实现最佳控制分配。
- 内置底层控制器具有自动调谐功能，针对在多种使命下 ROV 配置的变化，都能实现最佳控制。
- 模块化软件结构和丰富的界面数据库，使系统能够易于适应市面上任意 ROV 和支援船舶。

2.4.3　作业模式

LATIS ROV 是带有多种作业模式的水中航行器（Toal et al.，2010）。该航行器可以作为探测平台在水面作业，通过拖曳［见图 2.2（a）］或者由 4 个水平推进器推动［见图 2.2（b）］，以实现纵向、横向和转首等方向的运动；也可以作为 6 自由度（纵向、横向、垂向、俯仰、横滚和转首）完全可控的 ROV，由 4 个水平推进器和 4 个垂直推进器实现 6 自由度完全可控［见图 2.2（c）］；或者作为带有水下拖曳/控制缆线可实现水下拖曳作业和强水流中定位［见图 2.2（d）］的 ROV 使用。在这些不同作业模式下，它与光纤脐带缆、绞车配合使用，脐带缆为水中航行器供能，进行控制和传输传感器、仪器，并得到的数据。

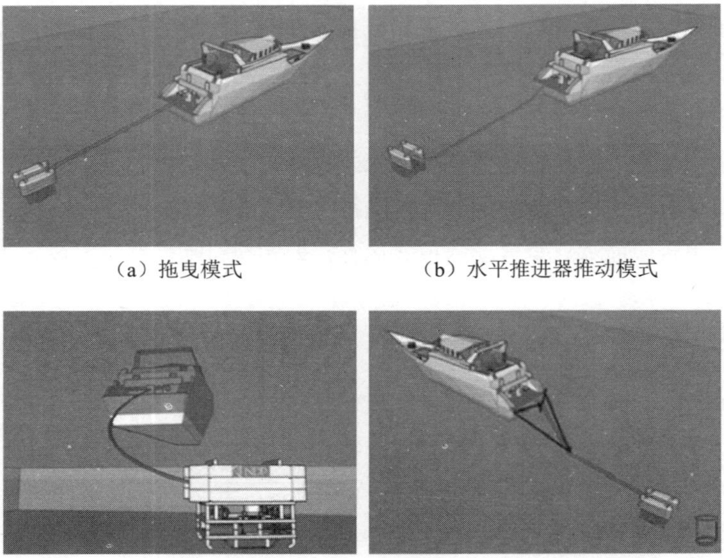

（a）拖曳模式　（b）水平推进器推动模式

（c）ROV 作业模式　（d）在强水流下 ROV 带有水下拖曳/控制缆线模式

图2.2　作业模式

2.4.4　框架

LATIS ROV 按模块化设计和构建，使得采用只有少量艇员的小艇在沿岸区域探测时操作简单方便。在模块化设计中的每个组件（浮力模块、上层框架、下层工具撬等）的干重量都被控制在可由两人搬动的程度。上层框架装有 8 个推进器，分别是 4 个水平方向推进器和 4 个垂直方向推进器。下层工具撬框架携带机载传

感器（见图 2.3）。

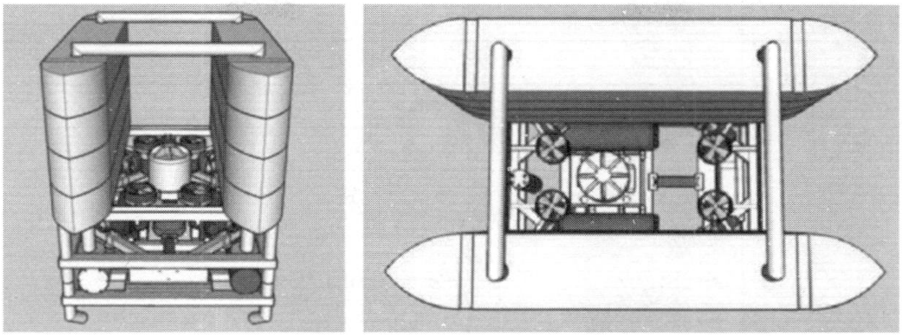

图2.3 设计概念

在拖曳或者水平推动器推动作业模式下，*LATIS* ROV 的全部浮力由安装在上层框架上的 8 个浮力模块保持为大额正值。当处于拖曳模式时，“快速释放”设置具有重新配备机制（见图 2.4），可以让两个在最上面的浮力模块脱离航行器，降低其总浮力以便处于自然平衡或微小正浮力状态，此时航行器就可以在 ROV 模式下进行水下探测工作，实现 6 自由度完全可控。复合泡沫材料浮力模块的额定深度设定为 1000m，而其他整合在航行器上的组件（包括机载传感器）的额定深度可达 2000m 或者更深。

图2.4 “放飞”重新配置机制

2.4.5 技术指标

技术指标见表 2.1。

表 2.1　技术指标

组件名称	组件分类	技术规格
航行器主体	主体材质	海洋工程级别铝材
	有效载荷	100kg
	最大潜深	1000m
	推进器	Seaeye SM4（4H，4V）
	电力供应	11kW，可升级
仪器和导航设备	多波束声呐	Reson SeaBat 7125
	侧向扫描声呐	Tritech SeaKing sonar 325kHz
	声速探针	Reson SVP-24
	INS	ixSea PHINS
	Depth（深度传感器）	CDL Microbath （Digiquartz）
	DVL	RDI WorkHorse Navigator 600
	USBL 接口	iXsea GAPS
	GPS（水面）	CSI-Wireless Seres or Submersible GPS GPRS-6015G
	障碍规避	6 Tritech 单波束回声探测器
	摄像机	Bowtech Explorer-3K 黑白
		2 LCC-600 黑白
		Tritech Typhoon 彩色
	移动和倾斜	Bowtech SS-109
	照明灯	3 Bowtech LED-1600
		1 Bowtech LED-800
		2 Tritech LED lite
控制系统	内嵌	Digital Logic EBX945
		National Instruments CompactRIO
	顶部	Control PC
		Visualization PC
	控制和可视化软件	LabVIEW 8.6
脐带缆	长度	400 m
	直径	25 mm
	缆芯	6 股 AC，4 股 DC，8 束单模式光纤

2.4.6　整体硬件架构

航行器整体硬件架构如图 2.5 所示。上层组件包括控制舱和带有脐带缆的绞车。控制舱提供场所，布置供电设备和拥有计算机、显示器及辅助设备的控制/监测中心。

其中应用了 4 种以太网，分别为控制网络（导航和控制数据）、探测网络（PHINS 辅助传感器和侧向扫描设备）、视频网络（视频数据和覆盖）和多波束探测仪网络（多波束探测仪数据）。

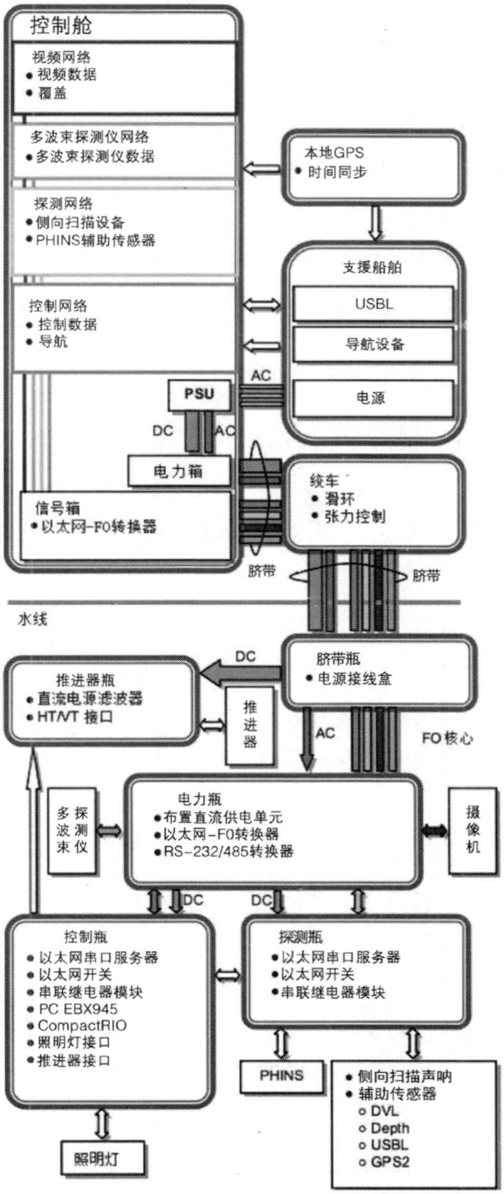

图2.5　航行器整体硬件架构

一个本地 GPS（Global Positioning System，全球定位系统）定位装置安装于控制舱的顶部，用于系统组件的精确时间同步。支援船舶位置/方向的导航数据（用于增强现实显示）从导航设备（如 GPS）和运动参照单元（Motion Reference Unit，MRU）等设备中获得。包括 ROV 估算位置在内的 USBL 输出信号，通过探测网络从 USBL 经过控制舱传输到 PHINS 中。同时，ROV 深度通过控制舱由深度传感器传输到 USBL，作为解决多路径问题的辅助信息。

脐带缆分别有 6 股传输交流电、4 股传输直流电的铜芯，以及 8 根单模式光纤（当前使用其中的 4 根，每个网络都有专用的光纤）。在控制舱的顶部，脐带缆末端连接着设置在控制舱内的电源箱和信号箱。11kW 的电力供应单元通过电源箱为 ROV 提供交流电和直流电。信号箱提供场所，布置以太网光纤（Fibre Optic，FO）转换器。

湿部组件包括 5 个湿瓶（wet bottles）、8 个推进器、4 台摄像机、6 盏照明灯、多波束探测仪、侧向扫描设备、声速探针、障碍规避传感器、INS 和一系列辅助传感器。

脐带瓶作为信号/电力接线盒：高压直流电线通到推进器瓶，同时交流电线和光纤芯连接到电力瓶。

电力瓶内提供场所，布置直流供电单元，以太网-FO 转换器和 RS-232/485 转换器（用于导引摄像机进行移动和倾斜控制）。多波束探测仪链接控制单元（Link Control Unit，LCU）与电力瓶直接相连。同时，电力瓶连接着 4 台摄像机：导引摄像机、脐带摄像机和两个向下的观察摄像机。进而，电力瓶和信号线连通到探测瓶和控制瓶。

一组辅助传感器通过探测瓶与 PHINS 相连接，辅助传感器中包括 DVL、Depth、USBL 和 GPS2。由于采用了水下 GPS 接收器，故可通过 INS 由 GPS 辅助维持最佳导航直到下潜点，只要 ROV 浮出水面，就可对 GPS 辅助功能进行重建。这些传感器由 PHINS 使用以提高 ROV 位置估算的准确度。PHINS 的输出通过串联接口直接发送到控制瓶达到控制的目的。与此同时，侧向扫描声呐的数据、辅助传感器原始数据和经 PHINS 处理的导航数据通过探测网络上传到上层。

所有与控制相关的组件都安装在控制瓶内。PC EBX945（小型计算机）接收和处理 ROV 导航数据，根据标准控制坐标（随体坐标和接地坐标）将数据转化为系统状态，并将数据打包成串通过控制网络共享。NI CompactRIO 用作实时控制器、推进器、照明灯及漏水探测器的 I/O 接口。

推进器瓶用作推进器的接口：从控制瓶接收控制数据，由脐带瓶提供直流电力。直流滤波器用于去除直流电线中的杂波。

以太网串口服务器（ESS）内置于探测瓶、控制瓶和控制舱，并实现以太网与 RS-232、422 和 485 设备的串联连接。采用虚拟通信端口（Virtual COM Port）连接模式，通过局域网（LAN）访问串联接口，即安装在上层计算机中的软件驱动器建立虚拟通信端口，该端口能访问 ESS 的任意远端接口，就像计算机上一般串行端口一样。运行于计算机和使用串行通信端口的任意程序，可以访问 ESS 上安装的串行设备。以这种方式，通过局域网实现串行设备与计算机上运行的软件顺畅连接。

各个瓶（除脐带瓶外）均安装了漏水检测器。漏水检测器的输出作为数字输入连接到 NI 9435 DI 模块，并通过控制网络（CONTROL NETWORK）实现共享。

串接继电器模块安装在控制瓶和探测瓶内，是用于打开/关闭选定的系统组件。控制瓶内的一个串接继电器模块用于开关 PC EBX495、CompctRIO 和朝向底部的照明灯电源；而探测瓶内的串接继电器模块用于开关 PHINS、本地 GPS、Depth 和 DVL 的电源。系统组件电源的远程控制是提高整个系统实用价值和技术性能的一个很大优点，这是因为有时设置被改变了则需要关闭某些设备或组件的电源并重启。

2.4.7 控制架构

与现代 ROV 领域使用的大多数普通控制架构相比，*LATIS* ROV 配备了完全实时的嵌入式控制系统，该系统由航行器搭载，可在线实时执行所有必要的数据处理和控制综合。大多数普通的 ROV 只装备基本 I/O 模块，而在上层进行控制综合。

LATIS ROV 控制系统的框图如图 2.6 所示。*LATIS* ROV 控制系统应用一种控制分配方法，在控制设计上驱动器自选任务与规定任务是分离的，其中自选任务体现为将总控制意图化为各个驱动器的具体设置，规定任务就是设计的总控制意图（Omerdic et al.，2010b）。使命构建模块、仲裁模块和综合模块执行规定任务，而控制分配模块执行自选任务。

使命构建模块的主要目标是将操作人员输入的数据和测量出的导航数据转换成预期的 ROV 轨迹，也就是建立轨迹规划问题模型。

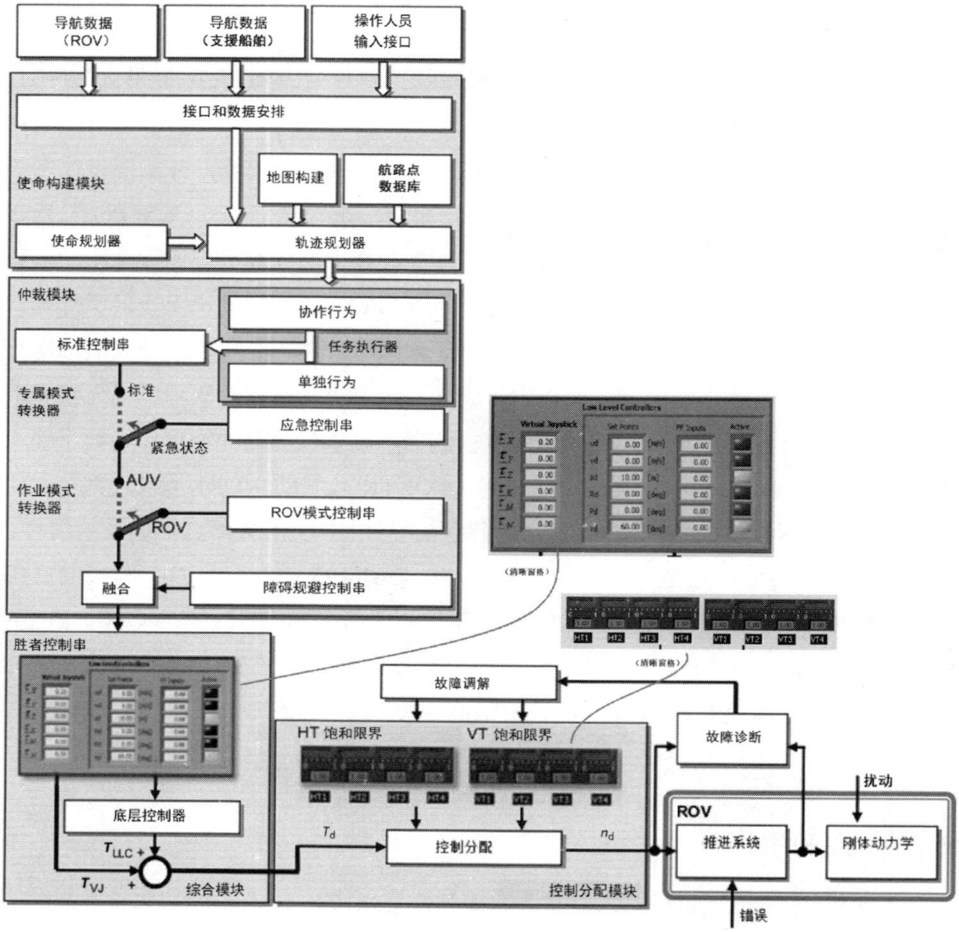

图2.6 *LATIS* ROV控制系统的框图

在仲裁模块中为了在实时约束下得出预期的轨迹，构建了一系列任务执行器（包括单独行为和协作行为，单独行为每次仅有一个行动，协作行为每次可有多个行动），每个任务执行器将通过竞争来控制执行器。这里提出了控制缓冲器的概念，拓展成对不同任务执行器控制需求进行了清晰简明的融合，每个任务执行器在控制缓冲器中生成其自身拥有的控制串。一个控制串包括虚拟操纵杆的分量（用于模拟虚拟操作者发出的直接操控）和一系列底层控制器的设置（设置点，前馈输入和打开/关闭单个控制器的开关）。虚拟操纵杆分量是规格化的纵向、横向、垂向力和横滚、俯仰、转首方向力矩值。任务执行器对这些控制串进行融合，使之成为标准控制串。

作业模式转换器用于在 AUV 模式和 ROV 模式之间切换。对 AUV 模式，仅由控制算法产生控制行为（在控制串内写入数值和设置转换器）；而在 ROV 模式下，操作员可以完全自由地通过向 ROV 模式控制串直接写入数值产生相应的行为。然而在 ROV 模式下操作员需要意识到不要与已运行的底层控制器产生冲突。例如，如果底层控制器的指令保持 60°的设定角度（所需航向），那么操作人员使用操纵杆或者手柄等输入设备输入的任何转首方向的力矩就会被底层控制器判定为一种干扰，因此底层控制器将会产生相应动作来排除该干扰并保持 60°的航向。

专属模式转换器用于在 AUV 模式下实现标准控制串和应急控制串之间的切换。一旦出现任何漏水（水渗透至任何瓶中），可采用两个渗漏应答模式，分别为自动应答模式和手动应答模式。对于自动应答模式，主状态机将激活紧急状态选项，将专属模式设定为紧急状态，同时将作业模式转换器设定为 AUV 模式从而使 ROV 自动上浮到水面。在手动应答模式中，作业模式转换器将设定为 ROV 模式且告知操作人员有漏水，但不产生其他自动操作。在未来的实验中，手动应答模式可能会升级，且具备有规律地给予操作人员警告的功能，而且如果操作人员在设定的时间内没有采取任何动作，那么系统会切换到自动应答模式。

最后，输出控制串（可选项）与障碍规避控制串融合将产生胜者控制串，胜者控制串为有专属权力来控制执行器的最高控制者。

在综合模块内部，胜者控制串分割出来加入虚拟操纵杆分量（向量 $\boldsymbol{T}_{\mathrm{VJ}}$）和底层控制器（Low-Level Controller，LLC）中，底层控制器用作 LLC 环路的一个输入（见图 2.7 中的向量 **SP** 和 **FF**）。其他输入包括 ROV 导航数据（向量 **PV** 和 d**PV**/d*t*）和其他参数（向量 **SP Offset**，$\boldsymbol{T}_{\mathrm{FF}}$，$\boldsymbol{K}_{\mathrm{FF}}$，$\boldsymbol{K}_{\mathrm{P}}$，$\boldsymbol{K}_{\mathrm{I}}$，$\boldsymbol{K}_{\mathrm{D}}$ 和继电器幅值）。

每个自由度（Degree of Freedom，DOF）都有一个单独的控制器。纵向运动和横向运动的控制器为速度控制器，而垂向、横滚、俯仰和转首方向的控制器为位置控制器。每个控制器生成一个受操控的变量 **MV**，并用于驱动器，以保持过程变量 **PV** 尽可能接近设定点 **SP**。单个输出量组成为向量 $\boldsymbol{T}_{\mathrm{LLC}}$，即规格化的力和力矩向量。

如果某个控制器关闭（未激活），相应的 **MV**（$\boldsymbol{T}_{\mathrm{LLC}}$ 的元素）则会被设为零值。否则，该控制器的输出作为修正的积分和微分比例控制器（Prportional Integral and Derivative，PID）的规格化输出进行计算。在向量 **SP** 随时间变化的情况下，前馈（Feed-forward，FF）输入可改善追踪性能。向量 **SP Offset** 用于避免积分器饱和问题。

还需说明的是，在特殊的“自动调谐”作业模式中，控制器的输出是通过使用继电器产生的（见图 2.7）。在相继的 ROV 使命之间，航行器的一些机载仪器/传感器/设备有可能会添加/移动/替换，导致 ROV 动力学特性（质量、惯性矩、阻力性能等）改变。如果航行器的配置改变，那么针对航行器某个特定配置最优调谐的控制器将不能获得最佳性能。LLC 的自动调谐是控制系统的一种高级功能，在配置方案发生变化的各种情形下，都将产生控制器的最佳性能。建议在使命刚开始时按自动调谐模式执行。

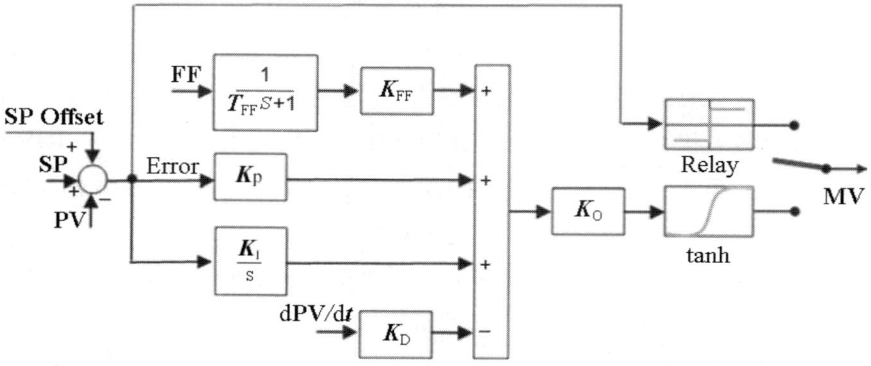

图2.7　LLC环路的内部结构

已开发了两种类型的自动调谐算法。速度控制器通过记录和利用力-速度的静态特性来调谐；位置控制器的自动调谐则利用自激振荡，如下文所示。Miskovic 等（2006）介绍的自动调谐算法已经拓展用于 4 DOF 控制器：垂向、横滚、俯仰和转首 4 DOF 控制器。

自动调谐过程包括以下步骤（见图 2.8）。

① 产生自激振荡。

② 等待过渡阶段结束。

③ 测量稳定振荡的幅度和周期。

④ 根据调谐算法确定控制器增益的新量值。具有新增益值的控制器性能如图 2.9 所示。

同时，也开发出了适合水下应用的调谐新算法，该算法可得出在配置改变和存在干扰（波浪和海流）的情况下底层控制器的最优性能。

综合模式的最终输出 $\boldsymbol{T}_d$，代表推进器运行的总控制效果，通过对向量 $\boldsymbol{T}_{VJ}$ 和

$\boldsymbol{T}_{\text{LLC}}$ 叠加和规格化得到。

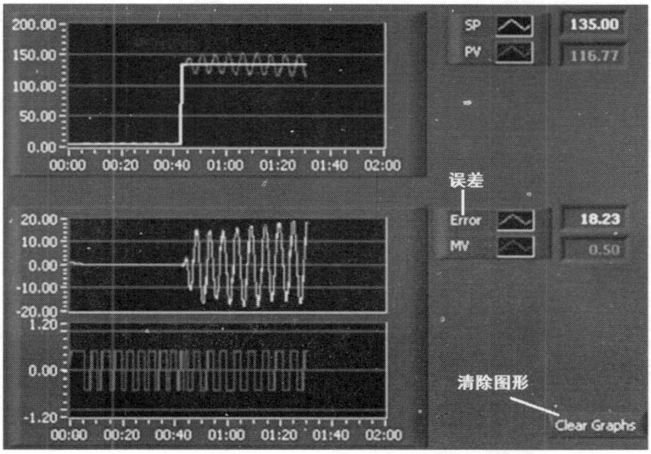

图2.8　ROV自动调谐过程中的自激振荡

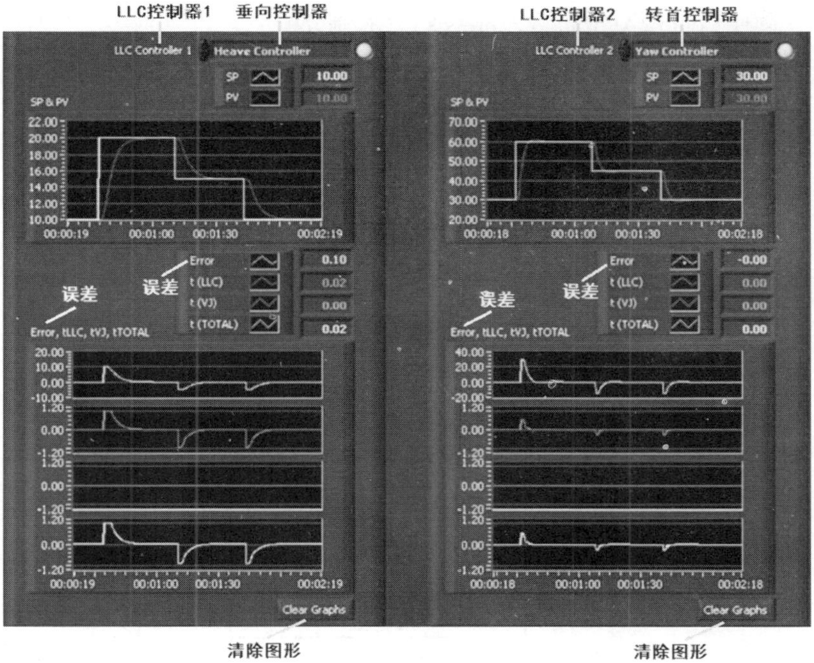

图2.9　具有新增益值的控制器性能

控制分配模块（见图 2.6）执行驱动器选择的任务。推进器容错控制系统由两个子系统组成。

① 故障诊断子系统（Fault Diagnosis Subsystem，FDS）使用故障检测单元来监测推进器的状态（Omerdic and Roberts，2004）。

② 故障调解子系统（Fault Accommodation Subsystem，FAS）使用由 FDS 提供的信息进行容错调解并实施控制重配。FAS 的输出结果用于控制 HT（Hovizontal Thrusters，水平推进器）/VT（Vertical Thrusters，垂直推进器）饱和限界滑块。

控制分配的复合法（Omerdic et al.，2004）是基于对伪逆和不动点迭代法整合而得出的一种方法。该方法包含两个步骤实施。第 1 步是求解伪逆，再通过分析其单个分量考察解的可行性；如果检测到违反驱动器约束，则进入第 2 步，执行不动点迭代法。通过这种方式，该复合法能够在整个可行控制指令设置范围内，获得 2-范数（欧氏范数）意义上的最优的准确解。该求解方案使控制能量成本函数达到最小值，使这种目标函数最小化是最适用于水下问题的准则。复合控制分配方法在 LabVIEW 软件 Control Allocation Express VI（“控制分配快车 VI”）内实现（见图 2.10）。

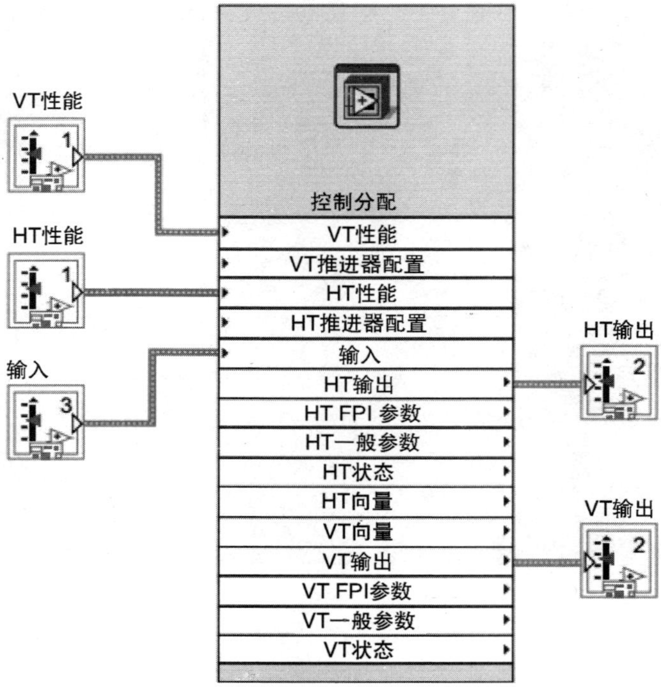

图2.10　“控制分配快车VI”（Control Allocation Express VI）框图

Control Allocation Express VI 的所有输入都规格化为标准步长。根据配置对话框（Configuration Dialog Box）内（见图 2.11）用户确定的设置，输出（驱动器设置）可以对非对称螺旋桨 T-曲线进行补偿和改造（如有必要，加以缩放和/或光滑），以满足推进器输入界面的要求。每个推进器使用程度由滑块 HT（VT）饱和限界控制。这些滑块的位置由 ROV 操作员或者容错系统依据推进器状态决定，推进器状态分为正常、部分故障或者全部故障 3 种。

控制分配问题可分解为水平面和垂直面的运动。Control Allocation Express VI 的当前版本涵盖了最常见的推进器方案，即采用 4 个推进器的方案。使用者可以选择所需组合，使之与给定航行器的特定推进器配置相匹配。

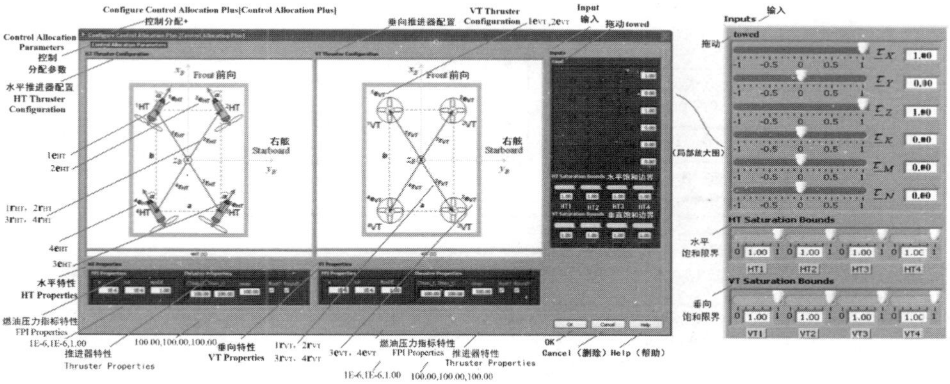

图2.11　“控制分配快车VI”（Control Allocation Express VI）配置对话框

在无故障情况下，控制系统在最大可行控制指令集合内按最优方式来使用推进器，使能源消耗最小，即仍遵循能源消耗最小这一最适用于水下问题的准则。

在推进器发生故障的情况下，控制系统自动调解容纳故障，保持低速度下 ROV 完全可控并提供推进器发生故障时继续安全完成使命的条件。

LabVIEW 软件模块的物理布局（Express VI 在系统组件的分布）如图 2.12 所示。

仲裁、综合和控制分配软件模块在 EBX945 中执行。

CompactRIO 系统包括两个主要组件。

- 实时控制器 NIcRIO-9004。
- 带 FPGA（Field Programmable Gate Array，可现场编程门阵列）芯片和以下 I/O 模块的 cRIO-9104 架构：

- NI 9481（DO，Slot 4）—照明接口
- NI 9435（DI，Slot 5）—渗漏检测器
- NI 9263（AO，Slot 6）—照明灯接口
- NI 9401（DO，Slot 7）—HT 控制接口
- NI 9401（DO，Slot 8）—VT 控制接口

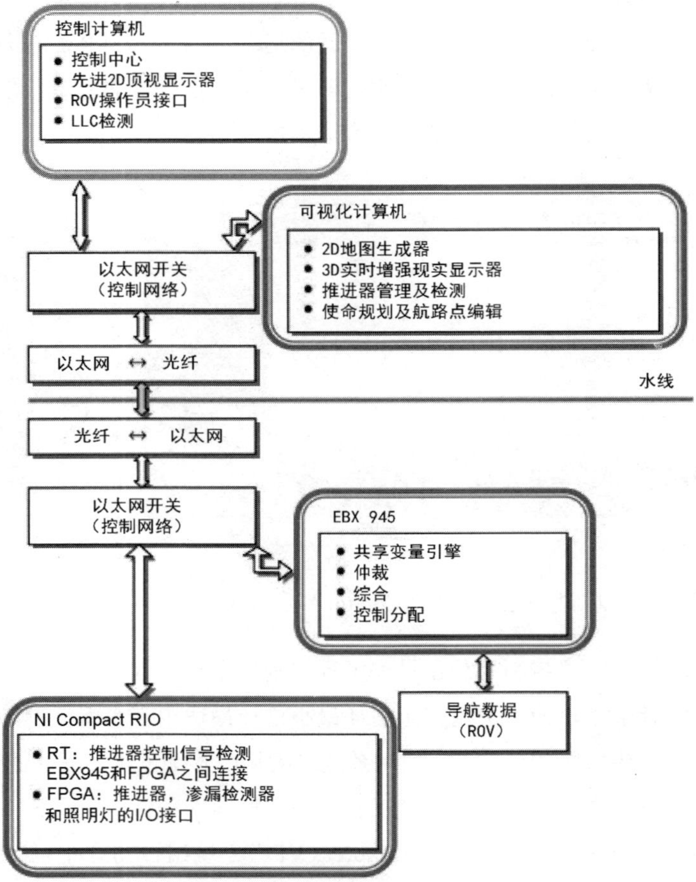

图2.12　LabVIEW软件模块的物理布局

推进器控制信号的实时监测（见图 2.13）、共享变量引擎（EBX945）和 FPGA 之间的连接由实时控制器执行。FPGA 应用程序产生推进器控制信号并为外部照明和渗漏检测器提供接口。

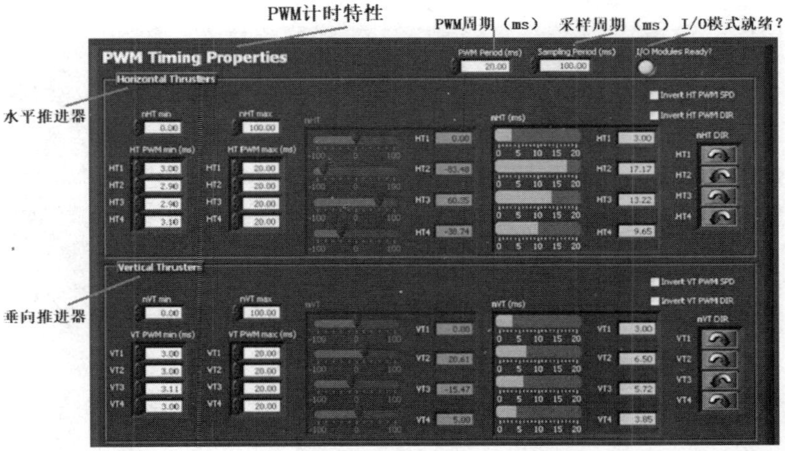

图2.13　推进器控制信号的实时监测（软件模块在CompactRIO的RT控制器中运行）

2.5　创新点

LATIS ROV 及相关系统的 4 项主要创新包括高级操作员界面、2D 顶视显示、3D 实时增强现实显示和具有容错功能的高级控制系统。

高级操作员界面（见图 2.14）采用熟知的图形控件和指示器为 ROV 操作人员展现全部重要控制数据。操作人员能够组合使用操纵杆、手柄、移动装置、鼠标或键盘作为输入设备来生成指令，切换操作模式和启用/禁用底层控制器。设置点能够以数值化方式输入（如使用数字控制字段）或者以图形化方式输入（如通过鼠标移动仪器的指针）。操作人员也可以在手动模式、半自动模式（跟随预期速度和航线，保持当前位置，前往所需位置）和全自动模式（通过航路点进行自动导航）之间切换。

有 4 种速度模式：“独立纵向运动和横向运动”“跟随预期速度和航线”“保持当前位置”“前往所需位置”。

“跟随预期速度和航线”速度模式能够以优良的动态性能可靠和准确地跟随预期速度和航向（速度设置时间为 3s，转向分辨率为 1°）。如图 2.15 所示，一个简单而直观的图形化用户界面能够实现航向和航线的耦合控制或完全独立控制；控制系统可自动补偿海流和脐带阻力的影响，获得最有经验的 ROV 操作人员在手动控制模式下也不能相比的性能。

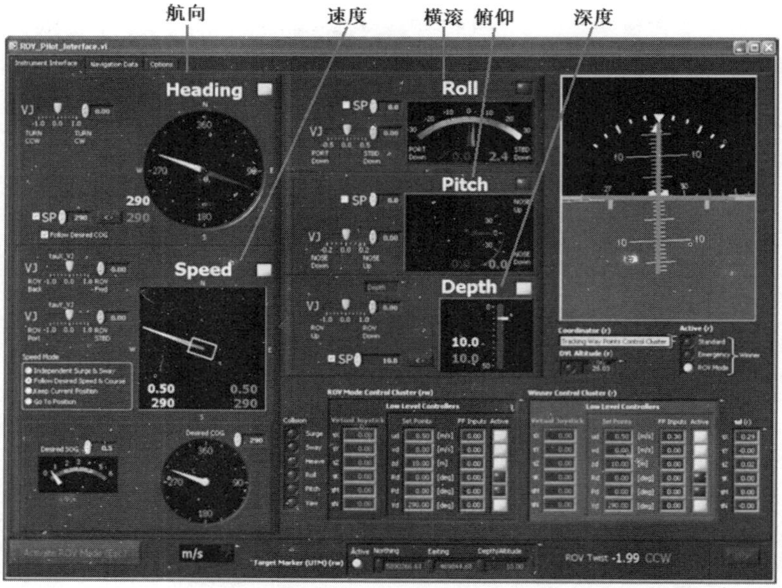

图2.14　高级操作员界面

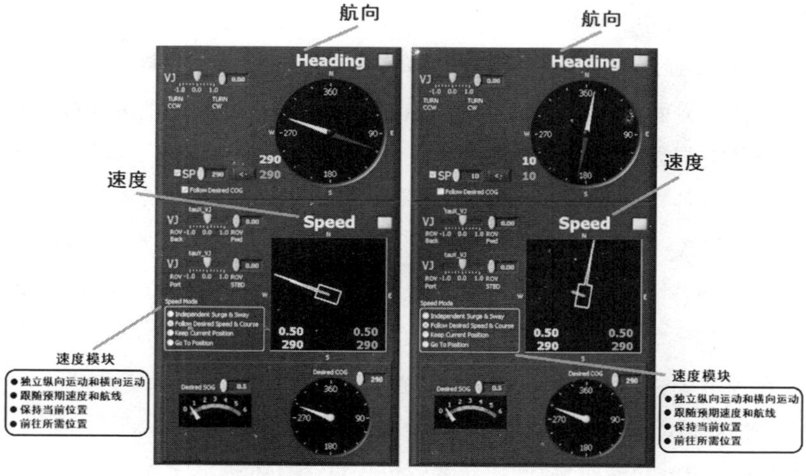

（a）航向自动跟随预期航线　　（b）航向和航线独立控制

图2.15　“跟随预期速度和航线”速度模式

“保持当前位置”速度模式和“前往所需位置”速度模式（见图 2.16）使 ROV 在深水中具有鲁棒性、稳定性和高精度的动态定位。预期的 ROV 位置（目标标记）可以采用数值化方式输入（使用控制字段）或图形化方式输入（使用简单鼠标的拖放操作）。到达目标标记的进场速度遵循如图 2.17 所示的速度曲线，该速度曲线可以动态更新。

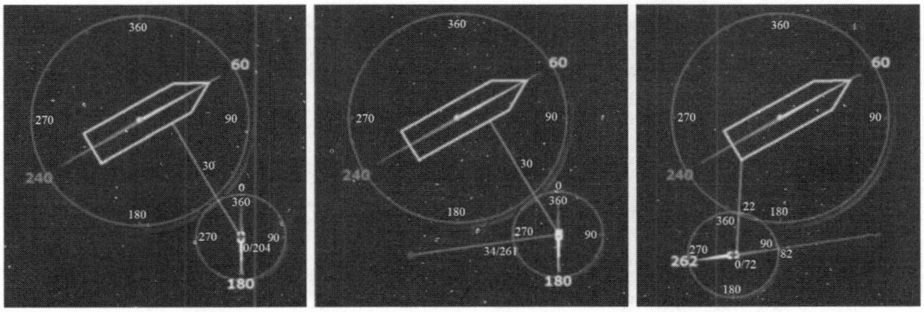

（a）选择目标标记　　（b）移向新目的地　　（c）到达目的地

图2.16　“前往所需位置”速度模式

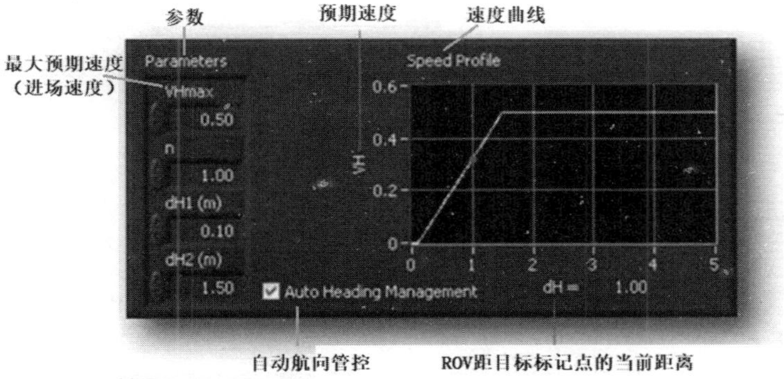

图2.17　速度曲线

2D 顶视显示器（见图 2.18）显示工作区域的顶视图，并包含了自动缩放、导航信息显示、漂浮方向指示器、航路点的可视化、传感器（INS，DVL，超短基线，GPS 等）测量值实时可视化、距离和角度的测量工具，以及对 ROV 上点的杠杆臂、对船上点的杠杆臂和任意点之间的杠杆臂等。

3D 实时增强现实显示器（见图 2.19）显示支援船舶、ROV、海洋能源设备、海面、海床等的 3D 实时可视化图像。虚拟对象（海洋能源设备、船舶、ROV）具有与相应实际对象相同的外观（相同的尺寸、颜色等），它们通过对象接口实时测量获得数据驱动。海面上的海浪按估算的海况生成，而海床是根据以往的测深数据构建的。

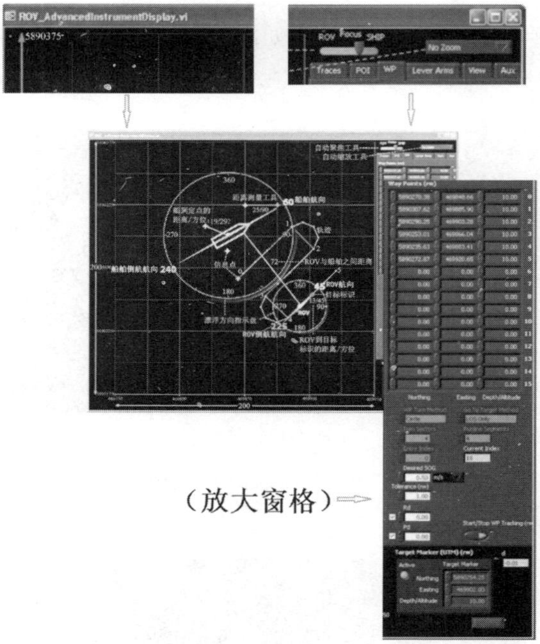

图2.18　2D顶视显示器

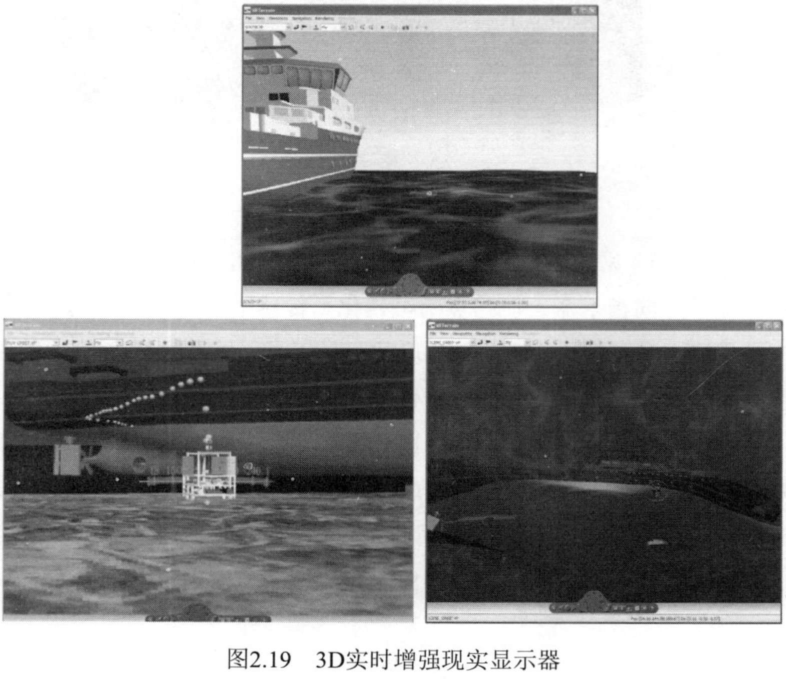

图2.19　3D实时增强现实显示器

控制系统包括底层控制器的快速自动调谐、推进器故障的自动检测和调解、半自动和全自动控制模式、推进器最优控制分配等功能。

有两种方法实现自动航路点导航：视线（Line of Sight，LOS）法和 LOS+校正法。

在很少或无海流的情况下，视线（LOS）法具有良好的性能（见图 2.20）。在这种情况下，控制器不需要进行将 ROV 带回预期轨迹的侧向修正操作。预期航线由 ROV 相对下一航路点之间的方位计算得出，由航线自动确定航向。

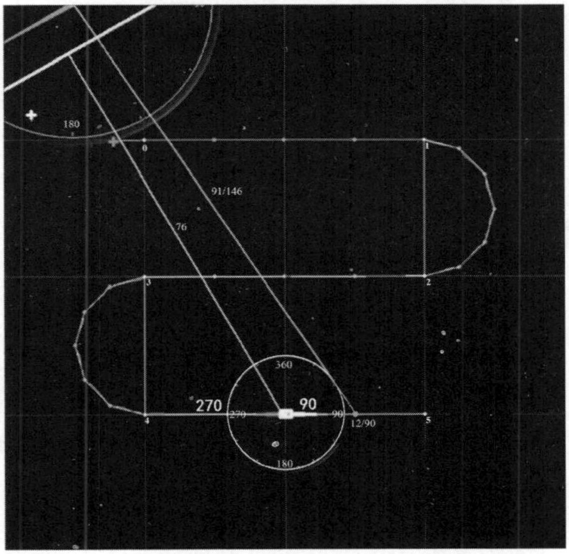

图2.20　在很少或无海流时的路径追踪性能：视线（LOS）法

LOS+校正法用于有海流的情况下（见图 2.21）。在这种情况下，控制器除执行标准的 LOS 算法之外，还进行自适应侧向修正操作以便将 ROV 带回和保持在预期路径上。

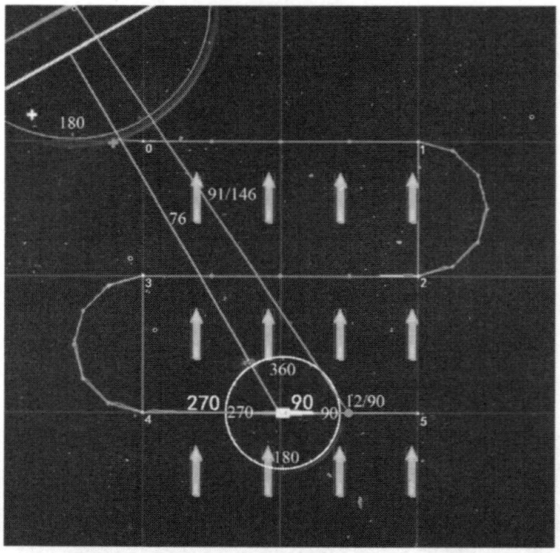

图2.21　有海流时的路径追踪性能：LOS+校正法

2.6　实场试验测试

整个系统的性能已在康内马拉海岸附近的戈尔韦湾和香农河口通过一系列实场试验测试，成功地进行了验证。

2.6.1　CE-09-04 航次的试验测试（*LATIS* ROV 搭载于“凯尔特探索者号”科考船 *Celtic Explorer* RV）

2009 年 2 月 26 日在爱尔兰康内马拉海岸线西部海域，进行了 *LATIS* ROV 的海上试验（探测航程，CE-09-04 航次），航行器由“凯尔特探索者号”科考船 *Celtic Explorer* RV 操控。此次试验测试包括 1 天在戈尔韦湾港口对 ROV 及操控母船的系统进行整合和调试，以及 6 天海上试验。在海上试验中校验了 ROV 的所有系统，演示了传感器互操作性能，并进行了航行器的综合诊断。而且，在 ROV 上进行了系统辨识并成功地进行了对航行器控制器调谐，还完成了一系列预先计划的探测使命，通过这些使命进行了多个项目测试，测试项目包括航行器运行状况、MPPT 环的性能、对 ROV 进行增强现实上层控制和可视化、多声呐控制器、近海底导航视觉系统的应用等。下面选取部分探测结果（经 INS/DVL 校准）进行介绍。

若选用多普勒速度仪（DVL）作为惯性导航系统（INS）的辅助传感器，则用于辅助导航之前要参照 INS 进行标定。DVL 中接收的速度输入是在随 DVL 参考标架中测量得到的，不需要任何预补偿；因而这些输入需要通过 INS/DVL 校准程序计算 INS 与随 DVL 参考标架之间的错位和比例因子来补偿。

LATIS ROV 的 INS 为 ixSea PHINS，速度传感器为 RDI Workhorse Navigator 600kHz DVL。为了进行相应的标定，将一个本地差分全球定位系统（Differential Global Positioning System，DGPS）接收器安装在 ROV 上，在浅海水域时，在船后水面上沿直线拖曳约 2km。从 3D 实时增强现实显示器中的不同视角看，在船后水面上拖曳 ROV 的情形如图 2.22 所示。在 INS/DVL 标定时 ROV 和船舶的轨迹如图 2.23 所示。标定后所得数值如下：横滚和俯仰角错位为 0°（各仪器安装在同一平台的相对应位置上）；航向角错位为−44.654°；比例因子为 0.1%。

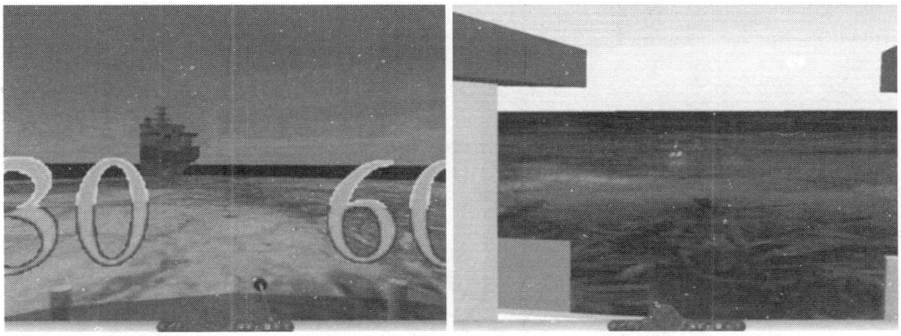

（a）导引摄像机视角　　　　（b）船甲板视角

图2.22　3D实时增强现实显示：*LATIS* ROV在船后水面上拖曳进行INS/DVL标定

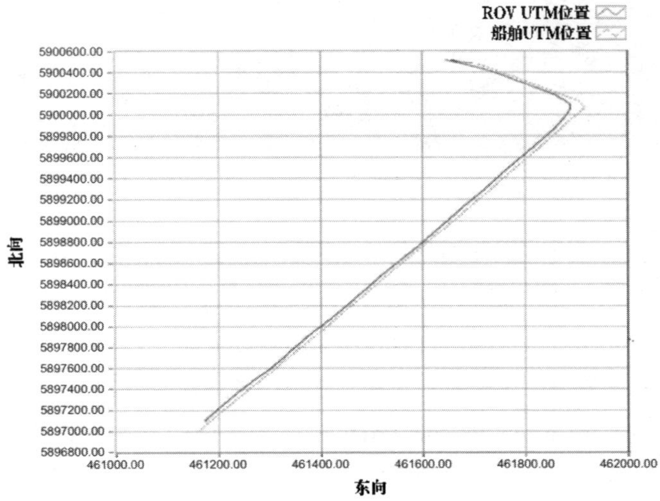

图2.23　在INS/DVL标定时ROV和船舶的轨迹

2.6.2 CV-10-029 航次试验测试（*LATIS* ROV 搭载于“凯尔特旅行者号”科考船 *Celtic Voyager* RV）

全系统测试及辅助工具的验证于2010年8月在CV-10-029航次实场试验测试中进行，*LATIS* ROV 由“凯尔特旅行者号”科考船 *Celtic Voyager* RV（见图2.24）操控。CV-10-029航次研究探测目标集中在应用智能型 *LATIS* ROV 和海洋传感器收集实场数据，并用于爱尔兰西海岸的海洋可再生能源（潮汐和波浪能）项目的展开。具体而言，该项目涉及带有机载仪器的 *LATIS* ROV 部署和船载传感器应用，这两方面的工作目标都是为支撑建造近海能源设施而获取对海洋能源场详细分析和 ROV 操作/性能测试的数据。通过配置水下 GPS 对导航设备标准套件进行了扩展，还租用了 *BlueView*（“蓝景”）前视声呐。

图2.24 “凯尔特旅行者号”科考船*Celtic Voyager* RV甲板上的智能*LATIS* ROV

在申请船舶工时时，原计划是同时使用装在 ROV 的仪器获取实场海流/波浪数据，对远程海流/波浪雷达测量结果进行校验。由于波浪雷达交付和调试延迟了，故该设备在 CV-10-029 航次探测时没有使用。MMRRC 未受波浪雷达延迟交付和调试的影响，在戈尔韦湾进行了一系列水面和水体中的海流测量。声学多普勒海流分析仪（Acoustic Doppler Current Profiler，ADCP）的数据由船上 ADCP 和 ROV 上 ADCP 在波浪雷达扫描区截面上测量得到。在戈尔韦湾的 ADCP 结果融合了船舶锚定时的“站点”结果与平台沿船后截面拖曳时的“ROV 拖曳”结果（见图 2.25）。ROV 在强海流中的操纵性能和操作限界包络通过船的航速、ROV 的深度、航向和姿态等动态变化来研究。在水下“ROV 拖曳”同时进行多波束探测和 ADCP 数据收集如图 2.26 所示（“气泡”代表 ROV 后面的轨迹）。

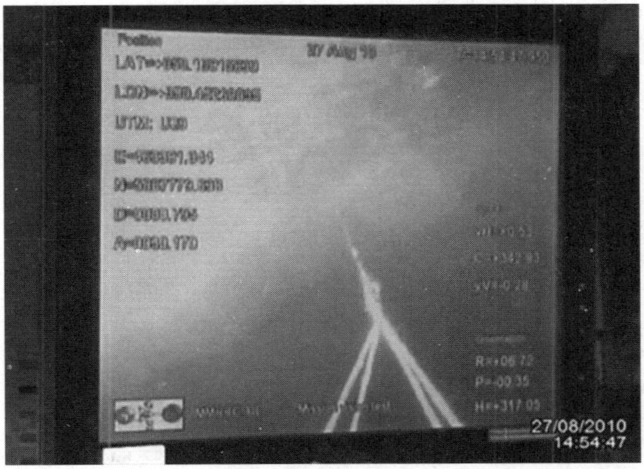

图2.25　“ROV拖曳”结果（实时导引摄像机视角）

图2.26　在水下“ROV拖曳”同时进行多波束探测和ADCP数据收集（3D实时视图）

在福因斯港的多波束探测中，由一艘固定船舶布放的 *LATIS* ROV 在水面作业模式下实施。天气状况平静，但有强烈的东西向海流。为了验证半自动控制模式的性能，ROV 起初以操纵杆手动控制（见图 2.27，断面 1）。在切换到半自动速度模式后［“跟随预期速度和航线”模式，见图 2.15（a）］，获得了更加光滑的轨迹和更好的转向控制效果（见图 2.27 中的断面 2 及转向标记）。预期速度设定为 0.3m/s，而预期航线通过指针或数字控制在 1° 的分辨率下动态更新。切换到半自动速度模式后，其结果表明整个测试过程可在较短时间内完成，并且在测试中所采集的原始多波束探测数据质量很高。经对原始多波束探测数据进行处理后得到福因斯湾最终测深数据，如图 2.28 所示。

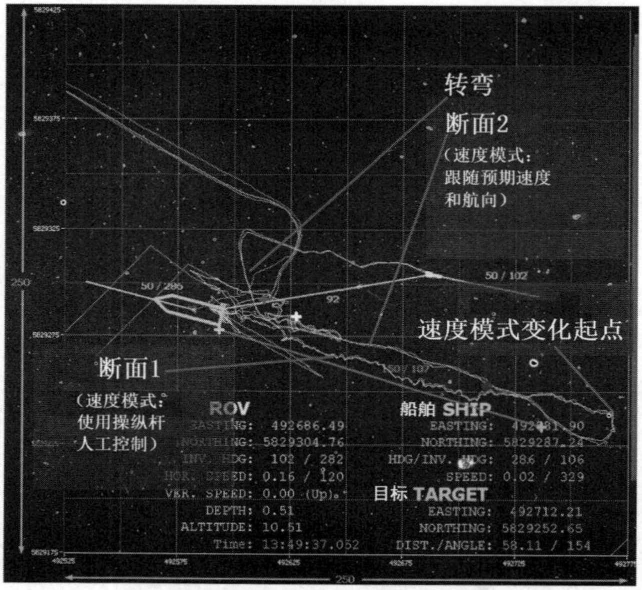

图2.27　在福因斯港多波束探测的ROV轨迹

航路点导航实场试验测试在靠近爱尔兰阿兰群岛的戈尔韦湾完成。ROV 要求跟随预期速度和深度/高度的航路点确定的路径航行。手动与自动航路点导航模式的比较分别如图 2.29 和 2.30 所示，其中预期路径由两条与半圆弧连接的直线航线形成。在手动航路点导航模式下（见图 2.29），ROV 由经验丰富的 ROV 操作人员操控。由 PHINS 和 USBL 对 ROV 估算的位置均在显示器上实时显示。可以看出，无论操作人员技术如何，预期轨迹与实际轨迹之间仍存在明显误差。

在自动航路点导航模式下（见图 2.30），ROV 与在 LOS 自动航路点导航模式（见图 2.20）下按相同的轨迹航行，此时有关的功能有了显著改进，包括较小的路径追踪误差和较好的速度/高度跟随效果。

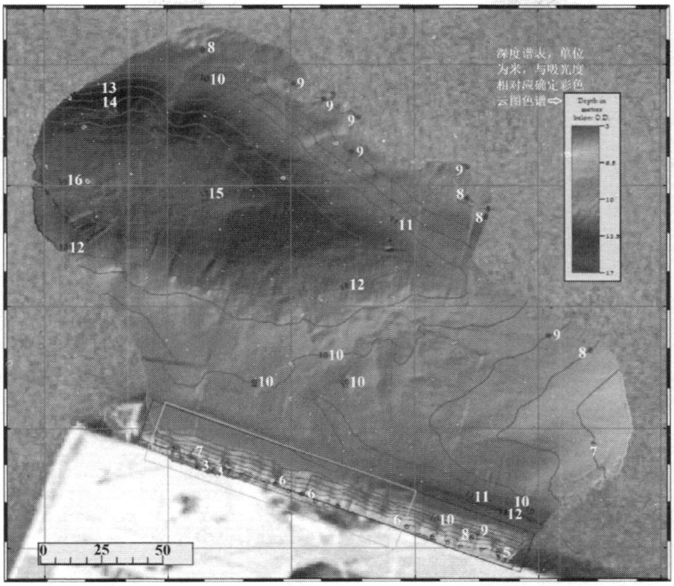

图2.28　福因斯港测深数据

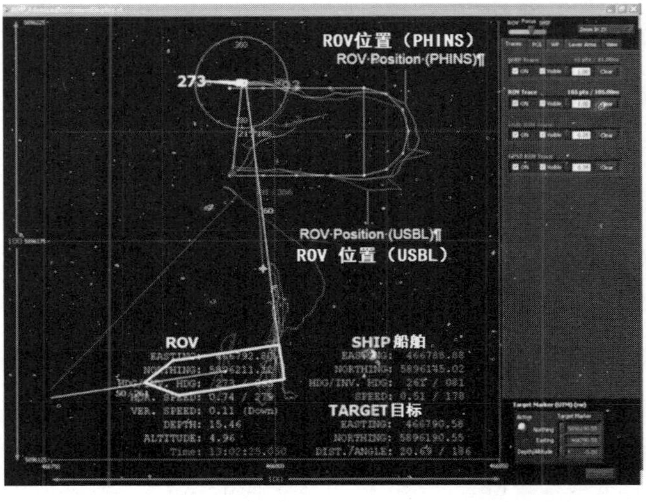

图2.29　由经验丰富的ROV操作人员手动航路点导航

其他试验（此处未介绍）包括很成功的推进器容错试验（在两个推进器发生故障时的 ROV 6 自由度完全可控性试验，两个推进器分别为垂直面和水平面的推进器），此外还有重复性试验（在 2h 内重复 5 次回到相同地点，重复试验过程中具有很高的位置精度）。

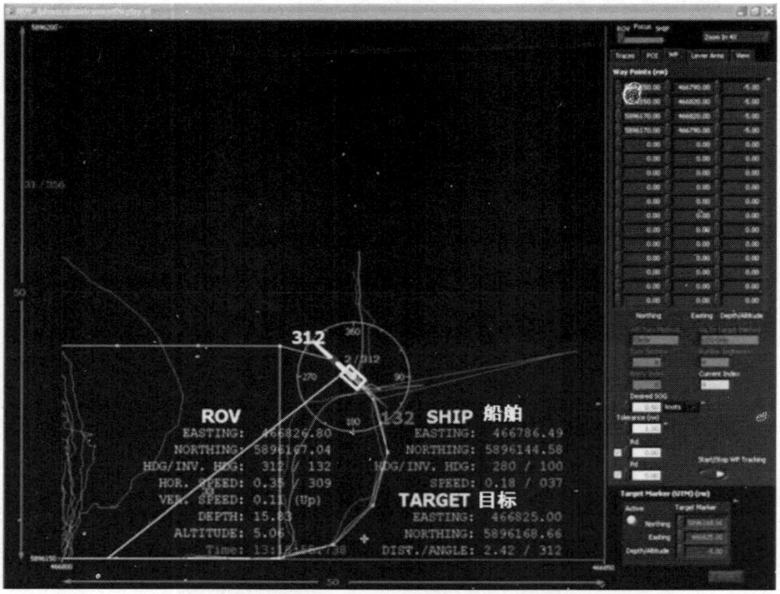

图2.30　自动航路点导航模式（环路中无人工参与）

2.7　反馈意见

据海洋研究所（MI）的学生、未来ROV操作人员Donovan Tulk所说，“*LATIS* ROV是突出的尖端技术，并且很有可能代表ROV操作的未来发展趋势”（International Collaboration in ROV Development，2010）。

另外，ROV专家理查德·范德沃特（Richard Vandervoort）表示“最近，我有幸在*Celtic Voyager*科考船上参加了水中航行器样机*LATIS* ROV的海上试验。它确实是一项出色的技术，我相信它代表了下一代水下机器人。该水中航行器的导航能力，它的用户友好型操控装置，动力和静力定位功能，内置式故障纠正功能远远超过目前市场上现有的任何同类产品，从而能够显著提高海底作业的速度和准确性。我预计如果该项技术大规模付诸商业和工业应用，那么将显著减少水下作业所需时间和相应的运营成本。”

2.8 安装和运行

为了改进现有 ROV 操作性能并发挥辅助工具的效用，将整个 MPPT 环套件整合到 ROV 的升级工具套件（Upgrade Kit）中。ROV 的升级工具套件由安装在工作级 ROV 上和其控制舱内的一组软件和硬件组成，这组软件和硬件提高了自动化水平，从而使 ROV 操作更加方便，并节省了 20%或更多昂贵的船舶工时。

ROV 的升级工具套件包括干部组件（安装在船舶甲板上的 ROV 控制舱内，见图 2.31）和湿部组件（安装在 ROV 框架/工具撬上，见图 2.32）。

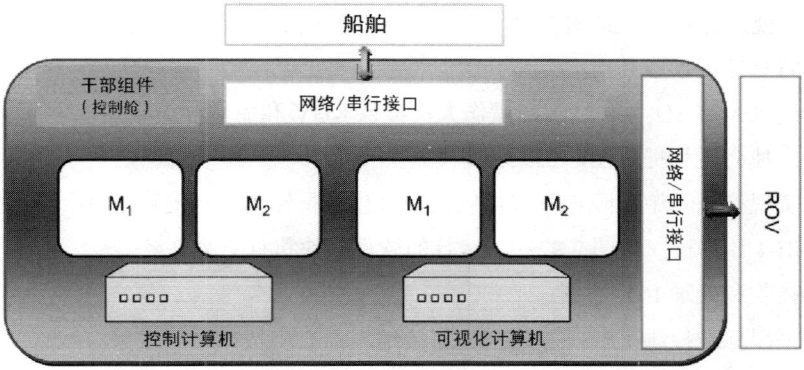

图2.31　干部组件，安装在船舶甲板上的ROV控制舱内

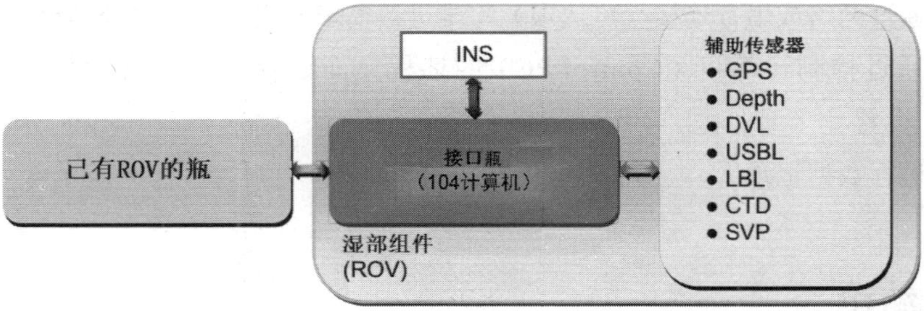

图2.32　湿部组件，安装在ROV框架/工具撬上

在控制计算机（Control PC，见图 2.31）上运行的软件模块执行下列任务。

①监督和控制整体任务。

②读取 ROV 和船舶导航数据。

③使用先进 2D 实时显示器向操作人员提供 ROV 和船舶导航数据。

④提供图形界面显示的控制数据并从操作人员处获得指令。

⑤执行高层控制任务。

⑥为 ROV 上的机载 104 计算机提供远程访问路径，用于监控底层控制模块，并配置 INS 和辅助传感器。

⑦（可选）如果不能实现 USBL 与 INS 之间的直接联系，则执行协议同步和匹配。

⑧（可选）创建辅助输出信息，如用于视频叠加（Video Overlay）、全球地图绘制设备（Global Mapper）的输出信息。

在可视化计算机（见图 2.31）上运行的软件模块执行下列任务。

①背景地图读取和自动处理。

②通过先进 3D 实时显示向操作人员提供 ROV 和船舶导航数据。

③为使命规划提供图形工具。

④实现推进器饱和限界可视化以告知操作人员输入指令的可行性。

在 104 计算机（见图 2.32）上运行的软件模块执行下列任务。

①接收和处理 INS 数据。

②采用标准控制坐标（随体坐标和接地坐标）将数据转换成系统状态。

③为数据分配提供共享变量引擎。

④执行底层控制任务（仲裁、综合和控制分配）。

⑤通过网络或串行连接（可选项）将推进器需求发送到推进器控制单元。

⑥通过控制计算机（Control PC）的远程桌面进行 INS 和辅助传感器初始设置。

⑦进行数据记录。

2.9 结论

本章介绍了下一代智能水中航行器 *LATIS* ROV 的主要特性。该航行器作为平台样机构建，用于演示系统的有效性和可操作性，并验证 MMRRC 开发的新技术。实场试验表明其总的目标（节约船舶工时并简化 ROV 操控）可以通过以下途径实现。

- 改进的用户界面（采用先进的 2D 和 3D 显示器获得较好的情境认知）。

- 先进的控制模式（使一般技术水平的 ROV 操作人员获得优异的效果）。
- 应用最先进技术的定向定位仪器（光纤陀螺 INS），提供高精度的控制和导航数据（使后处理更容易和给出更高质量的海洋测深数据图谱）。
- 改进控制舱—船桥的通信（使 ROV 与船舶运动具有更好的同步性）。
- 诸如光纤陀螺 INS 等仪器价格昂贵，但在工作级或简易工作级 ROV 的整体成本中却并不贵。然而，它们可通过实时提供高精度位置和方向信息，使本章所述先进控制系统易于实现。采用精密导航仪器带来的效益，可能实现在 *LATIS* ROV 上安装的先进控制与自动操控系统中运行。

后续工作包括在商业应用级 ROV 上实施和试验测试智能技术（捆绑在 ROV 升级套件中），该项工作与加拿大 MI SOT（海洋技术学校海洋研究所）合作开展。

致谢

本章所述建模和支持操作工具的开发由以下机构和项目提供经费支持：爱尔兰海洋研究所（Irish Marine Institute）；2000—2006 年爱尔兰国家发展计划/测量和生产部业务项目/海洋研究、技术、开发和创新课题（课题编号：PhD-05-004，INF-06-013，IND-05-03）；爱尔兰科学基金 06 号/ CP / E007（爱尔兰科学基金会—查尔斯帕森斯能源研究奖项 2006）；SR3.2 项目/ROV 用于深海生境地图测绘（项目编号：HEAPRTLI3）；环境和气候变化影响与响应项目/环境专业研究生课程（项目编号：HEAPRTLI4）；爱尔兰企业商业化技术开发 2007 年项目基金 － MPPT Ring，“多用途海底作业平台技术”（项目编号：CFTD/07/IT/313）；爱尔兰企业商业化技术开发 2007 年项目基金 PUASE RT（Precision Underwater Accelerated Sonar Emulation in Real Time，“精密水下加速声呐实时仿真”，项目编号：CFTD/07/323）。

参考文献

1. Beaudoin G, Robertson D, Doherty R, et al. 2010. Technological challenges to commercial-scale application of marine renewables. Oceanography, Journal of The Oceanography Society, 23(2): 32-41.
2. Curtis B, 2010. Simulation reality. The Journal of Ocean Technology, 5(3), ISSN 1718-3200.
3. Grehan A, Wilson M, Guinan J, et al. 2005. ROV investigations of cold-water coral habitats

along the porcupine bank margin, West Coast of Ireland. 3rd International Symposium on Deep Sea Corals.

4. Grehan A, Toal D, Brown C, 2006. ROV investigations of cold water coral habitats in the porcupine/rockall off the west coast of Ireland. The Irish Scientist Yearbook, 14: 96.
5. International Collaboration in ROV Development, 2010. The Journal of Ocean Technology, 5(3).
6. Lukas UF. 2010. Virtual and augmented reality for the maritime sector applications and requirements. 8th IFAC Conference CAMS 2010 (Control Applications in Marine Systems), 15-17 September. Rostock-Warnemunde.
7. Lin Q, Kuo C. 2001. On applying virtual reality to underwater robot tele-operation and pilot training. The International Journal of Virtual Reality, 5(1).
8. Miskovic N, Vukic Z, Barisic M. 2006. Autotuning autopi lots for micro ROVs. Proceedings of 14th Mediterranean Conference on Control and Automation (MED06).
9. Omerdic E, Riordan J, Toal D, et al. 2006. Virtual underwater lab: Efficient tool for system integration and UUV control development. 7th IFAC Conference on Manoeuvring and Control of Marine Craft (MCMC 2006).
10. Omerdic E, Riordan J, Toal D. 2008. MPPT Ring – Multi-purpose platform technologies for subsea operations. IFAC Workshop on Navigation, Guidance and Control of Underwater Vehicles.
11. Omerdic E, Toal D, Leahy M. 2010a. Assistive tools for system integra- tion, deployment, monitoring and maintenance of ocean energy devices. Journal of Engineering for the Maritime Environment, 224(2): 155-172.
12. Omerdic E, Toal D, Nolan S. 2010b. Smart ROV LATIS: Control architecture. UKACC International Conference on CONTROL 2010.
13. Omerdic E and Roberts G. 2004. Thruster fault diagnosis and accommodation for open-frame underwater vehicles. Control Engineering Practice, 12: 1575-1598.
14. Omerdic E, Roberts G, Toal D. 2004. Extension of feasible region of control allocation for open-frame underwater vehicles. CAMS 2004, Ancona.
15. Riordan J. 2006. Performance Optimised Reverberation Modelling for Real-Time Synthesis of Sidescan Sonar Imagery. PhD in Computational Ocean Acous tics, PhD Thesis of University of Limerick, Limerick, Ireland.
16. Rourke FO, Boyle F, Reynolds A. 2009. Renewable energy resources and technologies applicable to Ireland. Renewable and Sustainable Energy Reviews, 13: 1975-1984.
17. Toal D, Omerdic E, Riordan J, et al. 2010. Multi-mode operations marine robotics vehicle-mechatronics case study, Ch. 7, in: D. Bradley and D.W. Russel (Eds.), Mechatronics in Action: Case Studies in Mechatronics Applications and Education, ISBN 978-1-84996-079-3, Springer-Verlag, London.

第 3 章　*HyBIS* ROV：多功能 6000m 潜深机器人水下航行器的新概念

Bramley J Murton[①]、Veit Hu nerbach[①] 和 Jo Garrard[②]

3.1　背景

3.1.1　系统要求

海洋地质学领域的学者提出了 *HyBIS* ROV 的概念，即在不采用贵重且复杂的工作级（work-class）遥控航行器（ROV）技术的条件下，进行深海海底探测并与深海海底互动联系。最近，科研人员开展的大部分深海海底采样都采取“盲采”技术，即从船体的侧面布放采样器和抓斗等被动机械采样装置。但是，近年来日渐明显地认识到海底远比我们以前了解的更为零碎，其在形式上呈现为存在生物活动小区域（如深海珊瑚和海底冷泉区）或局部地质活动区域（如热液喷口和矿物质沉积区）。在裸岩露出区域，海底更加斑驳零碎。海洋地质学领域与陆上地质学领域一样，需要知道不同岩石类型之间如何相互联系，据此了解岩石形成和塑造的过程，这就需要进行可视化探测和针对性采样，还需要与海底进行互动以便布放、操作和回收沉重的仪器。对于需要高分辨率的地球物理研究来说，仅在船侧布放仪器已经不足以达到要求了。人们越来越需要将仪器布放在海床的固体部分，且要求能精确定位，常常还需要择优取向。同样，布放长期观测站也需要精确定位，甚至需要布放分布式有线传感器。

我们的设计规格就是开发一个易于使用的系统，该系统能够在水下深达 6000m 处作业，能携带高清（High-Definition，HD）摄像机和强力光源，满足基本的机动性要求，并能适应包括大体积海床采样、精细操控、布放、交互联络和回收重型有

---

① 英国国家海洋学中心（National Oceanography Centre, Southampton, UK）。

② Hydro-Lek Ltd, Berkshire, UK。

效载荷和海底仪器等一系列任务。作为学术型科研人员，我们的预算有限，无论是航行器采办还是航行器在近海运营的经费都是如此，但是其功能规格的要求却很高，因此，所面临的挑战不是重复常规 ROV 的设计过程，而是考虑能满足特定科学研究要求的另一种设计概念。

我们已经获得了 *HyBIS* ROV 系统要用到的一些现有参数。在科考船舶上安装了一条电力和光纤相结合长达 10km 的装甲脐带缆，在 6000m 深度下安全工作载荷（Safe Working Load，SWL）为 3t；科考船舶有全动力定位系统，作为基本配置在科考船舶中也有布放和回收系统（Launch and Recovery System，LARS）。然而，我们所拥有的科考船舶都没有垂荡补偿绞车（heave-compensated winches）。虽然现有的绞车、脐带缆和 LARS 能减少 *HyBIS* ROV 布放对采办特定系统的需求，但是缺乏垂荡补偿仍是一个限制因素。

3.1.2　设计考虑及其意蕴

我们的设计要求航行器拥有能够容纳大采样体积和仪器布放的有效载荷量。航行器在水平面上的机动性要求包括具有至少 2%水深的作业半径，还要求具有实时控制功能和可视性；该系统要求适应性强和功能多样，并可容纳带有实时数据遥测装置的额外仪器和模块；为了满足控制不同工具的要求，选择了一个电动液压系统。因为有效载荷的要求，放弃了选择漂浮功能，所以航行器不能通过浮力平衡实现自然漂浮；可通过一根直连缆线满足有效载荷要求，但航行器的垂向稳定性会受到船舶垂荡的影响。例如，对 98m 长的科考船舶布放 LARS 位置的垂荡分析可知，在 F5 及以下海况的海域，存在周期为 5s 且幅值最大可达 2m 的垂荡。另外，缆线垂向长度和推进器功率还将关系到航行器水平面上的机动性。然而，放弃漂浮功能的优点可减小航行器的体积与重量，只需要水平推进器和具有更大的有效载荷容量以降低成本。

科考船舶在站内停泊和沿探测航线航行的模式下，其动力定位精度可达米量级的规格。若给定一个典型的工作深度为3000m，则2%水深作业半径的机动性能够实现以科考船舶为中心，在60m半径覆盖的范围内作业，这足以使我们能够在所要求的斑驳零碎小范围内进行探测和采样。

连接船舶与航行器的直连缆线还能实现在海底布放重达 500kg 的仪器。然而，大体积采样受到的限制来自抽拔作业可能产生的载荷，而不是任何样本自身的重量。

于是限定以 3t 为安全工作载荷在 6000m 深度工作，样本的体积为 0.25m^3 且深入海底软沉积物中的最大深度为 30cm。尽管有这样的限制，但是在富含黏土的沉积物中，对抽拔作业可产生的载荷模式不能排除黏附（sticktion）的可能性，在这种黏附作用下某些类型沉积物的塑变会导致采样抓斗被拽住。虽然 *HyBIS* ROV 要求能够反复放开闭合采样抓斗，但是也要求能够抛弃任何采样工具，以保护 10km 长的脐带缆和 *HyBIS* ROV 的其他部分。

3.2　模块化设计概念

用相当于 10km 长的脐带缆成本的预算来满足 *HyBIS* 航行器的要求是一项相当大的挑战。参考设计树可知，系统必须具有多功能性，为此提出了模块化设计的求解方案。按照这个概念构建了一个指令模块（见图 3.1），它将携带电力供应、控制、推进器、液压泵、摄像机、照明和遥测等装置。该指令模块牢固地连接了脐带缆且具有 500kg 的有效载荷承载能力（见图 3.2）。指令模块的基础部分包括一个能适应多个可拆卸模块的标准对接模板，其中最主要的模块是“蛤壳”形抓斗。其他模块包括一个带有 5 项功能的操纵臂和可伸缩样本托盘的工具橇，一个仪器类有效载荷布放模块和一个着陆器回收模块，着陆器回收模块带有一个被动滚筒，里面装有长 600m、重 20t 的断裂应变回收缆绳。所有模块都具有从指令模块中远程抛弃的功能。

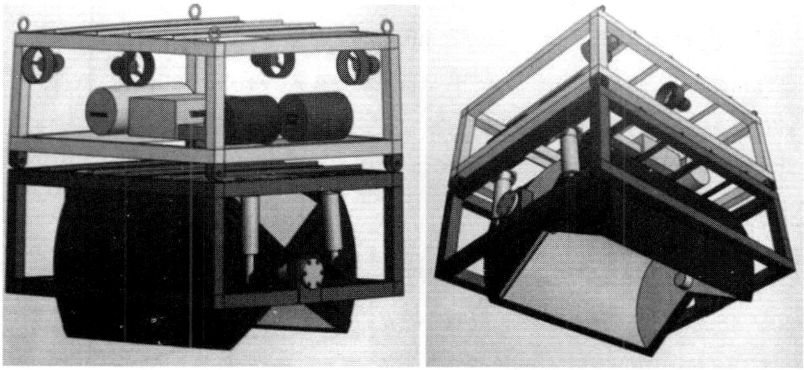

图3.1　*HyBIS* ROV概念设计。上层指令模块（灰白）通过液压释放和对接系统与工具模块（暗灰）相连接

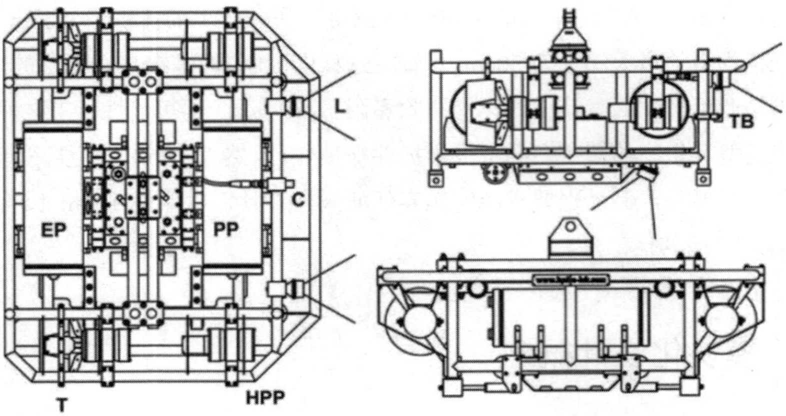

平面图　　　　侧视图和前视图

图3.2　*HyBIS* ROV指令模块图，展示了主要装置：EP，电子吊舱；PP，动力吊舱；L，照明灯光；C，摄像机；T，推进器；HPP，液压泵；TB，倾斜杆

3.2.1　指令模块

指令模块是一个开放立体框型结构，底面积为 1200mm×1300mm，高度为 600mm（见图 3.3）。该立体框型结构由 316 型管型不锈钢制成，具有可调重心的悬挂点，在立体框型结构的上层方形框架内分布载荷，上层方形框架自身通过交叉支撑杆连接到立体框型结构的下层框架进行加固。这个交叉支撑杆的开放框型结构，可确保载荷均匀分布在立体框型结构的 4 个垂向构件的每个角点上，角点转而又形成可连接不同工具模块的对接系统模板。悬挂点可以沿两根水平轴调整，以适应连接不同工具模块时重心的变化。布放在指令模块上的装置：2 个电力推进器，2 个液压动力装置，2 个液压阀装置，2 个干空间电气吊舱，1 个油补偿变压器，3 台摄像机，若干个光源和 3 个激光测距仪。

3.2.2　电气系统

指令模块中有一个 6kV 的降压环状变压器，变压器从 10km 长的脐带缆中接收单相 1500V 交流电并转换为单相 220V 交流电。该变压器安装在一个油浸式压力补偿箱中，变压器输出端分置在两个分离的干室中：一个为动力吊舱，另一个为电子元器件吊舱。动力吊舱将 220V 交流电转换为 220V 三相电源为两台电动机控制器供电。这些电动机又给两个 2.2kW 推进器和两个 2.2kW 液压泵供电。由于受功率限制，这些电动机基于“二择一”（either-or）的方式运行：一个或两个推进器运行，或者一个或两个液压泵运行。

图3.3 指令模块与停放在皇家（*RRS*）“发现号”甲板上的工具模块对接

电子元器件吊舱包括给两条 1kW 的照明电路供电的 220V 电源，其中每条电路都可通过微控制器独立开关。电子元器件吊舱中有 3 种切换电源模式，分别将 5V、12V、24V 直流电提供给电子元器件和继电器。所有待接入的遥测信号都将通过一个 FOCAL 907^{TM} 单模式光纤多路复用器传输，以形成 3 路 8bit 彩色视频通道，4 路 RS-232 和 2 路 RS-485 双向数据通道（Bell，1976）。Hydro-Lek 有限公司的两个遥测面板由一组微控制器（包括 Hydro-Lek 拥有专利的操纵臂控制卡）组成，该面板接收 RS-232 数据串，能操作包括两个液压阀装置在内的 32 个功能对象。SeaEye Marine Ltd 的一个罗盘面板可以提供航向、俯仰和横滚数据，这些数据来自一个 3 分量“霍尼韦尔”（Honywell）磁通门磁力计（HMR3200/HMR3300 型）；该面板也可以接收、连接和发送来自两个转换器中的压力数据：一个指示周围水压（深度），另一个指示差动液压。其他还有备用串行数据通道和电源接口，用于加装各种传感器，如温盐深仪（Conductivity Temperature Depth，CTD），一个扇形扫描声呐和一个测高计。

3.2.3 摄像机

3 路视频通道全都被使用：2 路用于微光（0.1lx），带有固定焦距（100mm 到无穷）、自动光圈、625 行 PAL（Phase alternating line，相交替线）模拟输出的 1/3 电荷耦合器件（charge-coupled dervice，CCD）复合彩色摄像机。这些钛制外壳的摄像机由“博泰克”（Bowtech）有限公司（L3C-550 Aquavision）提供，有体型小、重量轻（长为 133mm，直径为 31mm，由钛封装）和耗电低（130mA）的优点。另一路视频通道专用于高清视频/静态摄像机。为了能够使用最先进的摄像机并降低成本，我们开发了通用不锈钢压力外壳，它带有一个平面蓝宝石玻璃窗口，以适应高端用户的数字高清（1080i）摄像机（如 SONY™）。高清摄像机可转发标清视频到水面，并同时在一个 250GB 微型硬盘驱动器中记录长达 30h 的高清视频和静态图片。每次下潜完成后，高清视频随之可在甲板上从摄像机通过一个 USB2 高速数据线下载。该摄像机在水面端通过一个红外线（IR）界面（Home Electronics™）进行控制，此时 IR 指令数据转换为 RS-232 数据串（在 Windows PC 上使用公共领域 IR 控制软件），通过光纤多路复用器转发并发送到微处理器，在此又转换回 SONY™ IR 指令然后传输到摄像机。这允许用户可以访问摄像机上的所有功能，包括白平衡、缩放、手动或自动聚焦、稳定图像、慢放视频、获得 8 万像素和 12 万像素照片。SONY™ IR 指令是专属的，没有向公众开放。为了克服这个困难，我们必须采用一个声卡和从摄像机 IR 远程控制器到计算机的硬接线输入来读取 IR 二进制指令串，从而可以检查传输的二进制串。然后当接到由 RS-232 信号发送的指令时，要使用可编程微处理器和 IR LED 重新生成该 IR 二进制串。高清摄像机和前进方向照明灯都连接在液压驱动的斜杆上，该斜杆位于 *HyBIS* ROV 指令模块前端，可绕水平轴垂直旋转 60°。

3.2.4 激光测距仪

在国家海洋中心（National Oceanography Centre）开发了 3 套激光装置，它们安装在指令模块上以产生距离和刻度指示。激光装置采用 1 级，5mW，650nm，4.5V 直流的 Imatronix™ 激光二极管，安装在具有光学抛光石英玻璃窗的 316 型不锈钢外壳内。各个装置长为 85mm，直径为 20mm，额定安全作业深度为 6000m；它们由一个带有浸湿检测开关的油浸式压力补偿电池箱供电，出于安全考虑，浸湿检测开关只有当浸没在水中时才会启动激光器。这种独立激光器模块配置使得它们容易重新向前方或者向下方定位。其中 2 个激光器平行安装，相距 100mm 的间隔；第 3 个激光器则设置为与前者成一定角度，这样 3 个激光点就会在可选择的范围内对齐，这在给出向下接近海底的指示时特别有用。

3.2.5 照明

为了尝试保存较长波长色温的视频图像，选择卤素灯照明［深海电力和灯光有限公司（Deep Sea Power And Light Ltd.）的产品 Deep-MultiSeaLights™］。尽管这是最不节能的照明形式之一，但卤素灯容易维护和操作。两个照明电路中的各电路为 3 盏照明灯供电，照明灯并联连接，最大功率可达 320W，总共有近 2kW 的照明灯可供使用。石英卤素灯发出 3500K 色温的灯光，且在大约 5m 的范围内对可接收颜色进行复制（Duntley，1971；O'kirk，1991；Rea，1993）。这些卤素灯安装在金属架上，并使用高密度聚乙烯夹连接到航行器上。在 *HyBIS* ROV 整个指令模块和工具模块框架使用标准直径管构建，卤素灯可以轻易地安装在多种不同位置上，确保具有广泛功能和最佳照明。其中两盏卤素灯安装在前端的倾斜杆上，用以追踪标清和高清摄像机的运动（见图 3.4）；其他卤素灯安装在前方或下方。有一盏卤素灯用于从指令模块中心向下照射，在此处光源与向下探测的摄像机互相配合，以观察海底、抓斗中的物品或其他工具模块运行情况。

图3.4 *HyBIS* ROV在水池中测试，倾斜杆上的前向灯和摄像机能从水平方向旋转60°

3.2.6　推进器

两个推进器位于指令模块后方的左右舷两侧（见图 3.5），这些 2.2kW、3 相电力推进器每一个在前进或者倒车运动时都能提供 50kg 推力。推进器的螺旋桨位于柯特导管内，并由柯特导管为其导流，以便通过减少梢涡和增加推力方向性来提高效率。每个推进器都可以单独运行。为简单起见，推进器电动机控制器有单一的最高速度，而其启动时功率曲线的最大功率时间为 2s。这样处理有两个优点：降低了启动电流要求；能让操作人员进行更精细的操控。当航行器转首推进器产生相当大转矩时，第 2 个优点就会显得尤其重要。这些推进器都是油浸和压力补偿的，在深度超过 4000m 时低黏度油用于减少电动机定子上的黏性阻力。

图3.5　右舷推进器和一个液压动力包

按一般规则，推进器可以使航行器作业半径处于水深的 3%～10%（见图 3.6），其中的差异是由布放的脐带缆所增加重量引起的。例如，操纵性能半径受到推进器驱动航行器质量大小和脐带缆沿一条弧线段的重力作用限制，弧线段长度是脐带缆长度（水深）及其与垂直方向夹角的函数。所需推力近似等于脐带缆与垂向夹角的正弦乘以航行器和脐带缆的总质量：

$$F \approx \sin\alpha \cdot M$$

式中，F 是所需推力，α 是脐带缆和垂向的夹角，M 是航行器和脐带缆的总质量，$\sin\alpha$ 近似等于操纵性能半径（r）除以布放脐带缆长度（d）的值，因此

$$F \approx \frac{r}{d} \cdot M$$

或者

$$r \approx \frac{F \cdot d}{M}$$

脐带缆的拖曳力使其形成悬链线，或者理解为当力施加在其远处一端时脐带缆会弯曲，因此脐带缆有效重量（在水中 1kg/m）近似按布放长度的一半确定。当航行器在水中重量为 800kg，推力为 1000N，脐带缆布放长度为 6000m 时，可以估算得出操纵性能半径约为157m；若进行浅水作业，如水深为 1000m，则 $r \approx 77\text{m}$。

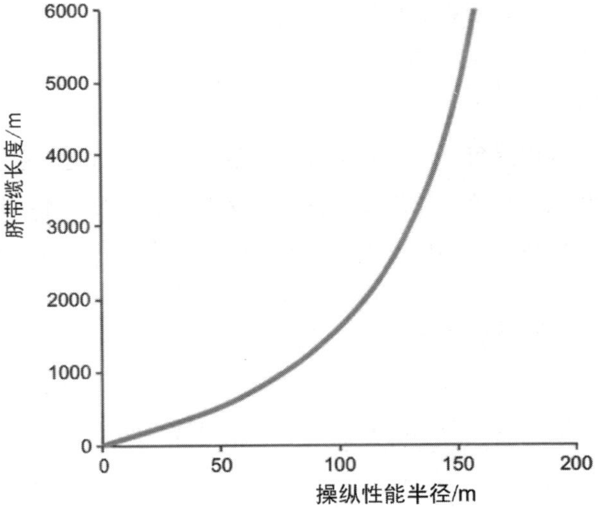

图3.6　操纵性能半径：按1000N最大推力、航行器固定重量、脐带缆长度及其附件近似质量估算得出

在实践中，我们发现操纵性能要比估算的好，因为脐带缆在脐带底部的弯由度大于预期。因此推进器在重力作用下工作的脐带缆，其有效重量显著小于本节前面估算的脐带缆总重量的 50%。经验表明可以获得几乎相当于计算值两倍的操纵性能半径，而且通过在脐带缆末端 50m 范围内附加浮力还可进一步增大作业半径。若以 5 个扁球形的复合泡沫塑料球提供浮力，每个复合泡沫塑料球提供浮力 100N，则脐带缆末端可以绕轴心向上旋转升高 50m，从而使作业半径更大。

3.2.7 液压电动机

液压动力由两台 2.2kW 的 3 相液压泵提供。液压泵采用相同的定子模型，如同推进器部件具有通用性从而可减少额外备件一样。液压压力由两个并行操作的泵产生，每个泵都可独自开关。选择两个泵对于确保在极端深度（水压很高）下运行至关重要，此时液压流体黏性增加（Herzog et al.，2003）。止回阀防止两个泵相互驱动，每个泵也都有其独自的预先设定压力，并考虑了流速的高低和驱动力的大小。例如，当驱动采样抓斗时，两个泵都要运行，提供最大动力和闭合速度。当使用带有 5 项功能的操纵臂时，起初压力较低的泵运行用于对臂进行操纵，但当搬运重物、紧固夹爪或用其电缆剪剪切扭曲物面时，可能需要用两个泵。与推进器电动机一样，液压泵也是油浸和压力补偿的。压力传感器可测出液压流体和周围海水之间的压力差，这些数据会向操作人员显示以监视泄漏或其他问题。

3.2.8 液压阀组

使用两个液压阀组，每个液压阀组有 4 个独立的双向功能，它们通过电子吊舱里的遥感卡进行控制，每个液压阀组可对一个或两个泵中的流体流量调节，以实现 8 个独立功能。各液压阀组都连接了带可拆除配件的软管，以适用于安装不同的液压工具。另外，在需要抛弃低层工具模块时，快速释放选项可使软管与较低层工具模块脱离。仅有的与指令模块永久连接的液压功能是，用来驱动摄像机和照明斜杆的一个 100mm 单冲程汽缸和位于下层方形框架对接模板每个角落的 4 个 100mm 冲程汽缸，在紧急情况下这 4 个 100mm 冲程汽缸同时运行时可抛弃工具模块。

3.3 工具模块

3.3.1 大块样品抓斗

基本的工具模块包括一个具有 $0.25m^3$ 容积和 30cm 穿透深度的“蛤壳”形抓斗。抓斗由铝制造，每个抓斗壳和切削刃外围都有不锈钢半圆形支架，抓斗覆盖面积为 $0.5m^2$（1000cm×50cm）。抓斗安装在一个由 316 型不锈钢管制造的开放立体框型结构下，高为 900cm，该立体框型结构上层方形框架通过插销固定于指令模块的下层方形框架上（见图 3.7），考虑到必要时可以将其抛弃，该插销可通过液压拆除。4

个液压活塞用来驱动抓斗壳瓣，闭合力为 4t。抓斗采样模块简图如图 3.8 所示，抓斗的各个壳瓣在下端同时关闭，两个聚丙烯盖子盖住顶部形成封闭内部空间，使样品回收到水面时不受冲刷和飞溅区的影响。抓斗壳瓣闭合速度取决于深度和环境温度（影响液压油黏度），闭合时间在 10～30s 变化。其盖子为半透明的，从而位于中心位置的向下灯光能照亮闭合抓斗内部。一个朝下的摄像机也位于抓斗上方，使其既能观察海底，也能在抓斗关闭后观察其中的内容。这种配置的优点在于可检查样品并在必要时抛弃样品以获取另外的样品。在抓斗模式作业期间，激光测距仪指向垂直向下并设置为与海底的距离。两个向下的灯光也位于抓斗下层方形框架上，提供可达 640W 的光照。

图3.7　立体框型结构上层方形框架通过插销固定于指令模块的下层框架上

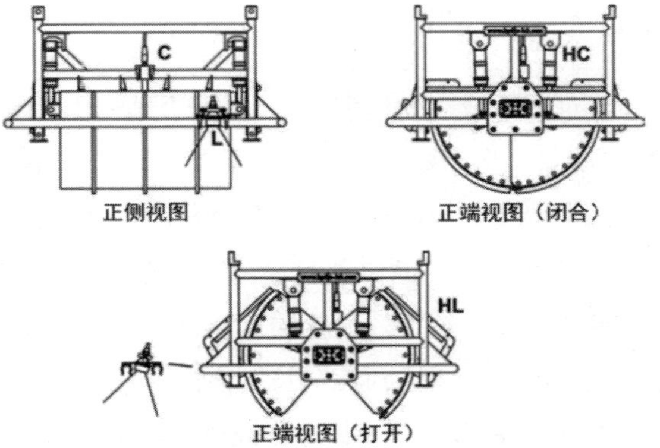

C，摄像机；L，照明灯；HC，液压缸；HL，铰链盖

图3.8　抓斗采样模块简图：正侧视图，正端视图（闭合），正端视图（打开）

抓斗到达水面后可以打开盖子，在获取的样本中再次采样。如有必要，抓斗模块可以安装在甲板的一个框架上，当抓斗打开时将样本托盘放在抓斗下方，以卸出和搬移抓斗中的物品。该抓斗已经成功地用于采集富含黏土和沙子的沉积物，以及坚硬的岩石样本。对于生物，如海绵，已进行了定位和原位采样，此时其纤维“根”仍附着和嵌入在沉积物中。即使在回收抓斗通过飞溅区时，波浪可冲刷到 *HyBIS* ROV 的仪器，但样本表面相对来说仍然不受扰动；抓斗是非水密的，沉积物与溅入其上的水界面处经常需要排水（见图 3.9）。

图3.9　对抓斗进行排水

3.3.2　工具橇

工具橇包括一个低重心开放立体框型结构，该框型结构由 316 型不锈钢管制成，通过对接系统与 *HyBIS* ROV 指令模块连接（见图 3.10）。工具撬高为 600cm，有两种配置：一种具有 20cm 宽的聚丙烯滑道覆盖整个模块侧面，并在各个端部再延伸出 20cm；另一种具有位于每个角点的单独衬垫。在该模块里有一个可伸缩的样本托盘，其两侧各设有上下两条管形轨道，滚轮的顶部和底部位于管型轨道内，这种可伸缩悬壁机构使样本托盘可以伸展达到其全长。该样本托盘宽 500cm，深 600cm，高 30cm，由安装在托盘下方后部的单个长冲程液压缸驱动。样本托盘以不锈钢角钢制成，由不锈钢网格环绕，可缩回装有不锈钢网格顶部的“抽屉”中，这种配置确保样品在可伸缩样本托盘内充分安全，以防 *HyBIS* ROV 回收时在飞溅区样品损失或损坏。

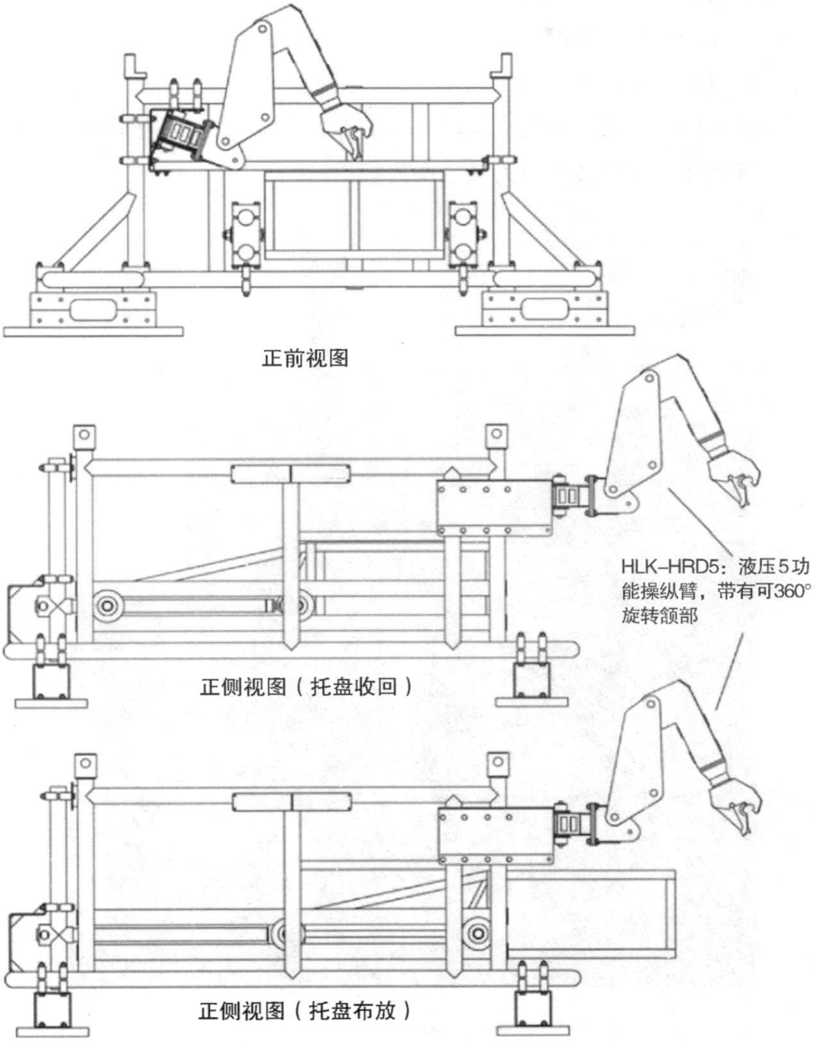

图3.10　工具橇与*HyBIS*指令模块连接

一个液压 5 功能操纵臂（HLK-RHD5）连接在工具橇右舷前方下部，该操纵臂具有 80kg 起重能力（以 160bar 液压驱动），全伸展长度为 943cm（见图 3.11）。该液压 5 功能操纵臂有一个可连续旋转 360° 的颌部，内置 12mm 直径缆线。操纵臂位于可旋转板上，与水平方向成 15° 角安装，从而操纵臂能在航行器前方 270° 弧线范围内到达海底，也能往上到达与垂直方向成 30° 角以内的地方。

液压阀组没有流量控制机构，故将两个液压阀组中一个工作液压降低到 60bar，从而能够相对缓慢而精确地控制操纵臂及其颌部。该方案仍需要启动第 2 个液压泵，并将其压力设置为 100bar 以加强操纵臂的功能，提高起重能力和颌部闭合压力。所有连接到操纵臂的液压软管与指令模块对接的方式都具有可即刻拆卸的机制，以实现快速和方便地将该操纵臂更换为其他所需模块。

图3.11　液压5功能操纵臂

如有必要，其中的一台复合彩色摄像机可以安装在操纵臂上用以近距离作业。在工具橇作业模式下，两个独立照明电路都可接最多 5 盏照明灯，这些照明灯安装在工具撬的前方，其中一盏照明灯用于样本托盘照明。通常一台复合彩色摄像机和两盏照明灯安装在前方倾斜杆上，另一台摄像机在工具撬一侧倾斜向下安装，这两个拍摄位置可给出实场的透视景观，使操作人员更方便地进行各项作业。

3.3.3　着陆器回收模块

我们对 *HyBIS* ROV 系统要求是能够在海底回收和布放较重的仪器，重 4t 的海底观测仪是其中之一，它要布放在北极区域 400m 水深处。科考船操控人员为该项任务设置的限制条件包括，限定在部署过程中的任何时候都不得在船舶一侧布放多于一根的脐带缆，因此研究得出了一种求解方案，包括由 *HyBIS* ROV 指令模块布放着陆器回收模块，其中携带被动驱动滚筒，滚筒上装有长 600m、安全工作载荷 4000kg 和断裂应变载荷 20t 的起重绞索（12mm 直径的 *Dynema*^{TM} 型绞索）。着陆器回收模块（见图 3.12）是由 316 型不锈钢管制成的开放立体框型结构，它装有来自工具橇模块上的液压 5 功能操纵臂，操纵臂上有一个吊钩，通过一个 T 型杆接在操纵臂的颌部，并装在起重绞索上（见图 3.13）。然后该绞索连接 4t 着陆器，当起重绞索由滚筒回卷时，*HyBIS* ROV 系统的仪器则向科考船回收。滚筒有一个摩擦离合器和一个约束机构置于起重绞索的收线装置上，以确保起重绞索紧紧缠绕在滚筒上。当遇到起重绞索的索污物使科考船经 *HyBIS* ROV 锚定在着陆器上时，可做出两种选择：用操纵臂的缆线剪剪断起重绞索或抛弃整个着陆器回收模块。

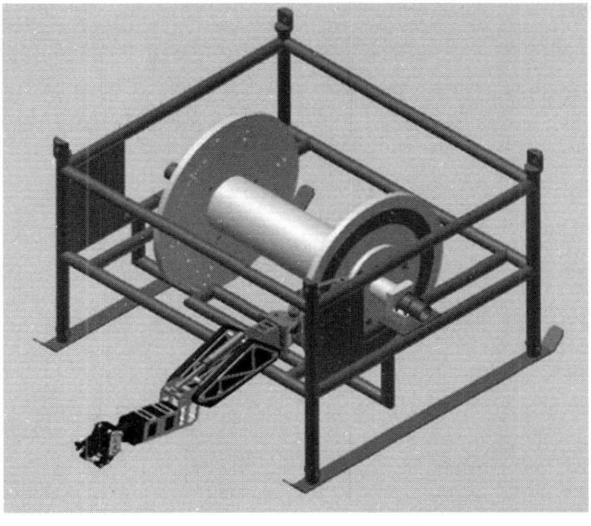

图3.12　着陆器回收模块的轴侧视图

图3.13　*HyBIS* ROV着陆器回收模块在位于北极区域的甲板上，大钢钩由操纵臂通过T型杆握住，且与回收到航行器滚筒内的缆线连接

HyBIS ROV 之前有过回收着陆器的经历，但曾回收的着陆器没有北极区域的 4t 着陆器那么重。在 2008 年第一次试航时，*HyBIS* ROV 在富埃特文图拉岛（Forteventura）海岸附近从 2200m 水深处回收了一个海底着陆器。这个着陆器（“美特尔号”）由利物浦的普劳得曼海洋实验室（Proudman Oceanographic Laboratory）研发，用作一个长期监控系统，载有温盐深仪（CTD）和声学多普勒海流分析仪（Acoustic Doppler Current Profiler，ADCP）等贵重科研设备。着陆器设计成带有两个独立的声控卸除机构和玻璃球浮体，着陆器按此设计本应该抛弃其锚重并按指令返回到水面，遗憾的是试验任务结束时，着陆器没有成功地卸除锚而陷到海底。通过对其声呐转发器声学测距，其在海底的位置被三角测量法定位在几十米范围内。*HyBIS* ROV 由一艘非动力定位船部署，该航行器设法扫出一条抵达着陆器位置的路径，并在海底 500m 的范围内搜索后找到了着陆器。*HyBIS* ROV 只装备了抓斗模块，由一根绳索和抓斗连接着陆器，并将着陆器的整个组合装置回收到水面，从而打捞出了价值与 *HyBIS* ROV 本身相近的装备。

3.3.4　着陆器布放模块

着陆器布放模块如同其他模块一样是一个由 316 型不锈钢管构建的开放立体框型结构，并通过 4 点接插卸除系统与指令模块连接，该模块（见图 3.14 和图 3.15）是专门为部署海底地震仪（Ocean Bottom Seismometers，OBS）和电磁接收器

（Electromagnetic Receivers，EMR）设计的。这些仪器底部尺寸相同并依靠锚重保持在海底，通过声控和定时卸除系统连接到玻璃浮体以返回水面。*HyBIS* ROV 面临的挑战是要布放一个模块，该模块能将着陆器布放到 6000m 水深处，且由超短基线（USBL）脉冲转发器导航（Jourdan et al.，1997），并置于海底平坦而相当坚固的部位。一个 100mm 冲程的液压缸在布放模块的顶部运行，其形成一根可伸缩杆，通过可伸缩杆掌控底部仪器。一旦找到了海底适当的区域，且位置可以接受，*HyBIS* ROV 就会通过推进器进行转动，直到着陆器朝向所需方向。而后液压缸启动，插销撤出，将仪器释放到海底，再进行定位检测，确认仪器的方位及仪器与海底配合的情况。

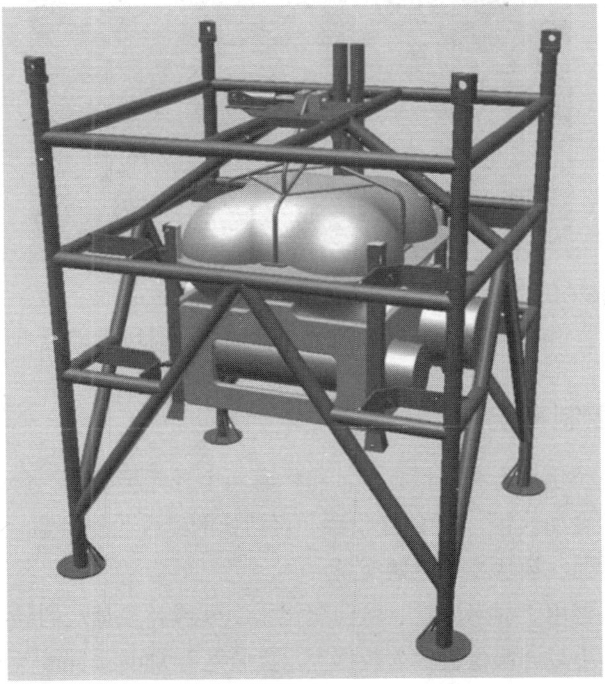

图3.14　布放模块轴测图：一个OBS已置于其布放点；EMR高度更高且有4根16m天线，故布放模块高度较高；液压汽缸和插销用于掌控和从模块顶部释放仪器；该模块每个角上的对接模板和释放销与*HyBIS* ROV指令模块连接

图3.15　装载OBS的布放模块，准备在北冰洋从RRS *Jame Clerk Ross*尾部布放，作为高分辨率电磁与地震探测相结合项目的一部分

3.3.5　上层控制系统

上层控制系统包括一个便携式箱，箱内有 4 个视频屏幕、一台计算机、光纤多路复用器、视频叠加装置、GPS 接收器和可切换的操作员控制盒（见图 3.16）。操作员控制盒专为抓斗模块或工具橇配备。

视频叠加装置用于显示深度、航向变化、GPS 或超短基线的经纬度，且这些数据叠加在其中一个复合摄像机输入数据上。我们采用 Videostamp™ 设备接收串行数据，其中包括航行器深度、位置、GPS 时间和航向等，并将这些数据与 PAL 视频融入监控器和视频录制器中。其他各视频屏幕显示来自另外的摄像机和一台计算机窗口的视频输入，其中有一个仪表盘显示操作员信息，如同一个显示航向、深度、转向和位置的罗盘环。每次下潜都记录下这些数字数据。所有视频输入数据都再次输出到外部的视频监控器和录制器中。

图3.16　上层控制系统

3.4　结果

2008 年 10 月首次展示了 *HyBIS* ROV 的用途，当时该航行器要在 Forteventura 的卡纳里岛（Canary island）水深 2200m 处定位和回收一个重 250kg 搁浅的水下着陆器（见图 3.17）。

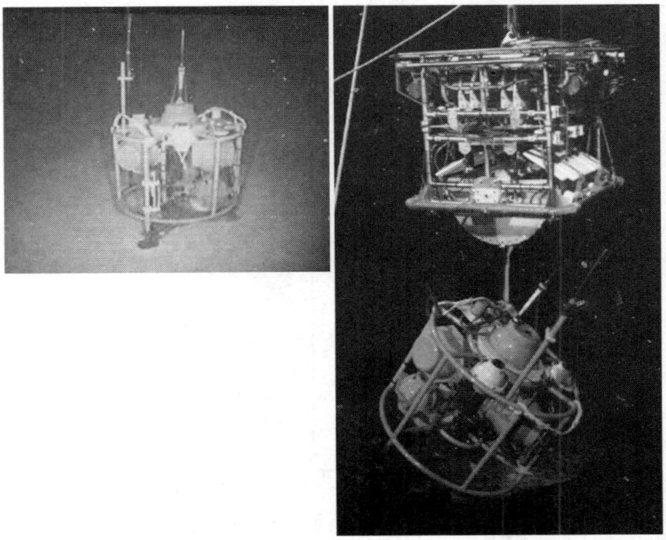

（a）*HyBIS* ROV 拍摄的海底着器图片　　（b）“美特尔号”回收到后甲板

图3.17　定位和回收水下着陆器

2010 年，*HyBIS* ROV 在开曼中部扩展中心（Cayman Spreading Centre，Perfit，1977）部署到地球上最深热液喷口（Murton et al.，2010）的地点。基于化学信号和微观海洋测深资料选择了 *HyBIS* ROV 下潜地址，微观海洋测深资料由自主水下航行器 *Autosub 6000* 获得（见图 3.18）。第一个 *HyBIS* ROV 下潜点位于轴向火山脊侧翼的 5000m 深度处，它对显示有轨迹的 4km 长范围定位图进行了探测，探测范围覆盖了化学羽状流指示的区域。*HyBIS* ROV 根据视觉对氧化铁沉积物定位，再按照生物学梯度对一个 150m 直径的活性热液烟囱和硫化物堆进行了定位、拍摄和采样。这些是已知的最深热液喷口，出现了 500℃温度的超临界流体喷射。应用同样技术还找到了另一个热液喷口区域，从而使 *Autosub6000* 和 *HyBIS* ROV 相结合成为世界上热液喷口定位最成功的技术。在这次航行中，*HyBIS* ROV 收集了热液烟囱、岩石样本、水体样本，并用吸枪（slurp gun）收集了生物样本。在 15 天作业中，*HyBIS* ROV 经历了 100h 的海底时间并达到 5162m 深度进行收集（见图 3.19）。

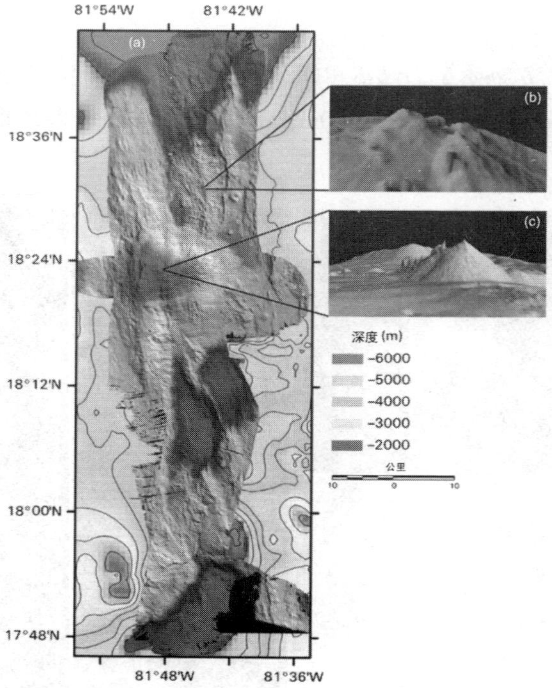

（a）由 AUV 获得的高分辨率 3D 测深图；（b）3D 测深图中 Mt Dent 的约 5000m 深热液硫化物堆；（c）3D 测深图中 Mt Dent 的 2200m 深热液硫化物堆

图3.18　以多波束测深技术所得的开曼扩展中心定位图

（a）*HyBIS* ROV 所得视频中的抓图，该图位置靠近开曼中部扩展中心 5000m 深的热液系统；
（b）*HyBIS* ROV 拍摄的活跃喷口烟囱

图3.19　*HyBIS* ROV收集的样本

3.5　结论

HyBIS ROV 蕴含的理念是研究得出一种针对用户特定需求的技术求解方案。我们不是在单一的系统（如 ROV）中提供一组完整的工程性能，而是以用户特定科研需求指导产品设计和技术开发。所得结果令人惊讶：得到了一种模块化设计的多功能技术，它的成本低且操作比较容易，该技术途径是高效且具有高成本效益的。*HyBIS* ROV 的研制经费和运营成本只是传统 ROV 的一小部分，但它能满足用户的许多需求。在研制中我们确保该装置从一开始就设计为具有功能裕度和通用格式，使之易于扩充和拓展以满足未来的需求。这种途径成功的关键在于准确了解用户所需，并将此与用户认为其所需求的加以区分。这就要求信息流为双向过程，即对工程人员和用户都加以指导，使二者都知道能实现什么和实际需要什么。

致谢

HyBIS ROV 系统的研制得到了自然环境研究委员会（Natural Environment Research Council）和英国国家海洋学中心（National Oceanography Centre）授予马尔顿（B.J. Murton）的资金支持，在此表示感谢；也感谢 Hydro-Lek 有限公司，尤其是总经理 Chris Lokuciewski 先生从项目开始以来对该项目的持续热情和支持。

参考文献

1. Murton BJ, Connelly DP, Copley JT, et al. 2010. Tyler, Cruise JC044 Scientific party. Hydrothermal vents at 5000 m on the Mid-Cayman rise: The deepest and hottest hydrothermal systems yet discovered, American Geophysical Union, Fall Meeting 2010, abstract #OS33F-05, 2010.
2. Bell CH. 1977. Fiber-optic multiplex optical transmission system, USPTO, 05/715, 485.
3. Jourdan D, Brown B. 1997. Improved navigation system for USBL users. OCEANS'97. MTS/IEEE Conference Proceedings1: 727-735.
4. O'Kirk JT. 1991. Volume scattering function, average cosines, and the underwater light field, Limnology and Oceanography, 36: 455-467.
5. Rea M. 1993. Lighting Handbook: Reference & Application[M], Illuminating Engineering Society of North America, New York.
6. Perfit MR. 1977. Petrology and geochemistry of mafic rocks from the Cayman Trench: Evidence for spreading, Geology, 5: 105-110.
7. Herzog SN, Neveu CD, Placek D, et al. 2003. Selecting the optimum viscosity grade of hydraulic fluid, Lubrication & Fluid Power, 6: 7-12.
8. Duntley SQ. 1971. Underwater lighting by submerged lasers and incandescent sources[R], Scripps Institution of Oceanography, La Jolla, CA, Visibility Lab: 286.

第 4 章　用于水下航行器操纵性研究的 AUV 项目

Ettore A. de Barros[①]、J.L.D. Dantas[①]、Luciano O. Freire1和Rodrigo L. Stoeterau[①]

4.1　引言

AUV 操纵性能预测是水下航行器设计阶段的重要内容。例如，其对设计水下航行器的自动驾驶仪和制导系统等都有影响，并且也会影响水下航行器的自主功能。

许多研究者已经应用数值模拟工具预测了潜艇和其他水下航行器的附加质量、静态力、力矩和尾流场。最近，有研究者将基于计算流体力学（CFD）的方法用于预测一艘 AUV 的稳定性相关水动力导数。例如，在 Tyagi 等（2006）和 Jagadeesh 等（2009）所做的工作中，当 AUV 相对水流倾斜（有攻角）时，对计算所得的 AUV 形体上的力和力矩与拖曳水池中试验数据进行了比较。与静态系数一起，Phillips 等（2007）预测了“奥托瑟波”（*Autosub*）AUV 数值仿真模拟回转操纵的稳定性相关水动力导数，并与在拖曳水池中由平面运动机构（Planar Motion Mechanism，PMM）测试所得动力作用结果进行了对比（Kimber et al.，1994）。Tang 等（2009）将 CFD 方法应用于非常规形状的水下航行器的水动力系数预测，通过比较动力学数值模拟与实场运行获得的水下航行器轨迹，对 CFD 预报结果进行了验证。Singh 等（2004）和 Lauder 等（2005）在其关于襟翼推进性能和控制的研究中应用非定常 CFD 模拟方法，模仿了下一代生物力学 AUV 的鱼鳍状形体的作用。

除了确定水动力系数，CFD 工具也用于优化 AUV 形状（Yamamoto，2007；Inoue et al.，2010）或 AUV 推进器的性能（Husaini et al.，2010），并考察 AUV 在对接过程（Wu，2010）和协同使命（Husaini et al.，2009）中形体上的受力。

目前，CFD 用于参数计算需要较高水平的关于网格生成和数值计算建模原理的专业知识。然而，CFD 被认为在发展得出水下航行器参数快速估算方法方面具有良

---

① 巴西圣保罗大学工业学院（Polytechnic School of University of S~ao Paulo, Brazil）。

好前景，因此，CFD 方法有望在设计更高效的 AUV 中扮演越来越重要的角色。

计算资源的经济性和数值计算模型的专业知识，使得 ASE 方法仍然备受关注，并被视为 CFD 方法的替代方案。水动力导数计算可得出近似结果，用于预测航行器的操纵特性，并用于在航行器设计早期阶段选择操纵面和探讨控制策略。ASE 方法直接重点关注各种参数估算，如附加质量和转动惯量（加速度相关的系数）估算，线性和非线性阻尼系数（与速度有关）估算，以及控制行为相关参数估算。AUV 设计的先进方法还会涉及设备/控制器的优化，此时水动力导数预测的方法也扮演重要角色。

ASE 方法预测水动力导数可给出基于物理概念的解析公式，有助于解释实验结果和 CFD 结果，还可用于确定水动力参数的不确定区间，从而有助于设计具有鲁棒性的控制系统。

本章主要在 *Pirajuba*（“皮拉茹巴”）AUV 项目背景下处理 AUV 建模和水动力系数预报问题。*Pirajuba*（巴西印第安图皮语‘黄鱼’之意）是一艘 AUV（见图 4.1），该 AUV 正在进行研制以作为本级航行器动力学和导航研究的试验平台。

图4.1　在游泳池进行测试时的早期版本*Pirajuba* AUV

该 AUV 起初是为水动力导数预测研究提供试验支撑，研究工作始于以 ASE 方法预测 *Maya*（“玛雅”）AUV 水动力导数（de Barros et al.，2004，2006，2008a）。在后期阶段，ASE 方法集成到 CFD 工具中用于改进水动力导数的预测过程（de Barros et al. 2008a）。目前，航行器的大部分实验均与拖曳水池试验有关，这些试验用于验证静态水动力导数预测结果。采用 *Pirajuba* AUV 进行自航模型试验的目的，包括验证动态水动力导数预测结果，并减少试验成本。

Pirajuba AUV 具有与 Myring 几何体相关的通用外形（Myring，1976），如“雷穆斯”（*Remus*）和“玛雅”（*Maya*）等航行器上也采用这类外形，从而使 *Pirajuba* AUV 成为 AUV 水动力学和控制研究的有用试验平台。在这种意义上，类似于船舶操纵性能中联合研究的情况，该外形可以用作不同研究机构试验的基准。

Pirajuba AUV 的主尺度与 *Maya* AUV 的相同，*Maya* AUV 是在印度—葡萄牙联合项目下研发的，该联合项目包括与圣保罗大学水下航行器研究室合作开展操纵性研究（de Barros et al.，2004；de Barros et al.，2006）。*Pirajuba* AUV 与原版本 *Maya* AUV 的主要差异在于 *Pirajuba* AUV 操纵面配置（在 *Priajuba* AUV 上，采用了十字形配置，位于中段形体的后端）和采用了水密结构，还有 *Pirajuba* AUV 采用了定制的推进器和所有硬件、软件系统均为嵌入式等方面。

本章介绍 *Pirajuba* AUV 项目及其在水下航行器动力学研究中的应用，各节内容组织如下。4.1 节介绍试验平台的意图；4.2 节介绍 *Pirajuba* AUV 概况；4.3 节展示 *Pirajuba* AUV 的控制架构；4.4 节介绍 *Pirajuba* AUV 动力学建模研究；4.5 节描述采用 *Pirajuba* AUV 拘束模型的试验，并据 4.4 节中给出的方法分析了其结果。最后，结合 *Pirajuba* AUV 项目进行了下一步发展总结。

4.2　“皮拉茹巴”（*Pirajuba*）AUV

Pirajuba AUV是巡航类型AUV，设计为可在2m/s的速度下自主巡航4h。该水下航行器的形体主要特征参数如表4.1所示。

表 4.1　形体主要特征参数

特征参数	尺度
光船形体长/m	1.742
形体最大直径/m	0.234
基线直径/m	0.057
首段长度/m	0.217
中体长度/m	1.246
Myring 体参数 θ/°	25
Myring 体参数 n	2

Pirajuba AUV 具有 Myring 型的形体，即由首部分段、圆柱形平行中体分段和尾部分段构成。首段和尾段形状分别由改型的半椭圆半径分布和立方关系描述（Myring，1976），如式（4.1）和式（4.2）所示：

$$\boldsymbol{r}(x)=\frac{1}{2}d\left[1-\left(\frac{x-nl}{nl}\right)^2\right]^{1/n} \tag{4.1}$$

$$\boldsymbol{r}(x)=\frac{1}{2}d-\left[\frac{3d}{2(lp-nl-cl)^2}-\frac{\tan\theta}{(lp-nl-cl)}\right](x-nl-cl)^2+\left[\frac{d}{(lp-nl-cl)^3}-\frac{\tan\theta}{(lp-nl-cl)^2}\right](x-nl-cl)^3 \tag{4.2}$$

式中，x 是距首端点的纵向距离，d 是形体最大直径，lp 是 Myring 体长度（Myring，1976），nl 是首段长度，cl 是中体长度，Myring 参数 θ 是尾半角。

与结束于尖形尾端的 Myring 体不同，*Pirajuba* AUV 有一个钝的尾端，因此，参数 lp 用于形成光体几何形状。

水动力操纵面由所有可调的控制面构成，其截面形状和尺度与 NACA0012 相同。控制面的主要参数如表 4.2 所示。

表 4.2　控制面的主要参数

特征参数	尺度
展长/m	0.554
高度/m	0.016
根弦/m	0.090
梢弦/m	0.060
位置*/m	1.373

*操纵面导缘到艇体首端点的距离

Pirajuba AUV 是一个水密型 AUV，有一个由玻璃纤维制成的外壳和 3 个内部铝制压力舱室组成：主舱、操纵舱和推进器舱。主舱携带计算机单元、运动传感器（速率陀螺仪、罗盘和测倾仪）、深度传感器、水平传感器、锂聚合物电池、通信和电力元件。操纵舱包括驱动控制面和驱动推进器的伺服系统。推进器舱有一个 150W 直流电动机，该电动机驱动一个使用快速样机制造系统制作的聚亚安酯螺旋桨。该螺旋桨参数从瓦格宁根系列中选择，其几何形状由基于 CAD 的数值化工具确定。全部舱室的结构按照在 100m 深度作业的标准计算得出（见图 4.2）。

在第 3 版航行器上所做改进涉及 AUV 主要构成部分的架构和机械设计，主要构成部分包括船体、推进器舱、操纵舱和主舱的内部结构等。

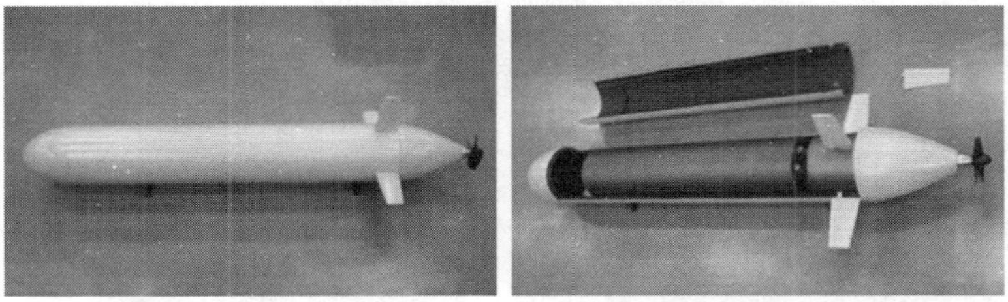

（a）装配后（缺下部鳍）的航行器图　　（b）航行器内部的主舱和操纵舱视图

图4.2　*Pirajuba* AUV

AUV 的外形应尽量接近 CFD 软件和 ASE 方法中所用的理想几何形状。构建该航行器的可信试验平台来验证这些方法预测结果是很重要的。新航行器形体比之前的更轻，并且是在葡萄牙技术研究所（Instituto de Pesquisas Tecnolo´gicas，IPT-SP）的船模实验室数字化控制机械臂制作的模具上层叠薄片而成的。有一层海洋工业中艇型结构常用的泡沫附着在中段内部，该泡沫层使结构更轻，重量平衡稳定且形体结构强度增加（见图 4.3）。泡沫也填充在首段和尾段内部（见图 4.4），其中尾段泡沫结构用于支撑推进器舱。

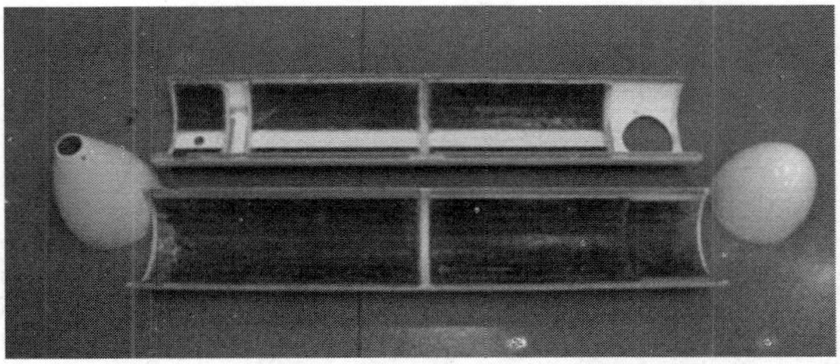

图4.3　航行器形体首段、中段、尾段，以及浮力泡沫层（黑色）

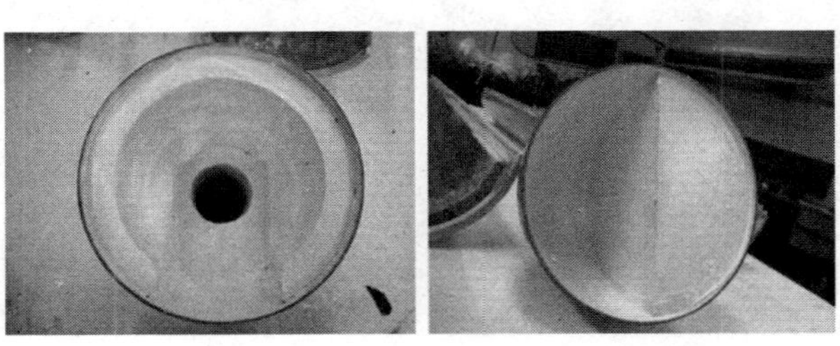

（a）尾段　　（b）首段

图4.4　填充了浮力泡沫层的尾段和首段

主舱［见图 4.5（a）］中布置各种组件的新平台由精确电蚀法生产的铝材制成。纵梁由聚四氟乙烯层覆盖，并连接到横向框架的底部以便在放进舱内时结构容易移动。每根纵梁还拥有一条用于布置所有缆线系统的通道。

（a）主舱

（b）操纵舱

图4.5　主舱和操纵舱的内部平台图

操纵舱［见图 4.5（b）］的设计需要使操纵面位置精确，以确保验证 AUV 动力学模型的自航模试验具有高质量；高精度伺服电动机与同步传动系统结合在一起；操纵面与舱室的连接也改进了，从而在试验开始前的装配过程变得非常简单。

推进器舱通过密封、轴承和润滑机构的一种新组合得到改进（见图 4.6）。

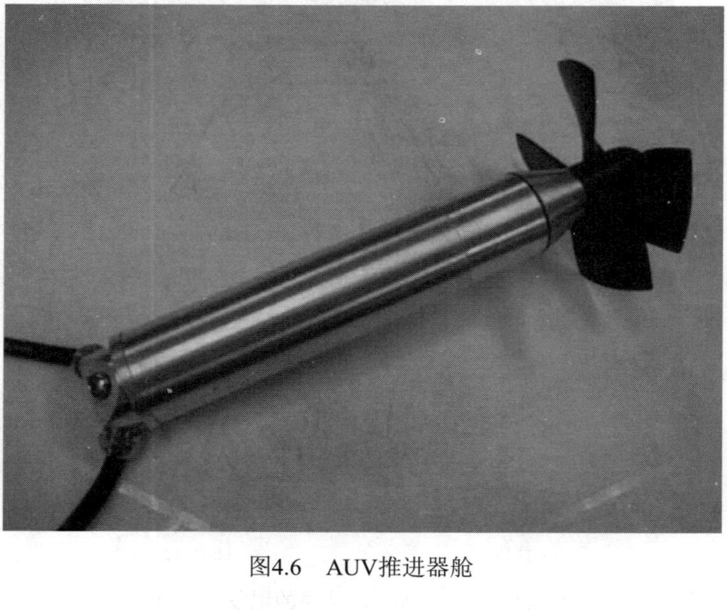

图4.6　AUV推进器舱

4.3 控制架构

从系统设计到安装运行、升级和维护各个方面，AUV 控制架构的设计都考虑了研究生和本科生在 *Pirajuba* AUV 项目中的主体地位。

在 *Pirajuba* AUV 项目中，要力求硬件架构的通用性和可扩展性。在 AUV 组件研制中，选择可开发和可在新项目中重复利用的小而简单的部件是非常重要的。这项措施在保证组件研制和其安装运行有利于学生参加的同时，还能提高 AUV 的可靠性。

对于各个硬件组件来说，在设计和安装运行中使用廉价和当地可以获得的部件是重要的考虑因素，这与学生在作业过程中较高的部件损坏风险有关，并且可通过降低短期人力消耗以避免工期延误。此外，关于 CPU 和微处理器的选择，重要的是尽量配置学生熟悉的平台以减少训练和开发的时间。

考虑到这些因素，倾向于选择基于微控制器的板块，以便在嵌入系统中组装运行控制单元，特别是选择 ARM7 微控制器用以实现大部分功能。导航由单个 ARM9 微控制器实现，因为该功能要求一个更强大的 CPU 来实现传感器融合的广义卡尔曼滤波算法。

尽管 CAN（Controuer Area Network，控制器局域网络）和 RS-232 也在一些 AUV 中使用，但通常是优先考虑以太网作为通信协议的。然而，不少作者均报告了使用以太网的缺点，这与集线器和布线所需空间有关，尤其是在系统中需要冗余的情况下。如果考虑了成本、实用性、体积、布线、耗能、可预测性和带宽等因素，则选择 CAN 就比选择以太网要好。

本项目所采用的硬件架构参照了 Ortiz 等（1999）的总体思路，其中提出了 CAN 总线带有多个感知与行为节点和一个中央处理机。因为减少了连接器的数量，所以布线和占用体积减小了，并且整体可靠性提高了。在该项目中应用了一些强大的 CPU 提供滤波和处理功能，使其角色比单纯感知和行为节点更为复杂（见图 4.7）。选择更强大的处理单元，可避免将内存和要求密集计算的任务集中放在基于计算机的系统中。这可加强自主功能并且减少内部发热，以及提高航行器中所有电子产品的可靠性。

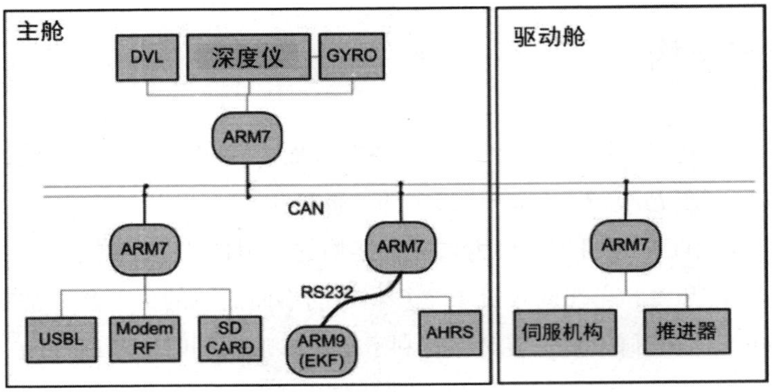

图4.7　代表部分硬件架构的框图

考虑到在当地市场购得的低成本架构构建出的部件，在汽车工业中使用的若干感知/行为节点及使用的一个或多个更强大 CPU 主节点，在此基础上构想出来了一个 CAN 网络（见图 4.8）。拥有标准电气界面和在整个航行器中使用共同部件，这使得添加、移动和替换模块容易实现，为了发挥这些优点，要考虑部件在机械上的鲁棒性，以保证装配和执行任务的安全。

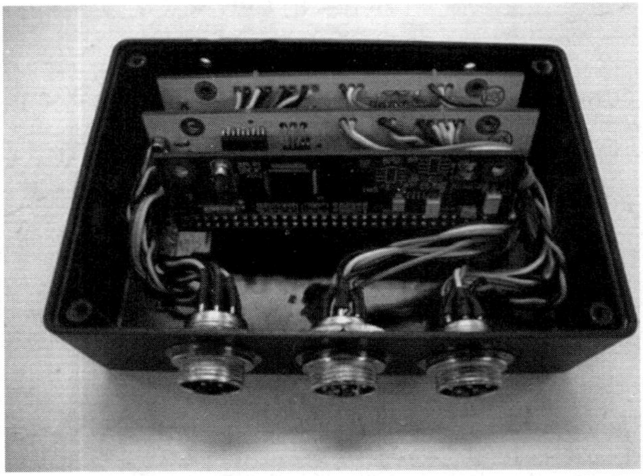

图4.8　已组装的网络节点

每个配有 ARM7 微处理器的节点可以表征为 3 层结构（见图 4.9）：驱动层、数据转换层和网络控制层。在驱动层，从传感器或电力驱动器传来的电信号转化为一个电压在 0～3.3V 的低电流信号，这些信号被位于微控制器板块上的外设 A/D 转换器和 D/A 转换器使用。

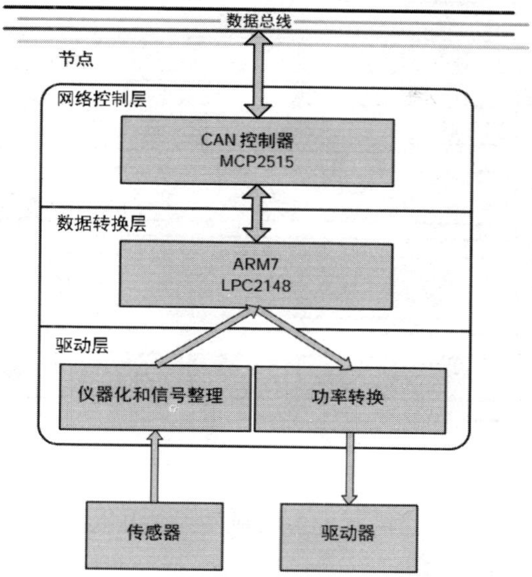

图4.9　每个节点可以表征为3层结构

基于 ARM7 的节点可将网络数据转换成接入 D/A 转换器的二进制代码，也可将 A/D 转换器采集的数据转换在 CAN 网络上或经串口发送至 ARM9 处理器上（见图 4.7）。在这个层面上，也可以包含有数据整理和连锁等简单的常规操作。

网络控制在特定的集成电路中发生，其负责 CAN 协议的实施。这些电路通过串行或并行协议与微处理器进行通信。

从软件开发的角度说，选择了基于 C 语言的开发工具，并让工科生和本科生可以轻松的理解。这样就降低了项目代码升级和维护的难度，以及对软件工程专业知识的依赖。尽管如此，每个软件开发仍遵循结构化编程和面向对象的概念。基于同一软件开发思想，操作系统采用与主流不同的 μC-OSII（Lichuan et al., 2008），该操作系统是一个经 FAA（Federal Aviation Administration，联邦航空局）认证的商用操作系统，免费对大学开放。该操作系统使用很简单并且可移植到许多微处理器上，也是学习嵌入式系统非常有用的资源。

软件架构在整体上也可以用层式系统表征（见图 4.10）。每个节点根据面向对象编程开发，多个对象构成一个功能层，实现某个功能的对象可以改变而不影响整体架构；每层可以调用低级层的对象，但不能调用高级层的对象；每个对象独立于操作该对象的节点。所有这些特性使架构具有灵活性。

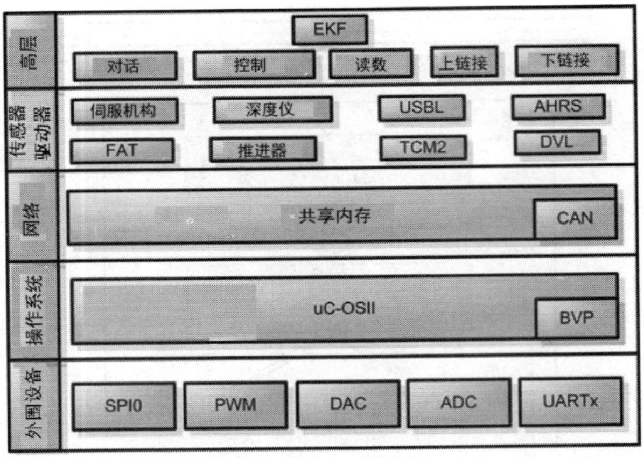

图4.10　软件架构

在最低的抽象层次有一个外围设备控制器，它负责通过配置寄存器控制微处理器的外围设备。资源使用和配置的通用例程就位于此处，如脉冲宽度调制（Pulse Width Modulation，PWM）产生、数字/模拟信号转换、串口配置都在此实现。

第 2 层包括嵌入式操作系统μC-OSII，此处提供了任务安排的资源。

第 3 层负责节点之间的通信并提供信息传送、接收、同步和通信故障诊断资源；该层还允许每个运行过程访问系统信息。这些通过一个共享储存器和 CAN 数据交换模块实施，此处节点访问其任务所需要的信息。

第 4 层负责驱动 AUV 传感器和驱动器。它是在系统开启时传感器自动初始化和配置的地方。在这一层进行传感器信号处理和解释，并将驱动器的参照数值转换为二进制代码提供给其驱动程序。

第 5 层有导航 EKF（Extendecl kalman Filter，扩展长尔曼滤波器）、制导、控制和使命安排等高级功能。

4.4　*Pirajuba* AUV 动力学建模研究

ASE 方法在潜艇和 AUV 模型参数估计中的应用已有文献报道，其中大部分方法由起源于航空中飞机动力学预测方法修改而来。然而，尤其是在非线性动力学方面可以扩展和修改导弹空气动力学领域的最新进展，并用于改进 AUV 水动力学系数预测。另外，与传统船舶领域的水动力学模型相比，上述由空气动力学发展来的方法可以简化 AUV 水动力学表述，此处传统船舶领域模型是指基于水动力学作为航行器运动变量函数的物理量进行泰勒级数展开而建立的。

为了计算 *Pirajuba* AUV 周围的流场，使用了熟知的商业软件 ANSYS FLUENT，该软件采用 CFD 有限体积算法进行计算。关于流体输运方程处理，使用了雷诺平均（RANS）模型，此时原始的标准 N-S 模型分解为平均分量和脉动分量，平均分量是指简化为按照时间平均的量求解，故计算结果不是瞬态的。做出这些简化是为了降低数值模拟所需的计算成本。

湍流对流动的影响通过输运方程计入，这种处理湍流影响的模型也称为湍流模型。可以通过‘$k-\omega$ 剪切应力输运（SST）’湍流模型（Menter，1994）求得自由流动和航行器附近区域的相对准确的解，该湍流模型根据具有鲁棒性的函数将湍流耗散率（‘ε’）和耗散率特征量（‘ω’）与动能（‘k’）联立起来，在形体物面边界条件下，该模型具有较好的确定性。

该数值模拟方法先分别处理绕光船体和绕操纵面的流动，再结合二者处理绕其组合体的流动。在前两种算例中网格包含 150 万个单元，而结合二者处理的算例按 450 万网格单元建立模型。

在本节中，要探讨 ASE 方法和 CFD 方法在 AUV 操纵性分析中的应用，通过将作用于航行器上的法向力系数和力矩系数视为随攻角变化的函数进行预测和分析。静态系数通常对航行器操纵性有重要影响；动态系数（角速度函数）预测方法的基础也是在静态系数计算中所考虑的现象。ASE 和 CFD 两种方法在有些算例中结合使用以改进 ASE 公式。

所用的 ASE 方法是基于细长体理论得到的结果，但针对所考虑的 AUV 类型，在理论应用中放宽了一些条件。

例如，细长体理论假设船体几何形状平稳地变化，这将意味着回转形体收缩于尾端点（Karamcheti，1966）。对于主体—鳍组合，细长体理论假设在鳍最大翼展后无负升力产生。在本节所介绍的 ASE 公式中没有遵循这些条件；另外还假设在航行器操纵面的位置，光体和主体—鳍组合产生的效应具有简单线性叠加性质。这类近似处理在与水动力导数预测相关的其他研究工作中也得到了应用（Hoak et al.，1978；Bohlmann，1990）。

1. 光体的力和力矩

由攻角的改变产生的光体所受的法向力和力矩，基于修正的细长体理论进行预测，相关公式由 Munk（1923）和 Hoak（1978）推导出，预测结果经过 *Pirajuba* AUV 的实验验证（de Barros et al.，2008a）。光体所受法向力系数 $C_{N_{(B)}}(\alpha)$ 为

$$C_{N_{(B)}}(\alpha)=(K_2-K_1)C_{N_P}(\alpha)\left(1-\sin^k\alpha\right)+C_{N_V}(\alpha) \tag{4.3}$$

系数 $C_{N_P}(\alpha)$ 和 $C_{N_V}(\alpha)$ 分别代表势流项和黏性项的贡献，在式（4.3）中

$$C_{N_P}(\alpha)=\frac{S^*}{S_{\text{ref}}}\sin(2\alpha) \tag{4.4}$$

$$C_{N_V}(\alpha)=\eta C_{d_n}\frac{S_p}{S_{\text{ref}}}\sin^2\alpha \tag{4.5}$$

在式（4.4）和式（4.5）中，S^* 是到首端纵向距离为 x_0^* 处的截面积；系数 K_1 和 K_2 分别是纵向和横向的表观质量因子（Munk，1923）。因数 $\left(1-\sin^k\alpha\right)$ 与边界层厚度增加对势流项的影响、旋度和光体横流分离有关（de Barros et al.，2008b），对于所考虑的形体，取指数 $k=1.3$。参数 S_p 为平台面积在 xy 平面的投影（见图 4.11），S_{ref} 为基准面积（在本算例中取为 L^2）。系数 η 是一个修正因子，等于有限长度圆柱与无限长度圆柱的 C_{d_n} 之比。系数 η 是长度与直径之比 L/d 的函数（Jorgensen，1977），其中 L 为形体长度，d 为形体最大直径。

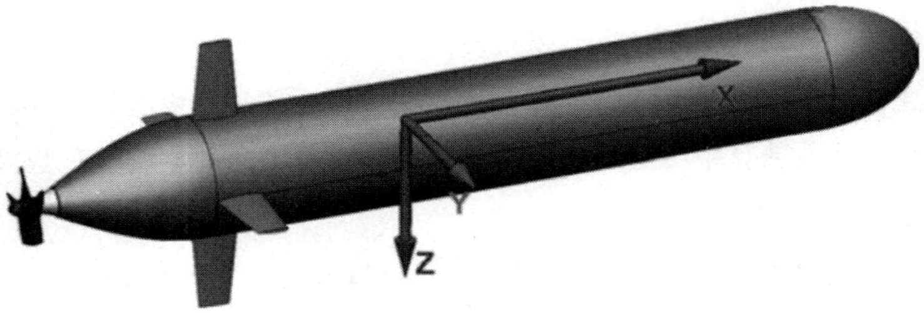

图4.11　坐标系定义

距离 x_0^* 是形体长度与 x_0 的平均值，参数 x_0 从 Datcom 手册（Hoak et al.，1978）中选取，为首端到某站的纵向距离，从该站起流动不再认为是势流，估算 x_0 的半经验公式如下：

$$x_0=0.378\cdot L+0.527\cdot x_1 \tag{4.6}$$

式中，x_1 是形体的尾向负斜率最大处的坐标。

参数 x_0^* 认为是式（4.6）所得结果更好的估算值，因其中考虑到在尾部也有相当一部分是势流区域，流动数值模拟结果的可视化显示也是如此（de Barros et al.，

2008a）。

力矩系数 C_{m} 定义如下：

$$C_{\mathrm{m(B)}}=\int_0^{x_0^*}C_{\mathrm{N}}\left(x\right)\left(x_{\mathrm{m}}-x\right)\mathrm{d}x \tag{4.7}$$

式中，x_{m} 是从首端到旋转中心的轴向距离，且

$$C_{\mathrm{N}}\left(x\right)=\left(K_2-K_1\right)\sin\left(2\alpha\right)\frac{\mathrm{d}S\left(x\right)}{\mathrm{d}x}\left(1-\sin^k\alpha\right)+2\eta C_{\mathrm{d}}\sin^2\left(\alpha\right)r\left(x\right) \tag{4.8}$$

式中，$r\left(x\right)$ 是到首端轴向距离为 x 处横截面的半径；$S\left(x\right)$ 是相应的横剖面积。由式（4.7）和式（4.8）可得，力矩系数为

$$C_{\mathrm{m(B)}}=\left[\frac{V^*-S^*\left(x_0^*-x_{\mathrm{m}}\right)}{L^3}\right]\sin\left(2\alpha\right)\left(1-\sin^k\alpha\right)+\eta C_{\mathrm{d}}\frac{S_{\mathrm{p}}}{L^2}\left(\frac{x_{\mathrm{m}}-x_{\mathrm{c}}}{L}\right)\sin^2\left(\alpha\right) \tag{4.9}$$

式中，S^* 是到首端的轴向距离等于 x_0^* 处的横剖面积；x_{m} 仍是从首端到旋转中心的轴向距离；V^* 是首端到该站之间的体积；参数 x_{c} 是首端到光体在 xy 平面上投影面积中心的轴向距离。

光体的水动力中心按下式确定：

$$x_{\mathrm{(B)}}\left(\alpha\right)=\frac{C_{\mathrm{m_{(B)}}}\left(\alpha\right)}{C_{\mathrm{N_{(B)}}}\left(\alpha\right)} \tag{4.10}$$

对于 AUV 形体的所有组成部分（光体、操纵面和组合体），CFD 方法采用了相同的网格构造使用只包含六面体单元的软件 ANSYS ICEM 块状界面。由于形体是轴对称的，且计算结果只受到攻角变化的影响，于是只考虑包含半个形体的网格以节约计算资源。网格空间被分为 3 部分：外部区域、航行器附近区域和边界条件。外部区域形状为矩形，宽度、高度和长度分别为 3 倍、10 倍和 13 倍的形体长度（L）。航行器位置距底部和侧面距离均为 3L。由经验得知，取以上尺度则边界条件不会干扰航行器周围的流动模式。

采用无滑移固定壁面建立边界条件。为了解决边界层黏性的影响，CFD 求解器采用这种边界条件和如前所述的湍流模型求解物面附近区域流动。通过这种方法，可望得出比标准方法更精确的速度剖面。另外，该方法还可用于对更多的边界层现象建模（ANSYS，2009）。

为了使用这种方法，必须给出物面-网格交界处的最小网格区域。该区域由参数 y^+ 的函数得到，y^+ 代表一种局部雷诺数，其数值必须接近 1，该局部雷诺数定义如下：

$$y^+ = \frac{yu_\tau}{v} \tag{4.11}$$

式中，y 是到实体表面的距离；v 是流体运动黏度；u_τ 是摩擦速度，定义为 $u_\tau = \sqrt{\tau_\omega/\rho}$；$\tau_\omega$ 是实体表面剪切应力；ρ 是流体密度。

作为起点，通过将边界层最大厚度分割为 40 份得出近壁面网格的厚度，ESDU Aerodynamics（1978）中对此进行了计算分析。在光体的算例中，该方法给出了很好的结果（见图 4.12）。

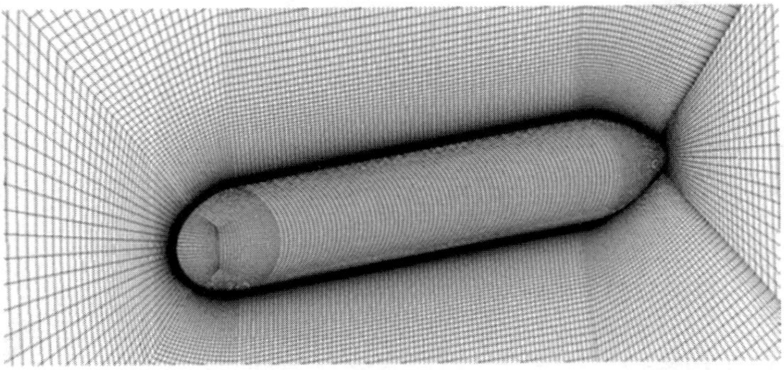

图4.12　光体的计算网格

2. 操纵面法向力的估算

在拖曳水池中对大量的舵测试表明，仅仅是由操纵面所引起的作用力可以用 Whicker 等（1958）提出的公式估算。然而，这些试验中的雷诺数比在 AUV 上的操纵面试验的雷诺数高。Hoerner（1985）对低雷诺数减小翼产生升力及其失速攻角的影响进行了详细报道。

ASE 方法具有这种局限性，而要研究的特定操纵面上流动数值模拟过程又相对简单，这促使我们研究结合采用 CFD 方法预测操纵面上的力和以细长体理论导出公式计算翼-光体相互作用。

对 *Pirajuba* AUV 操纵面附近流动进行数值模拟的方法中，采用了与光体算例相同的湍流模型和网格生成过程。只是接近翼表面的网格减小了其厚度，从而得到所需的 y^+ 参数值（见图 4.13）。在本算例中，该厚度值经迭代过程求出。

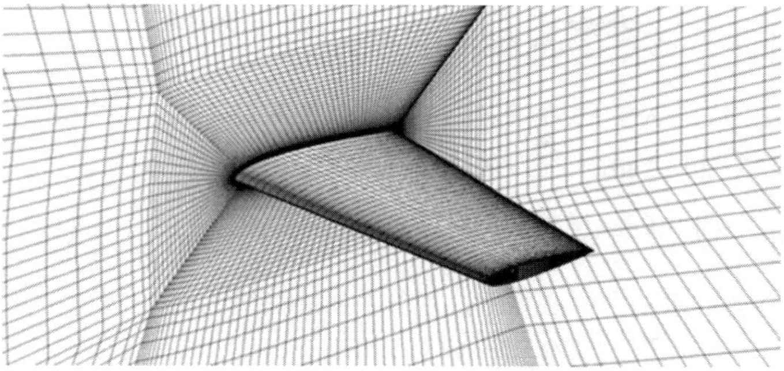

图4.13　*Pirajuba* AUV操纵面上的计算网格

3. 作为攻角函数的主体-翼相互作用

可采用基于 ASE 和基于 CFD 这两种方法预测操纵面与光体相互作用。

细长体理论所得结果（Pitts et al.，1957）可以应用于计算操纵面与光体组合引起的升力系数。对于 *Pirajuba* AUV，这种组合体在中体末端出现，因此，力矩可由分别处理光体作用结果与主体-翼相互作用结果叠加计算得出。

总法向力系数 $C_{N_{(WB)}}(\alpha)$ [‘WB’（飞机的机翼-机身相互作用，Wing-Body interactions）] 按如下方法确定：

$$C_{N_{(WB)}}(\alpha)=C_{N_{(B)}}(\alpha)+\left(K_{W(B)}+K_{B(W)}\right)C_{N_{(W)}}(\alpha) \tag{4.12}$$

式中，$C_{N_{(W)}}(\alpha)$是翼外露表面法向力系数；$K_{B(W)}$，$K_{W(B)}$分别是翼面对机身的影响和机身对翼面的影响。令 b 为与主体组合的翼的最大展长，即升力面梢端之间的最大距离，此时需要想象升力面延伸贯穿主体内部，并定义：

$$k=\frac{d}{b} \tag{4.13}$$

于是干扰因子可以写为

$$K_{B(W)}=\frac{2}{\pi}\frac{\left(1+k^4\right)\zeta_1-k^2\zeta_2}{\left(1-k\right)^2} \tag{4.14}$$

$$K_{W(B)}=\left(1+k\right)^2-K_{W(B)} \tag{4.15}$$

式中

$$\zeta_1=\left[\frac{1}{2}\tan^{-1}\left(\frac{1}{2}\left(k^{-1}-k\right)\right)+\frac{\pi}{4}\right] \tag{4.16}$$

$$\zeta_2 = \left[\left(k^{-1} - k \right) + 2 \tan^{-1} k \right] \tag{4.17}$$

在计算法向力之后，组合体力矩按照光体力矩与干扰力矩相叠加计算得到，干扰力矩作为攻角的函数由干扰力乘以外露翼水动力中心距离确定：

$$C_{\mathrm{m(WB)}}(\alpha) = C_{\mathrm{m(B)}}(\alpha) + \left(K_{\mathrm{W(B)}} + K_{\mathrm{B(W)}} \right) C_{\mathrm{N_{(w)}}}(\alpha) x_{\mathrm{w}}(\alpha) \tag{4.18}$$

若以航行器的水动力中心表示，则以上结果可写为

$$x_{\mathrm{(WB)}}(\alpha) = \frac{C_{\mathrm{m(WB)}}(\alpha)}{C_{\mathrm{N(WB)}}(\alpha)} \tag{4.19}$$

主体-翼区域的水动力中心假设等于按 CFD 模拟方法单独计算翼时的水动力中心，并且是攻角的函数［见图 4.17（b）］。

在控制面区域，通过减小单元尺度而增加单元密度，从而在实现 y^+ 要求的条件下，使光体与操纵面组合区域附近具有良好的网格质量（见图 4.14）。

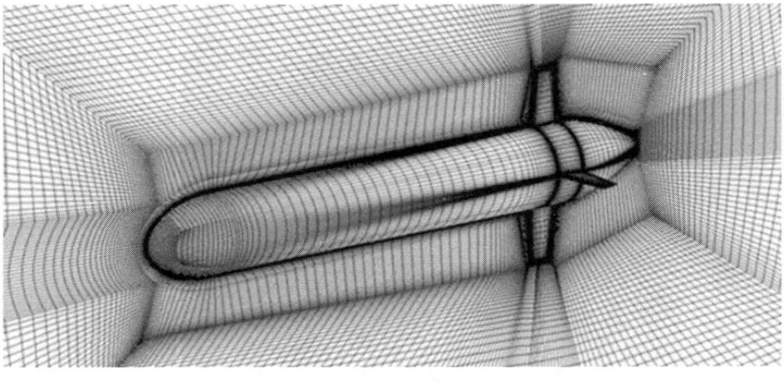

图4.14　光体与操纵面组合体的计算网格

4.5　结果和实验验证

采用实船尺度的 *Pirajuba* AUV 的拘束模型在拖曳水池中进行试验（Dantas et al.，2011）。在静态水动力测试中，模型由拖车以恒定的深度和速度拖曳。在拖车上，模型安装在可调整斜拖角的旋转平台上，斜拖角即代表了 4.2 节所述攻角变化。水动力通过一个动力系统在运动中进行测量。

水下模型试验采用一种典型的动力系统布置（见图 4.15），该动力系统布置通常

用于船舶试验。按这种布置，模型由连接其中的垂直杆拖曳，测量装置安装在拖车上。测力计系统由 6 个独立载荷单元的机构组成，这种系统可减小单元之间的相互影响（串音）。

（a）垂直柱型装置　　（b）水平刺杆型装置

图4.15　垂直柱型装置和水平刺杆型装置连接于*Pirajuba* AUV模型用于静态试验

为了避免垂直杆对流动和阻力测量的水动力干扰作用，水下模型试验也采用了刺杆式布置。在这种布置中，测力系统安装在模型体内，只测量形体受力，并且通过模型尾部的刺杆连接到拖车上（见图 4.15），以消除垂直杆所产生的流动干扰。这种类型的布置通常用于风洞（Jorgensen，1977），但类似的布置也可用于 AUV 水动力学研究（Jagadeesh et al.，2009）。

第一组试验是之前实施过的“标模”试验，采用垂直杆布置，试验过程和测量结果则有资料验证（Jorgensen，1977）。刺杆式布置的结果与在光体状态下垂直杆式布置所得结果重复性良好，要认定刺杆式布置所得结果具有可靠性则需要考虑这个因素。

本节描述的实验均为静态试验，模型以 1m/s 的纵向速度在几个角度下拖曳，在每个攻角下测量得到轴向力、法向力及转首方向力矩。测量结果按照 The Society of Naval Architects and Marine（1952）的形式进行整理，其中力除以流体动压力与形体长度平方的乘积，力矩除以流体动压力与形体长度立方的乘积。与力矩系数相关的结果以水动力中心的轴向位置间接表达，其无量纲形式按水动力中心至光体首端轴向距离定义如下，向后为正：

$$\frac{x_{\mathrm{HC}}(\alpha)}{L}=\left(\frac{x_{\mathrm{m}}}{L}-\frac{C_{\mathrm{m}}(\alpha)}{C_{\mathrm{N}}(\alpha)}\right) \tag{4.20}$$

第一组试验针对光体（见图 4.16），可以看到 CFD、ASE 预测结果与试验结果吻合良好；水动力中心变化曲线图显示，仅在大攻角下力矩符号发生变化，此时式（4.9）中的黏性项影响较大。

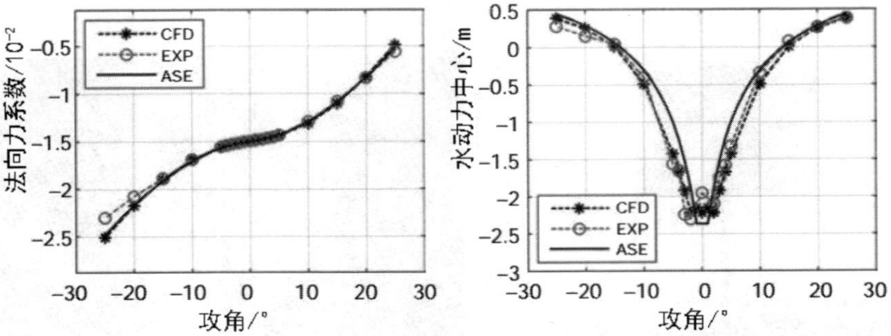

（a）光体法向力系数　　（b）水动力中心

图4.16　*Pirajuba* AUV在不同攻角下的光体法向系数和水动力中心的变化曲线图

采用 CFD 方法预测法向力的算例中，对两种操纵面进行了测试。基于 NACA0012 翼型的鳍是 *Pirajuba* AUV 原本采用的，与另一个基于 NACA0015 翼型的鳍进行了比较，按两种操纵面法向力系数的导数理论预测结果相同的条件设计两种翼型。

CFD 预测结果的有效性在与操纵面试验所得法向力预测结果对比中可以看出（见图 4.17），其有效性尤其体现在攻角小于失速角的线性变化区域。在非线性区域，攻角大于失速角的范围内，CFD 预测得出法向力呈增加的趋势，而实验结果则显示出法向力趋于饱和。另外，NACA0015 算例显示出具有更大的失速角，这意味着其性能更好。

光体与操纵面组合的算例表明 ASE 方法和 CFD 方法对于法向力预测均得到了好的预测结果，而在非线性攻角区域（本算例中大于 10°）CFD 所得结果趋势略为好些，在水动力中心预测中也可以确认这点（见图 4.18）。在最后的算例中，考虑到式（4.20）中 $C_{\mathrm{N}}(\alpha)$ 很小导致的数值不确定性，可以认为在小攻角范围内，ASE 和 CFD 预测结果近似相等。

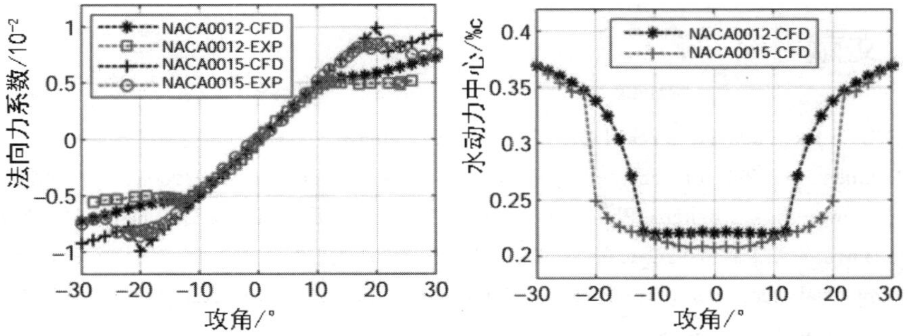

（a）法向力系数　　（b）水动力中心

图4.17　NACA0012和NACA0015由CFD模拟所得的法向力系数和CFD模拟所得无因次弦向水动力中心

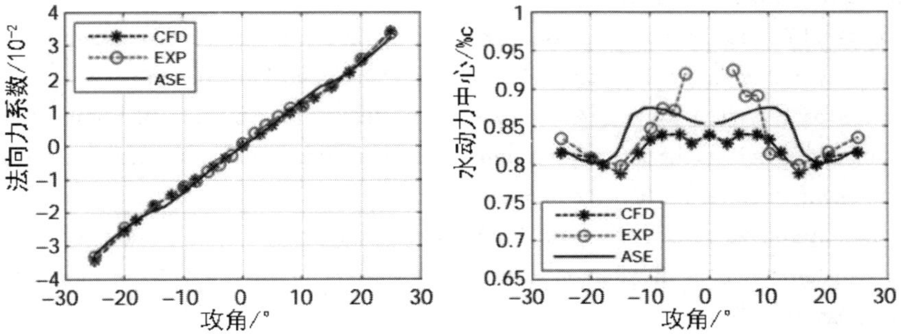

（a）法向力系数　　（b）水动力中心

图4.18　*Pirajuba* AUV光体与操纵面组合体受力的法向力系数和水动力中心

4.6　结论

Pirajuba AUV 项目已经研制了第 3 版 AUV，该 AUV 拟用作研究水动力学和操纵性的试验平台。自航模型试验和系统辨识技术将用于水动力参数和代表 AUV 动力学特性的传递函数估算。从水动力参数估算的角度来看，这些试验将用于对拖曳水池中所做的静态试验进行补充。

当考虑对水动力作用进行建模时，强调 CFD 方法与 ASE 方法的结合是很重要的。流场数值模拟对提高构建 ASE 公式的水平具有帮助。另外，ASE 公式有助于理解和验证 CFD 方法所得结果。CFD 方法与 ASE 方法的结合应用，可以使 CFD 方法得到简化，减少对专业知识的需求，并节约计算资源。

参考文献

1. ANSYS Inc. 2009. ANSYS FLUENT 12.0 theory guide
2. Bohlmann H. 1990. Berechnung Hydrodynamischer Koeffizienten von Ubooten zur Vohrhersage des Bewegungsverhaltens. Ph.D. Dissertation, Institut fur Shifbau der Universitat Hamburg
3. de Barros EA, Pascoal A, de Sa E. 2004. AUV dynamics: Modeling and parameter estimation using analytical, semi-empirical, and CFD methods. In Proceedings of IFAC Control Applications in Marine Systems, Ancona, 37(10): 369-376
4. de Barros EA, Pascoal A, de Sa E. 2006. Progress towards a method for predicting AUV derivatives. In Proceedings of IFAC Manoeuvring Control Marine Crafts
5. de Barros EA, Pascoal A.M, de Sa E. 2008a. Investigation of a method for predicting AUV derivatives. Ocean Engineering, 35(16): 1627-1636
6. Dantas JLD, de Barros EA., Boas FV, et al. 2011. Experimental research on AUV manoeuvrability. In 21st International Congress of Mechanical Engineering, vol. 21
7. de Barros EA, JLD Dantas, A. Pascoal, et al. 2008b. Investigation of normal force and moment coefficients for an AUV at nonlinear angle ofattack and sideslip range. IEEE Journal of Oceanic Engineering, 33(4): 538-549
8. ESDU Aerodynamics. 1978. The influence of body geometry and flow conditions on axisymmetric velocity distribution at subcritical Mach numbers. ESDU International, London, UK (Data Item 79020)
9. Hoerner SF. 1985. Fluid dynamic lift: practical information aerodynamic and hydrodynamic lift [M]. Brick Town, New Jesery: Hoerner Fluid Dynamics
10. Hoak DE, Finck RD. 1978. USAF stability and control Datcom. OH: Wright-Paterson Air Force Base
11. Husaini M, Z. Samad, Arshad MR. 2009. CFD simulation of co operative AUV motion. Indian Journal of Marine Sciences, 38(3): 346-351
12. Husaini M, Z Samad, Arshad MR. 2010. Performance analysis of AUV propeller using CFD. In 3rd International Conference on Underwater System Technology: Theory and Applications 2010: 204-208.
13. Inoue T, H Suzuki, R Kitamoto, et al. 2010. Hull form design of underwater vehicle applying CFD (Computational Fluid Dynamics). OCEANS 2010 IEEE, sydney: 1-5
14. Jorgensen LH. 1977. Prediction of static aerodynamic characteristics for slender bodies alone and with lifting surfaces to very high angles of attack[R]. NASA Tech. Rep. TR-R-474, NASA, USA
15. Jagadeesh P, K Murali, V Idichandy. 2009. Experimental investigation of hydrodynamic force coefficients over AUV hull form. Ocean Engineering, 36(1): 113-118

16. Karamcheti K. 1966. Principles of ideal-fluid aerodynamics[M]. New York: Wiley
17. Kimber NI, KH Scrimshaw. 1994. Hydrodynamic testing of a 3/4 scale Autosub model. In Oceanology International 94
18. Lichuan Z, X Demin, L Jun, et al. 2008. Design and experiment of automatic pilot for long range AUVs. In 3rd IEEE Conference on Industrial Electronics and Applications, ICIEA: 1824-1827
19. Lauder G, P Madden, Hunter I, et al., 2005. Design and performance of a fish fin-like propulsor for AUVs. In Proceedings of 14th International Symposium on Unmanned Untethered Submersible Technology
20. Munk MM. 1923. The aerodynamic forces on airship hulls[R]. NACA Tech. Rep., NO 184, NACA, USA
21. Menter FR. 1994. Two-equation eddy-viscosity turbulence models for engineering applications. AIAA Journal, 32(8): 1598-1605
22. Myring DF. 1976. A theoretical study of body drag in subcritical axisymmetric flow. Aeronautical Quarterly, 27(3): 186-194
23. Ortiz A, J Proenza, G. Bemat, et al. 1999. Improving the safety of AUVs. In Proceedings of OCEANS'99 MTS/IEEE, 2: 979-984
24. Phillips A, M Furlong, Turnock SR. 2007. The use of computational fluid dynamics to determine the dynamic stability of an autonomous under- water vehicle. In Proceedings of 10th Numerical Towing Tank Symposium
25. Pitts WC, Nielsen JN, Kataari GE. 1957. Lift and center of pressure of wing-body-tail combinations at subsonic, transonic, and supersonic speeds[R]. NACA Tech. Rep, 1307, NACA, USA
26. Singh SN, Simha A, Mittal R. 2004. Biorobotic AUV maneuvering by pectoral fins: inverse control design based on CFD parameterization. IEEE Journal of Oceanic Engineering, 29(3):777-785
27. The Society of Naval Architects and Marine. 1952. Nomenclature for treating the motion of a submerged body through a fluid[R].SNAME Technical and Research Bulletin, no. 1-5, pp. 1-15
28. Tyagi A, D Sen. 2006. Calculation of transverse hydrodynamic coef ficients using computational fluid dynamic approach. Ocean Engineering, 33:798-809
29. Tang S, T Ura, T Nakatani, etal., 2009. Estimation of the hydrodynamic coefficients of the complex-shaped autonomous under- water vehicle TUNA-SAND. Journal of Marine Science and Technology, 14(3): 373-386
30. Wu L. 2010. Applying dynamic hybrid grids method to simulate AUV docking with a tube. In IEEE Internationd Conference on Information and Automation, Harbin, China: 1363-1366
31. Whicker LF, Fehlner LF. 1958. Free-stream characteristics of a family of low-aspect ratio, all

movable control surfaces for application to ship design[R]. David Taylor Model Basin, Tech. Rep. 933, Naval Ship Research and Development Center, Washington, DC

32. Yamamoto I. 2007. Research and development of past, present, and future autonomous underwater vehicle technologies. In Proceedings of International Masterclass AUV Technologies. for Polar Science, society of Underwater Technol, Southampton, Mar: 17-26

第 5 章 基于神经网络的遥控水中航行器切换自适应控制

Matteo Cavalletti[①]、Gianluca Ippoliti[①]和Sauro Longhi[①]

5.1 引言

目前正在大力发展具有自主支配功能的水下航行器，这类水下航行器能够在不同的环境和载荷条件下执行复杂的任务。水下航行器选取的不同配置可预先已知或预先未知，预先已知或预先未知视运行条件而定。总的来说，操作条件何时变化及变化后新的航行器配置如何，均是不能预先知道的。

现以意大利 ENI 集团研制的遥控水中航行器（ROV）为对象考虑运行条件，该航行器用于开采沉积在深海海底的可燃气体（Ippoliti et al.，2002）。

对于这类需要切换模式的控制过程，传统的控制技术还相当不充分，因此，开发先进的控制技术为水下航行器提供必要的“智能”，使水下航行器获得某种程度的自主支配功能，这一类研究是十分有意义的。

在开发先进的控制技术方面，已开发了不同的控制策略，并已提出在实际环境中有效地将这类控制策略付诸实现。近年来有人研究了具有重要意义的求解方法，其中包括基于自适应控制、鲁棒控制、可变结构控制、李雅普诺夫控制、模型预测控制和智能控制的多种求解方案，如可参见下列研究者所做工作：Aguiar 和 Pascoal（2001）；Conte 和 Serrani（1994）；Conter 等（1989）；Corradini 和 Orlando（1997）；Cristi 等（1990）；Fossen（2002）；Longhi 和 Rossolini（1989）；Naeem 等（2004）；Sutton 和 Craven（2002）。另外，Smallwood 和 Whitcomb（2004）列出了关于水下机器人控制的广泛书目。虽然所有这些方法在控制不确定动力系统方面表现出良好的性能，但是在任务变化时会出现不可避免的大额瞬态误差。

---

① 意大利马尔凯理工大学信息工程系，Information Engineering Department, Marche Polytechnical University（Dipartimento di Ingegneria dell’Informazione, Universita`Politecnica delle Marche, Ancona, Italy）。

本章的目的是要提出一种切换自适应控制策略，从而在缺乏航行器候选配置的充分资料时，能够处理相应的模式切换过程中的大额瞬态误差问题。事实上，如果预先拥有航行器可能选取的不同配置的资料，那么当航行器改变其运行条件时，切换控制方案就能够减小自适应控制中的瞬态响应问题（Ippoliti and Longhi，2004；Ippoliti et al.，2005，2006；Narendra and Xiang，2000）。相反，如果对航行器实际运行条件所知甚少，切换控制则不能保证这种控制性能；预计算控制器不能应对所有的环境和载荷条件，需要一种自动调谐机制。

因此，该项研究考虑的切换控制含有一个经连接监管切换逻辑电路而改进的自适应控制策略。它包括一组候选控制器，可根据恰当定义的逻辑在这组候选控制器当中切换（Angeli and Mosca，2002；Antonini et al.，2006；Cavalletti et al.，2005；Hespanha et al.，2001；Ippoliti and Longhi，2004；Ippoliti et al.，2005，2006；Narendra and Xiang，2000）。

这使得该方法特别适用于解决大额参数变动和/或不确定性问题。在每个时间点，监管器都会决定哪个候选控制器应该接入运行过程的反馈环路中。采用神经网络（Neural Network，NN）用来补偿非线性和设备不确定性的影响，并储存不同任务和配置的航行器的不同动力学资料。对于每一个已知的航行器任务和配置，设计了相应的基于这些 NN 的非线性稳定控制器。切换逻辑电路由一种特殊设计的监管器驱动，监管器采用一种李雅普诺夫证伪标准（Angeli and Mosca，2002），在每个时间点决定哪个候选控制器应该接入运行过程的反馈环路中。以上 NN 切换控制的完整说明参见 Cavalletti 等（2007）的报道。

为了处理航行器实际运行条件信息缺少的问题，切换逻辑电路中包含了一种自适应控制，该自适应控制包括两个带有自动调谐机制的 NN。带有自动调谐机制的 NN 可以辨识过程中的非线性部分并储存其未知的动力学资料。网络的权重由李雅普诺夫自适应控制调节，文中给出了其稳定性证明。

径向基函数网络（Radial Basis Function Networks，RBFN）已用于得出切换控制方案。这些 NN 广泛地用于非线性系统辨识（Cavalletti et al.，2007；Chen et al.，1991），因为其既能用一个避免冗长计算的简单拓扑结构，直接由输入和输出数据近似得出复杂的非线性映射（Chen et al.，1991），又能以明确的方式揭示学习过程（Yingwei et al.，1998）。这些网络也可避免多层神经网络（Multi-layer neural networks，MNN）学习算法中使用的非线性优化技术和与此相关的局部极小值问题（Corradini et al.，2003）。另外，在 Poggio 和 Girosi（1990）的研究中，证明了 RBFN 对 MNN 确实具有最佳近似的特性，这个重要结论提供了有利于 RBFN 的理论支撑。

研究得出的切换自适应控制已应用于所考虑的 ROV 追踪控制问题中，该 ROV 在执行其任务期间承载不同的载荷配置，从而产生较大的质量和惯性参数变化。从已实施的数值模拟情况来看，所考虑的控制系统似乎可获得满意的性能。

本章内容组织如下：5.2 节回顾非线性动态系统的切换监管控制方法；5.3 节介绍一些预备知识；5.4 节讨论基于 NN 切换控制的详细内容；5.5 节给出切换策略；5.6 节回顾 ROV 模型构建过程，并在 5.7 节给出数值模拟结果。本章最后的 5.8 节对所提控制器性能进行了总结。

5.2　非线性动态系统切换监管控制方法

本节将回顾非线性动态系统切换监管控制方法的基本定义和概念。研究得出该方法是为了改进在快速变化环境中运行的动态系统性能。切换控制策略的主要特征是根据恰当定义，建立一组候选控制器，并在它们之中进行切换（Angeli and Mosca，2002；Chen and Narendra，2000；Hespanha et al.，2001；Ippoliti et al.，2006；Mosca and Agnoloni，2001；Narendra and Xiang，2000），于是该方法特别适用于处理大额参数变动和/或不确定性问题。切换逻辑电路由特殊设计的监管器驱动，监管器据测量值评估当前使用的候选控制器性能和待选控制器的潜在性能。在每个时间点，监管器决定哪个候选控制器应接入运行的反馈环路。在提出的求解方法中使用了多个模型，这些模型均基于神经网络，而神经网络已广泛地用于复杂非线性动态系统的不确定性辨识和控制。

将 N 个辨识模型 $\left\{M_j\right\}_{j=1}^{N}$ 与给定设备并联运行，目标函数将根据一定的标准确定各时刻最接近于设备的模型，并以设计用于控制该模型 M_j 的对应控制器 C_j 来控制该设备（Chen and Narendra，2000；Narendra and Xiang，2000），切换监管控制如图 5.1 所示。按该控制结构，不同控制器的性能不能直接并行评估，在任意瞬时仅能选择一个控制输入，因此，多个模型的输出响应 $\hat{x}_j, j=1,2,\cdots,N$，以及设备的输出 x 用于评估控制器性能，而在每个瞬时辨识误差 $\hat{e}_j=\hat{x}_j-x$ 的某些量度将由恰当的性能指数 $J_j(k), j=1,2,\cdots,N$ 确定，这些性能指数由监管器用于指导搜索将要接入控制环路的新控制器中。当监管器发现有必要更换表现出不适应控制任务的实际控制器时，就会启动对新控制器的搜索。

人们已经研究得出了不同的监管切换方法：有一些方法基于过程评估（Baldini et al.，1999；Borrelli et al.，1998；D'Amico et al.，2006；Hespanha，2001；Hespanha et al.，1999；Hespanha，2001；Hockman-Frommer et al.，1998；Ippoliti and Longhi，2004；Karimi et al.，2001；Morse，1995，1996，1997；Narendra and Balakrishnan，1997；Narendra and Driollet，2001；Narendra and Xiang，2000；Narendra et al. 1995）；还有一些是基于每个候选控制器的性能直接评估（Ippoliti et al.，2006；Ippoliti et al.，2004；Kosut，2004；Mosca et al.，2001；Safonov and Tsao，1997；Woodley et al.，1999）。在所提的求解方案中，最后的方法是通过李雅普诺夫证伪标准来考虑和专门设计的。如果某个控制器被"证伪"了（Angeli and Mosca，2002；Safonov and Tsao，1997），则监管器将以对应于具有最小性能指数的模型替代之前运行的控制器。

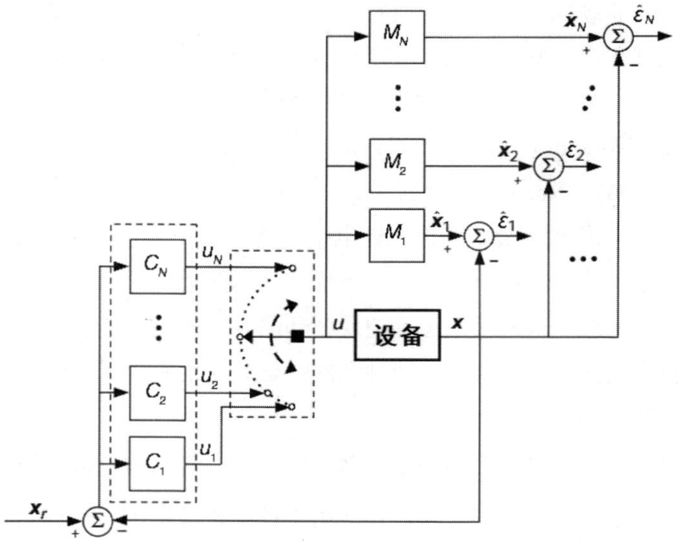

图5.1　切换监管控制

当要控制的过程为非线性时，可采用基于神经网络的模型$\{M_j\}_{j=1}^N$使神经网络的理论功能可以近似任何非线性映射（Cybenko，1989）。

本项研究考虑的方法已用于控制水下航行器，Cavalletti 等（2007）报道了其中的详情。特别是 RBFN 已经用于辨识和控制。

5.3　预备知识

一类单输入非线性系统和单输出非线性系统可以用下面伴随型（Slotine and Li，1991）表示为

$$x^{(n)}(t)=f(x(t))+g(x(t))u(t) \tag{5.1}$$

式中，t 是时间；$u(t)\in\Re$ 是控制输入；$x(t)\in\Re$ 是所关心的输出；$x(t)=[x^{(0)}(t),x^{(1)}(t),\cdots,x^{(n-1)}(t)]^T\in\Re^n$ 是状态向量，其中 $x^{(i)}(t),i=0,1,\cdots,n$ 是 $x(t)$ 的第i阶导数；$f(x(t))$ 和 $g(x(t))$ 是状态的非线性函数，假定所有的 $x^{(i)}(t)$ 都为可测的。方程（5.1）可表示为如下状态空间表达形式：

$$\dot{x}(t)=\boldsymbol{A}x(t)+\boldsymbol{B}[f(x(t))+g(x(t))u(t)] \tag{5.2}$$

式中，矩阵 $\boldsymbol{A}$ 和 $\boldsymbol{B}$ 有以下的布鲁诺夫斯基（Brunowsky）规范形式（Isidori，1989）：

$$\boldsymbol{A}=\begin{bmatrix}0&1&0&0&\cdots&0&0\\0&0&1&0&\dots&0&0\\0&0&0&1&\dots&0&0\\\vdots&\vdots&\vdots&\vdots&&\vdots&\vdots\\0&0&0&0&\dots&0&1\\0&0&0&0&\dots&0&0\end{bmatrix},\quad \boldsymbol{B}=\begin{bmatrix}0\\0\\0\\\vdots\\0\\1\end{bmatrix} \tag{5.3}$$

为了进一步分析，认为以下假设成立（Lee and Lee，2004）。

（1）非线性函数 $g(x(t))$ 有上界和下界，分别为 $g^{\mathrm{U}}(x(t))$ 和 $g^{\mathrm{L}}(x(t))$，表达形式为

$$0<g^{\mathrm{L}}(x(t))\leqslant g(x(t))\leqslant g^{\mathrm{U}}(x(t))<\infty\text{，对于 }x(t)\in\Omega\text{，}\Omega\subset\Re^n \tag{5.4}$$

（2）非线性函数 $f(x(t))$ 有上界为 $f^{\mathrm{U}}(x(t))$，表达形式为

$$|f(x(t))|\leqslant f^{\mathrm{U}}(x(t))<\infty\text{，对于 }x(t)\in\Omega\text{，}\Omega\subset\Re^n \tag{5.5}$$

误差向量定义为

$$\boldsymbol{e}(t)=\left[\boldsymbol{e}^{(0)}(t),\boldsymbol{e}^{(1)}(t),\cdots,\boldsymbol{e}^{(n-1)}(t)\right]^{\mathrm{T}} \tag{5.6}$$

式中，$\boldsymbol{e}^{(i)}(t)=x^{(i)}(t)-x_{\mathrm{r}}^{(i)}(t)$，这里 $x_{\mathrm{r}}^{(i)}(t),i=0,1,\cdots,n-1$ 是有界的基准信号。

如果 $f(x(t))$ 和 $g(x(t))$ 为已知函数，那么就能使用标准反馈线性化方法来设计如下控制输入：

$$u(t)=\frac{1}{g(x(t))}\left[-f(x(t))+x_r^{(n)}(t)-\boldsymbol{\lambda}^{\mathrm{T}}\boldsymbol{e}(t)\right] \tag{5.7}$$

式中，选定 $\boldsymbol{\lambda}=[\boldsymbol{\lambda}_0,\boldsymbol{\lambda}_1,\boldsymbol{\lambda}_{n-1}]^{\mathrm{T}}\in\Re^n$ 使多项式 $p^n+\boldsymbol{\lambda}_{n-1}p^{n-1}+\cdots+\boldsymbol{\lambda}_0$ 所有根完全处于左半复平面。按此控制法则，误差向量收敛为 0（Slotine and Li，1991）。

在本章中，非线性函数 $f(x(t))$ 和 $g(x(t))$ 认为是未知的，按（1）和（2）假设，可以利用 RBF NN 的普遍逼近功能（Poggio and Girosi，1990）估算这些定义在 $\Omega\subset\Re^n$ 上的函数。特别是以下两个 RBF 网络可应用于估算 $f(x(t))$ 和 $g(x(t))$：

$$f(x(t))=\hat{f}(x(t))+\varepsilon_{\mathrm{f}}=\hat{\boldsymbol{\theta}}_{\mathrm{f}}^{T}\boldsymbol{\phi}_{\mathrm{f}}(x(t))+\varepsilon_{\mathrm{f}} \tag{5.8}$$

$$g(x(t))=\hat{g}(x(t))+\varepsilon_{\mathrm{g}}=\hat{\boldsymbol{\theta}}_{\mathrm{g}}^{T}\boldsymbol{\phi}_{\mathrm{g}}(x(t))+\varepsilon_{\mathrm{g}} \tag{5.9}$$

式中，$\hat{f}(x(t))$ 和 $\hat{g}(x(t))$ 分别是基于 NN 的 $f(x(t))$ 和 $g(x(t))$ 的估算量，而 $\hat{\boldsymbol{\theta}}_{\mathrm{f}}$ 和 $\hat{\boldsymbol{\theta}}_{\mathrm{g}}$ 是 RBF 网络的权向量。逼近误差 ε_{f} 和 ε_{g} 有界，边界是 $|\varepsilon_{\mathrm{f}}|<\omega_1$ 和 $|\varepsilon_{\mathrm{g}}|<\omega_2$，这里 ω_1 和 ω_2 是两个正值常数。向量 $\boldsymbol{\phi}_{\mathrm{f}}(x(t))\in\Re^{n_{\mathrm{f}}}$ 和 $\boldsymbol{\phi}_{g}(x(t))\in\Re^{n_{\mathrm{g}}}$ 是高斯型的径向基函数，定义如下：

$$\boldsymbol{\phi}_{\mathrm{f}i}(x(t))=\exp\left(-\frac{\|x(t)-c_{\mathrm{f}i}\|^2}{\sigma_{\mathrm{f}i}^2}\right),\ i=1,2,\cdots,n_{\mathrm{f}} \tag{5.10}$$

$$\boldsymbol{\phi}_{\mathrm{g}i}(x(t))=\exp\left(-\frac{\|x(t)-c_{\mathrm{g}i}\|^2}{\sigma_{\mathrm{f}i}^2}\right),\ i=1,2,\cdots,n_{\mathrm{g}} \tag{5.11}$$

式中，n_{f} 和 n_{g} 是中值的个数。在式（5.10）和式（5.11）中，参数 $c_{\mathrm{f}i}\in\Re^n$ 和 $c_{\mathrm{g}i}\in\Re^n$ 是基函数的中值，实常数 $\sigma_{\mathrm{f}i}$ 和 $\sigma_{\mathrm{g}i}$ 是比例参数或宽度参数（Chen et al.，1991）。

（3）为了进一步分析，做出以下反应 RBF 网络普遍逼近功能的假设（Poggio and Girosi，1990；Sanner and Slotine，1992；Zhihong et al.，1998）。

给定两个任意的正值小量常数 ω_1^* 和 ω_2^*，并给定在 $\Omega\subset\Re^n$ 上定义的连续函数 $f(x(t))$ 和 $g(x(t))$，按（1）和（2）假设，存在两个最优有界的权向量 $\boldsymbol{\theta}_{\mathrm{f}}^*$ 和 $\boldsymbol{\theta}_{\mathrm{g}}^*$，使其具有足够中值，并与式（5.8）和式（5.9）结构相同的两个最优 NN 输出 $f^*(x(t))$ 和 $g^*(x(t))$，且满足 Sanner 和 Slotine（1992）提出的条件：

$$|f^*(x(t))-f(x(t))|=|\varepsilon_{\mathrm{f}}^*|<\omega_1^* \tag{5.12}$$

$$|g^*(x(t))-g(x(t))|=|\varepsilon_{\mathrm{g}}^*|<\omega_2^* \tag{5.13}$$

本章目的在于应用固定和自适应 RBF 网络，按式（5.8）和式（5.9）的相同结构，来对所有航行器运行条件估算非线性函数 $f(x(t))$ 和 $g(x(t))$，并据此估算结果为航行器设计一组固定和自适应基于 NN 的非线性稳定控制器。固定网络在已知运行条件的基础上进行设计；当航行器按预先未知的配置运行，则自适应网络对非线性函数进行辨识。在每个时间点，监管器决定哪个基于 NN 的候选控制器应该接入运行过程的反馈环路中。

5.4 节详细介绍了所考虑的固定和自适应基于 NN 非线性控制器的设计。

5.4　基于神经网络的切换控制

研究得出了一种基于 NN 切换控制（NN-Based Switching Control，NNSC）的架构，用于求解由非线性模型描述的水下航行器追踪控制问题。根据一系列基于 NN 的控制器和一种恰当的切换规则来获得控制输入，其中当切换规则拥有充分的航行器配置信息时，执行李雅普诺夫证伪标准。当检测到航行器运行条件信息缺少时，监管器切换到 NN 自适应控制。这样就导出了一种稳定的切换自适应控制方案，以改进追踪误差状况。所提求解方案的各技术环节将在后述各小节中讨论，其中首先介绍共用的预备知识（5.4.1 小节），再说明对每种已知航行器运行条件的稳定化基于 NN 的固定控制器设计详情（5.4.2 小节），然后讨论稳定化基于 NN 的自适应控制器详情（5.4.3 小节）。5.5 节将分析由监管器执行的切换策略。

5.4.1　共用预备知识

对于非线性系统（见 5.3 节），按（1）～（3）假设，考虑以下控制法则，令

$$u(t)=u_{\mathrm{a}}(t)+u_{\mathrm{b}}(t) \tag{5.14}$$

其中

$$u_{\mathrm{a}}(t)=\frac{1}{\bar{g}(x(t))}\left[-\bar{f}(x(t))+x_r^{(n)}(t)-\boldsymbol{\lambda}^{\mathrm{T}}\boldsymbol{e}(t)\right] \tag{5.15}$$

且

$$u_{\mathrm{b}}(t)=\frac{1}{\bar{g}^{\mathrm{L}}(x(t))}\gamma(\boldsymbol{e}^{\mathrm{T}}(t)PB)\left[\bar{\omega}_1+\bar{\omega}_2\left|u_{\mathrm{a}}(t)\right|\right] \tag{5.16}$$

式中，对固定控制器，$\bar{g}(x(t))=g^*(x(t))$，$\bar{f}(x(t))=f^*(x(t))$，$\gamma(\cdot)=\mathrm{sign}(\cdot)$，$\bar{\omega}_1=\omega_1^*$ 和 $\bar{\omega}_2=\omega_2^*$；对自适应控制器，$\bar{g}(x(t))=\hat{g}(x(t))$，$\bar{f}(x(t))=\hat{f}(x(t))$，$\gamma=1$，

$\overline{\omega}_1=\omega_1$ 和 $\overline{\omega}_2=\omega_2$，这里 $\hat{f}(x(t))$ 和 $\hat{g}(x(t))$ 分别是 $f(x(t))$ 和 $g(x(t))$ 自适应控制器基于 NN 的估算结果。

将式（5.14）用于非线性系统式（5.2）可得如下表达式：

$$\begin{aligned}\dot{x}(t)&=\boldsymbol{A}x(t)+\boldsymbol{B}\left\{f(x(t))+\overline{g}(x(t))u_a(t)-\overline{g}(x(t))u_{\mathrm{a}}(t)+g(x(t))u(t)\right\}\\&=\boldsymbol{A}x(t)+\boldsymbol{B}\left\{\tilde{f}(x(t))-\boldsymbol{\lambda}^{\mathrm{T}}\boldsymbol{e}(t)+x_r^{(n)}(t)+\tilde{g}(x(t))u_{\mathrm{a}}(t)+g(x(t))u_{\mathrm{b}}(t)\right\}\end{aligned}\tag{5.17}$$

式中，$\tilde{f}(x(t))=f(x(t))-f^*(x(t))$，$\tilde{g}(x(t))=g(x(t))-g^*(x(t))$。

经简单整理后，误差动力学方程可假定为如下形式：

$$\dot{\boldsymbol{e}}(t)=\boldsymbol{A}\boldsymbol{e}(t)-\boldsymbol{B}\boldsymbol{\lambda}^{\mathrm{T}}\boldsymbol{e}(t)+\boldsymbol{B}\left\{\tilde{f}(x(t))+\tilde{g}(x(t))u_a(t)+g(x(t))u_b(t)\right\}=\boldsymbol{\varLambda}\boldsymbol{e}(t)+\boldsymbol{B}\mu\tag{5.18}$$

式中，$\boldsymbol{\varLambda}=\boldsymbol{A}-\boldsymbol{B}\boldsymbol{\lambda}^{\mathrm{T}}$；$\mu=\tilde{f}(x(t))+\tilde{g}(x(t))u_{\mathrm{a}}(t)+g(x(t))u_{\mathrm{b}}(t)$。

根据向量 $\boldsymbol{\lambda}$ 选择，矩阵 $\boldsymbol{\varLambda}$ 是赫维茨（Hurwitz）矩阵，因此存在正定对称矩阵 P 满足李雅普诺夫方程：

$$\boldsymbol{\varLambda}^{\mathrm{T}}\boldsymbol{P}+\boldsymbol{P}\boldsymbol{\varLambda}=-\boldsymbol{Q}\tag{5.19}$$

式中，$\boldsymbol{Q}$ 是任意正定矩阵。

5.4.2　稳定化基于神经网络的固定控制器

定义候选的李雅普诺夫函数如下：

$$V_1(t)=\boldsymbol{e}^{\mathrm{T}}(t)\boldsymbol{P}\boldsymbol{e}(t)\tag{5.20}$$

根据式（5.19），式（5.20）沿着误差动力学方程式（5.18）轨迹的时间导数形式如下：

$$\dot{V}_1(t)=-\boldsymbol{e}^{\mathrm{T}}(t)\boldsymbol{Q}\boldsymbol{e}(t)+2\boldsymbol{e}^{\mathrm{T}}(t)\boldsymbol{P}\boldsymbol{B}\mu\tag{5.21}$$

经简单整理并考虑式（5.12）、式（5.13）、式（5.15）和式（5.16），可以得出

$$\begin{aligned}\dot{V}_1(t)&\leqslant-\boldsymbol{e}^{\mathrm{T}}(t)\boldsymbol{Q}\boldsymbol{e}(t)+2\left|\boldsymbol{e}^{\mathrm{T}}(t)\boldsymbol{P}\boldsymbol{B}\right|\left\{\omega_1^*+\omega_2^*\left|u_a(t)\right|\right\}+2\boldsymbol{e}^{\mathrm{T}}(t)\boldsymbol{P}\boldsymbol{B}g(x(t))u_b(t)\\&\leqslant-\boldsymbol{e}^{\mathrm{T}}(t)\boldsymbol{Q}\boldsymbol{e}(t)\end{aligned}\tag{5.22}$$

这意味着误差向量式（5.6）渐近收敛到 0。

5.4.3　稳定化基于神经网络的自适应控制器

候选李雅普诺夫函数定义为

$$V_2(t)=\boldsymbol{e}^{\mathrm{T}}(t)\boldsymbol{P}\boldsymbol{e}(t)+\frac{1}{\gamma_1}\tilde{\boldsymbol{\theta}}_{\mathrm{f}}^{\mathrm{T}}\tilde{\boldsymbol{\theta}}_{\mathrm{f}}+\frac{1}{\gamma_2}\tilde{\boldsymbol{\theta}}_{\mathrm{g}}^{\mathrm{T}}\tilde{\boldsymbol{\theta}}_{\mathrm{g}} \tag{5.23}$$

式中，$\tilde{\boldsymbol{\theta}}_{\mathrm{f}}^{\mathrm{T}}=\hat{\boldsymbol{\theta}}_{\mathrm{f}}^{\mathrm{T}}-\boldsymbol{\theta}_{\mathrm{f}}^{*\mathrm{T}}$，$\tilde{\boldsymbol{\theta}}_{\mathrm{g}}^{\mathrm{T}}=\hat{\boldsymbol{\theta}}_{\mathrm{g}}^{\mathrm{T}}-\boldsymbol{\theta}_{\mathrm{g}}^{*\mathrm{T}}$，$\gamma_1,\gamma_2$ 是两个正值常数。

根据式（5.19）和式（5.23）沿着误差动力学方程式（5.18）轨迹的时间导数有如下表达式：

$$\begin{aligned}\dot{V}_2(t)&=-\boldsymbol{e}^{\mathrm{T}}(t)\boldsymbol{Q}\boldsymbol{e}(t)+2\boldsymbol{e}^{T}(t)\boldsymbol{P}\boldsymbol{B}\mu-\frac{2}{\gamma_1}\dot{\hat{\boldsymbol{\theta}}}_{\mathrm{f}}^{\mathrm{T}}\tilde{\boldsymbol{\theta}}_{\mathrm{f}}-\frac{2}{\gamma_2}\dot{\hat{\boldsymbol{\theta}}}_{\mathrm{g}}^{\mathrm{T}}\tilde{\boldsymbol{\theta}}_{\mathrm{g}}\\&=-\boldsymbol{e}^{\mathrm{T}}(t)\boldsymbol{Q}\boldsymbol{e}(t)+\frac{2}{\gamma_1}\left\{\gamma_1\boldsymbol{e}^{\mathrm{T}}(t)\boldsymbol{P}\boldsymbol{B}\boldsymbol{\phi}_{\mathrm{f}}^{\mathrm{T}}-\dot{\hat{\boldsymbol{\theta}}}_{\mathrm{f}}^{\mathrm{T}}\right\}\tilde{\boldsymbol{\theta}}_{\mathrm{f}}+\\&\quad\frac{2}{\gamma_2}\left\{\gamma_2\boldsymbol{e}^{\mathrm{T}}(t)\boldsymbol{P}\boldsymbol{B}\boldsymbol{\phi}_{\mathrm{g}}^{\mathrm{T}}u_{\mathrm{a}}(t)-\dot{\hat{\boldsymbol{\theta}}}_{\mathrm{g}}^{\mathrm{T}}\right\}\tilde{\boldsymbol{\theta}}_{\mathrm{g}}+\\&\quad\boldsymbol{e}^{\mathrm{T}}(t)\boldsymbol{P}\boldsymbol{B}\left\{\varepsilon_{\mathrm{f}}+\varepsilon_{\mathrm{g}}u_{\mathrm{a}}(t)+g(x(t))u_{\mathrm{b}}(t)\right\}\end{aligned} \tag{5.24}$$

考虑到 Liu（2001）的研究结果和如下的自适应机制，可以调整网络权向量为

$$\dot{\hat{\boldsymbol{\theta}}}_{\mathrm{f}}=\begin{cases}\gamma_1\boldsymbol{e}^{\mathrm{T}}(t)\boldsymbol{P}\boldsymbol{B}\boldsymbol{\phi}_{\mathrm{f}} & ,\ \hat{\boldsymbol{\theta}}_{\mathrm{f}}\in\boldsymbol{\Theta}_{\mathrm{f}}\\ \gamma_1\boldsymbol{e}^{\mathrm{T}}(t)\boldsymbol{P}\boldsymbol{B}(\chi_1^{-2}\hat{\boldsymbol{\theta}}_{\mathrm{f}}^{\mathrm{T}}\boldsymbol{\phi}_{\mathrm{f}}\hat{\boldsymbol{\theta}}_{\mathrm{f}}-\boldsymbol{\phi}_{\mathrm{f}}) & ,\ \text{其他}\end{cases} \tag{5.25}$$

$$\dot{\hat{\boldsymbol{\theta}}}_{\mathrm{g}}=\begin{cases}\gamma_2\boldsymbol{e}^{\mathrm{T}}(t)\boldsymbol{P}\boldsymbol{B}\boldsymbol{\phi}_{\mathrm{g}}u_{\mathrm{a}}(t) & ,\ \hat{\boldsymbol{\theta}}_{\mathrm{g}}\in\boldsymbol{\Theta}_{\mathrm{g}}\\ \gamma_2\boldsymbol{e}^{\mathrm{T}}(t)\boldsymbol{P}\boldsymbol{B}u_{\mathrm{a}}(t)(\chi_2^{-2}\hat{\boldsymbol{\theta}}_{\mathrm{g}}^{\mathrm{T}}\boldsymbol{\phi}_{\mathrm{g}}\hat{\boldsymbol{\theta}}_{\mathrm{g}}-\boldsymbol{\phi}_{\mathrm{g}}) & ,\ \text{其他}\end{cases} \tag{5.26}$$

式中

$$\boldsymbol{\Theta}_{\mathrm{f}}:=\{\boldsymbol{\theta}_{\mathrm{f}}:\|\boldsymbol{\theta}_{\mathrm{f}}\|<\chi_1\text{或}\|\boldsymbol{\theta}_{\mathrm{f}}\|=\chi_1\text{且}\left(\boldsymbol{e}^{\mathrm{T}}(t)\boldsymbol{P}\boldsymbol{B}\hat{\boldsymbol{\theta}}_{\mathrm{f}}^{\mathrm{T}}\boldsymbol{\phi}_{\mathrm{f}}\geqslant 0\right) \tag{5.27}$$

$$\boldsymbol{\Theta}_{\mathrm{g}}:=\{\boldsymbol{\theta}_{\mathrm{g}}:\|\boldsymbol{\theta}_{\mathrm{g}}\|<\chi_2\text{或}\|\boldsymbol{\theta}_{\mathrm{g}}\|=\chi_2\text{且}\left(\boldsymbol{e}^{\mathrm{T}}(t)\boldsymbol{P}\boldsymbol{B}\hat{\boldsymbol{\theta}}_{\mathrm{g}}^{\mathrm{T}}\boldsymbol{\phi}_{\mathrm{g}}u_{\mathrm{a}}(t)\geqslant 0\right) \tag{5.28}$$

式中，χ_1 和 χ_2 是正值常数，于是可以得到如下表达式：

$$\dot{V}_2(t)=-\boldsymbol{e}^{\mathrm{T}}(t)\boldsymbol{Q}\boldsymbol{e}(t)+2\sum_{i=1}^{n}|p_{ni}||\boldsymbol{e}_i|\bar{\omega} \tag{5.29}$$

式中，$\boldsymbol{p}_{ni}$ 是矩阵 $\boldsymbol{P}$ 最后一行的分量，$\bar{\omega}=\omega_1^*+\omega_2^*$。任意正定矩阵 $\boldsymbol{Q}$ 假定为对角阵，即 $\boldsymbol{Q}=\mathrm{diag}[q_1,q_2,\cdots,q_n]$，其中 $q_i>0,i=1,2,\cdots,n$。定义

$$\boldsymbol{\Theta}(\zeta)=\left\{\boldsymbol{e}:\sum_{i=1}^{n}q_i(|\boldsymbol{e}_i|-\frac{|p_{ni}|}{q_i}\zeta)\leqslant\sum_{i=1}^{n}\frac{p_{ni}^2\zeta}{q_i}\right\} \tag{5.30}$$

式中，$\zeta\geqslant 0$，可以证明追踪误差总是收敛到集合 $\boldsymbol{\Theta}(\bar{\omega})$，这意味着误差向量式（5.6）最终是有界的（Liu，2001）。

5.5　切换策略

在接下来的各小节中，首先给出已知航行器运行条件下的切换策略，然后对于航行器配置资料所知甚少的情况，通过在控制机制中引入自适应控制，建立相应的切换策略。

5.5.1　已知航行器配置

基于 NN 的控制器表达式（5.14）可以保证对于航行器特定的已知配置误差向量 $\boldsymbol{e}(\cdot)$ 收敛为 0，已知的航行器配置以神经网络 $f^*(\cdot)$ 和 $g^*(\cdot)$ 得出的近似估算值表征。于是在不同的已知航行器运行条件下，如果神经网络 $f^*(\cdot)$ 和 $g^*(\cdot)$ 代之以不同的神经网络来逼近实际航行器运行条件下的非线性函数 $f(\cdot)$ 和 $g(\cdot)$，则所提的 NN 控制器表达式（5.14）依然可以保持相同的性能。因此在本小节中针对式（5.2）的非线性系统类型，提出一种控制法则为式（5.14）～式（5.16）表示的一般结构的切换控制方案。

考虑由 N 个基于神经网络的模型组成的一个集合 $\{M_i\}_{i=1}^N$，该集合中模型的形式与设备状态空间表达式（5.2）相同，代表设备的所有 N 个不同运行条件：

$$\dot{\boldsymbol{x}}_i(t) = \boldsymbol{A}\boldsymbol{x}_i(t) + \boldsymbol{B}[f_i^*(\boldsymbol{x}) + g_i^*(\boldsymbol{x})u(t)],\ i = 1,\cdots,N \tag{5.31}$$

式中，$\boldsymbol{x}_i(\cdot)$ 和 $\boldsymbol{x}(\cdot)$ 分别是模型 M_i 和测量设备的输出向量，$f_i^*(\cdot)$ 和 $g_i^*(\cdot)$ 表示一对 RBF 网络，具有与式（5.8）和式（5.9）相同的结构，针对模型 M_i 表征每个已知运行条件的设备进行了专门设计。这些网络符合假设（3），现分别以 $f_i^*(\cdot)$ 和 $g_i^*(\cdot)$ 替代 $f^*(\cdot)$ 和 $g^*(\cdot)$，分别以 ω_{1i}^* 和 ω_{2i}^* 对 ω_1^* 和 ω_2^* 进行特殊化处理。

另外，考虑 N 个控制器的集合 $\{C_i\}_{i=1}^N$，这里每个控制器 C_i 都遵循以下法则：

$$u_i(t) = u_{ai}(t) + u_{bi}(t) \tag{5.32}$$

式中

$$u_{ai}(t) = \frac{1}{g_1^*(\boldsymbol{x}(t))}\left[-f_1^*(\boldsymbol{x}(t)) + x_r^{(n)}(t) - \boldsymbol{\lambda}^{\mathrm{T}}\boldsymbol{e}(t)\right] \tag{5.33}$$

$$u_{bi}(t) = -\frac{1}{g^L(\boldsymbol{x}(t))}\mathrm{sign}(\boldsymbol{e}^{\mathrm{T}}(t)\boldsymbol{PB})\left[\omega_{1i}^* + \omega_{2i}^*\left|u_{ai}(t)\right|\right] \tag{5.34}$$

每个控制器 C_i 使得在模型 M_i 描述的特定已知运行条件下，式（5.2）表达的设备得到稳定。根据图 5.1 所示的控制架构，在每个时间点，集合 $\{C_i\}_{i=1}^{N}$ 中仅有一个控制器应用于设备，且 N 个模型 $\{M_i\}_{i=1}^{N}$ 的平行架构，由设备的相同控制器输入 $\boldsymbol{u}$ 驱动，产生输出 $\boldsymbol{x}_i$， $i=1,\cdots,N$ 。按如图 5.1 所示的控制结构，不同控制器的性能不能直接并行估算，因为在任意时间点序列 t_k， $k=0,1,\cdots$ 只能选择一个控制输入。因此，将多个模型的输出响应用于控制器性能估算。定义预测误差为

$$\boldsymbol{\varepsilon}_i(t_k)=\boldsymbol{x}(t_k)-\boldsymbol{x}_i(t_k),\ i=1,\cdots,N \tag{5.35}$$

考虑以下性能指数：

$$J_i(t_k)=\alpha\boldsymbol{\varepsilon}_i^{\mathrm{T}}(t_k)\boldsymbol{\varepsilon}_i(t_k)+\beta\sum_{\tau=t_{k0}}^{t_k-1}l^{(t_k-\tau-1)}\boldsymbol{\varepsilon}_i^{\mathrm{T}}(\boldsymbol{\tau})\boldsymbol{\varepsilon}_i(\boldsymbol{\tau}),\ i=1,\cdots,N \tag{5.36}$$

式中，设计参数 α 和 β 是正值常数；l 的模小于 1；t_{k0} 是初始时间点（Narendra et al.，1995）。参数 α 和 β 分别决定由瞬时和长期测量所给出的相对权重，而 l 决定了指数的记忆效应。

在所考虑的假设下，式（5.2）所示设备的每一种已知的运行条件，都存在一个控制器 C_i 使设备得到稳定。因此，监管器的切换策略可以由对应于控制器集合 $\{C_i\}_{i=1}^{N}$ 的一个李雅普诺夫函数 $\{V_i\}_{i=1}^{N}$ 集合和性能指数集合 $\{J_i\}_{i=1}^{N}$ 驱动，李雅普诺夫函数集合用于测试闭合环路的稳定性，性能指数集合则用于推断出应用于式（5.2）中设备的控制器。

监管器为每个时间点序列 t_k， $k=0,1,\cdots$ 的设备运行条件选择正确的控制器，对性能指数集合 $\{J_i\}_{i=1}^{N}$ 进行监控得出控制器性能的一个估算结果。因此，所提出的监管逻辑是以这些性能指数为基础的，该监管逻辑与选择环路中下一个控制器的目标相关，一旦监管器判定运行的控制器能力不适应，则选择下一个控制器。而控制器能力不适应的判据是不能保证误差向量 $\boldsymbol{e}(\cdot)$ 收敛，或者与此相当的是以下条件不能证实（李雅普诺夫证伪标准）：

$$V_i(t_k)-V_i(t_{k-1})\leqslant-\int_{t_{k-1}}^{t_k}\rho(|\boldsymbol{e}(\tau)|)\mathrm{d}\tau,\forall\boldsymbol{e} \tag{5.37}$$

式中， $\rho(|\boldsymbol{e}(\cdot)|):R_{\geqslant0}\to R_{\geqslant0}$ 是正定函数。

因此，所考虑的切换策略可以下列表中算法为基础，该算法由 Angeli 和 Mosca（2002）提出，能保证遍历整个候选控制器集合。在此引进控制器集合 $\mathcal{P}$ 和控制器集合 $\mathcal{F}$，控制器集合 $\mathcal{P}$ 经过测试而控制器集合 $\mathcal{F}$ 尚待检测。该切换策略的稳定性分析参见 Cavalletti 等（2007）的报道。

算法 5.1　切换策略

步骤 1	令 $i^*(0)=1; t_k := 0; k := 0; \mathcal{P}=\{1\}, \mathcal{F}=\{2,3,\dots,N\}$;
步骤 2	$k := k+1$;
步骤 3	如果 $V_i^*(t_k) \leqslant V_i^*(t_{k-1}) - \int_{t_{k-1}}^{t_k} \rho(\lvert e(\tau)\rvert)\mathrm{d}\tau$ 就前往步骤 2;
步骤 4	$i^*(t_k) = \arg min_{i\in\mathcal{F}} J_i(t_k)$;
步骤 5	$\mathcal{P}=\mathcal{P}\cup\{i^*(t_k)\}, \mathcal{F}=\mathcal{F}-\{i^*(t_k)\}$;
步骤 6	如果 $\mathcal{F}=0$，则交换 $\mathcal{F}$ 和 $\mathcal{P}$
步骤 7	前往步骤 2

5.5.2　未知航行器配置

如果算法 5.1 遍历了所有的候选控制器而没有选出一个特定控制器，监管器就会切换到基于 NN 自适应控制并开始监控追踪误差的均方值。如果该误差增大超过一个适当界限，则监管器在一个时间间隔后就会切换回算法 5.1，并再次遍历所有的候选控制器，让监管器滞后一个时间间隔切换在于减少切换动作的频次。

5.6　遥控水中航行器模型

本章考虑的 ROV 装有 4 个推进器并通过一根支撑缆线与水面船舶连接，该系统由 ENI 团队开发，应用于开采沉积可燃气体（Conter et al.，1989；Ippoliti et al.，2002；Ippoliti et al.，2006）。控制系统包括两个独立部分：第 1 部分置于水面船舶上，监控航行器的深度；第 2 部分置于航行器自身，监控航行器的位置和方向。

由于深度是由水面船舶控制的，所以认为 ROV 在平行于海底的平面运行。于是控制变量为该平面的坐标 v_1、v_2 和转首角 v_3。在动力学模型中未考虑横滚角和俯仰角，已证明其量值在广泛的载荷状态和不同强度、方向的水下海流情况下可以忽略不计（Conter et al.，1989；Longhi and Rossolini，1989），在 Ippoliti 等（2002）的研究中介绍的实验测试结果验证了这点。事实上，该航行器设计为浮心与质心重合。航行器不能漂浮，它在水中的重量很重，故通过一根连接航行器顶部的缆线悬挂在水面船舶上。质心总是低于悬挂点，脐带缆和悬挂缆线铰接在航行器结构上，使航行器可以相对缆线自由旋转。按这种机械配置，航行器可以独立于水面船舶位置和水下海流而保持平衡。而且，由于航行器质量大，其速度和加速度总是很小，所以俯仰和横滚变化影响也可以忽略不计。

已经根据经典力学并通过分析受力得到 ROV 的动力学方程(Conter et al., 1989；Longhi and Rossolini，1989)，即对重力、阿基米德浮力、缆线牵引力，水动力和螺旋桨推力分析而得。对于 ROV 的机械结构，由于重力和阿基米德浮力只影响航行器的深度，所以在分析中未考虑。ROV 动力学模型由以下微分方程系统描述(Conter et al.，1989；Longhi and Rossolini，1989)：

$$p_1\ddot{v}_1 + (p_2|\cos(v_3)| + p_3|\sin(v_3)|)V_1|\boldsymbol{V}_\mathrm{d}| + p_4 v_1 - p_5 V_{\mathrm{c}1}|\boldsymbol{V}_\mathrm{c}| = u_1 \tag{5.38}$$

$$p_1\ddot{v}_2 + (p_2|\sin(v_3)| + p_3|\cos(v_3)|)V_2|\boldsymbol{V}_\mathrm{d}| + p_4 v_2 - p_5 V_{\mathrm{c}2}|\boldsymbol{V}_\mathrm{c}| = u_2 \tag{5.39}$$

$$p_6\ddot{v}_3 + p_7\dot{v}_3|\dot{v}_3| + p_8|\boldsymbol{V}_\mathrm{c}|^2\sin(\frac{v_3 - v_3^\mathrm{c}}{2}) + p_9 = u_3 \tag{5.40}$$

式中，$\boldsymbol{V}_\mathrm{c} = [V_{\mathrm{c}1}, V_{\mathrm{c}2}]^\mathrm{T}$ 是非时变的水下流速，$\boldsymbol{V}_\mathrm{d} = [V_1, V_2]^\mathrm{T} = [(\dot{v}_1 - V_{\mathrm{c}1}),(\dot{v}_2 - V_{\mathrm{c}2})]^\mathrm{T}$；数量 u_1、u_2 和 u_3 是航行器 4 个螺旋桨所提供的推力和扭矩沿着坐标轴的分量；v_3^c 是 v_1 轴与水流速度方向的夹角。式（5.38）～式（5.40）的系数 p_i $(i = 1,\cdots,9)$，取决于所考虑的 3 种不同的 ROV 载荷配置和环境条件，因此其量值在航行器任务期间会显著变化。这些系数的表达式和对应 3 种不同 ROV 载荷配置的数值参见 Conter 等（1989），Longhi 和 Rossolini（1989）的研究。这些系数通过考虑航行器的几何特征、机械特征、环境条件和运行条件估算得出，且已通过实验测试进行了验证(Ippoliti et al.，2002)。特别指出，p_1 取决于航行器质量和附加质量；p_2 和 p_3 取决于水的密度、阻力系数和侧壁的几何特征；p_4 取决于单位缆线长度的重量，缆线长度和航行器在水中的重量；p_5 取决于与 p_4 相同的参数，以及水密度、缆线阻力系数和缆线直径等；p_6 取决于航行器的惯性矩和附加惯性矩；p_7 取决于水密度、旋转阻力系数、旋转填充系数、旋转等效面积和等效力臂；p_8 取决于水密度、阻力系数、侧壁的几何特征和航行器尺度；p_9 取决于缆线的阻力矩。由缆线在航行器位置产生的交互作用包含在参数 p_4 和 p_5 中，假设在每期使命期间缆线直径和长度是常数（Conter et al.，1989；Longhi and Rossolini，1989)。

5.7　数值模拟结果

按上述基于 NN 切换自适应控制(NN-based switching adaptive control，NNSAC）对所考虑的 ROV 进行了数值试验。Cavalletti 等（2007）对 NNSAC 和 NNSC 进行

了比较。关于对该 ROV 控制法则的设计，考虑了一种简化的解耦模型假定（Ippoliti et al.，2002）。在本章中，控制方案分解为关于变量 v_1， v_2 和 v_3 的独立控制系统。在本例中，开发了 3 个独立控制器，由相同监管器结构驱动。按这种简化，每个变量的非线性动力学方程可以按状态空间表达式（5.2）表示如下：

$$\dot{\boldsymbol{x}}_{vj}(t) = \boldsymbol{A}\boldsymbol{x}_{vj}(t) + \boldsymbol{B}\left[f^{vj}(\boldsymbol{x}_{vj}(t)) + g^{vj}(\boldsymbol{x}_{vj}(t))u_j(t)\right], j = 1,2,3 \quad (5.41)$$

式中，$\boldsymbol{x}_{vj}(t) := \begin{bmatrix} v_j & \dot{v}_j \end{bmatrix}, j = 1,2,3$。对于每个 ROV 的任务，$g^{vj}(\boldsymbol{x}_{vj})$是一个估算得到的常数，其取决于航行器质量；$f^{vj}(\boldsymbol{x}_{vj}(t))$是非线性项，其参数取决于 ROV 的特定运行条件；这不难通过式（5.38）～式（5.40）和经过考虑的简化假设给予证明。

5.7.1　神经网络结构与验证

神经网络经历了训练和测试阶段，得到了一组针对不同类型形状（具有平行中段的圆截面回转体）和所选规划轨迹的数据。这些数据是通过考虑 ROV 不同载荷条件获得的，用来按基于正交最小二乘（Orthogonal Least Squares，OLS）算法训练网络（Antonini et al.，2006；Chen et al.，1991），还对数据进行了规格化使之具有相同数值区间。

对 RBFN 的复杂度（中值个数）进行了选择，从而使网络的逼近功能与较低网络复杂度相匹配，如此处理对控制方案实施是必要的。选择中值个数要对学习的时间复杂度、所得 NN 控制方案计算量和预报精度进行妥善的权衡，以获得满意的控制性能。因此，可选择网络隐藏层数使之具有 5～21 个中值。

在网络结构上运行的选择方案已通过交叉验证测试进行了确认，这样处理可检查网络普遍性，以避免用于训练网络的数据出现过度拟合。选取训练阶段未曾用过的各种 ROV 轨迹资料用于交叉验证测试。经过训练的神经网络显示出良好的普遍性能，能将其预测功能推广，并用于与训练阶段轨迹不同的所选 ROV 的全部受检轨迹。安德森（Anderson）曾做过的用于分析所测信号样本自相关函数来确定其白度的试验（Mihram，1972），也已被用来对神经网络进行验证。由此发现估算的残差减少而白度增加，残差的自相关函数在 95%置信区域以内。

5.7.2　数值模拟测试

针对推进器系统结构上的特点，对控制过程施加约束。航行器输出（变量 v_1, v_2, v_3）存在高斯“噪声”影响，“噪声”均值为 0，平移运动方差为 10^{-4}，转首

运动方差为 0.3×10^{-4}。按 NNSAC（基于 NN 切换自适应控制）和 NNSC（基于 NN 切换控制）对不同载荷假设条件的 ROV 实施了若干数值模拟计算。在本项研究的数值模拟测试报告中，考虑了 3 种不同的 ROV 的载荷条件，水深为 200m，沿坐标轴 v_1 和 v_2 的水下流动速度分别是 $V_{c1}=V_{c2}=0.12$ m/s。具体而言，3 种不同的 ROV 载荷配置如下所述。

1. 带有流管跨接机构安装模块（flow-line jumper installation module，将流管连接到水下结构的模块）的主航行器。
2. 没有载荷的主航行器。
3. 带有流管框架和相应安装模块（要安装的水下结构主要部件）的主航行器。

如 Ippoliti 等（2002）报道的，这些配置的特点是参数变化相当大。由经滤波的分段常数函数（经滤波的幅值阶梯变化）与三角函数结合给出的外部光滑基准信号。

现进一步介绍航行器任务。假设 ROV 载荷未知（流管框架和相应安装模块有 60%质量减少），它需要从初始位置（$v_1=0.8\text{m}, v_2=-0.7\text{m}, v_3=\pi/2$）出发运行到开始位置（$v_1=0\text{m}, v_2=0\text{m}, v_3=0\text{rad}$），并且保持该位置直到 $k=200$s 时刻。然后，它绕垂直轴顺时针旋转 $\pi/2$。在 $k=300$ s 时刻，ROV 将载荷运到设定点（位置：$v_1=0.8\text{m}$，$v_2=-0.7\text{m}$，$v_3=\pi/2$）。在 $k=400$ s 时刻，航行器绕垂直轴顺时针旋转 $\pi/2$，并保持在该位置（$v_1=1\text{m}, v_2=0\text{m}, v_3=\pi$）直到 $k=600$ s 时刻，然后它开始沿半径 1m 的圆形轨迹运行到 $k=1000$ s 时刻停止。在该点，尽管航行器在 $k=1100$ s 时刻释放了载荷，但需保持该位置直到 $k=1300$ s 时刻。在 $k=1300$ s 时刻，没有载荷的航行器再次沿半径为 1m 的圆形轨迹运行，直到 $k=1700$ s 时刻。如图 5.2（a）～（c）和图 5.3（a）～（c）所示，分别展示了按 NNSC 和 NNSAC 得出的 3 个控制变量 v_1、v_2 和 v_3 的追踪误差平方值。如图 5.2（d）和图 5.3（d）所示，分别按 NNSC 和 NNSAC 给出了变量 v_1，v_2 和 v_3 的 3 个基于神经网络切换控制器的独立监管器 $S_i(i=1,2,3)$ 切换序列。在所考虑的任务期间缺少实际航行器运行条件信息，NNSC 不能保证良好的控制性能，因为预计算控制器不能应对没有预先知晓的环境和载荷状况。因此在这种情况下，需要一种自动调谐机制。事实上，ROV 在 $k=0$ 时刻有一个未知载荷配置（流管框架减少 60%质量）启动，NNSC 的监管器 $S_i(i=1,2,3)$ 不能识别未知的实际航行器配置。这由图 5.2（d）可以看出，此处监管器 S_1 没有在特定的载荷配置上停止，而监管器 S_2 和 S_3 却停止在一个错误的配置上（见图 5.2（d）上 $k=0$ 时刻到 $k=1000$ s 时刻的图形）。因此 NNSC 的性能（见

图 5.2（a）～（c）上从 $k=0$ 时刻到 $k=1100$ s 时刻的图形）相对于 NNSAC 非常差（见图 5.3（a）～（c）上从 $k=0$ 时刻到 $k=1100$ s 时刻的图形）。确实，NNSAC 可以使控制法则适应实际的未知载荷条件，这点也在表 5.1 中得到确认，表中展示了 NNSC 和 NNSAC 出现的误差对比。在该表格中，IAE（Integrals of the Absolute Value of the Tracking Error for the Variables，变量追踪误差绝对值的积分）准则用于评估两个控制器的性能，即对变量 v_1，v_2 和 v_3 追踪误差绝对值的积分进行比较。

另外，当航行器在 $k=1100$s 时刻释放载荷，NNSC 和 NNSAC 都能快速检测到实际的和预先知晓的 ROV 配置（见图 5.2（d）和图 5.3（d），图中监管器停止在正确的载荷配置编号 2 上）；NNSC 的性能（见图 5.2（a）～（c）时间点 $k=1100$s 之后的图形）与 NNSAC 的性能相似（见图 5.3（a）～（c）时间点 $k=1100$s 之后的图形）。

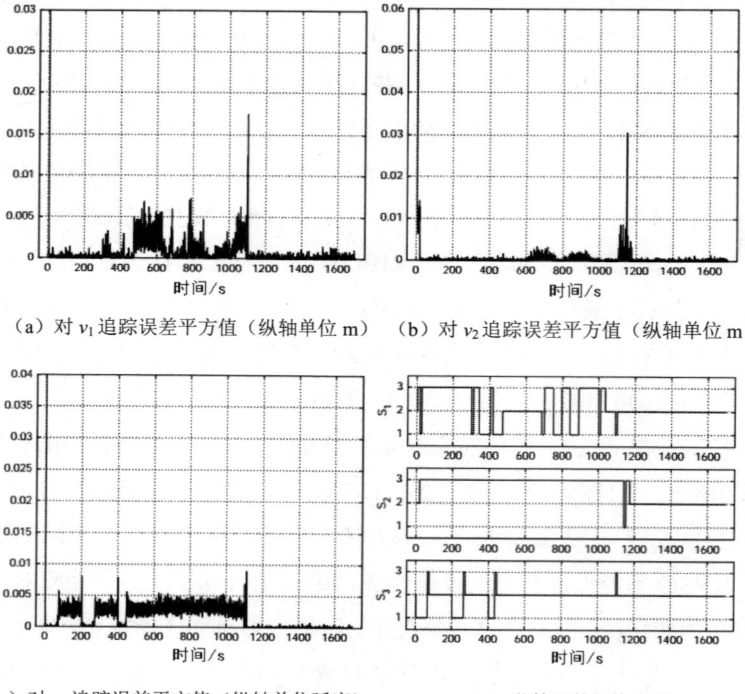

（a）对 v_1 追踪误差平方值（纵轴单位 m）（b）对 v_2 追踪误差平方值（纵轴单位 m）

（c）对 v_3 追踪误差平方值（纵轴单位弧度）（d）监管器的切换序列

图5.2 NNSC的性能

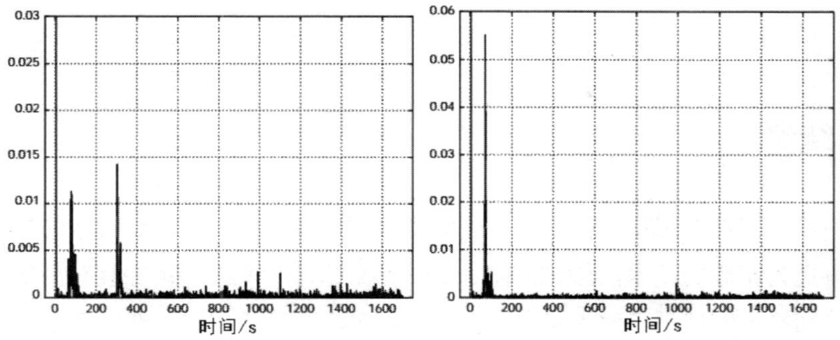

（a）对 v_1 追踪误差平方值（纵轴单位 m）　（b）对 v_2 追踪误差平方值（纵轴单位 m）

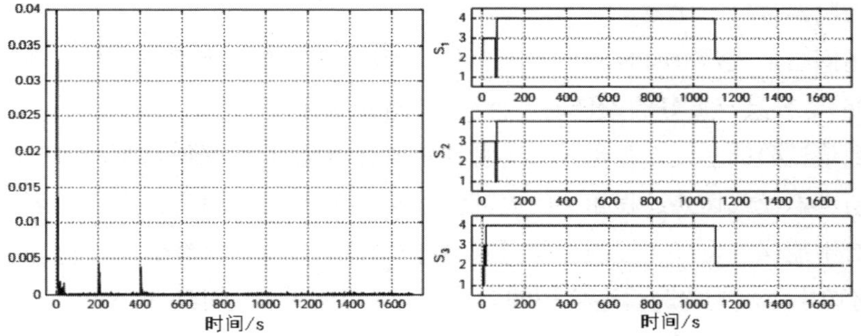

（c）对 v_3 追踪误差平方值（纵轴单位弧度）　（d）监管器的切换序列

图5.3　NNSAC的性能

表 5.1　NNSC 和 NNSAC 的性能比较

$$\text{IAE\%}=\frac{\text{IAE}_{\text{NNSC}}-\text{IAE}_{\text{NNSAC}}}{\text{IAE}_{\text{NNSAC}}}\times 100\%$$

VAR	IAE_{NNSC}	$\text{IAE}_{\text{NNSAC}}$	IAE%
v_1	1.47×10^{-3}	1.05×10^{-3}	28.57
v_2	1.01×10^{-3}	8.55×10^{-4}	15.34
v_3	1.77×10^{-3}	2.36×10^{-3}	85.03

通过上述测试对所考虑的 ROV 进行了 NNSC 与 NNSAC 的对比研究。这些测试表明在缺少实际航行器运行条件的资料时，NNSC 不能保证良好的控制性能；预计算控制器不能应对所有的环境和载荷条件，需要 NNSAC 的自动调节机制。

5.8 结论

水下航行器会在工作条件时常发生突变的动态环境中运行。对有效的控制操作需要具有更为精确的技术，这种技术对大额参数变动和/或不确定性具有高度的鲁棒性。监管切换控制似乎可作为建立适宜的控制策略的理论框架。在本章中，提出了基于 NN 的切换自适应追踪控制，并将基于 NN 的切换自适应追踪控制器与基于 NN 的切换控制器进行了比较。

所用网络形式是 RBFN，该网络已经成功地用于其他控制系统领域（Antonini et al.，2006），其具有良好的最佳逼近特性（Poggio and Girosi，1990）。

在数值试验的基础上得出，当各种待定航行器配置信息缺少时，NNSAC 可以处理与所考虑模式切换过程相关的大额瞬态误差问题。事实上，如果运行条件未知，则 NNSC 不能保证良好的控制性能；预计算控制器不能应对所有的环境和载荷条件。因此，将切换控制策略与自适应控制器相结合，特别适合应对这些未知的运行条件，在航行器运行的不同环境未知的情况下改进整个控制系统的性能。

参考文献

1. Aguiar AP, Pascoal AM. 2001. Regulation of a nonholonomic autonomous underwater vehicle with parametric modeling uncertainty using Lyapunov functions. In Proceedings of the 40th IEEE Conference on Decision and Control, Orlando, FL, pp. 4178-4183
2. Angeli D, Mosca E. 2002. Lyapunov-based switching supervisory control of nonlinear uncertain systems. IEEE Transactions on Automatic Control, 47(3): 500-505
3. Antonini P, Ippoliti G, Longhi S. 2006. Learning control of mobile robots using a multiprocessor system. Control Engineering Practice, 14(11): 1279-1295
4. Baldini M, Corradini M, Jetto L. et al. 1999. A multiple-model based approach for the intelligent control of underwater remotely operated vehicles. In Proceedings of the 14th Triennial World Congress of IFAC, Beijing Q: 19-24
5. Borrelli D, Morse AS, Mosca E. 1998. Discrete-time supervisory controlof families of two-degrees-of-freedom linear set-point controllers. IEEETransactions on Automatic Control,

44(1): 178-181

6. Cavalletti M, Ippoliti G, Longhi S. 2005. Neural network based switching control of a remotely operated vehicle. In Proceedings of the IARP International Workshop on Underwater Robotics, Genoa: 153-160
7. Cavalletti M, Ippoliti G, Longhi S. 2007. Lyapunov-based switching control using neural networks for a remotely operated vehicle. International Journal of Control, 80(7): 1077-1091
8. Chen L, Narendra KS. 2000. Nonlinear adaptive control using neural networks and multiple models. In Proceedings of the 2000 American Control Conference, 6: 4199-4203
9. Chen S, Cowan CFN, Grant PM. 1991. Orthogonal least squares learning algorithm for radial basis function networks. IEEE Transactions on Neural Networks, 2(2): 302-309
10. Conte G, Serrani A. 1994. 'H_∞ control of a remotely operated underwater vehicle'. In Proceedings ISOPE'94, Osaka
11. Conter A, Longhi S, Tirabassi C. 1989. Dynamic model and self-tuning control of an underwater vehicle. In Proceedings of the Eighth International Conference on Offshore Mechanics and Arctic Engineering, The Hague: 139-146
12. Corradini M, Ippoliti G, Longhi S. 2003. Neural networks based control of mobile robots: Development and experimental validation. Journal of Robotic Systems, 20(10): 587-600
13. Corradini M, Orlando G. 1997. A discrete adaptive variable structure controller for MIMO systems, and its application to an underwater ROV. IEEE Transactions on Control Systems Technology, 5(3): 349-359
14. Cristi R, Fotis A, Healey A. 1990. Adaptive sliding mode control of autonomous underwater vehicles in the dive plane. IEEE Journal of Oceanic Engineering, 15(3): 152-160
15. Cybenko, G. 1989. Approximation by superpositions of a sigmoidal function. Mathematics of Control, Signal and Systems, 2(4): 303-314
16. D'Amico A, Ippoliti G, Longhi S. 2006. A multiple models approach for adaptation and learning in mobile robots control. Journal of Intelligent and Robotic Systems, 47(1): 3-31
17. Fossen T. 2002. Marine Control Systems: Guidance, Navigation, and Control of Ships, Rigs and Underwater Vehicles. Trondheim: Marine Cybernetics
18. Hespanha J. 2001. Tutorial on supervisory control. Lecture notes for the workshop control using logic and switching. In 40th IEEE Conference on Decision and Control(CDC01), Orlando, FL
19. Hespanha JP, Liberzon D, Morse AS. 1999. Logic-based switching control of a nonholonomic system with parametric modeling uncertainty. System and Control Letters. Special Issue on Hybrid Systems, 38(3): 167-177
20. Hespanha JP, Liberzon D, Morse AS, et al. 2001. Multiple model adaptive control, part 2: Switching. International Journal of Robust and Nonlinear Control Special Issue on Hybrid Systems in Control, 11(5): 479-496

21. Hockerman-Frommer J, Kulkarni SR, Ramadge PJ. 1998. Controller switching based on output prediction errors. IEEE Transactions on Automatic Control, 43(5): 596-607
22. Ippoliti G, Jetto L, Longhi S. 2005. Improved set-points tracking of remotely operated underwater vehicles through a supervised pid control scheme. Journal of Marine Engineering and Techology, 4(2): 3-9
23. Ippoliti G, Jetto L, Longhi S. 2006. Switching based supervisory control of underwater vehicles'. In G. Robert and R. Sutton (eds.), Advances in Unmanned Marine Vehicles. IEE's Control Engineering Series, Stevenage, UK: 105-126
24. Ippoliti G, Longhi S. 2004. Multiple models for adaptive control to improve the performance of minimum variance regulators. IEE Proceedings –Control Theory and Applications, 151(2): 210-217
25. Ippoliti G, Jetto L, Longhi S. et al. 2004. Adaptively switched setpoint tracking PID controllers. In Proceedings of the 12th Mediterranean Conference on Control and Automation (MED'04), Kusadasi, Aydin, Turkey
26. Ippoliti G, Longhi S, Radicioni A. 2002. Modelling and identification of a remotely operated vehicle. Journal of Marine Engineering and Technology, 48-56
27. Isidori A. 1989. Nonlinear Control Systems:An Introduction(2en Edition)[M]. Berlin: Springer-Verlag
28. Karimi A, Landau ID, Motee N. 2001. Effects of the design parameters of multimodel adaptive control on the performance of a flexible transmission system. International Journal of Adaptive Control and Signal Processing Special Issue on Switching and Logic, 15(3): 335-352
29. Kosut RL. 2004. Iterative unfalsified adaptive control: Analysis of the disturbance-free case. In Proceedings of the 1999 American Control Conference, San Diego, CA: 566-570
30. Lee C-Y, Lee J-J. 2004. Adaptive control for uncertain nonlinear system based on multiple neural network. IEEE Transactions on System, Man and Cybernetics, 34(1): 325-333
31. Liu G.P. 2001. Nonlinear identification and control[M]. London: Springer
32. Longhi S, Rossolini A. 1989. Adaptive control for an underwater vehicle: Simulation studies and implementation details'. In Proceedings of the IFAC Workshop on Expert Systems and Signal Processing in Marine Automation, The Technical University of Denmark, Lyngby, Copenhagen: 271-280
33. Mihram GA. 1972. Simulation: Statistical Foundations and Methodology[M]. Mathematics in Science and Engineering. New York : Academic Press
34. Morse AS. 1995. Control using logic-based switching[C]. In A. Isidori (ed.), Trends in Control: A European perspective. London: Springer-VerlagLondon : 69-113
35. Morse AS. 1996. Supervisory control of families of linear set-point controllers Part I: Exact matching. IEEE Transactions on Automatic Control, 41(10): 1413-1431

36. Morse AS. 1997. Supervisory control of families of linear set-point controllers, part 2: Robustness. IEEE Transactions on Automatic Control, 42(11): 1500-1515
37. Mosca E, Agnoloni T. 2001. Inference of candidate loop performance and data filtering for switching supervisory control. Automatica, 37: 527-534
38. Mosca E, Capecchi F, Casavola A. 2001. Designing predictors for MIMO switching supervisory control'. International Journal of Adaptive Control and Signal Processing Special Issue on Switching and Logic, 15(3): 265-286
39. Naeem W, Sutton R, Chudley J. et al. 2004. A genetic algorithm-based model predictive control autopilot design and its implementation in an autonomous underwater vehicle. Proceedings of the Institution of Mechanical Engineers, Part M: Journal of Engineering for the Maritime Environment, 218(3): 175-88
40. Narendra KS, Balakrishnan J. 1997. Adaptive control using multiple models. IEEE Transactions on Automatic Control, 42(2): 171-187
41. Narendra KS, Balakrishnan J, Ciliz, MK. 1995. Adaptation and learning using multiple models, switching, and tuning. IEEE Control Systems Magazine, 15(3): 37-51
42. Narendra KS, Driollet OA. 2001. Stochastic adaptive control using multiple models for improved performance in the presence of random disturbances. International Journal of Adaptive Control and Signal Processing. Special Issue on Switching and Logic, 15(3): 297-317
43. Narendra KS, Xiang C. 2000. Adaptive control of discrete-time systems using multiple models. IEEE Transactions on Automatic Control, 45(9): 1669-1686
44. Poggio T, Girosi F. 1990. Networks for approximation and learning. Proceedings of IEEE, 78(9): 1481-1497
45. Safonov M, Tsao T. 1997. The unfalsified control concept and learning. IEEE Transactions on Automatic Control, 42(6): 843-847
46. Sanner R, Slotine J-J. 1992. Gaussian networks for direct adaptive control. IEEE Transactions on Neural Networks, 3: 837-863
47. Slotine JJE, Li W. 1991. Applied Nonlinear Control. Englewood Cliffs, NJ: Prentice Hall
48. Smallwood D, Whitcomb L. 2004. Model-based dynamic positioning of underwater robotic vehicles: Theory and experiment. IEEE Journal of Oceanic Engineering, 29(1): 169-186
49. Sutton R, Craven PJ. 2002. An on-line intelligent multi-input multi-output autopilot design study. Proceedings of the Institution of Mechanical Engineers, Part M: Journal of Engineering for the Maritime Environment, 216(2): 117-131
50. Woodley BR, How JP, Kosut RL. 1999. Direct unfalsified controller design solution via convex optimization. In Proceedings of the 1999 American Control Conference: 3302-3306
51. Xiang C, Narendra KS. 2002. Design issues in stochastic adaptive control of discrete-time systems using multiple models. In Proceedings of the 41st IEEE Conference on Decision and

Control, Las Vegas, NV: 2183-2188

52. Yingwei L, Sundararajan N, Saratchandran P. 1998. Performance evaluation of a sequential minimal radial basis function (RBF) neural network learning algorithm. IEEE Transactions on Neural Networks, 9(2): 308-318
53. Zhihong M, Wu H, Palaniswami M. 1998. An adaptive tracking controller using neural networks for a class of nonlinear systems. IEEE Transactions on Neural Networks, 9(5): 947-955

第6章　“米诺瓦”ROV动力定位和追踪系统研发

Asgeir J. Sørensen[1]、Fredrik Dukan[1]、Martin Ludvigsen[1]、Daniel de Almeida Fernandes[1]和Mauro Candeloro[1]

6.1　引言

水下机器人技术应用实验室（Applied Underwater Robotics Laboratory，AUR-Lab）在 2009 年由挪威科技大学（Norwegian University of Technology and Science，NTNU）建立。AUR-Lab 促进了海洋水下机器人技术、海洋生物学、化学和考古学等多学科和跨学科的研究与教育新领域的发展，致力于环境与气候监测、海洋生物学、考古学，以及矿产、天然气与石油的勘探开采等海洋界多个领域的工作。AUR-Lab 的基础设施能够提供给工艺学、生物学和考古学的教授、博士后、研究员、博士研究生和硕士研究生使用，使其获得在海洋中进行海洋作业、测绘、监控和研究的新知识、求解方案和方法。

在 2010—2011 年，一批硕士研究生、博士研究生和 NTNU 的研究员已经为 ROV 开发了一套 DP 系统和追踪系统。DP 系统是特别为研究和教学目的而设计的，该系统易于进行改型设计且便于测试控制策略、传感器配置和包括操控臂在内的工具包。

本章内容作为 Dukan 等（2011）所做工作的延伸，将介绍他们的开发经验和在“米诺瓦”（*Minerva*）ROV 上实验验证过的研究结果。*Minerva* ROV 是一台 SUB-fighter 7500 型 ROV，由 NTNU 的科考船 *Gunnerus*（*Research Vessel Gunnerus*）RV 操作（见图 6.1）。在 2003 年 *Minerva* ROV 由挪威的 Sperre AS 公司为 NTNU 制造。

ROV 可用于各种水下作业任务，这些 ROV 的类型繁多，涵盖了从小型手动布

---

① 挪威科学技术大学海洋技术系和船舶与海洋结构中心，Department of Marine Technology and Centre for Ships and Ocean Structures（CeSOS），Norwegian University of Science and Technology（NTNU），Trondheim，Norway。

放的 ROV 到深度介入近海水下设施任务的大型工作级 ROV。对各种类型的 ROV，常可见到其许多任务是借助自动定位控制系统来精确高效执行的，而不是手动控制的。现在，大部分工业 ROV 仅装备自动航向和深度控制系统（Christ and Wernli，2007），操作人员从具有操纵杆的控制台控制推进器。然而，如 Mair 和 Tena（2011）所述，无人水下航行器的商业化 DP 系统已进入市场。Smallwood 和 Whitcomb（2004）介绍了采用基于模型的控制器设计对水下机器人航行器 DP 系统和轨迹追踪系统得出的研究结果。在本章和 Fossen（2011）的报道中，给出了水下航行器 DP 系统早期研究工作的参考文献，如这些文献中所提出的，位置保持和追踪等控制模式应该实现自动化。如此，操作人员可以专注于监控和规划等类似于水面船舶需要人工干预或决定的操作，操作人员干预的程度取决于各种用户模式。在 DP 系统中，需要位置和方向的反馈信息。对大部分实际海底导航任务而言，这意味着需要声定位参照系统。水体状况变化而导致位置测量不准确和更新速率低，这促使需要应用速度传感器和观测仪来进行状态估计。为了携带脉冲转发器、DVL 和罗盘操控器等所需的仪器套件和各种工具，ROV 必须具备足够的有效载荷容量。*Minerva* ROV 是一台小型 ROV，如图 6.1 所示，但其对于携带 DP 系统所需传感器套件而言是足够大的。*Minerva* ROV 是本章所述 DP 系统进行开发的试验平台。

图6.1　*Gunnerus* RV和*Minerva* ROV

本章内容组织如下：6.2 节给出 *Minerva* ROV 技术规格，包括传感器、仪器、推进器和导航系统等部件；6.3 节给出用于控制器设计和环路硬件（Hardware-in-the-Loop，HIL）模拟试验的数学模型概况；6.4 节介绍控制系统架构和控制模块；6.5 节给出实尺度试验测试的结果；6.6 节是本章的结论。

6.2 *Minerva* ROV 技术规格

Minerva ROV 通过一条 600m 长的脐带缆由水面船舶供能并与之通信。进行作业所需的电力供应设备、导航计算机和监视器等所有系统均安装在 15ft 的箱子中。*Minerva* ROV 通过一个操纵杆控制台投放，操纵杆控制台具有自动定深和定向等控制功能，可以装备各种工具包，如附加灯光、水体采样器、外加操纵臂和其他特殊用途工具等。推进器配置如图 6.2 所示。

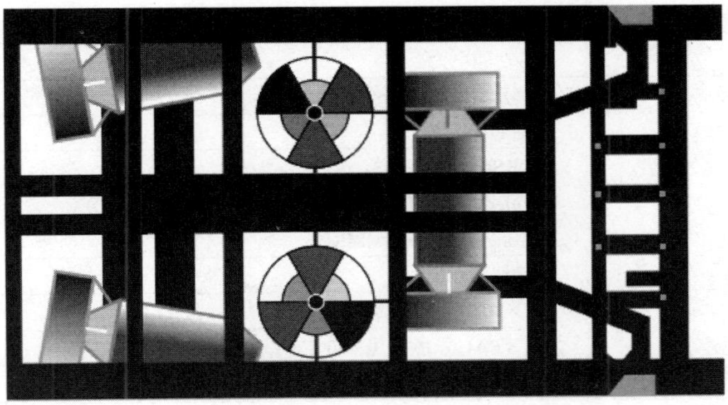

图6.2 *Minerva* ROV推进器配置

右舷和左舷的推进器朝中心线方向倾斜。侧推器每侧有一个螺旋桨，与其他推进器额定功率相同。所有推进器都安装了定距桨。*Minerva* ROV 详情和量级如表 6.1 所示。

表 6.1 *Minerva* ROV 详情和量级

部　件	量　级
尺度	$L \times W \times H$：144cm×82cm×81cm
重量	485kg
有效载荷	约 20kg
最大潜深	700m
水平推进器（2）	2×2000W
	系柱前向推力：2×239N
	系柱后向拖力：2×110N
垂直推进器（2）	2×2000W
	系柱向下推力：2×195N
侧向双螺旋桨推进器（1）	1×2000W

（续表）

部　件	量　级
	推力：1×195N
额定速度	水平：2kn
	垂向：1.2kn
	侧向：1.3kn
	旋转速度：60°/s
声呐	Kongsberg Simard MS 1000（675kHz）
	波束宽度： 1.4°×22° 扇形（标称）
	范围：0.5～100m
	扫描角度：360° 连续
操纵臂	液压 5 功能操纵臂（HLK-HD5）
	1 功能电力
传感器	测压计：100bar
	磁通闸门罗盘
	CRS03 硅速率传感器
	Teledyne RDI Workhorse 多普勒速度仪（DVL）
	Kongsberg Seatex MRU6
	接地指示器
摄像机	2×PAL 彩色变焦 460 TV 线，0.1 lx
	1×PAL 彩色变焦 460 TV 线，1 lx
	1×CCD 高分辨率 PAL 530 TV 线，15 lx

Kongsberg 高精度声学定位（High-Precision Acoustic Positioning，HiPAP）和水下导航系统安装在 *Gunnerus* RV 上，HiPAP 用于确定 ROV 相对于水面船舶转换器的位置。NaviPac 是 Eiva 开发的整合式导航软件，该软件根据来自 HiPAP、*Gunnerus* RV 的 GPS 和垂向运动-横滚-俯仰传感器（MRU 传感器）的输入数据计算 ROV 在 UTM（Universal Transverse Mercartor Grid System，通用横向墨卡托格网系统）坐标系中北向（N）和东向（E）的位置。

6.3 数学模型

水下航行器动力学可以按两种复杂程度建立数学模型（Sorensen，2012），即过程机制模型和控制机制模型。过程机制模型应尽可能准确地模拟对象动力学方面的真实物理过程，包括过程扰动、传感器输出和控制输入，该模型用于闭环系统的稳定性和性能数值分析。控制机制模型则是由过程模型简化得到的，用于控制器设计和稳定性的理论分析（在 Lyapunov 稳定性的意义上分析）。本节讨论包括运动学和动力学的过程机制模型。

文中使用了两种标架，如下所述。

- 接地标架，称为北-东-下标架（North-East-Down，NED），因其 x 轴指向北，y 轴指向东，z 轴指向下而如此称之。该标架是惯性系，位置向量 $\boldsymbol{\eta}$ 相对于 NED 标架给出。
- 随体标架，其中 x 轴沿运载器（航行器）纵向指向前方，y 轴指向右舷，z 轴指向下方。随体标架总是随运载器运动。线速度和角速度向量 $\boldsymbol{\nu}$ 按该参考系给出。

水下航行器在接地标架下的位置、方向与其随体标架下的速度之间的关系，由以下运动学变换给出：

$$\dot{\boldsymbol{\eta}}=\begin{bmatrix}\dot{\boldsymbol{\eta}}_1\\ \dot{\boldsymbol{\eta}}_2\end{bmatrix}=\begin{bmatrix}\boldsymbol{J}_1(\boldsymbol{\eta}_2) & \boldsymbol{0}_{3\times 3}\\ \boldsymbol{0}_{3\times 3} & \boldsymbol{J}_2(\boldsymbol{\eta}_2)\end{bmatrix}\begin{bmatrix}\boldsymbol{\nu}_1\\ \boldsymbol{\nu}_2\end{bmatrix}=\boldsymbol{J}(\boldsymbol{\eta}_2)\boldsymbol{\nu} \tag{6.1}$$

接地标架中的运载器位置向量和以欧拉角表示的方向向量分别记为 $\boldsymbol{\eta}_1$、$\boldsymbol{\eta}_2$，随体标架中平移速度和旋转速度分别记为 $\boldsymbol{\nu}_1$、$\boldsymbol{\nu}_2$，上述各向量表示如下：

$$\begin{aligned}&\boldsymbol{\eta}_1=[x\ \ y\ \ z]^{\mathrm{T}},\boldsymbol{\eta}_2=[\varphi\ \ \theta\ \ \psi]^{\mathrm{T}}\\ &\boldsymbol{\nu}_1=[u\ \ v\ \ w]^{\mathrm{T}},\boldsymbol{\nu}_2=[p\ \ q\ \ r]^{\mathrm{T}}\end{aligned} \tag{6.2}$$

旋转矩阵 $\boldsymbol{J}_1(\boldsymbol{\eta}_2)\in\mathbb{R}^{3\times 3}$，$\boldsymbol{J}_2(\boldsymbol{\eta}_2)\in\mathbb{R}^{3\times 3}$ 按Fossen（2011）中的方法确定。

对深水中的水下航行器，可以仅考虑采用低频（Low-Frequency，LF）模型进行简化，此时主要计入流动载荷引起的运动。于是水下航行器的非线性 LF 模型运动方程可以表示：

$$\begin{aligned}&\dot{\boldsymbol{\eta}}=\boldsymbol{J}(\boldsymbol{\eta}_2)\boldsymbol{\nu}\\ &\boldsymbol{M}\dot{\boldsymbol{\nu}}=-\boldsymbol{C}_{\mathrm{RB}}(\boldsymbol{\nu})\boldsymbol{\nu}-\boldsymbol{C}_{\mathrm{A}}(\boldsymbol{\nu}_{\mathrm{r}})\boldsymbol{\nu}_{\mathrm{r}}-\boldsymbol{g}(\boldsymbol{\eta})+\boldsymbol{\tau}_{\mathrm{um}}+\boldsymbol{\tau}_{\mathrm{thr}}\end{aligned} \tag{6.3}$$

式中，$\boldsymbol{M}\in\mathbb{R}^{6\times 6}$ 是包含附加质量的系统惯性矩阵；$\boldsymbol{C}_{\mathrm{RB}}(\boldsymbol{\nu})\in\mathbb{R}^{6\times 6}$ 和 $\boldsymbol{C}_{\mathrm{A}}(\boldsymbol{\nu}_{\mathrm{r}})\in\mathbb{R}^{6\times 6}$ 是刚体和附加质量的反对称科氏力和向心力矩阵；$\boldsymbol{g}(\boldsymbol{\eta})\in\mathbb{R}^6$ 是由浮力和重力引起的广义恢复力向量；$\boldsymbol{\tau}_{\mathrm{thr}}\in\mathbb{R}^6$ 是由推进器和鳍系统引起的力和力矩组成的控制向量；$\boldsymbol{\tau}_{\mathrm{um}}\in\mathbb{R}^6$ 是作用于水下航行器由脐带缆（如果有）引起的力和力矩。通常仅针对 ROV 考虑脐带缆，脐带缆除用于高带宽通信外还提供动力。脐带缆连接 ROV 与母船，其受水面船舶运动、ROV 的运动、沿缆线长度方向变化的海流和相对 ROV 深度给出的放出缆线量等因素影响。在强水流中脐带缆作用于 ROV 的力通常具有相

当大的量值，然而在缓和一些的水流中和低速 DP 模式下操作 ROV，脐带缆的力和力矩的影响在一定程度上可以通过观测器适当的偏置模式得到补偿。*Minerva* ROV 上的脐带缆由铰链连接到 ROV 顶部，位于垂直推进器之间。该脐带缆不会产生任何转首力矩，因为其在这个方向上只有很小或者没有力臂。脐带缆载荷动力模型分析是需要进一步研究的课题。

阻尼向量可分为线性和非线性两项，如下式所示：

$$\boldsymbol{D}(\boldsymbol{v}_{\mathrm{r}})=\boldsymbol{D}_{\mathrm{L}}\boldsymbol{v}+\boldsymbol{d}_{\mathrm{NL}}(\boldsymbol{v}_{\mathrm{r}},\gamma_{\mathrm{r}}) \tag{6.4}$$

式中，γ_{r} 是相对拖曳角度；$\boldsymbol{v}_{\mathrm{r}}$ 是水流与水下机器人之间的相对速度向量，如下式所示：

$$\boldsymbol{v}_{\mathrm{r}}=[u-u_{\mathrm{c}} \quad v-v_{\mathrm{c}} \quad w \quad p \quad q \quad r]^{\mathrm{T}} \tag{6.5}$$

式中，u_{c} 和 v_{c} 分别是水流速度向量 $\boldsymbol{x}$ 和 $\boldsymbol{y}$ 方向分量。假设非线性阻尼是由湍流摩擦和黏性诱导涡旋引起的，黏性诱导涡旋即旋涡脱落。严格正定线性阻尼矩阵 $\boldsymbol{D}_{\mathrm{L}}\in\mathbb{R}^{6\times6}$，则由线性层流物面摩擦引起。注意，随着速度增加（典型的是增加到大于 0.1m/s），线性物面摩擦会消失，此时水流将转变为湍流，且其影响包含在非线性阻尼项中。当运载器速度接近 0 时，线性阻尼比非线性阻尼影响更大。所采用的包括推进器的模型详情在 Sorensen（2012）和 Kirkeby（2010）的报道中可以查到。

6.4　控制系统架构和控制模块

6.4.1　硬件和软件平台

选择实时硬件（Hardware，HW）和软件（SW，Software）平台主要是出于灵活性、可扩展性和快速控制样机的功能等方面的考虑。以 LabView 编程的美国国家仪器公司（National Instruments，NI）的 cRIO 系统（见第 2 章译者注）用于 DP 系统开发和操作。图形编程语言能够快速完成代码并将其安装到 cRIO 系统上，以便进行 HIL 测试或 *Minerva* ROV 实尺度实验。cRIO 系统在压缩可重组输入/输出（Inputs and Outputs，I/O）方面没有优势，它是由工业实时处理器、可现场编程门阵列（Field Programmable Gate Array，FPGA）和带工业 I/O 模块热插拔槽的底盘组成的可编程自动控制器（Programmable Automation Controller，PAC），在 DP 系统中使用的 cRIO 系统为 NI-9074，具有 400MHz 的工业实时处理器和 200 万（2M，2 million）门的 FPGA。一个带有 4 个串行端口的 NI-9870 C 模块用于与 ROV 和导航系统 NaviPac

进行串行通信；Labview 是用于为 DP 系统编写程序的图形化编程语言，所有的编程工作均以该编程语言完成，其中包括信号输入/输出、控制器设计和图形用户界面的编程。无论代码是安装于主机、实时处理器上或安装于 FPGA 上，均使用相同的编程环境。LabView 在开发阶段的一个好处是它容易修改代码，即使 *Minerva* ROV 在海上测试时，在计算机上或在实时处理器上运行的软件都可以在几分钟内进行修改或者添加新属性，而修改 FPGA 所需编程时间要长一些。

6.4.2 信号流

目前有 8 个测量值（d,a,ψ,r,n,e,u,v）传给 DP 系统，这些测量值分别是深度 d，高度 a，航向 ψ，转首角速度 r，北向位置坐标 n，东向位置坐标 e，纵向速度 u 和横向速度 v。用于 DP 系统的主要组件和信号的概况如图 6.3 所示。

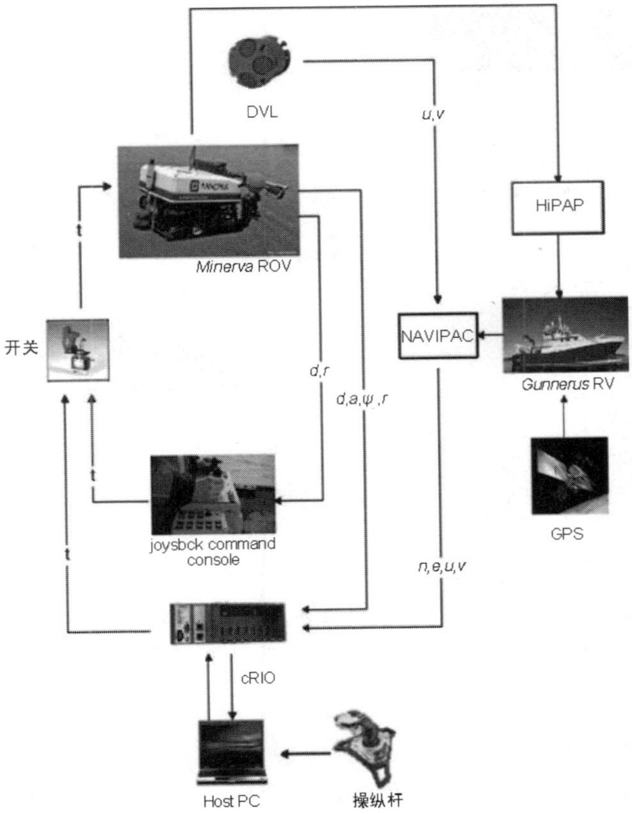

图6.3 用于DP系统的主要组件和信号的概况

DVL 测量的是相对于海底或水体的纵向速度 u 和横向速度 v，测速的参照对象视作业模式而定，可取为海底或水体。每个推进器所需转速下的推力向量 $\boldsymbol{t}$ 从手动指令控制台传送或从 cRIO 上运行的 DP 系统传送，视操作人员设置的开关状态而定。

6.4.3 DP 系统

DP 系统由信号处理模块、制导模块、状态估计与滤波的观测器模块、控制器模块、监管器与自适应模块和推力分配模块等组成，如图 6.4 所示。DP 系统与导航系统、推进器局部控制器之间有接口连接，通过一个 GUI 与操作人员进行通信和互动。

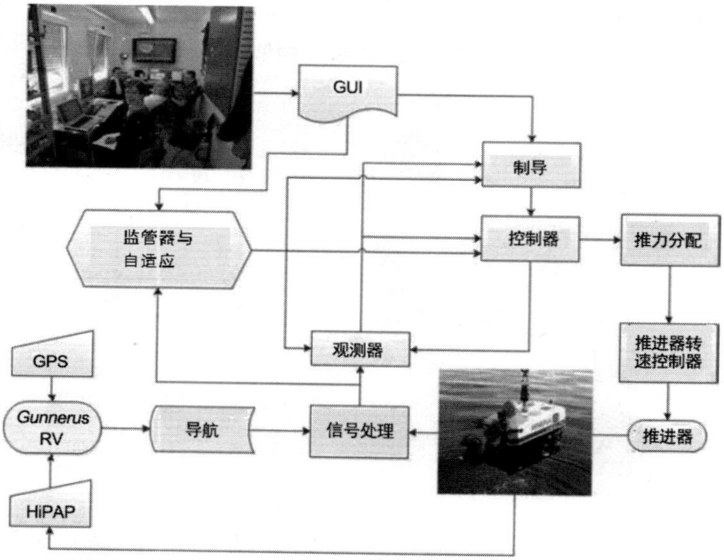

图6.4 DP系统

输出数据是每个推进器所需要的转速。推进器的速度控制是在机载处理器上完成的，本章不予讨论。*Minerva* ROV 独自保持横滚和俯仰方向的稳定，驱动器仅能使横滚角和俯仰角微小变化。因此，ROV 的工作空间减少为 4DOF：纵向、横向、垂向和转首。

6.4.3.1 信号处理

信号处理包含两个主要部分，信号输入/输出（I/O）和信号监测。信号 I/O 是从所有传感器中采集信号，并将其传递给以固定采样速率运行的控制系统的过程。信号 I/O 在 FPGA 中进行，这里来自传感器的信号和来自 NaviPac 的输入储存在 FIFO（first-in-first-out，先入先出）数组中。当 DP 系统启动一个新的循环，最新得到的测量值传递出去进行信号检测，这是控制循环周期的第一步。如此处理能够以特定的采样速率运行，并控制系统，而与测量值更新频率无关。

所有进入控制系统的信号都要进行测试。信号在传递给观测器之前必须判定为合理的测量值，目前最简单的信号检测方式是边界校验和速度校验。所有信号均给出了有效限界，如果信号越过限界则将被废弃；所有自由度均给出了最大速度和最小速度，如果下一个位置的测量值表明速度肯定会超过给定的最大值，则该测量值也将被废弃。当信号被废弃时，一个信号会发送到观测器并告知没有可用的测量值。其他加法和乘法信号的检测方法也在 *Minerva* ROV 上进行了测试。在位置保持上进行了带动态边界的 4 分位试验测试，并对累计和（Cumulative Sum，CUSUM）法进行了验证（Standardi，2011）。我们目前正在研究改进的信号检测方法，这些方法是需要进一步研究的课题。信号检测数据块的输出是一个布尔信号向量和信号测量值向量，布尔信号向量作为通过了信号检测实验测试的标志，信号测量值向量 $\boldsymbol{y}\in\Re^{\mathrm{T}}$ 如下式所示：

$$\boldsymbol{y}=\left[x,y,z,\psi,u,v,r\right]^{\mathrm{T}} \tag{6.6}$$

此外，高度 a 也要测量，但不包含在观测器的测量值向量中。

6.4.3.2 观测器

依据式（6.3）过程机制模型且忽略横滚和俯仰，提出如下非线性控制模型：

$$\begin{aligned}
&\dot{\boldsymbol{\eta}}=\boldsymbol{J}(\psi)\boldsymbol{v}\\
&\boldsymbol{M}\dot{\boldsymbol{v}}=-\boldsymbol{C}_{\mathrm{RB}}(\boldsymbol{v})\boldsymbol{v}-\boldsymbol{C}_{\mathrm{A}}(\boldsymbol{v}_{\mathrm{r}})\boldsymbol{v}_{\mathrm{r}}-\boldsymbol{D}_{\mathrm{NL}}(\boldsymbol{v}_{\mathrm{r}})\boldsymbol{v}_{\mathrm{r}}-\boldsymbol{D}_{\mathrm{L}}\boldsymbol{v}-\boldsymbol{g}(\boldsymbol{\eta})+\boldsymbol{J}^{T}(\psi)\boldsymbol{b}+\boldsymbol{\tau}+\boldsymbol{w}_{\mathrm{m}}\\
&\dot{\boldsymbol{b}}=-\boldsymbol{T}_{\mathrm{b}}\boldsymbol{b}+\boldsymbol{w}_{\mathrm{b}}
\end{aligned} \tag{6.7}$$

根据由纵向、横向、垂向和转首构成的工作空间，所有的矩阵和向量都有所缩减。$\boldsymbol{\tau}\in\mathbb{R}^{4\times4}$ 为控制器输出向量。偏置项 $\boldsymbol{b}\in\mathbb{R}^{4}$ 与时间常数半正定对角矩阵 $\boldsymbol{T}_{\mathrm{b}}\in\mathbb{R}^{4\times4}$ 一起可用马尔科夫过程模型表示，其中除了包括未建模型的动力学过程，还包括缓慢变化动力学过程。$\boldsymbol{w}_{\mathrm{m}}$ 和 $\boldsymbol{w}_{\mathrm{b}}\in\mathbb{R}^{4\times4}$ 是有界扰动向量，假设为零均值高斯白噪声过程。方程式（6.7）可根据下式转化为状态空间表达形式：

$$\begin{aligned}
&\dot{\boldsymbol{x}}=\boldsymbol{f}(\boldsymbol{x})+\boldsymbol{B}\boldsymbol{u}+\boldsymbol{E}\boldsymbol{w}\\
&\boldsymbol{y}=\boldsymbol{H}\boldsymbol{x}+\boldsymbol{v}
\end{aligned} \tag{6.8}$$

式中，$\boldsymbol{x}=\left[\boldsymbol{\eta},\boldsymbol{v},\boldsymbol{b}\right]^{T}\in\mathbb{R}^{12}$，$\boldsymbol{u}=\boldsymbol{\tau}$，$\boldsymbol{w}=\left[0,\boldsymbol{w}_{\mathrm{m}},\boldsymbol{w}_{\mathrm{b}}\right]$。$\boldsymbol{v}\in\mathbb{R}^{7}$ 是传感器噪音向量，

假设为白噪声。$\boldsymbol{H}\in\mathbb{R}^{7\times12}$ 取决于从信号处理模块所接收的测量值。非线性函数 $\boldsymbol{f}(x)$ 按式（6.9）给出：

$$\boldsymbol{f}(x)=\begin{bmatrix}\boldsymbol{J}(\psi)\boldsymbol{v}\\ \boldsymbol{M}^{-1}\left(-\boldsymbol{C}_{\mathrm{RB}}(\boldsymbol{v})\boldsymbol{v}-\boldsymbol{C}_{\mathrm{A}}(\boldsymbol{v}_{\mathrm{r}})\boldsymbol{v}_{\mathrm{r}}-\boldsymbol{D}_{\mathrm{NL}}(\boldsymbol{v}_{\mathrm{r}})\boldsymbol{v}_{\mathrm{r}}-\boldsymbol{D}_{\mathrm{L}}\nu-\mathbf{g}(\boldsymbol{\eta})+\boldsymbol{J}^{\mathrm{T}}(\psi)\boldsymbol{b}\right)\\ -\boldsymbol{T}_{\mathrm{b}}\boldsymbol{b}\end{bmatrix} \tag{6.9}$$

ROV 的动力学过程是高度非线性耦合的。这在观测器上也应该反映出来，以便改进对状态的估算。

建议采用计入了非线性运动学过程、阻尼、科氏力和耦合力的扩展卡尔曼滤波器。通过引用式（6.8）所示的控制机制模型，给出如下带校正和预测的时间离散观测器表达式［式（6.10）中 h 为采样周期］：

$$\begin{aligned}\hat{\boldsymbol{x}}(k)&=\bar{\boldsymbol{x}}(k)+\boldsymbol{K}(k)\left[\boldsymbol{y}(k)-\boldsymbol{H}(k)\bar{\boldsymbol{x}}(k)\right]\\ \bar{\boldsymbol{x}}(k+1)&=\dot{\boldsymbol{x}}(k)+h\boldsymbol{f}\left(\hat{\boldsymbol{x}}(k)\right)+h\boldsymbol{Bu}(k)\end{aligned} \tag{6.10}$$

其中可得出卡尔曼滤波器增益矩阵 $\boldsymbol{K}\in\mathbb{R}^{12\times7}$ 如下：

$$\begin{aligned}\boldsymbol{K}(k)&=\bar{\boldsymbol{P}}(k)\boldsymbol{H}(k)^{T}\left[\boldsymbol{H}(k)\bar{\boldsymbol{P}}(k)\boldsymbol{H}(k)^{T}+\boldsymbol{R}(k)\right]^{-1}\\ \hat{\boldsymbol{P}}(k)&=\left[\boldsymbol{I}-\boldsymbol{K}(k)\boldsymbol{H}(k)\right]\bar{\boldsymbol{P}}(k)\left[\boldsymbol{I}-\boldsymbol{K}(k)\boldsymbol{H}(k)\right]^{T}+\boldsymbol{K}(k)\boldsymbol{R}(k)\boldsymbol{T}(k)^{T}\\ \bar{\boldsymbol{P}}(k+1)&=\boldsymbol{\Phi}(k)\hat{\boldsymbol{P}}(k)\boldsymbol{\Phi}(k)^{\mathrm{T}}+h^{2}\boldsymbol{EQ}(k)\boldsymbol{E}^{\mathrm{T}}\end{aligned} \tag{6.11}$$

式中，$\boldsymbol{R}=\boldsymbol{R}^{\mathrm{T}}\in\mathbb{R}^{7\times7}$，$\boldsymbol{Q}=\boldsymbol{Q}^{\mathrm{T}}\in\mathbb{R}^{12\times12}$ 是协方差矩阵。离散的状态空间矩阵可根据式（6.12）通过线性化得到：

$$\boldsymbol{\Phi}(k)=\boldsymbol{I}+h\left.\frac{\partial\boldsymbol{f}(\boldsymbol{x}(k))}{\partial\boldsymbol{x}(k)}\right|_{\boldsymbol{x}(k)=\hat{\boldsymbol{x}}(k)} \tag{6.12}$$

6.4.3.3 控制器模块

控制器模块包括针对不同作业模式的控制算法，并开发了非线性 PID 控制器和非线性 PID 速度控制器，分别用于位置保持和轨迹追踪。由估算的状态向量 $\hat{\boldsymbol{x}}(k)$ 得到的 $\hat{\boldsymbol{\eta}}$ 和 $\hat{\boldsymbol{v}}$ 为控制器的输入，此时假设确定性相当，需注意的是没有给出全局渐进稳定性的证明。非线性 PID 控制器可由式（6.13）给出：

$$\boldsymbol{\tau}_{\mathrm{PID}}=-\boldsymbol{J}(\psi)^{\mathrm{T}}\left(\boldsymbol{K}_{\mathrm{p}}\boldsymbol{\eta}+\boldsymbol{K}_{\mathrm{d}}\boldsymbol{J}(\psi)\hat{\boldsymbol{v}}+\boldsymbol{K}_{i}\int_{0}^{t}\tilde{\boldsymbol{\eta}}(\sigma)\mathrm{d}\sigma\right) \tag{6.13}$$

式中，$\tilde{\boldsymbol{\eta}}=\hat{\boldsymbol{\eta}}-\boldsymbol{\eta}_{\mathrm{d}}$ 是位置误差向量；$\boldsymbol{K}_{\mathrm{p}}$，$\boldsymbol{K}_{\mathrm{d}}$ 和 $\boldsymbol{K}_{i}\in\mathbb{R}^{4\times4}$ 是增益矩阵。

在推力分配算法中，穆尔-彭罗斯伪逆，以及每个推进器正转和反转推进特性，用于确定推进器设定点向量 $\boldsymbol{t}$ 。进行系泊拖曳试验测试以确定所安装推进器的推进特性，此时计入了推进器—形体相互作用等引起的推力减额。

6.4.3.4 制导装置

制导装置包含两个主要模块：参照模块和路径跟随模块。轨迹生成器包含监控 ROV 预期位置与实际位置偏差的功能。如果追踪误差超过一个阈值，那么生成的轨迹会等待 ROV 回归。视线路径算法用于追踪航路点之间的路径，还加入了一种能在保持固定航向的同时，最大限度减少预定路径的横截轨迹误差算法，这对在由航路点确定网格模式下运行 ROV 是非常有用的。

6.5 实验结果

本章给出了实尺度试验测试的结果，以展示 DP 系统用于位置保持和追踪作业的性能。在得出这些结果的实验中，使用了一个基于扩展卡尔曼滤波器和非线性 PID 算法的非线性输出反馈控制器。各种观测器和控制器、防撞策略、导航和信号检测方法对比的更多结果可参见 Dukan 等（2011），Lysdahl（2010），Kirkeby（2010），Kørte（2011），Truong（2011），Candeloro（2011），Standardi（2011）等的硕士论文。

DP 系统的位置保持性能如图 6.5 所示。图 6.5（a）中 ROV 在水面以下 72m 处，给出了 ROV 在 750s 位置保持期间测出和估算的实际尺度位置轨迹和 ROV 轮廓剪影；轨迹放大如图 6.5（b）所示，采用了一个线性卡尔曼滤波器，处理由 MRU06 得出的航向和转首速率测量值。与预期位置的最大测量偏差为北向 9cm，东向 15cm；估算偏差为北向小于 5cm，东向小于 8cm。

位置保持期间 ROV 的位置如图 6.6（a）所示，图中蓝色（浅色，译者注）表示由传感器所测，红色（深色，译者注）表示由观测器估算。测出的深度控制在偏离预期深度不超过 0.1m，深度传感器分辨率为 0.1m。所测航向误差控制在偏离预期航向不超过1°，除在约 700s 的两个时刻外，此时航向误差为3°。位置保持期间推进器的推力和转速（单位 rpm）如图 6.6（b）所示，注意有两个以相同转速运行的垂直推进器。

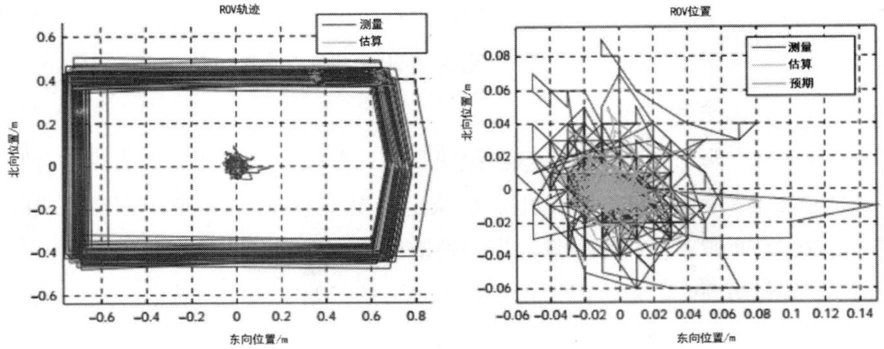

（a）实际尺度位置轨迹和 ROV 轮廓剪影　　　　（b）轨迹放大

图6.5　DP系统的位置保持性能

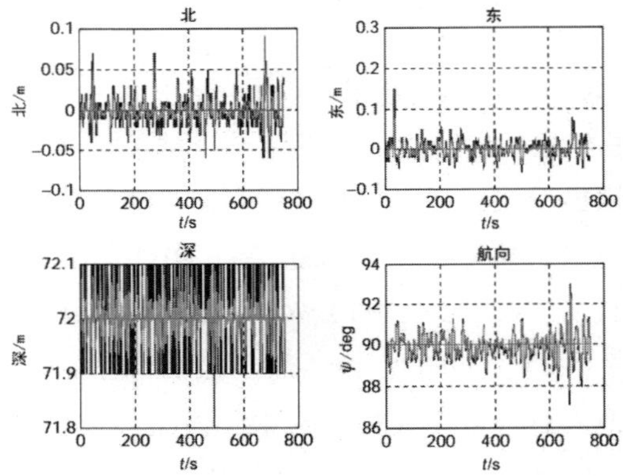

（a）位置保持期间 ROV 的位置

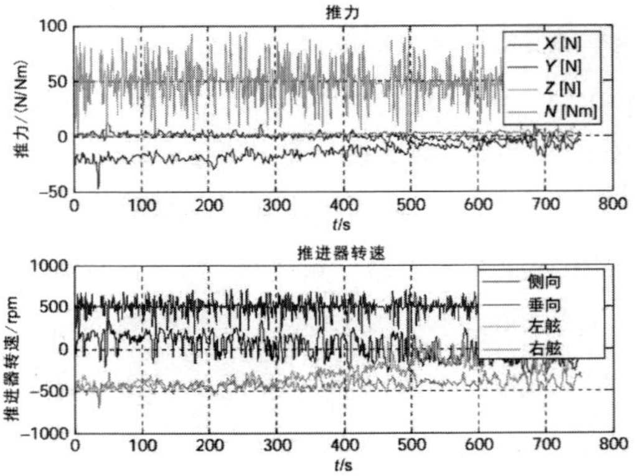

（b）位置保持期间推进器的推力和转速

图6.6　位置保持期间

图 6.7 给出了图 6.6 中 140～200s 的数据。

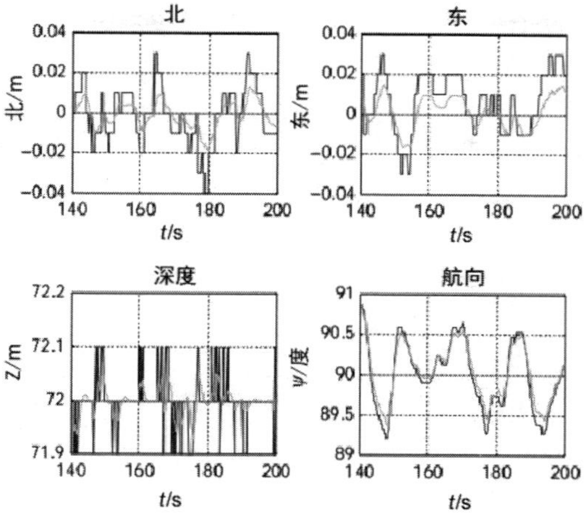

（a）ROV 位置

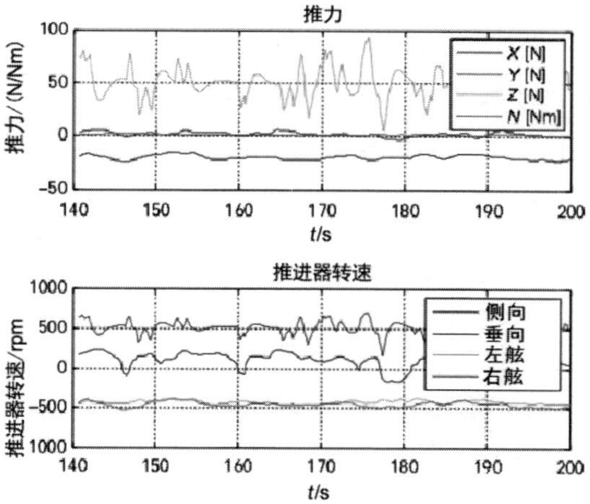

（b）推进器状况

图6.7 ROV位置和位置保持期间推进器状况图

在图 6.8 中，ROV 位置在水面以下 278m 处，非线性 PID 速度控制器用于追踪一个 10m×10m 的方形区域边界，同时使路径的横截轨迹误差达到最小，航向与速度方向相同。图 6.8 给出了实尺度的 ROV 轮廓剪影，除此之外还有测试位置和估算位置的轨迹。试验中全部传感器工作的情况如图 6.8（a）所示；无 x、y 位置测量值的航向推算结果如图 6.8（b）所示。追踪过程中速度为 0.1m/s。

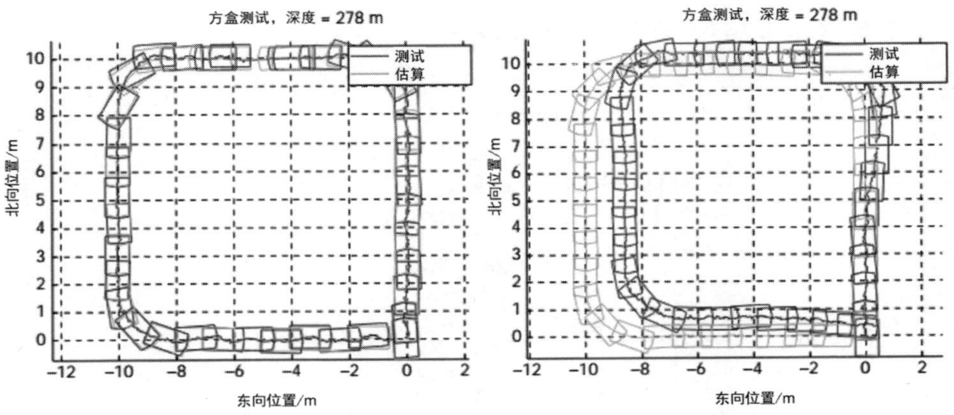

（a）全部传感器工作情况　　（b）无 x、y 位置测量值的航向推算结果

图6.8　实尺度的ROV轮廓剪影

带有横截轨迹误差控制的路径跟随如图 6.9 所示，ROV 位于水面以下 32m 处。其中一个非线性 PID 速度控制器用于通过控制速度和横截轨迹误差来追踪预期轨迹，预期轨迹包含直线部分和半圆弧。类似割草机轨迹样式是由航路点确定的，图 6.9 给出了 3 条直航段和两个转弯段轨迹。在直航段上速度为 0.3m/s，在转弯处速度为 0.1m/s。MRU6 用作扩展卡尔曼滤波器的转首运动传感器。ROV 轮廓的剪影也在图 6.9 中给出。最大的横截轨迹误差估算值为 9cm，而测量误差为 20cm，该误差发生在进入第 2 条直航段的半途中。

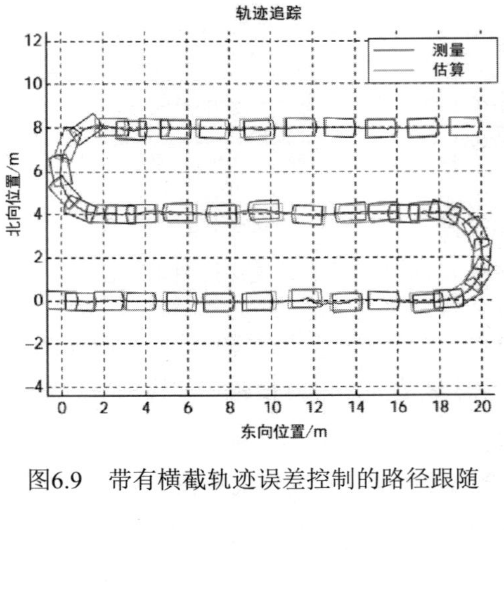

图6.9　带有横截轨迹误差控制的路径跟随

6.6 结论

本章介绍了在 *Minerva* ROV 上实现运行的新开发 DP 系统，所选硬件和软件平台是 LabView 和美国国家仪器公司的 cRIO。DP 系统由信号处理、制导、滤波、位置估算的观测器、控制器、监管器、自适应和推力分配等模块组成，该 DP 系统与导航系统、局部推进器控制系统通过接口连接。在试验中 DP 系统使用了基于扩展卡尔曼滤波器和非线性 PID 控制器的非线性输出反馈控制器。需重点指出的是，本章所述 DP 系统是为快速控制样机而定制的，该快速控制样机用于教学和科研，测试和验证履行各种使命的制导、导航和控制策略。

致谢

本项研究是在船舶与海洋结构中心（Centre for Ships and Ocean Structures，CeSOS）和 NTNU 的水下机器人技术应用实验室（Applied Underwater Robotics Laboratory，AUR-Lab）中进行的，挪威研究理事会和 NTNU 的海洋近海发展计划是 CeSOS 和 AUR-Lab 的主要赞助者，作者对此表示衷心感谢；作者还衷心感谢 *Gunnerus* RV 的船员在实尺度试验中的宝贵帮助；同时我们也对硕士研究生做出的贡献表示衷心感谢。

参考文献

1. Candeloro M. 2011. Design of observers for DP and tracking of ROV Minerva with experimental results[D], Norwegian University of Science and Technology(NTNV)
2. Christ R D, Wernli Sr RL. 2007. The ROV Manual: A User Guide to Observation-Class Remotely Operated Vehicles[M]. Butterworth-Heinemann, Elsevier, Oxford
3. Dukan F, Ludvigsen M, Sørensen A J. 2011. Dynamic positioning system for a small size ROV with experimental results[C]. Oceans’2011, IEEE, June 6-9, Santander, Spain
4. Fossen T I. 2011. Handbook of Marine Craft Hydrodynamics and Motion Control. John Wiley Ltd., Chichester
5. Kirkeby M. 2010. Comparison of controllers for dynamic positioning and tracking of ROV Minerva[D]. Department of Marine Technology(NTNU) Norway

6. Kørte S Ø. 2011. Guidance & control strategies for UUVs[D]. Norwegian University of Science and Technology(NTNU) Norway
7. Lysdahl C C. 2010. Design of dynamic positioning system for ROV Minerva[D]. Department of Marine Technology(NTNU), Norway
8. Mair J, Tena I. 2011. A Hover-capable autonomous inspection vehicle. Sea Technology Magazine, April, US
9. Smallwood D A, Whitcomb L L. 2004. Model-based dynamic positioning of underwater robotic vehicles: Theory and experiments. IEEE Journal of Oceanic Engineering, 29(1): 169-186
10. Standardi L. 2011. Signal processing and change detection applied to ROV in a DP system[D]. Facolta` di Ingegneria, Universita` Politecnica Delle Marche, Ancona
11. Sorensen A J. 2012. Marine Control Systems: Propulsion and Motion Control Systems of Ships and Ocean Structures. UK-2012-76, Department of Marine Technology, the Norwegian University of Science and Technology, Trondheim
12. Truong P. 2011. Navigation of ROVs and basic signal processing[D]. Department of Marine Technology(NTNU), Norwa

第7章　全驱动水下航行器的端口-哈密尔顿函数控制

Tristan Perez[①,②]、Alejandro Donaire[①] 和 Christopher Renton[①]

7.1　引言

水下航行器的数学模型经常存在很大程度的不确定性。航行器动力响应涉及复杂的物体-流体交互作用，按照航行状态包络构建的模型不能完全反映这种交互作用。确实，对于给定扰动的动态响应会随航行器前进速度和航行器附近边界（如自由面、海底或其他更大的航行器）变化。因为航行器运动遵循能量的物理规律，故基于无源性和耗散性这类能量相关属性的运动控制设计，都因其固有的鲁棒性而非常成功。例如，在 Astolfi 等（2002）的论文和 Fossen（2011）的著作中，以及本章所述内容可以看到这种情况。在大额参数不确定的条件下，将控制器设计成仅依赖于耗散性的控制器，可实现闭环系统的稳定性。此时只要耗散性保持不变，即使是模型结构改变但对稳定性的影响都可以接受（Brogliato et al.，2007）。

端口-哈密尔顿函数系统（Port-Hamiltonian systems，PHS）有一个特殊结构，其中包括可以表示系统储存总能量的显式标量函数，以及其他根据能量分布和耗散来描述系统结构的显式函数。如其名称所示，PHS 的输入和输出变量构成了一个端口。PHS 模型由控制领域对哈密尔顿（Hamilton）建立的经典力学标准运动方程推广得出（Lanczos，1970）。PHS 模型的基本属性是，其简易地表达了基于能量控制设计所需的物理特性（Arjanvan der Schaf，2000；Ortega et al.，2002）。

本章将 Fossen（1994）的水下航行器动力学模型表示为 PHS 的形式（Fossen，

---

① 澳大利亚纽卡斯尔大学工程学院（School of Engineering，The University of Newcastle，Callaghan，Australia）。

② 挪威科学技术大学海洋技术系和船舶与海洋结构中心，Department of Marine Technology and Centre for Ships and Ocean Structures（CeSOS），Norwegian University of Science and Technology（NTNU），Trondheim, Norway。

2011）。然后考虑了一种基于能量形成和阻尼分配的位置调节和轨迹追踪控制设计，从而使闭环系统保持 PHS 形式。进而说明如何加入积分过程和利用 PHS 形式给出一种程序的控制设计，以确保对于缓慢变化的扰动具有稳定性和鲁棒性。最后，通过对数值算例分析来说明所提控制设计的性能。

7.2　端口-哈密尔顿函数系统

一个输入/输出状态 PHS[③]可以表示为以下形式（Arjan van der Schaft，2006）：

$$\dot{\boldsymbol{x}} = \left[\boldsymbol{E}(\boldsymbol{x}) - \boldsymbol{D}(\boldsymbol{x})\right]\frac{\partial \boldsymbol{H}(\boldsymbol{x})}{\partial \boldsymbol{x}} + \boldsymbol{G}(\boldsymbol{x})\boldsymbol{u} \tag{7.1}$$

$$\boldsymbol{y} = \boldsymbol{G}(\boldsymbol{x})\frac{\partial \boldsymbol{H}(\boldsymbol{x})}{\partial \boldsymbol{x}} \tag{7.2}$$

式中，$\boldsymbol{x} \in \mathbb{R}^n$ 是状态向量；$H:\mathbb{R}^n \to \mathbb{R}$ 是哈密尔顿函数。这些函数可以表征储藏在系统中的总能量。一对向量 $\boldsymbol{u}, \boldsymbol{y} \in \mathbb{R}^m$ 是输入和输出变量，它们是共轭变量；其内积表示系统和环境的功率交换。函数 $\boldsymbol{E}(\boldsymbol{x})$ 是反对称的，描述系统的各个部件进行能量交换的功率守恒互联结构。函数 $\boldsymbol{D}(\boldsymbol{x}) \geqslant 0$ 是对称的，反映系统中的耗散现象。矩阵 $\boldsymbol{G}(\boldsymbol{x})$ 对系统的输入过程进行权衡并且确定输出。由式（7.1）和式（7.2）可以得出：

$$\frac{\mathrm{d}\boldsymbol{H}}{\mathrm{d}t} = \boldsymbol{y}^{\mathrm{T}}\boldsymbol{u} - \frac{\partial \boldsymbol{H}^{\mathrm{T}}(\boldsymbol{x})}{\partial \boldsymbol{x}}\boldsymbol{D}(\boldsymbol{x})\frac{\partial \boldsymbol{H}(\boldsymbol{x})}{\partial \boldsymbol{x}} \leqslant \boldsymbol{y}^{\mathrm{T}}\boldsymbol{u} \tag{7.3}$$

由此可证明 PHS 模型的无源特性（Arjanvan der Schaft，2000）。

如果可以设计出使得闭环系统具有 PHS 形式的控制器，则该闭环系统在一定条件下[④]是无源而稳定的，且哈密尔顿函数 $\boldsymbol{H}$ 可用作候选的李雅普诺夫函数。另外，控制法则可以从增加耗散、改变互联结构和形成在预期平衡点达最小值的能量系统等角度进行物理解释。换句话说，控制目标可以根据能量形成、互联和阻尼分配等机制来设置（Ortega et al.，2002，2008）。在本章后文中会考虑这些控制目标来设计水下航行器的一种运动控制器，但在此之前将回顾水下航行器经典动力学模型，并将其转换成 PHS 形式。

---

③ 这种类型的模型最初称为端口 - 控制哈密尔顿系统，（port-controlled Hamiltonian systems，PCHS），参见（ArjanVan der Schaft，2000）。

④ 哈密尔顿函数必须是有界的。

7.3 向量和端口-哈密尔顿函数动力学模型

7.3.1 刚体动力学

为了描述水下航行器的运动，考虑两种参照坐标系：接地坐标系和随体坐标系。水下航行器以一个相对低的速度运动，因此接地坐标系可以认为是惯性系。关于接地坐标系，考虑一种局部地理笛卡尔坐标系，其原点或基准点 N 固定于平均自由面上⑤，其正方向为北、东和下，该系统称为 NED 坐标系，并记为 $\{n\}$（关于 NED 坐标系又见第 6 章 6.3 节，译者注）。认为水下航行器是刚体，故可以作为一个参照坐标系。关于随体坐标系，它是一个笛卡尔坐标系，其原点为 O 且正方向为前、右舷和下，随体坐标系记为 $\{b\}$。

航行器的位置（向量）由点 O 相对于基准点 N 的位置确定。当位置用 $\{n\}$ 表示时，其分量为北、东和下的位置坐标值，可以记为

$$\boldsymbol{p}_{O/N}^{n} \triangleq [n,e,d]^{\mathrm{T}}$$

下标O/N指位置是点O参照于基准点N的值；上标在此为n，指向量表达所用的坐标系统。

航行器的方向可以由一组欧拉角表征，其对应 3 个连续单向旋转，将 $\{n\}$ 方向转变为 $\{b\}$ 的方向。对于船舶和航天航空系统，旋转次序为 $\{n\}\xrightarrow{\psi/Z_n}\{n'\}$，$\{n'\}\xrightarrow{\theta/y'_n}\{n''\}$，且 $\{n''\}\xrightarrow{\phi/x''_n}\{b\}$，这 3 个式中上标表示绕旋转轴旋转的角度，在箭头右端的坐标系是旋转的结果。按如此定义的旋转，各旋转角分别称为转首角 ψ，俯仰角 θ，横滚角 ϕ。这组欧拉角记为

$$\boldsymbol{\Theta} \triangleq [\phi,\theta,\psi]^{\mathrm{T}}$$

广义位置向量（位置—方向）定义为

$$\boldsymbol{\eta} \triangleq \begin{bmatrix} \boldsymbol{p}_{O/N}^{n} \\ \boldsymbol{\Theta} \end{bmatrix} = [n,\ \ e,\ \ d,\ \ \phi,\ \ \theta,\ \ \psi]^{\mathrm{T}} \tag{7.4}$$

速度在随体坐标系下表达，记为速度向量（线速度-角速度）

$$\boldsymbol{v} \triangleq \left[{}^{n}\dot{\boldsymbol{p}}_{O/N}^{b},\ \boldsymbol{\omega}_{b/n}^{b}\right] = [u,\ \ v,\ \ w,\ \ p,\ \ q,\ \ r]^{\mathrm{T}} \tag{7.5}$$

---

⑤ 原点或基准点 N 相对于任何接地坐标系都是固定的。

线速度向量 ${}^{n}\dot{\boldsymbol{p}}_{O/N}^{b}=\begin{bmatrix}u, & v, & w\end{bmatrix}^{\mathrm{T}}$ 是位置向量的时间导数，该向量在坐标系 $\{n\}$ 中观察，在坐标系 $\{b\}$ 中表达，这些分量分别称为纵向、横向和垂向速度。向量 $\boldsymbol{\omega}_{b/n}^{b}=\begin{bmatrix}p, & q, & r\end{bmatrix}^{\mathrm{T}}$ 是 $\{b\}$ 中的角速度，该向量相对于 $\{n\}$ 定义，在 $\{b\}$ 中表达，这些分量分别称为横滚速率、俯仰速率和转首速率。表 7.1 对运动变量的符号进行了总结。

航行器轨迹由式（7.4）定义的广义位置 $\boldsymbol{\eta}$ 随时间演化的过程给出。位置的时间导数通过运动转换与随体坐标系下的广义速度有关，即

$$\dot{\boldsymbol{\eta}}=\boldsymbol{J}(\boldsymbol{\eta})\boldsymbol{v} \tag{7.6}$$

式中

$$\boldsymbol{J}(\boldsymbol{\eta})=\begin{bmatrix}\boldsymbol{R}_{b}^{n}(\boldsymbol{\Theta}) & 0\\ 0 & \boldsymbol{T}(\boldsymbol{\Theta})\end{bmatrix}$$

表 7.1　海洋船舶运动变量总结

变量	名称	坐标系	单元
n	北位置	接地坐标系	m
e	东位置	接地坐标系	m
d	下位置	接地坐标系	m
ϕ	横滚角	–	rad
θ	俯仰角	–	rad
ψ	转首角	–	rad
u	纵向速度	随体坐标系	m/s
v	横向速度	随体坐标系	m/s
w	垂向速度	随体坐标系	m/s
p	横滚速率	随体坐标系	rad/s
q	俯仰速率	随体坐标系	rad/s
r	转首速率	随体坐标系	rad/s
$\boldsymbol{p}_{O/N}^{n}=\begin{bmatrix}n, & e, & d\end{bmatrix}^{\mathrm{T}}$	位置向量	接地坐标系	
${}^{n}\dot{\boldsymbol{p}}_{O/N}^{b}=\begin{bmatrix}u, & v, & w\end{bmatrix}^{\mathrm{T}}$	线速度向量	随体坐标系	
$\boldsymbol{\Theta}=\begin{bmatrix}\phi, & \theta, & \psi\end{bmatrix}^{\mathrm{T}}$	欧拉角向量	–	
$\boldsymbol{\omega}_{b/n}^{b}=\begin{bmatrix}p, & q, & r\end{bmatrix}$	角速度向量	随体坐标系	
$\boldsymbol{\eta}=\begin{bmatrix}(\boldsymbol{p}_{O/N}^{n})^{\mathrm{T}}, & \boldsymbol{\Theta}^{\mathrm{T}}\end{bmatrix}^{\mathrm{T}}$	广义位置向量	–	
$\boldsymbol{v}=\begin{bmatrix}({}^{n}\dot{\boldsymbol{p}}_{O/N}^{b})^{\mathrm{T}}, & (\boldsymbol{\omega}_{b/n}^{b})^{\mathrm{T}}\end{bmatrix}^{\mathrm{T}}$	广义速度向量	随体坐标系	

旋转矩阵 $\boldsymbol{R}_{b}^{n}(\boldsymbol{\Theta})$ 由以下表达式给出：

$$\boldsymbol{R}_b^n(\boldsymbol{\Theta})=\begin{bmatrix} c_\psi c_\theta & -s_\psi c_\phi + c_\psi s_\theta s_\phi & s_\psi s_\phi + c_\psi c_\phi s_\theta \\ s_\psi c_\theta & c_\psi c_\phi + s_\phi s_\theta s_\psi & -c_\psi s_\phi + s_\psi c_\phi s_\theta \\ -s_\theta & c_\theta s_\phi & c_\theta c_\phi \end{bmatrix}$$

式中，$s_x \equiv \sin x$ 和 $c_x \equiv \cos x$。注意旋转矩阵是正交的，即 $\boldsymbol{R}(\boldsymbol{\Theta})^{-1}=\boldsymbol{R}(\boldsymbol{\Theta})^{\mathrm{T}}$ 且有 $\det(\boldsymbol{R}(\boldsymbol{\Theta}))=1$。随体坐标系中角速度转换为欧拉角时间导数的变换表达式如下：

$$\boldsymbol{T}(\boldsymbol{\Theta})=\begin{bmatrix} 1 & s_\phi t_\theta & c_\phi t_\theta \\ 0 & c_\phi & -s_\phi \\ 0 & \dfrac{s_\phi}{c_\theta} & \dfrac{c_\phi}{c_\theta} \end{bmatrix},\quad t_\theta \equiv \tan\theta,\ \cos\theta \neq 0$$

需注意，$\boldsymbol{T}(\boldsymbol{\Theta})$ 是非正交的。而且，$\boldsymbol{T}(\boldsymbol{\Theta})$ 及其逆矩阵在 $\theta=\pm\pi/2$ 是奇异的，称为欧拉角奇异性，这对于水面船舶来说通常不会带来困难，但对于某些水下航行器来说却是一个问题，在这种情况下，可以根据 4 元数概念获得没有奇点的另一种运动变换表达形式。

需要注意的是，不存在物理上的向量使其时间导数为 $\boldsymbol{v}$（Goldstein，1980），另外在分析力学的文献中，广义速度的术语通常指 $\dot{\boldsymbol{\eta}}$，然而在本章中将广义速度作为随体坐标系中的速度向量 $\boldsymbol{v}$。关于海洋船舶运动的更详细内容可参见 Fossen（2011）的著作。

7.3.2　基尔霍夫方程和刚体运动方程

无约束刚体运动方程可以使用向量力学或分析力学导出。在此将概述第 2 种途径，尤其是基尔霍夫（Kirchhoff，1869）所做工作，其中在理想流体中运动的刚体和所在流场的流体作为单一的动力系统处理（Lamb，1932）。

航行器旋转和平移运动的动能（不计与流体的相互作用）可以用随体坐标系下的广义速度表达为

$$T=\frac{1}{2}\boldsymbol{v}^{\mathrm{T}}\boldsymbol{M}_{\mathrm{RB}}\boldsymbol{v} \tag{7.7}$$

式中，船舶刚体广义质量矩阵表达式为

$$\boldsymbol{M}_{\mathrm{RB}}=\begin{bmatrix} m\boldsymbol{I}_{3\times3} & -m\boldsymbol{S}(\boldsymbol{p}_{G/O}^b) \\ m\boldsymbol{S}(\boldsymbol{p}_{G/O}^b) & \boldsymbol{I}_O^b \end{bmatrix}$$

式中，m 是航行器的质量；$\boldsymbol{p}_{G/O}^{b}$ 是船舶重心相对于 $\{b\}$ 中的 O 的位置，按定义 $\boldsymbol{S}(\boldsymbol{p})$ 为任意向量 $\boldsymbol{r}=\left[r_x,r_y,r_z\right]^{\mathrm{T}}$ 构成的反对称矩阵表达式，即

$$\boldsymbol{S}(\boldsymbol{r})=\begin{bmatrix} 0 & -r_z & r_y \\ r_z & 0 & -r_x \\ -r_y & r_x & 0 \end{bmatrix}$$

关于 $\{b\}$ 中点 O 的惯性张量由矩阵 $\boldsymbol{I}_O^b$ 表示，据平行轴定理可以表示为

$$\boldsymbol{I}_O^b=\boldsymbol{I}_G^b-m\mathbf{S}(\boldsymbol{p}_{G/O}^b)\boldsymbol{S}(\boldsymbol{p}_{G/O}^b)=\begin{bmatrix} I_{xx}^b & -I_{xy}^b & I_{xz}^b \\ -I_{yx}^b & I_{yy}^b & -I_{yz}^b \\ -I_{zy}^b & -I_{zy}^b & -I_{zz}^b \end{bmatrix} \tag{7.8}$$

在式（7.8）中，$\boldsymbol{I}_G^b$ 是 $\{b\}$ 中关于重心的惯性张量，可以根据船舶在位置 $\boldsymbol{P}_{i/G}^b$ 上的质量微团 m_i 进行计算：

$$\boldsymbol{I}_G^b=\sum_i m_i\boldsymbol{S}^{\mathrm{T}}\left(\boldsymbol{p}_{i/G}^b\right)\boldsymbol{S}(\boldsymbol{p}_{i/G}^b)$$

沿用 SNAME（1950）的符号，随体坐标系中的受力（力和力矩）记为

$$\boldsymbol{\tau}=\left[X,\ \ Y,\ \ Z,\ \ K,\ \ M,\ \ N\right]^{\mathrm{T}}$$

$\boldsymbol{\tau}$ 为随体坐标系中的合力和合力矩的分量，且 X、Y、Z 分别是纵向力、横向力和垂向力；K、M、N 分别是横滚、俯仰和转首力矩。

根据基尔霍夫方程（Kirchhoff，1869），可以得到关于随体坐标系下的航行速度的运动模型（Lamb，1932）为

$$\frac{\mathrm{d}}{\mathrm{d}t}(\frac{\partial T}{\partial \boldsymbol{v}_1})+\boldsymbol{S}(\boldsymbol{v}_2)\frac{\partial T}{\partial \boldsymbol{v}_1}=\boldsymbol{\tau}_1 \tag{7.9}$$

$$\frac{\mathrm{d}}{\mathrm{d}t}(\frac{\partial T}{\partial \boldsymbol{v}_2})+\boldsymbol{S}(\boldsymbol{v}_1)\frac{\partial T}{\partial \boldsymbol{v}_1}+\boldsymbol{S}(\boldsymbol{v}_2)\frac{\partial T}{\partial \boldsymbol{v}_2}=\boldsymbol{\tau}_2 \tag{7.10}$$

式中

$$\boldsymbol{v}_1=\left[u,v,w\right]^{\mathrm{T}},\boldsymbol{v}_2=\left[p,q,r\right]^{\mathrm{T}}$$

$$\boldsymbol{\tau}_1=\left[X,Y,Z\right]^{\mathrm{T}},\boldsymbol{\tau}_2=\left[K,M,N\right]^{\mathrm{T}}$$

将式（7.7）代入式（7.9）和式（7.10）并进行整理后，就能得到一个船舶刚体动力学的一般模型结构如下：

$$\boldsymbol{M}_{\mathrm{RB}}\dot{\boldsymbol{v}}+\boldsymbol{C}_{\mathrm{RB}}(\boldsymbol{v})\boldsymbol{v}=\boldsymbol{\tau} \tag{7.11}$$

式（7.11）左边第 1 项是广义质量矩阵与加速度的乘积，第 2 项是科氏加速度

和向心加速度产生的力[⑥]。

式（7.11）中科氏加速度和向心加速度矩阵可采用不同的方式表达，其中一种表达形式如下：

$$\boldsymbol{C}_{\mathrm{RB}}(\boldsymbol{v})=\begin{bmatrix} m\boldsymbol{S}(\boldsymbol{v}_2) & -m\boldsymbol{S}(\boldsymbol{v}_2)\boldsymbol{S}(\boldsymbol{p}_{G/O}^{b}) \\ m\boldsymbol{S}(\boldsymbol{p}_{G/O}^{b})\boldsymbol{S}(\boldsymbol{v}_2) & \boldsymbol{S}(\boldsymbol{I}_O^{b}\boldsymbol{v}_2) \end{bmatrix} \tag{7.12}$$

关于与式（7.12）相当的其他表达形式，参见 Fossen（2011）的著作。需注意：

$$\dot{\boldsymbol{M}}_{\mathrm{RB}}=0,\ \boldsymbol{M}_{\mathrm{RB}}=\boldsymbol{M}_{\mathrm{RB}}^{\mathrm{T}},\ \boldsymbol{C}_{\mathrm{RB}}=\boldsymbol{C}_{\mathrm{RB}}^{\mathrm{T}}$$

运动学转换表达式（7.6）和动力学模型表达式（7.11）共同构成不考虑船舶与流体交互影响的船舶刚体运动的动力学模型。为表达这种交互影响，需要将式(7.11)右边的广义力分解为

$$\boldsymbol{\tau}=\boldsymbol{\tau}_{\mathrm{f1}}+\boldsymbol{\tau}_{\mathrm{ctrl}}+\boldsymbol{\tau}_{\mathrm{env}} \tag{7.13}$$

式中，$\boldsymbol{\tau}_{\mathrm{f1}}$是航行器运动引起的流体静力或流体动力形成流体压力而产生的力；$\boldsymbol{\tau}_{\mathrm{ctrl}}$是驱动器产生的控制力；$\boldsymbol{\tau}_{\mathrm{env}}$是海洋流动产生的环境力。

7.3.3　水动力模型

对完全浸没的航行器，相应潜水深度下的波浪引起的压力变化可以忽略不计，式（7.13）中的水动力可以表示为

$$\boldsymbol{\tau}_{\mathrm{f1}}=-\boldsymbol{M}_{\mathrm{A}}\dot{\boldsymbol{v}}-\boldsymbol{C}_{\mathrm{A}}(\boldsymbol{v})\boldsymbol{v}-\boldsymbol{D}(\boldsymbol{v})\boldsymbol{v}-\boldsymbol{g}(\boldsymbol{\eta}) \tag{7.14}$$

式（7.14）右端前两项是由无旋和理想（无黏）流体中的航行器运动引起的。当航行器运动时会改变流体的动量。船舶运动产生的理想流体动能可以表示为

$$T_A=\frac{1}{2}\boldsymbol{v}^T\boldsymbol{M}_{\mathrm{A}}\boldsymbol{v} \tag{7.15}$$

式中，常量矩阵$\boldsymbol{M}_{\mathrm{A}}$称为附加质量系数矩阵

⑥ 这些加速度是由于随体标架相对于局部地理标架$\{n\}$的旋转产生的；注意，这些科氏力与由于地球自转的科氏力不同；在此后者忽略不计，因为船舶在低速运动，故可假设地球坐标系是惯性的。

$$\boldsymbol{M}_{\mathrm{A}}=-\begin{bmatrix} X_{\dot{u}} & X_{\dot{v}} & X_{\dot{w}} & X_{\dot{p}} & X_{\dot{q}} & X_{\dot{r}} \\ Y_{\dot{u}} & Y_{\dot{v}} & Y_{\dot{w}} & Y_{\dot{p}} & Y_{\dot{q}} & Y_{\dot{r}} \\ Z_{\dot{u}} & Z_{\dot{v}} & Z_{\dot{w}} & Z_{\dot{p}} & Z_{\dot{q}} & Z_{\dot{r}} \\ K_{\dot{u}} & K_{\dot{v}} & K_{\dot{w}} & K_{\dot{p}} & K_{\dot{q}} & K_{\dot{r}} \\ M_{\dot{u}} & M_{\dot{v}} & M_{\dot{w}} & M_{\dot{p}} & M_{\dot{q}} & M_{\dot{r}} \\ N_{\dot{u}} & N_{\dot{v}} & N_{\dot{w}} & N_{\dot{p}} & N_{\dot{q}} & N_{\dot{r}} \end{bmatrix},\quad \dot{\boldsymbol{M}}_{\mathrm{A}}=0$$

根据航行器形体的对称性，某些附加质量系数可以为 0。对于低速运行的航行器，附加质量系数矩阵是正定且对称的（Faltinsen，1990）。

在基尔霍夫方程式（7.9）和式（7.10）中应用流体动能表达式（7.15），可以根据理想流体能量变化得到船舶（或水中航行体）的受力（Lamb，1932）。据此经基本的代数运算，即可得出式（7.14）的前两项（Fossen，2011）。第 1 项表征压力产生的力，其正比于船舶加速度；第 2 项是由附加质量产生的科氏力和向心力。附加质量产生的科氏力和向心力矩阵可以表示为

$$\boldsymbol{C}_{\mathrm{A}}(\boldsymbol{v})=\begin{bmatrix} \boldsymbol{0}_{3\times3} & -\boldsymbol{S}(\boldsymbol{A}_{11}\boldsymbol{v}_1+\boldsymbol{A}_{12}\boldsymbol{v}_2) \\ -\boldsymbol{S}(\boldsymbol{A}_{11}\boldsymbol{v}_1+\boldsymbol{A}_{12}\boldsymbol{v}_v) & -\boldsymbol{S}(\boldsymbol{A}_{21}\boldsymbol{v}_1+\boldsymbol{A}_{22}\boldsymbol{v}_2) \end{bmatrix}$$

式中

$$\boldsymbol{A}=\frac{1}{2}(\boldsymbol{M}_{\mathrm{A}}+\boldsymbol{M}_{\mathrm{A}}^{\mathrm{T}})$$

式（7.14）中的第 3 项对应阻尼力：阻尼来自势流阻尼、表面摩擦、旋涡脱落和环流效应（升力和升力引起的阻力）（Lamb，1932；Newman，1977；Faltinsen，1990）。由于产生阻尼的不同物理效应之间存在复杂的相互作用，所以通常由级数展开方法对船舶运行的水动阻尼力进行建模，并通过对缩尺模型试验测量和 CFD 数值模拟的结果进行回归分析得出模型的系数。

式（7.14）中的最后一项表示对应于重力和浮力的水静力，这些力的作用方向是恢复航行器的正浮平衡状态，故称为恢复力。以 B 表示浮心（或浮力），W 表示重心（或重力），$\boldsymbol{F}_G$ 和 $\boldsymbol{F}_B$ 分别表示重力和浮力。重力和浮力产生的力和力矩可在随体坐标系中表示为

$$-\boldsymbol{g}(\boldsymbol{\eta})=\begin{bmatrix} \boldsymbol{F}_G^b+\boldsymbol{F}_B^b \\ \boldsymbol{S}(\boldsymbol{p}_{G/O}^b)\boldsymbol{F}_G^b+\boldsymbol{S}(\boldsymbol{p}_{B/O}^b)\boldsymbol{F}_B^b \end{bmatrix} \tag{7.16}$$

式中

$$
\boldsymbol{F}_G^b = \boldsymbol{R}_b^n(\boldsymbol{\Theta})^{\mathrm{T}}\begin{bmatrix}0\\0\\W\end{bmatrix},\quad \boldsymbol{F}_B^b = \boldsymbol{R}_b^n(\boldsymbol{\Theta})^{\mathrm{T}}\begin{bmatrix}0\\0\\-B\end{bmatrix} \tag{7.17}
$$

这里 $W = mg$，$B = \rho g \nabla$（此处 B 表示浮力而非浮心，W 表示重力而非重心，译者注），∇ 是排水体积。代换后，这些力和力矩可以表达如下（Fossen，2011）：

$$
\boldsymbol{g}(\boldsymbol{\eta}) = \begin{bmatrix}
(W-B)\sin\theta \\
-(W-B)\cos\theta\sin\phi \\
-(W-B)\cos\theta\cos\phi \\
-(y_{G/O}^b W - y_{B/O}^b B)\cos\theta\cos\phi + (z_{G/O}^b W - z_{B/O}^b B)\cos\theta\sin\phi \\
(z_{G/O}^b W - z_{B/O}^b B)\sin\theta + (x_{G/O}^b W - x_{B/O}^b B)\cos\theta\cos\phi \\
-(x_{G/O}^b W - x_{B/O}^b B)\cos\theta\sin\phi - (y_{G/O}^b W - y_{B/O}^b B)\sin\theta
\end{bmatrix} \tag{7.18}
$$

7.3.4　完整的动力学模型和 PHS 表达式

将式（7.14）代入式（7.13）并结合式（7.11）和式（7.6），可得出以 Fossen（2011）的符号表示的向量模型：

$$
\dot{\boldsymbol{\eta}} = \boldsymbol{J}(\boldsymbol{\eta})\boldsymbol{v} \tag{7.19}
$$

$$
\boldsymbol{M}\dot{\boldsymbol{v}} + \boldsymbol{C}(\boldsymbol{v})\boldsymbol{v} + \boldsymbol{D}(\boldsymbol{v})\boldsymbol{v} + \boldsymbol{g}(\boldsymbol{\eta}) = \boldsymbol{\tau}_{\mathrm{ctrl}} + \boldsymbol{\tau}_{\mathrm{env}} \tag{7.20}
$$

式中，$\boldsymbol{M} = \boldsymbol{M}_{\mathrm{RB}} + \boldsymbol{M}_{\mathrm{A}}$，$\boldsymbol{C}(\boldsymbol{v}) = \boldsymbol{C}_{\mathrm{RB}}(\boldsymbol{v}) + \boldsymbol{M}_{\mathrm{A}}$。

通常对海流引起的环境力进行参数化表达，并将式（7.20）表示为航行器相对于海流速度的形式，这里假设水流在接地坐标系下是无旋的（Fossen，2011）。如此处理的优点是可以反映科氏力和阻尼项随海流的变化。在本章中将不采用这种表达形式，而认为海流力是缓慢变化的干扰，考虑到这些力随速度变化是模型不确定性因素的一部分，故将其加在水动力阻尼参数化表达式中，因为该表达式存在不确定性。

为将式（7.19）和式（7.20）转化为 PHS 表达式，定义以下状态向量：

$$
\boldsymbol{x} = \begin{bmatrix}\boldsymbol{x}_1\\ \boldsymbol{x}_2\end{bmatrix} = \begin{bmatrix}\boldsymbol{M}\boldsymbol{v}\\ \boldsymbol{\eta}\end{bmatrix} \tag{7.21}
$$

然后定义一个哈密尔顿函数 H，使得

$$
\dot{\boldsymbol{x}} = \left(\begin{bmatrix}-\tilde{\boldsymbol{C}}(\boldsymbol{x}) & -\boldsymbol{J}^{\mathrm{T}}(\boldsymbol{x})\\ \boldsymbol{J}(\boldsymbol{x}) & \boldsymbol{0}\end{bmatrix} - \begin{bmatrix}\tilde{\boldsymbol{D}}(\boldsymbol{x}) & \boldsymbol{0}\\ \boldsymbol{0} & \boldsymbol{0}\end{bmatrix}\right)\frac{\partial H}{\partial \boldsymbol{x}} + \begin{bmatrix}\boldsymbol{I}\\ \boldsymbol{0}\end{bmatrix}\boldsymbol{\tau} \tag{7.22}
$$

式中

$$\tilde{\boldsymbol{C}}(\boldsymbol{x}) \triangleq \boldsymbol{C}(\boldsymbol{M}^{-1}\boldsymbol{x}_1) \tag{7.23}$$

$$\boldsymbol{D}(\boldsymbol{x}) \triangleq \boldsymbol{D}(\boldsymbol{M}^{-1}\boldsymbol{x}_1) \tag{7.24}$$

作为哈密尔顿函数可以引入总动能（包括刚体和流体）与一个势函数之和将其表示为

$$H(\boldsymbol{x}) = T(\boldsymbol{x}_1) + V(\boldsymbol{x}_2) = \frac{1}{2}\boldsymbol{x}_1^{\mathrm{T}}\boldsymbol{M}^{-1}\boldsymbol{x}_1 + V(\boldsymbol{x}_2) \tag{7.25}$$

为确定恰当的势函数，引入约束：

$$-\boldsymbol{J}^{\mathrm{T}}(\boldsymbol{x}_2)\frac{\partial H}{\partial \boldsymbol{x}_2} = \boldsymbol{g}(\boldsymbol{x}_2) \tag{7.26}$$

于是，对式（7.26）进行积分应该得到一个势能。然而对式（7.26）给出的一般 $\boldsymbol{g}(\boldsymbol{x}_2)$，该积分不能实施。这是将欧拉角作为一部分广义坐标和 $\dot{\boldsymbol{\eta}} \neq \boldsymbol{\nu}$ 实际情况带来的结果，众所周知，涉及欧拉角的模型通常不适用于欧拉—拉格朗日表达形式（Egeland and Gravdahl，2002）。然而在某些假设下，即使不还原为另外形式的坐标，式（7.26）的积分也可以实施。根据伦纳德的理论（Leonard，1997），尽管我们假设航行器是平衡漂浮的，但认为浮心和重心处于一般位置，即

$$W = B,\ \boldsymbol{p}_{G/O}^{b} = \begin{bmatrix} x_{G/O}^{b} \\ y_{G/O}^{b} \\ z_{G/O}^{b} \end{bmatrix},\ \boldsymbol{p}_{B/O}^{b} = \begin{bmatrix} x_{B/O}^{b} \\ y_{B/O}^{b} \\ z_{B/O}^{b} \end{bmatrix} \tag{7.27}$$

在这些假设下，式（7.18）所示恢复力可表示为如下特殊形式：

$$\boldsymbol{g}(\boldsymbol{\eta}) = \begin{bmatrix} 0 \\ 0 \\ 0 \\ -W(y_{G/O}^{b} - y_{B/O}^{b})\cos\theta\cos\phi + W(z_{G/O}^{b} - z_{B/O}^{b})\cos\theta\sin\phi \\ W(z_{G/O}^{b} - z_{B/O}^{b})\sin\theta + W(x_{G/O}^{b} - x_{B/O}^{b})\cos\theta\cos\phi \\ -W(x_{G/O}^{b} - x_{B/O}^{b})\cos\theta\sin\phi - W(y_{G/O}^{b} - y_{B/O}^{b})\sin\theta \end{bmatrix} \tag{7.28}$$

由式（7.26）可以得出

$$\frac{\partial V}{\partial \boldsymbol{x}_2} = \frac{\partial H}{\partial \boldsymbol{x}_2} = -\boldsymbol{J}^{-\mathrm{T}}(\boldsymbol{x}_2)\boldsymbol{g}(\boldsymbol{x}_2) \tag{7.29}$$

将式（7.29）作为式（7.28）的特例对 $\boldsymbol{x}_2$ 进行积分，可以得到如下势函数：

$$V(\boldsymbol{x}_2) = -W\Delta_{xBG}\sin\theta + W\Delta_{yBG}\cos\theta\sin\phi + W\Delta_{zBG}\cos\theta\cos\phi \tag{7.30}$$

式中，$\Delta_{jBG} = (j_{B/O}^{b} - j_{G/O}^{b})$，$j$ 取为 $j = x, y, z$。按以上所做出的假设，式（7.30）

即为势能（Leonard，1997）。

按上述结果，可推导出关于平衡漂浮的水下航行器的一个 PHS 模型：

$$\dot{\boldsymbol{x}}=\left(\begin{vmatrix}-\tilde{\boldsymbol{C}}(\boldsymbol{x}) & -\boldsymbol{J}(\boldsymbol{x})\\ \boldsymbol{J}(\boldsymbol{x}) & \boldsymbol{0}\end{vmatrix}-\begin{vmatrix}\tilde{\boldsymbol{D}}(\boldsymbol{x}) & \boldsymbol{0}\\ \boldsymbol{0} & \boldsymbol{0}\end{vmatrix}\right)\frac{\partial H}{\partial \boldsymbol{x}}+\begin{bmatrix}\boldsymbol{I}\\ \boldsymbol{0}\end{bmatrix}\boldsymbol{\tau} \tag{7.31}$$

其中状态向量如式（7.21）所示，哈密尔顿函数为

$$\begin{aligned}H(\boldsymbol{x})=&\frac{1}{2}\boldsymbol{x}_1^{\mathrm{T}}\boldsymbol{M}^{-1}\boldsymbol{x}_1-W\Delta_{xBG}\sin\theta+W\Delta_{yBG}\cos\theta\sin\phi\\ &+W\Delta_{zBG}\cos\theta\cos\phi\end{aligned} \tag{7.32}$$

如上所述，对于更为一般的非平衡漂浮航行器情况，不可能通过对式（7.26）积分得出势能。在这种情况下，应该采用其他非欧拉角的参数化方法描述航行器的方向，对此本章不予以讨论，但可以参阅其他文献，如 Leonard（1997）的论文中关于旋转矩阵 $\boldsymbol{SE}(3)$不同参数化方法的内容。

7.4 采用 PHS 表达式的运动控制

在此将重点集中在全驱动航行器的水平面（纵向、横向和转首方向）控制问题上，这适用于近海工业所用大多数开放框架水下航行器。对这种特殊情况，PHS 模型可以缩减为

$$\dot{\boldsymbol{x}}=\left(\begin{bmatrix}-\tilde{\boldsymbol{C}}(\boldsymbol{x}) & -\boldsymbol{R}^{\mathrm{T}}(\boldsymbol{x})\\ \boldsymbol{R}(\boldsymbol{x}) & \boldsymbol{0}\end{bmatrix}-\begin{bmatrix}\tilde{\boldsymbol{D}}(\boldsymbol{x}) & \boldsymbol{0}\\ \boldsymbol{0} & \boldsymbol{0}\end{bmatrix}\right)\frac{\partial H}{\partial \boldsymbol{x}}+\begin{bmatrix}\boldsymbol{\tau}\\ \boldsymbol{0}\end{bmatrix} \tag{7.33}$$

式中，$\boldsymbol{x}_1=\boldsymbol{M}[u,v,r]^{\mathrm{T}}$，$\boldsymbol{x}_2=[N,E,\psi]^{\mathrm{T}}$，$\boldsymbol{\tau}=[X,Y,N]$，哈密尔顿函数为

$$H(\boldsymbol{x}_1,\boldsymbol{x}_2)=\frac{1}{2}\boldsymbol{x}_1^{\mathrm{T}}\boldsymbol{M}^{-1}\boldsymbol{x}_1 \tag{7.34}$$

目前，已经分两个步骤进行了位置调节控制系统设计，参见 Donaire 和 Perez（2010）的文献。第 1 步，利用式（7.33）所示的系统结构，通过构造能量函数来使预期平衡点达到稳定。这一步设计采用标准互联和阻尼分配的无源控制方法，该方法由 Ortega 等（2002）提出，可导出一种静态反馈控制法则以保证闭环系统和位置调节的无源性。第 2 步，对也具有 PHS 表达形式的位置误差添加积分过程。在许多应用中，即使闭环系统是无源的，未知扰动、参数不确定性和测量噪声的影响也会使静态反馈控制器的性能变差（Khalil，2000；Fujimoto et al.，2003）。处理这一问

题的经典和广为接受的做法是在控制器中引入积分过程（Khalil，2002；Ortega and Garcia Canseco，2004）。因此，第 2 步中采用 Donaire 和 Junco（2009）提出的技术，在采用 PHS 表达形式的同时，相对阶大于 1 的变量增加积分过程。整个控制法则 $\boldsymbol{\tau}_{\mathrm{c}}$ 由调节法则 $\boldsymbol{\tau}_{\mathrm{r}}$ 和积分法则 $\boldsymbol{\tau}_{\mathrm{i}}$ 组合得出，可以表示为

$$\boldsymbol{\tau}_{\mathrm{c}}=\boldsymbol{\tau}_{\mathrm{r}}+\boldsymbol{\tau}_{\mathrm{i}} \tag{7.35}$$

按这种方法，从理论上可以证明能实现内部稳定、输出可调和抑制扰动；此外，可以证明该控制系统具有输入状态稳定（input-to-state stability，ISS）特性（Donaire and Perez，2012）。在以下各小节中，将概括介绍上述结果推广用于轨迹追踪情况（Donaire et al.，2011）。控制目标是航行器位置渐近地追踪随时间变化的位置参照基准，此外控制法则中必须包含积分过程，以抑制由海流引起的缓慢变化的扰动。

7.4.1 参照信号与控制目标

给定制导系统提供的位置参照基准向量 $\boldsymbol{x}_2^*$ 及其导数 $\dot{\boldsymbol{x}}_2^*$ 和 $\ddot{\boldsymbol{x}}_2^*$，可定义动量参照基准向量及其导数为

$$\boldsymbol{x}_1^*=\boldsymbol{M}\boldsymbol{R}^{\mathrm{T}}(\boldsymbol{x}_2)\dot{\boldsymbol{x}}_2^* \tag{7.36}$$

$$\dot{\boldsymbol{x}}_1^*=\boldsymbol{M}\boldsymbol{R}^{\mathrm{T}}(\boldsymbol{x}_2)\ddot{\boldsymbol{x}}_2^*+\boldsymbol{M}\dot{\boldsymbol{R}}^{\mathrm{T}}(\boldsymbol{x}_2)\dot{\boldsymbol{x}}_2^* \tag{7.37}$$

于是，控制目标将使驱动航行器渐近地追踪位置和动量的参照基准，即 $\boldsymbol{x}\to\boldsymbol{x}^*$。

7.4.2 轨迹追踪调节控制器设计

控制目标可以用动量和位置误差表示。将这些误差定义为 $\tilde{\boldsymbol{x}}_1=\boldsymbol{x}_1-\boldsymbol{x}_1^*$ 和 $\tilde{\boldsymbol{x}}_2=\boldsymbol{x}_2-\boldsymbol{x}_2^*$。然后，求误差的时间导数并应用式（7.33）的模型，即可推导出误差动力学方程：

$$\dot{\tilde{\boldsymbol{x}}}_1=-\tilde{\boldsymbol{C}}(\tilde{\boldsymbol{x}}_1+\boldsymbol{x}_1^*)\boldsymbol{M}^{-1}(\tilde{\boldsymbol{x}}_1+\boldsymbol{x}_1^*)-\tilde{\boldsymbol{D}}(\tilde{\boldsymbol{x}}_1+\boldsymbol{x}_1^*)\boldsymbol{M}^{-1}(\tilde{\boldsymbol{x}}_1+\boldsymbol{x}_1^*)+\boldsymbol{\tau}-\dot{\boldsymbol{x}}_1^* \tag{7.38}$$

$$\dot{\tilde{\boldsymbol{x}}}_2=\boldsymbol{R}(\tilde{\boldsymbol{x}}_2+\boldsymbol{x}_2^*)\boldsymbol{M}^{-1}(\tilde{\boldsymbol{x}}_1+\boldsymbol{x}_1^*)-\dot{\boldsymbol{x}}_2^* \tag{7.39}$$

式中，$\boldsymbol{\tau}=\boldsymbol{\tau}_{\mathrm{r}}+\boldsymbol{\tau}_{\mathrm{i}}+\boldsymbol{\tau}_{\mathrm{evn}}$。为了设计误差调节控制器，考虑将所需闭环系统表示为

$$\begin{bmatrix}\dot{\tilde{\boldsymbol{x}}}_1\\\dot{\tilde{\boldsymbol{x}}}_2\end{bmatrix}=\left\{\begin{bmatrix}-\tilde{\boldsymbol{C}}(\tilde{\boldsymbol{x}}_1+\boldsymbol{x}_1^*)&-\boldsymbol{R}(\tilde{\boldsymbol{x}}_2+\boldsymbol{x}_2^*)\\\boldsymbol{R}(\tilde{\boldsymbol{x}}_2+\boldsymbol{x}_2^*)&\boldsymbol{0}\end{bmatrix}-\begin{bmatrix}\tilde{\boldsymbol{D}}_{\mathrm{d}}(\tilde{\boldsymbol{x}}_1)&\boldsymbol{0}\\\boldsymbol{0}&\boldsymbol{0}\end{bmatrix}\right\}\frac{\partial \mathrm{H}_{\mathrm{d}}}{\partial\tilde{\boldsymbol{x}}}(\tilde{\boldsymbol{x}})+\begin{bmatrix}\boldsymbol{\tau}_{\mathrm{i}}+\boldsymbol{\tau}_{\mathrm{evn}}\\\boldsymbol{0}\end{bmatrix} \tag{7.40}$$

式中

$$H_{\mathrm{d}}(\tilde{\boldsymbol{x}})=\frac{1}{2}\tilde{\boldsymbol{x}}_1^{\mathrm{T}}\boldsymbol{M}^{-1}\tilde{\boldsymbol{x}}_1+\frac{1}{2}\tilde{\boldsymbol{x}}_2^{\boldsymbol{T}}\boldsymbol{K}_2\tilde{\boldsymbol{x}}_2 \tag{7.41}$$

以上各式中的误差动力学方程具有 PHS 表达形式。据此，方程中保留了原有系统的一些项并按物理意义引入了新的项。在闭环系统中，尽管科氏力矩阵对控制性能有不利影响，但该项不会导致失去稳定性，故保留科氏力短阵项。同时，我们尽量避免舍弃非线性项以免影响系统稳定性；对于科氏力和向心力的情形来说，模型结构是确定的，但其参数值可以变化。能量函数的构造考虑了动量和位置误差，从而使哈密尔顿函数成为一个状态函数。此外，还引入阻尼以确保预期的位置轨迹具有渐近稳定性。

控制法则是将开环动力学方程式（7.38）和式（7.39）转换为所需 PHS 表达形式的式（7.40），这通过对开环与闭环动力学状态方程匹配实现，即

$$\begin{aligned}&-\tilde{\boldsymbol{C}}(\tilde{\boldsymbol{x}}_1+\boldsymbol{x}_1^*)\boldsymbol{M}^{-1}(\tilde{\boldsymbol{x}}_1+\boldsymbol{x}_1^*)-\tilde{\boldsymbol{D}}(\tilde{\boldsymbol{x}}_1+\boldsymbol{x}_1^*)\boldsymbol{M}^{-1}(\tilde{\boldsymbol{x}}_1+\boldsymbol{x}_1^*)+\boldsymbol{\tau}-\dot{\boldsymbol{x}}_1^*\\&=-\tilde{\boldsymbol{C}}(\tilde{\boldsymbol{x}}_1+\boldsymbol{x}_1^*)\frac{\partial H_{\mathrm{d}}}{\partial\tilde{\boldsymbol{x}}_1}-\boldsymbol{R}^{\mathrm{T}}(\tilde{\boldsymbol{x}}_2+\boldsymbol{x}_2^*)\frac{\partial H_{\mathrm{d}}}{\partial\tilde{\boldsymbol{x}}_1}-\tilde{\boldsymbol{D}}_{\mathrm{d}}(\tilde{\boldsymbol{x}}_1)\frac{\partial H_{\mathrm{d}}}{\partial\tilde{\boldsymbol{x}}_1}+\boldsymbol{\tau}_{\mathrm{i}}+\boldsymbol{\tau}_{\mathrm{evn}}\end{aligned}\tag{7.42}$$

$$\boldsymbol{R}(\tilde{\boldsymbol{x}}_2+\boldsymbol{x}_2^*)\boldsymbol{M}^{-1}(\tilde{\boldsymbol{x}}_1+\boldsymbol{x}_1^*)-\dot{\boldsymbol{x}}_2^*=\boldsymbol{R}(\tilde{\boldsymbol{x}}_2+\boldsymbol{x}_2^*)\frac{\partial H_{\mathrm{d}}}{\partial\tilde{\boldsymbol{x}}_1}\tag{7.43}$$

为满足第 2 个匹配方程式（7.43），动量参照基准向量 $\boldsymbol{x}_1^*$ 则按式（7.36）定义。据第 1 个匹配方程式（7.42）即可计算得出保证实现可调的控制法则，由此可得

$$\begin{aligned}\boldsymbol{\tau}_{\mathrm{r}}=&\tilde{\boldsymbol{C}}(\tilde{\boldsymbol{x}}_1+\boldsymbol{x}_1^*)\boldsymbol{M}^{-1}\boldsymbol{x}_1^*+\dot{\boldsymbol{x}}_1^*-\tilde{\boldsymbol{D}}_{\mathrm{d}}(\tilde{\boldsymbol{x}}_1)\boldsymbol{M}^{-1}\tilde{\boldsymbol{x}}_1-\\&\boldsymbol{R}^{\mathrm{T}}(\tilde{\boldsymbol{x}}_2+\boldsymbol{x}_2^*)\boldsymbol{K}_2\tilde{\boldsymbol{x}}_2+\tilde{\boldsymbol{D}}(\tilde{\boldsymbol{x}}_1+\boldsymbol{x}_1^*)\boldsymbol{M}^{-1}(\tilde{\boldsymbol{x}}_1+\boldsymbol{x}_1^*)\end{aligned}\tag{7.44}$$

在误差动力学方程式（7.38）和式（7.39）中应用控制法则式（7.44），如此得出的闭环系统表达式（7.40）在误差状态空间的原点上具有渐近稳定平衡特性。事实上，应用 PHS 的基本属性即可证明其原点具有稳定性。哈密尔顿函数式（7.41）在误差状态空间的原点处有最小值，此函数可用作候选的李雅普诺夫函数。将哈密尔顿函数对时间求导数可得

$$\frac{\mathrm{d}H_{\mathrm{d}}}{\mathrm{d}t}=-\frac{\partial^{\mathrm{T}}H_{\mathrm{d}}}{\partial\tilde{\boldsymbol{x}}_1}\tilde{\boldsymbol{D}}_{\mathrm{d}}(\tilde{\boldsymbol{x}}_1)\frac{\partial H_{\mathrm{d}}}{\partial\tilde{\boldsymbol{x}}_1}\leqslant 0\tag{7.45}$$

$\dfrac{\mathrm{d}H_{\mathrm{d}}}{\mathrm{d}t}$ 的半负定性保证了系统的稳定性，于是误差状态空间在原点是稳定的。在以下小节将讨论整个闭环系统的渐近稳定性，并在其中引入了积分过程。

7.4.3　作为追踪特例的动力定位（无积分过程）

动力定位控制问题是一个定点位置调节问题，此问题是上一节中追踪问题的一

个特殊情况，由将上一节所述基准量取为 $\dot{\boldsymbol{x}}_2^* = \ddot{\boldsymbol{x}}_2^* = 0$ 而导出，这将进而导出 $\dot{\boldsymbol{x}}_1^* = \boldsymbol{x}_1^* = 0$。在这种情况下，控制器表达式（7.44）简化为

$$\boldsymbol{\tau}_{\mathrm{r}} = -\boldsymbol{R}^{\mathrm{T}}(\psi)\boldsymbol{K}_2(\boldsymbol{x}_2 - \boldsymbol{x}_2^*) - \left[\tilde{\boldsymbol{D}}_{\mathrm{d}}(\boldsymbol{x}_1) - \tilde{\boldsymbol{D}}(\boldsymbol{x}_1)\right]\boldsymbol{M}^{-1}\boldsymbol{x}_1 \tag{7.46}$$

其中所需的哈密尔顿函数缩减为

$$H_{\mathrm{d}}(\boldsymbol{x}_1, \boldsymbol{x}_2) = \frac{1}{2}\boldsymbol{x}_1^{\mathrm{T}}\boldsymbol{M}^{-1}\boldsymbol{x}_1 + \frac{1}{2}(\boldsymbol{x}_2 - \boldsymbol{x}_2^*)^{\mathrm{T}}\boldsymbol{K}_2(\boldsymbol{x}_2 - \boldsymbol{x}_2^*) \tag{7.47}$$

该哈密尔顿函数在 $\bar{\boldsymbol{x}}_1 = 0$ 和 $\bar{\boldsymbol{x}}_2 = \boldsymbol{x}_2^*$ 处有最小值。可以看到，控制器已经重构造了系统的能量，增加了弹性势能以促使系统位于预期位置；此外，控制器还增加了阻尼。水中航行器系统位置调节控制行为的这种物理机制通常用于确定控制调谐法则。例如，对于近海水面舰艇，Faltinsen（1990）提出了在受控 DOF 内控制行为势能与船舶动能转换的特定自然周期概念。如此处理，提供了选择 $\boldsymbol{K}_2$ 的途径。

7.4.4 轨迹追踪的积分控制器设计

在 7.4.2 节中导出的误差追踪调节控制器是一种静态非线性反馈控制器，该控制器不能有效地抑制缓慢变化的扰动。抑制定常扰动或缓慢变化扰动的经典求解方案是加入积分过程，该积分过程取决于要抑制的信号，在此是位置追踪误差。于是下一个目标就是在保留原来 PHS 表达形式的同时，通过扩展状态参数来设计一个积分控制器。当积分过程与相对阶大于 1 的状态参数相关时，则不能如此处理（Donaire and Junco，2009）。因此，确定状态参数变换从而能够在保持 PHS 表达形式的同时，确保对位置追踪误差进行积分操作，这可通过采用类似于 Donaire 和 Junco（2009）针对定点调节情形提出的程式来实现。为此提出设计了一个积分控制法则，以使闭环系统具有如下动力学方程的 PHS 表达形式：

$$\begin{bmatrix}\dot{z}_1\\ \dot{z}_2\\ \dot{z}_3\end{bmatrix} = \left(\begin{bmatrix} -\tilde{\boldsymbol{C}}(z_1) & -\boldsymbol{R}(z_2 + \boldsymbol{x}_2^*) & -\boldsymbol{D}_3\\ \boldsymbol{R}(z_2 + \boldsymbol{x}_2^*) & 0 & -\boldsymbol{R}(z_2 + \boldsymbol{x}_2^*)\\ \boldsymbol{D}_3^{\mathrm{T}} & -\boldsymbol{R}(z_2 + \boldsymbol{x}_2^*) & 0\end{bmatrix} - \begin{bmatrix}\tilde{\boldsymbol{D}}_{\mathrm{d}}(\boldsymbol{z}_1) & 0 & 0\\ & \boldsymbol{D}_2 & 0\\ & & \boldsymbol{D}_3\end{bmatrix}\right)\frac{\partial H_{\mathrm{dz}}}{\partial \boldsymbol{z}}(\boldsymbol{z}) + \begin{bmatrix}\boldsymbol{\tau}_{\mathrm{env}}\\ 0\\ 0\end{bmatrix} \tag{7.48}$$

式中

$$H_{dz}(z)=\frac{1}{2}z_1^{\mathrm{T}}\boldsymbol{M}^{-1}z_1+\frac{1}{2}z_2^{\mathrm{T}}\boldsymbol{K}_2z_2+\frac{1}{2}z_3^{\mathrm{T}}\boldsymbol{K}_3z_3 \tag{7.49}$$

为了建立目标 PHS 表达形式（7.48），采用与调节控制设计相同的互联结构和哈密尔顿函数表达形式，但此处通过增加产生所需积分过程的状态参数 z_3 对状态向量进行了扩展。此外，哈密尔顿函数还增加了取决于状态参数 z_3 的一项，所有状态参数均引入了阻尼。z_3 的动力学方程可表示为

$$\dot{z}_3=\boldsymbol{D}_3\boldsymbol{M}^{-1}\tilde{\boldsymbol{x}}_1+\left[\boldsymbol{D}_3\boldsymbol{R}^{\mathrm{T}}(z_2+\boldsymbol{x}_2^*)+\boldsymbol{R}(z_2+\boldsymbol{x}_2^*)\right]\boldsymbol{K}_2\tilde{\boldsymbol{x}}_2 \tag{7.50}$$

选择变量变换如下：

$$z_2=\tilde{\boldsymbol{x}}_2 \tag{7.51}$$

通过对式（7.51）求时间导数给出变量 z_1 的变换，并在变换中以相应的状态方程替换状态导数，由此可得

$$z_1=\tilde{\boldsymbol{x}}_1+\boldsymbol{M}\boldsymbol{R}^{\mathrm{T}}(\tilde{\boldsymbol{x}}_2+\boldsymbol{x}_2^*)\boldsymbol{D}_2\boldsymbol{K}_2z_2+\boldsymbol{M}\boldsymbol{K}_3z_3 \tag{7.52}$$

通过对式（7.52）求时间导数并以相应的状态方程替换状态导数，即可得到如扩展 PHS 表达形式（7.48）所示调节环路对应的积分控制法则。如此处理，导出的积分控制法则为

$$\begin{aligned}\boldsymbol{\tau}_{\mathrm{i}}=&-\left[\tilde{\boldsymbol{C}}(z_1)+\tilde{\boldsymbol{D}}_{\mathrm{d}}(z_1)\right]\boldsymbol{M}^{-1}z_1+\Big[\tilde{\boldsymbol{C}}(\tilde{\boldsymbol{x}}_1+\boldsymbol{x}_1^*)+\\&\tilde{\boldsymbol{D}}_{\mathrm{d}}(\tilde{\boldsymbol{x}}_1)-\boldsymbol{M}\boldsymbol{R}^{\mathrm{T}}(\tilde{\boldsymbol{x}}_2+\boldsymbol{x}_2^*)\boldsymbol{D}_2\boldsymbol{K}_2\boldsymbol{R}(\tilde{\boldsymbol{x}}_2+\boldsymbol{x}_2^*)-\boldsymbol{M}\boldsymbol{K}_3\boldsymbol{D}_3\Big]\cdot\\&\boldsymbol{M}^{-1}\tilde{\boldsymbol{x}}_1-\Big\{\boldsymbol{M}\boldsymbol{K}_3\left[\boldsymbol{D}_3\boldsymbol{R}^{\mathrm{T}}(\tilde{\boldsymbol{x}}_2+\boldsymbol{x}_2^*)\boldsymbol{D}_2+\boldsymbol{R}^{\mathrm{T}}(\tilde{\boldsymbol{x}}_2+\boldsymbol{x}_2^*)\right]-\\&\boldsymbol{M}\dot{\boldsymbol{R}}^{\mathrm{T}}(\tilde{\boldsymbol{x}}_2+\boldsymbol{x}_2^*)\boldsymbol{D}_2\Big\}\boldsymbol{K}_2\tilde{\boldsymbol{x}}_2-\boldsymbol{D}_3\boldsymbol{K}_3z_3\end{aligned} \tag{7.53}$$

基于误差动力学方程式（7.38）和式（7.39），按式（7.44）和式（7.53）确定控制法则 $\boldsymbol{\tau}_{\mathrm{c}}=\boldsymbol{\tau}_{\mathrm{r}}+\boldsymbol{\tau}_{\mathrm{i}}$ 得出的闭环系统式（7.48），在 z—状态空间原点处具有一个渐近稳定的平衡点。通过将哈密尔顿函数表达式（7.49）作为候选李雅普诺夫函数，可说明上述闭环系统的稳定性。事实上，该哈密尔顿函数的时间导数为

$$\dot{H}_{dz}(z)=-\frac{\partial^{\mathrm{T}}H_{dz}}{\partial z}\begin{bmatrix}\tilde{\boldsymbol{D}}_{\mathrm{d}}(z_1)&0&0\\0&\boldsymbol{D}_2&0\\0&0&\boldsymbol{D}_3\end{bmatrix}\frac{\partial H_{dz}}{\partial z}<0 \tag{7.54}$$

$\dot{H}_{dz}$ 的负定性保证了其原点的渐近稳定性。考虑到哈密尔顿函数 H_{dz} 是径向无界的，所以如上所述的稳定性对全空间都成立。

7.5 案例分析

本节考虑基于开放框架遥控水下航行器模型的一个数值仿真模拟研究（Donaire and Perez，2010）。我们的案例为一个 140kg 的开放框架水下航行器，该航行器有 4 个 X 型配置的推进器，用以提供关注的所有 DOF 的驱动力。模型的参数为

$$\boldsymbol{M}=\begin{bmatrix}290 & & \\ & 404 & 50 \\ & 50 & 132\end{bmatrix},\quad \boldsymbol{D}=\begin{bmatrix}95+268|v| & & \\ & 613+164|u| & 0 \\ & 0 & 105\end{bmatrix}$$

控制器参数为

$$\boldsymbol{K}_2=\begin{bmatrix}200 & 0 & 0 \\ 0 & 200 & 0 \\ 0 & 0 & 200\end{bmatrix},\quad \boldsymbol{K}_3=\begin{bmatrix}0.0034 & 0 & 0 \\ 0 & 0.0025 & 0 \\ 0 & 0 & 0.0076\end{bmatrix}$$

$$\boldsymbol{D}_2=\begin{bmatrix}1 & 0 & 0 \\ 0 & 1 & 0 \\ 0 & 0 & 1\end{bmatrix},\quad \boldsymbol{D}_3=\begin{bmatrix}350 & 0 & 0 \\ 0 & 400 & 0 \\ 0 & 0 & 180\end{bmatrix}$$

预期阻尼为

$$\boldsymbol{D}_{\mathrm{d}}=\begin{bmatrix}191+100|v| & & \\ & 1228+100|u| & 0 \\ & 0 & 210\end{bmatrix}$$

如图 7.1 所示，给出了关注的 3 个 DOF 的位置、速度和控制力；如图 7.2 所示，给出了对应位置和速度下的追踪误差。在数值仿真模拟开始后 10s 时，一个代表海流的定常干扰引入模型。然后参照基准轨迹的变化由制导系统生成，并传递给追踪控制器。按该模型运行情况，海流力和力矩随航行器航向和前进速度变化。从这些图可以看出，设计控制器在调节和追踪过程中都有较好的性能，并且该控制器对（有界）海流扰动依赖状态的模型子集具有鲁棒性。

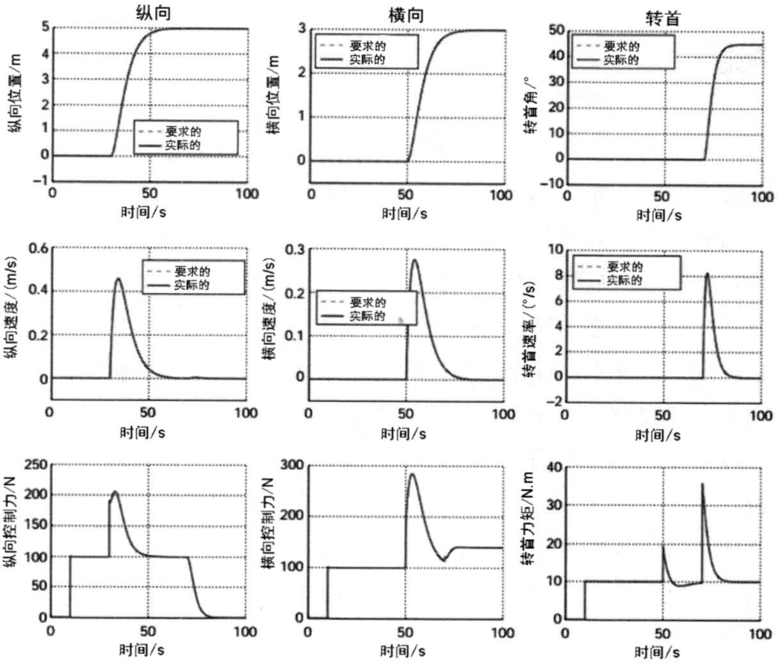

图7.1　水下航行器操控时要求的运动变量控制力与实际的运动变量控制力

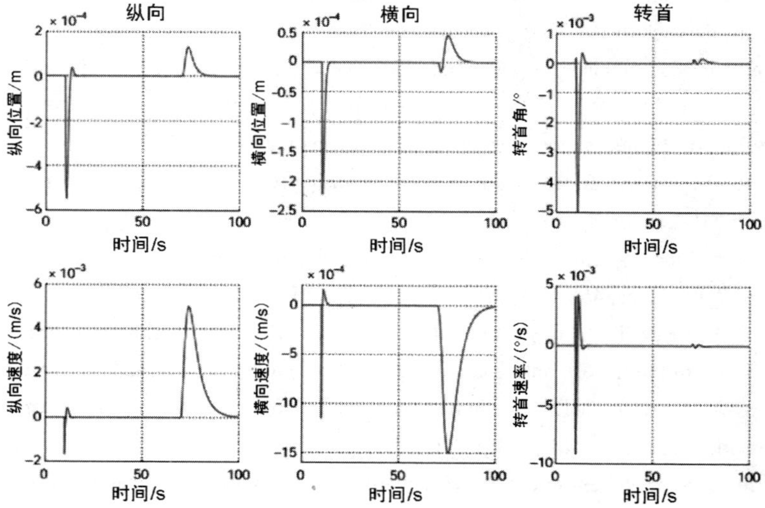

图7.2　水下航行器操控时的位置和速度追踪误差

7.6 结论

本章提出了一种应用端口-哈密尔顿函数理论设计的水下航行器轨迹追踪控制新策略，构建了一种平衡漂浮的水下航行器模型，并将其作为一个端口-哈密尔顿函数系统；针对纵向、横向和转首设计了追踪控制器，通过将误差动力学方程用于定点来调节端口-哈密尔顿函数控制问题，完成了控制设计；将控制设计分成了两个步骤实施，第 1 步设计静态反馈追踪控制器，第 2 步添加积分过程。

本章还证明了闭环系统的全局渐近稳定性，并采用一种开放框架近海水下航行器模型数值仿真模拟演示了相应控制器的性能。由于篇幅限制，本章内容所述研究结果局限于完全驱动航行器的水平面控制的情况，但其结果可扩展到欠驱动水中航行器的情况。

参考文献

1. Astolfi A, Chhabra D. Ortega R. 2002. Asymptotic stabilization of some equilibria of an underactuated underwater vehicle. Systems & Control Letter, 45(3): 193-206
2. Arjanvan der Schaft A. 2000. L2-Gain and Passivity Techniques in Nonlinear Control(2nd Edition)[M]. Communications and Control Engineering[book series]. Springer Verlag, London
3. Arjanvan der Schaft A. 2006. Port-Hamiltonian systems: An introductory survey. In Proceeding of the International Congress of Mathematicians
4. Brogliato B, Lozano R, Maschke B, 2007. Dissipative System Analysis and Control(2en Edition) [M]. London
5. Donaire A, Junco S. 2009. On the addition of integral action to portcontrolled Hamiltonian systems. Automatica, 45(8): 1910-1916
6. Donaire A, Perez T. 2010. Port-hamiltonian theory of motion control for marine craft. In Proceedings of the IFAC Conference on Control Applications in Marine Systems
7. Donaire A, Perez T. 2012. Dynamic positioning of marine craft using a PortHamiltonian framework. Automatica, 48(5): 851-856
8. Donaire A, Perez T, Renton C. 2011. Manoeuvring control of fully-actuated marine vehicles a port-Hamiltonian system approach to tracking. In: Australian Control Conference
9. Egeland O, Gravdahl JT. 2002. Modeling and Simulation for Automatic Control. Marine Cybernetics, Trondheim
10. Faltinsen OM. 1990. Sea Loads on Ships and Offshore Structures[M]. Cambridge University

Press

11. Fossen TI. 2011. Handbook of Marine Craft Hydrodynamics and Motion Control. Wiley, Chichester
12. Fossen TI. 1994. Guidance and Control of Ocean Marine Vehicles. John Wiley and Sons Ltd., New York
13 Fujimoto K, Sakurama K, Sugie T. 2003. Trajectory tracking control of port-controlled Hamiltonian systems via generalized canonical transformations. Automatica, 39(6):2059-2069
14. Goldstein H. 1980. Classical Mechanics(2nd Edition) [M]. Adison Wesley, Reading, MA
15. Khalil H. 2002. Nonlinear Systems(2nd Edition) [M]. Prentice-Hall, Uper Saddle.Rever New Jersey
16. Kirchhoff G. 1869. Uber die Bewegung eines Rotationskorpers in einer Flu¨ssigkeit. Crelle, 71: 237-273
17. Lamb H. 1932. Hydrodynamics[M]. First edition published in 1879; Sixth edition published in 1975. First Cambridge University Press paper back edition published in 1994. Cambridge University Press, Cambridge
18. Lanczos C. 1970. The Variational Principles of Mechanics(4nd Edition)[M]. University of Toronto Press, Toronto
19. Leonard NE. 1997. Stability of a bottom-heavy underwater vehicle. Automatica, 33(3): 331-346
20. Newman JN. 1977. Marine Hydrodynamics[M]. MIT Press, Cambridge
21. Ortega R, van der Schaft A, Maschke B. 2002. Interconnectionand damping assignment passivity-based control of port-controlled Hamiltonian systems. Automatica, 38(4): 585-596
22. Ortega R, van der Schaft A, Castan˜os F. 2008. Control by interconnection and standard passivity-based control of port-Hamiltonian systems. IEEE Transactions on Automatic Control, 53(11): 2527-2542
23. Ortega R, Garcia-Canseco E. 2004. Interconnection and damping assignment passivity-based control: A survey. European Journal of Control, 10(5): 432-450
24. SNAME. 1950. Nomenclature for treating the motion of a submerged body through a fluid. Technical Report Bulletin 1-5. Society of Naval Architects and Marine Engineers

第 8 章 自主水下航行器基于声呐的同步定位和图形测绘

Angelos Mallios[①]、Pere Ridao[①]、David Ribas[①]和 Simone Zandara[①]

8.1 引言

非结构化、无约束和在混浊水域的自主水下航行器（AUV）实现自身定位仍然是具有挑战性的问题。在本章中，集中关注水下基于声呐的 SLAM 技术近年来的进展，评述该领域发展现状并提出了一种经实际数据集测试的方法。

在 AUV 执行长期使命期间，必须追踪其位置。水下定位问题已按惯例采用各种方法进行了处理，但没有一种是完全充分的。从水下航行器的早期发展年代开始，深度、高度、航向和航态等都是用高带宽和精确的内置传感器来检测的，但水平面（*XY*）上的位置感知却缺乏这类传感器。航行器在水平面的位置可以通过惯性数据（角速度和加速度）从已知初始位置时刻开始对时间积分来进行估算（航位推算法），当航行器靠近水底时，该方法可以根据由 DVL 记录的航行器相对水底速度辅助校验。由于新的估值是基于先前的位置，估算误差随时间增加而增加，故该方法不适用于长期航行。

为了限制误差，全球定位系统（GPS）接收器所得数据可用于更新绝对位置。然而，由于该系统在水下环境中无效，位置更新仅能在水面完成，因此水声信标作为替代方法可用于长期水下定位，如长基线（long baseline，LBL）、短基线（short baseline，SBL）或超短基线（ultra-short baseline，USBL）等，如图 8.1 所示。

这些系统存在着不同的缺陷。例如，GPS 要求水下航行器停止使命并上浮到水面，这在大多数情况下是不妥当的。在 SBL 和 USBL 系统中，支援船舶必须跟随 AUV，以确保覆盖范围。最后，尽管 LBL 可以提供高精确度导航，但是其布放、标定、回收过程和相对较小的覆盖区域大量增加了操作时间和成本，甚至在某些情

---

① 西班牙德赫罗纳大学，计算机工程系（Computer Engineering Department, Universitat de Girona, Girona, Spain）。

况下，将信标有效地布放在一个起伏大的地带也具有很大的困难。对于水下航行器定位方法的广泛评述，强烈推荐 Kinsey 等（2006）和 Stutters 等（2008）的论文。

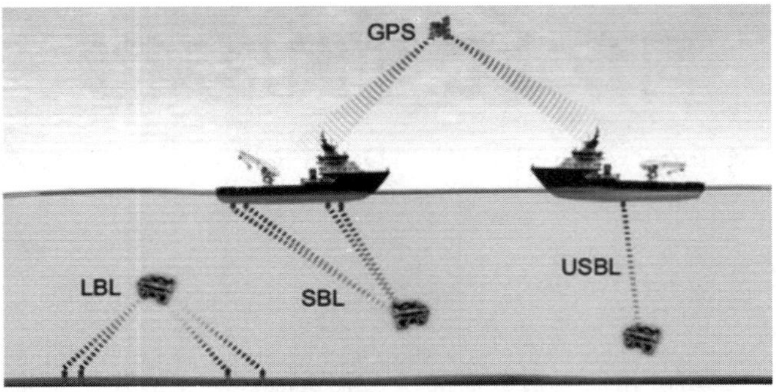

图8.1　使用LBL、SBL和USBL进行AUV定位的典型配置

在任何情况下，理想的 AUV 应该能够以其机载传感器套件对自身定位，而且不需要外部基础设施。这是解决 SLAM 问题的前提，也是本章所讨论的研究课题。在 8.2 节中将说明问题的基本情况和对发展状况进行评述；在 8.3 节中回顾展示水下 SLAM 采用声呐作为主要传感器实现过程的一些具有代表性的工作；8.4 节提出了一种新的方法，该方法依靠声呐剖面图形扫描匹配；最后，8.5 节介绍将所提方法应用于一个实际数据集的结果，验证了该方法的有效性。

8.2　SLAM 问题

近年来，许多研究工作都集中在 SLAM 技术作为移动机器人定位问题的潜在解决方案上（Bailey and Durrant-Whyte，2006；Durrant-Whyte and Bailey，2006）。SLAM 技术提出了一种思路，即一个运动的机器人，从某个未知位置开始且在事先不了解该位置环境的情况下，只使用其机载传感器构建地图，同时使用该地图来计算此机器人的位置。如 8.1 节所提到的，传统上通过航位推算或者使用影像/动力学模型来估算航行器位置的方法存在误差增长的问题。而在构建地图时所用测量值总是受传感器固有的噪声影响，这同样会导致测量不准确。然而，采用 SLAM 技术的系统能够通过对存储在地图中的元素重复观察来减弱甚至控制这种不确定性。作为重新观测地图特征的结果，其所包含的信息不仅可补偿航行器位置估计中的漂移，而且可通过细化特征位置和其他相关元素来改进地图。

SLAM 技术的起源可以追溯到 20 世纪 80 年代末，当时 Smith 和 Cheeseman（1986），Durrant-Whyte（1988）进行了开创性工作，引入了描述地标与处理几何不确定性之间空间关系的统计学基础。在随后的几年中，研究者阐明了若干关键因素，如相关的重要性（Smith et al.，1990）和问题的收敛性（Durrant-Whyte et al.，1996；Csorba，1997；Dissanayake et al.，2001）等，从而开启了该领域长足发展的一个时期。SLAM 技术实现的关键是用于表示系统不确定性的方法。一种常用方法是采用高斯不确定性模型及扩展卡尔曼滤波器（EKF）来表示和更新航行器及地图的状态（Thrun et al.，2005）。还提出了由这一方法导出的其他策略，目的是减少与使用完全协方差矩阵有关的复杂性（Guivant and Nebot，2001；Knight et al.，2001；Leonard and Feder，2001；Tardo´s et al.，2002；Williams et al.，2002）。

除此之外，还有其他参数化的实现途径，如采用信息滤波器（Information Filter），自从 Thrun 等（2004）观察到基于特征的 SLAM 技术当以信号形式表征时，其存在稀疏情况就开始流行起来，从而提供了更有效的解决问题的途径。后来，Eustice、Singh 和 Leonard（2005）证明，基于姿态的 SLAM 技术（一种应用通过机器人位置之间的局部约束网络产生关联的密集传感器数据的方法）当以信息形式实现时将变得非常稀疏。

与非高斯概率分布表征相关的问题，促进了粒子滤波器等非参数表征的应用（Thrun，2001）。该项技术使用了有限数目的样本状态来表征不确定性分布，这些样本状态从被称为粒子的估算结果中提取出来。Montemerlo 等（2002）提出的快速 SLAM 技术是这种类型的概率滤波器中最显著的处理方法。

8.3　用于 AUV 的基于声呐的 SLAM 技术

环境在机器人系统与之相互作用方式的选择中起重要作用。在大多数情况下，移动机器人具有远程可见性和高频通信（包括 GPS 信号）的优势。由于水的基本特性（Medwin and Clay，1998），如 GPS 等高频信号不能穿透至水面以下，水下航行器的感知只能局限于视觉传感器和声呐传感器。在这一节中，将简要讨论视觉系统的优势和局限，然后重点讨论声呐传感器和技术。

视觉传感器是许多研究者的共同选择，其有很多优点，如视觉传感器相对便宜，可以提供大量高分辨率的信息，具有快速的刷新速度，并且可以应用研究了几十年的计算机视觉的成熟技术。在视觉 SLAM 中往往可以掌握若干重叠的海底图像，并识别出其特征。从图像特征的位移量可以计算 AUV 的运动情况，同时可以结合已登录图像生成一个运行区域的照片拼接图（Fleischer，2000；Pizarro et al.，2010）。在过去的几年里，已经见证了该技术途径在实际应用中成功实施，如在热液喷口点（German et al.，2004）、冷泉点（Hill et al.，2004）、具有考古意义的沉船（Eustice et al.，2005；Foley et al.，2009；Mahon et al.，2011）、珊瑚礁（Singh et al.，2004）和渔场环境（Reynolds et al.，2001）等场合。

然而，水下视觉仅限几米（小于 10m），容易受到湍流、漂浮沉积物或光照条件的干扰。另外，在水下常使用低频声呐是非常普遍的，由于高频信号在水中快速衰减使得超高分辨率的设备（视觉或激光扫描仪）不适用长距离感知。声呐声波频率可以穿透的水体较深（如前视声呐>150m），并不受水的能见度影响，但只能提供有限的信息，具有中等到低的分辨率和刷新频率，而且其可能非常昂贵。常用于 AUV 的水下声呐有多种形式，因此要用不同的方法来处理。在本节以下部分，将说明基于声呐的水下 SLAM 技术的最新进展，并且简要讨论扫描匹配算法，该方法是一种处理声呐原始数据的常用方法。

8.3.1　水下基于声呐的 SLAM 技术的发展现状

据作者所知，第 1 个基于声呐的 SLAM 的例子是由 Carpenter（1998）提出的，该项研究介绍了一个简化的 EKF 实现，其中独立的滤波器被从高分辨率阵列（High-Resolution Array，HRA）声图像中提取的每个新地标进行初始化。第 2 个工作是 Carpenter 与麻省理工学院（Massachusetts Institute of Technology，MIT）的研究人员合作完成的，他们采用相同的数据集（Leonard et al.，2001）提出了一个能生成完整随机地图的 EKF 框架，其中考虑了相关性。在上述开创性的工作中，Leonard 和 Feder（2001）的工作也值得一提，其中给出了解耦随机图形测绘（Decoupled Stochastic Mapping，DSM）的方法，这是一种对大规模 SLAM 的高效近似计算方法。在悉尼大学，Newman（1999）研究了一种被称为几何投影滤波器（Geometrical Projection Filter，GPF）的 SLAM 框架，该方法估算各个地标之间的关系，而不是其在总体坐标中的位置。在一个游泳池中对该方法进行了试验，后来在澳大利亚悉尼沿岸一个真实的自然地带进行了新的试验（Williams et al.，2001），在试验中针对随机地图实现经典的 EKF 是具有人工地标的 SLAM 系统的核心。

在 Heriot-Watt 大学，Tena（2001）遵循 Carpenter（1998）所开辟的途径开展研究工作，其工作是围绕对声学图像所得特征化地标的技术进行研究和开发的。在点坐标的基础上，还引入了地标特征向量（包括尺度、周长、密实度、最大尺度、形心和不变矩）来改进数据关联过程。在 Newman 等（2003）的论文中，MIT 的合成孔径声呐（Synthetic Aperture Sonar，SAS）用作地标探测的主要传感器，文中介绍了由 Leonard 和 Newman 之前（2003）所提方法的具体实施，该方法即恒定时间 SLAM（Constant Time SLAM，CTS）技术。

Fairfield 等（2007）提出了一种不同的方法，AUV 按该方法装备了一组 56 个窄波束声呐换能器，用于探索墨西哥的洞状陷穴（灰岩坑），其中地图使用延迟基准计数八叉树（Deferred Reference Counting Octree，DRCO）数据结构存储在 3D 证据网格中，以减少内存需求。Clark 等（2008）在类似的环境下，采用配备了声呐的 ROV，测试了 4 种不同的图形测绘和同步定位技术：使用固定声呐扫描实现声呐图像拼接技术；航行器运动下的 SLAM 技术；使用固定声呐扫描的 SLAM 技术；使用预先创建的地图定位技术。

Ribas 等（2008）以 AUV 中的机械扫描成像声呐（Mechanical Scanning Imaging Sonar，MSIS）在码头结构化环境中演示了 SLAM 技术，其中以霍夫（Hough）变换从原始声呐数据中提取了线性特征，并开发了一种计算其不确定性的算法。线性特征存储在状态向量中，而且该算法通过对局部地图实施能够进行导航并测绘一个大区域地图。船体检测是 AUV 在安全领域方面的一项重要应用。在这方面，Walter 等（2008）介绍了一个采用高机动可悬停 AUV 前视声呐（Forward-Looking Sonar，FLS）数据的 SLAM 技术实施过程，在此基于 FLS 图像中手动选择的特征，采用精确稀疏扩展信息滤波器（Exactly Sparse Extended Information Filter，ESEIF）算法实施 SLAM 技术。

侧向扫描声呐是一种应用非常广泛的传感器，其可以获得来自垂直于航行器运动方向的侧面远程反向散射信息。Tena 等（2004）利用侧向扫描声呐图像来处理水下 SLAM 技术问题，该方法要依靠对储存有侧向扫描声呐图像地标位置的随机地图进行经典的 EKF 处理，然后以 Rauch-Tung-Striebel（RTS）滤波器对估算的轨迹加以平滑处理。Roman 和 Singh（2005）采用了多波束声呐传感器，并提出了一种利用 SLAM 技术来改进水深测绘的方法，该求解方案包括生成一组由短时间内测深所得小图块构成的子图。以同样类型的传感器，Barkby 等（2009）采用粒子滤波器和

EKF 模拟了航行器状态的不确定性。

8.3.2　扫描匹配

扫描匹配是一种估算机器人在两种姿态之间相对位移的技术，它通过最大化激光或声呐传感器所得测距扫描结果之间的重叠而实现（Hahnel et al.，2003）。给定一个参照扫描结果 S_{ref}、新扫描结果 S_{new} 和两次扫描之间的位移粗略估算值 $\boldsymbol{q}_0$，扫描匹配的目标则是获得实际位移 $\boldsymbol{q}=(x,y,\theta)$ 的更好估算结果（见图 8.2）。扫描匹配问题以不同方法得到了解决，尤其是对于在文献中具有一致表述的二维问题更是如此。为了更好地理解该方法的潜力，我们收集了该领域的所有发展状况。以下只考虑整体算法，忽略细节改善，将收集的 12 种具体实现过程根据其性质划分为 4 组不同的方法。

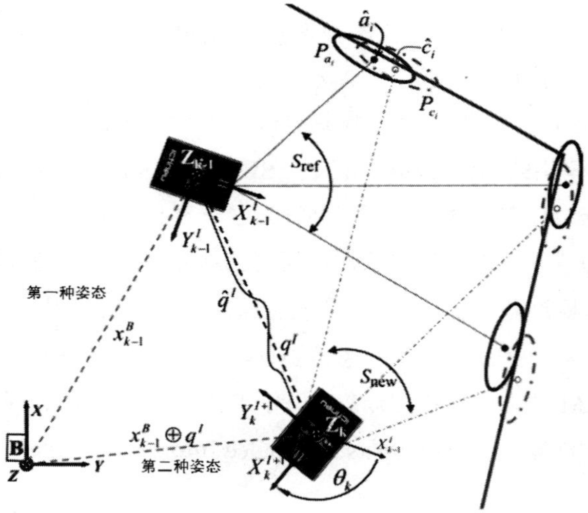

图8.2　扫描匹配问题描述

- **基于 ICP 方法：** 该方法在每次迭代中都确定新的位移估算值，并应用于点集合；然后新集合用作再次改进结果的起点。该算法清晰地分为两个独立阶段。第 1 阶段称为关联，目的是将新的扫描结果 S_{new} 中每一点与参照扫描结果 S_{ref} 中的每一点关联起来，这样就在两者之间建立了一组对应关系 C；第 2 阶段被称为登录，目的在于寻找最佳的刚体旋转—平移校正，当其应用到新扫描结果时将优化其与参照扫描结果的匹配。提出了 4 种主要途径：迭代最近点（Iterative Closest Point，ICP）（Besl and McKay，1992），迭代匹配对应关系（Iterative Dual Correspondence，IDC）（Lu and Milios，1997），基于度量的迭代最近点（Metric-based Iterative Closest Point，MbICP）（M´ınguez et al.，2005）和概率迭代对应关系（Probabilistic Iterative Correspondence，pIC）（Montesano et al.，2005）。

- **基于蒙特卡罗方法：**这类方法确定围绕机器人姿态附近的一个不确定区域，代表机器人姿态解的搜索空间。一旦确定了搜索空间，该算法将以不同的方式在这个空间搜索解决方案。应用定义在网格上的试探算法来做出决策。参照扫描结果 S_{ref} 将可调分辨率绘入网格（分辨率通常取决于扫描所覆盖区域的大小）。然后，对于一个给定的位移假设，后者也绘入同一网格中，同时计算二者的重叠单元数目，重叠单元数目即表征匹配程度的得分。有关文献介绍了该算法的 3 种主要变体：Vasco/Gmapping 算法（Grisetti et al.，2007；Montemerlo et al.，2004）、遗传算法（Duckett，2003；Lenac et al.，2007；Martnez et al.，2006）和蒙特卡罗采样法。
- **基于相关性分析方法：**这类方法通过利用互相关函数，能够根据信号偏移返回一系列假设。再对扫描结果进行重新整理，从而采用不同方法找到平移不变信号（一维或二维），其计算成本取决于所生成的假设数目，假设数目是可变的而且是在执行前确定的。我们查到了 3 种采用这种方法的算法：角度直方图法（Weis and von Puttkamer，1995）、傅立叶—梅林变换式法（Bulow et al.，2010）和霍夫变换法（Censi et al.，2005）。
- **牛顿的基于最小误差方法：**该方法最早由 Biber 等（2004）阐明，作为一种新的原创方法用于解决扫描匹配问题，后由 Pool（2007）将正态分布变换（Normal Distributions Transform，NDT）移植到三维问题上。这两种方法是目前仅有的基于该技术的二维扫描方法，二者具有共同的特征，那就是都使用牛顿法来使表征两组扫描结果距离的误差函数最小化，从而也使位置误差达到最小。

8.3.2.1 方法比较

对这些方法进行比较是困难的，因为每一个算法都有其重点，并且在不同情况下都比其他方法要好。这种差异取决于许多因素，而且不容易探测。另外，实现这些方法并非总是很简明的，而且要恰当地实现和配置每个方法可能需要花费大量时间。在参考书目中，大多数新方法只与 2～3 个已经实施的方法相比较（通常以 ICP 算法作为比较基准），而没有考虑其余的方法。有时，对两种不同方法的测试是通过从不同测试环境中获取数据来完成的，这可能很容易使测试无效；而其他时候，则没有对其他扫描匹配算法测试的报告。数据集还经常是人工设置的，没有与真实数据对比的报告，而与真实数据对比是至关重要的。出于这方面的考虑，建议在一种公平和通用的测试环境中进行比较。Zandara 等（2011）做了大量的工作，发现 pIC（属于 ICP 类）方法比其他的方法更好，尤其是对于声呐数据更是如此，而且基于 ICP 的方法通常最稳定并且具有较好的校正质量。鉴于此我们选择 pIC 方法作为扫描匹配 SLAM 算法，这将在 8.4.2 节中进行介绍。

8.4 水下扫描匹配 SLAM 算法

如前一节所讨论的，扫描匹配是一种能够较好地估算航行器位移的技术。然而，在两次扫描结果登录之前，每一次采用 MSIS 获取单独扫描结果的过程中都需要处理一些问题，这是因为声呐头旋转速度与航行器速度相当且这种情况将引起最终的扫描图像失真。由于有助于读者学习算法，以下分两个独立的部分考察所提的基于姿态的 SLAM 算法：扫描采集算法（ScanGrabbing algorithm）和 SLAM 主算法。

8.4.1 扫描采集算法

扫描采集算法的作用是收集所有处于 360°声呐扫描扇区的波束，对其进行分析并删除任何运动失真。接下来，介绍扫描采集算法的 3 个主要组成部分：波束分割和距离检测部分、航行器相对定位部分和扫描成形部分。

8.4.1.1 波束分割和距离检测部分

可以将一个完整的扫描结果表示为由波束组成的极性声图像。每个波束都有相对于 MSIS 传感器的特定方位角度值，以及一组沿波束路径按给定间隔获取的强度测量值。角度对应于波束发射时传感器头的方向。一个波束对应的声学线图像作为在一定距离位置检测到的声学强度阵列返回。为了从成像数据中提取距离测量值，采用了预先设定的阈值分割波束以计算强度峰值；由于声学数据具有噪声性质，所以也采用了峰值之间的最小距离准则，因此，最终获取的位置是对应于阈值以上高强度值的位置，且其间距最小。

8.4.1.2　航行器相对定位部分

数据重叠的概率最大化，需要收集一个完整的 360°扫描扇区，并将其与前一个扇区一起登录以估算机器人的位移。MSIS 需要相当长的一段时间来获得一个完整的扫描，当机器人不能静止时声学图像可能出现失真，这在水中很常见（见图 8.3）。为了处理这个问题，必须知道机器人在接收波束时的姿态。为此确定了一个坐标系 I，作为属于同一扫描的所有距离测量的参照，然后估算航行器的运动，并储存每个波束到达时测量出的位置。为了减少运动的不确定性对扫描的影响，按接收当前扫描中心波束时的机器人姿态设置该参照坐标系。

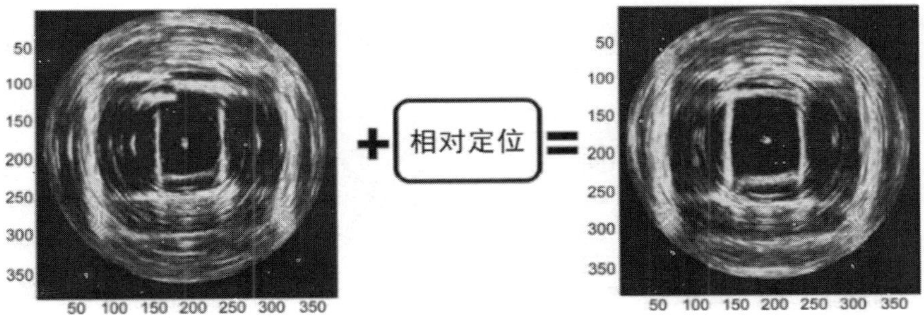

图8.3　运动航行器上MSIS扫描结果，位移失真采用相对位移来校正

用于估算航行器运动的定位系统是对 Ribas 等（2008）介绍的导航系统稍微修改得出的。在该系统中，一个运动参照单元（Motion Reference Unit，MRU）提供姿态测量值；此外带有一个深度传感器的 DVL 单元在扫描过程中估算机器人的速度和深度。所有测量都是异步进行的，MSIS 波束到达的频率为 30Hz，而 DVL 和 MRU 读数到达的频率分别为 1.5Hz 和 10Hz。非滑翔式 AUV 横滚非常稳定，并且以恒定速度执行探测模式是很常见的，因此一个简单的 4 DOF 恒定速度运动学模型适用于航行器的运动预测。采用 EKF 来估算接收到声呐波束机器人的姿态，且每当新的 DVL 或 MRU 测量值到达时，标准卡尔曼滤波方程就会更新模型预测结果。

8.4.1.3　扫描成形部分

上述导航系统能够估算机器人的姿态，但由于其具有航位推算法的性质，不确定性将无限制地增长。而我们只对在一次完整的扫描过程中连续波束之间的相对位移（及其相关的不确定性）感兴趣，因此对滤波器进行一个微小的修改，每当一个新波束发出时使其位置归零（在向量状态中设置 x 和 y 为 0）。注意，保留转首（Ψ）

值不归零很重要，因为它代表相对磁北极的绝对角度，对其归零会使作为相对角度基准的该绝对角度初始化从而在罗盘更新时产生错误。由于我们只对两个连续波束之间的不确定性感兴趣，故归零过程影响的也是状态协方差矩阵 $\boldsymbol{P}$ 的 x 和 y 项。至此，改进的滤波器提供了机器人在连续波束之间的相对位移，并包括了其不确定性。一旦给出了航行器所有相对位移（及其不确定性），则可以通过收集整合所需相对位移，将由波束计算出的所有距离在标架 I_c 中表示出来。因此，最终扫描结果（在标架 I_c 中的结果）可消除运动诱导的失真（见图 8.4）。

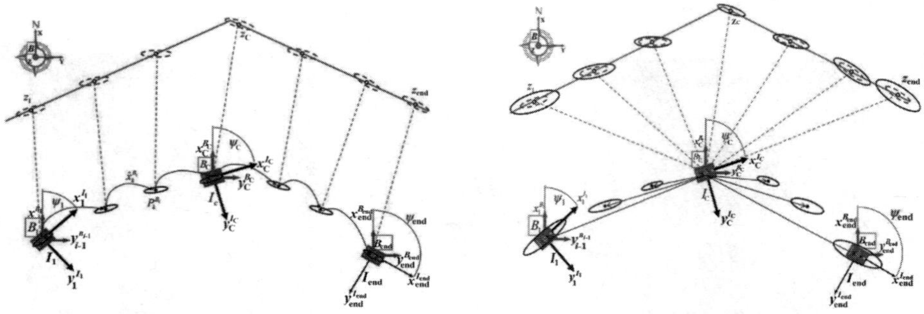

（a）在不同的航行器姿态下获得的波束　　（b）全扫描波束在航行器轨迹中心用标架 I_c 表示，反映了各扫描点的运动不确定性的影响

图8.4　扫描成形过程简化图

8.4.2　SLAM 算法

所提基于姿态的 SLAM 算法使用增强状态 EKF（Augmented State EKF，ASEKF）来进行扫描姿态估算。在该随机地图实现中（Smith et al.，1990），对于时间点（ k ）上每一次完整扫描的中心，航行器位置估算结果储存在状态向量 $\hat{\boldsymbol{x}}$ 中，以基本标架 B 为参照坐标系，记为 $\boldsymbol{x}_i^{\mathrm{B}}$

$$\boldsymbol{x}_i^{\mathrm{B}} = \left[x\ y\ \psi \right]^{\mathrm{T}}$$

而该状态下的协方差矩阵定义为

$$\boldsymbol{P}_k^{\mathrm{B}} = E\left(\left[\boldsymbol{x}_k^{\mathrm{B}} - \hat{\boldsymbol{x}}_k^{\mathrm{B}} \right] \left[\boldsymbol{x}_k^{\mathrm{B}} - \hat{\boldsymbol{x}}_k^{\mathrm{B}} \right]^{\mathrm{T}} \right)$$

值得注意的是，完整扫描定义为最终的 360°范围内极坐标的图像，该图像由产生整个扇区所需波束整合所有机器人的姿态获得。扫描结果以路径中心作为参照，它由扫描采集（ScanGrabbing）算法输出。

8.4.2.1　图形初始化

状态向量上的所有元素都在地图参照坐标系 B 中表达。虽然这个参照坐标系可以任意确定，但我们选择将其原点放在实验开始时航行器的初始位置，并将其方向定为指向北，这样就可以很容易地将罗盘测量值整合在一起。

姿态的状态向量 $\boldsymbol{x}_i$ 表示为

$$\boldsymbol{x}_i^{\mathrm{B}} = \left[x\ y\ \psi\right]^{\mathrm{T}}$$

式中，x、y 和 ψ 是航行器在整体标架 B 中的位置和方向。状态和地图由第一个有效航向测量值初始化。

8.4.2.2　预测

当前状态与下一个波束到达期间的运动预测是基于航位推算法实现的，并作为状态的一个新元素计入，从而构成一个增强状态的卡尔曼滤波器（ASEKF）。有关过程如下：

- $\boldsymbol{x}_{n_k}^{\mathrm{B}} \equiv N\left(\hat{\boldsymbol{x}}_{n_k}^{\mathrm{B}}, \boldsymbol{P}_k^{\mathrm{B}}\right)$ 为机器人上次的姿态。
- $\hat{\boldsymbol{q}}_{\boldsymbol{n}}^{\mathrm{B}_n} \equiv N\left(\hat{\boldsymbol{q}}_n^{\mathrm{B}_n}, \boldsymbol{P}_{q_n}^{\mathrm{B}_n}\right)$ 为机器人在上次扫描中的位移，通过航位推算法进行估算。

然后给出预测/状态增强方程如下：

$$\hat{\boldsymbol{x}}_{k+1}^{\mathrm{B}} = \hat{\boldsymbol{x}}_k^{\mathrm{B}} \odot \hat{\boldsymbol{q}}_n^{\mathrm{B}_n} = \left[\hat{\boldsymbol{x}}_{n-1_k}^{\mathrm{B}} \odot \hat{\boldsymbol{q}}_n^{\mathrm{B}_n} \middle| \hat{\boldsymbol{x}}_{n-1_k}^{\mathrm{B}} \cdots \hat{\boldsymbol{x}}_{i_k}^{\mathrm{B}} \cdots \hat{\boldsymbol{x}}_{1_k}^{\mathrm{B}}\right]^{\mathrm{T}}$$

式中，假设 B 和 B_n 标架均为指向北，运算符号 $\odot$ 定义为

$$\boldsymbol{x} \odot \boldsymbol{q} = \begin{bmatrix} a \\ b \\ c \end{bmatrix} \odot \begin{bmatrix} d \\ e \\ f \end{bmatrix} = \begin{bmatrix} a+d \\ b+e \\ f \end{bmatrix}$$

令 $\boldsymbol{J}_{1\odot} = \begin{bmatrix} \boldsymbol{I}_{2\times2} & 0 \\ 0 & 0 \end{bmatrix}$ 和 $\boldsymbol{J}_{2\odot} = \boldsymbol{I}_{3\times3}$ 为对应的线性变换矩阵，然后预报的姿态不确定性 $\boldsymbol{P}_{k+1}^{\mathrm{B}}$ 可计算如下：

$$\boldsymbol{P}_{k+1}^{\mathrm{B}} = \boldsymbol{J}_{1\odot} \boldsymbol{P}_k^{\mathrm{B}} \boldsymbol{J}_{1\odot}^{\mathrm{T}} + \boldsymbol{J}_{2\odot} \boldsymbol{P}_{q_i}^{\mathrm{B}} \boldsymbol{J}_{2\odot}^{\mathrm{T}}$$

8.4.2.3　扫描匹配

为了执行 pIC 算法，给定两个具有重叠的扫描结果 $\left(S_i, S_n\right)$ 及其相关的姿态 $\left(\hat{\boldsymbol{x}}_i^{\mathrm{B}}, \hat{\boldsymbol{x}}_n^{\mathrm{B}}\right)$，需要猜测其相对位移初值。这种初值猜测采用尾端到尾端（tail-to-tail）变换的方法，可以很容易从状态向量中提取出来（Smith et al.，1990）：

$$\hat{\boldsymbol{q}}_i^{I_i} = \ominus \hat{\boldsymbol{x}}_i^{\mathrm{B}} \oplus \hat{\boldsymbol{x}}_n^{\mathrm{B}}$$

由于 tail-to-tail 变换实际上是状态向量 $\hat{\boldsymbol{x}}_k^{\mathrm{B}}$ 的非线性函数，对初值猜测的不确定性可以通过非线性函数的雅可比矩阵计算：

$$\boldsymbol{P}_{q_i}^{I_i} = \boldsymbol{H}_k \boldsymbol{P}_k^{\mathrm{B}} \boldsymbol{H}_k^{\mathrm{T}}$$

式中

$$\boldsymbol{H}_k = \left.\frac{\partial \ominus \hat{\boldsymbol{x}}_i^{\mathrm{B}} \oplus \hat{\boldsymbol{x}}_n^{\mathrm{B}}}{\partial \hat{\boldsymbol{x}}_k^{\mathrm{B}}}\right|_{\left(\boldsymbol{x}_k^{\mathrm{B}} = \hat{\boldsymbol{x}}_k^{\mathrm{B}}\right)}$$

此外，如 Smith 等（1990）所述，tail-to-tail 变换的雅可比矩阵 $\boldsymbol{x}_{a_c} = \ominus \boldsymbol{x}_{b_a} \oplus \boldsymbol{x}_{b_c}$ 为

$$\frac{\partial \ominus \boldsymbol{x}_{b_a} \oplus \boldsymbol{x}_{b_c}}{\partial \left(\boldsymbol{x}_{b_a} \boldsymbol{x}_{b_c} \right)} = \left[\boldsymbol{J}_{1\oplus} \ \boldsymbol{J}_{\ominus} \ \boldsymbol{J}_{2\oplus} \right]$$

式中，$\boldsymbol{J}_{1\oplus}$、$\boldsymbol{J}_{2\oplus}$ 和 $\boldsymbol{J}_{\ominus}$ 分别为复合变换和逆变换的雅可比矩阵。

这里 $\hat{\boldsymbol{x}}_{nk}^{\mathrm{B}}$ 和 $\hat{\boldsymbol{x}}_{ik}^{\mathrm{B}}$ 为全状态向量的分量，测量方程的雅可比矩阵为

$$\boldsymbol{H}_k = \frac{\partial \ominus \hat{\boldsymbol{x}}_i^{\mathrm{B}} \oplus \hat{\boldsymbol{x}}_n^{\mathrm{B}}}{\partial \boldsymbol{x}_k^{\mathrm{B}}} = \left[\boldsymbol{J}_{2\oplus 3\times 3} \ \ \boldsymbol{O}_{3\times 3(n-i-1)} \ \ \boldsymbol{J}_{1\oplus} \boldsymbol{J}_{\ominus 3\times 3} \ \ \boldsymbol{O}_{3\times 3(i-1)} \right]$$

一旦给出初始位移猜测，pIC 算法（Montesano et al.，2005）就可用于获得该位移的新测量值。

8.4.2.4 循环结束的候选者

扫描所得的每一个新姿态与之前由阈值确定的附近区域扫描姿态进行比较。当足够多的点重叠时，新的扫描匹配会在姿态之间引入一个约束，并更新 ASEKF。这些约束结束了对整个轨迹校正的循环过程，并限制漂移。最终，扫描匹配结果用于更新滤波器。

8.4.2.5 状态更新

具有相应姿态 $\left(\hat{\boldsymbol{x}}_i^{\mathrm{B}}, \hat{\boldsymbol{x}}_n^{\mathrm{B}}\right)$ 的两个重叠扫描结果 $\left(S_i, S_n\right)$ 登录时，其相对位移会确定两姿态之间的约束。该约束可以采用测量方程来表示，而在所讨论的问题中该方程为如下形式：

$$\boldsymbol{z}_k = \ominus \hat{\boldsymbol{x}}_{i_k}^{\mathrm{B}} \oplus \hat{\boldsymbol{x}}_{n_k}^{\mathrm{B}}$$

式中，$\hat{\boldsymbol{x}}_{i_k}^{\mathrm{B}}$ 是与上次扫描姿态 $\hat{\boldsymbol{x}}_{n_k}^{\mathrm{B}}$ 重叠的扫描姿态。至此，随机地图的更新可以采用标准 EKF 方程实现。

8.5　实验设置和结果

上节所述扫描匹配 SLAM 算法的有效性已采用 *ICTINEU* AUV 进行了测试验证，在一个废弃的码头获取了一组数据集。

8.5.1　*ICTINEU* AUV

ICTINEU AUV 在赫罗纳大学水下机器人实验室（西班牙）开发出，用于参加 2006 年 SAUC-E 比赛，当时取得了第 1 名，之后它用作研究的测试平台［见图 8.5（a）］。*ICTINEU* AUV 开放式框架设计便于升级、传感器整合和维护。该机器人由 4 个推进器驱动，允许 4 DOF（纵向、横向、垂向和转首）的运动，而且在横滚和俯仰上具有平稳性（其浮心在重心之上）。机器人硬件的核心由两台通过开关连接的 PC 计算机构成：一台用于控制 RS232，提供模拟和数字通道（AMD GEODE-300MHz PC104）；另一台用于图像和声呐数据处理（mini-ITX Via C3 1 GHz Pentium）。航行器配备有完整的传感器套件，该套件包括一个前视彩色摄像机，一个下视的黑白摄像机，一个 Xsens 技术公司的 MTi MRU，一个 Tritech 公司的 Miniking 成像声呐，一个 Airmar 公司的智能回声测深仪，一个水听器，以及一个有罗盘/倾角传感器、深度传感器和 3 个高度计的 Argonaut DVL。

保障 AUV 功能实现的软件架构通过分布在两个机载计算机间的一组对象构建，该架构由一个基本系统和一组为所需的机器人定制的对象构成，其中有为软件提供实时功能的类（class）。这样即可保证控制器或传感器等执行周期性任务。基本系统的另一个重要部分是记录器，其用途包括来自传感器、驱动器或任何其他对象组件的数据打包，并将数据保存在文件中。网络中的所有计算机都通过网络时间协议（Network Time Protocol，NTP）进行同步，因此，来自不同传感器的所有数据都是与时间相关的。软件架构分为 3 个模块［见图 8.5（b）］：机器人接口模块、感知模块和控制模块。Ribas 等（2007）给出了 *ICTINEU* AUV 的完整描述。

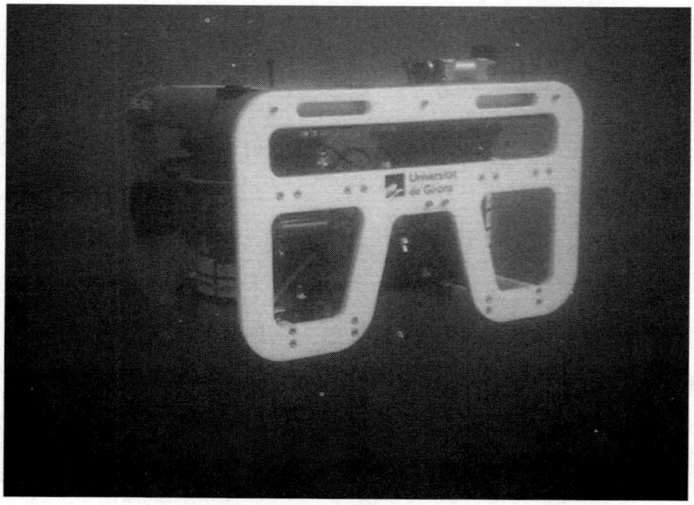

(a) *ICTINEU* AUV

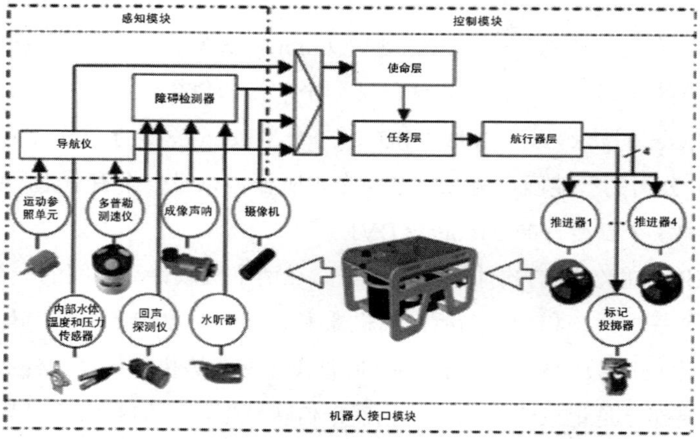

(b) AUV 软件架构

图8.5　*ICTINEU* AUV简介图

8.5.2　数据集

8.4 节描述的方法已经通过在西班牙布拉瓦海岸圣佩雷 · 佩斯卡多尔的废弃码头获得的数据集中进行了测试。这个数据集可用于测试一个算法，考察其是否能够记录一个大型水下环境中的每个扫描所提供的有限信息，并提供给科研机构使用（Ribas et al.，2008）。尽管数据集是在结构化的环境中获得的，然而我们的算法既没有考虑任何结构信息，也没有利用现有的特性。在我们目前的传感器配置中，利用成像声呐对航行器周围的水平平面机械地扫描，所提方法对于指令的操作深度，可以用于任何周围垂直障碍物产生恒定截面的场合。

相应的探测使命是 *ICTINEU* AUV 执行沿 600m 路径航行。MSIS 配置可实现整个 360° 扇区扫描，覆盖达 50m，分辨率为 0.1m，角度步长为 1.8° 。利用 DVL 的速度读数和从 MRU 传感器获得的航向数据进行了航位推算法计算，用上述的 EKF 算法对两者进行融合。MSIS 传感器的标准偏差按制造商指定值设置，距离为 0.1m，角度步长为 1.8° 。

为了评估算法，一个装有 DGPS 传感器的小浮标安装在 AUV 的顶部，二者垂直间隔距离为 0.5m。AUV 浮标系统是刚性的，允许在采集声学数据的同时采集场地实况数据。DGPS 的标称精度认定在 2m 以内，因为可从附近的公共基站接收差分校正。收集数据集实场图如图 8.6 所示。

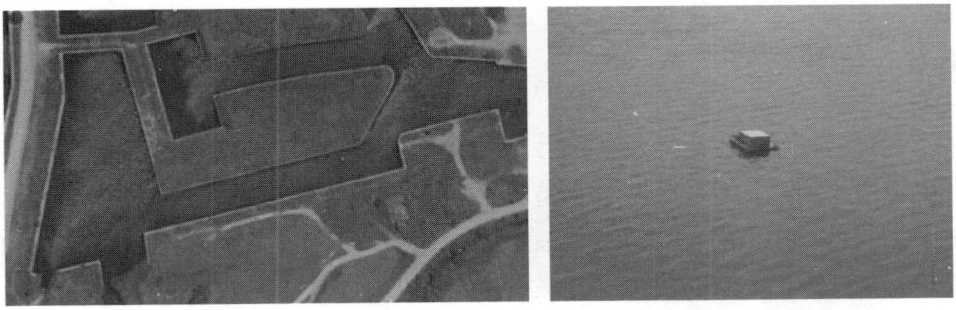

（a）码头环境　　（b）AUV 顶上的 DGPS 浮标

图8.6　收集数据集实场图

8.5.3　结果

整个数据集在 53min 内获得，航行器以 0.2m/s 的平均速度航行，以 MATLAB 离线执行所提算法。在一个简单的 2GHz 奔腾 M 计算机上运行需要约 14min，这为实时执行提供了很大的可能性。

如图 8.7 所示，展示了使用所提 SLAM 算法估算得到的轨迹与地图。正如预期的那样，航位推算法的估算轨迹具有显著的漂移，而 SLAM 算法引入了强力限制漂移的约束。最大绝对误差为 2.9m，假设 DGPS 的误差为 0，由 SLAM 算法估算位移与通过 DGPS 估算相应位移之差计算得出。

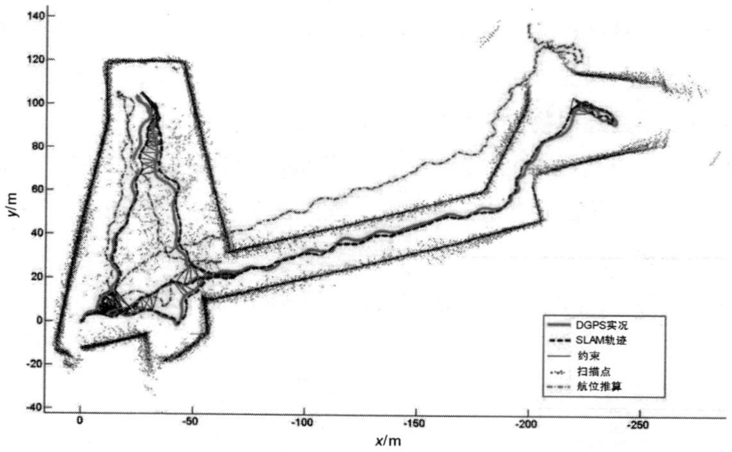

图8.7　SLAM轨迹和地图，点划线、实线和虚线分别表示航位推算法、作为实况的DGPS和SLAM算法估算的轨迹

8.6　结论

在过去的几十年里，许多关于移动机器人的研究开发出了求解定位问题的技术，并取得了非常有前景的结果。特别是，SLAM 技术已经广泛和成功应用于室内和室外环境。由于电磁信号在水下遭受强烈的衰减，所以使用如视觉或激光扫描仪等超高分辨率设备，对远距离传感来说是不切实际的。为此，本章集中讨论了水下声呐的 SLAM 技术，将声呐作为主要测量传感器，因为它们在水中能感知比视觉更远的地方。在提出一种基于扫描匹配的方法之前，我们通过评述发展状况考察了水下基于声呐的 SLAM 技术最新进展。对关系最为密切的二维扫描匹配算法的比较表明，概率扫描匹配算法 pIC 对声呐数据处理效果更好。

据此提出了一种基于声呐的 SLAM 算法，该算法首先校正在扫描中运动引起的畸变，然后使用 pIC 来登录相邻的扫描结果以估算航行器位移，并结束循环。最后，采用增强状态 EKF 估算并保持登录的扫描姿态。该方法未考虑预先结构信息或初始姿态。相应的算法已经通过一个真实的数据集进行了测试，显示了该方法的可行性。

致谢

本项研究由西班牙 DPI2008-06548-C03（RAUVI）项目和欧洲委员会第 7 框架计划 2007—2013 年（European Commission's Seventh Framework Program 2007—2013）两个项目赞助，后两个项目的授权协议：ICT-248497（TRIDENT）和玛丽·居里 PERG-GA- 2010-276778（Surf3DSLAM）。

参考文献

1. Bailey T., Durrant-Whyte HF. 2006. 'Simultaneous localization and mapping (SLAM): Part II, State of the art'. IEEE Robotics and Automation Magazine, 13(3): 108-117
2. Barkby S., Williams S., Pizarro O. et al. 2009. An efficient approach to bathymetric SLAM. In IROS 2009. IEEE/RSJ International Conference on Intelligent Robots and Systems, St. Louis, MO
3. Besl P., McKay H. 1992. 'A method for registration of 3-D shapes'. IEEE Transactions on Pattern Analysis and Machine Intelligence, 14(2): 239-256
4. Biber P., Fleck S., Strasser W. 2004. 'A probabilistic framework for robust and accurate matching of point clouds'. Pattern Recognition, 3175: 480-487
5. Bulow H., Pfingsthorn M., Birk A. 2010. Using robust spectral registration for scan matching of sonar range data. In 7th Symposium on Intelligent Autonomous Vehicles (IAV), IFAC
6. Carpenter R N. 1998. Concurrent mapping and localization with FLS. In Workshop on Autonomous Underwater Vehicles
7. Censi A., Iocchi L., Grisetti G. 2005. Scan matching in the Hough domain. In ICRA 2005. Proceedings of the 2005 IEEE International Conference on Robotics and Automation, IEEE
8. Clark C., Olstad C., Buhagiar K., et al. 2008. Archaeology via underwater robots: Mapping and localization within Maltese Cistern Systems. In ICARCV 2008. 10th International Conference on Control, Automation, Robotics and Vision
9. Csorba M. 1997. Simultaneous Localisation and Map Building, Ph.D Thesis, University of Oxford
10. Dissanayake G., Newman P., Clark S., et al. 2001. 'A solution to the simultaneous localization and map building (SLAM) problem'. IEEE Transactions on Robotics and Automation, 17(3): 229-241
11. Duckett T. 2003. A genetic algorithm for simultaneous localization and mapping. In IEEE International Conference on Robotics and Automation

12. Durrant-Whyte H F. 1988. 'Uncertain geometry in robotics'. IEEE Journal of Robotics and Automation, 4(1): 23-31
13. Durrant-Whyte H F., Bailey T. 2006. 'Simultaneous localization and mapping (SLAM): Part I, The essential algorithms'. IEEE Robotics and Automation Magazine, 13(2): 99-108
14. Durrant-Whyte H F., Rye D., Nebot E. 1996. Localisation of automatic guided vehicles. In Proceedings of the 7th International Symposium on Robotics Research Germany: 613-625
15. Eustice R., Singh H., Leonard J. 2005. Exactly sparse delayed-state filters. In ICRA 2005. Proceedings of the 2005 IEEE International Conference on Robotics and Automation Barcelona, Spain: 2417-2424
16. Eustice R., Singh H., Leonard J., et al. 2005. Visually navigating the RMS Titanic with SLAM information filters[C]. In Proceedings of Robotics: Science and Systems, MIT Press, Cambridge, MA: 57-64
17. Fairfield N., Kantor G., Wettergreen D. 2007. 'Real-time SLAM with octree evidence grids for exploration in underwater tunnels'. Journal of Field Robotics, 24(1)
18. Fleischer S. 2000. Bounded-error Vision-based Navigation of Autonomous Underwater Vehicles, PhD Thesis, Stanford University, Department of Aeronautics and Astronautics
19. Foley B., Sakellariou D., Dellaporta K., et al. 2009. 'New methods for underwater archaeology: The 2005 chios ancient shipwreck survey'. HESPERIA - Journal of the American Archaeological School at Athens, 78(2): 269-305
20. German C., Connelly D., Prien R., et al. 2004. New techniques for hydrothermal exploration: In situ chemical sensors on AUVs—Preliminary results from the Lau Basin[C]. EOS: Transactions of the American Geophysics Union, Fall Meeting Supplement, 85(47)
21. Grisetti G., Stachniss C., Burgard W. 2007. 'Improved techniques for grid mapping with Rao-blackwellized particle filters'. IEEE Transactions on Robotics, 23(1): 34-46
22. Guivant J E., Nebot E M. 2001. 'Optimization of the simultaneous localization and map-building algorithm for real-time implementation'. IEEE Transactions on Robotics and Automation, 17(3): 242-257
23. Hahnel D., Burgard W., Fox D. et al. 2003. An efficient FastSLAM algorithm for generating maps of large-scale cyclic environments from raw laser range measurements. In IROS2003.Proceedings of the IEEE/RSJ International Conference on Intelligent Robots and Systems, 1: 206-211
24. Hill J., Driscoll N., Weissel J. et al. 2004. A detailed near-bottom survey of large gas blowout structures along the US Atlantic shelf break using the autonomous underwater vehicle (AUV)SeaBED[C], EOS: Transactions of the American Geophysics Union, Fall Meeting Supplement, 85(47)
25. Kinsey J., Eustice R., Whitcomb L. 2006. A survey of underwater vehicle navigation: Recent advances and new challenges. In Proceedings of the 7th Conference on Maneuvering and

Control of Marine Craft (MCMC'2006)

26. Knight J., Davison A J., Reid I. 2001. Towards constant time SLAM using postponement. In Proceedings of the IEEE/RSJ International Conference on Intelligent Robots and Systems, Moui, Hawaii, USA: 406-412

27. Lenac K., Mumolo E., Nolich M. 2007. Fast genetic scan matching using cor responding point measurements in mobile robotics. Applications of Evolutionary Computing 11-13 Aprill, 2007, Valencia, Spain: 375-382

28. Leonard J J., Carpenter R N., Feder H J S. 2001. 'Stochastic mapping using forward look sonar'. Robotica, 19(5): 467-480

29. Leonard J J., Feder H. 2001. 'Decoupled stochastic mapping'. IEEE Journal of Oceanic Engineering, 26(4): 561-571

30. Leonard J J., Newman P M. 2003. Consistent, convergent and constant-time SLAM. In Proceedings of the International Joint Conference on Artificial Intelligence

31. Lu F., Milios E. 1997. 'Robot Pose Estimation in Unknown Environments by Matching 2D Range Scans'. Journal of Intelligent and Robotic Systems, 18(3): 249-275

32. Mahon I., Pizarro O., Johnson-Roberson M., et al. 2011. Reconstructing Pavlopetri: Mapping the world's oldest submerged town using stereo-vision. In IEEE International Conference on Robotics and Automation, ICRA

33. Martnez J., Gonza´lez J., Morales J., et al. 2006. 'Mobile robot motion estimation by 2D scan matching with genetic and iterative closest point algorithms'. Journal of Field Robotics, 23(1): 21-34

34. Medwin H., Clay C S. 1998. Fundamentals of Acoustical Oceanography[M], Academic Press, Boston

35. M´ınguez J.,Lamiraux F., Montesano L. 2005. Metric-based scan matching algorithms for mobile robot displacement estimation. In Proceedings of ICRA'2005, Barcelona, Spain: 3557-3563

36. Montemerlo M., Roy N., Thrun S. 2004. Perspectives on standardization in mobile robot programming: The Carnegie Mellon navigation (CARMEN) toolkit. In IROS 2003 Proceedings of the IEEE/RSJ International Conference on Intelligent Robots and Systems

37. Montemerlo M., Thrun S., Koller D. et al. 2002. FastSLAM: A factored solution to the simultaneous localization and mapping problem. In Proceedings of the AAAI National Conference on Artificial Intelligence, Edmonton, Canada

38. Montesano L., Minguez J., Montano L. 2005. Probabilistic scan matching for motion estimation in unstructured environments. In IROS 2005. IEEE/RSJ International Conference on Intelligent Robots and Systems, Barcelona, Spain: 3499-3504

39. Newman P M. 1999. On the Structure and Solution of the Simultaneous Loca lisation and Map Building Problem, Ph. D Thesis, Australian Centre for Field Robotics, The University of

Sydney

40. Newman P M., Leonard J J., Rikoski R J. 2003. Towards constant-time SLAM on an autonomous underwater vehicle using synthetic aperture sonar. In Proceedings of the 11th International Symposium on Robotics Research, Sienna, Italy

41. Pizarro O., Friedman A., Johnson-Roberson M., et al. 2010. High-resolution optical and acoustic 3D seafloor reconstructions from robot and diver-based surveys. In XIX Congress of the Carpathian-Balkan Geological Association, Abstracts, Carpathian-Balkan Geological Association

42. Pool B. 2007. 'Scan registration for autonomous mining vehicles using 3D-NDT'. Journal of Field Robotics, 24(10): 803-827

43. Reynolds J., Highsmith R., Konar B., et al. 2001. Fisheries and fisheries habitat investigations using undersea technology[C]. In MIS/IEEE Oceans, Honolulu, HI, USA, 2: 812-820

44. Ribas D., Palomer N., Ridao P., et al. 2007. Ictineu AUV wins the first SAUC-E competition. In IEEE International Conference on Robotics and Automation, Roma, Italy

45. Ribas D., Ridao P., Tardo´s J. et al. 2008. 'Underwater SLAM in man made structured environments'. Journal of Field Robotics, 25(11-12): 898-921

46. Roman C., Singh H. 2005. Improved vehicle based multibeam bathymetry using sub-maps and SLAM. In IROS 2005. IEEE/RSJ International Con- ference on Intelligent Robots and Systems Barcelona, Spain: 3662-3669

47. Singh H., Armstrong R., Gilbes F., et al. 2004. 'Imaging coral I: Imaging coral habitats with the SeaBED AUV'. Subsurface Sensing Technologies and Applications, 5(1): 25-42

48. Smith R C., Cheeseman P. 1986. 'On the representation and estimation of spatial uncertainty'. International Journal of Robotics Research, 5(4): 56-68

49. Smith R., Self M., Cheeseman P. 1990. Estimating uncertain spatial relationships in robotics. Autonomous Robort Vehicles[M], Springer-Verlag New York, Inc.

50. Stutters, L., Liu, H., Tiltman, C. & Brown, D. 2008. 'Navigation technologies for autonomous underwater vehicles'. IEEE Transactions on Systems, Man, and Cybernetics, Part C: Applications and Reviews, 38(4): 581-589

51. Tardo´s J D., Neira J.,Newman P. et al. 2002. 'Robustmappingand localization in indoor environments using sonar data'. International Journal of Robotics Research, 21(4): 311-330

52. Tena I. 2001. Enhanced concurrent mapping and localisation using forward looking sonar, Ph. D Thesis, Heriot-Watt University

53. Tena I., de Raucourt S., Petillot Y. et al. 2004. 'Concurrent mapping and localization using sidescan sonar'. IEEE Journal of Oceanic Engineering, 29(2): 442-456

54. Thrun S. 2001. 'A probabilistic online mapping algorithm for teams of mobile robots'. International Journal of Robotics Research, 20(5): 335-363

55. Thrun S., Burgard W., Fox D. 2005. Probabilistic Robotics Intelligent Robotics and

Autonomous Agents, The MIT Press, Cambridge, MA

56. Thrun S., Liu Y., Koller D., et al. 2004. 'Simultaneous localization and mapping with sparse extended information filters'. International Journal of Robotics Research, 23(7-8): 693-716

57. Walter M., Hover F., Leonard J. 2008. SLAM for ship hull inspection using exactly sparse extended information filters. In ICRA 2008, IEEE International Conference on Robotics and Automation Pasadena, Calfornia, 19-23 May 2008: 1463-1470

58. Weis G., von Puttkamer E. 1995. A map based on laserscans without geo metric interpretation. In Proceedings of the International Conference on Intelligent Autonomous Systems Karlsruhe, Germany: 403-407

59. Williams S B., Dissanayake G., Durrant-Whyte H. F. 2002. An efficient approach to the simultaneous localisation and mapping problem. In Proceedings of the IEEE International Conference on Robotics and Automation WashingtonDC, USA, IH5 May 2002: 406-411

60. Williams S. B., Newman P. M., Rosenblatt J., et al. 2001. 'Autonomous underwater navigation and control'. Robotica, 19(5): 481-496

61. Zandara S., Ridao P., Mallios A. 2011. Scan matching 2D applied to robot localization: An extensive comparison of the state of the art[R], Technical Report, Universitat de Girona

第 9 章 T-REX 系统：AUV 使命控制分区推理

Kanna Rajan[①] 和 Fre´de´ric Py[①]

9.1 引言

沿海海洋是由大气、海洋学、河口/河流和陆海等因素相互作用形成的复杂环境，并形成了沿海的动态特征，如存在锋面、水华、缺氧区和羽流（河口、油、污染物）等现象。这些现象往往具有不确定的空间和时间表达式，但表达式的模型（如果存在）精度不高，因此，使用机器人平台对这些特征进行观察和取样是具有挑战性的工作。例如，如图 9.1 所示的在蒙特利湾同时观察到的具有代表意义的 3 种有趣现象：前锋、INL 层（中间雾状层）和浮游植物水华。每一种现象都有可能发生在尺度很广的范围内，其范围从几十米（如锋面和水华）到几十千米不等。

尽管 AUV 已经成为成本效益良好和能力强大的机器人航行器，拥有足够动力和多种有效载荷，可以很好地观察上述现象，但采样不足仍然是一个持续存在的问题（Rudnick and Perry，2003）。一个重要的原因是这些航行器采用的方式是需要通过编程来观察这种具有挑战性的动态现象。通常，基于航路点的预定使命设计可应用于 AUV；被称为行为的专门代码片段为特定使命而设计，并且针对使命所选择的行为用于计算堆栈上（Bellingham and Leonard，1994；Carreras et al.，2006）。使用条件语句切换进入和退出这些行为，为航行器的适应性和安全性打下基础。

这种方法有许多缺点。首先，采用这种分类型架构（Brooks，1986）的潜在动机是编写简单的“软件机械”（Software Machinery），这种动机会使程序代码臃肿，这是因为使航行器更具有适应性的自然趋势被硬塞进了各种特定行为之中。按我们的经验，如此处理往往会导致程序代码过于复杂，以至于除程序编写者外的其他人难以维护。其次，如果条件适应性不包含在这些特定行为中，那么通常要硬编码到

---

① 美国蒙特利湾水族研究所（Monterey Bay Aquarium Research Institute, Moss Landing, CA, USA）。

控制堆栈中。在以上两种情况下，这类行为的因果关系在执行过程中都可能会互为交换，且就人员理解（以及随后对其更改）而言这种因果关系不透明，从而导致控制堆栈和/或控制行为需重新执行。最后，这个系统设计会持续地迫使操作人员（通常是对软件工程关注或了解不多的科技人员）考虑如何使航行器执行一组特定的模式，而不是说明意图。

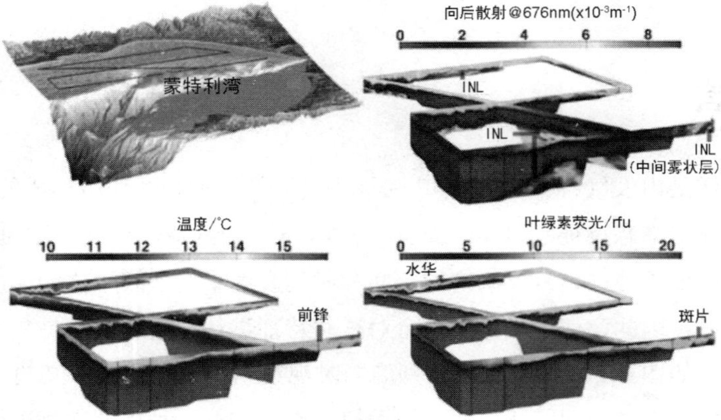

图9.1　在蒙特利湾同时观察到的具有代表意义的3种有趣现象：
前锋、INL层（中间雾状层）和浮游植物水华

如上所述，操作人员不但会被迫面对较低层次的细节（主要为的是使航行器返回数据），而且还必须在较低抽象层次（如航路点和轨迹线）上应对这些较低层次细节。此外，操作人员需要谨慎地确保多个行为在执行堆栈中同时运行时，各行为之间的交互作用不会受到影响。于是，要求航行器完成非结构化程度比固定探测之类更高的工作时，就会遇到困难。至关重要的是，在这种控制范围中，控制器仅对其直接邻近的周围环境做出响应（例如，通过一个具有温度梯度的锋面，或者探测到航行器路径上的障碍物等），从而产生的指令没有关注对未来行为或状态的影响。这就妨碍了对使命组构的实质性调整，而做出这种调整对在动态环境中改进操作和把握预期外的科学任务机会是至关重要的。然而，做出安全有效的调整需要平衡地考虑使命目标、环境条件和现有资源。而且，随着硬件更加强大使命周期也将更加长久，从而在要求拥有足够的灵活性以捕获不可预测事件的同时，又要求完整地描述一个使命，也成为具有挑战性的问题。尽管已证明以往基于行为的方法足以探测标量场，但观察动态事件的需求日益增加，要求在反应性行为和计划行动更审慎规划

之间取得平衡。除了减免以上缺点还有一个重要的需求，即对短期反应与长期影响平衡考虑，以便高效和高成本效益地研究动态过程，将指令从航行器低层次控制中解脱出来。

为了解决这些难题，我们设计、开发、测试和部署了 Teleo-Reactive EXecutive 系统（T-REX 系统，目的-反应型代理系统）作为一种机载自适应控制系统，该系统整合了人工智能（AI）规划方法和概率状态估算方法，形成了一种复合执行机制（McGann et al.，2008a，2008c；Py et al.，2010）。概率状态估算方法综合了许多科学观察结果，该方法使航行器的传感器可能实现对所关注特征的感知。机载规划和执行功能能够根据已检测到的相应现象调整导航过程和仪器控制。进而该系统还能够在规划使命状态的背景下实现目的导引的指令，并允许针对非标称情况和机遇性科学任务进行重新规划。该框架除了用于 AUV，总体而言还能够用于控制机器人（McGann et al.，2009a），已经部署在欧洲行星探测车试验台上（Ceballos et al.，2011）。概率状态估算方法另有讨论（McGann et al.，2008b），它超出了本章的范围。

本章内容组织如下。在 9.2 节中介绍了一个关于研究动机的示例；9.3 节和 9.4 节介绍了 T-REX 系统框架的关键思想，其中包含了自主使命控制中自动目的导引的规划和执行；9.5 节介绍了 MBARI（Monterey Bay Aquarium Research Institute，蒙特利湾水族研究所）的 *Dorado*（“剑鱼”）AUV 平台（见图 9.2）完成实场使命的结果；9.6 节给出了结论。

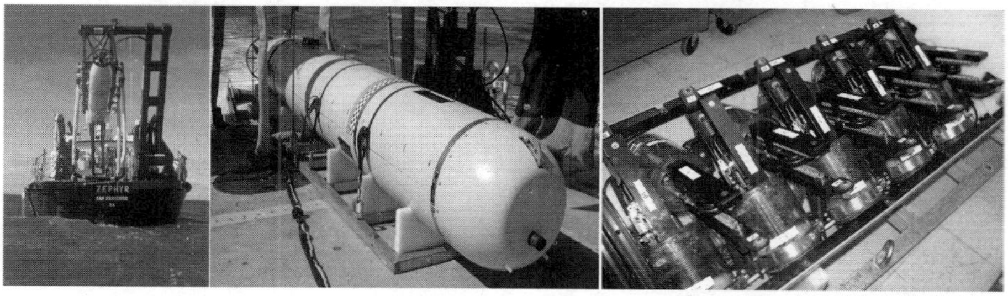

图9.2　*Dorado* AUV从支援船*Zephyr* RV上布放，右图可见10个*Gulpe*采样器

9.2　研究动机示例

海洋学特征通常是多相的和动态的，分布在大的空间尺度上（从米到千米量级的范围），动态的生物活动跨越从小时到周量级的时间谱，这使得机器人平台很难实

现自主追踪和取样。这种过程的一个特例是沿海的海藻水华，分布区域呈斑片状，可以覆盖大片沿海地带（>50km^2）。对这些动态事件的持续观察要求机器人设备对这些斑片进行追踪和取样，由于其固有的生物地球化学活动、其所在水体的对流和扩散，这些斑片演化得很快。

如图 9.3 所示，展示了一种有针对性的方法，在此 AUV 随斑片一起移动，从而给出演化过程中具有这种斑片特性的多个“快照”。尽管要从科学上描述这种非定形斑片的生态特征，需要用一套全面的传感器（如温盐深、反散射、硝酸盐、O_2、颗粒尺度、叶绿素荧光等传感器）收集数据，但获取水体样本返回岸上进行实验室分析也同样重要。因此，我们的 *Dorado* AUV 配备了水体采样器（见图 9.2），每个采样器在每次使命过程中只使用一次（以避免污染）。同时，将采样空间分布于需要关注有关特性的区域来获取这些样本也是至关重要的。

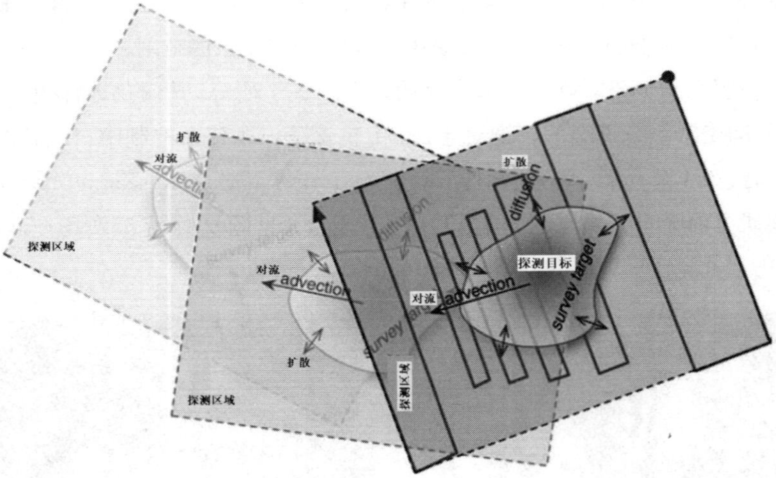

图9.3　测绘和追踪的动态斑片示例

考虑到目前海洋预测模型的技术很差，通常也很少或根本没有提供探测区域的天气视图，因此探测参数预先的规格资料是不充分的。我们的主要困难是通过“盲测”来检测需要关注的特性，并恰当地触发采样器。理想的使命设计将以航行器的传感器识别斑片的能力为基础，使航行器适应斑片，在短期做出反应性决定，并增加长期限的审议决定，以确定应该何时使用有限的采样器资源。

识别后续探测的迭代过程有另外一个困难，这是航行器缺乏必要的天气视图来预测斑片动向而导致的；像滑翔机在运行中那样逐步增加派发探测规划或航路点对于依赖于动力的 AUV 来说是不能持续实施的。将数据发送回岸上以实现人工导引的航行状态变化，需要平衡考虑在水面传输信息所花费的时间和持续观测的效益。此外，总使命时间受到航行器速度和电池容量限制（Willcox et al.，2001），需要平衡考虑已知的和潜在的未来目标。因此，预先设计完全表述出的探测方案并不合适，如此处理仅仅是零散应对上述制约，而未系统考虑具有持续性的软件工程和处理复杂交互决策问题中的各种约束。

9.3　T-REX 代理中的重要概念

T-REX 代理针对如图 9.3 所示的各种动态斑片追踪使命进行设计，考虑到审议特性、反应性、动态执行特性、计算复杂性和软件工程持续性等具有冲突的需求。本节详细介绍了其中的核心设计原则。

9.3.1　使命、目的、行动

按自主系统本体论，不同的抽象层次代表与现实世界不同类型的交互作用。高层次使命具有确定使命总目标的资格，其本身也表述为应在使命全寿命周期内实现的一组目标或目的。这些目的可以是动态和依赖于传感器数据驱动的无关事件，如获取水样或在某截面实现锯齿样起伏的运动。为了达到这些目的，航行器需要采取行动。

一组目标的行动方案策划不是唯一的，常取决于系统与环境交互作用时遇到的情况。图 9.4 说明了状态变量之间的关系（Ghallab et al.，2004），状态变量表征现实世界状态（World State）随着时间推移的变化，也表征行动随前提、效果和使命目的变化。一项行动本身只是为了实现使命目标而改变现实世界状况的许多方法之一。前提提供了可实施行动的背景，而效果则指示该行动如何改变现实世界状态。并非一个行动的所有效果都与明确的使命目标有关，而替代行动又可能产生类似结果。此外，机器人的行动需要解决意外情况，此时可妨碍使命的完成，反过来也可产生机会来增加使命整体效果。

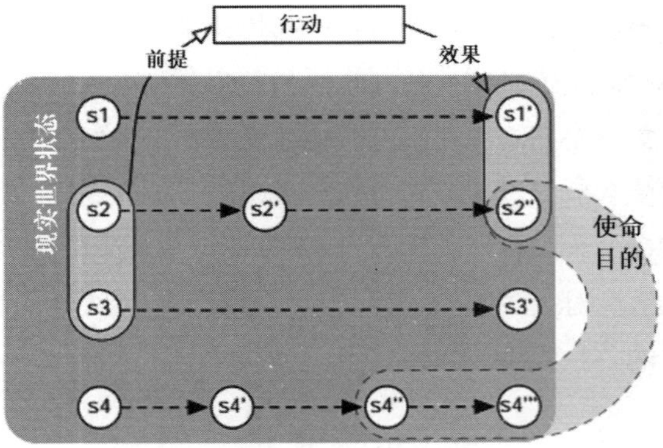

图9.4 行动与使命目的之间关系的抽象图

以往一般认为规划问题是计算密集型的，一般的规划问题可能比非完全多项式（NP-complete）问题更难处理（Ghallab et al.，2004）。产生这种信念的一个主要原因与规划器担任的角色（假设该规划器具有创建能力），以及规划器在感觉—规划—行为范式的架构中所处地位有关（要求不用经常在非标称条件下重新规划整个任务）。这会限制机器人的反应，特别是当环境变化的速度比规划器进行规划快时，更是如此。3 层架构（Gat，1998）及其对 Muscettola 等（1998），Jo´nsson（2000）和 Chien 等（2005）著名实验的影响，在机器人规划中创建了大量变体。从中吸取的经验教训使我们对规划和规划执行之间的关系获得了重要的理解。反过来又对 IDEA（Intelligent Distributed Execution Architecture，智能分布架构）系统（Muscettola et al.，2002；Finzi et al.，2004）和 CASPER（Continuous Activity Scheduling Planning Execution and Replanning，安排规划执行和再规划的持续活动）系统（Chien et al.，2000）中的知识表达、架构、交织规划与执行产生影响。使命持续时间规划和反应性再规划等属于 IDEA 系统的规划，迭代和递增地修复一个规划属于 CASPER 系统的规划（Zilberstein，1996）。

这些机器人进行规划的重点是，在未提供简单方法将所请求的行动与其服务目的相联系的情况下实施行动。决策是一元化的，需要一个中心实体来适应各异和动态的环境变化。创建和维护规划域模型，通常需要在具有交互作用的部分之间平衡。

我们的架构属于这些过去努力的延续，但主要以两种方式促进了该领域的发展。首先，我们将计算分配到称为反应器的系统化功能组件的较小片段中，并使用分而治之的策略来有效地求解问题。整个系统由反应器组成，每个反应器审议需要追踪的状态变量子集。规划分布在这些组件之间，这些组件可以通过状态更新和状态变量未来值的目的实现交互作用。其次，在这个框架内的规划过程和执行过程是紧密耦合的，因此执行过程意味着将目的从一个反应器派发到另一个反应器。现在重点是从行动过程转移到了目的，状态更新提供目的指标的结果，这是反应器之间唯一的明确协议。这与经典的架构在概念上有了区别，因为现在行动过程对每个组件都是私自的，而目的则成为交互作用和控制的新基础。同时又使每个反应器成为一个独立的实体，可以自由地定义内部状态并履行总体使命目标，同时确保系统可对外来事件做出响应。

相反地，该架构必须管理分区结构中的信息流，确保其一致性，以便及时指导目标和观察结果。所得出的控制结构提高了可扩展和收缩的特性，因为每个控制器的许多细节都可以封装在单个控制环路中。此外，分区处理增强了鲁棒性，因为控制器故障可以限于局部，所以故障引起的系统退化变得缓和，这个特点成为解决整个控制问题的有效方法。于是，T-REX 代理的作用是确保所有的反应器都能并行进行交互活动，以便让反应器了解可能受其影响的状态演变，有足够的时间来对规划进行综合并协调跨越反应器边界规划的调度。图 9.5 展示了一个 T-REX 代理的实例。

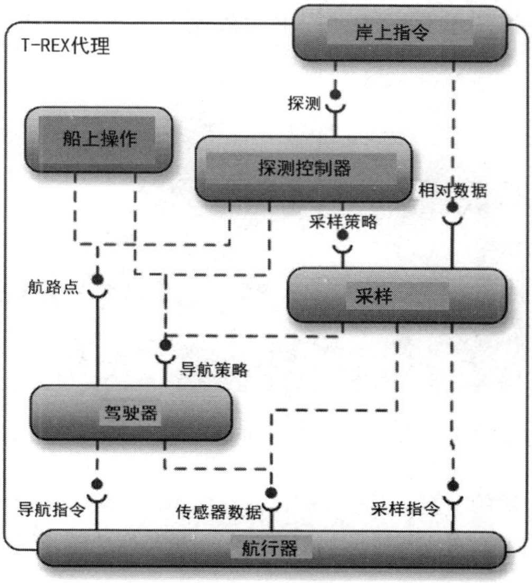

图9.5　T-REX代理由框形表示的多个反应器或控制回路组成：图中框形由单个反应器的若干状态变量（带圆弧实线）与多个可能客户端（带圆点虚线）连接

9.3.2 分布式决策过程：概念图示

T-REX 代理做出的分布式决策是针对状态变量概念实现的。规划的复杂性与作为问题一部分的状态变量数目密切相关。对计算进行分区确保了对问题求解的分区，有助于减少系统探索潜在策略的时间。通过所有权和依存模型来实现这种分区，在此每个反应器可以声明两种状态变量。

- 内部状态变量由所属的反应器直接操纵和控制，并表述其对现实世界状态的看法。拥有内部状态变量的反应器唯一的责任是在需要时更新该变量，并提前规划任何目的状态。
- 外部状态变量表述反应器不能直接控制的状态信息，但其对于识别反应器内部状态是必须的。反过来，也可能需要能够请求改变这些变量，以便达到内部目的。

全局设计中明确将内部状态观念包含在一个反应器中，直接依赖于它的外部状态变量。这些外部状态变量由其他反应器提供，反应器声明外部状态变量作为其内部状态变量。一个状态变量只可以由一个反应器将其定义为内部状态变量，于是这个反应器就成为提供该状态变量发生变化实况的反应器。图 9.6 针对单个反应器说明了这一概念，图中体现了其自然过程中的依赖关系。须注意不允许反应器之间存在循环依赖关系。

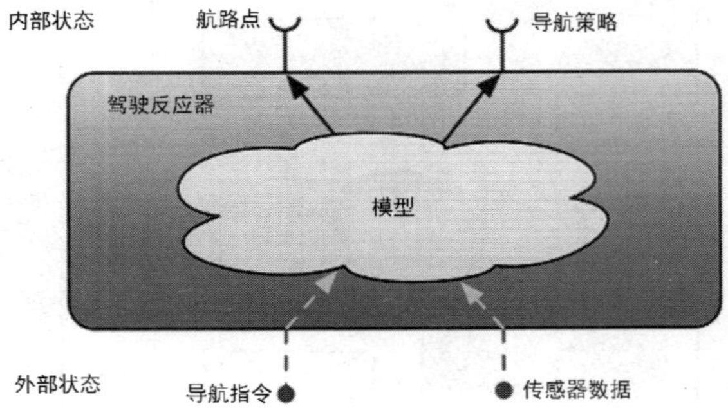

图9.6 T-REX反应器的示例：驾驶反应器内部状态储存航路点目标及其导航策略，该内部状态依赖于外部状态信息，如导航指令和其他反应器提供的传感器数据

这种细化分区方法使较大的控制问题分布在各个反应器上，每个反应器都具有一个由状态变量确定的特定功能范围。图 9.5 展示了一个探测控制器协调的航行器活动，这些活动不仅与采样或驾驶反应器的功能不同，而且还对不同抽象层次的信

息进行了封装和操控。此外，在层级结构中，反应器有不同的时间范围级别，较高的层级（如探测控制器）涵盖整个使命，可能需要较长的时间来完成求解较抽象的问题，较低的层级（如驾驶器）以反应性和及时的方式求解较小的问题。

反应器的目的只由其内部状态变量承载。另外，为了实现这些目的而产生的规划可能需要对其外部状态变量进行更改。但是，这些将作为一个新目的向声明状态变量为内部状态变量的反应器报告，并由明确依存结构的反应器代理实施更改。从反应器的角度来看，没有必要明确知道哪个反应器管理外部状态变量。进一步说，反应器之间交互作用的基础保持局限于这些状态变量，并将此作为传输目标和返回观察结果的唯一机制。图 9.7 展示了这种任务的一个示例。

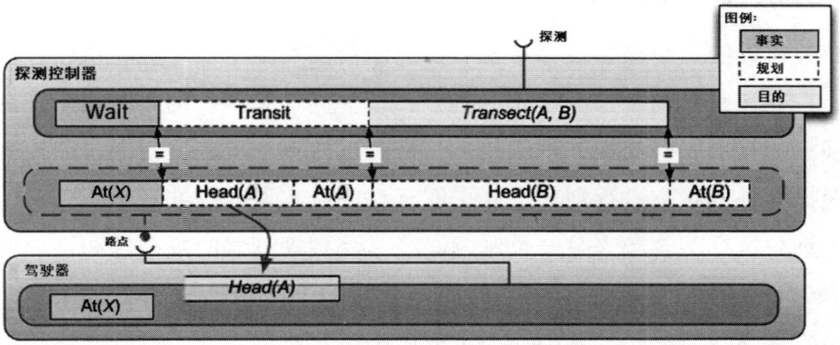

图9.7　探测控制器规划片段

T-REX 代理采用了与现实世界及其演化过程同步的视角。T-REX 系统的每个反应器进展都参照一个中央时钟，该时钟用于确定状态更新的频率。因此，时间的原子单位或滴答节拍给出了代理执行其控制环路的频率，所有状态变量都假定以这种速率基准更新。每个节拍的持续时间根据系统和环境的变化速率确定。例如，在我们的 AUV 行动执行中，证明了采用时长为 1s 的节拍可以在 T-REX 代理上的低功耗计算机和航行器速度之间达到良好的平衡。

最后，每个反应器都是状态变量的集合，这些状态变量反映了其过去的演化和对未来规划的预期。关于允许状态演化的信息在反应器查询的域模型中表达出来。在 T-REX 代理中，驾驶器可作为一个状态变量示例，该状态变量表示水下航行器的状态，它拥有代表系统状态的不同谓词，如通信、浮出水面和朝向（x, y）等。这些状态受到航行器的并行状态变量限制，如位置和在执行的指令等。例如，只有当目前指令为闲置状态，且位置指示深度接近水面（深度≤0.5）时，状态才可以处于通信状态，如图 9.8 所示。

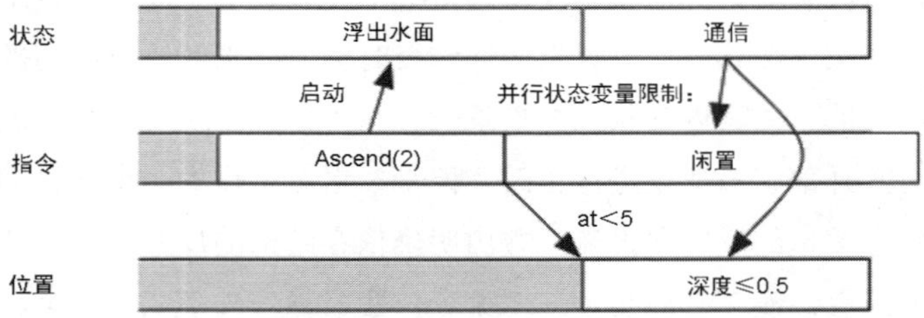

图9.8 驾驶器的通信规划：对该反应器状态属内部，而指令和位置属外部

9.3.3 交织规划和执行

T-REX 代理的一个核心设计特性是在反应器内实施审议过程和执行过程所采用的方式。T-REX 代理与 3 层架构不同的是，以往的（和同步的）感知—规划—行动环路由规划和行动相互交织过程取代；于是可以将单个反应器视为一个控制环路，该环路根据其外部状态进行观察，并采取行动，以实现其内部目标。

将规划与执行整合起来是一个难题，经常受到规划器的复杂性和性能的限制。通常认为，作为嵌入的实时系统，具有创建性的人工智能规划器是计算密集型的（Muscettola et al.，1998），其中一个主要原因是要对搜索空间进行广泛的（也是昂贵的）探索。经典的感知—规划—行动环路［见图 9.9（a）］假设世界状态在规划综合期间保持静态。

在很多研究者中，Lemai-Chenevier（2004）试图用一种可认为是规划—感知—行动的方法来求解这个问题［见图 9.9（b）］，规划在执行前完成；然后，在另一个环路中执行求解得出规划方案，其中，决策限于针对局部规划进行修补，并插入有限组恢复操作。当无法修补时，恢复到全程规划成为唯一的求解方案，按此求解方案现实世界状态又假定为静态。因此，这种方法是考虑到让系统在稳定状态下进行规划，直到规划完成的；对于该方法中的案例来说，稳定状态即探测器测试平台停止运行。需要说明的是，在此将规划和执行过程视为相继的而非完全交织的，规划常常中断执行过程。于是系统的反应能力要受到规划时间的限制；当系统进行规划时，在完成对规划综合之前，系统既不能采取行动，也不能感知环境。在动态环境中（如水下区域），AUV 和环境都处于连续运动状态，这种问题求解的相继途径是不可行的。

因此，在 T-REX 代理的每个反应器中，我们认为控制执行过程和规划是并行运行的两个独立任务［见图 9.9（c）］，由代理使用以下语义进行安排。

- 同步：反应器收集从其他反应器观察到的外部状态信息，以产生其内部状态，该过程按固定速率发生，速率由单个节拍的时值反映。
- 审议：它是一项后台任务，其间反应器可以对可能的规划进行辨识确认，从而实现其内部目的；该后台任务可以接收多个节拍，并且可以在开始新同步周期的任何时候中断；通常，规划将转化为反应器外部状态变量的预期变换形式。如果如图 9.5 所示驾驶器的目的是到达一个航路点，则其规划将向外部 Nav_Cmd 状态变量添加一个目的，让航行器朝该航路点前进。

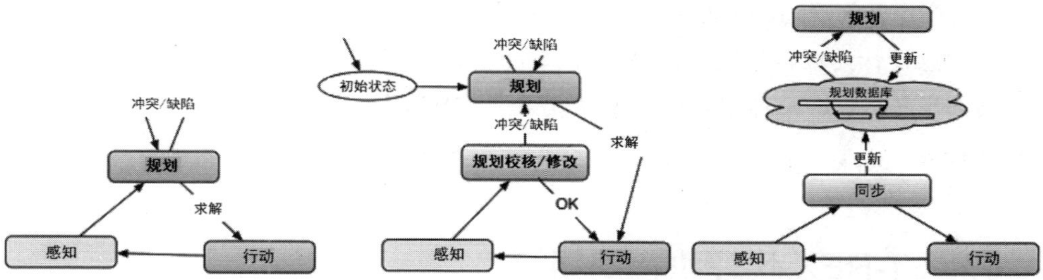

（a）该环路要求规划器在执行行动前完成规划　（b）该环路试图在执行环路前报告规划，如同 IXTET-EXEC 系统　（c）T-REX 系统采取多过程视角，规划和执行两过程并行改变规划

图9.9　整合规划和执行的范例

这两个过程是分离的，但在反应器内部共享相同的规划，因此在每个同步周期中，都向规划过程报告新的现实世界状态及其对规划的影响。反过来，当规划过程最终找到求解方案时，将通知同步过程生成关于外部状态变量的规划状态值。这个外部规划过程针对由另一反应器管理的该状态变量确定一组目的。图 9.10 展示了这两个任务的概念示意图。

这种信息流强调了反应器内部这两个过程的职责，以及这两个过程如何影响与其他反应器的交互作用。在同步过程中，将通知反应器外部状态变量的新状态变化。反应器的职责不仅是将这些信息整合到规划过程中，而且还要计算其内部状态，并向从外部使用这些状态变量的反应器传递该状态变量的变化情况。在审议过程中，反应器接收内部状态变量的新目的就是其规划。然后，这种规划对外部状态变量的影响可转换为声明其为内部状态变量的反应器目的。

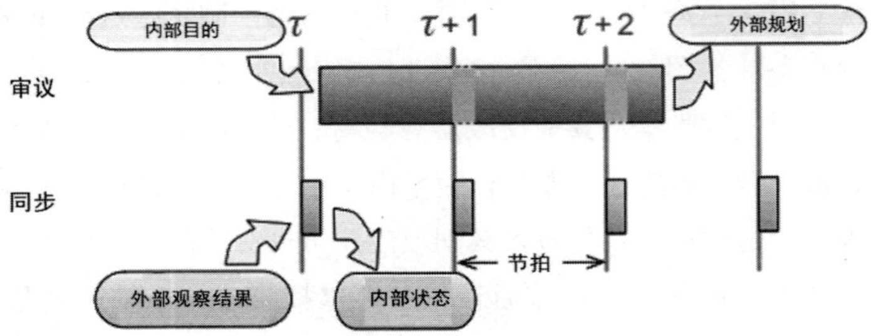

图9.10　T-REX代理执行周期：在每个节拍开始时审议被同步中断，以允许状态信息整合

如此处理，将在反应器接口层面形成两个必要的信息流之间的清晰分离，这两个信息流对于代理的执行过程来说是至关重要的。审议是自上而下的，高层内部目的将产生外部规划，而外部规划反过来又可作为内部目的派发给其他反应器。同步蓄意设计为以自下而上的方式提供状态反馈，其中低层内部状态将作为外部观察结果传送。这两种信息流是相互联系的，因为我们期望通过观察结果来实现内部目标。

9.4　T-REX 代理执行周期

T-REX 代理是一个反应器的集合，每个反应器通过并行同步过程和审议过程来操控状态信息。T-REX 代理的作用是恰当地安排任务，同时通过交换目的和观察结果确保信息流及时发生。T-REX 代理并没有严格遵循 9.3.3 节中所提到的“感知—规划—行为”的范式。为了便于阅读，以下各小节分别对同步、审议和调度进行讨论。

9.4.1　同步：保持反应器状态

同步可以视为推理过程中的一个点，此处代理确保每个反应器对当前时间节拍 τ 都能够识别其状态（见图 9.10）。每个反应器都可以被视为一个状态机执行器，它通过在每个时间节拍内追踪外部状态变量的演化来识别自己的内部状态，该内部状态也可反过来供其他反应器使用。于是反应器之间形成了一种自然的依存关系，在每个时间节拍，代理使用图结构 $G=(R,D)$ 维持反应器之间的依存关系。

- $R=\{r_1,\cdots,r_n\}$，指反应器集合。

- D：$r_i \rhd r_j$，表示反应器 r_i 依赖于 r_j，意味着至少有一个 r_i 的外部状态变量是 r_j 的内部状态变量。

从代理上看，这种依存关系相当于一个同步顺序。

命题 9.1 一个反应器 $r \in R$ 不能在所有反应器 $u\ \{u \in R\colon r \rhd u \in D\}$ 同步之前同步。

为了解决代理同步问题，并确保每个反应器都能够识别其当前的内部状态，需要找到反应器同步过程的一个时序安排，使得从最小依赖反应器（G 的叶子）到最大依赖反应器（G 的根）的时序实现同步。这可以通过使用如算法 9.1 所示的层次优先（depth-first）的遍历过程来求解，其中反应器同步（第 19 行）在其所依赖的所有反应器遍历之后完成。通过使用该算法，还可以识别反应器之间的循环依赖（见第 5 行和第 13 行），在此反应器循环依赖都作为出错处理。

算法 9.1　同步

```
   Input: G=(R,D)反应器图
1  begin
2      forall r ∈ R do r.color ←white;              //去除所有反应器标记
3      Stack S ←{r. ∉ u, u ▷ r∈D};                  //获取图中根部反应器
5      if S = φ ∧ R ≠ φ then error("No root node");  //检测整个周期

6      while S≠ φ do
7          r ← S.front;                               //穿过堆栈中的第 1 个反应器
8          r.color ← gray;
9          foreach v∈R : r ▷ v∈D do
10             if v.color = white then
11                 S ← S.push(v);                     //添加非穿越反应器

13             else if v.color = graye then
14                 error("Cyclic dependency");
15             end                                    // r 与 v 之间的周期
16         eng
17         if r = S.front then                        //执行所有 r 的关联

19             synchronize(r);
20             r.color ← black;
21             S ← S.pop;
22         end
23     end
24 end
```

定理 9.1 为了确保所有反应器在同步过程中收敛，反应器之间的循环依赖被禁止。

证明 假设两个反应器 r_1 和 r_2 存在循环依赖，即 $r_1 \rhd r_2$ 和 $r_2 \rhd r_1$。由命题 9.1 可知，两个反应器都不在另一个反应器同步之前同步。因此，使这两个反应器保持同步的唯一途径就是，寻找一个固定的点，直到二者都能保持各自的状态。一般情况下，采用迭代过程求这种固定点不能保证收敛。因此，我们不能保证这些反应器最终可实现同步而使整个代理状态稳定（证毕）。

算法 9.1 的执行时间为 $O(\|R\|+\|D\|)$。只要同步过程对每个反应器调用时间相对于单个节拍时长来说都很短，就可确保该方法对于大型图也适用。该假设条件取决于每个反应器的实现过程和复杂程度，但在实际操作中这是一个合理的假设，因为每个反应器只局限于整个同步问题的一小部分。

9.4.2 审议：使代理积极主动

9.4.2.1 定义

虽然同步对于确保每个反应器处于当前状态来说是至关重要的，但是仅此还不足以保证代理做出决策和完成执行过程。

以图 9.5 中的反应器船上操作（Ship Operation）为例。这个反应器的作用是确保航行器在一个合理的距离内，以便由支援船回收。我们假设给定总体目标，在上午 6 点～6 点 30 分使航行器位于靠近港口的特定区域。同步过程可确保该反应器能够在每一个时间节拍确认驾驶器（Pilot）提供的航路点（Waypoint）状态变量值。认为该状态变量可以处于以下任何一种参数化状态中。

- 航向 Head（方向 direction）是一个谓词，其反应航行器朝航行的方向运动。
- 相应地，谓词 At（location）表示航行器在位置附近。

反应器船上操作（Ship Operation）接收节拍间隔中的连续状态更新。然而，正是通过周期性的审议和同步对未来状态的规划预计，反应器用来认定其外部状态是否按照其规划演化，在本案例中具体来说，就是确定航行器是否在回收的时间窗口之内。此外，如果一个规划仅代表单个的系统状态演化轨迹，那么该项规划可能较为脆弱，从而导致某个内置规划器再规划和可能出现次优性能，该内置规划器可能对非标称事件没有响应。

为了结合时间观念表示演化过程中的状态信息，我们使状态变量形成时间线，这是以给定状态变量描述一个状态序列的灵活表征方法（Muscettola，1994；Jo´nsson et al.，2000；McGann et al.，2009b）。时间线表示单个状态变量随时间的演化过程，从而让每个反应器可以审议其中每个状态的未来演化过程。在任何给定的时间，每个状态变量只能有一个以谓词表达的状态值。这样一来，每个时间线由一系列谓词组成，这些谓词封装并描述状态演化过程；我们将这些具体化的谓词称为令牌。因此，一个令牌代表一个谓词，谓词所指行为或过程是可以发生的状态变量、谓词的参数值和确定该谓词保持为真的时间间隔值。

在形式上，时间线和令牌定义如下。

定义 9.1　对于每个状态变量 $s \in S$，s 的时间线的值 $l \in \mathcal{L}_s$ 定义为多元组 $\{\mathcal{T}_s, \mathcal{Q}_l, \mathcal{G}_l\}$，其中：

- $\mathcal{T}_s$ 是 s 的所有可能令牌的集合。每个令牌 $T \in \mathcal{T}_s$ 表示在一个时间范围内对 s 值的约束，记为谓词

$$T = p(\text{start}, \text{duration}, \text{end}, \vec{x})$$

其中，p 是谓词名称；属性开始（start）、持续时间（duration）和结束（end）都表示 N 期间的“时间间隔”；N 表示 p 有效的时间范围；$\vec{x}$ 描述 p 的属性及其可接收的域。例如，令牌：

$$\text{Speed}\left(\text{start}=[0,5],\text{duration}=[1,10],\text{end}=[1,15],\text{speed}=[1,1.5]\right)$$

代表航行器的速度为 1～1.5m/s，从时间节拍 0～5 开始，持续时间最长可达 10 个时间节拍。

- $\mathcal{Q}_l = \{T_1, \cdots, T_n\} \in 2^{\mathcal{T}_s}$ 是描述 s 可能演化过程的有效令牌序列。没有两个令牌 $T_i \in \mathcal{Q}_l$ 可以同时发生，它们根据其相对时间顺序排序。据艾伦代数规则（Allen，1984）有

$$\forall i \in [1,n)\text{: 在 } T_{i+1} \text{ 之前 } T_i \text{ 满足 } T_{i+1} \vee T_i \quad (9.1)$$

- $\mathcal{G}_l \subseteq \mathcal{T}_s$ 描述此时间线的目的集合。一个目的即一个需要评估的令牌，经评估该令牌或者可能插入 $\mathcal{Q}_l$，或者是不可能插入而被拒绝（Frank and Jo´nsson，2003）的。审议的结果是找到一种方法使该目的集合成为空集。

9.4.2.2　灵活的有约束规划表达

尽管 T-REX 未知反应器审议的性质，但所做设计中的若干考虑包括采用时间线表征，将有助于我们的目的具有良好表达功能。这就是我们的反应器运行基于有约束规划工具 EUROPA_2 的一个原因（Jo´nsson et al.，2000；Frank and Jo´nsson，2003），

在此继承了美国宇航局的太空使命中演示过的成果（Muscettola et al.，1998；Rajan et al.，2000；Bresina et al.，2005）。在 $EUROPA_2$ 中，规划器得到一个域模型，该模型用于描述每个状态变量之间的交互作用和约束。受约束的求解器对模型中确定的这些变量进行操控以求出一个规划。每个时间线演化过程在满足尽可能多的给定目的同时，也关系到模型的约束。

$EUROPA_2$ 域模型是用 NDDL（New Domain Description Language，新的域描述语言）以声明形式编写的（BedraxWeiss et al.，2005）。在 NDDL 中也指定了初始条件和目标，初始条件和目标构建了一组必须在初始时刻为真的时序关系。这些模型包括关于航行器物理状态的时序断言，即要说明航行器如何响应外部刺激和内部驱动的目的。通过以简单时序网络（Simple Temporal Networks）（Dechter et al.，1991）和目的约束来传递上述关系，$EUROPA_2$ 可以选择一组在未来为正确的条件，其中一些条件将对应代理必须采取的行动。如果一个目的不能实现，则规划器可以回溯并寻找替代方案，并且可以放弃无法实现的目的。

例如，按研究任务需要从热区中抽取 100m 的水体样本，此时 AUV 以如同溜溜球运动的模式在水体中上下运动。当特征信号超过阈值时，将获得两个样本，否则仅获得一个样本。确定感觉阈值的令牌带有对令牌的参数化约束，据此触发所需的水体采样器。此外，水体采样程序的开始时间高度依赖水下流动的变化和航行器的实际速度。因此，采样任务的开始时间和持续时间都有若干可能取值，这些值对获得预期结果都是有效组合，而且要求只能现场确定。

每个令牌属性（包括其时间长度）不局限于单个值，而是以认为对某个规划实例有效的所有值构成的域来表征的；时间灵活性由定义 9.1 所述的时间间隔来表征。例如，可能的开始时间范围可以表示为[10，40]，这意味开始时间为 10～40 个时间节拍。这种灵活的规划方法与以往固定时间标签的指令序列不同，这种规划方法可以缓冲不可预知驱动影响或来自环境的传感器反馈影响，从而为在执行中提供适应性留有余地。一个完全合规的开始时间可以是节拍 30，而不是精确地从节拍 10 开始，当然这也表明结束最后一个行动存在延时。此外，在局部规划失败的情况下，规划的灵活性允许及时执行恢复程序进行诊断，而且将航行器状态返回到重启标称操作的状态。在这种“失败操作”模式中，灵活性则成为稳健运行的保障。

当执行器考虑何时开始任务时，将通过受约束的网络传递信息，并计算变量的时间限界、在限界内选择实际执行时间，且在所选时间开始任务。因此，时间灵活的规划表达了机器人与环境交互作用的一系列可能结果，执行器在运行时可以为实际的执行过程选择最适合的结果。约束的明确表达可确保通过约束传递执行器的规划中的全局限界（直到满足一定条件且还要在一定期限内才开始一项任务）。这种灵活性在处理动态海洋状态时很重要，在此机器人行动往往具有不确定性。由于传统的时间标签序列不具有灵活性，所以在设计中必须考虑导致次优性能的最坏情境。图 9.11 说明了并行令牌和时间线的时间灵活性，这种表示方式可以灵活地看待状态变量演化，而无须在早期对其属性加以考虑和做出承诺。

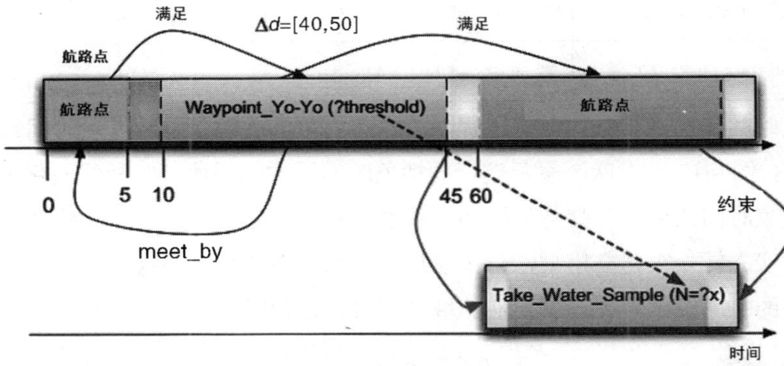

图9.11　灵活时间间隔和两时间线令牌间参数化约束，在水体中执行如同溜溜球运动模式的运动时，会基于特征阈值触发水体采样器；Waypoint_Yo-Yo令牌具有灵活的持续、开始和结束时间；令牌间的弧线表示参数化时间约束

系统的间隔计算通过 Allen 代数（Allen，1984）的时间关系来反映，如表 9.1 所示，这种关系允许在并行的时间线上对令牌之间的时序约束关系进行编码。例如，在同步过程中，在内部时间线上识别一个新状态更新可以很容易地用相应的令牌表征，其开始时间限定为与当前节拍对应的单个值。反过来，该状态更新又可由声明该时间线为外部时间线的所有反应器来整合，须注意这些反应器是按定义 9.1 所述原理声明时间线为外部的。约束传递算法和区间逻辑更深入的介绍可参见 Jo´nsson 等（2000），Frank 和 Jo´nsson（2003）所做的研究。最后，我们的令牌表征方法用于反应器的外部状态变量和内部状态变量，并构成反应器之间信息交换的统一基础，如此处理可作为观察结果和目的。

表 9.1　系统的间隔计算通过 Allen 代数的时间关系来反映

时间关系	逆向时间关系	拓扑
T1 before (d D)T2	T2 after (d D)T1	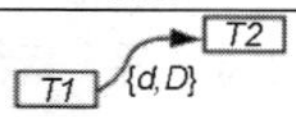
T1 starts_before (d D) T2	T2 starts_after (d D) T1	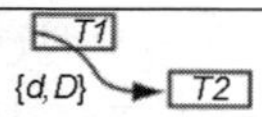
T1 ends_before (d D) T2	T2 ends_after (d D) T1	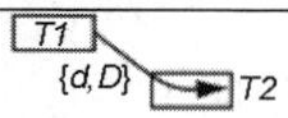
T1 starts_before_end (d D) T2	T2 ends_after_start (d D) T1	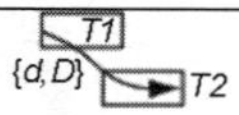
T1 contains ((a A)(b B)) T2	T2 contained_by ((a A)(b B)) T1	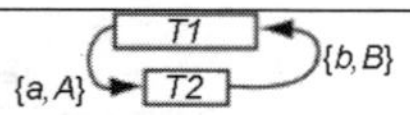
T1 parallels ((a A)(b B)) T2	T2 paralleled_by ((a A)(b B)) T1	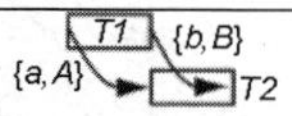

通过时间线描述状态的演化过程，可以用简单的有限状态来表示时间线内的转换。例如，图 9.12 针对两个表示航行的抽象时间线实体描述了时间线演化过程。弧线连接代表时间约束，令牌持续时间由状态的时间范围表征。于是，整个航行器可以按多个状态转换来建立模型，每个参加建模的状态变量是并行的。然而，当状态变量之间的时序约束用来连贯我们的域模型时，这种图形表达通常是复杂的。

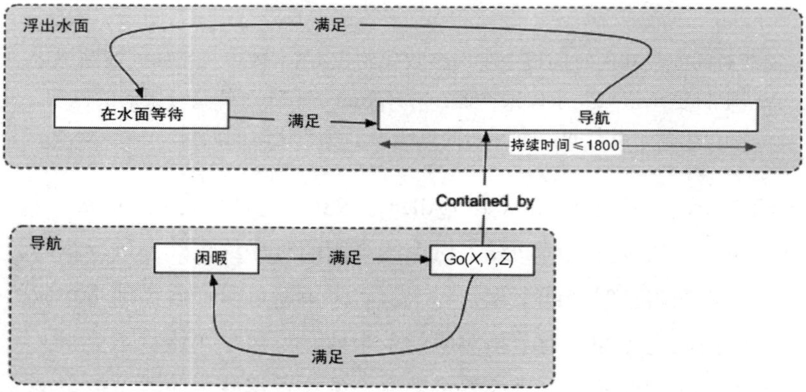

图9.12　两个时间线规划区模型：浮出水面作为1800s后航行器浮出水面的模型；导航作为闲暇和前往期间的模型；时序线表示状态间约束关系。contained_by：表示AUV不在水面等待时，才会前往（Go）某处

9.4.3　即刻规划调度的一致性

每个反应器都可以独立地推断出一个状态变量的未来演化，但所述架构的分布式特性要求处理各个反应器上出现不同状态视图的问题。例如，图 9.13 给出了具有

多视角航路点（Waypoint）状态变量的 3 个反应器视图，这些状态变量均属驾驶器（Pilot）所有。

当其内部视角（视图）的新状态更新传递到船上操作（Ship Operation）和使命控制器（Mission Controller）中的外部视角（视图）时，同步功能确保直到执行过程前沿τ，所有这些视角（视图）都是一致的。然而，每个反应器都有可能预期一个所希望的未来演化过程，使其能够以不同的方式实现其目标；船上操作（Ship Operation）可能希望上午 6 点左右在回收地点会合，而使命控制器（Mission Controller）可能提议航行器继续航行以实现其测量目标。这两个目标不一定是冲突的，如在图 9.13 中可能发生 At（M1）的持续时间足够短，从而航行器可在 6:30 之前到达回收区域，而 6:30 即会合时间范围的终点。

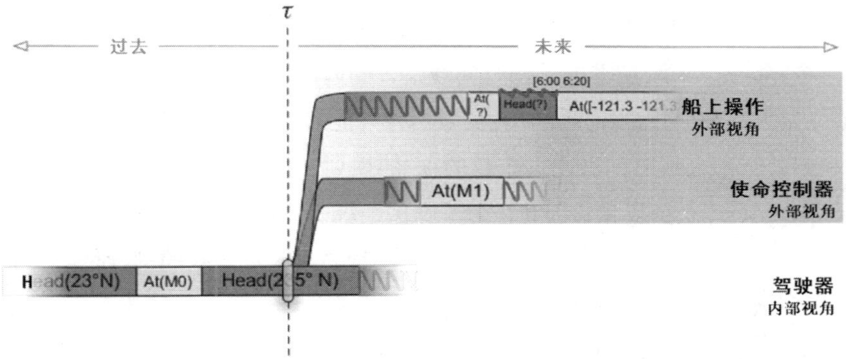

图9.13　多视角航路点状态变量的视图：操控该时间线的3个反应器对未来可能有不同的视角（视图），未来时域弹簧代表各令牌的时间灵活性，已执行过程前沿为τ

然而，代理需要提供一种机制，以确保这些可能的未来事件是及时和兼容的，以便驾驶器在执行之前将其纳入规划。发送船上操作（Ship Operation）和使命控制器（Mission Controller）的整个规划预计是不可行的；这样处理不仅否定了分布式推理的本质，而且由于驾驶器（Pilot）层次离硬件层次更近（此处时效性至关重要），整个系统的性能也会受到较低层次审议的影响。

求解措施要求反应器预先声明两个额外的参数，作为其他反应器给出其规划功能的提示。于是每个反应器都有以下参数。

- 前瞻 π（r），指出反应器在审议中对未来预期多久进行考察。
- 延迟 λ（r），提供反应器做出规划所需的最大预期节拍数。

这两个参数一起用于估算反应器的性能，从而为给定的目的寻找到求解方案。对给定的时间节拍 τ，在找到求解方案之前，拥有反应器的时间可以达到 $\tau+\lambda$（r）。由于这个规划需要执行，我们还需要考虑 r 依赖的反应器延迟。为此，我们在代理中定义执行过程延迟的概念如下。

定义 9.2　反应器的执行过程延迟 Λ（r）是指，反应器审议并正确调度其外部状态变量一部分规划结果所需要的时间。执行过程延迟时间可按递归表达式定义为

$$\Lambda(r) = \lambda(r) + \max_{r' \in R: r \triangleright r'} (\Lambda(r')) \tag{9.2}$$

于是，通过前瞻 $\pi(r)$，我们可以将规划窗口视为反应器 r 的审议时间期限，如以下定理 9.2 所述。

定理 9.2　当反应器在 τ 处开始审议时，其规划窗口可确定为

$$\Pi_r(\tau) = [\tau + \Lambda(r),\ \tau + \Lambda(r) + \pi_r] \tag{9.3}$$

证明　令 $r_1 \triangleright r_2$（r_1 反应器的外部时间线是 r_2 的内部时间线）。令 r_1 用其全部延迟时间 $\lambda(r_1)$ 做出其部分规划；于是，r_1 反应器将只能够在 $\tau+\lambda(r_1)$ 之后派发其目的。令 r_2 也利用其全部延迟时间做出一个目的 t_p 的规划，在 r_1 同步时对 t_p 的观测不会在 $\tau + \lambda(r_1) + \Lambda(r_2)$ 之前发生；因此，为了确保经审议的规划执行过程可行，反应器 r_1 应在一个从 $\tau + \Lambda(r_1)$ 开始的窗口进行规划。所以，r_1 的规划窗口上界由 $\tau + \Lambda(r_1) + \pi_{r1}$ 给出（证毕）。

于是，可以采用此规划窗口根据令牌可能的开始时间，来确定何时应将外部时间线上的令牌转换为声明其为内部时间线的反应器目的。T-REX 代理确保只有开始时间在此窗口内的令牌派发给反应器作为目的。因此，在此窗口期内不能启动的任何令牌都不派发，因为这些令牌不在接收反应器的当前规划范围之内。另外，通过这一过程接收新目的的反应器则安排进行审议，因为这些反应器需要在两个同步周期之间，并在其延迟时间 $\lambda(r)$ 内确定求解方案，这反过来又导致其外部时间线上的令牌以上述方法派发。这种自上而下的级联效果与同步过程是相对应的，即同步过程允许高层反应器将其规划传递到低层反应器。

9.5　实验结果

T-REX 系统现用于 MBARI 的 *Dorado* AUV 上的日常操作，其工作重点是针对

加州北部蒙特利湾的近岸上层水体沿海海洋过程。该系统从航路点控制和路径规划的简单目标演化而来，发展方向在于探测更复杂的水体（McGann et al.，2008b）时能适应在 INL（Intermediate Nephaloid Layers，中间雾状层）内寻找和获取水样（Ryan et al.，2010），以及在参加大规模实场部署时能追踪近海水域的水华、锋面等动态特征（Das et al.，2010a，2012）。如上所述的航路点控制和路径规划，是对有规律浮出水面定位和直线横截面上运动的抽象提法；另外 INL（Intermediate Nephaloid Layers）指混合了源自海底的悬浮微粒的流体片层（McPhee-Shaw，2006）。

T-REX 以 C++编写，在 367MHz 的 EPX-GX500 AMD Geode 堆栈上使用 Red Hat Linux 运行。控制环路频率为 10Hz，在 *Dorado* AUV 上由 QNX 实时操作系统支持的一个独立处理器较低功能层的上层运行；两个处理器之间的通信通过基于套接字的（socket-based）协议进行。该航行器可携带一系列科研设备，包括两个“海鸟”（Seabird）CTD 仪，一个 HobiLabs HS2 HydroScat，一个 Satlantic/MBARI ISUS 硝酸盐传感器，以及其他设备。航行器典型的工作深度是 1500m，然而我们的实验是在 200m 深度以内进行的。AUV 相对地面的平均速度约为 1.5m/s，按操作限制，要求航行器大约每半小时在水面根据 GPS 读数进行一次定位。出于验证的目的，我们采用基于 Gertler 和 Hagen（1967）的高保真模拟器进行实验。水的取样包括 Gulper 仪器的应用（Bird et al.，2007），可在不到 1min 内采集 2L 水样（见图 9.2）。该系统可用于无人值守操作和通宵操作，连续工作时间最多可达 17h，即航行器的电池最大工作期限。

9.5.1 增强的传统探测

我们的早期使命与对河口羽状流和 INL 的追踪、取样有关。水体探测要求反应器进行概率特征估计，以便将一组传感器数据（包括针对高硝酸盐、低盐度河口羽状流的 ISUS Nitrate 传感器，INL 的 HS2 HydroScat，以及 CTD 测量结果）作为概率值进行转换，该资料可指示 AUV 是否处于所关注的特征区域之内。该航行器赋予了一个高水平目标，即指定预计探测箱形体的角落、触发 Gulper 采样的最小距离约束，以及特征检测时割草机线路截面的分辨率。特征检测及其实例不在本章范围内，McGann 等（2008c）和 Ryan 等（2010）对此进行了介绍。

图 9.14 展示了 2008 年 11 月执行的 INL 探测使命的可视化图形。在使命的早期，10 个 Gulper 样本（每次两个）分布在高 INL 概率区域（如特征探测器检测到的所

示)。随着探测到的特征信号变弱，航行器的适应功能要求更宽的横截面间隔以覆盖更大的区域。没有给定不规则四边形投影区起点的具体约束；航行器选择最靠近其部署位置的地方为起点，并据以确定所有的航路点。

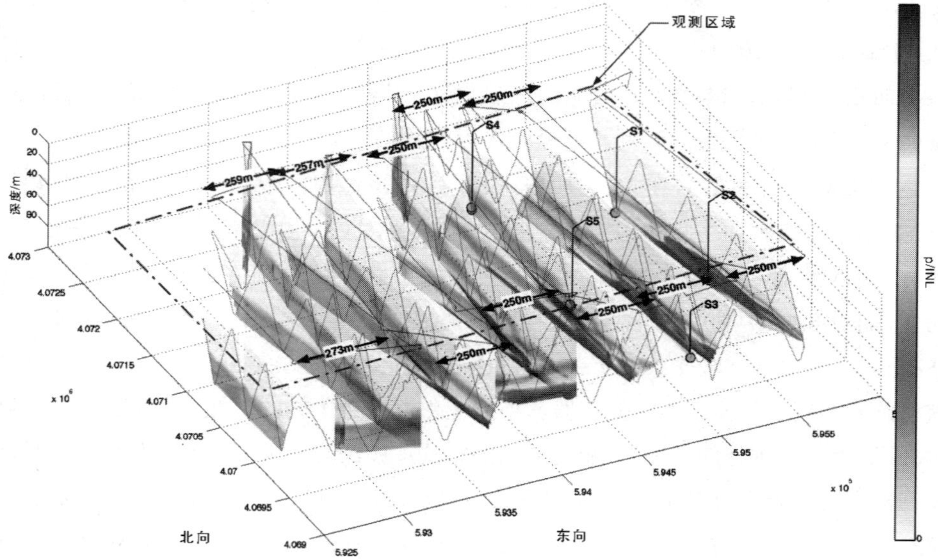

图9.14　2008年11月在蒙特利湾进行的一次INL取样使命的可视化图形：较暗的灰色区域表示INL高概率区域；S1～S5表示触发水样采样器；箭头表示基于以前平均信号强度所定横截面间隔；使命期限为6h40min。

早期的反应器设计是从 3 层结构演变而来的，既有使命规划器（Mission Planner)，也有基于如图 9.15（a）所示 EURIPA2 规划框架的执行（Exec）反应器。这个设计验证了该架构的可行性，同时也显示了其局限性，因为大多数实时决策都处于 Exec 活动的最低层。如此限制了系统的反应能力，常常导致海上试验中在意外情况下代理出现系统性故障。随着科学需求带来的日益复杂的使命，分布式设计特性呈现出了一种更明显的发展趋势［见图 9.15（b)]，这反过来又使得 Exec 的功能重新分配。这种变化趋势的附加效应使人们考虑将复杂的取样方法进一步细化(Olaya et al.，2012)。

在多次运行中比较了两种 T-REX 设计的 CPU 负荷分布情况，如图 9.16 所示。由图 9.16 可见，一个可行的设计实例能最大限度地减少高 CPU 负荷（图 9.16 中右侧条形）的时间节拍。例如，图 9.16 中显示，在两种设计中都约有 20%时间节拍承受 0.05 的 CPU 负荷。若基于两种设计对 CPU 负荷进行规格化，则我们看到在大多数时间 CPU 负荷在 0.2 左右，该参数可表征求解问题的整体功效。在使命开始时，对于两种设计中的任何一种，当规划综合发生于所有反应器时，CPU 负荷有可能上升到 100%。

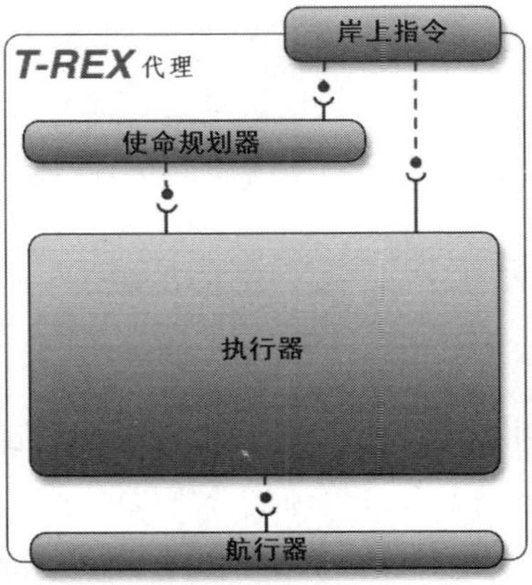

（a）EURIPA2 规划框架的执行反应器

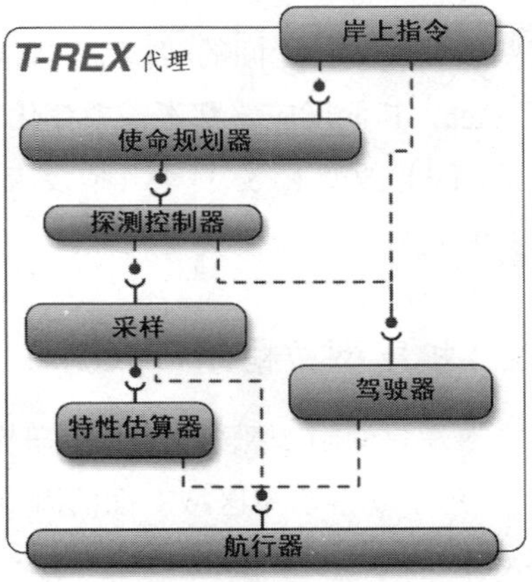

（b）分布式设计架构图

图9.15　T-REX反应器演化示例图

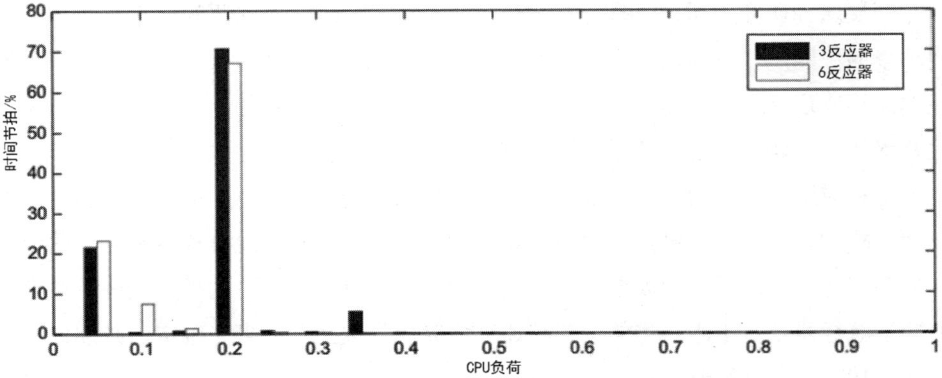

图9.16　在多次运行中比较了两种T-REX设计的CPU负荷分布情况

尽管两者的平均 CPU 负荷具有可比性（略低于 20%），但我们发现其区别在于两种设计方案需要用较高 CPU 负荷的频次不同。6 反应器设计大致在 95%以上的时间节拍并保持 0.2 以下的 CPU 负荷，而 3 反应器（3 层）设计显示出 CPU 负荷超过 0.35 的频次可以达到一定的基数（达 5%时间节拍）。因此，在实时嵌入式环境中，将决策分配于更多的反应器上具有更好的性能。

分区的一个重要好处是具有更系统化的鲁棒性。例如，分区可使某个导致规划失败的意外情况，对处理与该情况有关状态变量的反应器来说仅限于局部。此外，一个分布特性更强的模型还意味着可在反应器内局部封装，这反过来使得在审议和/或同步过程中更易于做出决议。最后，分区处理使得在反应器设计方案（包括上面的那些设计方案）之间的转换中，需要做出的变化最小。例如，在上面的案例中，除了 Exec，其他反应器都不需要变化。反应器之间的信息交换仅仅是通过状态变量进行的，因此改变 Exec 对于其他反应器的执行方式几乎不产生影响，其执行方式显示出具有良好的系统模块化属性。

9.5.2　扩展型拉格朗日探测

在海洋科学中，漂浮物常作为研究海洋输运的平流标志物（Lumpkin and Pazos，2007），用于观察沿海区域海面的海流（Davis，1985）和环流流场分析以改进海洋模型（Molcard et al.，2003）。通常，布放一个或多个这种漂浮物用于进行此类研究，且与船舶探测结合应用。我们已经扩展了 T-REX 控制器模型，以支持 *Dorado* AUV 平台进行这类拉格朗日思路的研究。

开展这种研究工作，目的是要获得一个 4D（空间和时间）平流输运水体斑片周围环境的快照，平流输运指水流的水平输运。为此，航行器将要执行由海面流动输运的漂浮物运动的一种模式。这种使命扩展使航行器能跟踪任何动态的水体，无论这些水体是代表浮游植物的水华还是海洋锋面，航行器都可完成这种任务。

这种应用所面临的技术挑战是，要能根据预测的运动水体位移来描述和灵活地移动航路点。此时，关键的变化是航路点的定义，要从基于现实世界参照系的模型转换到相对于运动质量的模型，该移动质量以漂浮物为代表。此外，这些航路点还取决于航行器相对于漂浮物的位置和速度估算值，这些不能事先确定，必须像 Das 等（2010b）那样现场计算。

该 T-REX 实例利用了代理架构的模块化，在更高的抽象层次上为驾驶器（Pilot）增加了一个拉格朗日驾驶（Lagrangian Pilot）反应器。使命控制器（Mission Controller）通过连接航路点 Waypoint（对 Pilot 为内部）反应器或拉格朗日航路点 Lagrangian Waypoint（对 Lagrangian Pilot 为内部）反应器，在绝对航路点和拉格朗日航路点之间切换航行状态。后者作为两个航路点参照系模型之间的转换器，转换过程中要用到由当前速度和位置资料提供的铱卫星馈送漂浮物。

图 9.17（a）展示了漂浮物在接地参照系的跟随使命，而图 9.17（b）给出了在漂浮物坐标系中的投影和基于该坐标系方位定向得出的航行器有效路径。T-REX 以漂浮物位置、方位和速度为初始条件，要求在漂浮物周围按 3km×3km 的探测模式提供相关的传感器信息。估算的航路点在接地标架中根据漂浮物投影位移计算，且积分得出航行器绕这些拉格朗日航路点运行所用的时间。不考虑 DVL 至海底距离的限制和由此产生的导航误差，水流速度在 0.05～0.45m/s 时，AUV 能以 5 天以上的时间在运动漂浮物周围进行重复探测，获得 60 次探测的数据。更多细节请参见一篇有更多介绍的相关论文（Das et al.，2012）。

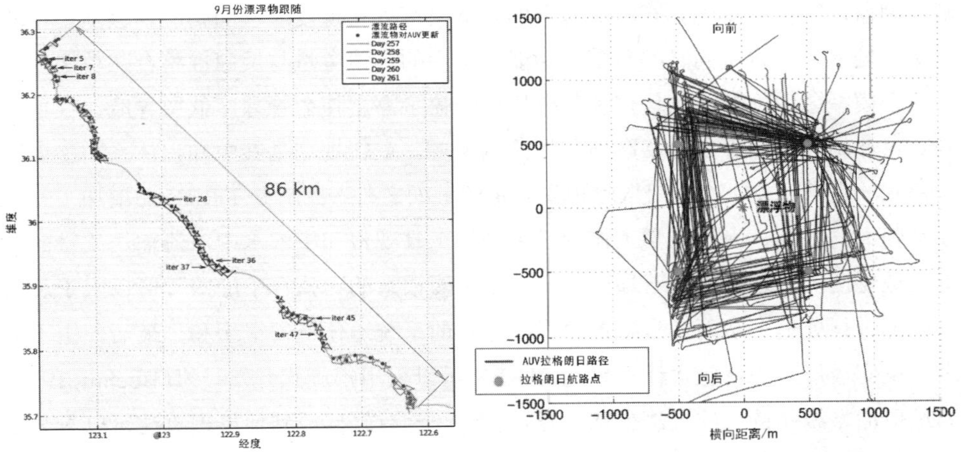

（a）漂浮物在接地参照系的跟随使命　　（b）在漂浮物坐标系中的投影和基于坐标系方位定向得出的航行器有效路径

图9.17　2010年9月在加利福尼亚海岸100海里外的加州海流区域的为期5天的实场试验中，AUV和漂浮物的路径

这个拉格朗日模型有一系列的扩展，使得 AUV 能跟踪任何运动点，这些运动点能够以漂浮物为标志，由岸上运行的海洋预测模型得出，并被其他设备识别（Das et al.，2010b）或被使用决策支持系统的人员识别（Das et al.，2011），可将如叶绿素荧光等作为斑片中心点。这就是基于台式机的 AUV 指令的早期步骤，其中采用了其他场合掺杂用过的各种新型方法（Bresina et al.，2005）。

9.6 结论

AUV 在勘探和采样方面的应用迅速增加。AUV 的持续使用和效能与这些机器人在水体中的适应能力和持久程度相关。传统上，这些航行器的适应性依赖于精心设计的预先规划方案，对非设计状况几乎没有承受能力。在观察动态和偶发现象时处理专业意义上的不确定性已成为海洋科学家了解大规模生态过程的首要任务。在这种情况下，安全和有效地适应需要平衡地考虑使命的目标、环境条件和可获得的资源。

为了应对这些挑战，我们设计、开发、测试和得出了 AUV 日常运行中的一个新控制器，该控制器既具有审慎考量的功能又可以实现反应性的响应。该项工作的新颖之处在于，将不同时间范围和功能范围内的审慎考量与反应性整合在单个代理和单个模型之中，该单个代理和单个模型涵盖了高层使命管理、低层导航、仪器控制、对非结构化和不充分了解现象的检测需要。重新规划是其中知识体系和整体架构范式的自然结果。除不用依赖预先固定的截面之外，控制器 T-REX 还增加了一个非常强大的工具，海洋科学工作者已借助该工具观察和了解水中对流输送质量的微生物进化情况，迄今为止这项工作一直是难度很大的。执行中的故障可以限于反应器局部进行处理，从而使故障扩散可能导致的系统退化变得很缓和。最后，由于使用了反应器形式的自包含计算单元，T-REX 可以采用螺旋式开发技术（Boehm，1986）通过更加系统和持久的方法来逐步开发软件。已有软件或其他推理算法可以封装在这些反应器内，从而使软件容易开发和维护。总之，该系统在人工智能、机器人技术和海洋科学与工程等跨学科领域的实践中取得了长足的进步。该软件是开源的，且可免费提供。据我们所知，就任何领域运营的 AUV 而言，T-REX 都是唯一的机载审议系统。

现仍然面临一些挑战，其中主要是将其扩展用于我们行业经常应用的低带宽通信网络中协调多个航行器。另外一个受到关注的研究问题是采用有人环路模式来加强控制决策，这在对动态沿海环境了解不多的情况下的海洋科学中特别有效。高水平的海洋研究者将其强大的认知技能用于分析零星获得的数据和进行二次采样的数据，并通过人工“反应器”辅助问题求解，以新的方式推动人员—机器人互动的模式发展。该架构本身的一个缺点涉及状态变量建模与反应器设计之间的相互依存。当时间线具有共时交互作用时，应该在单个反应器中对时间线一起进行推理。根据我们的经验，未发现这些想法存在问题。但反应器的设计仍然需要试探式发展；如 Salido 和 Baber（2006）所提的分区约束图开发的技术，或许与这方面的发展有关。

目前，T-REX 在 MBARI 的一个名为"受控、敏捷和新颖观测网络"（Controlled，Agile and Novel Observing Network，CANON）的多年跨学科领域的项目中扮演着重要角色。该项目的重点是了解对局部生态系统具有重大社会影响、迅速演变的沿海海洋进程。该系统的常规化实场部署将形成解决问题所需和技术进步的丰富宝库，其中包括作为船上和陆上两用、有人环路决策的单元应具备的自治功能。CANON 还提供了一个自然实验室，用于对事件驱动的多航行器取样和控制问题进行试验。

致谢

本项目由大卫和露西尔 · 帕卡德基金会给 MBARI 的一项整笔拨款资助；我们还感谢 MBARI 和其他地方的同事和合作者，以及支持我们进行部署的科考船"西风号"（*Zephyr* RV）船员。

参考文献

1. Allen J. 1984. Towards a general theory of action and time. Artificial Intelligence, 23(2): 123-154
2. BedraxWeiss T, McGann C, Bachmann A, et al. 2005. EUROPA2 user and contributor guide, Technical report, NASA Ames Research Center, Moffett Field, CA
3. Bellingham J G, Leonard J J. 1994. Task configuration with layered control. In IARP 2nd Workshop on Mobile Robots for Subsea Environments, Monterey, CA
4. Bird L, Sherman A, Ryan J P. 2007. Development of an active, large volume, discrete seawater sampler for autonomous underwater vehicles. In Proceedings of Oceans MTS/IEEE Conference, Vancouver, Carada
5. Boehm B. 1986. A spiral model of software development and enhancement SIGSOFT Software Engineering Notes, 11: 14-24
6. Bresina J, Jonsson A, Morris P, et al. 2005. Activity planning for the Mars exploration rovers. In International Conference on Automated Planning and Scheduling (ICAPS), Monterey,CA
7. Brooks R A. 1986. A robust layered control system for a mobile robot. IEEE Journal of Robotics and Automation, RA-2: 14-23

8. Carreras M, Ridao P, Garcia R, et al. 2006. Behaviour control of UUV's. In Roberts GN and Sutton R. (eds.), Advances in Unmanned Marine Vehicles. IET, London
9. Ceballos A, Bensalem S, Cesta A et al. 2011. A goal-oriented autonomous controller for space exploration. In Proceedings of 11th Symposium on Advanced Space Technologies in Robotics and Automation (ASTRA)
10. Chien S, Knight R, Stechert A, et al. 2000. Using iterative repair to improve responsiveness of planning and scheduling[C]. In Proceedings of the Fifth International Conference on Artificial Intelligence Planning and Scheduling (AIPS), Breckenridge, co: 300-307
11. Chien S, Sherwood R, Tran D, et al. 2005. Using autonomy flight software to improve science return on earth observing one. Journal of Aerospace Computing, Information, and Communication, 2: 196-216
12. Das J, Maughan T, McCann M, et al. 2011. Towards mixed-initiative, multi-robot field experiments: Design, deployment, and lessons learned. In Proceedings of Intelligent Robots and Systems (IROS) San Francisco, CA
13. Das J, Py F, Maughan T, et al. 2010a. Simultaneous tracking and sampling of dynamic oceanographic features with autonomous underwater vehicles and lagrangian drifters. In International Symposium on Experimental Robotics (ISER) New Delhi, India
14. Das J, Rajan K, Frolov S, et al. 2010b. Towards marine bloom trajectory prediction for AUV mission planning. In International Conference on Robotics and Automation (ICRA), Anchorage, AK
15. Das J, Py F, Maughan T, et al. 2012. Coordinated sampling of dynamic oceanographic features with underwater vehicles and drifters. In International Journal of Robotics Research. (accepted)
16. Davis R E. 1985. Drifter observations of coastal surface currents during CODE: The method and descriptive view. Journal of Geophysical Research, 90: 4741-4755
17. Dechter R, Meiri I, Perl J. 1991. Temporal constraint networks. Artificial Intelligence, 49(1-3): 61-95
18. Finzi A, Ingrand F F, Muscettola N. 2004. Model-based executive control through reactive planning for autonomous rovers. In Proceedings of Intelligent Robots and Systems (IROS), Sendai, Japan
19. Frank J, Jo´nsson A K. 2003. Constraint-based attribute and interval planning. Constraints, 8(4): 339-364
20. Gat E. 1998. On three-layer architectures. In D. Kortenkamp, R. Bonnasso & R. Murphy (eds.), Artificial Intelligence and Mobile Robots : Case studies of Successful Robort Systems, Cambridge, MA: MIT Press: 195-210
21. Gertler M, Hagen G. 1967. Standard equations of motion for submarine simulation. Technical report, David Taylor Naval Ship Research and Development Center, June, Defense Technical

Information Center document, #653861

22. Ghallab M, Nau D, Traverso P. 2004. Automated planning theory and practice. San Francisco, CA: Morgan Kaufmann Publishers Inc
23. Jo´nsson A K, Morris P, Muscettola N, et al. 2000. Planning in interplanetary space: Theory and practice. In Proceedings of Artificial Intelligence Planning and Scheduling (AIPS)
24. Lemai-Chenevier S. 2004. IXTET-EXEC: Planning, plan repair and execution control with time and resource management, Ph.D thesis, Institut National Polytechnique de Toulouse, Toulouse, France
25. Lumpkin R, Pazos M. 2007. Measuring surface currents with surface velocity program drifters. In: A. Griffa et al. (eds.), Lagrangian Analysis and Prediction of Coastal and Ocean Dynamics [M], Cambridge University Press: 39- 67
26. McGann C, Berger E, Boren J, et al. 2009a. Model-based, hierarchical control of a mobile manipulation platform. In 4th Workshop on Planning and Plan Execution for Real World Systems, ICAPS
27. McGann C, Py F, Rajan K, et al. 2009b. Integrated planning and execution for robotic exploration. In International Workshop on Hybrid Control of Autonomous Systems, IJCAI'09', Pasadena
28. McGann C, Py F, Rajan K, et al. 2008a. Adaptive control for autonomous underwater vehicles. In Proceedings of the Association for the Advancement of Artificial Intelligence (AAAI), Chicago, IL
29. McGann C, Py F, Rajan K, et al. 2008b. Preliminary results for model-based adaptive control of an autonomous underwater vehicle. In International Symposium on Experimental Robotics (ISER), Athens
30. McGann C, Py F, Rajan K, et al. 2008c. A deliberative architecture for AUV control. In International Conference on Robotics and Automation (ICRA), Pasadena
31. McPhee-Shaw E. 2006. Boundary-interior exchange. Reviewing the idea that internal-wave mixing enhances lateral dispersal near continental margins. Deep-Sea Research II, 53: 45-49
32. Molcard A, Piterbarg L I, Griffa A, et al. 2003. Assimilation of drifter observations for the reconstruction of the eulerian circulation field. Journal of Geophysics Research, 108(C3): 1-21
33. Muscettola N. 1994. HSTS: Integrating, planning and scheduling, In M. Fox & M. Zweben (eds.), Intelligent Scheduling[M]. Waltham, MA: Morgan Kaufmann Publishers InC. San Francisco, CA, USA: 169- 212
34. Muscettola N, Dorais G, Fry C, et al. 2002. IDEA: Planning at the core of autonomous reactive agents. In Proceedings of 3rd International NASA Workshop on Planning and Scheduling for Space, Houston, Texas
35. Muscettola N, Nayak P, Pell B, et al. 1998. Remote agent: To boldly go where no AI system has gone before. Artificial Intelligence, 103: 5-48

36. Olaya A, Py F, Das J, et al. 2012. An on-line utility based approach for sampling dynamic ocean fields. IEEE Journal of Ocean Engineering. 37(2): 185-203
37. Pyan F, Rajan K, McGann C. 2010. A systematic agent framework for situated autonomous systems. In Proceedings of 9th International Conference on Autonomous Agents and Multiagent Systems (AAMAS), Toronto, Canada
38. Rajan K, Bernard D, Dorais G, et al. 2000. Remote agent: An autonomous control system for the new millennium. In Proceedings of Prestigious Applications of Intelligent Systems, ECAI
39. Rudnick D L, Perry M J. 2003. ALPS: Autonomous and lagrangian platforms and sensors. Workshop Report, Technical report
40. Ryan JP, Johnson S, Sherman A, et al. 2010. Mobile autonomous process sampling within coastal ocean observing systems. Limnology & Oceanograhy: Methods, 8: 394-402
41. Salido M A, Barber F. 2006. Distributed CSPs by graph partitioning. Applied Mathematics and Computation, 183: 212-237
42. Willcox J S, Bellingham J G, Zhang Y, et al. 2001. Performance metrics for oceanographic surveys with autonomous underwater vehicles. IEEE Journal of Ocean Engineering, 26: 711-725
43. Zilberstein S. 1996. Using anytime algorithms in intelligent systems. AI Magazine, 17(3): 73-83

第10章　无人水面航行器的对象跟随

M. Caccia[①]、M. Bibuli[①]、G. Bruzzone[①] 和 L. Lapierre[②]

10.1　引言

本章介绍关于无人水中航行器（UMV）协同路径跟随的实验和理论问题，重点介绍航行器跟随的应用，以及关于制导技术性能评估的恰当指标的设计方法。

无人水面航行器（USV）运行在空气与水面的交界位置，可以在空中、地面和水面的异构载人/无人平台网络中发挥关键作用，拥有这类平台网络是 22 世纪环境监测、边境监视、战争与防卫等应用领域的特征情境。这些平台网络的确可以作为连接空中无线电频谱网络和水下声学频谱网络的通信节点，监测海洋和大气的动态，以及监视来自水面和水下的入侵者。USV 被视为执行大规模探测和支持快速环境评估（Rapid Environmental Assessment，REA）的异构航行器群组的一部分。科研人员研发出了用于科研、水深测绘、防卫和一般机器人研究的航行器样机。

在此背景下，经过对单航行器的导航、制导和控制问题进行研究的前驱阶段，目前的研究重点是与多航行器协同控制和协调控制相关的基本理论和实用问题，从而获得执行不同性质的探测力量。一艘从属 USV 跟随领航船（载人或无人）的简单配置（从属 USV 可自然扩展为一个从属航行器编队）是诸多不同应用的基础。例如，在非常浅的水中（如沿海潟湖和沿海区域）使用垂直回声探测仪和海底线性调频装置进行形态测深探测；为了解决各种应用问题开展的测深包括为评估沉积物分布和质量分类进行测深；为了疏浚操作在港口区域进行测深；为了维护海滩在海岸滑坡区域和沙分布区域进行测深；在人工湖泊区域（包括检查大坝）进行测深。

另一方面，由于已经具备了自主无人驾驶系统和远程监控无人驾驶系统等技术，

---

① 意大利国家研究委员会，自动化智能系统研究所（Consiglio Nazionale delle Ricerche—Istituto di Studi sui Sistemi Intelligenti per l’Automazione, Genova, Italy）。

②法国科学研究中心，蒙彼利埃信息、机器人和微电子技术实验室（CNRS, Laboratoire d’Informatique Robotique Microe´lectronique de Montpellier, Montpellier, France）。

所以需要制定适当的操作规则和法规③。为了填补现有立法的空白，避免引入有关新自主系统技术的风险，要求采取的措施包括确定性能定量评价的指标和基准，执行可重复实验的规程，提供数据集和通用测试平台。

在此框架下，借助 *Charlie* USV 和由 CNR-ISSIA（意大利国家研究委员会一自动化智能系统研究所）开发的 *ALANIS* 双模式航行器，对航行器跟随技术进行了实验验证，并确定了用于定量测评的制导算法性能的简单指标。本章内容的安排如下：10.2 节介绍科学研究和科学应用的 USV 的发展背景，运动控制任务的分类，路径跟随算法的设计和开发，UMV 协同控制的理论和实验结果；10.3 节介绍系统架构；10.4 节介绍基于路径追踪的航行器跟随方法，即基于具有空间和时间约束、主要和次要任务分离的航行器跟随方法；10.5 节介绍实验设施，包括实验场地、*Charlie* USV 和 *ALANIS* 双模式航行器，以及系统整合；10.6 节介绍有关 GPS 性能验证和初步验证的实验结果，其中讨论了执行可重复实验的规程，以及定量性能评估指标的确定；10.7 节总结本章内容，在此将本项研究与不同研究机构进行的类似研究进行了对比，并讨论了成功采用多个 UMV 进行实验的关键问题。

10.2 背景

10.2.1 无人水面航行器：科研用和科学化样机

以 *ARTEMIS*（Manley，1997）为先导，在 19 世纪末麻省理工学院（Massachusetts Instigate of Techndogy，MIT）的“海洋资助学院计划”（Sea Grant College Program）开展了针对开发轻型 AUV 的研究，这些航行器可用作教学工具、精确探测的平台，以及对伴行 AUV 进行通信和导航连接的载体。*ARTEMIS* 是一艘长为 1.37m 的拖网渔船缩尺模型，最初用于 1993 年的船模实验池实验。*ARTEMIS* 配备了电动机和伺服驱动舵，虽然在沿海和公海区域使用它太小了，但 *ARTEMIS* 证明了自动航向控制和基于差动全球定位系统（Differential Global Positioning System，DGPS）方式的航路点导航的可行性，验证了通过无线电连接在远程人工监管下自主收集水文数据

③如欲了解有关无人航行器海上操作的法律问题，读者可参阅“有关自主水中航行器操作规则的问题一参考论文”，由水下技术学会（Society for Underwater Technology）出版。

的可能性。为了增大船的尺寸、提高船的续航力和耐波性，采用一个皮划艇形的平台，将一个长为 3m 的皮划艇船体改为 USV，并在查尔斯河对其进行了测试。由此得出的设计结果在不定海况下具有足够的鲁棒性，但是在采集测深数据时在横摇方向却不够稳定（Manley et al.，2000）。因此，在 1996—1997 年开发的“自主沿海勘探系统”（Autonomous Coastal Exploration System，ACES）选择了一种双体船型，这种船型具有更高的横向稳定性、更大的有效载荷和船体浮力冗余（Manley，1997）。该船由两个商船形体组成，以一个钢制的机械主结构连接，有一个快速释放装置以实现便利运输，配备了 3.3hp 的汽油推进引擎，以及用于计算机、导航和控制系统的电池，还有一个为电池充电的发电机。引擎油门和方向舵由步进电动机驱动。航行器在无线电控制实验中得到了令人满意的性能，只是在高速时存在纵摇趋势和在舵机系统中缺乏反馈传感器。另一个解决方法需要为舷外汽油电动机开发可靠的启动装置和齿轮驱动机构，然而该方法被认为过于复杂，无法进行可靠的自主操作（Manley et al.，2000）。

在 1999 年科研人员对改进版双体船进行了测试，改进版双体船的特点是采用了模块化玻璃纤维塑料复合结构和船体电池（Manley et al.，2000），其主要改进是动力系统和推进系统采用电车的电动机和重型凝胶电池；进一步升级需要安装第 2 台电动机，并采用能够反向驱动电动机的电动机控制器。由于采用了电力驱动电动机，所以控制简单很多。另一方面，整合一个基于可感知反馈位置的对舵控制光学编码器的尝试失败了，由于开发出的这种系统不可靠，从而引入了基于两个电动机差动转速的转向机构。提高了稳定性的平台重新被命名为 Auto Cat，并从人员操作界面、使命规划和计算机架构的角度，与 MIT Odysey 级 AUV 进行了整合。

在 2004 年，麻省理工学院海洋工程系建造了 4 艘名为 *SCOUT*（Surface Craft for Oceanographic and Undersea Testing，海洋地理学和海底测试的水面航行器）的 ASC（Autonomous Surface Craft，自主水面航行器），用于开发与 AUV 协同的鲁棒控制软件（Curcio et al.，2005a）。这些航行器的船体由高密度聚乙烯制成，并装有单板计算机、铅酸电池、Wi-Fi 和无线电调制解调器通信系统。电力驱动电动机用于保障推进；电动机电子控制器用于调节速度；一个改进的伺服电动机转动推进器的垂向轴用于实现转向。免费软件和在 Linux 基础上的 MOOS（Mission Orientated Operating Suite，面向使命的操作套件）操作程序（Newman，2002）支持基于 GPS 和罗盘数据的 PID（Proportional Integral Derivative，比例积分导数）控制。其中，主要的应用侧重于根据海岸警卫队碰撞规则（Coast Guard Collision Regulations，COLREGS）实施基本的自主导航系统（Benjamin and Curcio，2004），以及利用 USV 开发和测试水下航行器分布式声导航算法（Curcio et al.，2005b）与远程自适应海洋地理学取样和建模（Curcio et al.，2008）。

在 1998—2000 年，德国联邦教育、研究和技术部赞助了 MESSIN 项目，该项目用于开发和测试用于高精度定位和追踪制导的 USV 样机 *Measuring Dolphin*（“测量海豚”），该 USV 样机还可在浅水区携带测量设备（Majohr and Buch，2006）。用玻璃纤维材料建造的 SWATH 型船体，在优化装载能力的同时，还可以良好地消减波涛对船体运动的影响。用一个带有对转螺旋桨的舵保障推进和转向，同时还开发了混合能源供应系统（铅酸蓄能器和发电内燃机）。精确的 DGPS、基于罗盘的导航及基于模型的 H2 自动航向控制，使航行器能够应用 MESSIN 进行深度和海流图形测量。

在 1997—2000 年，欧盟资助的 ASIMOV 项目（Advanced System Integration for Managing the coordinated operation of robotic Ocean Vehicles，管理机器人海洋航行器协调操作的先进系统整合）提出了以下想法：采用 USV 作为通信中继实现与伴行 AUV 之间快速直接的声学通信连接（Pascoal et al.，2000）。里斯本高级技术学院（Instituta Superior Tecnico of Lisbon）设计并开发了 *DELFIM*，这是一艘 3.5m 长的双体船，其特点是具有能够携带声学换能器的翼型中央结构，并由电动机驱动双叶螺旋桨推进（Pascoal et al.，2006）。导航、制导和控制及使命控制由机载常驻系统管理，在管理过程中该系统要使用从姿态参照单元（关于姿态参照单元的概念见 12 章 12.5.1 节，译者注）、多普勒测速仪和 DGPS 等获得的传感器数据。该航行器还用作收集测深图和海洋数据的独立单元，其后继者 *DELFIMx*（关于 *DELFIMx* 的资料见 12 章，译者注）的设计旨在提高航行器的自主性、改善水动力特性和承载异质科考设备的有效载荷能力（Gomes et al.，2006）。除了 *DELFIM* USV 家族，里斯本高级技术学院还开发了“卡拉维拉”航行器（Alves et al.，1999），这是一艘远程自主科考航行器，用于测试航行器/使命控制，以雷达的障碍规避为基础的先进概念，以及为海洋科学界演示技术。两台柴油发电机为一组电池充电，推进功能由航行器尾部的两个电动螺旋桨保障。另外，在 ISEP-IPP（Porto Polytechnic Institute，波尔图理工学院）的自主系统实验室中，开发了一对 USV，分别是小型自主水面艇 *ROAZ*（“罗亚兹”）和用于海洋作业的 *ROAZ* II（“罗亚兹 2”）。这些航行器用于完成环境监测、水深测量、科学数据收集、搜救支援及安全等使命（Martins et al.，2006）。英国普利茅斯大学开发了一种电动双体 *Springer* USV（“斯普林格” USV），该双体船长约 3m，高约 1.5m，用于监测和跟踪水污染（Xu et al.，2006）。

顺应多用途微层取样器（Multi-Use Microlayer Sampler，MUMS）的发展趋势，在意大利国家南极研究计划（National Program of Research in Antarctica，NPRA）的框架内，开发了用于海面微层取样的无线电控制双体船；在 2002—2004 年，CNR-ISSIA 设计开发了自主双体船 *Charlie*（“查理”）USV，最初为支持传感器和采样器用于研究南极洲的海洋—空气界面而设计，并于 2004 年对该区域进行了开采（Caccia et al.，2005）。从 2005 年起，*Charlie* USV 担任机器人研究平台，使在异质研究项目基础上合作的不同研究团队提出与开发的算法、方法能够得到实验验证（Caccia et al.，2009a）。最近，该航行器支持了许多沿海区域的作业，并通过采取双通信系统、声学整合和使命控制等方法克服了最常见的操作问题（Bruzzone et al.，2011）。

在民用作业情境“浅水影响扫雷系统”（Shallow Water Influence Mine Sweeping System，SWIMS）的基本概念中成功地演示了一种转换装置，该装置可将标准 RIB（Rigid Inflatable Boats，刚性充气艇）转换为遥控 RIB，以实施排雷任务（Cornfield and Young，2006）；CNR-ISSIA 于 2008 年开发了 *ALANIS*（“阿兰尼斯”）双模式航行器应用于民用作业情境，*ALANIS* 双模式航行器为两用模式，即有人/无人驾驶模式的沿海监测铝制艇型航行器，配备了一个电动绞车，可通过船体上的一个洞孔自动布放和回收科学仪器（Caccia et al.，2009b）。*ALANIS* 是 Aluminium Autonomous Navigator for Intelligent Sampling 的缩写，意为“智能取样的铝制自主导航器”。有关 *Charlie* USV 和 *ALANIS* 双模式航行器样机的技术细节，读者可参阅 10.5.2 节。

10.2.2　任务分类

在处理航行器沿一般曲线行驶的问题时，关于机器人方面的文献将基本任务分为 3 类，主要根据空间和时间的约束进行划分。

轨迹追踪（Trajectory-tracking）是指要求航行器追踪一个含有时间参数的参照物的任务，即要求航行器必须在给定的时间位于给定的位置。对于全驱动系统，这个问题可以采用高等非线性控制方法解决（Fierro and Lewis，1997；Jiang and Nijmeijer，1997）；而对于欠驱动航行器，即航行器的自由度小于要追踪的状态变量自由度时，这个问题仍然非常重要（Aguiar and Hespanha，2007）。

路径跟随（path-following）指要求航行器收敛到某个路径并跟随该路径的任务，此时没有任何时间规定。在这种情况下进行的假设是航行器的前进速度要遵循一个预期的速度模式，而控制器根据航行器的方向进行控制以驱使航行器按要求的路径运动。与轨迹追踪控制器相比，路径跟随控制器通常能够使航行器更平滑地收敛到预期的路径，而不太可能迫使控制信号趋于饱和（Encarnacao and Pascoal，2001）。

实际上，可以将轨迹追踪任务在空间和时间上的约束分离，并优先考虑空间约束任务，即航行器首先设法沿某路径运动，然后将与该时刻的预期位置的距离减小到零，从而部分地完成对空间和时间具有约束的轨迹追踪任务。这就是所谓的路径追踪（path-tracking），即要求航行器追踪沿预定路径运动的目标。例如，在目标比从属航行器速度快的情况下，从属航行器将沿着预期的路径运动，其与目标之间的距离逐渐增大。

在 Aguiar 等（2009）的论文，针对以上概括的任务，以及将其推广到一个航行器编队协同作业的情况进行了扩展讨论。其中，对协同路径跟随（cooperative path-following）的问题进行了详细讨论，此时要求航行器编队追踪一组预设空间路径且保持预期编队的模式和速度；还详细讨论了协同目标跟随（cooperative target-following）和协同目标追踪（cooperative target-tracking），此时分别要求航行器编队在空间上跟随运动目标或在空间和时间上同时追踪运动目标。

轨迹追踪和路径追踪是目标跟随/追踪系统的基本组成部分。特别是在许多海事应用中要求多艘航行器跟随特定路径，从而采用不同的传感器观察同一区域，或者以多个传感器覆盖大面积区域，此时航行器跟随问题将简化为路径追踪问题而不是轨迹追踪问题，其中，路径根据目标航行器的运动在线确定。

10.2.3 路径跟随

如上节所述，路径跟随是路径追踪系统的重要组成部分。路径跟随问题最初在有关轮式机器人的文献中提出过。对于航行器而言，路径跟随包括确定、计算和减小航行器与路径之间的距离，以及确定、计算和减小代表航行器速度的向量与路径切向的角度，使距离和角度均为零。在水中机器人的文献中，Pascoal 等（2006）提出了一种基于增益调配控制理论和调整路径的广义误差向量线性化求解方法，并在 *DELFIM* ASV 上实现了运行。由于该方法只验证了局部稳定性，所以进一步研究的重点是建立能够保证全局稳定性的非线性控制设计方法。关于这方面的研究以 Aicardi 等（1995）提出的关键思想为指导，即对沿着需要追踪的"虚拟目标"（也命名为兔子）预期路径的步进速率进行控制。这使我们可以绕过奇点的问题，当目标定义为真实航行器在路径上的简单投影时，奇点就会出现。轮式地面机器人的原始构想可在 Lapierre 等（2003）的研究中找到，而在 Lapierre 和 Soetanto（2007）的研究中则提出了将其与反步进控制设计方法相结合并在 AUV 上应用的观点。Bibuli 等（2007）介绍了对 USV 的初步实验验证，表明了该方法具有可行性，但是还存在操纵机械结构应力过大的问题。这个问题现在已经解决了，需要改进的是在对海流进行补偿时，保证航行器沿着一条绕预期路径为轴线的通道运动，这是通过采用一个传统的增益调配 PI（Proportional Integral，比例积分）转首速率控制器（Bibuli et al.，2009）在运动学层面整合一个基于虚拟目标的制导模块实现的。例如，在实场试验中展示的，通过在进入转弯和航行器方向偏离所要求路径的进入角度较大的情况下引入试探法降低速度，此方法提高了算法跟随预期路径的性能。还有 Gomes 等（2006）已经讨论过利用预览控制器设计技术提高路径跟随性能的可能性。有关基于虚拟目标路径跟随方法的详细讨论，可参阅 10.4.1 节。

Indiveri 等（2007）采用的方法已经明确地处理了航行器欠驱动的问题，该方法令误差变量在整体上鲁棒地趋于零，Bibuli 等（2008）采用实验台上的 USV 对该方法进行了实验验证。在 Breivik 和 Fossen（2008）的文献中讨论了制导系统的功能，其中，计算了物理系统实现自主功能需要的所有参照信号，文献中还讨论了在运动学层面建立制导理论从而使其尽可能通用的必要性。若将路径切向速度作为虚拟输入，则沿轨迹的误差是稳定的，而且在速度无限界的条件下证明了原点具有整体上的一致指数稳定性。此外，还针对环境扰动补偿提出了一种引入积分过程的参数适应技术。

10.2.4 UMV 的协同与协调控制实验

在过去的几年里，利用 USV、AUV 和载人船舶的组合对多航行器协同制导和控制进行了大量的初步实验。虽然关于这方面的首次演示是为了验证基于 COLREGS（Collision Regulations，国际海上避碰规则）的 UMV 防碰撞性能，采用自主皮划艇 *SCOUT*（Benjamin et al.，2006）进行测试，但后续研究主要是在 REA（Rapid Environmental Assessment，快速环境评估）框架下收集测深数据的驱动，因此重点关注小尺寸 USV 群组在主船两侧跟随的操作情境。在这个背景下，实场试验主要用于演示航行器跟随、协同路径跟随和目标追踪，以及在通信条件较差的情况下进行多航行器使命协调。

2008 年 9 月，在挪威的特隆赫姆峡湾进行了世界上首次针对民用的实场试验，其以一艘最大速度为 18kn，长为 8.5m 的改装休闲艇作为 USV，以一艘最高速度为 13kn，长为 30m 的科考船作为载人探测船（Breivik，2009）。第二年再次进行了实验，这次有几艘从属航行器跟随主航行器（Breivik，2010）。实验中考虑了两个操作案例：分别为海上探测和向港口停靠。在海上探测测试中，为了加强载人探测船的基本能力，两艘 USV 航行编队追踪单独指定的虚拟目标运动，虚拟目标按照相对主航行器构成的探测队形确定，为了进行海底测绘，3 艘船都配备了单束回声探测仪。在向港口停靠的测试中，USV 的虚拟目标点位于沿主航行器纵轴朝向船后的一条假想线上，分别位于船后 40m 和 80m 处，保持这种队形，3 艘船进入特隆赫姆港。

由欧盟资助的 GREX 项目（IST-Project-No.035223），开展了关于不确定环境下协同异构无人系统协调与控制的研究，支持了理论工作，以及初步演示了多个 UMV 协同控制（关于 GREX 项目，见 12 章的相关介绍，译者注）。第 1 阶段进行了初步实验，2008 年 5 月，由亚速尔岛上的里斯本高级技术研究所的研究人员采用 *DELFIMx* ASV 跟随有人驾驶艇 *Aguas Vivas*（关于 *DELFIMx* 和 *Aguas Vivas* 的实验活动见 12 章的有关介绍，译者注），该项初步实验的目的是验证航行器路径跟随和目标跟随等基本功能的执行情况（Aguiar et al.，2009）。第 2 阶段，2008 年 11 月，在法国土伦地区采用 IFREMER（法国海洋探测研究院）的 *Asterx* AUV 和 *ortex* AUV 进行了实验，旨在评估协调多个 AUV 在非常有限的水声通信条件下进行操作的可能性（Alves et al.，2009）。在这些实验中，当速度较快的 *Asterx* AUV 测量到一个过度协调误差时会发送一个目标点的坐标，速度较慢的 *ortex* AUV 必须达到该目标点，同时 *Asterx* AUV 围绕等待位置盘旋。第 3 阶段，2009 年 11 月，在葡萄牙的塞辛布拉对里斯本高级技术学院的 *DELFIM* USV 和 *DELFIMx* USV，Atlas Elektronic 集团的 *SEABEE* AUV，IFREMER 的 *ortex* AUV 等异构航行器进行了协调路径跟随实验（Kalwa，2010）。通过无线电通信联系且在水面上运行的航行器必须跟随由运动路径基元组成的路径，即由弧线连接的两段直线构成的路径，同时这些航行器需要保持同轴队形，即沿着垂直于路径的直线排列。

与此同时，还利用自主皮划艇 *SCOUT* 评估 AUV 和 USV 在执行海上搜索任务的自主协调能力。例如，在执行反水雷任务时的自主协调能力（Shafer et al.，2008）；在进行海洋地理学数据自适应采集时，采用多艘 USV 揭示声速分布模式（Curcio et al.，2008）。

在南加利福尼亚大学（Arrichiello et al.，2010）进行了一项非常有趣的实验，即研究两艘 USV 搜寻漂浮目标并将其引导到指定位置的协同操作。零空间行为（Null Space-based Behavioural）控制能够将多种专门为欠驱动航行器开发的优先编组的基本任务与运动指令结合起来。2010 年，北约海底研究中心（NATO Undersea Research Centre，NURC）和扎格雷布大学合作，对反水雷的数据反应性协作系统（data-reactive collaborative system）进行了初步实验评估（Djapic and Nad，2010）。实验操作的基本概念包括一艘 USV 在成像声呐的视野内追踪、扫描和维护目标，在此期间需要补偿风、浪和水流的影响，并引导低成本、简化的 UUV 布放有效载荷维持目标平衡漂浮，而该 UUV 由成像声呐本身追踪。

10.3　系统架构

将航行器跟随任务简化为将导航数据从领航船传送到从属航行器，并由从属航行器执行路径追踪系统，如 10.2.2 节所述。按照 Breivik 和 Fossen（2008）提供的准则，以及先前在设计 *Charlie* USV 的导航、制导和控制系统（Navigation、Guidance and Control，NGC）方面的经验（Caccia et al.，2008），将制导保持在运动学层面上，以使其尽可能通用。如此处理的结果是形成一个双循环分层制导和控制架构，实现运动学和动力学解耦（见图 10.1）。

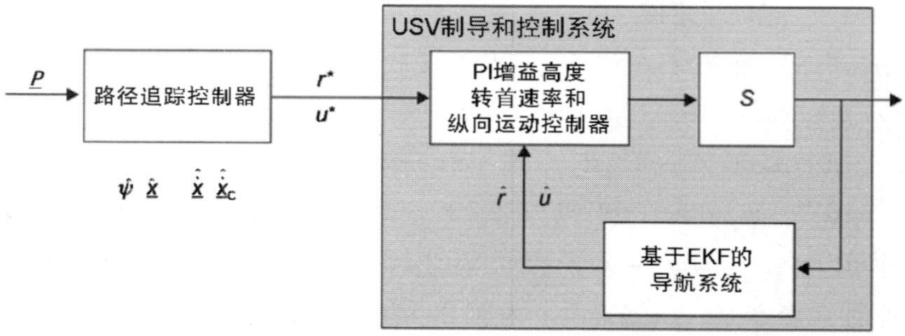

图10.1　航行器跟随：双嵌套环路导航和控制架构

由外部制导环路进行位置控制，根据具体任务（在此具体任务为路径追踪）确定恰当的速度参照。路径是由从主航行器接收的航路点序列生成的。动力控制器必须使航行器的实际旋转速度和线速度以足够的精度追踪参照值，以保障系统的整体稳定性。针对 *Charlie* USV，导航系统采用基于模型的（model-based）扩展卡尔曼滤波器估算航行器的位置 $\hat{x}$、方位 $\hat{\psi}$ 和速度 $\hat{\dot{x}}$，以及在接地标架<e>中的海流速度 $\hat{\dot{x}}_{\mathrm{c}}$，在随体标架<b>中的纵向运动速度 $\hat{u}$ 和转首速率 $\hat{r}$。根据闭环特性方程，遵循增益调配方法设计了 PI 型线速度和角速度控制器，以保障完成特定行为。关于 *Charlie* USV 的 NGC 系统的详细讨论参见 Cacia 等（2008）的研究工作。在此只需要指出，根据 10.4 节的讨论计算得出的运动学路径追踪制导法则，提供了更低层次的 PI 型转首速率和纵向运动速度的动力控制器。虽然没有给出系统稳定性的严格证明，但假定运动控制器的参数设置可以使参照转首速率 r*和参照纵向运动速度 u*足够小，可以由动力控制器很好地追踪。总之，基于 Cacia 等（2008）的经验，运动学和动力学控制器参数的调谐通常是相当简单的。

10.4 航行器跟随：路径追踪系统设计

10.4.1 基于虚拟目标的路径跟随系统设计

基于虚拟目标的路径跟随方法的关键思想是考虑目标点，以及与之相关联的 Serret-Frenet 标架<f>，标架<f>按照确定的控制法则沿着路径运动，而不是位于距离路径最近的点，按照这种途径得出一个附加的控制器设计参数。

10.4.1.1 运动学建模

Serret-Frenet 标架<f>与路径上某点 P 关联，该点相对于接地参考标架<e>的位置向量为 $\boldsymbol{p}=[x_P, y_P, 0]^{\mathrm{T}}$，如图 10.2 所示。

位于航行器形体上的 B 点关于<e>和<f>的坐标分别为 $\boldsymbol{x}=[x, y, 0]^{\mathrm{T}}$，$\boldsymbol{x}=[s_1, y_1, 0]^{\mathrm{T}}$。$\psi_{\mathrm{f}}$ 表示在 P 点与路径相切的方向，ψ_{e} 表示航行器绝对线速度 $[\dot{x}, \dot{y}, 0]^{\mathrm{T}}$ 的方向，$\beta=\psi_{\mathrm{e}}-\psi_{\mathrm{f}}$ 表示 USV 的实际速度与在路径上运动的虚拟目标速度之间的夹角。令 $r_{\mathrm{f}}=\dot{\psi}_{\mathrm{f}}$，$s$ 为沿着路径的带符号曲线坐标，$c_{\mathrm{c}}(s)$ 和 $g_{\mathrm{c}}(s)=\mathrm{d}c_{\mathrm{c}}(s)/\mathrm{d}s$ 分别表示路径曲率及其导数，则下列表达式成立：

$$r_{\mathrm{f}}=c_{\mathrm{c}}(s)\dot{s}$$

$$\dot{c}_c(s) = g_c(s)\dot{s}$$

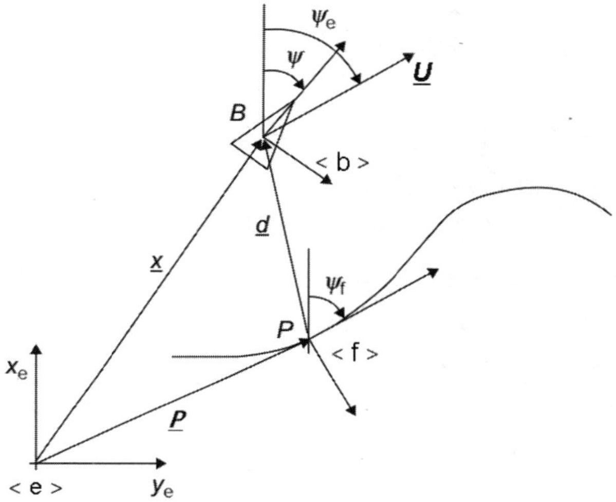

图10.2　路径跟随运动学：符号意义

经过简单运算[详见 Bibuli 等（2009）的研究]，将航行器的绝对线速度表示为 $U = \sqrt{\dot{x}^2 + \dot{y}^2}$，则可得到航行器在（$s, y$）的运动学模型为

$$\dot{s}_1 = -\dot{s}(1 - c_c y_1) + U\cos\beta$$

$$\dot{y}_1 = -c_c \dot{s} s_1 + U\sin\beta$$

$$\dot{\beta} = \dot{\psi}_e - c_c \dot{s}$$

如 Bibuli 等（2009）所述，在标架<e>中航行器速度方向的变化 $\dot{\psi}_e$ 具有与海流相关的时变参数 $\eta(t)$ 的函数，可表示为

$$\dot{\psi}_e = r\left[\frac{u_r^2}{U^2} + \frac{u_r}{U^2}(\dot{x}_c\cos\psi + \dot{y}_c\sin\psi)\right] = r\eta(t)$$

式中，r 是航行器的转首速率；u_r 为航行器相对于水的速度；$[\dot{x}_c, \dot{y}_c, 0]$ 为海流水平速度。事实上，考虑到航行器相对于水的纵向运动比相对于海流运动具有更大影响的典型操作条件，即 $\sqrt{\dot{x}_c^2 + \dot{y}_c^2} < u_r$，扰动函数 $\eta(t)$ 总是正值，永远不会达到零值。

10.4.1.2　运动学制导

路径跟随问题的求解可以表达为使航行器与路径上一个点 P 之间的距离为零，以及航行器的总速度向量 $\boldsymbol{U}$ 与路径在 P 点的切线间夹角 β 为 0。正如在 Lapierre 和

Soetanto（2007）的研究中讨论的控制器的稳定性本质上是在 Barbalat 引理和 LaSalle 定理的基础上展开的。由于 LaSalle 定理的应用仅限于自主系统，所以假设预期的前进速度为常数，可以认为该系统是自主的。现在进一步介绍基于李雅普诺夫控制器的主要步骤。

首先，将预期路径的进入角 φ 定义为 Serret-Frenet 标架<f>中距离 y_1 的函数，y_1 为从 USV 到路径在 P 点的切线的距离。

函数 $\varphi(y_1)$ 必须满足约束 $\varphi(y_1) < \pi/2$，$y_1\varphi(y_1) \leqslant 0$，$\varphi(0) = 0$，这意味着航行器正朝向预期路径运动，并且一旦处于这种状态就会保持。可供选择的一种 $\varphi(y_1)$ 是双曲正切型函数 $\varphi(y_1) = -\psi_a \tanh(k_\varphi y_1)$，该函数以增益 $k_\varphi > 0$ 和攻角 $0 < \psi_a < \pi/2$ 参数化。

然后，考虑候选李雅普诺夫函数满足 $\dot{V} = 1/2(\beta - \varphi)^2$，使航行器的进入角 β 追踪预期的进入角 φ。当选择控制法则为

$$r_{\text{ref}} = \frac{1}{\eta(t)}\left[\dot{\varphi} - k_1(\beta - \varphi) + c_c(s)\dot{s}\right]$$

则其时间导数为半负定，$\dot{V} = -k_1(\beta - \varphi)^2$，式中，$k_1 > 0$。

因为 V 有下界且一致连续，由 Barbalat 引理可导出 $\lim_{t\to+\infty}\dot{V} = 0$。此外，控制法则使变量 β、s_1 和 y_1 有界并趋近 $\dot{V} = 0$ 形成的集合 E。可对集合 E 中的反馈控制系统的运动进行研究，在此考虑李雅普诺夫函数满足 $\dot{V}_E = 1/2(s_1^2 + y_1^2)$。

计算出其时间导数 $\dot{V}_E = 1/2(U\cos\beta - \dot{s})s_1 + Uy_1\sin\beta$，显然在目标 Serret-Frenet 标架<f>中的速度 $\dot{s}$ 构成了一个额外的自由度，可以进行控制以保证航行器的运动收敛到预期的路径。事实上，考虑在集合 E 中对 $\varphi(y_1)$ 使得 $\beta = \varphi(y_1)$ 和 $y_1\varphi(y_1) \leqslant 0$，则控制法则为

$$\dot{s}_{\text{ref}} = U\cos\beta + k_2 s_1$$

式中，$k_2 \geqslant 0$ 将保证 $\dot{V}_E \leqslant 0$。$\dot{V}_E$ 是有界的，根据 Barbalat 引理有 $\lim_{t\to+\infty}\dot{V}_E = 0$，这反过来意味着集合 E 中的所有轨迹都满足 $\lim_{t\to\infty} s_1 = 0$ 和 $\lim_{t\to\infty} y_1 = 0$。因此，可以保证变量 β、s_1 和 y_1 均收敛于 0。

由虚拟目标原理在系统中引入的额外自由度消除了 Micaelli 和 Samson（1993）曾揭示的路径跟随问题中典型的奇异性。将路径上的最近点作为航行器要追踪的目标，对控制功能的作用范围产生了严重限制。虚拟目标允许将这个作用的范围扩大到整个空间，从而消除奇点。

由于在小的 USV 上并不总是可以得到海流测量结果，而且其估算可能不精确或噪声很大，因此有些操作条件可能需要采用可以忽略这类扰动的制导法则。如上所述，海流引起的扰动$\eta(t)$总是正值而且绝不会为零值，因此假设$\eta(t)=1$，即忽略海流的影响，于是可以得到关于r的相应制导法则为

$$r_{\text{ref}}=\dot{\varphi}-k_1(\beta-\varphi)+c_{\text{c}}(s)\dot{s}$$

并且可得V的导数为$\dot{V}=-k_1\eta(t)(\beta-\varphi)^2+\left[\eta(t)-1\right](\varphi+c_{\text{c}}\dot{s})(\beta-\varphi)$，其在以 0 与$\left\{\left[\eta(t)-1\right]/\left[k_1\eta(t)\right]\right\}(\varphi+c_{\text{c}}\dot{s})$为限界的区间以外为负，该区间确定了一个管型域，管型域是以保证系统遵循的路径为轴，环绕该轴形成的空间。

10.4.1.3　试探法

受到水的最大转首速率和非常态横向运动的限制，处于定常纵向运动下的 USV 在急转弯时需要在前进航向上执行大的 U 形掉头，否则将滑离路径。通过模仿人类驾驶车辆时的一般行为，即采用试探法可以减小这种影响：当接近曲线或需要复杂的运动时，与操作人员预期的或使命控制器预设的速度U_{ref}相比，前进速度会降低。

假设航行器的速度在最低速度$U_{\min}$和最高速度$U_{\max}$之间，其中，$U_{\min}$是舵转向系统操纵能力所需的最小速度，根据试探法则，当航行器的运动方向远离所需航向时将降低纵向速度从而使纵向速度加速收敛到预期的进入角。可根据控制器要求的实际转首速率调整纵向速度从而完成上述过程，即纵向速度参照值可表示为

$$\overline{u}_{\text{ref}}^{[1]}=\left[(U_{\max}-U_{\min})/2\right]+\left[(U_{\max}+U_{\min})/2\right]\left[\cos(\pi r_{\text{ref}}/r_{\text{sat}})\right]$$

式中，r_{sat}为航行器的最大转首速率。由于该表达式包含控制输入r_{ref}，所以式中包含有转首运动输入与纵向运动控制输入之间的耦合项。据作者所知，该方法形成的代数环路会导致纵向速度减小。

此外，航行器的速度应随着预测界限内的路径最大曲率预报值而减小，该速度参考值可表示为$\overline{u}_{\text{ref}}^{[2]}=U_{\min}+(U_{\max}-U_{\min})[1-\tanh^2(k_{\text{u}}c_{\max})]$，式中，$k_{\text{u}}$是自由参数，$c_{\max}$是预测限界内的路径曲率最大值。

因此，调整后的最大参照纵向速度应根据$\overline{u}_{\text{ref}}^{[1]}$、$\overline{u}_{\text{ref}}^{[2]}$中的最小者进行计算。

10.4.2　路程控制设计

一旦从属 USV 到达目标路径后，从属 USV 就必须追踪其到达主导航行器之间的预期路程。航行器之间的路程D可以根据使命要求按不同的方式定义，最常用的

是取航行器之间的直线路程，即 $D = x_{\text{Leader}} - x_{\text{Follower}}$；或者取它们之间的曲线路程，即取各自的曲线坐标之差 $D = s_{\text{Leader}} - s_{\text{Follower}}$。将路程误差定义为 $e_s = D - D_{\text{ref}}$，已实施的最简单的求解方案是令 $e_s \to 0$，一种生成纵向速度参照信号 U_{ref} 的 PI 控制法则。通过引入连续饱和函数，可以改进这种基本求解方案，从而将计算的纵向速度参照值限制在最小值和最大值之间，为低阶纵向速度控制器生成可行的参照信号 u^*，如下所示：

$$u_{\text{ref}} = u_{\text{ff}} + K_p e_s + K_i \int e_s \mathrm{d}t$$

$$u_{\text{ref}}^{\text{sat}} = \frac{U_{\max} + U_{\min}}{2} + \frac{U_{\max} - U_{\min}}{2} \tanh\left(\lambda u_{\text{ref}} - \frac{U_{\max} + U_{\min}}{2}\right)$$

式中，K_p 和 K_i 分别是控制器的比例增益和积分增益；λ 是增益因子；u_{ff} 是主导航行器的前进速度，可以直接从主导航行器本身传递得到或由从属航行器计算得到，如可采用经典的数值求导方法或某种过滤器得出。

10.5　实验安排

在意大利的热那亚普拉港（见图 10.3）内的划艇赛场，分别于 2009 年 7 月和 2011 年 7 月以 *Charlie* USV 和 *ALANIS* 双模式航行器进行了 2 期实验。

图10.3　热那亚普拉港实验场

第 1 期实验根据意大利海军水文研究所规定的要求，侧重于高精度航行器跟随，从而完成对技术可行性的初步演示验证，并验证控制、通信和感知系统等方面的基本架构要求。实验是在受保护的环境中进行的。第 2 期实验的重点是进行可重复实验，以便根据专门设计的指标对所提方法的性能进行定量评估。为了达到此目的采用了虚拟主导航行器，该虚拟主导航行器沿着以前实验中记录的轨迹运动。

10.5.1　航行器

10.5.1.1　*Charlie* USV

Charlie USV 是一艘小型自主双体船样船，长 2.40m，宽 1.70m，重约 300kg（见图 10.4）。

图10.4　在热那亚普拉港实验场测试的*Charlie* USV

该船最初由 CNR-ISSIA（意大利国家研究委员会—自动化智能系统研究所）设计和开发，用于在南极对海面微层进行采样和收集海—空界面数据（Caccia et al., 2005）。*Charlie* USV 由两个直流推进器推动，其转速由两个伺服功放器控制，形成了一个闭环硬件推进器转速控制环路，时间常数可以忽略不计。在 2005 年，两个船尾螺旋桨转速差的原转向系统得到了升级，其被改进为采用基于舵的系统，由两个刚性连接的舵组成，位于螺旋桨后面，由无刷电动机驱动。航行器标准导航包由整合了 KVH 方位角陀螺仪（KVH Azimuth Gyrotrac）的 GPS Ashtech GG24C 构成，若给出测量的“磁北极”和 GPS 提供的地理坐标，则该系统能够计算出“真实北方”

(True North)。电源由 4 个 12V 的 40Ah 铅电池提供，整合了 4 个 32W 的三结柔性太阳能电池板。嵌入式实时控制系统使用 C++程序开发，完全以 Bruzzone 和 Caccia（2005）讨论过的标准 GNU/Linux 为基础，并且可在商用硬件上运行，商用硬件包括支持串行和以太网通信的单板计算机，提供数字和模拟 I/O 的 PC-104 模块。*Charlie* USV 的 NGC 系统可执行基本的自动驾驶功能，即航向和速度控制，以及自动的航线跟随（Caccia et al.，2008）和一般的路径跟随（Bibuli et al.，2009）等功能。使命控制系统可以处理路径序列在线重新配置的问题，以及按预定集合内实时确定的步骤继续执行使命的同时，让操作人员获取/释放航行器的控制。此外，USV 系统可以作为高带宽声学设备的载体。例如，作为侧扫声呐和多波束声呐的载体，通过其多信道通信系统支持对其工作质量进行远程监控（Bruzzone et al.，2011）。实际上，通信是由一个高度可靠的无线电通信系统，结合高带宽但不太可靠的无线信道保障的。

10.5.1.2　*ALANIS* 双模式航行器

ALANIS 双模式航行器（Caccia et al.，2009b）的船尾有一个直径为 0.20m 的孔，用于通过绞车布放和回收科学仪器，如图 10.5 所示。

该航行器长 4.5m，宽 2.20m，重 600kg，具有装载能力为 800kg 的铝质船体，以及多个独立的水密隔舱。在基底上焊接了两根横杆，用于安装驾驶控制台、电池箱、绞盘和各种通用设备。船尾的孔可以用一个塞子封闭，塞子插入后可以平滑地延续船体轮廓。40hp 的舷外电动机保证推进动力，通过电动机相对于其垂直轴的旋转实现转向。为了对航行器进行双重操作，即载人和无人驾驶，设计并开发了一个手动连接－脱开电动机械系统，用于伺服驱动转向和油门。一对分别连接转向轴和油门的减速齿轮由两台伺服无刷电动机控制。油门和转向自动化机构可以通过一个主开关进行快速电动连接和脱开，该机构还可以机械地操作两个旋钮，旋钮连接或脱开自动化齿轮箱以拧紧或松开各自的螺纹杆。在每个子系统的两道通路引入一对微开关，使航行器能够发出到达安全极限的信号，以及在初始化过程中确定绝对已知位置。科学仪器的自动布放和回收系统以航行器控制系统导引的伺服无刷电动机驱动绞车为基础实施。长 200m 的电缆包含 5 根用于电力的电线，2 对用于数据的双绞线，1 条用于视频传输的双绞线，以便航行器能够支持不同的有效载荷。微型开关用于发出科技设备完全回收的信号。布放出的电缆量根据位于滑轮上的两个磁控开关产生的信号进行计算。舷外电动机的油箱容量为 65L，可供航行器自主运行约 12h，油箱亦由铝质材料制成，嵌入基底下面的船体。包含 4 块铅电池（每块 42Ah，12V）的一组电池为控制系统的电子器件和传感器供电。

图10.5　*ALANIS*双模式航行器

10.5.2　系统整合

由操作人员驾驶 *ALANIS* 双模式航行器进行了初步实验，目的是验证所提技术和基本的系统架构的可行性。出于对安全方面的考虑，在有娱乐交通的地区执行自动协调操控时由负责人员对各航行器实行严格的视觉管控，所以设有 *Charlie* USV 的基本操作站，操作站拥有一台手提电脑和一个无线通信装置并安装在 *ALANIS* 双模式航行器上。主导航行器的基本导航信息通过 436mHz 的无线调制解调器信道传输给从属 USV，传输速率为 2400bit/s。这个附加链接被从属控制系统视为传感器，提供航行器跟随的导航模块要求的测量数据，即 GPS 位置、航向和速度。由此产生的通信方案如图 10.6 所示。

此外，两艘航行器通过配备了两台 95%精确度的 Omnistar HP-8300 高定位 GPS 接收器，提高了其定位性能和导航精度，配备的 GPS 接收器由意大利海军水文研究所提供。

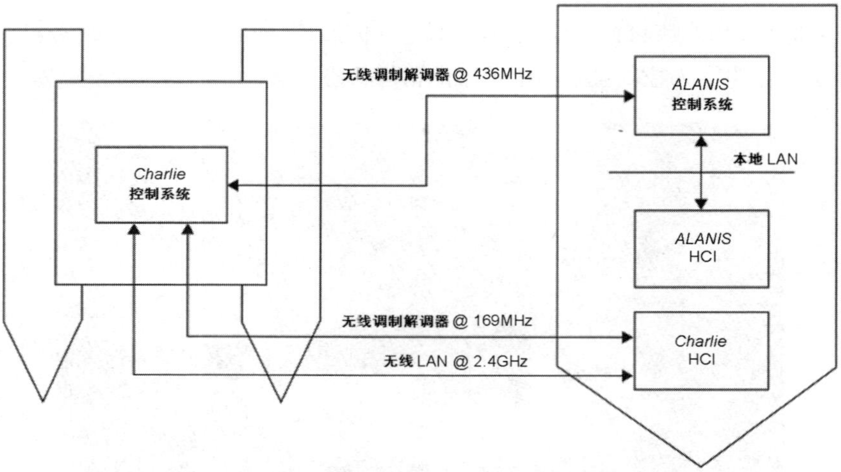

图10.6 *Charlie-ALANIS*通信方案

为了进行可重复的实验，通过特定的软件任务实现了虚拟主航行器的功能，该软件任务将预先记录的导航数据以恰当的时间间隔发送至 *Charlie* 控制系统。对于这种情况，USV 的操作人员工作站安装在港口码头上，并通过高带宽无线，以及安全的无线电与 *Charlie* USV 关联。

10.6 实验结果

10.6.1 GPS 性能验证

为了评估不同 GPS 传感器的精度，科研人员进行了初步实验。科研人员对位于 *ALANIS* 双模式航行器上的两个距离固定的 GPS 天线测出的距离进行了评估。采用意大利海军水文研究所提供的 Garmin GPS 152、GPS Ashtech GG24C 和 Trimble GPS Pathfinder Pro XRS 进行了实验，实验结果证明这些设备测量出的距离不是固定的，甚至可能相差几米。通过使用意大利海军水文研究所提供的两个相同的 Omnistar HP-8300 高定位 GPS 重复这种实验时，航行器的性能得到了明显提高，各设备测量出的距离之间的误差小于 0.1m；因此将该设备安装在 *Charlie* USV 和 *ALANIS* 双模式航行器上进行概念验证实验。

10.6.2　概念验证实验

在 2009 年 7 月进行了概念验证实验，用于评估制导方法和系统架构的可行性。为了对从属 USV 在追踪主导航行器时的精度有即刻视觉反馈，航行器在划定了航区实场的一组浮标之间进行一种回旋航行。在重复实验期间，浮标还能够对两艘航行器的 GPS 所提供的位置测量值的一致性进行直观的场地实况验证。图 10.7 给出了一个实例，展示了主导航行器和从属航行器在几个白色浮标之间的通行情况。

图10.7　从属航行器*Charlie* USV跟随主导航行器*ALANIS*双模式航行器通过热那亚港口划艇赛场浮标

主导航行器 *ALANIS* 双模式航行器由负责人员以 1m/s 的速度手动驾驶，驾驶人员沿着大致相同的路径通过不同通道中的浮标。由于从属航行器 *Charlie* USV 的转向动力学和运动学性能比主导航行器 *ALANIS* 双模式航行器慢，所以驾驶人员不得不避免在狭窄区域进行急转弯或复杂的操作，否则可能导致航行器偏离参照目标，或使从属航行器产生振荡运动以回到主导航行器要求的路径。

图 10.8 展示了一个典型的操船过程，其中，主导航行器进行了一个大的弯曲运动，接着再进行了几个类似回旋路径的操作，穿过半径狭窄的 U 形转弯分隔的浮标。

转向性能较弱的从属航行器在大曲率转弯情况下跟随所需路径遇到的困难是显而易见的，图 10.9 揭示了这一点，图中绘出了不同操船过程中的路径跟随误差 $y1$。

总之，当跟随相对平滑的曲线路径时，即在路径 1 和路径 2 阶段，路径跟随误差保持在几米以内，但在路径 2 开始时，制导系统又出现了在前一次操船过程中由 U 形转弯引起的振荡。

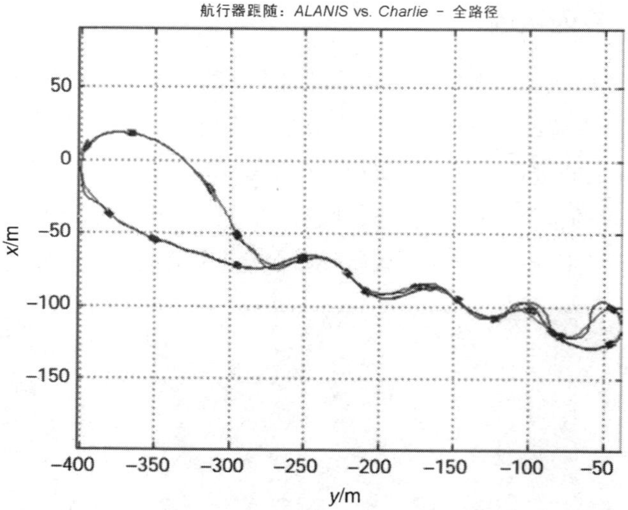

图10.8　主导航行器*ALANIS*双模式航行器与从属航行器*Charlie* USV的路径实例

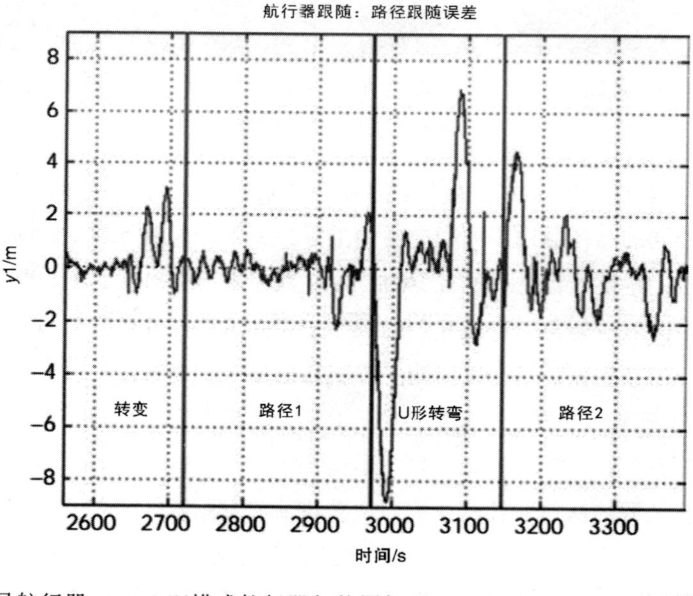

图10.9　主导航行器*ALANIS*双模式航行器与从属航行器*Charlie* USV之间的航行器跟随误差

对航行器在执行平滑转弯时的行为进行详细分析，结果显示在弯曲末端曲率半径减小的情况下，*Charlie* USV 轻微向外滑动。此外，如图 10.10 所示，主导航行器与从属航行器之间的路程趋势表明，在完成路径追踪问题的第 2 任务时存在困难，既要保证高精度地跟随所期望的曲线路径，又要满足时间限制是困难的。因为要使航行器保持在预期的路径上，随着路径曲率减小，从属航行器在弯曲加速的同时需要降低速度。

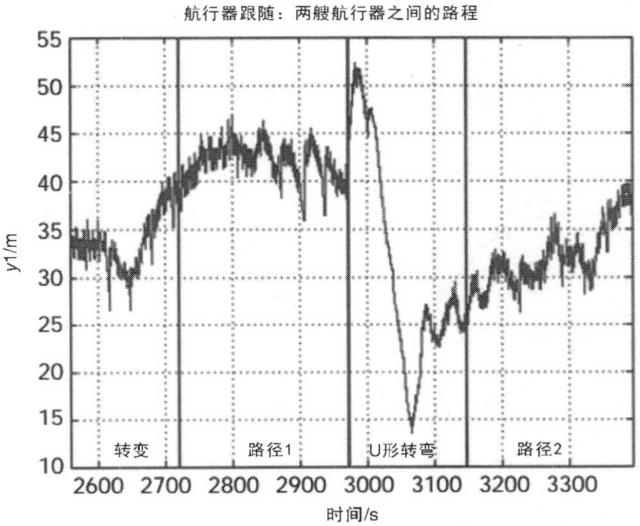

图10.10　主导航行器*ALANIS*双模式航行器与从属航行器*Charlie* USV之间的路程趋势

10.6.3　可重复实验和性能指标确定

为了对所提制导算法性能进行定量评估，采用了以下 2 种互补措施。

（1）进行了一组具有相同目标路径的可重复实验。

（2）确定了衡量航行器跟随的第 1 任务路径跟随和第 2 任务路程控制性能的恰当指标，即确定了跟随预期路径的精度和维持距离目标路程的精度。

可重复实验通过选择恰当的时间间隔将预先登录的导航数据发送给 *Charlie* USV 控制系统，如 10.5.2 节所述。选择了之前参与实验的 *ALANIS* 双模式航行器跟随的弯曲轨迹数据，以借助其缓慢变化的曲率。

根据 Bibuli 等（2009）讨论过的相关研究工作，将路径跟随制导系统的平均精度定义为：由参照路径本身的长度 L 规格化的实际路径和预期路径之间的面积 A。另外，将路径最后三分之一的曲线路程误差的平均值作为指标，即在初始条件影响减小的情况下，测量保持与目标之间路程的预期参照值的精度。

对航行器的 4 个基本运行条件进行了考察，分别对应于是否采用试探法降低从属航行器的速度，各自又对应于两个作为计算纵向参照速度的路程控制器比例增益值。

首先进行了第 1 组实验，没有进行任何速度调节，且控制器的比例增益 K_p 等于 0.1。在所有实验中，积分增益 K_i 设置为 0.02，预期曲线路程为 10m。3 个实验的最大速度分别为 1.5m/s、1.4m/s 和 1.3m/s。主导航行器和从属航行器路径及路径跟随误差如图 10.11 所示。路径控制参数 K_P=0.1 和 K_i=0.02 的性能指标如表 10.1 所示，在 No.3 实验中最大速度的降低改善了航行器的性能，而 No.5 实验中初始振荡的衰减还不够。

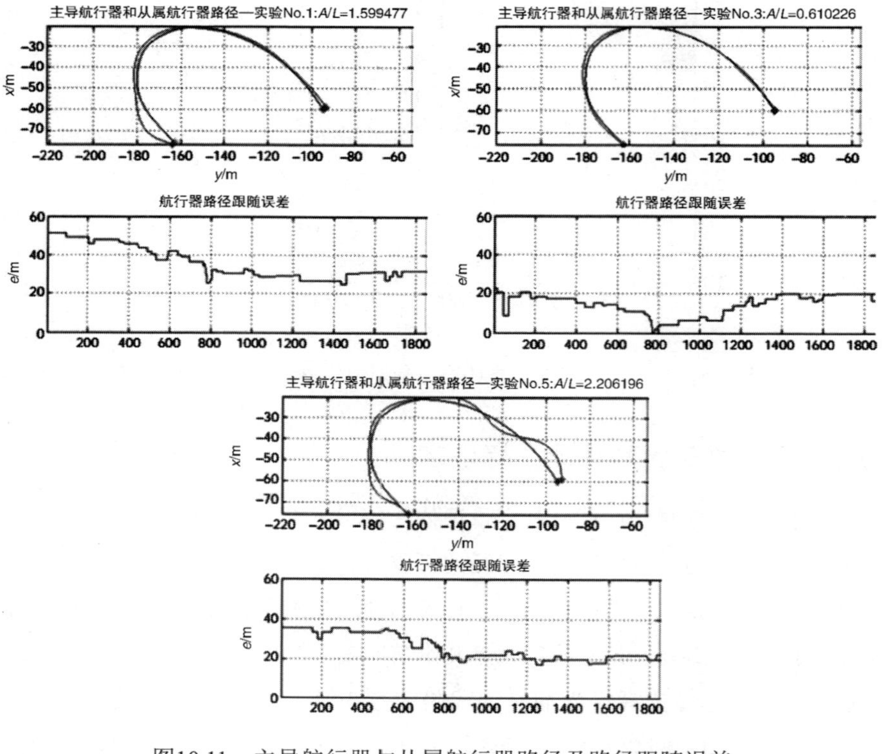

图10.11　主导航行器与从属航行器路径及路径跟随误差

表 10.1　路径控制参数 K_p=0.1 和 K_i=0.02 的性能指标

实验编号 No.	L/m	$L_{Follower}$/m	A/m^2	(A/L)/m	平均 e_s/m
1	149.33	155.90	238.85	1.60	19.00
3	149.33	151.88	91.12	0.61	8.31
5	149.33	159.57	329.45	2.21	10.22

在第 2 组实验中，控制器的比例增益 K_p 等于 0.2，未进行任何速度调节。其中，两个实验的最大速度分别等于 1.5m/s 和 1.4m/s，如图 10.12 所示，展示了主导航行器和从属航行器路径和路径跟随误差；路径控制参数 K_p=0.2 和 K_i=0.02 的性能指标如表 10.2 所示。较高的比例增益降低了路径跟随误差，但在没有采用试探法降低转弯速度的情况下，从属航行器仍有横向移动。

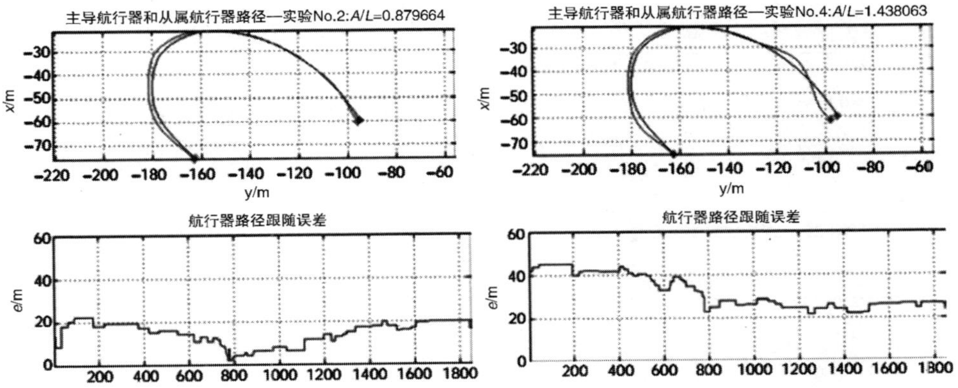

图10.12　主导航行器与从属航行器路径及路径跟随误差

表 10.2　路径控制参数 K_p=0.2 和 K_i=0.02 的性能指标

实验编号 No.	L/m	$L_{Follower}$/m	A/m^2	(A/L)/m	平均 e_s/m
2	149.33	153.23	131.36	0.88	7.68
4	149.33	159.57	214.74	1.44	15.05

在第 3 组实验中，引入了 10.4.1.3 节提出的降低航行器速度的试探法，其中，控制器的比例增益 K_p 等于 0.1，而最大速度则等于 1.5m/s。主导航行器和从属航行器路径及路径跟随误差，如图 10.13 所示；路径控制参数 K_p=0.1 和 K_i=0.02 的性能指标如表 10.3 所示。可见，采用试探法对航行器速度进行调节改进了路径跟随的性能，使从属航行器能够更好地追踪主导航行器的路径。No.10 实验是一个例外，但在该次实验中初始振荡还是有所衰减的。

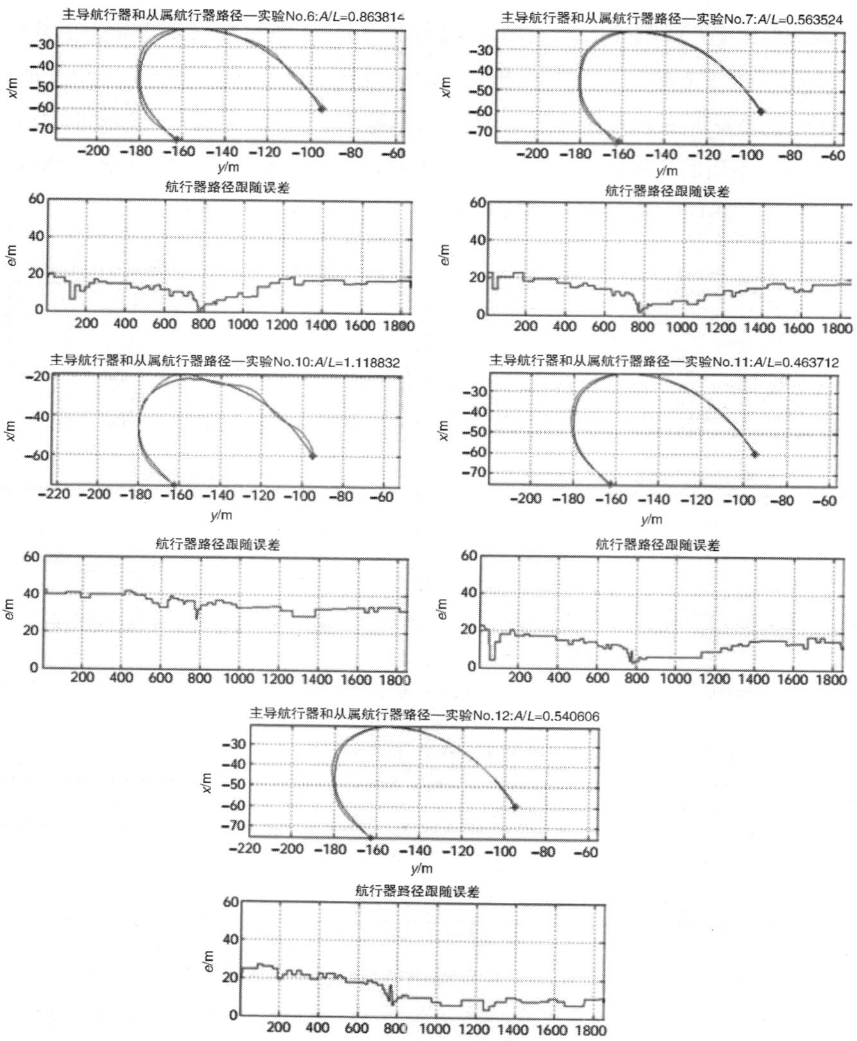

图10.13　主导航行器与从属航行器路径及路径跟随误差

表 10.3　路径控制参数 K_p=0.1 和 K_i=0.02 的性能指标

实验编号 No.	L/m	$L_{Follower}$/m	A/m^2	(A/L)/m	平均 e_s/m
6	149.33	153.27	128.99	0.86	6.88
7	149.33	151.67	84.15	0.56	5.77
10	149.33	154.54	167.07	1.12	22.00
11	149.33	151.24	69.25	0.46	4.45
12	149.33	151.82	80.73	0.54	−1.27

在第 4 组实验中，采用了试探法降低航行器速度，控制器的比例增益 K_p 等于 0.2，而最大速度则等于 1.5m/s。如图 10.14 和表 10.4 所示，给出了主导航行器和从属航行器路径及路径跟随误差，以及路径控制参数 K_p=0.2 和 K_i=0.02 性能指标。结果表明，在追踪预期路径时，较高增益所带来的好处是显而易见的，但为此付出的代价是路径跟随性能有所降低。

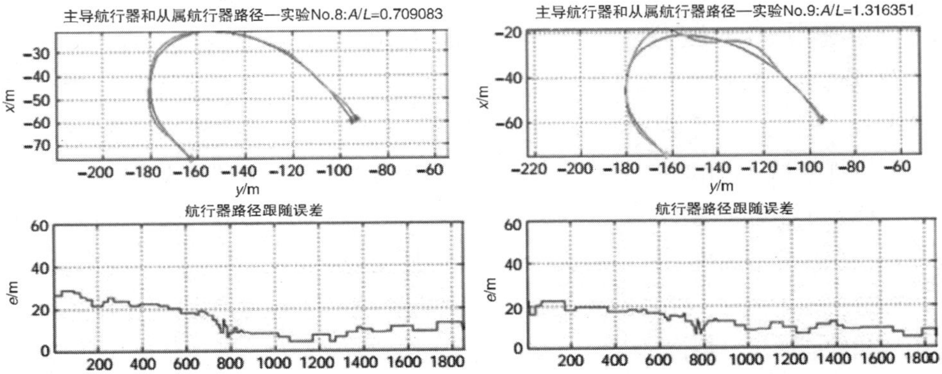

图10.14　主导航行器与从属航行器路径及路径跟随误差

表 10.4　路径控制参数 K_p=0.2 和 K_i=0.02 的性能指标

实验编号 No.	L/m	$L_{Follower}$/m	A/m^2	(A/L)/m	平均 e_s/m
8	149.33	152.40	105.88	0.70	−0.30
9	149.33	156.35	196.56	1.31	−1.78

10.7　结论

本章介绍的研究工作，以及挪威科学技术大学、海洋机器人公司和葡萄牙里斯本高等技术研究所开展的类似和独立的工作表明，有关航行器跟随任务的基本理论和实践问题已经得到解决。特别是关于挪威的实验，本章讨论了从属航行器转向动力学和运动学性能比主导航行器缓慢的情况，从而突显了路径追踪第 1 任务和第 2 任务之间的权衡问题，即满足空间和时间约束的权衡问题。另一方面，本项研究和在 GREX 项目中取得的结果都证明了基于虚拟目标的制导对处理海洋环境中多航行器协同问题的有效性。特别是与 *DELFIMx* ASV 跟随有人驾驶艇 *Aguas Vivas* 的实验相比，本章讨论的案例没有确定航行器的运动基元，如直线和弧线，而是将一般路径表征为彼此接近的简单点序列，其局部切线斜率与曲率对应。

此外，还特别关注了实施有关实验采用的程序，以及定量评估制导技术性能确定的指标。在这方面，考虑了以下问题。

（1）场地实况：对上一代高定位 GPS 设备的性能进行了校验，表明该 GPS 设备对系统准确性的仪器验证是有效的。而且，在限制水域（如海港区域）进行实验时，利用固定浮标可立即评估系统的准确性。特别是，采用 USV 警笛并在 USV 遥测中将其记录下来从而使之在视频音轨中可以清楚听到，实现航行器的遥测数据与录下的视频同步，从而得以编辑出可以清晰显示系统正确行为和高精度的视频。

（2）性能指标：Bibuli 等（2009）已经为评估路径跟随性能（满足空间约束的性能）确定了指标，给出了合理的结果，且易于应用。此外，还介绍了一种基于稳态平均误差估算的简单指标，用于对路径控制性能进行衡量。

（3）实验重复性：在各次同类实验中主导航行器借助固定浮标等视觉标识可沿着大致相同的路径行驶，故通过将向从属 USV 提供的先前记录的主导航行器轨迹作为输入，开展多次同类实验的质量可获得改进。而且，由不同初始条件产生的系统行为之间的明显差异使科研人员遵循以下两个基本思想设计更先进的测试程序：①提供相对于从属航行器的实际位置而不是在固定参照标架中的目标路径，采用固定参照标架的方法在较小测试区域操作时可能会出现一些问题；②从属航行器自动驾驶抵达起始点，如跟随一条直线前往起始点且其起始点之前的路程足以使航行器达到稳态。

致谢

本项目得到了意大利 CNR-ISSIA 和法国 CNRS-LIRMM 在 2008—2009 年的共同研究项目“自主水中航行器协调使命控制”的部分资助。

作者感谢意大利海军水文研究所提供了高定位 GPS 设备，并参与了多航行器操控器的确定。

作者要感谢 Giorgio Bruzzone 和 Edoardo Spirandelli 对 *Charlie* USV 和 *ALANIS* 双模式航行器的机电设计和开发，以及在海上实验中做出的宝贵贡献，还要感谢 Riccardo Mantovani 的实验视频及文档。

特别感谢 A.D.P.S. Pra` Sapello 的成员，感谢他们对港口实验和运营的热心支持。

参考文献

1. Aguiar A, Almeida J, Bayat M, et al. 2009. Cooperative control of multiple marine vehicles. Proceedings of 8th IFAC International Conference on Manoeuvring and Control of Marine Craft
2. Aguiar A P, Hespanha J P. 2007. Trajectory tracking and path-following of underactuated autonomous vehicles with parametric modeling uncertainty. IEEE Transactions on Automatic Control, 52(8): 1362-1379
3. Aicardi M, Casalino G, Bicchi A, et al. 1995. Closed loop steering of unicycle like vehicles via Lyapunov techniques. IEEE Robotics and Automation Magazine, 2(1): 27-35, 1995
4. Alves T, Brignone L, Schneider M, et al. 2009. Communication infrastructure for fleets of autonomous marine vehicles: Concepts and first results. Proceedings of 8th IFAC Conference on Manoeuvring and Control of Marine Craft
5. Alves T, Pascoal A, Pereira A, et al. 1999. The use of CARAVELA 2000 vehicles in operational oceanography. Proceedings of 2nd Eurogoos Conference
6. Arrichiello F, Heidarsson H, Chiaverini S, et al. 2010. Cooperative caging using autonomous aquatic surface vehicles. Proceedings of IEEE International Conference on Robotics and Automation
7. Benjamin M, Curcio J. 2004. COLREGS-based navigation of autonomous marine vehicles. IEEE Proceedings of AUV-2004
8. Benjamin M, Curcio J, Newman P. 2006. Navigation of unmanned marine vehicles in accordance with the rules of the road. IEEE Proceedings of International Conference on Robotics and Automation, Orlando, FL: 3581-3587
9. Bibuli M, Caccia M, Lapierre L. 2007. Path-following algorithms and experiments for an autonomous surface vehicle. Proceedings of IFAC Conference on Control Applications in Marine Systems
10. Bibuli M, Bruzzone G, Caccia M, et al. 2008. Line following guidance control: Application to the Charlie unmanned surface vehicle. Proceedings of IEEE/RSJ 2008 International Conference on Intelligent Robots and Systems
11. Bibuli M, Bruzzone G, Caccia M, et al. 2009. Path-following algorithms and experiments for an unmanned surface vehicle. Journal of Field Robotics, 26(8): 669-688
12. Breivik M. 2009. Formation control with unmanned surface vehicles. Centre for Ships and Ocean Structures；Norwegian University of Science and Technology

13. Breivik M. 2010. Topics in guided motion control of marine vehicles. Ph.D. Dissertation of Norwegian University of Science and Technology
14. Breivik M, Fossen T. 2008. Guidance laws for planar motion control. Proceedings of 47th IEEE Conference on Decision and Control, Cancun, Mexico: 570-577
15. Bruzzone G, Bibuli M, Caccia M. 2011. Improving coastal operations with unmanned surface vehicles. Sea Technology, 52(7): 46-49
16. Bruzzone G, Caccia M. 2005. GNU/Linux-based architecture for embedded realtime marine robotics control systems. Proceedings of IARP International Workshop on Underwater Robotics
17. Caccia M, Bono R, Bruzzone Ga, et al. 2005. Sampling sea surface with SESAMO. IEEE Robotics and Automation Magazine, 12(3): 95-105
18. Caccia M, Bibuli M, Bono R, et al. 2008. Basic navigation, guidance and control of an unmanned surface vehicle. Autonomous Robots, 25(4): 349-365
19. Caccia M, Bibuli M, Bono R, et al. 2009a. Charlie, a testbed for USV research. 8th IFAC International Conference on Manoeuvring and Control of Marine Craft
20. Caccia M, Bibuli M, Bruzzone G. 2009b. Aluminum autonomous navigator for intelligent sampling: The ALANIS project. Sea Technology, 50(2): 63-66
21. Cornfield S, Young J. 2006. Unmanned surface vehicles-game changing technology for naval operations. Advances in unmanned marine vehicles. IEE Control Series: 311-328
22. Curcio J, Leonard J, Patrikalakis A. 2005a. SCOUT-A low cost autonomous surface platform for research in cooperative autonomy. Proceedings of Oceans 2005, Washington, D.C.
23. Curcio J, Leonard J, Vaganay J, et al. 2005b. Experiments in moving baseline navigation using autonomous surface craft. Proceedings of Oceans 2005, Washington, D.C.
24. Curcio J, Schneider T, Benjamin M, et al. 2008. Autonomous surface craft provide flexibility to remote adaptive oceanographic sampling and modeling. Proceedings of Oceans 2008
25. Djapic V, Nad D. 2010. Collaborative autonomous vehicle use in mine countermeasures. Sea Technology, 51(11): 229-241
26. Encarnacao P, Pascoal A. 2001. Combined trajectory tracking and path following: An application to the coordinated control of autonomous marine craft. Proceedings of 40th IEEE Conference on Decision and Control, 1: 964-969
27. Fierro R, Lewis F L. 1997. Control of a nonholomic mobile robot: Backstepping kinematics into dynamics. Journal of Robotic System, 14(3): 149-163
28. Gomes P, Silvestre C, Pascoal A, et al. 2006. A path-following controller for the DELFIMx autonomous surface craft. Proceedings of 7th IFAC Conference on Manoeuvring and Control of Marine Craft
29. Indiveri G, Zizzari A, Mazzotta V. 2007. Linear path following guidance control for underactuated ocean vehicles. Proceedings of 2007 IFAC Conference on Control Applications

in Marine Systems

30. Jiang Z P, Nijmeijer H. 1997. Tracking control of mobile robots: A case study in backstepping. Automatica, 33(7): 1393-1399
31. Kalwa J. 2010. Final results of the European project GREX: Coordination and control of cooperating marine robots. Proceedings of 7th IFAC Symposium on Intelligent Autonomous Vehicles
32. Lapierre L, Soetanto D. 2007. Nonlinear path following control of an AUV. Oceanic Engineering, 34: 1734-1744
33. Lapierre L, Soetanto D, Pascoal A. 2003. Adaptive, non-singular path-following of dynamic wheeled robots. Proceedings of the 42nd IEEE Conference on Decision and Control
34. Majohr J, Buch T. 2006. Modelling, simulation and control of an autonomous surface marine vehicle for surveying applications measuring dolphin MESSIN. Advances in Unmanned Marine Vehicles. IEE Control Series, Stevenage, UK, 2006
35. Manley J. 1997. Development of the autonomous surface craft 'ACES'. Proceedings of Oceans, 97(2): 827-832
36. Manley J, Marsh A, Cornforth W, et al. 2000. Evolution of the autonomous surface craft AutoCat. Proceedings of Oceans'00, 1: 403-408
37. Martins A, Almeida J, Silva E, et al. 2006. Vision-based autonomous surface vehicle docking manoeuvre. Proceedings of 7th IFAC Conference on Manoeuvring and Control of Marine Craft, Lisbon, Portugal
38. Micaelli A, Samson C. 1993. Trajectory tracking for unicycletype and two steering wheels mobile robots. Technical Report No. 2097
39. Newman P. 2002. MOOS-a mission oriented operating suite. Massachussetts Institute of Technology
40. Pascoal A, et al. 2000. Robotic ocean vehicles for marine science applications: The European ASIMOV project. Proceedings of Oceans 2000, Providence, RI, USA
41. Pascoal A, Silvestre C, Oliveira P. 2006. Vehicle and mission control of single and multiple autonomous marine robots. Advances in unmanned marine vehicles. IEE Control Series: 353-386
42. Shafer A, Benjamin M, Leonard J, et al. 2008. Autonomous cooperation of heterogeneous platforms for sea-based search tasks. Proceedings of Oceans 2008
43. Xu T, Chudley J, Sutton R. 2006. Soft computing design of a multi-sensor data fusion system for an unmanned surface vehicle navigation. Proceedings of 7th IFAC Conference on Manoeuvring and Control of Marine Craft

第11章　无人水中航行器自动控制和容错多传感器导航系统设计

Wasif Naeem①、Robert Sutton② 和 Tao Xu③

11.1　引言

无人水中航行器（UMV）已有几十年的历史，可以追溯到20世纪50年代，当时英国皇家海军首次使用遥控航行器（ROV）*Cutlet* 回收练习用的鱼雷和水雷。*Cutlet* 并不是一个完全自主的航行器，因为它需要一个操作人员控制它，就像现在使用的大多数无人飞行器一样。ROV 常用于各种军事任务，如扫雷、监视和深海救援行动等。在民用领域，石油天然气行业是 UMV 的最大运营者。UMV 用于在水深 3000m 以下操作区域钻探油井，这些航行器远远超过了人类潜水员的能力；还用于协助建造海底管道和安装电缆。作为执行这些任务的有效工具，ROV 在危急关头也真正显示出其价值。例如，在 2010 年墨西哥湾漏油的事故中，British Petroleum 使用 *Oceaneering* ROV，帮助控制深约 1500m 处的泄漏。通过水面平台的脐带缆线操作这些 UMV 进行封井作业，执行连接管道、转移石油和加盖密封油井等工作（BP，2010）。

除了 ROV 领域，科研人员在自主水下航行器（AUV）领域也有相当广泛的研究。其中，最流行的一种 AUV 是 Hydroid 公司的雷穆斯（远距离环境测量装置，Remote Environment Measuring Unit System，REMUS），它用于猎雷，也用于部署探测海床，这种特殊的 AUV 现在已被世界各地海军舰队使用。在英国，由南安普敦

①英国贝尔法斯特女王大学，电子、电气工程和计算机科学学院（School of Electronics, Electrical Engineering and Computer Science, Queen's University Belfast,Belfas, UK）。

②英国普利茅斯大学，海洋科学和工程学院（School of Marine Science and Engineering, University of Plymouth, Plymouth, UK）。

③中国天津大学电气工程与自动化学院（School of Electrical Engineering and Automation, Tianjin University, Tianjin, China）。

海洋学中心开发的 *Autosub* 用于各种环境探测。例如，从南极冰架下收集数据。这些航行器对很多使命极其有用，特别是在难以建立载人支持平台的情况下也可以使用。

除了 ROV 和 AUV，无人水面航行器（USV）也可以用于资产保护、浅水探测、海岸巡逻等战略任务。因此人们越来越关注 USV 的使用。AUV 需要定期浮出水面以获得 GPS 定位，而 USV 可以避免这个问题，从而延长了使命的持续时间。由于 USV 是在水和空气的边界上运行的，所以 USV 有利于执行涉及空中、水面和水下的协同使命。AUV 总是受到通信的限制，至少在近期内是这样，除非声学技术得到根本性的改进。大多数无人驾驶飞行器（UAV）是遥控的，如果它发生故障坠毁在居民区域会对人类造成伤害。USV 也存在类似问题，特别是考虑到如果 USV 与载人航行器相撞会导致经济损失、造成人身伤害时，这类问题则更加突出。但是 USV 可以组成一个强大的无人系统编队，能够在不进行任何人工干预的情况下准确地执行复杂任务。

USV 刚得到与 AUV、ROV 及 UAV 同等程度的关注，而且相对来说 USV 在全球范围内得到的进展很小。不少在各领域居于领导地位的学者和实业家认为 USV 缺少这方面的关注是因为 USV 缺少机载障碍探测和规避系统（Caccia，2006；Corfield and Young，2006）。显然，如果没有这些系统，航行器就不能完全自主，因此需要通过肉眼或利用视频远程监控对其进行某种程度的人为控制。Manley（2008）还强调了各种 USV 的设计趋势和更广泛采用 USV 时出现的新技术与遇到的挑战。

本章着重介绍一艘名为 *Springer*（“斯普林格”）的 USV。具体内容包括 11.2 节介绍 *Springer* USV 的硬件和软件架构，以及传感器套件；11.3 节介绍为建模收集数据的初步实验；11.4 节和 11.5 节介绍关于先进导航、制导和控制系统设计的详细情况；11.6 节分析实验结果，实验结果表明该集成系统功能已达到令人满意的水平；11.7 节对本章进行总结，并且对该平台未来的活动和进一步的发展提出了建议。

11.2　*Springer* USV

Springer USV 是普利茅斯大学设计和开发的用于环境探测的双体船，特别适用于浅水区，在德文的卢福德水库进行实验的 *Springer* USV 如图 11.1 所示。该 USV 是一种中型水面双体船（Medium Waterplane Twin Hull，MWATH），在使命概况和

有效载荷方面具有多用途特性。*Springer* USV 长约 4m，宽约 2.3m，排水量约 600kg。除了环境监测装置，该 USV 还载有一些基本的导航传感器，如指南针、深度传感器、速度记录仪，其中，环境监测装置是其预定作业的重要工具。环境传感器能够测量很多参数，包括浊度、溶解氧、盐度等。开发 *Springer* USV 的目的是测试各种先进的导航、制导和控制（Navigation，Guidance and Control，NGC）策略。以下各小节对实现这个目的的硬件架构和软件架构进行了详细介绍。

图11.1　在德文的卢福德水库进行实验的*Springer* USV

11.2.1　硬件开发

Springer USV 中所有船载部件的布置方案如图 11.2 所示，其中，每个船体分为 3 个水密舱，载有电池、其他控制电路和传感器。

两台船载计算机用于执行数据采集（data acquisition，DAQ）和 NGC 任务，将这些计算机放在水密箱中，再将水密箱安装在两根交叉梁端头之间，这样有利于在陆上或海上快速更换系统。为了维持水密箱内部的温度，在水密箱上安装了一个基于散热器的冷却系统，如图 11.3（a）所示。这个冷却系统对船载传感器来说非常重要，如果没有这个冷却系统，则船载计算机产生的热量会远远超过传感器的工作温度。

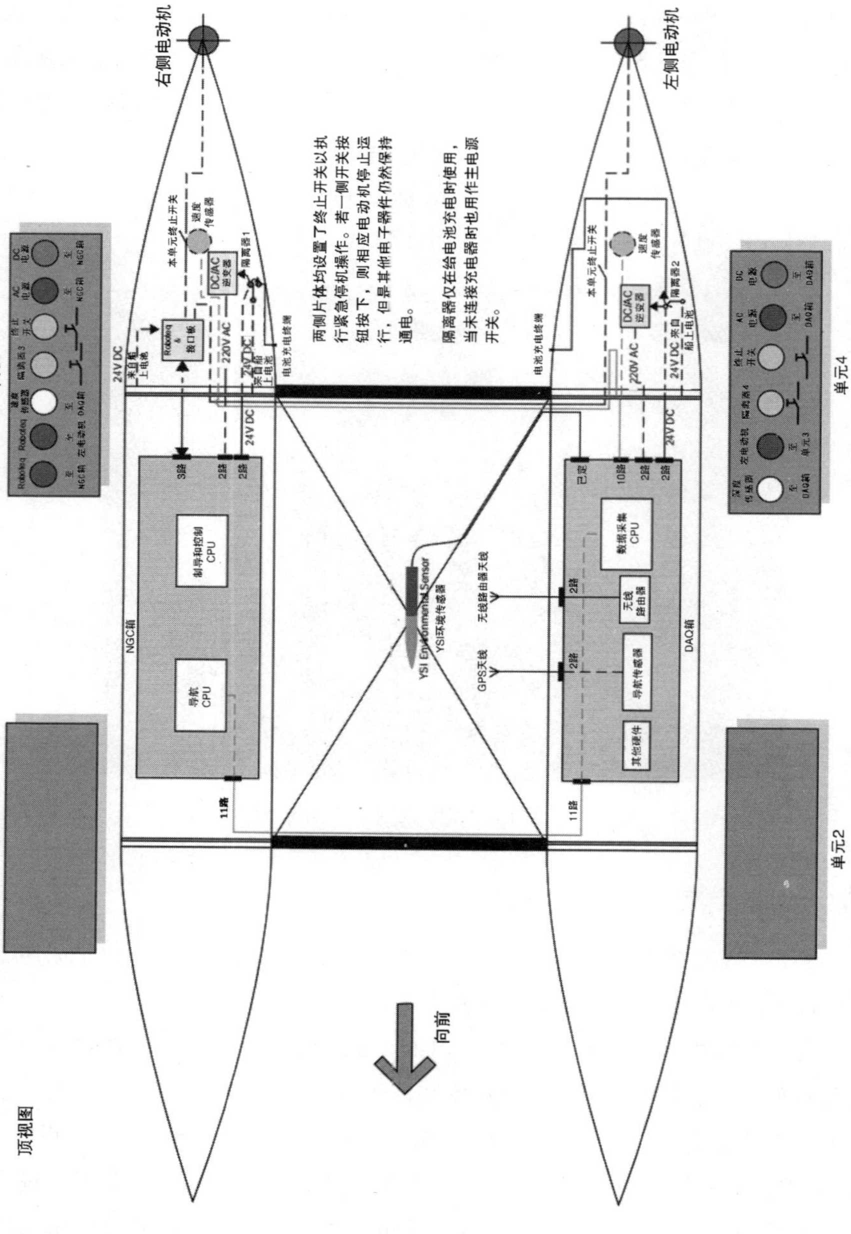

图11.2　*Springer* USV中所有船载部件的布置方案

深度传感器和速度传感器位于船体底部，其他导航传感器都布置在水密箱中。一个船后体分段底部的深度传感器如图 11.3（b）所示，而速度传感器则位于另一船后体的底部。除此之外，船后体还有 RoboteQ 电动机控制器（RoboteQ，2010）、用于遥控操作的无线电系统和两台船载计算机的 DC/AC 逆变器。这些都是定制配置的，易于安装和更换，交流电源和其他部件安装在定制的基座上，如图 11.4（a）所示。

从船载电子装置到水密箱的连接都是通过前面板实现的，前面板用于布置各种连接器、缆线密封套、隔离器和终止开关，如图 11.4（b）所示。隔离器用于在充电时将电池终端与电子线路分开。终止开关安装在两个面板上，在紧急情况下可以从任意一侧手动操作，按下终止开关后 RoboteQ 电动机控制器会忽略所有输入指令并关闭对电动机的电源输出。

（a）基于散热器的冷却系统用于调节水密箱内部的温度　（b）一个船后体分段底部的深度传感器

图11.3　水密箱的冷却系统和深度传感器

（a）交流电源和其他部件安装在定制的基座上　（b）前面板之一，包括连接器、缆线密封套、隔离器和终止开关

图11.4　交流电源、外部和内部连接器面板

电子系统和推进系统由 4 个 12V/135Ah 的凝胶电池提供动力，电池布置在每个

船体中，由一个水密舱口进入，这些电池串联在一起，提供 24V 的连续直流输出，如图 11.5 所示。为了防止因漏水造成危险，在电动机壳内安装了漏水感应器。如果船体出现破口，船载计算机会立刻向操作人员发出警告和 / 或采取必要行动，以尽量减小漏水对船载组件造成损坏。

图11.5　电池、舱盖和前面板的部件布局

Springer USV 的传感器套件如图 11.6（a）所示；水密箱内的传感器布局如图 11.6（b）所示，图 11.6（b）中展示了装在经 IP 67 认定的水密箱内的各种传感器（如罗盘、速度传感器等）。图 11.6（b）中的双显示器是瑞玛琳（Raymarine）的 ST 40，即记录深度和速度的内部处理单元。无线路由器和 GPS 接收器安装在 USV 外部，并直接连接到左侧水密箱的前端，如图 11.1 所示。在 USV 前端的两个水密箱之间还有 1 条 RS 232 缆线连接，而水密箱的后端有一条普通的交流电源电缆。此外，另一条外部缆线连接两个前面板，前面板上接有两组电动机、漏水传感器和编码器。若缆线被损坏，则 USV 会出于安全原因使电动机停止运行。

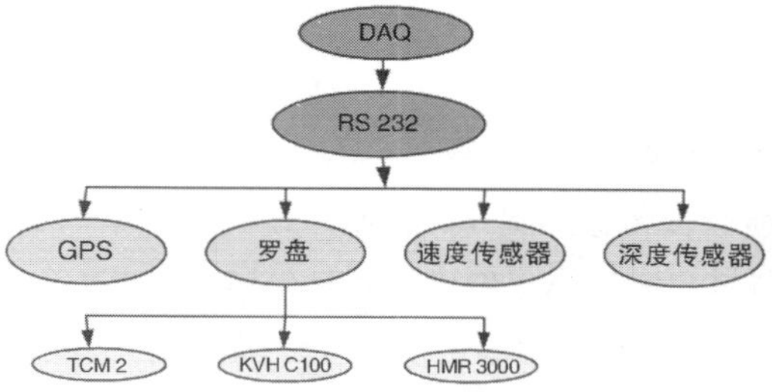

（a）*Springer* USV 的传感器套件

（b）水密箱内的传感器布局

图11.6　*Springer* USV上的传感器组合

11.2.2　软件开发

Springer USV 的代码用 Matlab/Simulink 和 Lab View 编写，Lab View 执行导航和数据采集任务，而 Matlab/Simulink 处理制导和控制系统的参数。电动机直接由 Matlab 操控。在 Lab View 中还开发了用户界面和人机界面（human machine interface，HMI），为远程用户提供了改动 NGC 参数的选项。Lab View HMI 的屏幕截图，如图 11.7 所示，用户可以通过无线连接远程访问。

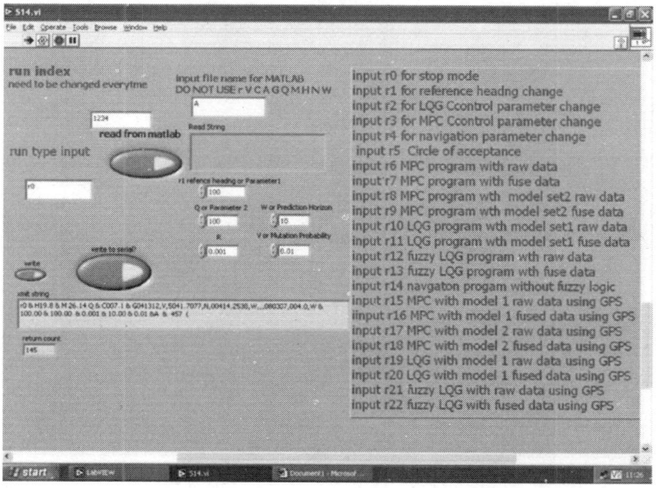

图11.7　Lab View HMI的屏幕截图

屏幕截图中显示了许多选项，其中，最重要的是运行类型输入，默认值为“r0”。类型“r0”可用于控制界面初始化、内部参数改动，甚至在出现问题时中止使命。

图 11.7 中右边的表格显示了此特定软件可用的各种运行类型选项。MPC 和 LQG 分别表示模型预报控制和专为 *Springer* USV 制定的线性二次高斯自动驾驶仪。设计该软件对不同的传感器进行组合（如 GPS、原始数据、融合数据等），以便对其性能进行对比。

图 11.7 中的 xmit 字符串是从导航软件传输到制导和控制系统的字符串，xmit 字符串包含控制器要使用的合适数据。可以使用 HMI 操控的变量包括传感器字符串前缀（运行类型）、数据文件名称后缀、MPC 自动驾驶仪参数、LQG 参数、导航软件参数、参照航向、接收航路点使命的圆半径。

使命软件的总体流程控制图如图 11.8 所示。深度检测只是为了确保航行器不向岸上航行，以及使命可以不受任何阻碍继续行进。

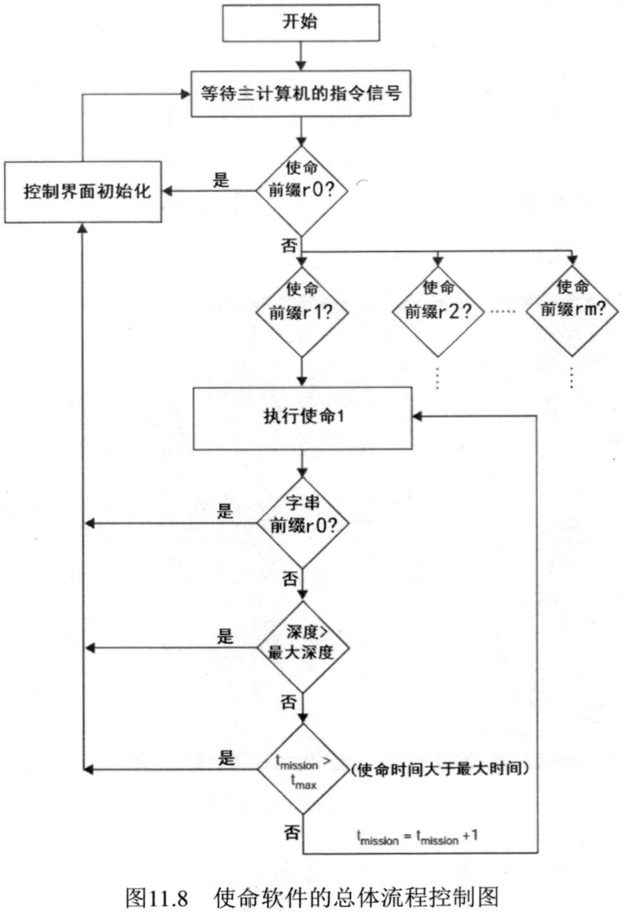

图11.8　使命软件的总体流程控制图

11.3　刚体建模和系统辨识

尽管 *Springer* USV 建模是在实验数据的基础上使用系统识别（System Identification，SI）进行的，但是为了保证模型的完整性这里提供了广义的 6 自由度数学模型。对于给定的航行器，Fossen（1994）给出了 6 自由度刚体运动方程，即

$$\boldsymbol{M}_{\mathrm{RB}}\dot{\boldsymbol{v}}+\boldsymbol{C}_{\mathrm{RB}}(\boldsymbol{v})\boldsymbol{v}=\boldsymbol{\tau}_{\mathrm{RB}} \tag{11.1}$$

式中，$\boldsymbol{v}=[u\ v\ w\ p\ q\ r]^{\mathrm{T}}$ 表示随体坐标系中刚体的线性运动和旋转运动；$\boldsymbol{M}_{\mathrm{RB}}$ 为刚体惯性矩阵，满足

$$\boldsymbol{M}_{\mathrm{RB}}=\boldsymbol{M}_{\mathrm{RB}}{}^{\mathrm{T}}>\boldsymbol{0};\ \dot{\boldsymbol{M}}_{\mathrm{RB}}=\boldsymbol{0}$$

矩阵 $\boldsymbol{C}_{\mathrm{RB}}$ 对应于可以参数化表示为反对称矩阵的科里奥利力和向心力，即

$$\boldsymbol{C}_{\mathrm{RB}}(\boldsymbol{v})=-\boldsymbol{C}^{\mathrm{T}}{}_{\mathrm{RB}}(\boldsymbol{v})$$

$\boldsymbol{\tau}_{\mathrm{RB}}=[X\ Y\ Z\ K\ M\ N]^{\mathrm{T}}$ 是外力及其对原点之力矩的广义向量，是系统的输入。对于 USV 来说，深度 z 和纵摇角 θ 可忽略。此外，通过实验发现横摇角 ϕ 也可忽略，故不予考虑。综上所述，式（11.1）可以展开为以下 4 个方程：

$$m\left[\dot{u}-vr-x_{\mathrm{G}}\left(r^2\right)-y_{\mathrm{G}}\dot{r}\right]=X \tag{11.2}$$

$$m\left[\dot{v}+ur-y_{\mathrm{G}}\left(r^2+p^2\right)\right]=Y \tag{11.3}$$

$$\dot{p}I_x+prI_{xy}+my_{\mathrm{G}}(vp)=K \tag{11.4}$$

$$rpI_x-\dot{p}I_{xy}-mx_{\mathrm{G}}(vp)=M \tag{11.5}$$

有关术语详见附录 B。

通过使重心与原点重合，上述方程可以进一步简化，但是，现在的目的是模拟航行器的动力学特性并考察系统的行为，故不对这方面展开讨论。水动力系数一般通过水池实验近似确定，这是一个耗时费力的过程，目前未能获得设施进行这些实验，因此采用 SI 等黑箱识别技术对航行器进行建模。将缆线连接到 *Springer* USV 上（见图 11.9），从而了形成了一种 ROV 式配置；而且也将浮子系在缆线上以产生正浮力，并尽量减小缆线引起的阻力。这项工作不仅可为建模获取数据，还可以对各种船载系统进行测试。11.3.1 节对航行器转向的动力学特性进行了说明并分析了收集的 SI 的数据。

图11.9　缆线用于获悉*Springer* USV的行为及收集SI的有关数据

Springer USV 有一种差动推进系统，该推动系统由两台拖动电动机组成；由此可得出一个简单的动力学模型，包括 2 个输入和 1 个输出，如图 11.10 所示，其中，n_1、n_2 是两个螺旋桨的旋转速率。

图11.10　2个输入的USV框图表征

显然 n_1 和 n_2 的大小差异将导致航行器的航向发生变化。于是共模推进器和差模推进器的速度 n_c、n_d 可以表示为

$$n_c = \frac{n_1 + n_2}{2}$$
$$n_d = \frac{n_1 - n_2}{2} \tag{11.6}$$

由式（11.6）可以看出，在固定的速度下，n_d 是用于控制航行器方向的唯一变量。若将 RoboteQ 电动机控制器整合到航行器中，则情况会更加简单，可以通过编

程使控制器以独立模式或耦合模式运行。

为了收集 SI 的数据，USV 由速度为 900rpm 的 n_c 保持航速，相当于保持航速为 3kn；然后通过操控改变 n_d 得到所需的航向。英国德文的卢福德水库实验中的一组测试数据的一部分如图 11.11 所示，该数据清楚地显示了输入-输出模式。图 11.11 中显示了部分伪随机位序列（Pseudo Random Binary Sequence，PRBS）的输入和相应的输出（航向）数据。从数据中可以明显地看出朝向左舷的偏航，其部分原因是船体内的重量分布不均匀及两个推进器未对齐[④]。

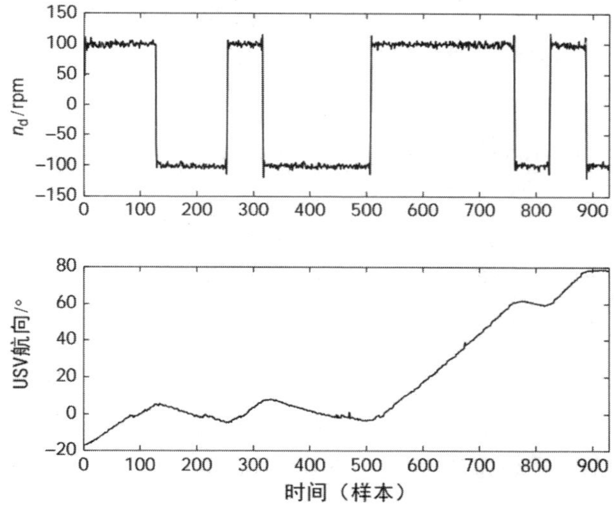

图11.11　英国德文的卢福德水库实验中的一组测试数据的一部分

将 SI 技术用于处理过的数据可得到线性二阶单输入、单输出状态空间模型：

$$\begin{aligned} \boldsymbol{x}(k+1) &= \boldsymbol{A}\boldsymbol{x}(k)+\boldsymbol{B}u(k) \\ y(k) &= \boldsymbol{C}\boldsymbol{x}(k)+\boldsymbol{D}u(k) \end{aligned} \tag{11.7}$$

式中，$u=n_d$（rpm）为差动输入；$y=\psi$（弧度）为航行器的航向角（受控变量）。为了简单起见，忽略了横向运动，状态矩阵如下所示：

$$\boldsymbol{A}=\begin{bmatrix}1.002 & 0\\ 0 & 0.9945\end{bmatrix},\ \boldsymbol{B}=\begin{bmatrix}6.354\times10^{-6}\\ -4.699\times10^{-6}\end{bmatrix}$$

$$\boldsymbol{C}=\begin{bmatrix}34.13 & 15.11\end{bmatrix},\ \boldsymbol{D}=\begin{bmatrix}0\end{bmatrix}$$

④为了安全布放和回收，每次产生这种偏差时需要手动拉起推进器。

11.4　导航系统设计

导航系统为航行器提供了相对于参照系的位置和速度。导航系统通过所有可用的信息来源获取信息，对信息中的数据进行处理并将其提供给下属的制导系统，制导系统再规划和执行在预期位置之间运动所需的操控行为。因此，完全自主的导航系统能使航行器在无人员干预的情况下，以受控的方式运动到预期目的地或沿预期的路径运动。为了保障航行器发生故障后的安全，一般会采用一个以上传感器的数据（融合数据），从而能得到持续的信息。因此，常会用到多传感器数据融合（Multi-Sensor Data Fusion，MSDF）导航系统。通常这类系统使用参照共同平台的多个传感器，并与共同的时间基准同步。

为了在各种自主航行器中实现具有可靠性和鲁棒性的导航，需要关注故障检测和隔离问题。在传感器出现故障时，导航系统必须立即识别失效的传感器并采取措施阻止错误的数据损害对全局的评估。因此需要从运行的传感器列表中检测出有缺陷的传感器，并对其进行物理隔离。以无缝的方式确定传感器的状态和进行传感器的隔离并不容易，需要精细的实时数据分析。

在文献中，模糊逻辑自适应（Fuzzy Logic Adaptive，FLA）MSDF 技术已经成为多传感器导航中最常用的技术之一。模糊逻辑的主要优点是通过给每个带有时间标记的数据分配一个实数表示其真实程度，从而直接表示融合过程中传感器读数的不确定性。

在 Gao 和 Abousalem（1993）的研究中提出了 3 种主要的基于卡尔曼滤波器的 MSDF 架构：集中卡尔曼滤波（Centralized Kalman Filtering，CKF）、分散卡尔曼滤波（Decentralized Kalman Filtering，DKF）和联合卡尔曼滤波（Federated Kalman Filtering，FKF）。各种系统都有各自的优点和缺点，但是 FKF 能够为故障检测和容错提供最好的求解方案（Escamilla-Ambrosio and Mort，2004）。因此提出了基于 FLA-FKF 的 MSDF 架构的改进形式（Naeem et al.，2008），以得到 *Springer* USV 容错多传感器导航求解方案。

FLA-FKF 是一种两级数据处理技术，它将标准卡尔曼滤波器分为 n 个局部滤波器和单个主滤波器，其中，n 是传感器的数量，如图 11.12 所示。在初级阶段，所有局部滤波器同时分析和处理自身数据以得出最佳的局部估算值，这与 11.5.1 节中的模糊线性二次高斯（LQG）自动驾驶仪的自适应卡尔曼滤波器的设计相似。此外，模糊局部滤波器的反馈因子 $\beta(i)$ 由主滤波器确定。由于 $\beta(i)$ 与模糊局部滤波器估算值的准确性有关，所以 $\beta(i)$ 必须在线生成。这意味着最精确的局部滤波器可以从主滤波器接收最大反馈，从而对总体估算过程做出最大贡献。主滤波器可融合所有局部估算值从而产生最佳的全局求解方案。附录 A 提供了用于产生估算值的 FLA-FKF 方程。

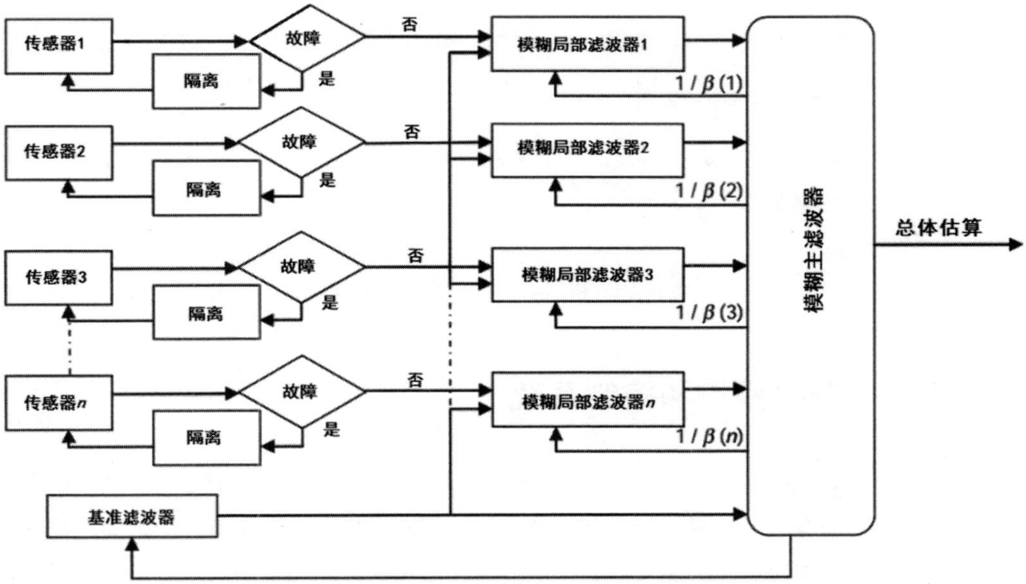

图11.12　具有容错特性基于FLA-FKF的MSDF

FLA-FKF算法产生的数据集之一如图11.13所示，其中，第1个图表明有1个传感器出现了持续故障，下面3个图表明最终的输出结果未受到与故障相关的数据的影响。

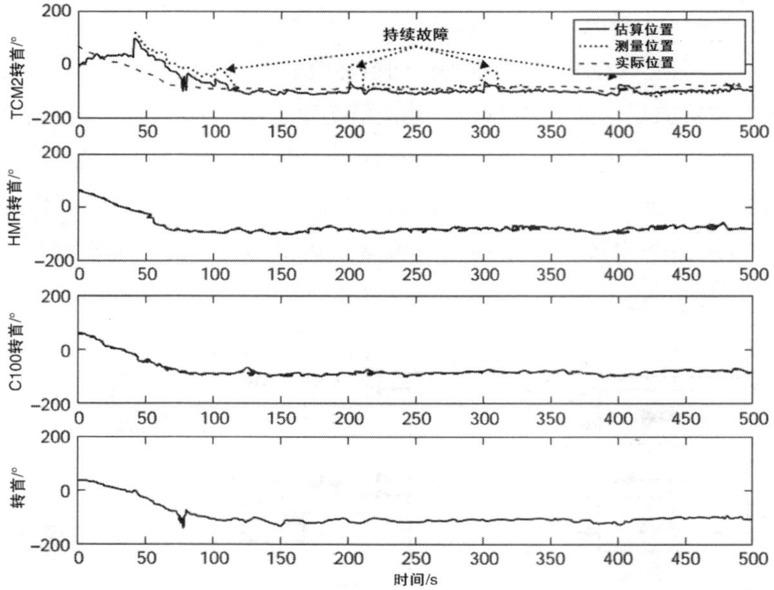

图11.13　FLA-FKF算法产生的数据集之一

11.5　制导系统和控制系统

本节对 *Springer* USV 的制导系统和控制系统的设计进行概述。制导系统根据使命需求生成合适的路径，而控制系统则使航行器保持在设定的路径上，同时排除其他干扰。需要注意，并非总能完全避免风和海流等外部因素的影响。于是，导航系统需要借助辅助传感器（如风速计）向制导系统提供恰当的信息。障碍探测和规避系统对于运行完全自主的航行器也是必不可少的，并且应整合到轨迹生成模块中，但是还没有为 *Springer* USV 开发这些系统，因此不再进一步讨论。

Springer USV 的制导系统使用简单的视线（LOS）及航路点跟随策略。在环境探测方面，航行器可以使用在介质中发现的化学特征制导。Naeem 等（2007）在一篇综述论文中对此进行了很详细的探讨。为了提供反馈控制，采用了两种改进的最优控制技术：FUZZY-LQG 方法和基于遗传算法的 MPC 方法。下面对此进行简要介绍。

11.5.1　模糊 LQG 控制器

LQG 是一种优化的控制方法，在各领域中都得到了广泛的应用，该控制方法是对线性二次规划法（Linear Quadratic Regulator，LQR）与卡尔曼滤波器（Kalman Filter，KF）进行组合后得出的，由 KF 向 LQR 提供未经测定的状态变量估算值。一般来说，对 LQG 控制器进行调节需要 4 个参数，其中两个是过程噪声协方差矩阵（$\boldsymbol{W}$）和测量噪声协方差矩阵（$\boldsymbol{V}$），而另外两个是状态权重矩阵（$\boldsymbol{Q}$）和控制权重矩阵（$\boldsymbol{R}$）[⑤]。通过观察闭环系统的阶跃响应调整 $\boldsymbol{Q}$ 和 $\boldsymbol{R}$，除了满足其他指标，该过程还需要将时间调整为最小且稳态误差为零。另外，协方差矩阵很难操控，因为它需要环境噪声，环境噪声通常具有时变特性。为了解决这个问题，Naeem 等（2006）提出了一种改进的 LQG 控制器，他使用模糊逻辑调谐 $\boldsymbol{V}$ 而保持 $\boldsymbol{W}$ 不变。Shao 等（1994）采用了类似的方法形成 LQG 控制方法，其中，$\boldsymbol{Q}$ 和 $\boldsymbol{R}$ 采用模糊逻辑自适应机制确定。还有文献采用模糊逻辑对卡尔曼滤波器的 $\boldsymbol{W}$ 和 $\boldsymbol{V}$ 进行调谐［例如，在 Loebis 等（2004b）的工作中，模糊隶属函数通过试探过程选择］。对于本小节介绍的特殊例子，则是将卡尔曼滤波器用于 MSDF 技术中。对该方法的另一项改进也由 Loebis 等（2004a）提出，改进方法利用多目标遗传算法确定模糊隶属函数的参数。本文的意图是应用试探调谐模糊推理系统调整协方差矩阵，从而确定卡尔曼滤波器的增益，然后在 LQG 框架中采用由此产生的卡尔曼滤波器。

这一方法证明航行器无论在何种环境下运行都能产生可靠的结果，其思路的基础是创新自适应估算（Innovation Adaptive Estimation，IEA）方法，该方法采用了一种被称为协方差匹配的技术（Mehra，1970）。将 $\boldsymbol{I}_{\text{nn}}$ 定义为滤波器接收的实际测量值 $\boldsymbol{z}(k)$ 与估算值 $\hat{\boldsymbol{z}}(k)$ 的差，即

$$\boldsymbol{I}_{\text{nn}}=\boldsymbol{z}(k)-\hat{\boldsymbol{z}}(k)$$

在这个方案中，可以确定理论协方差 $S(k)$ 和测量协方差 $\hat{C}_{I_{\text{nn}}}(k)$，它们的差值 $\delta(k)$ 可用于改变协方差矩阵，$\hat{C}_{I_{\text{nn}}}(k)$ 如式（11.9）所示：

$$\hat{C}_{I_{\text{nn}}}(k)=\frac{1}{H}\sum_{j=j_0}^{k}\boldsymbol{I}_{\text{nn}}(k)\boldsymbol{I}^{\text{T}}{}_{\text{nn}}(k) \tag{11.9}$$

式中，H 为运动估算窗口的尺度。$S(k)$ 和 $\delta(k)$ 可分别表示为

---

⑤这些变量，如图 11.7 所示。

$$S(k)=\boldsymbol{C}(k)\boldsymbol{P}^{-}(k)\boldsymbol{C}^{\mathrm{T}}(k)+V(k) \tag{11.10}$$

$$\delta(k)=\hat{C}_{I_{\mathrm{nn}}}(k)-S(k) \tag{11.11}$$

若$\delta(k)$为正数则表示V减小，反之亦然。模糊 if-then 逻辑可以方便地通过编程实现这个过程。在这种方法中，原因和结果的形式分别为$X \in M_i$、$Y \in N_i$、i=1,2,⋯，其中，X和Y分别代表输入和输出的变量，而M_i和N_i为模糊集合。下面 3 个模糊规则用于实施上述协方差匹配技术：

$$\text{IF} < \delta(k) \approx 0 > \text{THEN} < \boldsymbol{V}(k)\ \text{不变} >$$

$$\text{IF} < \delta(k) > 0 > \text{THEN} < \boldsymbol{V}(k)\ \text{减小} >$$

$$\text{IF} < \delta(k) < 0 > \text{THEN} < \boldsymbol{V}(k)\ \text{增加} >$$

因此V根据式（11.12）进行调整，式中，$\Delta V(k)$ 是各时刻V的增大量或减小量。$\delta(k)$为模糊推理系统的输入，而$\Delta V(k)$ 为模糊推理系统的输出，V的表达式为

$$V(k)=V(k-1)+\Delta V(k) \tag{11.12}$$

11.5.2　GA-MPC 自动驾驶仪设计

壳牌石油公司的工程师在 1978 年研发出另外一种非常成功的 PID 控制器，命名为模型预报控制（Model Predictive Control，MPC）（Richalet et al.，1978）。此后，又有几种该标准算法的变形被提出，如广义预报控制（Clarke et al.，1987a，1987b）和动态矩阵控制（Cutler and Ramaker，1980）。这些方法的主要区别是整合在反馈环路中的受控设备的模型不同。由于 MPC 以最优控制理论为基础，并利用了整合的受控设备模型，所以如二次规划、粒子群优化和遗传算法等各种优化工具已结合 MPC 对控制器进行在线调节。

Naeem（2002）为一艘 AUV 开发了基于遗传算法的 GA-MPC 控制器，如图 11.14 所示。该算法在 Hammerhead AUV 上实现了，在简单的视线（LOS）跟随方面显示出良好的性能（Naeem et al.，2004）。下一节将采用基于 MSDF 模糊导航系统得到的导航数据对模糊 LQG 控制器和 GA-MPC 控制器的性能进行比较。

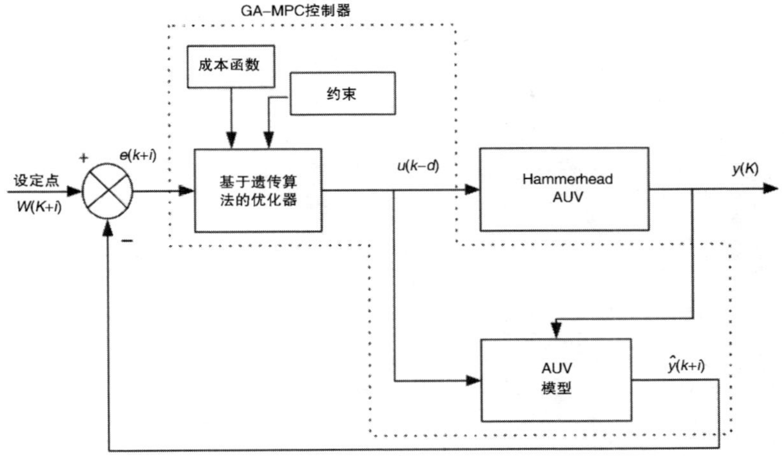

图11.14　GA-MPC控制器

11.6　实验结果

首先，进行一个简单的参照航向追踪实验，该实验用于测试运行状况并验证整个控制系统的工作状况，由于篇幅有限在此没有展示这些结果。在实验中设计了 4 个间距大约为 250m 的航路点，待测航行器每次使用不同的自动驾驶仪根据这些航路点行驶。由于受到风和海流的外部扰动航行器很难维持初始位置和方向的稳定性，所以对于各种控制器和航次，如上所述的初始位置和方向都不相同，如图 11.15 所示。通过对比可知 GA-MPC 控制器是各种控制器中表现最差的，尽管它试图到达所有的航路点，但是由于它过度浪费控制能量和时间，所以其性能不佳。在第 2 个航路点使用 GA-MPC 控制器的航行器正好在可接受范围外通过，因此要通过一个急转弯操控航行器通过该航路点并前往第 3 个航路点。使用标准 LQG 控制器和模糊 LQG 控制器的航行器几乎是完全延直线路径运动到所有航点的。从 USV 的出发位置和运动方向可以观察到，使用模糊 LQG 控制器的收敛速度比使用标准 LQG 控制器的航行器的收敛速度快，当然也比使用 GA-MPC 控制器的航行器的收敛速度快。

航路点追踪性能比较 2 如图 11.16 所示。两个 LQG 控制器有相似的控制特性，但是使用模糊 LQG 控制器的航行器完成急转弯和选取最短路线的饱和时间稍长。

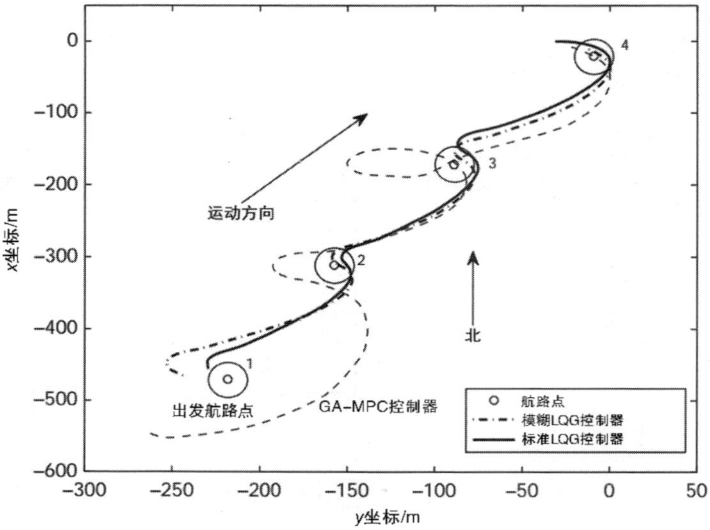

图11.15　航路点追踪性能比较1

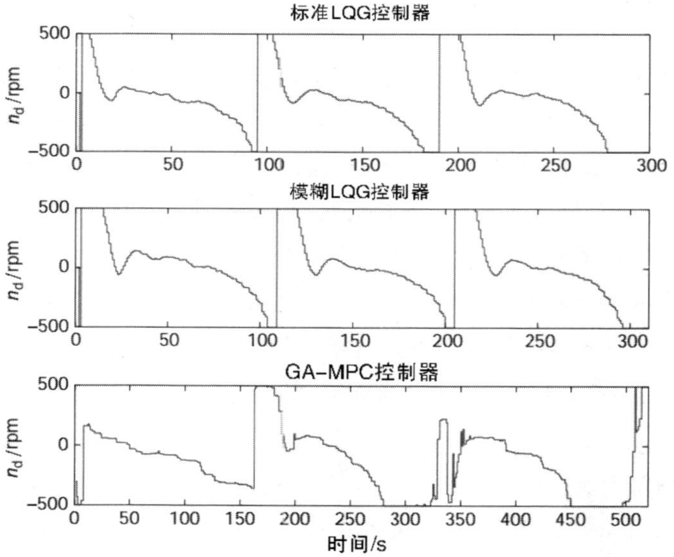

图11.16　航路点追踪性能比较2

11.7　总结

本章介绍了 USV 的开发过程，包括基础硬件开发和先进 NGC 系统设计。如以上各小节所述，表明形成的架构性能良好，并且足够灵活可以适应多种情境。此外，其他 NGC 系统可以方便地添加到现有的架构中但是不会从根本上改变其设计，这是该项目的目标之一。除了可以实时更新给定使命软件的参数，还可以添加更多类型的运行状态。*Springer* USV 的模块化架构允许航行器的操作人员根据需要改变航行器的硬件配置。其中，Wi-Fi 访问为航行器提供了修改软件、更改使命坐标，以及在需要时远程中止任务的功能。

在没有时间限制的情况下无人平台具有重复单调任务的明显优势。然而，一个完全自主的系统必须能够“感知”，并对周围环境有一定程度的意识。这将允许该航行器在很少或没有人员干预的情况下在任何环境中运行。通常需要采用障碍检测和规避（Obstacle Detection and Avoidance，ODA）系统实现这个目的。由于 *Springer* USV 还不能被称为完全自主的平台，所以目前该航行器还没有 ODA 系统。尽管 USV 的 ODA 系统在多种应用场合中都很重要，但是关于开发 USV 的 ODA 系统的研究项目还很少。虽然有这些局限性，但是随着更多科研人员对提高这些系统的自主性和可用性的关注，USV 具有良好的发展前景。

致谢

作者对英国工程和物理科学研究理事会为该项目提供经费资助表示感谢。

附录 A

FLA-FKF 方程

一个典型的 FKF 过程的数学描述如下所示：

$$\boldsymbol{W}_i(k)=(1/\beta_i)\boldsymbol{W}_{\mathrm{f}}(k) \tag{11.13}$$

$$\boldsymbol{P}^{+}{}_i(k)=(1/\beta_i)\boldsymbol{P}^{+}{}_{\mathrm{f}}(k) \tag{11.14}$$

$$\hat{\boldsymbol{x}}_i^{+}(k)=(1/\beta_i)\hat{\boldsymbol{x}}_{\mathrm{f}}^{+}(k) \tag{11.15}$$

式中，$\boldsymbol{W}$ 为过程噪声协方差矩阵；i 是 n 个局部卡尔曼滤波器的指数。在局部卡尔曼滤波器中：

$$\hat{\boldsymbol{x}}_i^+(k)=\hat{\boldsymbol{x}}_\mathrm{f}^+(k) \tag{11.16}$$

局部卡尔曼滤波器需要满足以下各式：

$$\sum_{i=1}^{n}\beta_i=1 \tag{11.17}$$

$$\hat{\boldsymbol{x}}_i^-(k+1)=\boldsymbol{A}_i(k+1)\hat{\boldsymbol{x}}_i^+(k)+\boldsymbol{B}_i(k)u_i(k) \tag{11.18}$$

$$\boldsymbol{P}^-{}_i(k+1)=\boldsymbol{A}_i(k)\boldsymbol{P}^+{}_i(k)\boldsymbol{A}^\mathrm{T}{}_i(k)+\boldsymbol{W}_i(k) \tag{11.19}$$

$$\boldsymbol{K}_i(k)=\boldsymbol{P}^-{}_i(k)\boldsymbol{C}^\mathrm{T}{}_i(k)+\left[\boldsymbol{C}_i(k)\boldsymbol{P}^-{}_i(k)\boldsymbol{C}^\mathrm{T}{}_i(k)+\boldsymbol{V}_i(k)\right]^{-1} \tag{11.20}$$

$$\hat{\boldsymbol{x}}_i^+(k)=\hat{\boldsymbol{x}}_i^-(k)+\boldsymbol{K}_i(k)\left[z_i(k)-\boldsymbol{C}_i(k)\hat{\boldsymbol{x}}_i^-(k)\right] \tag{11.21}$$

$$\begin{aligned}\boldsymbol{P}^+{}_i(k)=&\hat{\boldsymbol{x}}_i^-(k)+\left[\boldsymbol{I}-\boldsymbol{K}_i(k)\boldsymbol{C}_i(k)\right]\boldsymbol{P}^{-1}{}_i(k)\left[\boldsymbol{I}-\boldsymbol{K}_i(k)\boldsymbol{C}_i(k)\right]^\mathrm{T}\\&+\boldsymbol{K}_i(k)\boldsymbol{V}_i(k)\boldsymbol{K}^\mathrm{T}{}_i(k)\end{aligned} \tag{11.22}$$

对于主滤波器有

$$\hat{\boldsymbol{x}}_\mathrm{M}^-(k+1)=\boldsymbol{A}_\mathrm{M}(k+1)\hat{\boldsymbol{x}}_\mathrm{M}^+(k)+\boldsymbol{B}_\mathrm{M}(k)u_\mathrm{M}(k) \tag{11.23}$$

$$\boldsymbol{P}_\mathrm{M}^-(k+1)=\boldsymbol{A}_\mathrm{M}(k)\boldsymbol{P}_\mathrm{M}^+(k)\boldsymbol{A}_\mathrm{M}^\mathrm{T}(k)+\boldsymbol{W}_\mathrm{M}(k) \tag{11.24}$$

于是全局估算值为

$$\boldsymbol{P}_\mathrm{f}^+(k)^{-1}=\sum_{i=1}^{n}\left[\boldsymbol{P}_i^+(k)\right]^{-1}-\left[\boldsymbol{P}_\mathrm{M}^-(k)\right]^{-1} \tag{11.25}$$

$$\hat{\boldsymbol{x}}_\mathrm{f}^+(k)=\boldsymbol{P}_\mathrm{f}^+(k)\left[\boldsymbol{P}_\mathrm{M}^-(k)^{-1}\hat{\boldsymbol{x}}_i^-(k)+\sum_{i=1}^{n}\boldsymbol{P}_i^+(k)^{-1}\hat{\boldsymbol{x}}_i^+(k)\right] \tag{11.26}$$

式中，$\boldsymbol{P}_\mathrm{f}^+(k)$ 为 $\boldsymbol{P}_\mathrm{f}^+(k)^{-1}$ 的逆。

信息反馈因子根据以下公式计算（Xu et al.，2006）：

$$\beta_i=\frac{\mathrm{tr}\,\boldsymbol{\Lambda}_i'}{\sum_{j=1}^{m}\mathrm{tr}\,\boldsymbol{\Lambda}_j'} \tag{11.27}$$

式中，$\boldsymbol{\Lambda}_i'=\mathrm{diag}(\lambda_{i1}',\lambda_{i2}',\cdots,\lambda_{iN}')$；$\boldsymbol{\Lambda}_i^9=\mathrm{diag}(\lambda_i^9,\lambda_{i2}^9,\cdots,\lambda_{iN}^9)$ 为 P_i 的本征值。

附录 B

符号与术语

$\hat{A}$	A 随即状态的预报值
I_x	绕 x 轴的惯性矩
I_{xy}	关于 x 轴和 y 轴的惯量积
K,M,N	沿 x 轴、y 轴和 z 轴的外力矩
K_c，K_f	LQR 和卡尔曼滤波器的增益
m	航行器的质量
p	沿 x 轴的角速度
r	沿 z 轴的角速度
u	纵向速度
v	横向速度
x_G	重心的 x 坐标
X,Y,Z	沿 x 轴、y 轴和 z 轴的外力
y_G	重心的 y 坐标

参考文献

1. B P. 2010. Gulf of Mexico Response. Available from http://www.bp.com/ sectionbodycopy.do?categoryId=41&contentId=7067505 [Accessed on 12 June 2011]
2. Caccia M. 2006. Autonomous surface craft: prototypes and basic research issues. 14th Mediterranean Conference on Control and Automation (MED'06)
3. Clarke D W, Mohtadi C, Tuffs P S. 1987a. Generalized predictive control: I. The basic algorithm. Automatica, 23(2): 137
4. Clarke D W, Mohtadi C, Tuffs P S. 1987b. Generalized predictive control: II. Extensions and interpretations. Automatica, 23(2): 149
5. Corfield S J, Young J M. 2006. Advances in Unmanned Marine Vehicles, The Institution of Electrical Engineers, 12(69): 311-326
6. Cutler C R, Ramaker B L. 1980. Dynamic matrix control-a computer control algorithm, Paper wp5-b. Proceedings of the Joint Automatic Control Conference
7. Escamilla-Ambrosio P J, Mort N. 2004. Comparison of three fuzzy logic based adaptive

multi-sensor data fusion architecture. Proceedings of the 3rd IFAC Symposium on Mechatronic Systems

8. Fossen T I. 1994. Guidance and Control of Ocean Vehicles. New York John Wiley & Sons Ltd
9. Gao Y K, Abousalem M A. 1993. Comparison and analysis of centralized, decentralized, and federated filters. Journal of the Institute of Navigation, 40(1): 69-86
10. Loebis D, Sutton R, Chudley J. 2004a. A fuzzy Kalman filter optimized using a multiobjective genetic algorithm for enhanced autonomous under water vehicle navigation. Proceedings of the Institution of Mechanical Engineers (IMechE), Part M, 218(1): 53-69
11. Loebis D, Sutton R, Chudley J, et al. 2004b. Adaptive tuning of a Kalman filter via fuzzy logic for an intelligent AUV navigation system. Control Engineering Practice, 12(12): 1531-1539
12. Manley J E. 2008. Unmanned surface vehicles, 15 years of development. Oceans 2008, Quebec City, QC: 1-4
13. Mehra R. 1970. On the identification of variances and adaptive Kaman filtering. IEEE Transactions on Automatic Control, 15(2): 175-184
14. Naeem W. 2002. Model predictive control of an autonomous underwater vehicle. UKACC'2002 Postgraduate Symposium, University of Sheffield
15. Naeem W, Sutton R, Chudley J. 2006. Soft computing design of a linear quadratic Gaussian controller for an unmanned surface vehicle. 14th IEEE Mediterranean Conference on Control and Automation
16. Naeem W, Sutton R, Chudley J. 2007. Chemical plume tracing and odour source localisation by autonomous vehicles. Journal of Navigation, 60(2): 173-190
17. Naeem W, Sutton R, Chudley J, et al. 2004. An online genetic algorithm based model predictive control autopilot design with experimental verification. International Journal of Control, 78(14): 1076-1090
18. Naeem W, Xu T, Sutton R, et al. 2008. The design of a navigation guidance and control system for an unmanned surface vehicle for environmental monitoring. IMeChE Transactions Part M, Journal of Engineering for the Maritime Environment (Special Issue on Marine Systems), 222(2): 67-79
19. Richalet J A, Rault A, Testud J D, et al. 1978. Model predictive heuristic control: applications to industrial processes. Automatica, 14: 413-428
20. RoboteQ, Inc. 2010. Roboteq AX2550/2850 User's Manual. Roboteq. Inc
21. Shao Z J, Wang H, Zhu Y K, et al. 1994. Multivariable optimal control with adaptation mechanism in rudder/fin stabilizing system. IEEE International Conference on Industrial Technology
22. Xu T, Chudley J, Sutton R. 2006. A fault tolerant multisensor navigation system for an unmanned surface vehicle. 6th IFAC Sympo sium on Fault Detection

第12章　多个自主水中航行器协同控制：理论基础和实用问题

A. Pedro Aguiar 和 Anto´nio Pascoal[①]

12.1　引言

使自主水中航行器（AMV）在没有操作人员直接监管的情况下执行日益复杂的使命的研究在世界范围内受到越来越广泛的关注。实现这个目的的关键因素是使用先进的系统控制 AMV 的运动。近几十年来，在这一领域开展了大量的研究工作。以往人们认为运动控制的经典问题可大致分为 3 组：①点稳定，目的是使航行器在给定的目标点上按预期方向实现稳定；②轨迹追踪，要求航行器追踪具有时间参数的参照对象；③路径跟随，航行器必须收敛到并跟随预期的路径，但是没有为其指定明确的定时法则。

目前的研究不再局限于单航行器运动控制。最近科研人员对 AMV 编队协同运动控制的问题进行了大量的研究。从理论和实践的角度来看，用于科研和商业的海洋自动勘探能够促进多个 AMV 协同运行并且向系统工程师提出了巨大的挑战。使用重装备的单一航行器主要有 2 个缺点：①缺乏鲁棒性；②容易发生系统故障和效率低下。因为航行器为了收集数据可能需要在广泛区域内进行大量巡游，从而无法充分满足采样要求。通过移动通信网络连接的一组协同运行的航行器有可能克服这些局限性，这样还可以根据环境参数重新配置网络，从而改进完成使命的性能，并且可以对检测向量场、标量场和特别关注特征的策略进行优化。此外，在协同使命的情境中，只要求每艘航行器携带 1 个传感器（针对各种环境变量选择传感器），这

---

①葡萄牙里斯本技术大学系统和机器人研究所，工程与科学中的机器人和系统实验室高等研究所。Laboratory of Robotics and Systems in Engineering and Science（LARSyS）, Institute for Systems and Robotics/Instituto Superior Te´cnico（ISR/IST）, Technical University of Lisbon, Lisbon, Portugal。

样可以简化编队中的航行器，从而提高整体的可靠性。

在图 12.1 中描述了一个概念上的简单使命情境，即一个自主水面航行器（ASC）与一个自主水下航行器（AUV）沿着两条路径协同运行，而且以同一条垂直线作为参照相互对齐，以便充分发挥声通信信道的良好性能。这与在非垂直面区域内进行通信时的情况极为不同，因为现在极大地降低了所需的信道带宽，特别是在浅水作业中存在多路径效应。

本章概述了在开发协同运行多 AMV 先进运动控制系统的过程中出现的理论问题和实践问题。重点介绍了作者在参与两个欧洲项目的过程中提出和解决的问题，这两个项目是：①GREX 项目——“不确定环境中协同运行异构无人系统的协调和控制”（GREX 项目，2006—2009；Kalwa，2010）；②Co3-AUVs 项目——“自主水下航行器的协同认知控制”（Co3-AUVs 项目，2009—2012；Birk et al.，2011）。

图12.1　用于在海中采集数据的ASC和AUV

上述项目既涉及理论问题，又涉及实践问题。值得强调的是从理论角度来看 ASC 和 AUV 的协调包括要面临外部干扰、航行器间通信中断、环境不确定性和只能在获得不完善或部分测量值的情况下进行分布式控制法则的设计。这一点对于 AUV 来说尤其重要，因为在其运行的介质中引入了严格的条件。直到最近才开始正式处理这类问题，但还需要进行大量的研究从而得出在通信受到严重限制的情况下具有良好性能的多航行器控制法则。关于这方面的工作，读者可参阅 Aguiar 和 Hespanha（2007），Aguiar 和 Pascoal（2007b），Aguiar 等（2007b），Arcak（2007），Ghabcheloo 等（2006，2007，2009a，2009b），Ihle 等（2007），Skjetne 等（2002，2004），Stillwell 和 Bishop（2000），以及 Vanni 等（2007，2008a）的文献。感兴趣的读者还可以参考 Aguiar 等（2008b），Dobrokhodov 等（2010），Kaminer 等（2010）和 Xargay 等（2011a，2011b）的合作研究工作。

由于篇幅有限，本章内容避开了多航行器协同控制方案的设计和实施涉及的大部分技术细节，对一些选定的子问题进行了阐释。建议读者查阅关于这一领域的更全面的参考资料，并查阅 GREX 项目和 Co3-AUVs 项目的开展所依据的理论结果。本章内容安排如下：12.2 节采用在 GREX 项目和 Co3-AUVs 项目中分析过的具有代表性的使命情境，提出多航行器协同控制的问题；12.3 节提出一种存在时变通信拓扑结构和通信损失的 AMV 协同控制的一般架构；12.4 节介绍以 IST 的整合式网络海洋系统模拟器（Networked Marine Systems Simulator，$NetMar_{SyS}$）进行数值仿真模拟的结果，该模拟器能够研究为协同运动控制开发的算法的性能；12.5 节着重于实际问题，并给出了在 GREX 项目和 Co3-AUVs 项目中的具有代表性的测试结果，先后在亚速尔群岛和葡萄牙赛辛布拉进行了实验；最后，12.6 节总结取得的主要成果，并简要讨论需要进一步开展研究和开发工作的相关问题。

12.2　实际动机和使命情境

本节介绍海洋科学领域中具有挑战性的问题中的两种使命情境。这两种使命情境也表明，海洋技术在为海洋科学家提供空前的大规模勘探和开发海洋所需工具方面发挥着日益重要的作用。我们的重点放在两个基本环节的使命上，这两个基本环节是：①使用可能配备不同种类专用仪器的多艘自主航行器；②航行器之间的运动协调和使命控制，这个环节是动态过程，其随着时间的演变，在很大程度上取决于运动类型和随任务展开获得的科研传感器数据，同时也取决于航行器之间声通信网络的性能。

12.2.1 使命情境 1：寻找热液喷口

海洋科学家现在已经积累了大量关于深海热液喷口、生态系统和化学合成生命形式的知识。热液喷口在生物技术工业方面具有相当大的潜力，是人们了解地球上生命演变的窗口；热液喷口也呈现出壮观的景象并激发起公众的广泛兴趣。在亚速尔群岛，除了沿中大西洋的脊部出现的深水喷口，在较浅深度也存在热液喷口。例如，在若昂・德・卡斯特罗（D.Joao de Castro）河岸附近深度为 150m 处可能存在热液喷口（Cardigos et al，2005），但还没有得到证实。因此，需要建立一种有效的方法来检测中等深度喷口，因为这些喷口在研究生物对深水域与浅水域之间的环境的反应方面具有深远影响。

使命情境 1 是根据热液喷口喷出的甲烷不会迅速溶解于水的性质设定的。这个性质又可以用于检测甲烷并用甲烷传感器测量其浓度梯度。上述两个阶段的使命从配备了声学传感器的 AUV 编队快速探测给定区域开始。测绘出的地图能够用于考察地质特征（如用于给出可能存在喷口的标识），以便指导人们选择较小的检验区域。一旦发现一个较小的检验区域，就可以在检验区域部署配备了有甲烷传感器的 AUV 编队，如图 12.2（a）所示。航行器的基线配置要能够协同计算得出甲烷的浓度梯度空间分布估算值。此后就由航行器编队操控，从而寻找甲烷浓度更高的区域并确定热液喷口的位置。

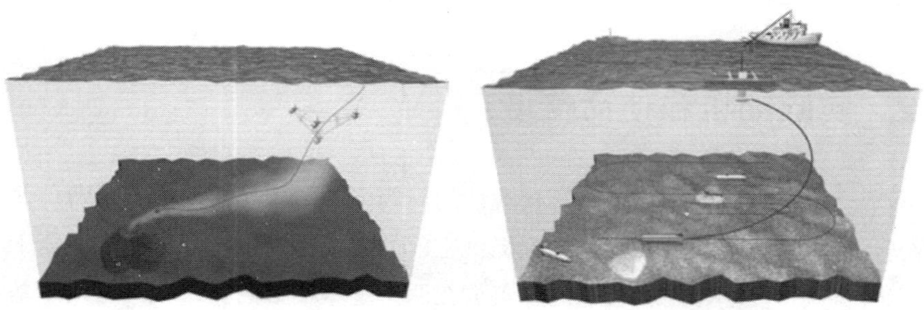

（a）搜寻热液喷口　（b）海洋生境图测绘

图12.2 具有代表性的多航行器使命情境

使命情境 1 需要根据随着使命进展获得的信息类型（甲烷浓度）对多航行器的运动进行协调。由于需要在具有严格的水下通信约束的情况下确定一个分布式和多航行器的协调方案（要求实现可靠的导航和控制），所以这种使命情境给系统设计人员带来了巨大的挑战。

12.2.2　使命情境 2：海洋生境图测绘

海洋生境图是包含海床测深和海床性质，以及生物物种类型和定位数据的地图，也是深入了解海洋生境分布和范围的关键。掌握海洋生境分布的知识有助于确定保护每个生境所需的合理措施，通过了解人类如何采取与海洋生境相关的行动来更好地管理海洋环境。关于海洋生境图的课题在世界范围内得到了广泛关注，并且为研究和保护海洋生境确定了若干准则和指令。例如，在欧洲范围内，著名的“欧盟生境指令”中的附件 I 规定，被列为特殊保护区（Special Areas of Conservation）的海洋生境（Natura，2000）需要经过特别评估，据以核实其是否符合欧盟的要求。

需要对海洋科学家常用的传统方式进行自动化，这对关于海洋生境图测绘的影响很大，海洋生境测绘如图 12.2（b）所示。为了简明阐释，我们首先关注图 12.2（b）中的自主水面航行器/遥控航行器（ASV/ROV）的结合体，其中，ROV 通过脐带缆线与 ASV 连接，用于快速传输数据。在此情境中，ASV 在相应的海床上方自动执行类似割草机路径的行动，而 ROV 也与 ASV 协同执行类似行动。采用这种结合体，ROV 通过安装在 ASV 上的无线电通信装置将海底的图片传给支援船舶（从而传给负责的科研人员）。有一些 AUV 在海床或海面上处于休眠状态。当负责的科研人员检测到海床上存在需要关注的信号时，就会向 1 个或多个 AUV 编队成员发送信号（通过安装在 ASV 上的声通信链接发送信号），于是接收到信号的 AUV 编队成员到达该点，并详细绘制周围地区的地图。与此同时，ASV/ROV 的结合体继续执行割草机路径的行动，以寻找其他需要关注的区域。根据上述方法，沿着这些断面则容易检测到从生态观点来说有意义的区域。

为了执行上述具有挑战性的使命，有一些自主航行器必须在科研人员的密切监管下协调工作。这就需要开发在严格的水下通信约束条件下的先进协同运动控制系统和导航系统，以及相应的软件和硬件架构。为了透彻了解针对自适应采样的多航行器控制一般领域中的相关问题，请参阅 Fiorelli 等（2006），Leonard 等（2010），Paley 等（2008）和 Zhang 等（2007）的文献。

12.3　多航行器协同的一般架构

本节介绍一种非常普遍的多航行器协同运动控制架构，该架构呈现于参与 GREX 项目和 Co3-AUVs 项目的作者的研究成果中。本节还将介绍单航行器和多航行器协同运动控制的关键基元，这些基元是针对一组可能的异构多航行器开发的架构实际应用。

12.3.1　多航行器协同运动控制

图 12.3 对多种航行器协同运动控制所用架构基础的系统进行了说明。可参考 Aguiar 和 Pascoal（2007a），Ghabcheloo 等（2009a）的文献快速了解与此相关的课题，文中介绍的方案概括性强，把握了当前研究的基本趋势。

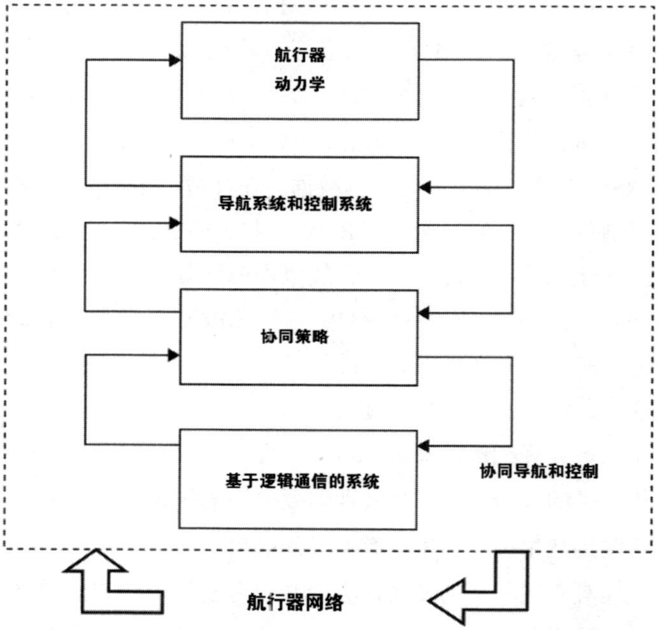

图12.3　多航行器协同运动控制的一般架构

每个航行器都配备了导航系统和控制系统，这些系统使用本地信息，以及通信网络上其他航行器中的一个小组提供的信息，从而使各航行器与整个编队协同运动。导航系统负责计算航行器的状态（线位置、旋转位置，线速度、旋转速度）。控制系统负责选定变量、接收参照基准及相应的导航数据，并且计算出驱动器的指令从而将追踪误差控制为零。协同策略模块负责实施协同导航和控制，该模块具有双重作用：①控制，该模块根据网络上提供的信息向本地航行器发出高层同步指令（如发出速度指令使执行路径跟随运动的多个航行器同步）；②导航，该模块将本地航行器和其他航行器中的一个小组获得的导航数据结合起来。若只有部分航行器能够携带精确导航套件，则其余的航行器必须依靠精确度较低的传感器套件及通过网络交换的信息对其加以补充，后者的作用尤其重要。最后，基于逻辑通信的系统负责监管异步、以离散时间为基础、具有延迟和会受到传输故障影响的信息流（包括流向和来自其他航行器中一个小组的信息流）。

上述方案的核心是每个航行器只能与编队中其他航行器中的一个小组交换信息。此外由于水下通信信道的固有性质，通信应该是简约的并且以很低的数据传输速率进行的。这就要求各种系统在运行时应该决定何时和以何种最低限度的信息，从每个航行器传递给其相邻的航行器。相当有趣的是，类似的约束也出现在网络化控制系统领域，可以从中借鉴富有成效的技术，请参见 Aguiar 和 Pascoal（2007a），Xu 和 Hespanha（2006），Yook 等（2002）的研究及其参考文献。

对上述多航行器协同的一般架构进行细致考察，揭示出其中有很多问题需要解决，包括以下几点。

- 协同控制（Cooperative Control，CC）（如协同路径跟随和协同轨迹追踪）；
- 协同导航（Cooperative Navigation，CN）；
- 在严格的通信约束下进行 CC 和 CN。

在 GREX 项目和 Co3-AUVs 项目的研究过程中，科研人员改进了设计工具以解决上述问题。关于单航行器和多航行器控制先进方案开发所涉及的关键技术方面的介绍，读者可参阅 Aguiar 和 Hespanha（2007），Aguiar 和 Pascoal（2007a，2007b），Aguiar 等（2007a，2008a），Ghabcheloo 等（2006，2007，2009a，2009b）和 Vanni 等（2007、2008a）的文献。另参阅 Alonge 等（2001），Arcak（2007），Breivik 和 Fossen（2005），Ihle 等（2007），Jiang（2002），Klein 等（2008），Lefeber 等（2003），Sepulchre 等（2007），Stillwell 和 Bishop（2000），Skjetne 等（2002，2004），Zhang 等（2007）的研究，以及关于该领域发展现状的参考文献。

项目的研究成果具有应用潜力。据我们所知，其中报道的一些工作是开创性的，体现在其有效地处理了带有临时故障、传输延迟和基于逻辑通信等属于时变通信网络的问题（后者的目的是大幅度减少需要在航行器之间传输的离散时间数据量）。所得的结果有助于与所有项目合作伙伴一起，为运动控制确定单航行器基元和多航行器基元（Single Vehicle Primitives and Multiple Vehicle Primitives，SVP 和 MVP）数据库，SVP 和 MVP 将在下一小节中进行介绍。

12.3.2　单航行器基元和多航行器基元

GREX 项目和 Co3-AUVs 项目旨在为系统设计者提供工具，采用“自下而上”的方法为自主航行器编队开发一个真实的多航行器使命控制系统（Multi-Vehicle Mission Control System）实施所需的模块。

根据前几节所述的使命情境和多航行器协同运动控制架构，开发了一组协同运动控制的 MVP。确定基元及其执行中使用的算法要考虑这样一个事实：所考虑的航行器具有复杂的动力学，显示出明显的参数不确定性，常常是欠驱动的，但是航行器处于未知和不断变化的水流情况下必须表现良好。下面只列出一些具有代表性的基元示例，这些基元可以执行一些重要的任务：

- 具有复杂动力学的单一水中航行器的点稳定、路径跟随和轨迹追踪。
- 多航行器的路径规划。
- 多航行器的协同路径跟随。
- 多航行器的协同目标跟随和协同目标追踪。
- 通过利用网络控制系统的最新研究成果，在严格的通信约束情况下协同运动。
- 在传感器和驱动器故障的情况下执行以上所有任务。

下面我们简要介绍上面列出的各项任务，并指出相关的参考书目，其中包括由 ISR/IST 团队开发的运动控制算法求解的文献。

12.3.2.1　点稳定—PS（Point stabilization，也称为 Go to Point）

这个任务指的是将航行器驾驶到一个点，在该点航行器需要朝向预期方向（在无海流的情况下），或者单纯驾驶到一个预期点而未指定航行器在该点的方向（在有海流的情况下）。具有代表性的 PS 算法在 Aguiar 和 Pascoal（2007b）和 Aguiar 等（2007a）的文献中可以找到。

12.3.2.2　路径跟随—PF（path following）

在这个任务中，目标是朝向一个路径驾驶航行器并使其以指定的速度跟随该路径。注意，在此没有明确的时间限制，即航行器不需要在预期时刻处于某个确定的点。

在此对航行器有一个重要的要求是航行器需要贯通路径，尽管此时航行器的速度可能依赖于路径。在 Aguiar 和 Hespanha（2007），Ghabcheloo 等（2009a）和 Vanni 等（2007，2008a）的文献中都提供了一些选定的 PF 算法。

12.3.2.3　轨迹追踪—TT（trajectory tracking）

与 PF 的目标不同，TT 要求航行器追踪预期的时间/空间轨迹。因此，时间约束对这种任务来说是很重要的。TT 系统较难设计（与 PF 系统相比），并可能产生“抽筋”行为和驱动器大幅度动作。这是因为 TT 系统施加了严格的时间约束；在非线性系统追踪和路径跟随的参考文献中有关于性能限界的理论研究，可参阅 Aguiar 等（2005，2008a）的研究工作。关于 TT 算法的一个具有代表性的描述另见 Aguiar 和 Hespanha（2007）的研究。在此中肯地指出，采用 PF 算法通常会使航行器有更好的操控行为，然而，在有些情况下，如当希望研究一个强烈依赖于时间的现象时，会被迫采用 TT 算法。

12.3.2.4　多航行器的路径规划（协同路径规划）—CPP（cooperative path planning）

CPP 是基于单航行器 PF 的关键概念和算法建立的。然而，CPP 则更进一步，因为 CPP 中明确考虑了航行器避碰和同时到达时间等问题。可参见 Hausler 等（2009a，2009b）的研究及其关于这方面的参考文献。

关于 CPP 的文献非常丰富，使用的方法也有相当多的种类。经典方法旨在对可行策略进行离线计算以尽量降低代表成本的选定指标。最近出现了一种新的方法，其目标是在线生成路径，包括对环境数据的反响，从而使航行器在所选区域内获取数据的过程得到优化。在 GREX 项目和 Co3-AUVs 项目中，我们关注的问题是当多航行器分散在水中时，要求这些航行器安全到达一个协同使命启动的位置并具有预期的编队模式和指定的末速度，此即所谓的“进入编队”（Go-To-Formation）行动，如图 12.4（a）所示。所关注的成本指标包括尽量减少航行时间和整体能源消耗。关键目标是获得有效的路径规划方法，而且该方法容易计算，并适合实际应用。

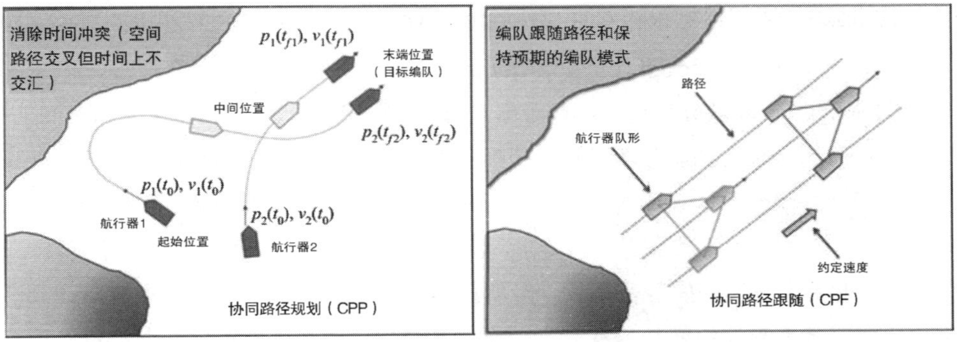

（a）“进入编队”行动　　　　（b）协同路径跟随

图12.4　协同运动规划与控制

Kaminer 等（2007）进行了无人驾驶飞行器方面的研究工作，CPP 技术是基于此并对其进行推广开发出来的。关于这个课题的最新进展，可参见 Ghabcheloo 等（2009b）和 Hausler 等（2010）的研究工作及其在 AMV 上的应用。用直观的术语解释，他用到的关键思路是将空间和时间的性能指标分开，有效地将空间路径计算过程与航行器沿该路径的预期速度分布计算过程解耦。第 1 步要给出航行器的空间分布，并计入几何约束；第 2 步要考虑与时间有关的要求，其中，可能包括初始速度和最终速度、消除时间冲突和同时到达时间等要求。通过将每个路径参数化为一组随一般变量 τ 变化的多项式，并引入一个确定 τ 随时间变化的变化率多项式函数 $\eta(\tau)=\mathrm{d}\tau/\mathrm{d}t$，即可以完成空间和时间约束的解耦。通过将路径参数限制为低次多项式，可减少计算最佳路径时使用的参数数量。一旦多项式参数化的阶次确定了，则可采用经过证明的直接搜索方法，求解多航行器的优化问题，如在给定的无冲突约束和能源消耗限定的情况下求解航行器同步到达的时间［可参见 Kolda 等（2003）的研究］。

12.3.2.5　协同路径跟随—CPF（cooperative path following）

CPF 需要一个航行器编队追踪一系列预先确定的空间路径，同时以预期的编队速度保持预期的编队形式，如图 12.4（b）所示。要实现与此对应的 MVP，不仅要求对每个航行器执行 PF 算法，还要执行改变航行器名义速度的同步算法从而达成预期的时间同步。采用的算法明确考虑了航行器间通信网络的拓扑结构。可参见 Aguiar 等（2008b），Almeida 等（2007），Ghabcheloo 等（2006，2009a），Kaminer 等（2007），Vanni 等（2008a），Xargay 等（2011a，2011b）的研究，以及关于将算法应用到水中航行器和空中飞行器的参考文献。在 Carvalhosa 等（2010）的研究中，可以查到针对处理动态环境中避碰问题导出的对算法的扩展。

12.3.2.6　协同目标跟随 CTF（cooperative target following）和协同目标追踪 CTT（cooperative target tracking）

CTF 和 CTT 任务分别使一组航行器能够（在空间上）跟随和（在空间和时间上）追踪一个移动目标。CTF 任务是指一组航行器在没有严格时间约束的情况下沿着目标路径行驶的情况；这是通过“观察”目标运动，从中提取并跟随一个空间参照路径完成的，此时不需要满足更多的要求，且航行器与目标路径之间的距离不受控制。例如，一艘有人驾驶的航行器带领一组航行器（为其“指路”）通过一个有障碍物的港口区域。经观察这组航行器获得了一条通过港口区域的安全路径，并能精确地跟随该路径。CTT 类似于 CTF，只是 CTT 中一组航行器必须与目标保持预期的沿途距离。航行器必须调整其整体速度，以便与目标路径保持预期的距离，而不是越位进入目标确定的“休闲”路径。这两个问题特别具有挑战性，因为要追踪的轨迹并不是事先提供的，而是由目标航行器的未知运动确定的。这两个问题都可以通过将其转换成一个等效的路径跟随问题来求解。这是通过在编队中至少设置一艘航行器“观察目标运动”，并在一个短暂和回放的时间窗口，以一个参数化路径拟合目标运动完成的。然后将由此获得的路径连续分段的参数向其他航行器传输，从而执行一个协同路径跟随算法。

12.3.2.7　严格的通信约束下协同行动

这项任务指的是在通信拓扑结构变化、通信损失和延迟的情况下，为 CPF、CTF 和 TT 开发出 MVP 的问题。鉴于声音在水中传播的速度很小，通信延迟的情况很明显。求解方法的提出建立在 Ghabcheloo 等（2007，2009a），Kaminer 等（2007）和 Xargay 等（2011a）的研究工作的基础之上。另参见 Aguiar 和 Pascoal（2007a）、Ghabcheloo 等（2009b）和 Vanni 等（2008a）的文献，其中所述求解方案明确提出了水下通信是在离散时间间隔内发生的，因此明显降低了航行器的通信频次。据我们所知，之前在水下多航行器控制的文献中没有对这些方面的研究工作进行介绍。采用的新求解方案借鉴了网络控制方面的相关研究工作，具有通过进一步改进实现在性能与航行器间通信所耗能量两个方面达到充分平衡的潜力。读者可参考 Xu 和 Hespanha（2006），Yook 等（2002）在这一领域的相关工作。

12.4　NetMar$_{SyS}$ 模拟器：数值仿真模拟结果

本节介绍数值仿真模拟结果，这些数值仿真模拟结果展示了本章提到的一些运动控制算法可获得的性能。数值仿真模拟使用的 NetMar$_{SyS}$ 模拟器，是一套在 GREX 项目和 Co3-AUVs 项目中由 ISR/IST 开发的软件，用于对不同类型的协同使命进行数值仿真模拟，其中，各种协同使命包括数量不等的异构水中航行器，每个航行器都有其自身的动力学特性；全部详情可参见 Rosa 等（2010）和 Vanni 等（2008b）的文献。对细节的详细介绍能够用于环境建模，以及为终端用户提供考虑水流对航行器动力学性能影响和分析延迟、环境噪声对水下通信影响需要的工具。数值仿真模拟当前的发展为未来的发展铺平了道路，未来的发展旨在融合更复杂的声学通信模型和通信协议。

NetMar$_{SyS}$模拟器界面包括 4 个主要部分：①使命环境；②使命规格；③航行器；④输出界面。使命环境包括 3 个不同的菜单：水流、协同策略（定义了航行器之间的通信拓扑结构）和通信信道。使命规格包括一系列可能执行的使命，如 CPF 和 CTT。NetMar$_{sys}$模拟器的主要特点是它具有便于用户使用的界面和为水中航行器集群确定使命的图形化工具。对于 CPF 使命而言，可以具体指明其中一艘航行器应跟随的路径，以直线段和弧线段为几何基元表示路径，并指明预期航行器的编队形式，以及航行器之间通信网络的拓扑结构。航行器包括一个文件，带有航行器不同的（运动学和动力学）模块（见图 12.5）；在这里，用户可以选择编队中的航行器编号和类型。输出界面可以实现使命数值仿真模拟结果可视化，并根据数值仿真模拟结果创建视频，输出界面还能够对无缝分布式软件和环路硬件（hardware in the loop，HIL）进行仿真模拟。

NetMar$_{sys}$ 模拟器在评估水中航行器协同运动控制的所选算法的有效性方面发挥了重要作用。通过结合对不同航行器上运行的实际软件代码进行仿真的模块，该模拟器已应用于 GREX 项目和 Co3-AUVs 项目中使用的航行器使命数值仿真模拟、编程和运行等多个方面，已经成为一个有价值的工具。

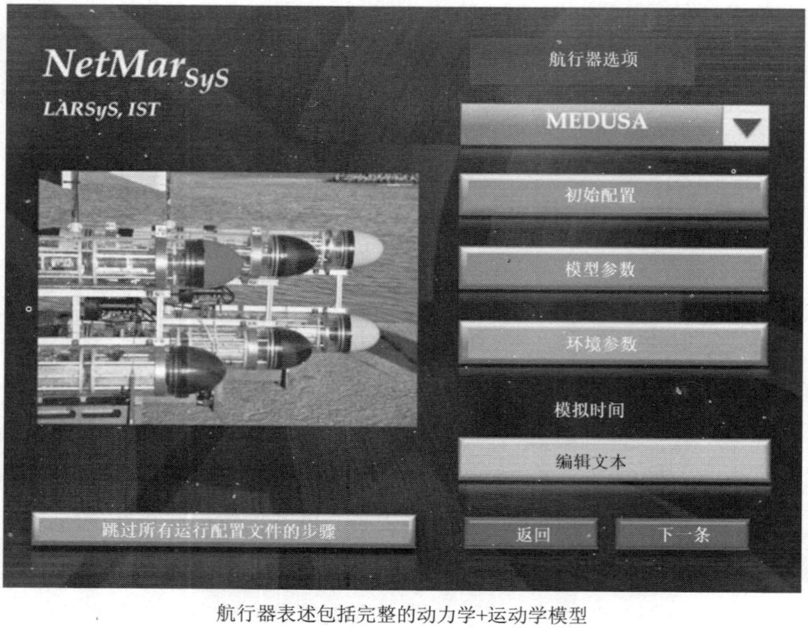

航行器表述包括完整的动力学+运动学模型

图12.5　NetMar$_{sys}$模拟器和航行器选项

12.4.1　数值仿真模拟中的演示性 2D 示例

本小节介绍 3 艘 AMV 协同路径跟随使命的组构和结果。直观地说，使命的目的是使航行器跟随一组类似草坪割草的路径，如图 12.6 所示，并沿着与路径垂直的方向对齐排列。协同使命根据表 12.1 中的一系列直线和弧线序列确定。

表 12.1　以直线和弧线序列确定的协同使命

n	类型	起始点（x）	起始点（y）	中间点（x,y）	终点（x）	终点（y）	速度（m/s）	顺时针/逆时针
1	直线	50	50	—	300	50	1.5	—
2	弧线	300	50	（300,125）	300	200	1.5	顺时针
3	直线	300	200	—	50	200	1.5	—
4	弧线	50	200	（50,275）	50	350	1.5	逆时针
5	直线	50	350	—	300	350	1.5	—

航行器编队中心的预期速度不变为 1.5m/s。在数值仿真模拟中，我们还考虑了速度为 0.5m/s 的未知水流，以及通信受到严重限制的两个圆形阴影区域，如图 12.6 所示。图 12.6 中显示了使用 $\text{NetMar}_{\text{SyS}}$ 模拟器获得的 3 艘航行器的轨迹。航行器开始运动时是偏离编队的，但很快达到预期编队。在图 12.6 的顶部，航行器在第一段弧线的通信受限，所以迅速失去同步。一旦航行器离开阴影区域且重新开始交换数据，航行器就会恢复编队队形。

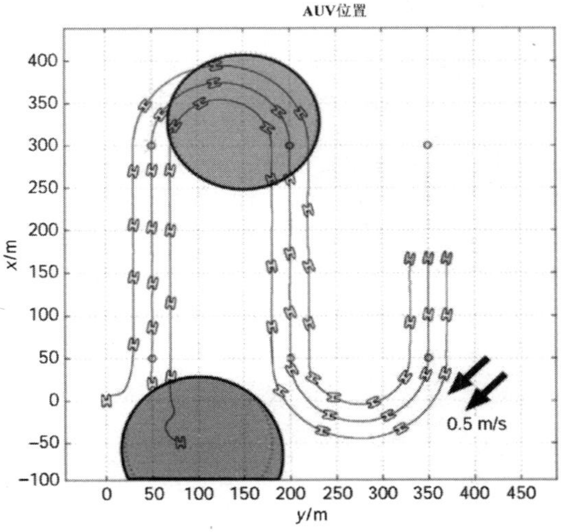

阴影区域表示通信故障区域

图12.6　2D区域通信受限的3艘AMV协同路径跟随

3 艘航行器之间的数据交换如图 12.7 所示。由图 12.7 可以看出，在轨迹开始时，当航行器 3 在阴影区域时，成功交换的信息数量较少。当到达路径的第 1 段弧线并进入第 2 个阴影区域时，3 艘航行器均出现了与此相同的情况。图 12.8（a）展示了 3 艘航行器的参数 γ 的演变情况，γ 表示每艘航行器沿指定路径的规格化位置（Ghebcheloo et al.，2009a）。当所有航行器的 γ 值相同时，航行器就处于编队航行状态。显然，这种情况不会发生在轨迹的起点，也不会发生在进入第 1 段弧线之后的一段时间里，因为此时通信中断。由图 12.8（b）也可以得出同样的结论，该图显示了 3 艘航行器按各自的参数 γ 之和求出的协调误差演变情况。

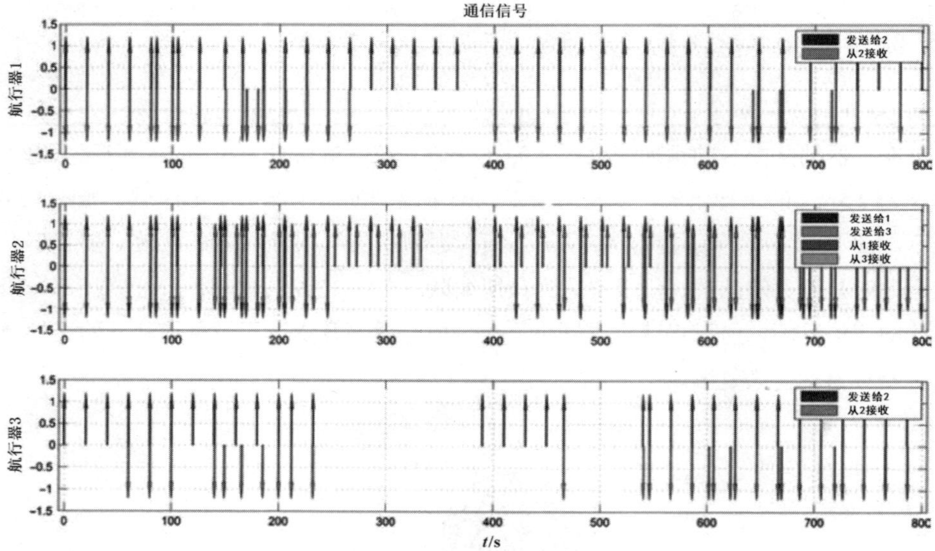

通信信道的拓扑结构是：航行器 1 对航行器 2“通话”，航行器 2 对航行器 1 和航行器 3“通话”，航行器 3 对航行器 2“通话”

图12.7　3艘航行器之间的数据交换

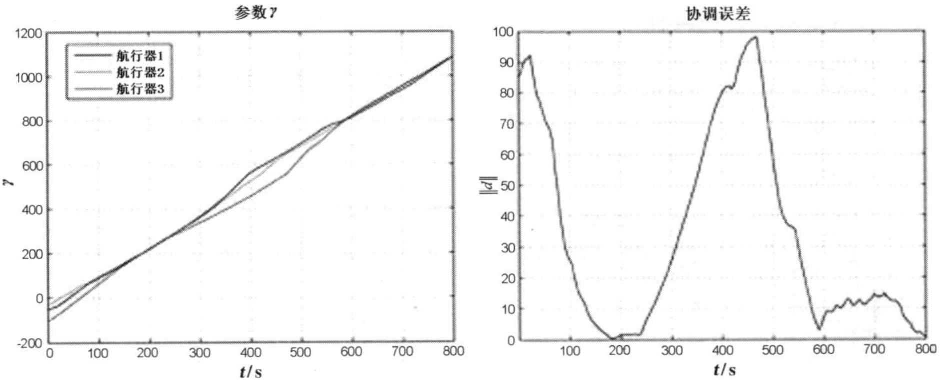

（a）3 艘航行器的参数 γ 的演变情况 （b）协调误差演变情况

图12.8 通信受限的协同运动控制

12.4.2 数值仿真模拟中的演示性 3D 示例

本节展示 Aguiar 和 Pascoal（2007a）在协同运动控制方面的研究成果的应用，其中，包括在基于逻辑通信的 3D 空间中运动的 3 艘 AUV。

要求 AUV 跟随的路径形式可表示为

$$p_{\mathrm{d}i}(\gamma_i)=\left(c_i\cos(2\pi/T\gamma_i+\varphi_{\mathrm{d}}),c_i\sin(2\pi/T\gamma_i+\varphi_{\mathrm{d}}),d\gamma_i\right)$$

式中，$c_1=20\mathrm{m}$；$c_2=15\mathrm{m}$；$c_3=25\mathrm{m}$；$d=0.05\mathrm{m}$；$T=400$；$\varphi_{\mathrm{d}}=-3\pi/4$；$p_{\mathrm{d}i}(\cdot)$ 为航行器的初始位置；γ_i 为标准化路径长度。3 艘航行器的初始位置分别为

$$p_1=(10\mathrm{m},-15\mathrm{m},-5\mathrm{m}),\quad p_2=(5\mathrm{m},0\mathrm{m},0\mathrm{m}),\quad p_3=(20\mathrm{m},-25\mathrm{m},5\mathrm{m})$$

航行器在静止状态下启动，规格化基准速度设置为 $v_{\mathrm{r}}=1\mathrm{m/s}$。要求航行器保持一种编队形式，还要求在其运动的平面上沿直线排列。此外，允许 AUV_1 与 AUV_2 和 AUV_3 通信，但后两者之间不直接通信。为了进一步说明所建议的协同路径跟随控制架构的行为，还强制实现以下情境：从 $t=150\mathrm{s}$ 到 $t=250\mathrm{s}$，AUV_1 只能以 $\mathrm{d}\gamma_1/\mathrm{d}t=0.5$ 跟随其路径。图 12.9 给出了 AUV 的运动轨迹。如图 12.10 所示，给出了路径跟随总体误差 $\sum|p_i-p_{\mathrm{d}i}|$，协调误差 $|\gamma_1-\gamma_2|+|\gamma_1-\gamma_3|$ 和通信信号 σ 的演变情况。通信信号 $\sigma\in\{0,1\}$ 通过切换其数值指示通信发生的时间。在 t=150s 之前，航行器调整其速度以满足编队要求，协调误差收敛到零，注意在此期间通信交换数量有所减少。事实上，航行器在过渡阶段只需要通信几次。当 AUV_1 被迫从 $t\in[150,250]$ 减速时（未明确地将其新基准参照速度传递给相邻 AUV），通信速率会增加以保持协调误差有界。

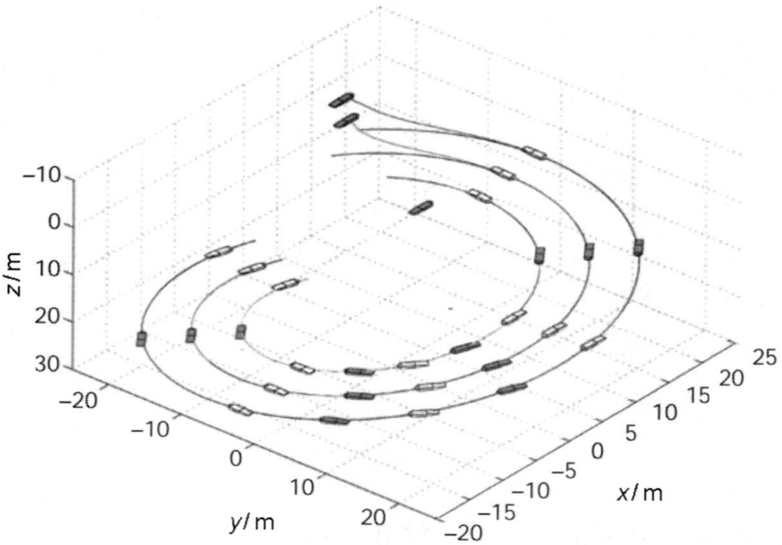

图12.9　3艘AUV在基于逻辑通信的3D空间中的协同路径跟随

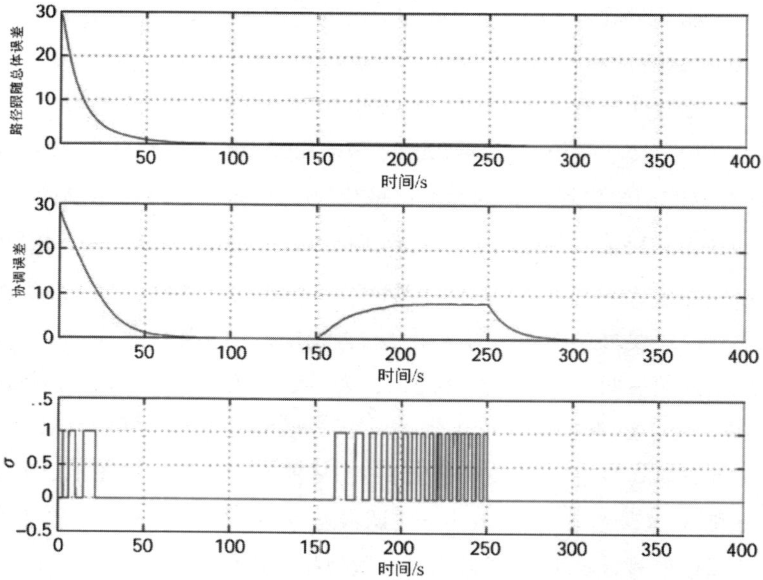

图12.10　路径跟随总体误差、协调误差和通信信号 σ 的演变情况

12.5　实验结果

2008—2011 年，在 GREX 项目和 Co3-AUVs 项目中进行了大量的海上测试，用于充分展示为异构多航行器协同运动控制开发的算法的效能。在这里只详细介绍两个系列的测试：2008 年在亚速尔群岛的首次测试和 2011 年在赛辛布拉实施的测试。

12.5.1　2008 年在亚速尔群岛的测试

2008 年 7 月，在亚速尔群岛海区的法亚尔霍塔进行了第一批 GREX 实场测试。这些测试对集结各组合作者进行硬件和软件整合有重要意义，并为全面开发多航行器协同控制和导航所需的工具铺平了道路。

其中一项测试包括两个联合行动的水面航行器：载人航行器 *Aguas Vivas* 和配备有专用 GREX 计算机的 *DELFIMx* ASV（*DELFIMx* 见第 10 章，译者注），两艘航行器的外观如图 12.11 所示。

图12.11　*DELFIMx* ASV（左）和*Aguas Vivas*支援船（右）

DELFIMx 是一艘 ASV，在葡萄牙里斯本的 Instituta Superior Tecnico 进行设计和建造。*DELFIMx* 为长 4.5m，宽 2.4m 的小型双体船，重量为 380kg，由电动机驱动的 3 叶螺旋桨保障推进，航行器相对于水的最高速度为 3.0m/s。该航行器配备了船

载常驻系统，用于导航、制导和控制，以及使命控制。导航通过整合姿态参照单元（姿态参照单元的概念见第 10 章 10.2.1 节，译者注）、多普勒计程单元和 DGPS（差分全球定位系统）的运动传感器数据实现。

该航行器具有翼形中央结构，在海上作业时可以升降；安装在这个结构底部的是一个低阻力的形体，可以携带声学换能器，包括那些用于与水下航行器进行交流的换能器。在亚速尔群岛，航行器与其支援船舶之间的信号传输通过 10km 范围内的无线电实现。

两艘航行器的基元、路径跟随和目标跟随已经成功实现。由 *DELFIMx* 执行的类似草坪割草机路径跟随行动的细节，如图 12.12（a）所示。为了测试目标跟随基元，*Aguas Vivas* 向 *DELFIMx* 传送 GPS 位置时在海上进行了任意运动。*DELFIMx* 根据接收到的 GPS 信息使用路径拟合算法，在线辨识 *Aguas Vivas* 贯通的路径段（在短暂回放时间窗口确定的直线段或弧线段），并通过反复调用路径跟随基元按设定的速度跟随这些路径。因此，*DELFIMx* 在 *Aguas Vivas* 确定的总体路径上的运动过程很好，但是这些运动过程不是事先知晓的。运动过程的结果，如图 12.12（b）所示。

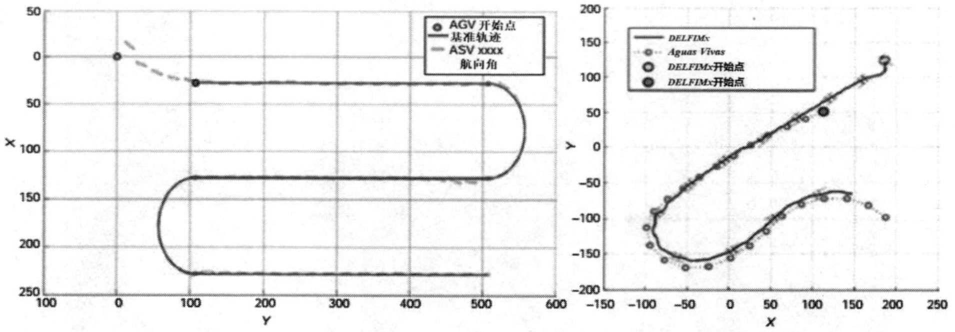

实线—预期路径；虚线—实际路径
（a）航行器执行路径跟随使命

虚线—*Aguas Vivas* 路径；实线—*DELFIMx* 路径
（b）航行器执行目标跟随使命

图12.12　*DELFIMx*在亚速尔群岛海上的实验结果

这些测试对于评估路径跟随和目标跟随算法的性能非常重要，*Aguas Vivas* 与 *DELFIMx* 之间的空中通信信道，以及项目中采用的软件和硬件架构的效能极为重要，软件和硬件架构安装在 *DELFIMx* 的船载 GREX 计算机上。

12.5.2　2011 年在赛辛布拉的测试

在 2008 年的第一批 GREX 测试之后，法国和葡萄牙的 GREX 项目和 Co3-AUVs 项目合作团队进行了大量的多航行器协同控制实验。多年来，用于执行协同行动和使命控制的软件和硬件架构得到了改进，最终形成了一个能够无缝实现协同使命编程和执行的机构。这套机构在 2011 年 8 月进行了测试，当时在葡萄牙赛辛布拉附近的海上进行了几项实验，使用了 3 艘航行器，如图 12.13 所示的红色、黑色和黄色航行器（图 12.13 左图中自左向右 3 艘航行器，原文为黑白图片，译者注）。这些命名为“美杜莎”（Medusa）的航行器是在葡萄牙里斯本高等技术研究所的机器人和工程与科学系统实验室（LARSyS/ISR）中开发的。

图12.13　2011年8月在葡萄牙赛辛布拉进行测试期间的3艘“美杜莎”航行器

3 艘“美杜莎”航行器的重量均为 30kg，由两根 0.15m×1m（直径×长度）带有铝制端盖的丙烯酸壳管连接在中央铝架上，两艘航行器之间的距离是 0.45m。船体底部的水下部分包括 1 个锂聚合物电池组与驱动器电子器件、1 个水下摄像机和 1 个声学调制解调器（Tritech）。船体上部载有主计算机单元和导航传感器（惯性测量单元，Inertial Measurement Unit，IMU；全球定位系统 GPS 装置），另外船体上部有一部分露出水面。主框架上附有两个船尾推进器（Seabotix HPDC1507 无刷推进器），直接控制航行器的纵向和转首方向的运动。在标称速度为 1.0m/s 时，航行器的自主能力为 6hr；每增加 1 个额外的电池组可以增加 1 倍的自主能力。航行器的最高速度为 2.0m/s。航行器之间及航行器与水下目标通信分别通过 Wi-Fi 与声学调制解调器网络实现。

每个航行器在一个 2GHz 英特尔 Core Duo-1GB 内存平台上运行一个标准 linux 操作系统，用于运行控制系统、导航和使命控制系统。所用架构能够无缝执行在 MATLAB 环境下借助 $\mathrm{NetMar}_{\mathrm{SyS}}$ 模拟器开发的求解方案并进行相应的 HIL 测试。因此，为每个传感器和驱动器开发了独立的过程以便与硬件快速接口。各过程之间通信架构的一般框图，如图 12.14 所示，负责与这些流程协调和通信的中间软件基础设施是开源面向使命的操作套件（Mission Orientated Operating Suite，MOOS）（MOOS，2011）。MOOS 的核心是一个具有鲁棒性的基于网络通信的架构，这个架构明显地简化了构建应用程序的工作，并且其中所有通信都是通过 MOOSDB 的数据库进行的。有了这种架构每个过程只需要分析传感器数据，并将重要变量发布在 MOOSDB 中。

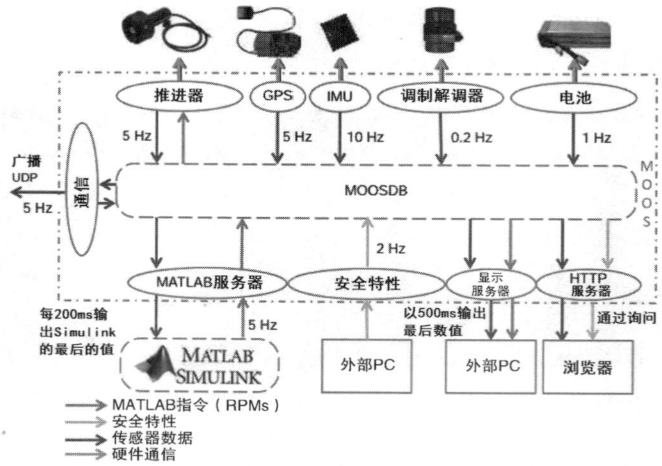

图12.14 “美杜莎”航行器的通信架构框图

在图 12.14 中，标识为椭圆的模块是在航行器软件架构上实现的主要流程。图 12.14 的顶部显示驱动器和传感器的过程及其采样频率。在 MOOSDB 下面是控制器和可视化部分。下面简要介绍一些模块的作用。

- 推进器（THRUSTERS）模块处理推进器和数据库之间的双向通信，它不断检测推进器的状态，并将结果发布到数据库中；一旦在数据库中得到数据（由 MATLAB 服务器发布），该模块也会向推进器发送速度指令。
- IMU（惯性测量单元）、GPS 和电池（BATTERIES）模块分析来自传感器的数据并将其发布到数据库中。
- 通信（Communications）模块负责采集选定的变量，并通过用户数据报协议（User Datagram Protocol，UDP）向其他航行器传输。它还发挥反向作用，即接收其他航行器的变量并将其发布在数据库中，以便其他进程（如

MATLAB 服务器）能够访问。

- MATLAB 服务器模块在架构中起中心作用，因为该模块广播重要的数据，并设置 MATLAB/SIMULINK 时钟（将其变成一个真正的时钟，而不是普通的虚拟时钟）。
- 安全特性（Safety Feature）过程通过与航行器外部计算机的 Wi-Fi 连接以 2s 的周期定期进行通信，并期待该计算机的回复；当回复没有到达时，航行器就会发现连接中断，并且在超时后停止推进器。
- 显示（Display）服务器和 HTTP 服务器负责定期或通过查询导出数据库中包含的所有变量；如图 12.15 所示，给出了 3 艘“美杜莎”航行器进行海上实验时，在执行 CPF 任务时的浏览器控制台（Browser Console）。
- MATLAB/SIMULINK 模块是由 Math-Works 开发的用于建模、模拟和分析动态系统的软件包，有一个图形化绘制框图的工具和一组可定制的框图库，MATLAB/SIMULINK 可用于实现本章所述的所有协同运动控制算法。

实验表明采用的架构在开发阶段非常有用，因为可以用模拟的模块替换一个模块（如传感器模块），或者连续地从 MATLAB 服务器中移除模块并添加新的模块而不需要改变其他模块。例如，如果航向控制器经过充分测试和运行，则可以很容易作为一个新模块添加进来，并作为一个独立过程执行。

图12.15　3艘“美杜莎”航行器在执行CPF任务时的浏览器控制台

为了便于说明，图 12.16 给出了用 3 艘“美杜莎”航行器执行的两次 CPF 任务的结果：一次为直线路径使命，如图 12.16（a）所示；另一次为类似割草机路径使命，如图 12.16（b）所示，两者都具有“同轴”编队队形，从而要求航行器与路径垂直的线对齐。航行器以不同的航向和位置从静止状态开始，到达某一点时再对其发出指令，要求航行器以编队形式沿着预期路径自主运动。

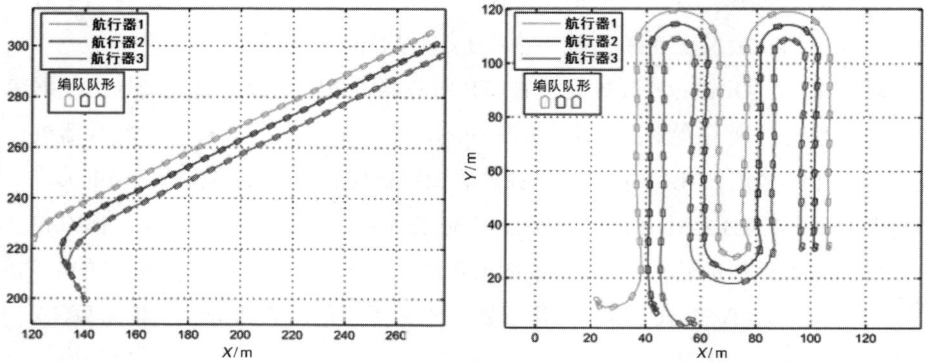

（a）直线路径使命　　　（b）类似割草机路径使命

图12.16　3艘“美杜莎”航行器执行CPF任务的结果

3 艘“美杜莎”航行器以类似割草机路径运动，其中每艘航行器的航向和纵向速度随时间的演变情况（使用 IMU 和 GPS 提供的数据计算得出），如图 12.17 所示。从图 12.17（a）中可以看出，尽管存在海浪和水流的影响，但航行器在收敛于路径和保持所需编队的任务中的表现良好。请注意图 12.17（b）中纵向速度随时间的演变，清楚地显示出航行器在经过弧线段时为了保持编队队形是如何采用不同速度的。由于 CPF 采用的算法（Gabcheloo，2009a）建立在路径跟随和航行器之间同步任务的“准分离”之上，因此在实际操作过程中容易对其增益进行调节。

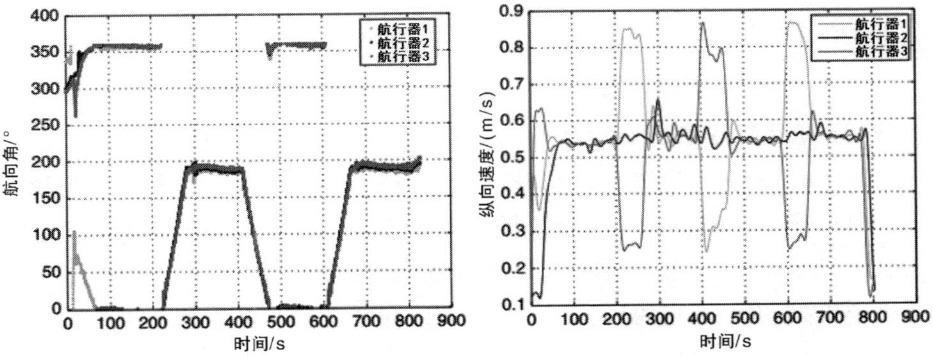

（a）航向随时间的演变　　（b）纵向速度随时间的演变

图12.17　3艘“美杜莎”航行器以类似割草机路径运动

12.6　结论和未来的研究工作

本章简要介绍了在多 AMV 协同运动控制系统的开发过程中会遇到的一些理论和实际问题。讨论的许多问题都是由欧盟 GREX 项目和 Co3-AUVs 项目定下的难度较大的使命情境引发的。开发了一种存在时变通信拓扑结构和通信损失情形下进行 AMV 协同控制的通用架构。该架构的实现依赖于根据控制理论开发的 SVP 和 MVP。为了进行数值仿真模拟，ISR/IST 开发了一个专用的网络化海洋系统模拟器（$NetMar_{SyS}$）。该模拟器可用于研究协同运动控制算法能达到的性能，并考虑了航行器动力学、外部干扰和传感器噪声，以及航行器之间的通信损失。$NetMar_{SyS}$ 还允许进行无缝分布式软件和环路硬件（HIL）在海上部署系统之前的仿真模拟。

在亚速尔群岛和葡萄牙的塞辛布拉进行的两个系列实验的结果显示了协同运动控制方法的有效性，以及目前用于控制“美杜莎”航行器的软件和硬件结构的可靠性。

未来的研究工作将致力于测试其他 MVP（包括进入编队和协同目标追踪）和利用若干水面航行器执行追踪水下多个目标的使命。从理论的角度考虑，我们设定了两条研究主线：①利用非传统的基于地球物理学的导航系统进行协同导航；②深入研究水下通信信道和水下通信协议的制约因素。

致谢

我们真诚感谢 GREX 项目、Co3-AUVs 项目和 FREESUB Network 项目的合作者，以及在 LARSyS 的同事，IST/ISR 的动力系统和海洋机器人团队，美国加州蒙特里的海军研究生院机械系和航天工程系，位于 Urbana-Champaign 的伊利诺斯大学机械科学和工程系，芬兰坦佩雷理工大学的智能水力学和自动化系，感谢他们针对许多理论和实际问题开展的热烈讨论，还有他们的资助，以及他们将项目从实验室实验进展到实场实施的测试。本章是对许多工作的简要总结，我们要特别感谢 Botelho J、Gois P、Maurya P、Pascoal R、Ribeiro J、Rosa J、Sebastiao L 和 Rufino M 使本项目得以在海上进行实场试验。

本章研究工作的部分资金由 EU FP-7 Co3-AUVs 项目资助：项目名称为“自主水下航行器的协同认知控制”，拨款协议编号为 no. IST-231378。

参考文献

1. Aguiar A, Hespanha J, Kokotovic P. 2008a. Performance limitations in reference-tracking and path-following for nonlinear systems. Automatica, 44(3): 598-610
2. Aguiar A, Kaminer I, Ghabcheloo R, et al. 2008b. Coordinated path following of multiple UAVs for timecritical missions in the presence of time-varying communication topologies. Proceedings of the 17th IFAC World Congress
3. Aguiar A, Hespanha J. 2007. Trajectory-tracking and path-following of underactuated autonomous vehicles with parametric modeling uncertainty. IEEE Transactions on Automatic Control, 52(8): 1362-1379
4. Aguiar A, Pascoal A. 2007a. Coordinated path-following control for nonlinear systems with logic-based communication. Proceedings of the 46th Conference on Decision and Control
5. Aguiar A, Pascoal A. 2007b. Dynamic positioning and way-point tracking of underactuated AUVs in the presence of ocean currents. International Journal of Control, 80(7): 1092-1108
6. Aguiar A, Hespanha J, Pascoal A. 2007a. Switched seesaw control for the stabilization of underactuated vehicles. Automatica, 43(12): 1997-2008
7. Aguiar A, Ghabcheloo R, Pascoal A, et al. 2007b. Coordinated pathfollowing control of multiple autonomous underwater vehicles. Proceedings of the ISOPE'07-International Society of Offshore and Polar Engineers
8. Aguiar A, Hespanha J, Kokotovic P. 2005. Path-following for non-minimum phase systems

removes performance limitations. IEEE Transactions on Automatic Control, 50(2): 234-239

9. Almeida J, Silvestre C, Pascoal A. 2007. Coordinated control of multiple vehicles with discrete-time periodic communications. 46th Conference on Decision and Control, New Orleans
10. Almeida J, Silvestre C, Pascoal A. 2008. Compliant coordination and controlof multiple vehicles with discrete-time periodic communications. 17th IFAC World Congress, Korea
11. Alonge F, D' Ippopolito F, Raimondi F. 2001. Trajectory tracking of underactuated underwater vehicles. 40th IEEE Conference on Decision and Control, Orlando
12. Arcak M. 2007. Passivity as a design tool for group coordination. IEEE Transactions on Automatic Control, 52(8): 1380-1390
13. Birk A, Antonelli G, Caiti A, et al. 2011. The Co3-AUVs (cooperative cognitive control for autonomous underwater vehicles) project: Overview and current progress. Proceedings of the OCEANS'11-IEEE
14. Breivik M, Fossen T. 2005. Principles of guidance-based path following in 2D and 3D. 44th IEEE Conference on Decision and Control, Seville, Spain
15. Cardigos F, Dando P, Vila S, et al. 2005. Characterization of the shallow water hydrothermal vent field communities of the D. João de Castro seamount (Azores). Chemical Geology, 224: 153-168
16. Carvalhosa S, Aguiar A, Pascoal A. 2010. Cooperative motion control of multiple autonomous marine vehicles: Collision avoidance in dynamic environments. IAV 2010-7th Symposium on Intelligent Autonomous Vehicles, Lecce, Italy
17. Co3-AUVs Project. 2009-2012. Cooperative cognitive control for autonomous underwater vehicles. http://robotics.jacobs-university.de/projects/Co3-AUVs/
18. Dobrokhodov V, Kaminer I, Jones K, et al. 2010. On coordinated road search using time-coordinated path following of multiple UAVs. Proceedings of the GNC'10-AIAA Guidance
19. Fiorelli E, Leonard N, Bhatta P, et al. 2006. Multi-AUV control and adaptive sampling in Monterey Bay. IEEE Journal of Oceanic Engineering, 31(4): 935-948
20. Ghabcheloo R, Aguiar A, Pascoal A, et al. 2006. Coordinated path-following control of multiple underactuated autonomous vehicles in the presence of communication failures. Proceedings of the 45th Conference on Decision and Control
21. Ghabcheloo R, Aguiar A, Pascoal A, et al. 2007. Synchronization in multi-agent systems with switching topologies and nonhomogeneous communication delays. Proceedings of the 46th Conference on Decision and Control
22. Ghabcheloo R, Aguiar A, Pascoal A, et al. 2009a. Coordinated path-following in the presence of communication losses and time delays. SIAM Journal on Control and Optimization, 48(1): 234-265
23. Ghabcheloo R, Kaminer I, Aguiar A, et al. 2009b. A General Framework for Multiple Vehicle

Time-Coordinated Path Following Control. Proceedings of the ACC'09-American Control Conference

24. GREX Project (2006 – 2009). Coordination and control of cooperating heterogeneous unmanned systems in uncertain environments. http://www.grex-project.eu
25. Hausler A, Ghabcheloo R, Kaminer I, et al. 2009a. Path planning for multiple marine vehicles. OCEANS'09-IEEE, Bremen, Germany
26. Hausler A, Ghabcheloo R, Pascoal A, et al. 2009b. Temporally and spatially deconflicted path planning for multiple autonomous marine vehicles. Proceedings of the MCMC'09-8th Conference on Manoeuvring and Control of Marine Craft
27. Hausler A, Ghabcheloo R, Pascoal A, et al. 2010. Multiple marine vehicle deconflicted path planning with currents and communication constraints. IAV 2010-7th Symposium on Intelligent Autonomous Vehicles, Lecce, Italy
28. Ihle I, Arcak M, Fossen T. 2007. Passivity-based designs for synchronized path-following. Automatica, 43(9): 1508-1518
29. Jiang Z P. 2002. Global tracking control of underactuated ships by Lyapunov's direct method. Automatica, 38(2): 301-309
30. Kalwa J. 2010. Final Results of the European Project GREX: Coordination and control of cooperating marine robots. Proceedings of the IAV 2010-7th Symposium on Intelligent Autonomous Vehicles
31. Kaminer I, Yakimenko O, Dobrokhodov V, et al. 2007. Coordinated path following for time-critical missions of multipleUAVs via L1 adaptive output feedback controllers. Proceedings of the AIAA Guidance, Navigation and Control Conference and Exhibit
32. Kaminer I, Pascoal A, Xargay E, et al. 2010. Path following for unmanned aerial vehicles using L1 adaptive augmentation of commercial autopilots. Journal of Guidance, Control, and Dynamics, 33(2): 550-565
33. Klein D, Bettale P, Triplett B, et al. 2008. Autonomous underwater multivehicle control with limited communication: Theory and experiment. Proceedings of the NGCUV'08-IFAC Workshop on Navigation, Guidance and Control of Underwater Vehicles
34. Kolda T, Lewis R, Torczon V. 2003. Optimization by direct search: New perspectives on some classical and modern methods. SIAM Review, 45(3): 141-166
35. Lefeber E, Pettersen K, Nijmeijer H. 2003. Tracking control of an underactuated ship. IEEE Transactions on Control Systems Technology, 11(1): 52-61
36. Leonard N, Paley D, Davis R, et al. 2010. Coordinated control of an underwater glider fleet in an adaptive ocean sampling field experiment in Monterey Bay. Journal of Field Robotics, 27(6): 718-740
37. MOOS: A cross platform software for robotics research. 2011. http://www.robots.ox.ac.uk/~mobile/MOOS/wiki/pmwiki.php

38. Natura. 2000. http://ec.europa.eu/environment/nature/natura2000/matrine/index_en.htm
39. Paley D, Zhang F, Leonard N. 2008. Cooperative control for ocean sampling: The glider coordinated control system. IEEE Transactions on Control Systems Technology, 16(4): 735-744
40. Rosa J, Aguiar A, Pascoal A, et al. 2010. NetMarSyS-Networked marine systems simulator. Internal Report NETMARSYS/10 ISR/IST
41. Sepulchre R, Paley D, Leonard N. 2007. Stabilization of planar collective motion with all-to-all communication. IEEE Transactions on Automatic Control, 52(5): 811-824
42. Skjetne R, Fossen T, Kokotovic P. 2004. Robust output maneuvering for a class of nonlinear systems. Automatica, 40(3): 373-383
43. Skjetne R, Moi S, Fossen T. 2002. Nonlinear formation control of marine craft. Proceedings of the 41st Conference on Decision and Control, Las Vegas, NV
44. Stillwell D, Bishop B. 2000. Platoons of underwater vehicles. IEEE Control Systems Magazine, 20: 45-52
45. Vanni F, Aguiar A, Pascoal A. 2007. Nonlinear motion control of multiple autonomous underwater vehicles. Proceedings of the CAMS'07-The IFAC Conference on Control Applications in Marine Systems
46. Vanni F, Aguiar A, Pascoal A. 2008a. Cooperative path-following of underactuated autonomous marine vehicles with logic-based communication. Proceedings of the NGCUV'08-IFAC Workshop on Navigation, Guidance and Control of Underwater Vehicles
47. Vanni F, Aguiar A, Pascoal A. 2008b. NetMarSyS-Networked Marine Systems Simulator. Technical Report WP6-0108
48. Xargay E, Dobrokhodov V, Kaminer I, et al. 2011a. Time-critical cooperative control for multiple autonomous vehicles: Robust decentralized strategies for path-following control and time-coordination over dynamic communications networks. IEEE Control Systems Magazine, 32(5): 49-73
49. Xargay E, Kaminer I, Pascoal A, et al. 2011b. Time-critical cooperative path following of multiple UAVs over time-varying networks. October 2011
50. Xu Y, Hespanha J. 2006. Communication logic design and analysis for networked control systems. In Menini L, Zaccarian L and Abdallah C T (eds.), Current Trends in Nonlinear Systems and Control. Boston, MA: Birkhauser
51. Yook J, Tilbury D, Soparkar N. 2002. Trading computation for bandwidth: Reducing communication in distributed control systems using state estimators. IEEE Transactions on Control Systems Technology, 10(4): 503-518
52. Zhang F, Fratantoni D, Paley D, et al. 2007. Control of coordinated patterns for ocean sampling'. International Journal of Control, 80(7): 1186-1199

第 13 章　混合动力滑翔机：动机、设计和评估

Brian Claus 和 Ralf Bachmayer[①]

13.1　引言

在过去的十几年中，由螺旋桨驱动的自主水下航行器（AUV）和自主水下滑翔机已成为海洋相关研究的常用工具。其应用范围从使用自主水下滑翔机进行水体测量到使用日益复杂的螺旋桨驱动 AUV 进行海底测绘、管道监测和水雷侦测。这两个系统都已经找到了它们的市场，用户现在正受益于过去几十年来航行器的发展。关注这两种不同航行器系统的应用可以发现，这二者各自占据一个截然不同的作业领域。螺旋桨驱动的 AUV 借助，如多波束声呐等，相对高功率的传感器和高精确度的导航措施，这些可为其提供快速评估能力。这些航行器的使命自持力的量级以小时或天计算，且作业范围小于 100km，同时有一艘支援船舶用于回收这些航行器。与之形成对比的是，自主水下滑翔机几乎是以极低功耗的传感器进行水体测量的。在浮出水面时自主水下滑翔机的导航大都依赖全球定位系统，而在下潜时则依赖航位推算法。使用低功率和紧凑型传感器的局限由这些系统的自持力和活动范围进行弥补。自主水下滑翔机的自持力可长达数周至数月，操作范围可达数百至数千千米。最近，一些 AUV 和自主水下滑翔机的角色才开始融合。研究人员已经开始探索具有两端应用功能的两种系统之间的操作空间。代表这种发展趋势的 3 个著名例子分别是南安普敦国家海洋学中心的 Long Range *Autosub* 6000（LRA 6000）；由蒙特里湾水族馆研究所（Monterey Bay Aquarium Research Institute，MBARI）建造的“特提斯”AUV（*Tethys* AUV）；国际潜艇工程（International Submarine Engineering，ISE）的“提修斯”AUV（*Theseus* AUV）。LRA 将 *Autosub* 6000 架构延伸到 6000km 航程

①加拿大纽芬兰纪念大学自主海洋系统实验室（Autonomous Ocean Systems Laboratory, Memorial University of Newfoundland, Canada）。

的版本（Mcphail et al.，2008；furlong et al.，2007）。根据速度和机载功率的需求，*Tethys* AUV 的航程可达数千千米（Bellingham et al.，2010）。第 3 个例子是在 20 世纪 90 年代由 ISE 在加拿大开发的 *Theseus* AUV，该航行器根据 ISE 与加拿大国防部大西洋防务研究机构签订的合同开发，用于在冰雪覆盖的水域铺设光纤电缆（Ferguson，1998）。在最初开发时 *Theseus* AUV 仅有 400km 航程，现在已升级为在 2000m 潜深具有超过 1360km 的航程（Ferguson，208）。本章介绍作者们利用现有的自主水下滑翔机技术并通过低功率螺旋桨推进对其进行增强，以填补自主水下滑翔机和螺旋桨驱动 AUV 运营之间的空白。

在过去的十几年里，自主水下滑翔机由于能够降低运行费用并延长航程和自持力，所以对海洋地理学研究来说越来越重要（Rudnick et al.，2004）。自主水下滑翔机使用主动浮力控制系统，结合一组固定的机翼，在水体中可实现以如同锯齿形图案的路径沿垂直方向和水平方向运动（Eriksen et al.，2001；Sherman et al.，2001；Webb et al.，2001）。这些自主水下滑翔机的自持力从几周到几个月不等，而热滑翔机的自持力更长（Webb et al.，2001）。与自主水下滑翔机相比，目前可用螺旋桨驱动的 AUV 的自持力只有数小时到数日不等。这种鲜明的对比主要归因于一个专用系统和自主水下滑翔机的低速运动（Bradley，1992；Bradley et al.，2001）。自主水下滑翔机的水平速度通常为 0.3m/s，而螺旋桨驱动的 AUV 的平均速度通常大于 1.0m/s。在超过自主水下滑翔机的最大前进速度的强水流区域运动时，低速运动会造成严重问题。如果预先知道海流方向或可就地测量海流方向（Merckelbach et al.，2008），则可以设计运行使命以避开或利用这些区域。在这种情况下，操作人员必须重新确定自主水下滑翔机的方向以便较好地应对海流问题，处理的措施有：离开该区域，或者在具有明显垂直分层的情况下尽量在预期最高横向速度层之下/之上运行。然而，在海流不明的情况下，则可能对成功执行使命计划造成重大风险。针对这些问题提出了混合滑翔机的想法，这种想法将一般自主水下滑翔机的滑翔与螺旋桨驱动 AUV 结合起来。

本章讨论 Slocum 级自主水下滑翔机辅助推进模块的设计和测试。该项目的目标是使自主水下滑翔机能够以 0.3m/s 的标称滑翔速度水平运动，并在短时间内将其水平速度提高一倍，达到约 0.6m/s。为此，会介绍一种简化的自主水下滑翔机数学模型，用于建立设计约束条件和进行初始部件选择；采用 OpenProp 螺旋桨分析和设计代码中的示例（Epps，2010；kimball and Epps，2010）介绍螺旋桨、电动机和齿轮箱的设计优化过程。通过在纽芬兰纪念大学（Memorial University of Newfoundland，MUN）的小型水槽进行系统的测试和评估，在纽芬兰纪念大学海洋研究所的水槽中进行更大的实场试验，还有在纽芬兰岛康塞普申湾的 Holyrood Arm 进行开阔水域滑翔实验测试，验证了该设计的正确性。

13.2　自主水下滑翔机系统概述

在此给出了自主水下滑翔机的一种理论模型以便于设计和分析新的推进模型。基于航行器定常条件的假设，简化了自主水下滑翔机的 6 自由度水动力模型。这种假设是合理的，因为一个压载良好的自主水下滑翔机大部分时间处于定常状态。迄今为止，大部分自主水下滑翔机的水动力模型都是假设定常滑翔，并且在测量数据与理论计算结果相结合的基础上外推参数。对于图 13.1 中的定义角度和力的自主水下滑翔机，在垂直平面上的简化运动方程可写为

$$\begin{cases} F_{\mathrm{L}}\cos\left(\dfrac{\pi}{2}-\xi\right)-F_{\mathrm{D}}\cos\xi=\sum F_{\mathrm{X}} \\ F_{\mathrm{L}}\sin\left(\dfrac{\pi}{2}-\xi\right)+F_{\mathrm{D}}\sin\xi+F_{\mathrm{g}}-F_{\mathrm{B}}=\sum F_{\mathrm{Z}} \end{cases} \tag{13.1}$$

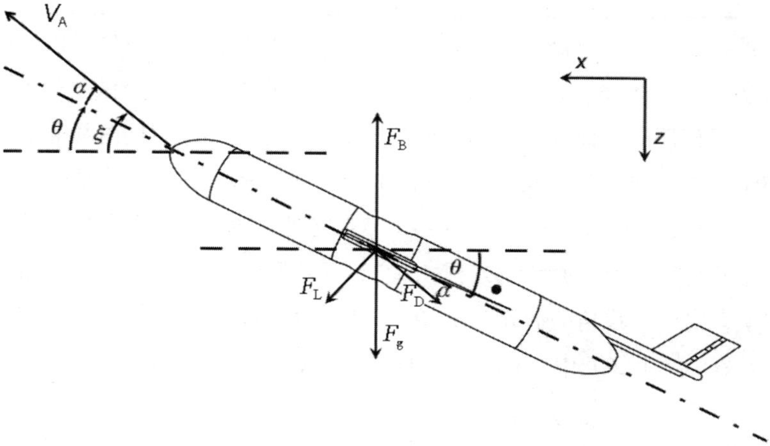

图13.1　垂直平面上的自主水下滑翔机的示意图

在没有外部加速度的定常状态下，上式可写为

$$\begin{cases} F_{\mathrm{L}} \sin\xi - F_{\mathrm{D}} \cos\xi = 0 \\ F_{\mathrm{L}} \cos\xi + F_{\mathrm{D}} \sin\xi + F_{\mathrm{g}} - F_{\mathrm{B}} = 0 \end{cases} \tag{13.2}$$

式中，升力和阻力可以表示为

$$F_{\mathrm{L}} = \frac{1}{2}\rho A C_{\mathrm{L}}(\alpha) v_{\mathrm{A}}^2 \tag{13.3}$$

$$F_{\mathrm{D}} = \frac{1}{2}\rho A C_{\mathrm{D}}(\alpha) v_{\mathrm{A}}^2 \tag{13.4}$$

Graver 等（2003）提供了 Slocum 200m 水下滑翔机的水动升力模型参数（见表 13.1）。在式（13.3）中基于最大截面积的水动升力系数 $C_{\mathrm{L}}(\alpha)$ 根据下式确定：

$$C_{\mathrm{L}} = c_0\alpha + c_1\alpha|\alpha| \tag{13.5}$$

类似地，在式（13.4）中，阻力系数 $C_{\mathrm{D}}(\alpha)$ 根据下式确定：

$$C_{\mathrm{D}} = c_2 + c_3\alpha^2 \tag{13.6}$$

式（13.5）和式（13.6）中的系数根据表 13.1 确定。

表 13.1 Graver 等文献中模型的水动升力和阻力系数

系数	数值	单位
c_0	11.76	度$^{-1}$
c_1	4.6	度$^{-2}$
c_2	0.214	—
c_3	32.3	度$^{-2}$

根据推进模块的设计目的，假定由配置压载滑翔机调整为自然漂浮，并调整为以纵倾角 θ=0° 水平飞行，且以常速运动。这些假设对常规滑翔机运行来说并不成立，但是为了初期的设计目的，如此处理提供了一个起始点，同时显著简化了滑翔机在横向平面上的水动升力模型（Leonard and Graver，2001）。由于假定的俯仰角 θ=0°，下滑角 ξ=0°，所以攻角 α=0°。若假定速度为常数，则无加速度，因而附加质量的影响可以忽略，而运动方程（13.1）可以简化为阻力 F_{D} 与由推进模块产生的推力平衡。由于零攻角的假设（α=0°），所以水动升力模型可简化为仅有阻力作用的模型。在式（13.6）中，$C_{\mathrm{D}}(\alpha=0)=C_{\mathrm{D0}}=c_2$，于是

$$F_{\mathrm{D0}} = \frac{1}{2}\rho A C_{\mathrm{D0}} v_{\mathrm{A}}^2 \tag{13.7}$$

这种简化的水动升力模型可为推进模块的设计给出一定前进速度下航行器受到的阻力，从而可确定螺旋桨和电动机的工作参数。

13.3　混合系统概念

在航行器推进系统的设计中，采用了一种整合方法，即将水动力、机械和电气性能作为一个整体进行考虑，使航行器的推进效率达到最大。为了尽量减小推进装置对自主水下滑翔机性能的影响，在设计中提出了一定的约束。该推进模块应能够打开和关闭，使自主水下滑翔机保留其常规的浮力驱动的操作运行方式。鉴于此，在常规运行过程中，应尽量减小推进装置对自主水下滑翔机水动力性能的影响。在推进器的作用下以典型的滑翔速度水平飞行时，推进器消耗的功率应等于或小于浮力发动机消耗的功率。此外，该模块应能够提供足够的推力，从而使自主水下滑翔机在冲刺模式下的速度在短时间内至少能达到典型速度的 2 倍。这些约束条件为开发高效率、低功率的推进模块提出了特殊挑战。

为了在这些约束条件下设计该装置的样机，我们选择了一个利用电动机、磁力联轴器和折叠螺旋桨的整体概念。这些组件需要仔细设计匹配，以确保峰值操作区域相互覆盖。因此，电动机既要为小型低功率装置提供必要的能量密度，又要具有能够与螺旋桨峰值效率相匹配的良好效率。所以采用了磁力联轴器以尽量减少轴密封引起的摩擦损失。

以 13.2 节简化的阻力模型和自主水下滑翔机标称操作参数作为设计参照，对电动机、齿轮箱和螺旋桨进行了初步匹配。混合系统的能量流如图 13.2 所示，其中，输入能量与输出能量之比等于相应子系统的效率。系统效率是根据系统输入（电功率）与系统输出（水动力功率）之比给出的，即

$$\eta_s = \frac{P_e}{P_h} \tag{13.8}$$

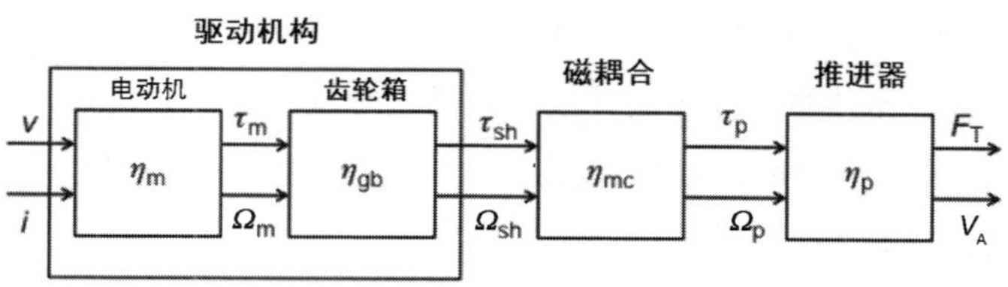

图13.2　混合系统的能量流

电功率是电流和电压的乘积，即

$$P_e = iV \tag{13.9}$$

水动力功率是前进速度和推力的乘积，即

$$P_{\mathrm{h}} = v_{\mathrm{A}} F_{\mathrm{T}} \tag{13.10}$$

系统效率提供了一个可以将本系统与其他种类的系统进行比较的量度。要使能量转换的各阶段在某一区域内运行得最好，取决于许多变量，为了使系统效率达到最佳，每个子系统的峰值效率工作点需要与其他子系统匹配。

13.4 部件选择与设计

设计周期从对满足 AUV 推进要求的不同螺旋桨进行一些初步的参数分析开始。在螺旋桨设计中，有许多参数是可以变化的。只考虑满足最优升力线理论的螺旋桨，可以减小样本空间。OpenProp 是一种基于该理论的工具，据此可以根据叶片轮廓和设计输入求解最优螺旋桨的性能系数（Epps，2010；Kimbau and Epps，2010）。使用这个工具，给定满足 AUV 的初步推进要求，可快速收敛到螺旋桨操作区域和所需几何形状。

13.4.1 螺旋桨几何参数分析

航行器最初的螺旋桨几何形状可以使用 OpenProp 进行设计。现要求设计者指定若干输入参数，包括螺旋桨的转速 N 的范围、推力 F_{T}、直径 D、前进速度 v_{A} 和无因次的叶片几何形状等参数。假设航行器以 0.5～1.0m/s 的前进速度 v_{A} 运动，航行器攻角为零，于是克服航行器的阻力成为螺旋桨推动航行器定常运动所需的推力。已在实验中确定了相应于 0.5m/s 和 1.0m/s 的阻力分别为 1.25N 和 3.75N。OpenProp 有许多其他输入值和特征参数，但现在使用 OpenProp 限于利用前进速度和推力作为主要输入参数，从而初步确定螺旋桨的最佳转速、直径和叶片几何形状。

使用 OpenProp v2.4.4 中的一个标准输入文件作为示例，并根据要估算的不同值对参数进行修改。先估算的参数是叶片面积比、螺旋桨直径和转速。以下参数作为全局量设定，推力为 1.25N，前进速度为 0.5m/s，转速为 100～600rpm，叶片数为 2，桨毂直径为桨直径的 15%，叶片剖面阻力系数为 0.01；为了在 1.0m/s 的较高前进速度下对推进器进行估算，前进速度改为 1.0m/s，推力改为 3.75N，这与水动力学模型要求的数值是相对应的。进行这些改变所需的代码，如图 13.3 所示。为了运行代码，需要在 MATLAB 中创建一个 m 文件，并保存在 OpenProp 文件夹中的一个新目录中。图 13.3 的示例 5 中的 Thesis4_parinput.m 文件必须包含在同一个文件夹中。

```
clear, close all , ele ,
addpath ../SourceCode/
Thesis4-parinput
D_m=0.15:0.05:0.25
XC0D_1=[parinput.XCoD.*0.5;
     parinput.XCoD.*0.375;
     parinput.XCoD.*0.25;
     parinput.XCoD.*0.125;
for 1=1:length(XCoD_1(:,1))
     for m=1:length(D_m)

          pause(0.01)
               parinput.XCD=0.010*ones(size(parinput.XCD));
               parinput.N   =(100:50:600);
               parinput.Z   =2;
               parinput.THRUST=3.75;
               parinput.Vs =1;
               parinput.t0oc0=[0.203,0.162,0.130,0.106,0.088,0.074,...
                         0.062,0.055,0.051,0.053,0.067,0.196].*1.25;
               parinput.Rhub=0.0254/2;
               parinput.CTDES=parinput.THRUST./...
                         (0.5*parinput.rho*parinput.Vs^2*pi.*parinput.R.^2);
               parinput.EDISC=2./(1+sqrt(1+parinput.CTDES));

               parin(1,m)         =parinput;
               parin(1,m).XCoD =Xcod_1(1,:);
          pt.parin(1,m)           =LerbsParametric(parin(1,m));
     end
end
```

图13.3　MATLAB示例脚本用于以OpenProp v2.4.4中的默认示例5输入文件分析螺旋桨参数

然后，采用图 13.3 中的代码作为脚本运行。脚本对全局输入值创建局部副本，每个叶片的弦线分布对应一个副本。螺旋桨直径或叶片面积比在每个局部副本内是可以变化的。螺旋桨叶片的几何形状如图 13.4 所示。

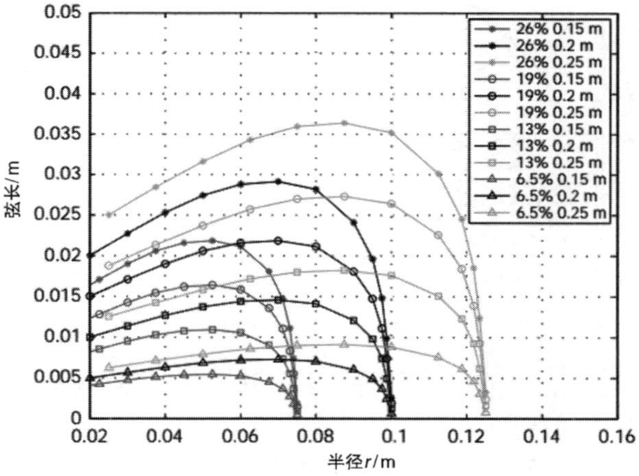

图13.4　螺旋桨叶片的几何形状

该脚本的输出为每个输入组合生成一个螺旋桨。图 13.5 和图 13.6 给出了这些螺旋桨的效率与转速、直径和叶面比变化的关系。从这两组数据中可以看出，较小的叶面比使螺旋桨在较高转速下具有较高的峰值效率。此外，较大的螺旋桨直径整体上提高了峰值效率，但是最高效率点向较低转速偏移。

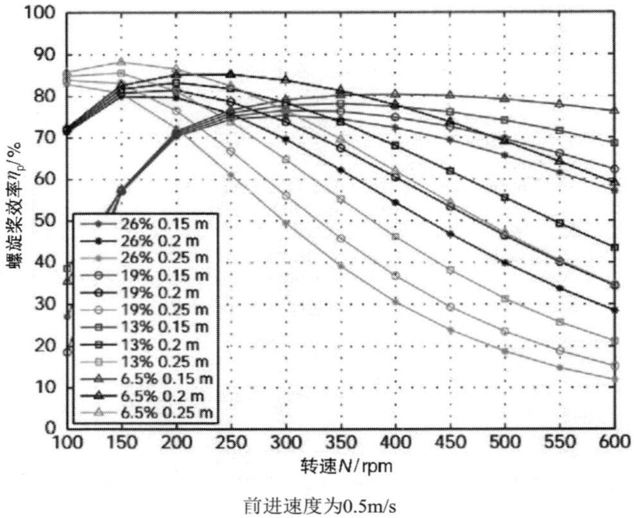

图13.5　螺旋桨的效率与转速、直径和叶面比变化的关系1

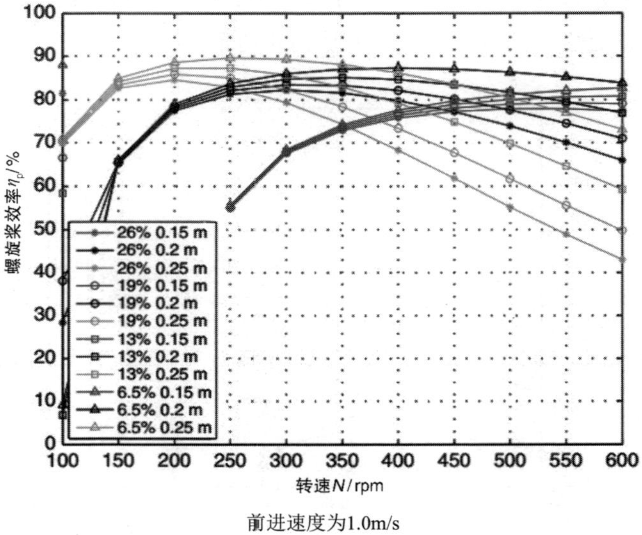

图13.6　螺旋桨的效率与转速、直径和叶面比变化的关系2

$$\tau_{\mathrm{p}} = \rho n_{\mathrm{p}}^2 D^5 K_{\mathrm{Q}} \tag{13.11}$$

这些螺旋桨转矩作为转速的函数可以根据式（13.11）中的转矩系数 K_{Q} 从脚本的输出数据中得出，如图 13.7 和图 13.8 所示。

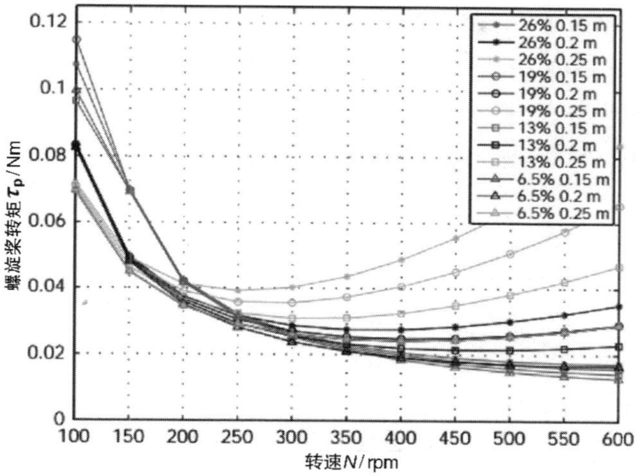

前进速度为0.5m/s

图13.7　螺旋桨转矩与转速、直径和叶面比变化的关系1

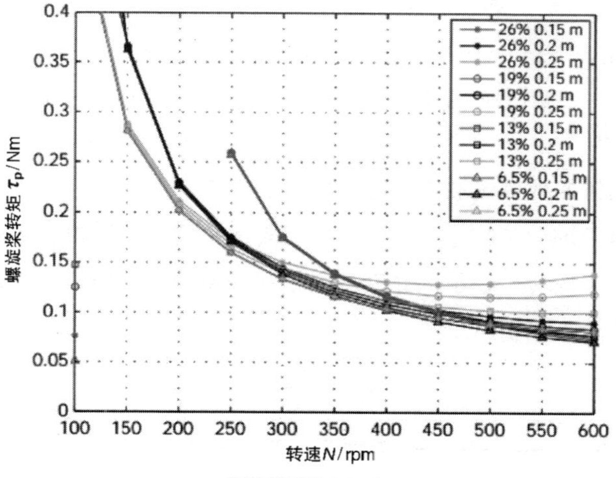

前进速度为1.0m/s

图13.8　螺旋桨转矩与转速、直径和叶面比变化的关系2

初看似乎最佳螺旋桨直径较大，叶面比很小。通过将设计周期进行下去，并在模型中添加更多要素，可以看出对具有实用性的最大直径和最小叶面比是具有约束的。

13.4.2 增加电动机和齿轮箱

根据对螺旋桨运行范围的了解，可以选择一些电动机加入模型中，并通过螺旋桨测试其性能。为了进行这项分析，规定了螺旋桨的转矩和速度的一般要求。当所需电动机与齿轮箱的组合转速为 200rpm 左右、前进速度为 0.5m/s 时，产生的转矩约为 0.05Nm，如图 13.7 和图 13.5 所示。为了估算电动机峰值运行的效率范围，可采用以下电动机模型。一般来说，电动机可以通过式（13.9）所示的输入电功率和输出机械功率 P_m 建立模型，P_m 可表示为

$$P_{\mathrm{m}} = \tau_{\mathrm{m}} N_{\mathrm{m}} \frac{2\pi}{60} \tag{13.12}$$

电动机的效率以输入电功率和输出机械功率的比值得出，为

$$\eta_{\mathrm{m}} = \frac{P_{\mathrm{m}}}{P_{\mathrm{e}}} \tag{13.13}$$

电动机转矩 τ_{m} 和电动机转速 N_{m} 为

$$\tau_{\mathrm{m}} = k_1 (i - i_0) \tag{13.14}$$

$$N_{\mathrm{m}} = Vk_2 - k_3 \tau_{\mathrm{m}} \tag{13.15}$$

将式（13.14）代入式（13.15）可得

$$N_{\mathrm{m}} = Vk_2 - k_3 k_1 (i - i_0) \tag{13.16}$$

将式（13.14）和式（13.16）代入式（13.13）得

$$\eta_{\mathrm{m}} = \frac{k_1 (i - i_0) \left[Vk_2 - k_3 k_1 (i - i_0) \right]}{iV} \frac{2\pi}{60} \tag{13.17}$$

由上式可见电动机的效率仅取决于输入电压和电流。

齿轮箱具有通过调节减速比降低电动机转速和增加电动机转矩的作用，齿轮箱内的摩擦损失以摩擦转矩表示，并直接包括在齿轮箱效率中，计入该效率则齿轮箱将减小电动机转矩，如下所示：

$$N_{\mathrm{S}} = \frac{N_{\mathrm{m}}}{G} \tag{13.18}$$

$$\tau_{\mathrm{S}} = \tau_{\mathrm{m}} G \eta_g \tag{13.19}$$

MATLAB 示例代码如图 13.9 所示，该程序从螺旋桨参数分析中得出转矩和转速输出，并将其用于电动机。要运行此代码，需要将其添加到图 13.3 的代码中。

```
G  = [ 19 24 29 ];
eta_G = [0.81 0.81 0.81 ];

k1=[2.67*0.001;    %Nm/A    motor 1
    4.61*0.001;    %Nm/A    motor 2
    9.92*0.001;    %Nm/A    motor 3
    7.99*0.001;    %Nm/A    motor 4
    ];
k2=[3570;          %rpm/V   motor 1
    2070;          %rpm/V   motor 2
    962;           %rpm/V   motor 3
    1190;          %rpm/V   motor 4
    ];
k3=[539*1000;      %rpm/Nm  motor 1
    646*1000;      %rpm/Nm  motor 2
    804*1000;      %rpm/Nm  motor 3
    378*1000;      %rpm/Nm  motor 4
    ];
i0=[0.318;         %A   motor 1
    0.130;         %A   motor 2
    0.00738;       %A   motor 3
    0.0108;        %A   motor 4
    ];

for j = 1:length(k1)
    for k = 1:length(G)
        for l = 1:length(parin(:,1))
            for m = 1:length(parin(1,:))
                pt.parout(l,m).motor(j).gear(k).tau_s = ...
                    pt.parout(l,m).KQ.*parin(l,m).rho.*...
                    (pt.parout(l,m).N./60).^2*parin(l,m).D.^5;
                pt.parout(l,m).motor(j).gear(k).N_s = ...
                    parin(l,m).N;

                pt.parout(l,m).motor(j).gear(k).N_m = ...
                    pt.parout(l,m).motor(j).gear(k).N_s.*G(k);
                pt.parout(l,m).motor(j).gear(k).tau_m = ...
                    pt.parout(l,m).motor(j).gear(k).tau_s./(G(k)*eta_G(k));
                pt.parout(l,m).motor(j).gear(k).V = ...
                    (pt.parout(l,m).motor(j).gear(k).N_m+...
                    k3(j).*pt.parout(l,m).motor(j).gear(k).tau_m)./k2(j);
                pt.parout(l,m).motor(j).gear(k).i = ...
                    pt.parout(l,m).motor(j).gear(k).tau_m./k1(j) + i0(j);
                pt.parout(l,m).motor(j).gear(k).P_m = ...
                    pt.parout(l,m).motor(j).gear(k).V.*...
                    pt.parout(l,m).motor(j).gear(k).i;
                pt.parout(l,m).motor(j).gear(k).Eta_m = ...
                    (pt.parout(l,m).motor(j).gear(k).tau_m.*...
                    pt.parout(l,m).motor(j).gear(k).N_m.*(2*pi()/60))./...
                    (pt.parout(l,m).motor(j).gear(k).P_m);
                pt.parout(l,m).motor(j).gear(k).Eta = ...
                    pt.parout(l,m).EFFY.*eta_G(k).*...
                    pt.parout(l,m).motor(j).gear(k).Eta_m;
            end
        end
    end
end
```

图13.9　MATLAB示例代码

可对任何电动机、齿轮箱和螺旋桨组合得出的系统效率进行估算。也可在参数空间中增加额外的电动机或齿轮箱，并调整螺旋桨参数，直至达到预期的性能。电动机 4 和一系列螺旋桨的系统效率示例如图 13.10 和图 13.11 所示。

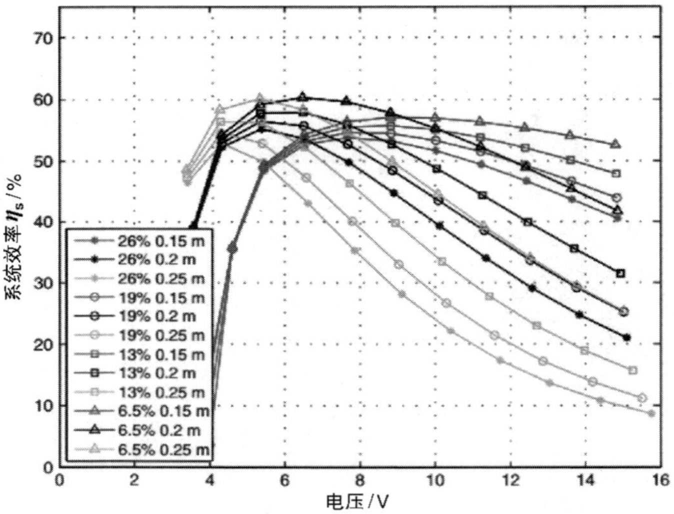

采用 29:1 齿轮箱，前进速度为 0.5m/s

图13.10　电动机4和一系列螺旋桨的系统效率示例1

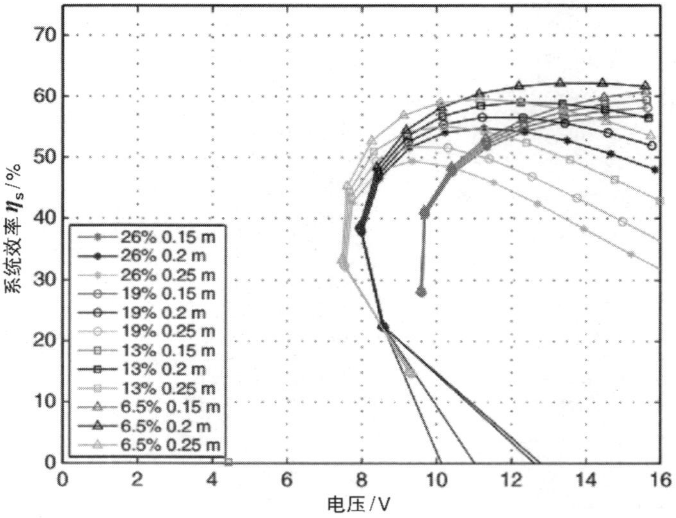

采用 29:1 齿轮箱，前进速度为 1.0m/s

图13.11　电动机4和一系列螺旋桨的系统效率示例2

由图 13.10 和图 13.11 可以看出峰值性能，对于直径为 0.2m 的螺旋桨，当前进速率为 0.5m/s 时，电压为 5～6V；当前进速率为 1.0m/s 时，电压为 13～15V，这些电压均处于航行器的电池供电范围之内。另外，前进速率为 0.5m/s 的工作点电压接近电动机的设计电压，而前进速度为 1.0m/s 的工作点电压则明显超过电动机的正常工作范围。由于电动机外壳将淹没在水中，所以冷却应该不成问题。上述工作点对应于一个特定的螺旋桨叶片的几何形状。现在可以使用 OpenProp 代码得到该螺旋桨叶片的几何形状，也可以找出类似的现成螺旋桨，或者将 OpenProp 代码中的 CAD 输出结果用于制造精确的螺旋桨。要使用 OpenProp 代码提取所选工作点的几何参数，需要参照图 13.12 中的 MATLAB 代码示例。

```
clear, close all, clc,
Thesis4_input
    pt.input.XCoD      = pt.input.XCoD .* 0.375;
    pt.input.t0oc0      = [0.203,0.162,0.130,0.106,0.088,0.074,...
                          0.062,0.055,0.051,0.053,0.067,0.196].*1.25;
    pt.input.N      = 400;
    pt.input.THRUST   = 3.75;
    pt.input.Vs      = 1.0;
    pt.input.Rhub      = 0.0254*1/2;
    pt.input.D      =    0.2;
    pt.input.R      =    pt.input.D/2 ;
    pt.input.Rhub_oR = pt.input.Rhub/(pt.input.D/2);
    pt.input.Js       = pt.input.Vs/(pt.input.N/60*pt.input.D);
    pt.input.L        = pi/pt.input.Js;
    pt.input.CTDES    = pt.input.THRUST/...
        (0.5*pt.input.rho*pt.input.Vs^2*pi*(pt.input.D/2)^2);
    pt.input.EDISC   = 2/(1+sqrt(1+pt.input.CTDES));
    pt.input.EDISCh = 2/(1+sqrt(1+pt.input.CTDES/...
        (1-pt.input.Rhub^2/(pt.input.D/2)^2)));
    pt.input.dVs       = 0.3/pt.input.Vs;
pt.design = EppsOptimizer(pt.input)
pt.geometry = Geometry(pt)
pt.geometry.prop_pitch = tand(pt.geometry.theta).*pt.geometry.RG ...
    .*2.*pi()*pt.geometry.D/2/0.0254;
pt.design.torque = pt.design.KQ.*input.rho.*(pt.input.N./60).^2 ...
    .*pt.input.D.^5;
```

图13.12　分析单个螺旋桨叶片的几何形状的MATLAB代码示例

使用这个脚本可得到直径为 0.2032m、螺距为 0.1778m 的螺旋桨，叶面比为 0.26 左右。

13.4.3　模型验证

由于实验室的制造能力有限，找出了与设计模型类似的叶面比的螺旋桨系列，并根据与模型相近的螺距和直径进行了一系列测试。这些螺旋桨采用石墨增强塑料制作，对于考虑到的载荷具有良好的刚度。实验中采用的不同直径和螺距的螺旋桨如图 13.13 所示。

为了得出这些螺旋桨的特性，采用图 13.14 中的实验装置，在纽芬兰纪念大学的 0.3m×0.5m×5m 的水槽中测量了 v_A、F_T、V 和 i，采用霍尔效应电流传感器和电阻分压器分别测量电流和电压。通过杠杆将力放大，并采用带有 Dataforth DSCA38-05 信号调节器的欧米伽 LCAE-6kg 负载单元测量推力。测量推力 F_T 的杠杆臂是用已知质量的通过滑轮连接到推进模块的中心线进行标定的，如图 13.15 所示。得出的换算公式为

$$F_T = 1.8715(F_M - F_0) \tag{13.20}$$

式中，1.8715 为杠杆比；F_0 是测量装置上的阻力；F_M 是测得的力。将这些值输入 MATLAB 以便使用数据采集工具箱和 National Instruments USB-6211 数据采集系统进行进一步处理。前进速率 v_A（水流速度）使用 SonTek ADVOcean 声学多普勒测速仪（Acoustics Doppler velocity meter，ADV）进行测量。

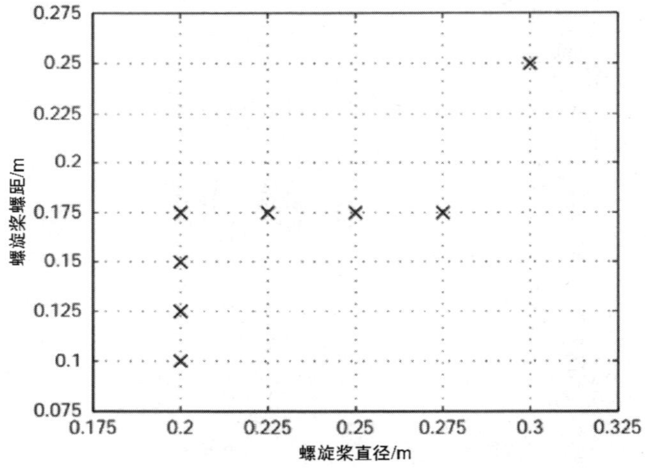

图13.13　在纽芬兰纪念大学水槽中测试的螺旋桨参数

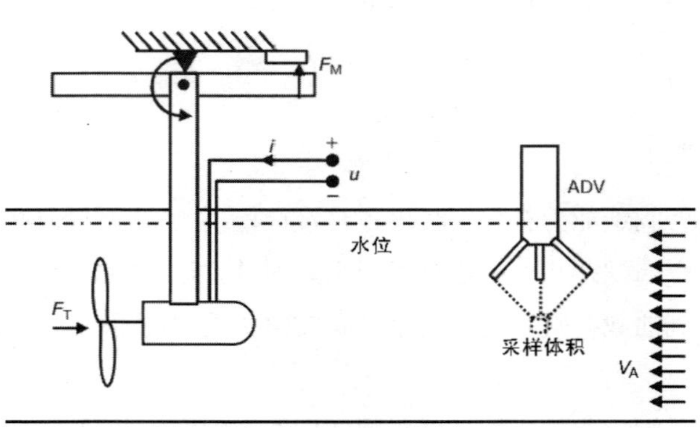

图13.14　纽芬兰纪念大学的水槽测试推进系统特性示意图

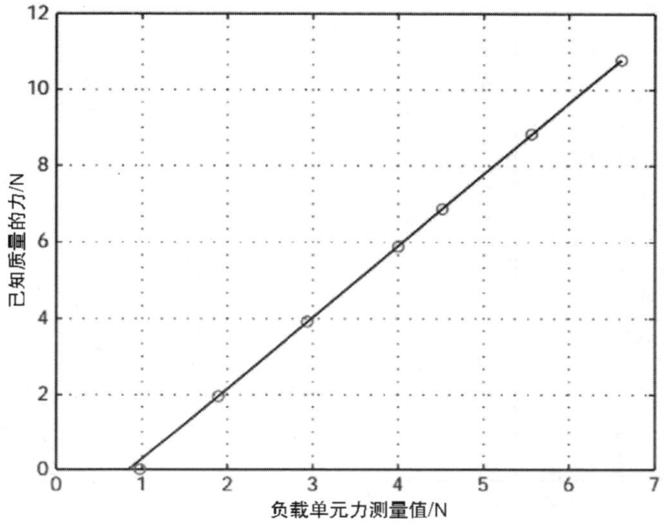

图13.15　纽芬兰纪念大学水槽实验中负载单元的标定

对 0.3m/s、0.4m/s 和 0.5m/s 的水流速度进行了测试，将电动机的输入电流控制在 0～0.3A。尽管这一过程表明对于前进速度为 1.0m/s 的最佳电动机是 RE3.2W4.8V 电动机，配上 29:1 齿轮箱，但是我们从起初的设计周期中选用了 Re-Max174 W12V 电动机，配上 29:1 齿轮箱。其余的测试都是用这台电动机和齿轮箱进行的。

测量的系统效率 $\hat{\eta}_S$ 根据下式计算：

$$\hat{\eta}_S = \frac{F_T v_A}{iV} \tag{13.21}$$

使用式（13.17）所示的电动机模型，螺旋桨效率可以从系统效率导出，如下所示：

$$\eta_P = \frac{F_T v_A}{\tau_m N_m} \frac{60}{2\pi} \tag{13.22}$$

式中，τ_m 和 N_m 分别如式（13.14）和式（13.15）所示，电动机效率仍根据式（13.17）计算。需要注意的是，磁力联轴器和轴承的机械损耗包含在螺旋桨效率中。图 13.16～图 13.18 给出了 $v_A = 0.3$m/s、$v_A = 0.4$m/s 和 $v_A = 0.5$m/s 时给定推力下的系统效率。

图 13.16～图 13.18 的数据中的系统效率低于计算模型，这可能是水槽内的水流条件不佳，导致螺旋桨叶片产生了低于最佳升阻比的特性。另外，螺旋桨是否符合计算模型基础的最优升线理论也不能确定。但是，实验确实表明螺旋桨直径为 0.2m 和螺距为 0.175m 时对于操作点来说是最佳螺旋桨。

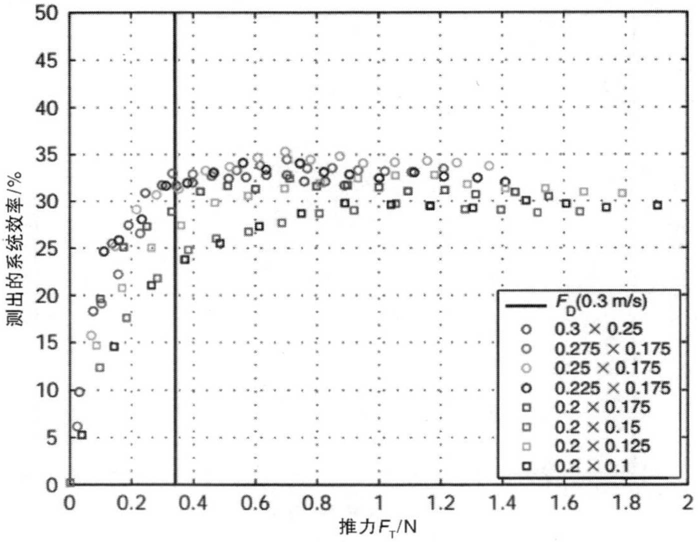

前进速度为 0.3m/s 时滑翔机受到的阻力如垂直截线所示

图13.16　水槽水流速度为0.3m/s时给定推力下的系统效率

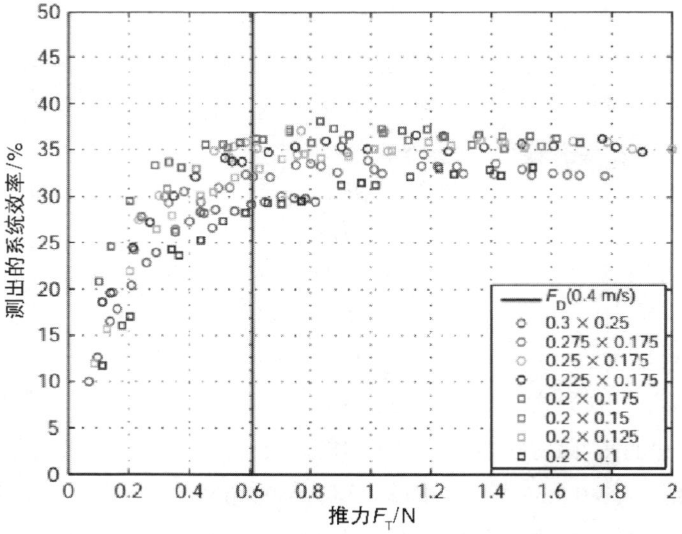

前进速度为 0.4m/s 时滑翔机受到的阻力如垂直截线所示

图13.17　水槽水流速度为0.4m/s时给定推力下的系统效率

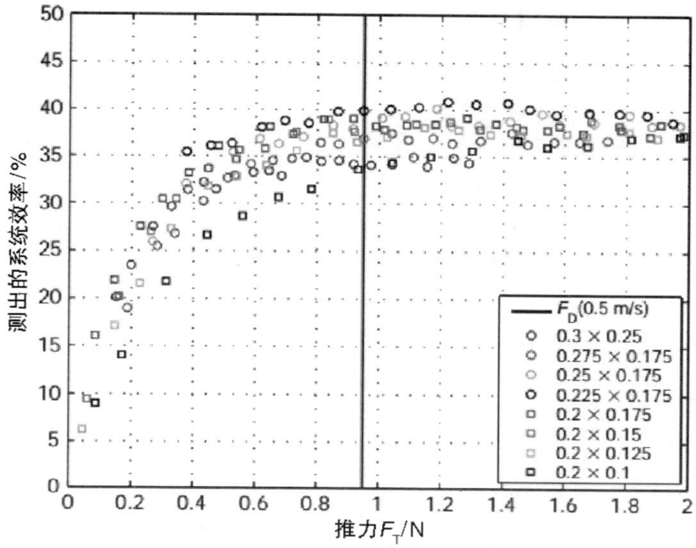

前进速度为 0.5m/s 时滑翔机受到的阻力如垂直截线所示

图13.18　水槽水流速度为0.5m/s时给定推力下的系统效率

13.5　评估

13.5.1　水槽阻力和推进实验

为了验证安装在滑翔机上的推进系统，我们在体积为8m×4m×22.5m 并能产生 0～1m/s 水流速度的纽芬兰纪念大学海洋研究所（Marine Institute，MI）的水槽中进行了实尺度阻力和推进实验。水槽实验装置如图 13.19 所示；滑翔机附件的扩展视图如图 13.20 所示。在这个装置中，将滑翔机连接到一个导引线上，该导引线可约束滑翔机的转首、俯仰和横滚方向的运动。然后通过附在滑翔机前端的负载单元进行阻力测试。附加阻力和自航实验是用一个连接在滑翔机后端并且以平衡重量预先拉拽的附加负载单元实施的。前部连接点位于机首端点，而后部连接通过系在一对机翼上的双缰绳实现，从而为螺旋桨自由旋转提供了空间。

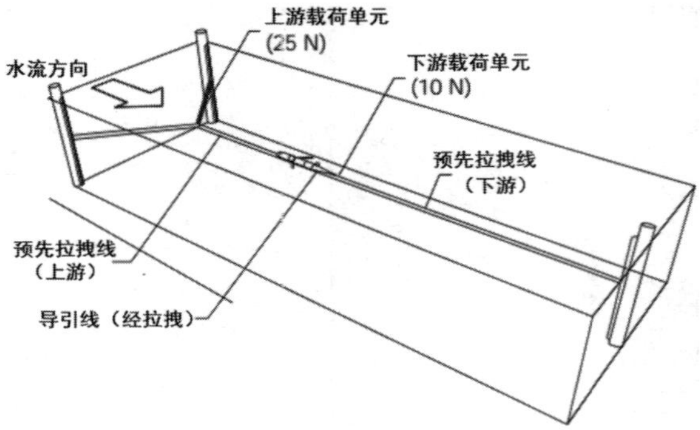

图13.19　水槽实验装置

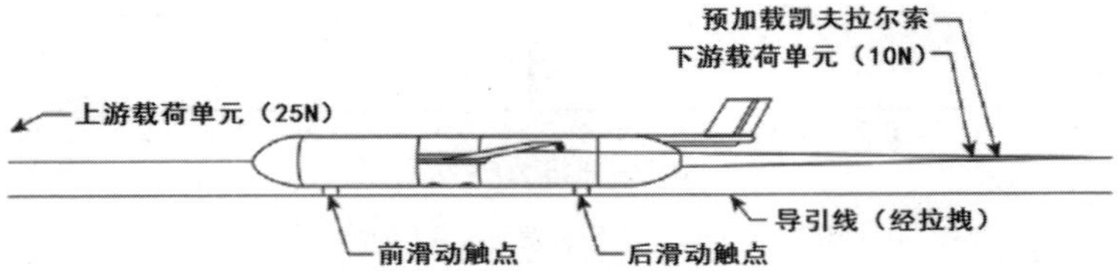

图13.20　滑翔机附件的扩展视图

在零攻角下对带机翼、无机翼、同时带机翼和平衡负载的滑翔机进行了阻力测试。通过改变电动机的电压，对具有平衡重量的滑翔机进行了自航实验。这些实验的前进速度为 0.2～1.0m/s，前进速度间隔为 0.1m/s。在所有测试中，均记录了电动机电压、电动机电流和滑翔机阻力。在带平衡负载测试中，通过从前向负载单元读数中减去后向负载单元读数计算 F_D，消除预拉拽负载的影响。水槽已经标定过，因此前进速度是从指令设置点记录下来的，而不是另行测量得到的。通过对比带平衡负载和不带平衡负载的阻力实验之间的差异，可确定机翼上的系带受力对力平衡的影响。同时还测量了机翼对零攻角阻力的影响。在不同实验中滑翔机所受阻力的测量结果如图 13.21 所示。

去除系带阻力后，发现测量得到的阻力大于式（13.7）在零攻角下的阻力。在 0.3m/s 的前进速度测试得到的阻力为 0.5N，预报所得阻力为 0.34N，二者相差近 50%。这一差异可部分归因于测试装置中的寄生阻力；然而，式（13.7）给出的阻力是基于间接测量结果并外推到零攻角条件下得出的。因此，可认为对于本示例，这里给出的测量值更准确。对于无机翼实验，系带不能使用，这是因为系带需要连接在机翼上。由于在这个实验中力的量级较低，所以测量结果受到较高量级噪声的影响。因此，尽管实验显示出没有附加翼的阻力较低，但此数据不太可靠。

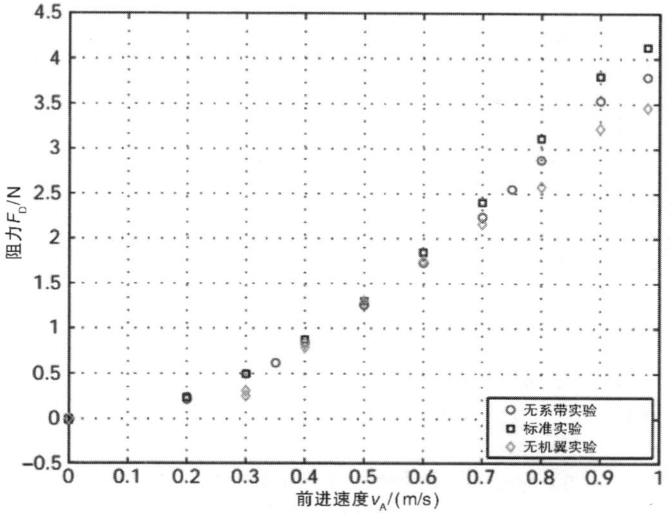

图13.21　在不同实验中滑翔机所受阻力的测量结果

对于带有推进模块的实验，测量了上游和下游负载单元的受力差，如图 13.22 所示。图 13.22 中受力过零处用垂直截线表示，其与图中各曲线的交点即表示在稳定状态下给定前进速度所需的电功率，其数值概括如图 13.23 所示。

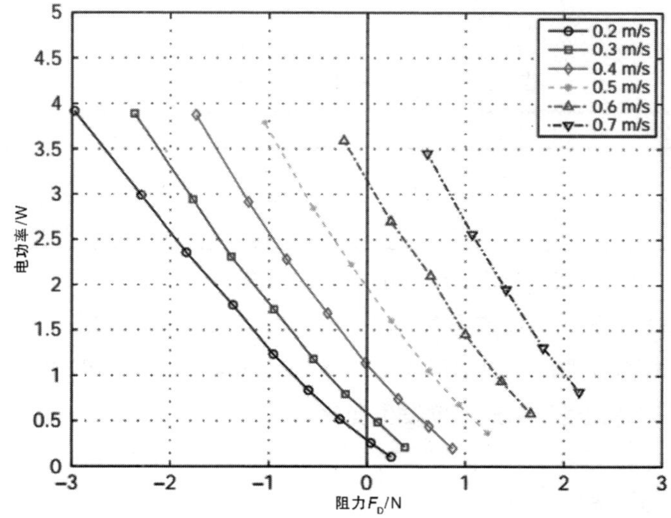

每条曲线的自航点以一条零阻力处的垂直截线标记

图13.22　自航实验结果显示了在给定输入电功率下，上游和下游负载单元的受力差

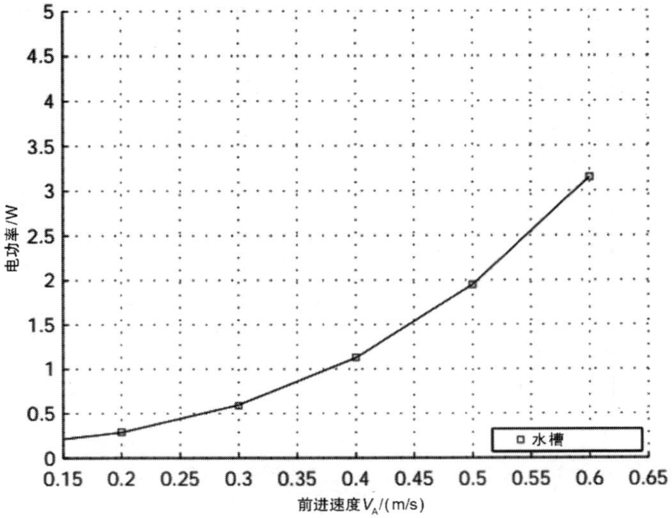

图13.23　自航实验结果，显示了在稳定状态下给定前进速度所需的电功率

使用辅助推进模块进行水平运动所需的电功率（参见表 13.2）可表示为

$$P_{\text{prop}} = P_2 v_A + P_3 v_A^2 + P_4 v_A^3 \tag{13.23}$$

使用三次多项式对图 13.23 中的水槽数据进行拟合，可确定式（13.23）中的系数（见表 13.2）。

表 13.2　螺旋桨电功率表达式的系数

系数	数值	单位
P_2	1.1	kg m/s
P_3	−1.1	kg/s
P_4	13.2	kg/m

由式（13.10）和式（13.7）可导出水动力功率的一个立方关系，该立方关系不同于式（13.23）的三次多项式关系，但采用三次多项式表示数据关系更好。其中的差异归因于航行器并非简单艇的形体，传感器、机翼和其他突出物体周围的水流变化都会导致其流速相对于前进速度发生变化。

13.5.2　实场试验

推进系统通过在纽芬兰的 Holyrood Arm 实场试验进行评估。为了进行这些测试，除了通常记录的滑翔机传感器数据，还测量了推进装置发动机的功率。再就是滑翔机采用锯齿形轨迹，按正方形路线运动，如图 13.24 所示。采用方形测试模式是为了补偿水流的影响。

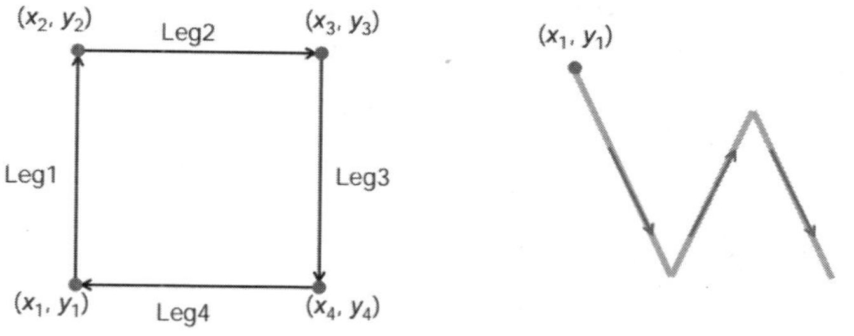

图13.24　方形测试模式

在此模式下，只使用推进器，通过压载调整后混合滑翔机为自然漂浮。按照这种方式，攻角为零，利用深度传感器和俯仰传感器可以计算出前进速度。电功率、前进速度和总效率如图 13.25 所示。其中，效率使用如式（13.7）所示的水动阻力进行计算。

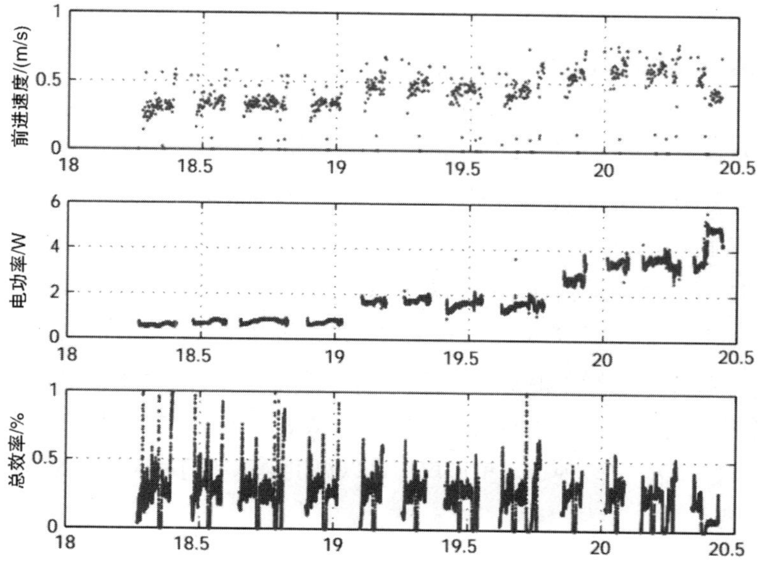

图13.25　混合滑翔机推进系统的前进速度、电功率和总效率

这些实验是利用直径为 0.25m、螺距为 0.175m 的螺旋桨进行的，因为之前的实验损坏了直径为 0.225m 的螺旋桨。由这些测试结果可知，混合滑翔机在输入功率

约为 0.7W 时，可以达到约 0.3m/s 的低速工作点；在输入功率约为 3.5W 时，可以达到 0.65m/s 的高速工作点。这两个工作点与水槽实验的数据相符，在水槽实验中由式（13.23）可知，当前进速度为 0.65m/s 时需要 3.9W 的输入功率，当前进速度为 0.3m/s 时需要 0.6W 的输入功率。在这些实场试验的测试过程中，系统的整体效率大约是 35%～40%。

13.6　结论和未来的工作

本章介绍了一种用于 Slocum 200m 滑翔机的辅助推进模块。该模块通过实现水平航行和提高前进速度，大大增强了自主水下滑翔机的操作功能。通过零攻角假设下的简化流体力学模型进行模块设计。采用该模型，通过对电动机、齿轮箱和测量得出的螺旋桨效率进行匹配，完成了对部件的初步选择。通过在水槽中进行推进实验证实了该推进模块的性能。将模块整合到滑翔机中后，在 8m×4m×22.5m 的水槽中进行了自航实验。为了验证简化的流体力学模型，还在水槽中对滑翔机在零攻角时的阻力进行了直接测量；当前进速度为 0.3m/s 时测出的阻力为 0.5N，比前进速度为 0.3m/s 的预测阻力值 0.34N 高出近 50%。另外，为了验证混合滑翔机的性能，在长度为 53m 的拖车上进行了附加的定向约束自航实验。自航实验表明推进模块能够使滑翔机在消耗 0.6W 的电池功率时以 0.3m/s 的速度水平航行；在消耗 4.25W 电池功率时以 0.67m/s 的速度水平航行。通过在 Holyrood Arm 的实场试验，对水槽中的实验进行了验证，实场试验中在 0.3m/s 的低速工作点的消耗功率约为 0.7W；在 0.65m/s 的高速工作点的消耗功率约为 3.5W。

混合滑翔机的能力拓展对采用自主水下滑翔机开展合作项目提供了许多新的用途和机会。未来在混合滑翔机方面的工作将包括在海洋中进行更长距离的稳定性测试，以及开发改进的螺旋桨驱动航行的导航算法。作者目前正与 Teledyne Webb Research 一起开展工作，使这个推进模块可以提供给现有的和未来的 Slocum 型滑翔机的用户。

致谢

感谢海洋研究所的 Paul Winger，George Legge 和 Tara Perry，加拿大纽芬兰纪念大学（MUN）的 Jack Foley 和 Craig Mitchell，加拿大国家研究委员会的 Chis Williams，还有 Paul Lacroix 和加拿大海洋滑翔机中心，以及 Teledyne Webb Research 的 David Pingal 和 Clayton Jones。该项目由自然科学和工程研究理事会、纽芬兰研究与发展公司、纽芬兰纪念大学和加拿大石油公司青年创新者奖提供资金支持。

附录

符号说明

a	攻角（°）
η_g	齿轮箱效率（%）
η_m	电动机效率（%）
η_s	系统效率（%）
$\hat{\eta}_s$	测量得出的系统效率（%）
ρ	流体密度（kg/m^3）
τ_m	电动机转矩（Nm）
τ_p	螺旋桨转矩（Nm）
τ_s	轴转矩（Nm）
θ	俯仰角度（°）
ξ	滑翔航迹角度（°）
A	横截面积（m^2）
c_0	Graver 升力系数线性项（度$^{-1}$）
c_1	Graver 升力系数的平方项（度$^{-2}$）
c_2	Graver 阻力系数的常数项（—）
c_3	Graver 阻力系数的平方项（度$^{-2}$）
C_D	阻力系数（—）
C_L	升力系数（—）
D	螺旋桨直径（m）

F_B	浮力（N）
F_D	阻力（N）
F_g	重力（N）
F_L	升力（N）
F_m	测量的力（N）
F_0	测量装置产生的力（N）
F_T	推力（N）
F_X	X 轴方向的力（N）
F_Z	Z 轴向的力（N）
G	传动比（—）
i	电流（A）
i_0	空载电流（A）
k_1	转矩常数（Nm /A）
k_2	速度常数（rpm/ V）
k_3	电动机常数（rpm/ Nm）
K_Q	螺旋桨转矩常数（—）
N_m	电动机转速（rpm）
n_p	螺旋桨转速（rps）
N_S	轴转速（rpm）
P_2	电力推进器功率线性项（kg • m/s）
P_3	电力推进器功率平方项（kg/s）
P_4	电力推进器功率立方项（kg/m）
P_m	电动机功率（W）
P_e	电功率（W）
P_h	水动力功率（W）
P_{prop}	推进电功率（W）
V	电压（V）
v_A	前进速度（m/s）
C_{D0}	零倾角阻力系数（—）
F_{D0}	零倾角阻力（—）

参考文献

1. Bradley A M. 1992. Low power navigation and control for long range autonomous underwater vehicles. Second International Offshore and Polar Engineering Conference. International Society of Offshore and Polar Engineer (ISOPE), San Francisco
2. Bradley A M, Feezor M D, Singh H, et al. 2001. Power systems for autonomous underwater vehicles. IEEE Journal of Oceanic Engineering, 26(4):526-538
3. Bellingham J G, Zhang Y, Kerwin J, et al. 2010. Efficient propulsion for the tethys long-range autonomous underwater vehicle. In: Autonomous Underwater Vehicles 2010
4. Epps B P. 2010. Openprop v2.4 theory documen. Technical report, MIT Depart ment of Mechanical Engineering
5. Eriksen C C, Osse T J, Light R D, et al. 2001. Seaglider: A long-range autonomous underwater vehicle for oceanographic research. IEEE Journal of Oceanic Engineering, 26(4):424-436
6. Ferguson J S. 1998. The Theseus autonomous underwater vehicle. Two successful missions. Proceedings of the International Symposium on Underwater Technology, Tokgo, IEEE: 109-114
7. Ferguson J. 2008. Adapting auvs for use in under-ice scientific missions. Quebec City, Proceedings of IEEE Oceans
8. Furlong M E, McPhail S D, Stevenson P. 2007. A concept design for an ultra-long-range survey class AUV. In: Proceedings of IEEE Oceans-Europe, 6: 1-6
9. Graver J G, Bachmayer R, Leonard N E, et al. 2003. Underwater glider model parameter identification. Proceedings 13th International Symposium on Unmanned Untethered Submersible Technology (UUST)
10. Kimball R W and Epps B P. 2010. OpenProp v2.4 propeller/turbine design code. http://engineering.dartmouth.edu/openprop/
11. Leonard N E and Graver J G. 2001. Model-based feedback control of autonomous underwater gliders. IEEE Journal of Oceanic Engineering, 26(4):633-645
12. Merckelbach L M, Briggs R D, Smeed D A, et al. Current measurements from autonomous underwater gliders. Proceedings of the IEEE/OES 9th Working Conference on Current Measurement Technology
13. McPhail S, Stevenson P, Pebody M, et al. 2008. The NOCS long range AUV project. In: National Marine Facilities Department Seminar Series
14. Rudnick D L, Davis R E, Eriksen C C, et al. 2004. Underwater gliders for ocean research. Marine Technology Society Journal, 38:73-84

15. Sherman J, Davis R E, Owens W B, et al. 2001. The autonomous underwater glider “spray”. IEEE Journal of Oceanic Engineering, 26(4): 437-446
16. Webb D C, Simonetti P J, Jones C P. 2001. Slocum: an underwater glider propelled by environmental energy. IEEE Journal of Oceanic Engineering, 26(4):447-452

第 14 章　增强型 *Folaga*：具有模块化有效载荷的混合型 AUV

Andrea Caffaz[①]、Andrea Caiti[②,③]、Vincenzo Calabro[②,③]、Giuseppe Casalino[②,④]、Piero Guerrini[⑤]、Alain Maguer[⑤]、Andrea Munafo[②,③]、John R. Potter[⑤]、Harold Tay[⑥] 和Alessio Turetta[②,④]

14.1　引言

在自主水下航行器（AUV）领域，对小型低成本航行器的专业设计方面进行加强是近来最受关注的研究趋势之一。这类航行器的重要示例可参考以下研究人员的工作，Stilwell 等（2004），Dunbabin 等（2005），Maguer 等（2010），Araki 和 Shi（2007），Sangekar 等（2008），Maurya 等（2006）和 Vasilescu 等（2010），另见 Serafina 项目页面 http://serafina.anu.edu.au。

Folaga 航行器（Alvarez et al.，2009；Caffaz et al.，2010）是另一个专业设计的示例。其主要特点是，从推进的角度来看该航行器是一种“混合”航行器；更明确地说，*Folaga* 航行器是一种鱼雷形状的航行器，其运动驱动方式特征是，俯仰和垂直自由度的运动由类似于滑翔机的方式驱动，而纵向和转首自由度的运动由推进器

①意大利热那亚格拉尔科技公司（GraalTech s.r.l., Genova, Italy）。

②意大利热那亚，海洋环境综合系统跨大学研究中心（ISME—Interuniversity Research Center on Integrated Systems for the Marine Environment, Genova, Italy）。

③意大利比萨大学能源和系统工程系和比亚乔中心（DESE—Department of Energy and Systems Engineering & Centro ‘E. Piaggio’, University of Pisa,Pisa, Italy）。

④意大利热那亚大学通信、计算机和系统科学系（DIST—Department of Communication, Computer and System Sciences, University of Genova,Genova, Italy）。

⑤意大利拉斯皮西亚，北约水下研究中心（NURC—NATO Undersea Research Centre, La Spezia, Italy）。

⑥新加坡国立大学（NUS—National University of Singapore, Singapore）。

（喷射泵和叶片螺旋桨）驱动。其中，类似滑翔机的驱动方式表示结合浮力变化和内部质量移动控制其运动，如同在海洋地理学中的滑翔机上通常采用的驱动方式（Jones et al.，2005）。由于 *Folaga* 航行器采用混合驱动系统，所以尽管该航行器具有鱼雷状的外形但不依赖水动力升力航行。因此 *Folaga* 航行器表现出良好的操纵性，包括可以垂直下潜、进行盘旋运动、以接近 90° 的角度纵倾、在原地旋转。混合驱动的另一个特点是可以将航行器停在海底，这也是航行器使命的一部分。

Folaga 航行器是由 ISME 和格拉尔科技公司联合设计的研究样机；其设计过程（Caffaz et al.，2010）具有快速演变、创造性思维和实验设计意图明确等特点。在整个航行器的发展过程中，船体直径、主推进器类型和操纵推进器的数量等参数都发生了变化。起初计划将该航行器用于沿海和浅水水域，作为一种海洋地理学采样器，然而，随着该航行器从初步设计阶段进行到更成熟的设计阶段（*Folaga* III 航行器，在 2007 年得出），其操纵性特点使之可履行其他使命（包括声学探测）而备受关注。此外，其低成本也使它成为 AUV 编队运行的强有力候选者。阻碍上述优势进一步发展的原因之一是，将为 *Folaga* III 航行器特别设计的 CTD（盐温深仪）探测器计入有效载荷，而对于不同的有效载荷需要根据其载荷自身的情况对设计进行调整。从工程的观点来看，这极大地限制了航行器的潜力，是 *Folaga* III 航行器的主要缺点。

鉴于以上情况，到 2007 年年底 NURC、NUS、ISME 和 GraalTech 联合成立了一个研究项目，目的是开发出一个新的 *Folaga* 版本，使航行器能够携带有效载荷模块。该项目还提供了重新设计 *Folaga* III 航行器部件的机会，包括在首部和尾部增加侧向推进器，从而进一步提高航行器的操纵性。自 2009 年中期开始推出的模块将 *Folaga* 航行器命名为 *eFolaga* 航行器，即增强版 *Folaga* 航行器。

本章主要介绍 *eFolaga* 航行器的 3 个不同而又互补的方面。

- 介绍航行器的技术特点，以及有效载荷模块安装在 *eFolaga* 航行器上必须满足的要求。这部分内容专业性很强，是特别针对 *eFolaga* 航行器设计的，但我们认为，广泛的海洋工程界可能会对我们介绍的一些工程设计求解方案感兴趣。
- 为 *eFolaga* 航行器所属的一般类型混合推进航行器推导出一个动力学模型。这部分内容是通用的，该模型的主要科学贡献在于推导出了一种模型，其在结构上类似于 Fossen（2002）关于汇总参数的标准形式、水面和水下航行器的面向控制的模型。这一步发展是通过将随体参考系的原点固定在航行器浮力中心（Centre of Buoyancy，COB）且忽略重心（Centre of Gravity，COG）运动对航行器线速度的影响实现的，其中，COG 运动对加速度和动量的影响仍然保留。如果 COG 的运动速度与航行器的线速度相比非常小，那么这种简化就是成立的，*eFolaga* 航行器和大多数具有内部质量移动系统的航行器符合此条件。此外，介绍这些内容的同一节还介绍了根据实验数据对 *eFolaga* 型滑翔机驱动机构进行认定验证的方法。

- 报道了在水下声学网络（Underwater Acoustic Network，UAN）项目中安装在 *eFolaga* 航行器上的有效载荷模块的软件设计架构。这方面的设计灵感来自以下要求，即 UAN 模块不仅必须作为航行器和一项有效载荷（声学调制解调器）之间的接口，而且还必须主持航行器的任务监督和管理系统。设计了使命管理与制导、导航和控制系统（GNC）之间的接口，以实现在软件层面上保持模块化。

14.2 节～14.4 节分别介绍以上 3 个方面，14.5 节是结论部分。

14.2　*eFolaga* 航行器的设计

eFolaga 航行器是在 *Folaga* III 航行器的基础上演变而来的，旨在将其设计为能够携带不同类型传感器的航行器（Caffaz et al.，2010）。*Folaga* III 航行器［见图 14.1（a）］是一种类似鱼雷的航行器，主体由一个玻璃纤维防水圆柱体连接两个湿端而形成，湿端装有用于转向的喷射泵和沿纵向的推进器；圆柱体内有一个压载室，控制航行器的浮力；而电池组的内部位移通过一个蜗杆机构驱动，可以控制纵倾。

Folaga III 航行器本实质上是一根长管，其两端由防水舱壁封闭。所有的配件都需要从端部舱壁处进入，舱壁上盖着湿端锥体帽，以便安装推进器。选择这种设计是因为其价格低廉且形体制造简单。*Folaga* III 航行器使用的镍氢电池的能量密度约为 300Wh/L。镍氢电池的总重量约为 13kg，与轻量级的玻璃增强聚酯（Glass Reinforced Polyester，GRP）的形体结构相匹配，从而使航行器只需要很少或不需要额外的压载物提供侧倾稳定性。而其他具有碳壳形体结构、直径大致相同的轻量级航行器，若采用重量较轻的锂离子电池，则需要用索带将外部压载物系在形体结构外的底部。

（a）*Folaga* III 航行器由单个柱体和两个湿端构成

（b）*eFolaga* 航行器的中部可以分离以便插入通用有效载荷

图14.1　*Folaga* III航行器和*eFolaga*航行器的示意图

开始时对 *eFolaga* 航行器的基本设想是保持 *Folaga* III 航行器的特性，同时能够在航行器中部插入通用有效载荷模块，如图 14.1（b）所示。此外，还决定该航行器本身不开发有效载荷，只是确定其机械、电气和电子系统的接口，从而使第三方可以酌情开发自己的有效载荷模块，并将其安装在 *eFolaga* 航行器上。但是，这种方式导致了一系列的约束条件，任何有效载荷模块都必须符合这些约束条件才能安装到 *eFolaga* 航行器上。显然，从功能角度来看对有效载荷模块的要求是，有效载荷模块的运行能够自成体系，当航行器电源向其供电时该模块自主启动，当电源断开时该模块正常关闭，或通过 *eFolaga* 航行器控制计算机通信进行主动控制；有效载荷模块在运行期间不得以任何可能导致 *eFolaga* 航行器发生故障或危害控制的方式，改变有效载荷模块的电气、机械和水动力特性。航行器的保险装置（应急传感器和监管装置）必须持续维护 *eFolaga* 航行器原有系统的安全。

首先确定 *eFolaga* 航行器的机械模块，将航行器分为前部和后部以便在两部分形体结构之间插入额外的形体结构（模块），插入的模块有附加功能（见图 14.2）。在设计过程中预想让多个模块叠在一起。由于 *eFolaga* 航行器的形体结构是由 GRP

细丝缠绕而成的，因此不可能直接在匹配的形体分段之间形成水密接口。所以，决定使用机械加工制作的接插装置，其中的凸型（阳性）部件位于一个分段，凹型（阴性）部件位于另一个分段，两种接插部件均连接到 GRP 形体分段上，然后可用 O 形环使分段之间保持密封。这种耦合接插装置的设计是在端头舱壁的基础上形成的。耦合接插装置设计中的显著特点是需要留有较长的插入距离（超过直径的三分之一），这使得一个分段可以支撑另一个分段而不需要使 3 个径向锁定螺钉承受负载。另外需要注意的是 3 个径向螺钉的使用，降低了模块按错误方向安装的可能性。

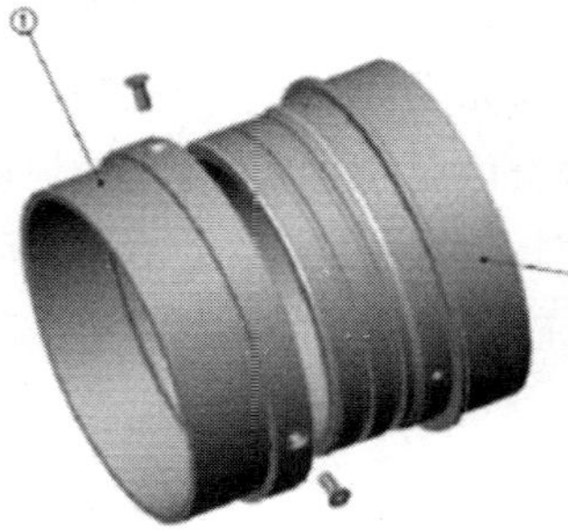

（a）耦合接插装置

（b）NUS 第一个有效载荷，携带 Wi-Fi 天线和 NUS 声学调制解调器

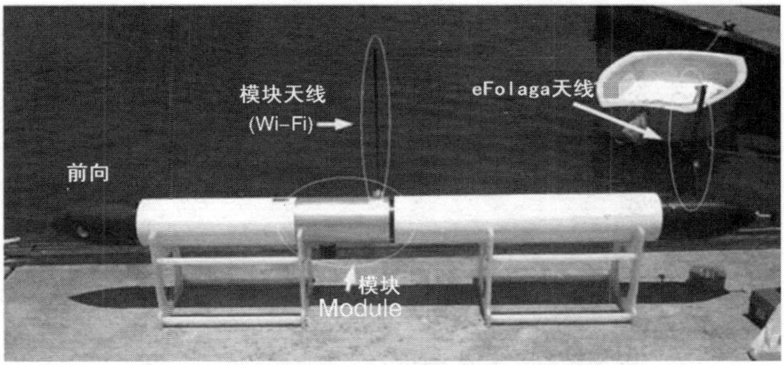

（c）第一个准备投放的安装了 NUS 模块的 *eFolaga* 航行器

图14.2　耦合接插装置，有效载荷和安装就绪的*eFolaga*航行器

提出机械地将航行器一分为二以便接入一个新的模块，是因为耦合装置是在分段外部密封的，而不是在分段之间密封的。所以，让每个分段向相邻分段开放，各分段之间的电气连接是通过悬空引线实现的，如图 14.3 所示。前体分段包括所有控制转首自由度运动的推进器、浮力控制系统和三分之一的电力储存量。所有这些部件的控制和功效必须通过模块堆栈传达到后体分段，后体分段载有航行器的计算机。

为了使首尾分段运行，模块堆栈大约需要携带 8 个电力导体。其中，模块分别将其接入 4 个部分：高电流模拟接地回路线（Analogue Ground Return Line），12V DC 电源供应线，12V DC 电源需求线，以及低电流数字接地回路线（Digital Ground Return Line）。在航行器计算机的控制下由电源需求线供电、启动或关闭模块堆栈。模块可从电源供应线获得高达 100mA 的电流为通信中心供电，实现休眠模式等。在一次使命中，一个插入模块从电力需求线可获得的最大峰值电流为 8A，经过该线路的最大总耗电量为 100Wh。在使命结束时，*eFolaga* 航行器将断开与电力需求线，以及主要电池的继电器的连接。该线路保持与可充电连接器连接，可充电连接器通过密封端口从组装的 *eFolaga* 航行器外部进入。在使命完成之后，这条线路可连接到 16V DC 的外部高电流电源，以便为电池充电。载有可充电电力储存器的模块也可以选择利用电源需求线在两次使命之间充电，条件是模块的充电电路具有足够高的智能程度，从而保证在执行使命期间不会试图充电和/或可以采用其他手段控制。任何此种模块不得密封，而应与 *eFolaga* 航行器的堆栈连通。还构想了可以插入一个仅有电池的模块，以补充航行器的主电池。除了电力线路，模块的堆栈还要求能够通过 USB 和以太网（100Mbit/s）实现后体分段与可能需要该分段的任何模块连通。

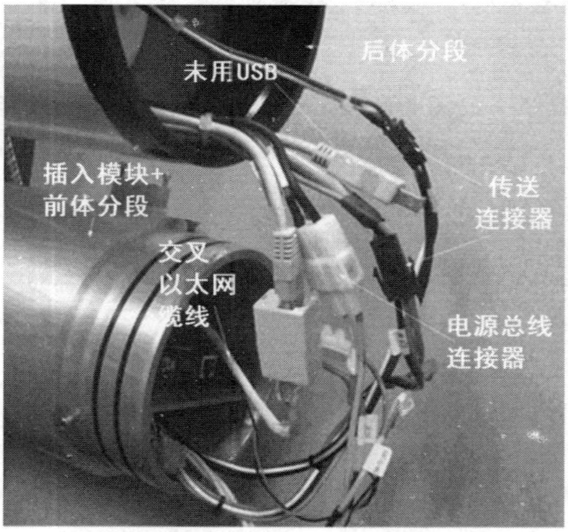

图14.3　*eFolaga*航行器的后体分段与模块之间的连接

eFolaga 航行器的主要技术特征如表 14.1 所示。从整体的物理特性和水动力特性的角度来看，有效载荷模块必须符合尺度要求且保持一定的均衡性，以便装上该

模块后 *eFolaga* 航行器能够在不受过多约束的情况下稳定地受控运行。考虑到 *eFolaga* 航行器的技术特征，规定任何有效载荷模块必须遵守以下准则。

- 有效载荷模块应具有标准圆形截面，其外直径为 155mm，最大总长度为 0.75m。
- 当两端紧密连接时，有效载荷模块应该能够安全地承受 11bar 的静水压力。
- 有效载荷模块应该能自然漂浮，并配备一个内部手动压载设备调整平衡，在安装到 *eFolaga* 航行器上之前，能以±30g 的重量按标称自然压载状态基准进行平衡调整。
- 稳心高度在压载高度之上 0～6mm 处。
- 质量中心和浮力中心在横向的偏差可以忽略不计，在纵向的偏差应小于 6mm。
- 有效载荷模块分段装配在 *eFolaga* 航行器上后，在 1m/s 的水流中，由纵倾方向不对称引起的阻力矩应小于 0.25Nm（因此允许顶部和底部存在光滑并且不大的凸出），转首方向的不对称阻力可以忽略不计（因此禁止非对称的侧向凸出）。

表 14.1　*eFolaga* 航行器的主要技术特征

技术要素	指标和规格
直径/m	0.155
长度/m	2.222
质量/kg	32.0
质量变化范围/kg （假设水的密度为 1027kg/m^3）	0.500
活动质量位移范围/m	0.050
储能	镍氢电池，12V，45Ah
自主功能/h	8，全速
潜深范围/m	0～50（滑翔）；0～80（航行）
破坏深度/m	100
速度/（m/s）	2（喷射泵）/ 4（桨）1.01/2.02
通信	无线电（在水面） 声学调制解调器（Woods Hole Oceanographic Institute，WHOI，可选）

14.3 *eFolaga* 航行器的动力学建模

根据模型的用途，可按不同的准确程度和复杂程度确定航行器的动力学模型。从舰船工程的角度来说，模型要用于航行器设计中，必须认真考虑航行器的形状、螺旋桨叶片的形状和位置等因素的影响。这通常需要使用数值计算（有限元法或边界元法）模型来求解可能是非线性偏微分方程（Partial Differential Equations，PDE）的规模很大的系统。但是，从 GNC 设计的角度来看，一般不需要非常复杂的模型，重点是捕捉航行器的整体动力学行为，而不是确定其任何部件的具体效果。因此，GNC 设计者对汇总参数模型更感兴趣，这种模型可以用（可能是非线性的）低维度常微分方程组（Ordinary Differential Equations，ODE）系统来描述。从 20 世纪 90 年代初开始，Fossen（2002）提出了一种系统的方法，用于推导水面和水下航行器针对 GNC 的动力学模型。而且，这些模型都可以用以下标准形式表示：

$$\begin{gathered}\boldsymbol{M}\dot{\boldsymbol{v}}+\boldsymbol{C}(\boldsymbol{v})\boldsymbol{v}+\boldsymbol{D}(\boldsymbol{v})\boldsymbol{v}+\boldsymbol{g}(\boldsymbol{\eta})=\boldsymbol{\tau}\\ \dot{\boldsymbol{\eta}}=\boldsymbol{J}(\boldsymbol{\eta})\end{gathered} \tag{14.1}$$

式中，$\boldsymbol{v}\in\mathbb{R}^6$ 是随体标架中的广义速度向量（线速度和角速度）；$\boldsymbol{\eta}\in\mathbb{R}^6$ 是外部标架中的广义位置向量（线位移和角位移）；$\boldsymbol{M}$、$\boldsymbol{C}$ 和 $\boldsymbol{D}$ 分别表示惯性力矩阵、Coriolis 力矩阵和水动力矩阵，若需要可包括附加质量；$\boldsymbol{g}$ 是重力/静水力项；$\boldsymbol{\tau}\in\mathbb{R}^6$ 是作用在航行器上的广义外力（矩）向量；$\boldsymbol{J}$ 是 $\boldsymbol{\eta}$ 与 $\boldsymbol{v}$ 之间运动变换的雅可比矩阵。从本质上说，式（14.1）是将刚体运动方程推广到物体在流体中运动的情况。显然，水面航行器和水下航行器，都将在式（14.1）所确定的定量关系中有非常具体的特征；尽管如此，该模型架构对于大部分航行器是通用的。标准形式的模型对 GNC 系统具有很大的帮助，因为这种模型有大量的设计工具可供应用（Fossen，2002）。

水下滑翔机，以及以浮力变化和内部质量位移驱动为特征的航行器，其动力学特性一般不能表达为式（14.1）所示的标准形式。目前已有适用于滑翔机的 ODE 模型（Graver，2005；Schilthuis，2007），但是为了确定恰当的 GNC 法则带来的额外复杂性可能需要进行个别分析（leonard et al.，2001）。对于 *eFolaga* 航行器，以及任何类似于滑翔机驱动的航行器而言，确定航行器的一种可能的近似动力学关系，从而使它们能够以式（14.1）所示的标准形式构建近似模型，都是备受关注的工作。在本节中，类似于 *eFolaga* 航行器的混合动力航行器的近似模型是根据 Caiti 和 Calabro（2010）提出的方法推导出来的。该模型对于任何同时具有推进器和浮力变化/内部质量位移驱动的航行器是通用的；我们的一般模型，作为特例也涵盖了仅有推进器的 AUV 和标准海洋地理学滑翔机模型。该近似模型是通过简化假设降低了刚体方程的复杂程度得出的。先从一些符号和基本定义开始介绍。

给定两个向量 $\boldsymbol{x},\boldsymbol{y}\in\mathbb{R}^3$，其叉乘可采用矩阵形式表示为

$$\boldsymbol{x}\wedge\boldsymbol{y}=\boldsymbol{S}(\boldsymbol{x})\boldsymbol{y}=\boldsymbol{S}-(\boldsymbol{y})\boldsymbol{x}=-\boldsymbol{y}\wedge\boldsymbol{x}$$

算子 $\boldsymbol{S}(\cdot)$： $\mathbb{R}^3\to\mathbb{R}^{3\times3}$ 定义为

$$\boldsymbol{S}(\boldsymbol{x})=\begin{bmatrix}0 & -\boldsymbol{x}_1 & \boldsymbol{x}_2\\ \boldsymbol{x}_1 & 0 & -\boldsymbol{x}_3\\ -\boldsymbol{x}_2 & \boldsymbol{x}_3 & 0\end{bmatrix} \tag{14.2}$$

实数矩阵 $\boldsymbol{A}$ 的转置表示为 $\boldsymbol{A}^{\mathrm{T}}$。在参考系<q>中表示的向量 $\boldsymbol{p}$ 将标识为 $\boldsymbol{p}^{\mathrm{q}}$。航行器的运动将用两个标架表示：导航标架（如 North East Down，NED，接地坐标系）和随体标架，将导航标架假设为惯性坐标系。可以用旋转矩阵 $\boldsymbol{R}_{\mathrm{b}}^{\mathrm{n}}$ 将随体标架<b>中表达的速度分解为在导航标架中表达的形式，具体为 $\boldsymbol{v}^{\mathrm{n}}=\boldsymbol{R}_{\mathrm{b}}^{\mathrm{n}}\boldsymbol{v}_{\mathrm{b}}$。随体标架中心位于航行器的 COB。我们所考虑的航行器类型能够通过对压载舱操作（注水/排水）和沿纵向轴移动内部电池组动态地改变 COG。与其他系统动力学机制相比，*eFolaga* 航行器的压载变化和电池移动显得更加缓慢，其最大内部质量变化速率为 0.020kg/s，而电池移动的最大速度为 0.0007m/s。这与在其他具有相同驱动原理的混合动力航行器上所预期的一致。*eFolaga* 航行器的推进器驱动的速度为 1～2m/s。COG 的移动速度与航行器的速度相比较低，这是以下讨论中近似分析的基础，其中，在一些方程中采用了准静态 COG 近似。

为了得到 6 自由度模型，我们考虑存在一个可变质量 $m(t)$ 集中在航行器的 COG 处。将随体标架中的 COG 位置表示为 $\boldsymbol{r}_{\mathrm{g}}^{\mathrm{b}}$，如图 14.4 所示，则有

$$\boldsymbol{r}_{\mathrm{g}}^{\mathrm{b}}(t)=\frac{\boldsymbol{\varLambda}+\boldsymbol{Y}(t)}{m(t)},\quad \dot{\boldsymbol{r}}_{\mathrm{g}}^{\mathrm{b}}(t)=\frac{\dot{\boldsymbol{Y}}(t)}{m(t)}-\frac{\dot{m}(t)}{m(t)}\boldsymbol{r}_{\mathrm{g}}^{\mathrm{b}}(t) \tag{14.3}$$

式中，$\boldsymbol{\varLambda}$ 和 $\boldsymbol{Y}(t)$ 具有质量×长度的因次，分别表示静态影响和动态影响对 COG 运动的贡献。

14.3.1　线运动

首先考虑的是线运动，通常又称为平动。COG 相对于随体标架的原点 o 的速度可近似表示为

$$\boldsymbol{v}_{\mathrm{g}}^{\mathrm{b}}=\boldsymbol{v}_{\mathrm{o}}^{\mathrm{b}}+\boldsymbol{\omega}^{\mathrm{b}}\wedge\boldsymbol{r}_{\mathrm{g}}^{\mathrm{b}},\quad \boldsymbol{v}_{\mathrm{g}}^{\mathrm{n}}=\boldsymbol{R}_{\mathrm{b}}^{\mathrm{n}}\boldsymbol{v}_{\mathrm{o}}^{\mathrm{b}}=\boldsymbol{R}_{\mathrm{b}}^{\mathrm{n}}(\boldsymbol{v}_{\mathrm{o}}^{\mathrm{b}}+\boldsymbol{\omega}^{\mathrm{b}}\wedge\boldsymbol{r}_{\mathrm{g}}^{\mathrm{b}}) \tag{14.4}$$

注意在式（14.4）中，因为含 $\dot{\boldsymbol{r}}_{\mathrm{g}}^{\mathrm{b}}$ 的项相对于航行器的速度（随体标架的原点 o 的速度）可以忽略，所以该项已省略（见图 14.4）。

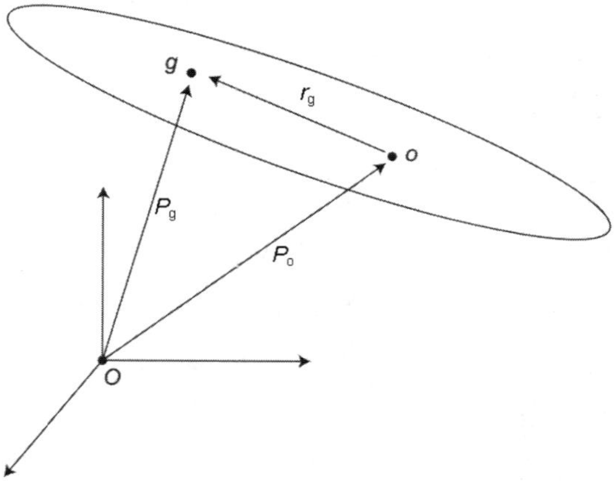

O 是导航标架原点；o 是随体标架原点，位于航行器的 COB 位置；g 是航行器的 COG 位置；
r_{g} 代表 COG 在随体标架的位置；P_{o} 和 P_{g} 分别代表导航标架中的 COB 和 COG 位置

图14.4　坐标系

取式（14.4）的导数，可得

$$\begin{aligned}\dot{\boldsymbol{v}}_{\mathrm{g}}^{\mathrm{b}}&=\dot{\boldsymbol{v}}_{\mathrm{o}}^{\mathrm{b}}+\dot{\boldsymbol{\omega}}^{\mathrm{b}}\wedge\boldsymbol{r}_{\mathrm{g}}^{\mathrm{b}}+\boldsymbol{\omega}^{\mathrm{b}}\wedge\dot{\boldsymbol{r}}_{\mathrm{g}}^{\mathrm{b}}\dot{\boldsymbol{v}}_{\mathrm{g}}^{\mathrm{n}}\\&=\boldsymbol{R}_{\mathrm{b}}^{\mathrm{n}}\left[\boldsymbol{\omega}^{\mathrm{b}}\wedge(\boldsymbol{v}_{\mathrm{o}}^{\mathrm{b}}+\boldsymbol{\omega}^{\mathrm{b}}\wedge\boldsymbol{r}_{\mathrm{g}}^{\mathrm{b}})+\dot{\boldsymbol{v}}_{\mathrm{o}}^{\mathrm{b}}+\dot{\boldsymbol{\omega}}^{\mathrm{b}}\wedge\boldsymbol{r}_{\mathrm{g}}^{\mathrm{b}}+\boldsymbol{\omega}^{\mathrm{b}}\wedge\dot{\boldsymbol{r}}_{\mathrm{g}}^{\mathrm{b}}\right]\end{aligned} \tag{14.5}$$

由于我们正在考虑加速度，所以式中保留了含 $\dot{\boldsymbol{r}}_{\mathrm{g}}^{\mathrm{b}}$ 的项。因为线动量可以表示为 $\boldsymbol{l}_{\mathrm{g}}^{\mathrm{n}}=m\boldsymbol{v}_{\mathrm{g}}^{\mathrm{n}}$，考虑到动量变化率必须等于外力，所以可得

$$\frac{\mathrm{d}\boldsymbol{l}_{\mathrm{g}}^{\mathrm{n}}}{\mathrm{d}t}=m\dot{\boldsymbol{v}}_{\mathrm{g}}^{\mathrm{n}}+\dot{m}\boldsymbol{v}_{\mathrm{g}}^{\mathrm{n}}=\boldsymbol{F}_{\mathrm{ext}}^{\mathrm{n}},\quad \boldsymbol{F}_{\mathrm{ext}}^{\mathrm{n}}=\boldsymbol{R}_{\mathrm{b}}^{\mathrm{n}}\boldsymbol{F}_{\mathrm{o}}^{\mathrm{b}} \tag{14.6}$$

$$m[\boldsymbol{\omega}^{\mathrm{b}}\wedge(\boldsymbol{v}_{\mathrm{o}}^{\mathrm{b}}-\boldsymbol{r}_{\mathrm{g}}^{\mathrm{b}}\wedge\boldsymbol{\omega}^{\mathrm{b}})+\dot{\boldsymbol{v}}_{\mathrm{o}}^{\mathrm{b}}-\boldsymbol{r}_{\mathrm{g}}^{\mathrm{b}}\wedge\dot{\boldsymbol{\omega}}^{\mathrm{b}}+\boldsymbol{\omega}^{\mathrm{b}}\wedge\dot{\boldsymbol{r}}_{\mathrm{g}}^{\mathrm{b}}]+\dot{m}(\boldsymbol{v}_{\mathrm{o}}^{\mathrm{b}}-\boldsymbol{r}_{\mathrm{g}}^{\mathrm{b}}\wedge\boldsymbol{\omega}^{\mathrm{b}})=\mathbf{F}_{\mathrm{o}}^{\mathrm{b}} \tag{14.7}$$

上式可以写成以下矩阵形式：

$$\boldsymbol{F}_\text{o}^\text{b}=\left[m\boldsymbol{I}-m\boldsymbol{S}(\boldsymbol{r}_\text{g}^\text{b})\right]\begin{pmatrix}\dot{\boldsymbol{v}}_\text{o}^\text{b}\\ \dot{\boldsymbol{\omega}}^\text{b}\end{pmatrix}+\left[m\boldsymbol{S}(\boldsymbol{\omega}^\text{b})-m\boldsymbol{S}(\boldsymbol{\omega}^\text{b})\boldsymbol{S}(\boldsymbol{r}_\text{g}^\text{b})\right]\begin{pmatrix}\boldsymbol{v}_\text{o}^\text{b}\\ \boldsymbol{\omega}^\text{b}\end{pmatrix}+$$
$$\left[m\boldsymbol{S}(\boldsymbol{\omega}^\text{b})\boldsymbol{v}_\text{o}^\text{b}-m\boldsymbol{S}(\boldsymbol{r}_\text{g}^\text{b})\boldsymbol{\omega}^\text{b}\right]\begin{pmatrix}\dot{\boldsymbol{r}}_\text{g}^\text{b}\\ \dot{m}\end{pmatrix}\tag{14.8}$$

14.3.2　旋转运动

现在考虑旋转运动。角动量 $\boldsymbol{h}_\text{g}^\text{b}$ 可以表示为

$$\boldsymbol{h}_\text{g}^\text{b}=\boldsymbol{h}_\text{o}^\text{b}-m\boldsymbol{r}_\text{g}^\text{b}\wedge\boldsymbol{v}_\text{g}^\text{b}=I_\text{o}\boldsymbol{\omega}^\text{b}+m\boldsymbol{r}_\text{g}^\text{b}\wedge\boldsymbol{v}_\text{o}^\text{b}-m\boldsymbol{r}_\text{g}^\text{b}\wedge\boldsymbol{v}_\text{g}^\text{b}=I_\text{o}\boldsymbol{\omega}^\text{b}+m\boldsymbol{r}_\text{g}^\text{b}\wedge(\boldsymbol{r}_\text{g}^\text{b}\wedge\boldsymbol{\omega}^\text{b})\tag{14.9}$$

$$\dot{\boldsymbol{h}}_\text{g}^\text{b}=\dot{I}_\text{o}\boldsymbol{\omega}^\text{b}+I_\text{o}\dot{\boldsymbol{\omega}}^\text{b}+\dot{m}\boldsymbol{r}_\text{g}^\text{b}\wedge(\boldsymbol{r}_\text{g}^\text{b}\wedge\boldsymbol{\omega}^\text{b})+m\dot{\boldsymbol{r}}_\text{g}^\text{b}\wedge(\boldsymbol{r}_\text{g}^\text{b}\wedge\boldsymbol{\omega}^\text{b})+$$
$$m\boldsymbol{r}_\text{g}^\text{b}\wedge(\dot{\boldsymbol{r}}_\text{g}^\text{b}\wedge\boldsymbol{\omega}^\text{b})+m\boldsymbol{r}_\text{g}^\text{b}\wedge(\boldsymbol{r}_\text{g}^\text{b}\wedge\dot{\boldsymbol{\omega}}^\text{b})\tag{14.10}$$

由于 $\boldsymbol{h}_\text{g}^\text{n}=\boldsymbol{R}_\text{b}^\text{n}\boldsymbol{h}_\text{g}^\text{b},\dot{\boldsymbol{h}}_\text{g}^\text{n}=\boldsymbol{R}_\text{b}^\text{r}(\boldsymbol{\omega}^\text{b}\wedge\boldsymbol{h}_\text{g}^\text{b}+\dot{\boldsymbol{h}}_\text{g}^\text{b})$，再由角动量变化率等于外力矩 $\boldsymbol{M}_\text{ext}^\text{n}$，可得

$$\frac{\text{d}\boldsymbol{h}_\text{g}^\text{n}}{\text{d}t}=\boldsymbol{R}_\text{b}^\text{n}(\boldsymbol{\omega}^\text{b}\wedge\boldsymbol{h}_\text{g}^\text{b}+\dot{\boldsymbol{h}}_\text{g}^\text{b})=\boldsymbol{M}_\text{ext}^\text{n}，\ 即\ \boldsymbol{M}_\text{ext}^\text{n}=\boldsymbol{R}_\text{b}^\text{n}(\boldsymbol{\omega}^\text{b}\wedge\boldsymbol{h}_\text{g}^\text{b}+\dot{\boldsymbol{h}}_\text{g}^\text{b})\tag{14.11}$$

根据此式又可得

$$\boldsymbol{\omega}^\text{b}\wedge[I_\text{o}\boldsymbol{\omega}^\text{b}+m\boldsymbol{r}_\text{g}^\text{b}\wedge(\boldsymbol{r}_\text{g}^\text{b}\wedge\boldsymbol{\omega}^\text{b})]+\dot{I}_\text{o}\boldsymbol{\omega}^\text{b}+I_\text{o}\dot{\boldsymbol{\omega}}^\text{b}+\dot{m}\boldsymbol{r}_\text{g}^\text{b}\wedge(\boldsymbol{r}_\text{g}^\text{b}\wedge\boldsymbol{\omega}^\text{b})+m\dot{\boldsymbol{r}}_\text{g}^\text{b}\wedge(\boldsymbol{r}_\text{g}^\text{b}\wedge\boldsymbol{\omega}^\text{b})+$$
$$m\boldsymbol{r}_\text{g}^\text{b}\wedge(\dot{\boldsymbol{r}}_\text{g}^\text{b}\wedge\boldsymbol{\omega}^\text{b})+m\boldsymbol{r}_\text{g}^\text{b}\wedge(\boldsymbol{r}_\text{g}^\text{b}\wedge\dot{\boldsymbol{\omega}}^\text{b})=\boldsymbol{M}_\text{o}^\text{b}-\boldsymbol{r}_\text{g}^\text{b}\wedge\boldsymbol{F}_\text{o}^\text{b}\tag{14.12}$$

根据叉乘性质，式（14.11）可以简化为

$$\boldsymbol{\omega}^\text{b}\wedge I_\text{o}\boldsymbol{\omega}^\text{b}+\dot{I}_\text{o}\boldsymbol{\omega}^\text{b}+I_\text{o}\dot{\boldsymbol{\omega}}^\text{b}-m\boldsymbol{r}_\text{g}^\text{b}\wedge\boldsymbol{\omega}^\text{b}\wedge\dot{\boldsymbol{r}}_\text{g}^\text{b}+m\boldsymbol{\omega}^\text{b}\wedge\boldsymbol{r}_\text{g}^\text{b}\wedge\dot{\boldsymbol{r}}_\text{g}^\text{b}+m\boldsymbol{r}_\text{g}^\text{b}\wedge(\boldsymbol{\omega}^\text{b}\wedge\boldsymbol{v}_\text{o}^\text{b})+$$
$$m\boldsymbol{r}_\text{g}^\text{b}\wedge\dot{\boldsymbol{v}}_\text{o}^\text{b}+\dot{m}\boldsymbol{r}_\text{g}^\text{b}\wedge\boldsymbol{v}_\text{o}^\text{b}=\boldsymbol{M}_\text{o}^\text{b}\tag{14.13}$$

因为惯性矩 I_o 可以表示为 $I_\text{o}=I_s-m\boldsymbol{S}(r_\text{g}^\text{b})\boldsymbol{S}(r_\text{g}^\text{b})$，$I_s$ 为静矩项，故可得

$$\dot{I}_\text{o}=-\dot{m}\boldsymbol{S}(\boldsymbol{r}_\text{g}^\text{b})S(\boldsymbol{r}_\text{g}^\text{b})-m\dot{\boldsymbol{S}}(\boldsymbol{r}_\text{g}^\text{b})\boldsymbol{S}(\boldsymbol{r}_\text{g}^\text{b})-m\boldsymbol{S}(\boldsymbol{r}_\text{g}^\text{b})\dot{\boldsymbol{S}}(\boldsymbol{r}_\text{g}^\text{b})\tag{14.14}$$

于是 $\dot{I}_\text{o}\boldsymbol{\omega}^\text{b}$ 项可以重写为

$$\dot{I}_\text{o}\boldsymbol{\omega}^\text{b}=-\dot{m}\boldsymbol{S}(\boldsymbol{r}_\text{g}^\text{b})\boldsymbol{S}(\boldsymbol{r}_\text{g}^\text{b})\boldsymbol{\omega}^\text{b}-m\boldsymbol{S}(\boldsymbol{\omega}^\text{b})\boldsymbol{S}(\boldsymbol{r}_\text{g}^\text{b})\dot{\boldsymbol{r}}_\text{g}^\text{b}+2m\boldsymbol{S}(\boldsymbol{r}_\text{g}^\text{b})\boldsymbol{S}(\boldsymbol{\omega}^\text{b})\dot{\boldsymbol{r}}_\text{g}^\text{b}\tag{14.15}$$

最终经过代换后，式（14.10）可以写为以下矩阵形式：

$$\boldsymbol{M}_\text{o}^\text{b}=\left[m\boldsymbol{S}(\boldsymbol{r}_\text{g}^\text{b})I_s-m\boldsymbol{S}^2(\boldsymbol{r}_\text{g}^\text{b})\right]\begin{pmatrix}\dot{\boldsymbol{v}}_\text{o}^\text{b}\\ \dot{\boldsymbol{\omega}}_\text{o}^\text{b}\end{pmatrix}+\left[m\boldsymbol{S}(\boldsymbol{r}_\text{g}^\text{b})\boldsymbol{S}(\boldsymbol{\omega}^\text{b})\boldsymbol{S}(\boldsymbol{\omega}^\text{b})\left(I_s-\boldsymbol{S}^2(\boldsymbol{r}_\text{g}^\text{b})\right)\right]\begin{pmatrix}\boldsymbol{v}_\text{o}^\text{b}\\ \boldsymbol{\omega}_\text{o}^\text{b}\end{pmatrix}+$$
$$\left[m\boldsymbol{S}(\boldsymbol{r}_\text{g}^\text{b})\boldsymbol{S}(\boldsymbol{\omega}^\text{b})\ \ \boldsymbol{S}(\boldsymbol{r}_\text{g}^\text{b})\boldsymbol{v}_\text{o}^\text{b}-\boldsymbol{S}^2(\boldsymbol{r}_\text{g}^\text{b})\boldsymbol{\omega}^\text{b}\right]\begin{pmatrix}\dot{\boldsymbol{r}}_\text{g}^\text{b}\\ \dot{m}\end{pmatrix}\tag{14.16}$$

14.3.3 标准形式模型

现以状态变量 ε_b 作为压载舱中水质量的标识，$\boldsymbol{\varepsilon}_\mathrm{p}^\mathrm{b}$ 作为电池组在随体标架中位置的标识。由式（14.3）可得

$$m(t)=m_\mathrm{s}+\varepsilon_\mathrm{b}(t),\qquad \boldsymbol{Y}(t)=\varepsilon_\mathrm{b}\boldsymbol{r}_\mathrm{b}^\mathrm{b}+m_\mathrm{p}\boldsymbol{\varepsilon}_\mathrm{p}^\mathrm{b} \tag{14.17}$$

式中，m_s 为静态质量；$\boldsymbol{r}_\mathrm{b}^\mathrm{b}$ 表示压载舱在随体标架中的位置；m_p 为电池组的质量。假设 ε_b 和 $\boldsymbol{\varepsilon}_\mathrm{p}^\mathrm{b}$ 对驱动指令响应的动态特性为线性的，则按一般形式 ε_b 和 $\boldsymbol{\varepsilon}_\mathrm{p}^\mathrm{b}$ 可表示为向量 $\boldsymbol{\varepsilon}$，其动态特性可以写为

$$\begin{pmatrix}\dot{\boldsymbol{\varepsilon}}_\mathrm{p}^\mathrm{b}\\ \dot{\varepsilon}_\mathrm{b}\end{pmatrix}=f\left(\boldsymbol{\varepsilon}_\mathrm{p}^\mathrm{b},\varepsilon_\mathrm{b},\boldsymbol{\eta},\boldsymbol{v},\boldsymbol{\tau}'\right) \tag{14.18}$$

式中，$\boldsymbol{\tau}'$ 是输入驱动向量。将 $\boldsymbol{\varepsilon}$ 的动态特性包含到如下模型中：

$$\begin{pmatrix}\dot{\boldsymbol{r}}_\mathrm{g}^\mathrm{b}\\ \dot{m}\end{pmatrix}=\begin{pmatrix}\dfrac{m_\mathrm{p}}{m}I & \dfrac{1}{m}(\boldsymbol{r}_\mathrm{b}^\mathrm{b}-\boldsymbol{r}_\mathrm{g}^\mathrm{b})\\ \boldsymbol{0}^\mathrm{T} & 1\end{pmatrix}\begin{pmatrix}\dot{\boldsymbol{\varepsilon}}_\mathrm{p}^\mathrm{b}\\ \dot{\varepsilon}_\mathrm{b}\end{pmatrix} \tag{14.19}$$

现综合式（14.8）、式（14.16）和式（14.19）可得如下 6 自由度模型：

$$\boldsymbol{M}_\mathrm{RB}(\boldsymbol{\varepsilon})\dot{\boldsymbol{v}}+\boldsymbol{C}_\mathrm{RB}(\boldsymbol{v},\boldsymbol{\varepsilon})+\boldsymbol{T}(\boldsymbol{v},\boldsymbol{\varepsilon})\dot{\boldsymbol{\varepsilon}}=\boldsymbol{\tau} \tag{14.20}$$

式中

$$\boldsymbol{M}_\mathrm{RB}=\begin{pmatrix}mI & -m\boldsymbol{S}(\boldsymbol{r}_\mathrm{g}^\mathrm{b})\\ m\boldsymbol{S}(\boldsymbol{r}_\mathrm{g}^\mathrm{b}) & I_s-\boldsymbol{S}^2(\boldsymbol{r}_\mathrm{g}^\mathrm{b})\end{pmatrix};\ \boldsymbol{C}_\mathrm{RB}=\begin{pmatrix}m\boldsymbol{S}(\boldsymbol{\omega}^\mathrm{b}) & -m\boldsymbol{S}(\boldsymbol{\omega}^\mathrm{b})\boldsymbol{S}(\boldsymbol{r}_\mathrm{g}^\mathrm{b})\\ m\boldsymbol{S}(\boldsymbol{\omega}^\mathrm{b})\boldsymbol{S}(\boldsymbol{r}_\mathrm{g}^\mathrm{b}) & \boldsymbol{S}(\boldsymbol{\omega}^\mathrm{b})\left(I_s-\boldsymbol{S}^2(\boldsymbol{r}_\mathrm{g}^\mathrm{b})\right)\end{pmatrix};$$

$$\boldsymbol{T}_\mathrm{RB}=\begin{pmatrix}m\boldsymbol{S}(\boldsymbol{\omega}^\mathrm{b}) & \boldsymbol{v}_\mathrm{o}^\mathrm{b}-\boldsymbol{S}(\boldsymbol{r}_\mathrm{g}^\mathrm{b})\boldsymbol{\omega}^\mathrm{b}\\ m\boldsymbol{S}(\boldsymbol{\omega}^\mathrm{b})\boldsymbol{S}(\boldsymbol{r}_\mathrm{g}^\mathrm{b}) & \boldsymbol{S}(\boldsymbol{r}_\mathrm{g}^\mathrm{b})\boldsymbol{v}_\mathrm{o}^\mathrm{b}-\boldsymbol{S}^2(\boldsymbol{r}_\mathrm{g}^\mathrm{b})\boldsymbol{\omega}^\mathrm{b}\end{pmatrix}\begin{pmatrix}\dfrac{m_\mathrm{p}}{m}I & \dfrac{1}{m}(\boldsymbol{r}_\mathrm{b}^\mathrm{b}-\boldsymbol{r}_\mathrm{g}^\mathrm{b})\\ \boldsymbol{0}^\mathrm{T} & 1\end{pmatrix} \tag{14.21}$$

式中，$\boldsymbol{v}=(\boldsymbol{v}_\mathrm{o}^\mathrm{b},\ \boldsymbol{\omega}^\mathrm{b})^\mathrm{T}$；$\boldsymbol{\varepsilon}=(\boldsymbol{\varepsilon}_\mathrm{p}^\mathrm{b},\varepsilon_\mathrm{b})^\mathrm{T}$；$\boldsymbol{\tau}=(\boldsymbol{F}_\mathrm{o}^\mathrm{b},\boldsymbol{M}_\mathrm{o}^\mathrm{b})^\mathrm{T}$。需要注意，对于常数 $\boldsymbol{\varepsilon}=\overline{\boldsymbol{\varepsilon}}$，$\dot{\boldsymbol{\varepsilon}}=\boldsymbol{0}^\mathrm{T}$，式（14.20）所示模型与 Fossen（2002）给出的相同。合并式（14.20）和式（14.18），使用新的广义状态变量 $\tilde{\boldsymbol{v}}=(\boldsymbol{v},\boldsymbol{\varepsilon})^\mathrm{T}$，$\tilde{\boldsymbol{\eta}}=(\boldsymbol{\eta},\boldsymbol{\varepsilon})^\mathrm{T}$，且计入水动力效应、恢复力、扰动和运动学方程［为了理解这部分内容，请再次参考 Fossen（2002）的文献］，则可以到式（14.1）的模型结构。

14.3.4 *eFolaga* 航行器的驱动系统认定验证

为了将模型写为推广的形式，我们引入了联系内部质量位移、压载变化与指令

驱动的关系式（14.18）。在本小节将针对 *eFolaga* 航行器的驱动系统，展示对这些动态特性进行验证的实验结果。在以下两种情形中，*eFolaga* 航行器的驱动系统都要遵从开启—关闭指令。

首先，考虑内部质量位移，假设对应于开启—关闭指令，位移导数为常数，则可得

$$\dot{\boldsymbol{\varepsilon}}_{\mathrm{p}}^{\mathrm{b}} = \alpha \boldsymbol{\tau}_{\mathrm{p}}' \tag{14.22}$$

式中，指令输入分量 τ_{p}' 只能假设为 1、−1、0 等数值（分别表示向前、向后、停止）。用离散型的式（14.22）处理离散时间数据集，以 10Hz 的频率进行采样。采用了标准最小二乘数据拟合，得出 $\alpha = 7.921 \times 10^{-5}$。数据与模型预测结果（二者叠在一起，没有明显差异），以及相应的输入指令如图 14.5 所示。

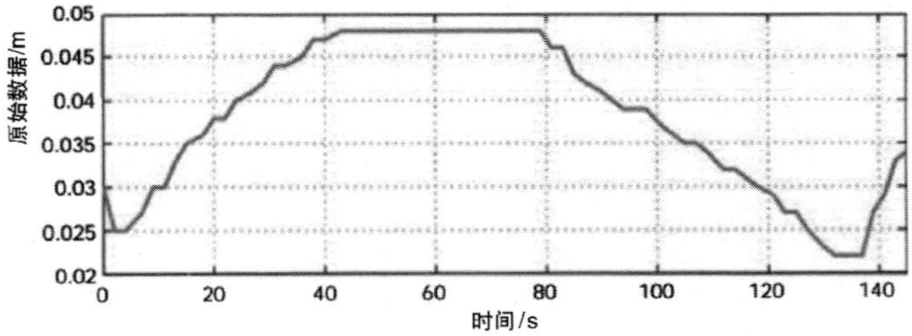

（a）模型预测结果与式（14.22）所示的实验数据对比，二者与图中曲线几乎重叠

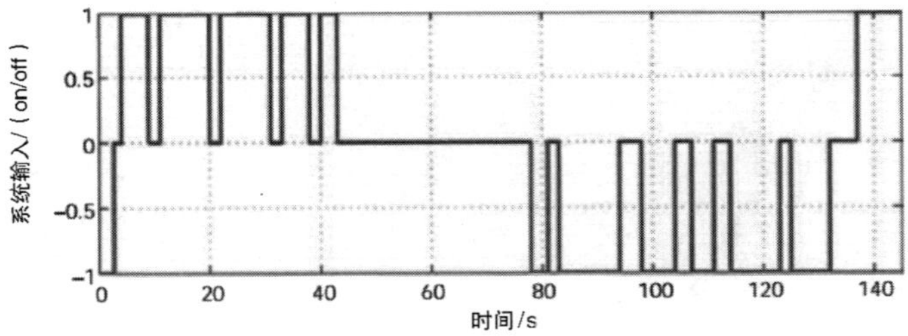

（b）与图（a）中数据对应的系统输入

图14.5　质量位移影响预测结果与实验结果对比

接下来，我们考虑更复杂的压载（浮力）变化系统。这是通过一个从压载舱内部注/排水阀门系统在 *eFolaga* 航行器中实现的。考虑以下动态模型：

$$\dot{\varepsilon}_{\mathrm{b}} = \left(\alpha_0 z \varepsilon_{\mathrm{b}} + \left(\sum_{i=1}^{3} \alpha_i z^{1/2i} \right) \varepsilon_{\mathrm{b}} + \beta_0 + \sum_{i=1}^{2} \beta_i z^{1/2i} \right) \tau_{\mathrm{b}}' \tag{14.23}$$

式中，z 为航行器深度；τ_{b}' 为阀门驱动，也只能假设其数值为 1、−1、0（注入、排

出、关闭）；α_i 和 β_i 是需要认定验证的模型参数。在北约水下研究中心的高压室中得到了阀门流量的数据，测试深度为 0～60m。以阀门参数拟合数据，使数据与模型预测结果之间的偏差范数最小化（注意，是 L_1 范数最小化，而不是最小二乘法拟合），据此来进行系统认定验证。根据离散的表达式（14.23），得到的注水阶段和排水阶段的两组不同参数、不同深度的实验结果与模型预测结果，如图 14.6 所示。

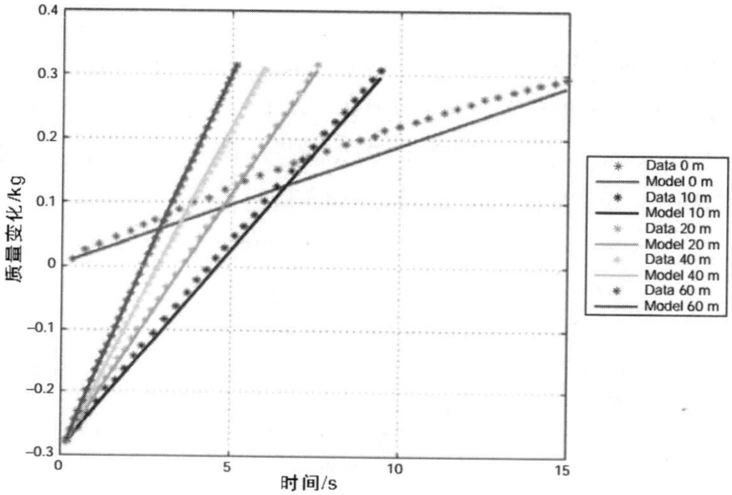

（a）注水阶段

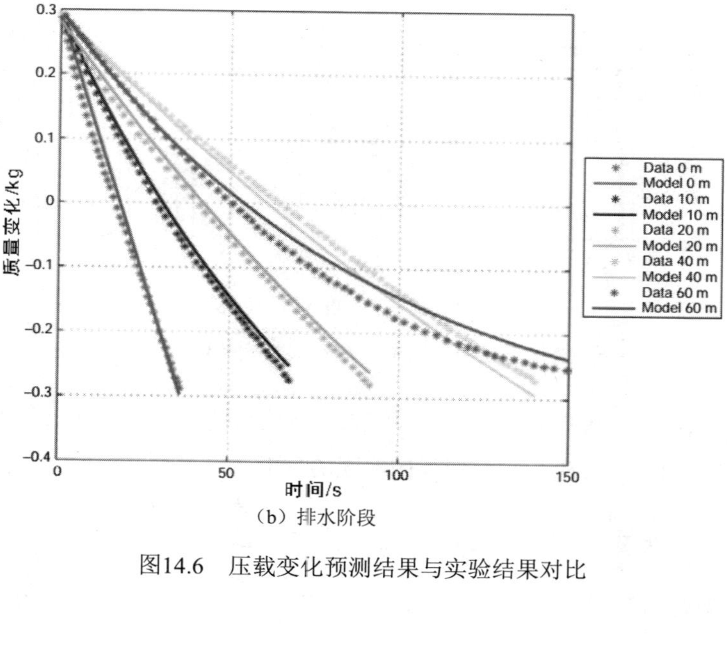

（b）排水阶段

图14.6　压载变化预测结果与实验结果对比

14.4　模块化软件集成架构：UAN10 实验的个案研究

在本节中，我们用一个案例说明在 *eFolaga* 航行器中整合一个有效载荷模块的软件。这里关注的重点是有效载荷模块软件必须接管 *eFolaga* 航行器的指令，并担任使命的监督者和管理者。2010 年 9 月的“水下声学网络 10”（Underwater Acoustic Network 10，UAN10）实验是本案例的研究背景，该实验隶属于 UAN—欧洲项目。UAN 成立于 2008 年，其研究内容包括网络通信模式，在此有移动节点位于其环境中以便优化声学信道的通信特性。UAN 的移动网络节点安装在 *eFolaga* 航行器上，并配备了合适的有效载荷模块，其中，包括声学调制解调器和驱动调制解调器所需的硬件/软件，以便进行自主决策和向 *eFolaga* 航行器的 GNC 系统发送指令。

为了将 *eFolaga* 航行器整合到 UAN 网络中，我们设计并实现了具有专用硬件的特定有效载荷模块，以便将声学调制解调器与航行器电子系统连接起来。图 14.7（a）展示了带有伸出主体外部的声学调制解调器（由 UAN 的合作者康斯堡海事公司开发的样机）和 CTD 传感器的有效载荷模块外部结构。有效载荷模块的主要硬件，如图 14.7（b）所示，硬件可用一个 PC-104 主板作为代表，该主板具有串行线路可与调制解调器和 CTD 探测仪通信，其中，探测仪用于连续监测海水的状况。以太网线路（见 14.2 节）用于该主板与 *eFolagas* 航行器的本地计算机之间的通信，带有 UAN 模块的 *eFolagas* 航行器如图 14.7（c）所示。

从软件架构的角度来看，其目的就是实现使命监管器的功能，包括能够针对其他网络节点进行解释和生成消息，并向航行器的 GNC 系统发出指令。采取的方式是“后座司机”模式，该模式由 MIT 团队首创（Balasuriya et al.，2009；Benjamin et al.，2010；Eickstedt and Sideleau，2008）：使命监管器必须能够做出决定，并向所在航行器的 GNC 系统发出高层指令，而后者的唯一责任是作为下级执行指令。类似地，使命监管器必须在使用的层面处理通信任务，而较低的通信层则由声学调制解调器本身运行的通信软件承担。这样，在概念上就有可能以模块化的方式整合所有的系统部件，减少航行器、通信网络声学调制解调器、MAC 和路由策略的具体性质因素（理想情况可忽略），如图 14.8 所示。

（a）带有声学调制解调器和 CTD 传感器的 UAN 模块

（b）有效载荷 PC-104 主板

（c）带有 UAN 模块的 *eFolaga* 航行器

图14.7　UAN模块、有效载荷和带有UAN模块的*eFolaga*航行器

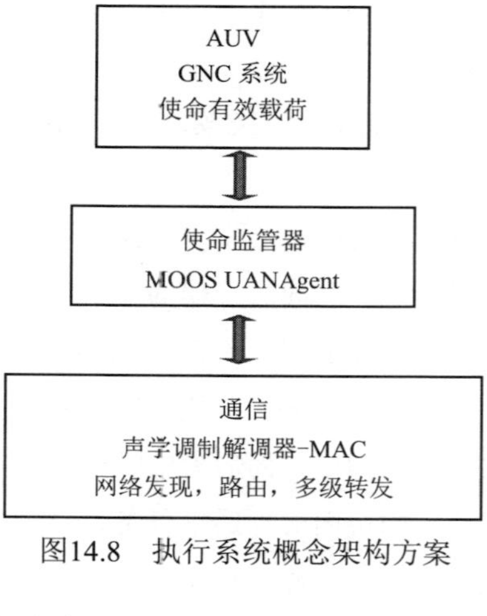

图14.8　执行系统概念架构方案

使命监管器的通信是通过 MOOS（Mission Orientated Operating Suite，面向使命的操作套件）系统（Newman，2003）处理的，MOOS 系统是一个面向多个机器人通信的发布/订阅中间件。使命监管器作为一个事件驱动 Mealy 型有限状态机实现，

它根据当前的状态和输入产生一个输出，这本身就是一个 MOOS 进程，该进程能够建立一个与远程 MOOS 数据库的连接，用于发送和接收声学消息。特别地，使命监管器，也称为 UANAgent（UAN 代理），扩展了由 MOOS 框架提供的 CMOOSClient 类，如下所示。

```
Class UANAgent: public CMOOSClient {
    bool OnNewMail (MOOSMSG_LIST& newMail);
    bool Iterate ();
}
```

方法 OnNewMail()收集所有接收到的声学消息，并更新 UANAgent 使用的数据结构；方法 Iterate()指定类的主线程，并执行主要操作，如对声学通信和 *Folaga* 航行器的整体进行控制（从使用角度）。

使命监管器的逻辑是通过 3 个状态（空闲、任务、测试）和 2 个宏状态（使命、自动）组成的状态机实现的，如图 14.9 所示。该机器的每个状态都与 *Folaga* 航行器将执行的单个任务（如导航任务）有关，或者是由 MOOS Pub/Sub 系统执行的任务（如发送特定的声学消息），或是等待状态。两个宏状态能够使任务监管器执行复杂和自主的任务，具体内容如下所示。

- 使命宏状态：使命监管器进入这个状态执行一个预期的使命，即为 *Folaga* 航行器或为 MOOS Pub/Sub 系统执行一系列有序的任务。例如，典型的使命可以包括潜水任务，在该项任务序列中首先是达到预期深度，然后在预期时间周期内进行水下导航，同时通过声学链接定期发送关于航行器状况的通知（如电池水平、深度等）。
- 自动宏状态：在此状态下，使命监管器能够使其行为适应环境条件的变化，对水体进行周期性采样，并通过运动对声通信进行优化。

上文所描述的架构中最关键的部分是 *eFolaga* 航行器有效载荷的使命监管器与 *eFolaga* 航行器现有软件之间的接口。因此，为了保证使命监管器与 *Folaga* 航行器的 GNC 本地系统之间的最大灵活性，我们设置了一个专用接口。图 14.10 展示了在整个航行器上运行的主要过程框图，这些过程的运行既在 UAN 有效载荷上又在 *Folaga* 航行器的核心位置。

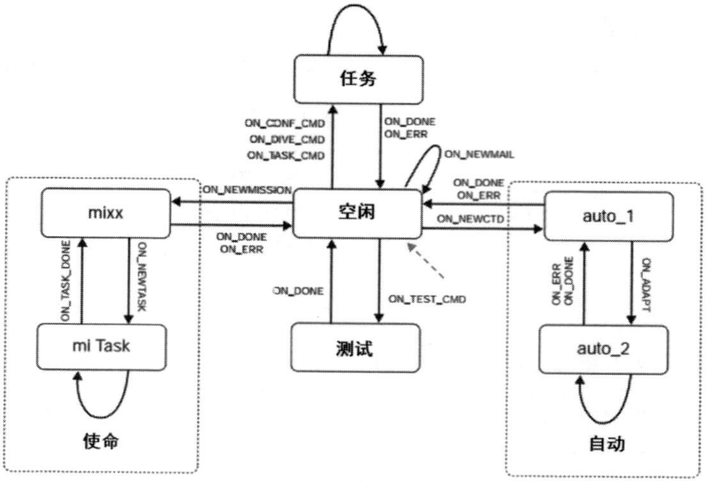

虚线箭头指示状态机的初始状态，图中标出了各状态的主要事件、使命（MISSION）和自动（AUTO）

图14.9　使命监管器状态机示意图

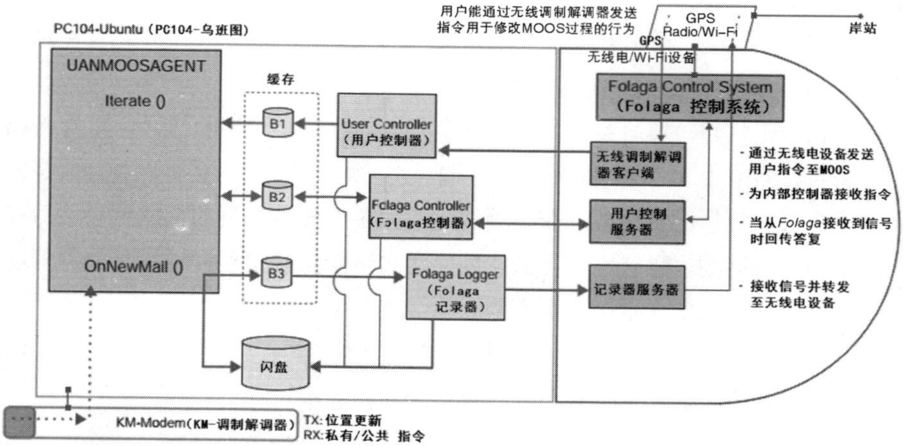

图14.10　*eFolaga*航行器的GNC与UAN有效载荷之间的接口

特别是以下过程及其航行器上相应的软硬件系统，支持使命监管器并考虑了有效载荷与航行器本身的整合。

（1）Folaga 控制器与 *eFolaga* 航行器上的用户控制服务器（User Control Server）连接。它负责向 Folaga 控制系统（Folaga Control System）传递由 MOOS Client 主过程发出的指令从而控制航行器，并且反过来向使命监管器传达 *eFolaga* 航行器的应答和/或出错。

（2）无线电控制器连接到 *eFolaga* 航行器上的无线电调制解调器客户端（Radio Modem Client）。当 *eFolaga* 航行器在水面时它负责接收用户指令。通过这一过程，有效载荷可以由用户实时配置和监控。

（3）*Folaga* 记录器客户端连接到 *eFolaga* 航行器上的记录器服务器（Logger Server）。当 *eFolaga* 航行器在水面时，它从 MOOS 进程中发送记录到 *eFolaga* 航行器，然后 *eFolaga* 航行器会反过来通过无线电将记录发送给用户。

2010 年 9 月，在地中海托斯卡纳群岛的 Piolosa 岛上进行的 UAN10 实验中，用两艘航行器和两个固定节点在浅水条件下（最大深度 80m）测试了航行器的网络功能，如图 14.11 所示。由于实验结果主要涉及通信性能与环境（测深和海洋地理学方面）效应的关系，所以这方面的内容在他处另外介绍。其中，采用的安装了 UAN 模块的 *eFolaga* 航行器在测试系统中发挥了重要作用，因为它允许不断修改网络的几何要素。例如，在实验过程中，如图 14.11 所示，一条 *eFolaga* 轨迹（称其为演化过程更好）布置有 3 个节点中的移动网络节点，叠加到该区域的水深测量结果上。作为整个项目的中间环节，实验的主要成果是建立了从物理层到 MOOS 应用层之间的网络通信，虽然节点数量有限（仅 3 个），但节点之间有多级反射。网络的物理层是由康斯堡海运公司制造的声学调制解调器提供的，它的传输速度高达 500bit/s，其中，还实施了路由层和多级反射策略。网络架构通过实施 PPP 协议建立 IP 连接，并利用 UDP 或 TCP 作为传输协议，从而允许将 MOOS 框架作为应用层进行整合。从应用层面来看，网络的每个节点都由一个 MOOS 客户端（UANAgent）表征，该客户端负责监测和管理节点状态和行为，并连接到一个中央数据库，用于发送和接收数据。

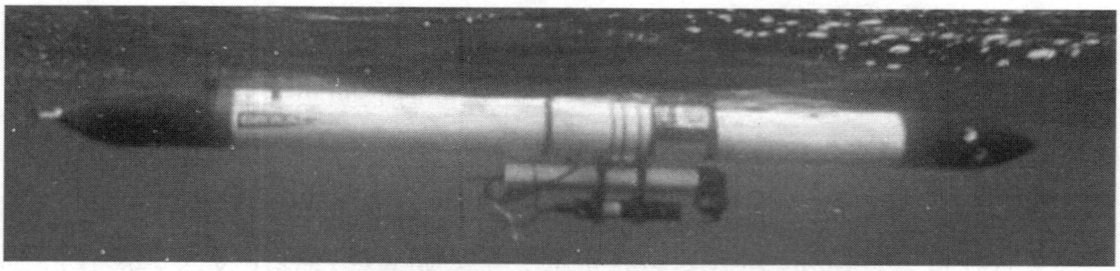

（a）UAN10 实验中带有 UAN 模块的 *eFolaga* 航行器

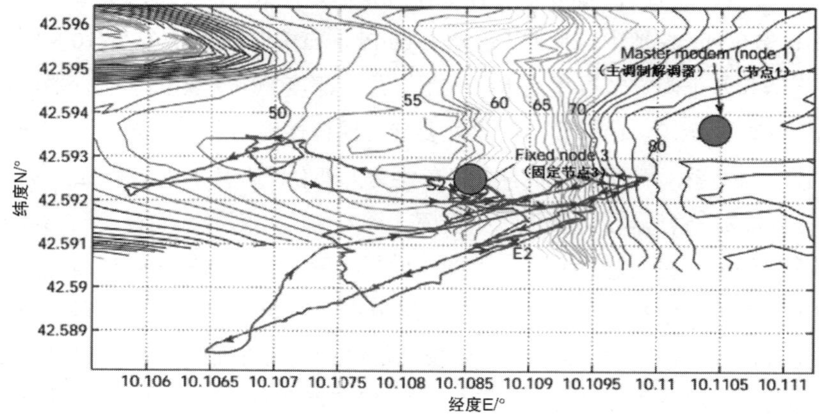

（b）在 UAN 主调制解调器节点 1 和固定节点 3 之间，叠加到测深等值线的演化过程（带箭头灰色轨迹）。主调制解调器的深度为 10m；节点 1 的深度为 10m；节点 3 的深度为 51m；全过程中 *eFolaga* 航行器距水面的深度为 0～15m

图14.11　实验中的*eFolaga*航行器及其运动轨迹

14.5　结论

本章介绍和记录了 *Folaga*（*eFolaga*）航行器携带有效载荷能力的发展现状。*eFolaga* 航行器的设计与其前身的设计一致，尤其是重量轻、尺度小、成本低的特性都在 *eFolaga* 航行器的设计中得到了继承，*eFolaga* 航行器仍具有良好的操纵性和盘旋能力。*eFolaga* 航行器有效载荷模块的开发由用户承担，用户必须遵守 14.2 节所述的准则。14.3 节介绍了一种导出 *eFolage* 航行器的汇总参数动力学模型的一般方法，其中，还报道了 *eFolaga* 航行器浮力变化和质量移动驱动机构的认定验证，有效载荷模块软件的开发也由用户承担。14.4 节通过优良的设计在软件层面使 *eFolaga* 模块的功能得到了提升，并且使智能化的有效载荷实现了特定的自主行为，建立了与本地 *eFolaga* 航行器的 GNC 系统的对话。

致谢

本章工作有一部分得到了欧盟 FP7 项目的支持，项目拨款号为 225669-UAN-Underwater Acoustic Network，由 SIIT，利古里亚智能集成系统技术区的“自动化”项目提供。另外，约翰 • 波特（John Potter）的工作是在 NUS 休假期间在 ISME 上发表的。

参考文献

1. Alvarez A, Caffaz A, Caiti A, et al. 2009. Folaga: A low-cost autonomous underwater vehicle combining glider and AUV capabilities. Ocean Engineering, 36(1): 34-38
2. Araki S, Ishi K. 2007. Development of glider type small AUV Seabird. Proceedings of IEEE International Symposium on Underwater Technologies
3. Balasuriya A, Schmidt H, Benjamin M. 2009. Nested distributed autonomy architecture for undersea sensor networks
4. Benjamin M, Schmidt H, Newman P, et al. 2010. Nested autonomyfor unmanned marine vehicles with MOOS-IvP. Journal of Field Robotics, 27(6): 834-875
5. Caffaz A, Caiti A, Casalino G, et al. 2010. The hybrid glider/AUV Folaga. IEEE Robotics Automation Magazine, 17(1): 31-44
6. Caiti A, Calabro` V. 2010. Control-oriented modelling of a hybrid AUV. Proceedings of ICRA'10, IEEE Conference on Robotics and Automation
7. Dunbabin M, Roberts J, Usher K, et al. 2005. A hybrid AUV design for shallow water reef navigation. Proceedings of ICRA'05, IEEE Conference on Robotics and Automation
8. Eickstedt D P and Sideleau S R. 2008. The backseat control architecture for autonomous robotic vehicles: A case study with the Iver2 AUV. Proceedings of IEEE Oceans'08
9. Fossen T. 2002. Marine Control Systems: Guidance, Navigation and Control of Ships, Rigs and Underwater Vehicles. Trondheim: Marine Cybernetics
10. Graver J. 2005. Underwater gliders: Dynamics, control and design. Ph. D. Thesis of Princeton University
11. Jones C, Creed E, Glenn S, et al. 2005. Slocum gliders: A component of operational oceanography. 14th International Symposium on Unmanned Untethered Underwater Systems
12. Leonard N E and Graver J G. 2001. Model-based feedback control of autonomous underwater gliders. IEEE Journal of Oceanic Engineering, 26(4): 633-645
13. Maguer A, Caffaz A, Guerrini P, et al. 2010. Hybrid AUV/Glider for shallow water

applications. Proceedings of MAST America

14. Maurya P, Desa E, Pascoal A M, et al. 2006. Control of the Maya AUV in the vertical and horizontal planes:Theory and practical results. Proceedings of IFAC Symposium on Manoeuvring and Control of Marine Crafts
15. Newman P M. 2003. MOOS—A mission orientated operating suite, Rep. OE2003-07, MIT Ocean Engineering Department
16. Sangekar M, Chitre M and Koay T B. 2008. Hardware architecture for a modular autonomous underwater vehicle STARFISH. Proceedings of IEEE Oceans'08
17. Schilthuis M. 2007. Study of slocum underwater glider dynamics. M.Sc Thesis of TU Delft
18. Stilwell D J, Gadre A S, Sylvester C A, et al. 2004. Design elements of a small low-cost autonomous underwater vehicle for field experiments in multi-vehicle coordination. Proceedings of IEEE Workshop on Autonomous Underwater Vehicles
19. Vasilescu I, Detweiler C, Doniec M, et al. 2010. Amour V: A hovering energy efficient underwater robot capable of dynamic payloads. International Journal of Robotics Research, 29(5): 547-570

第 15 章 仿生水下航行器设计概念

Euan McGookin 和 Chris Watts①

15.1 引言

15.1.1 仿生学与仿生设计

仿生学领域包括研究自然过程并利用自然过程解决工程问题（Bar-Cohen，2005）。人们对该领域的关注日益增加是由许多因素造成的，其中之一就是仿生学的概念可能带来利益并且目前的技术已达到可以在实际应用中实现这些概念的水平。由大自然启发得出的工程问题的求解方案，得益于生物体数百万年进化所形成的优化设计（Bar-Cohen，2006）。这种仿生设计方式的推广已经促使人们从大自然中吸取经验教训，并通过这些经验教训开发出求解现代问题的系统。目前已经有一些著名的仿生学例子在日常生活中出现并投入使用，如 Velcro（“维克罗”尼龙搭扣，译者注）的应用（Vincent，2003）。

在许多工程应用中，通过自然界得到的求解方案要优于通过传统工程得到的求解方案。例如，机器人运动，有腿的车辆能够穿越轮式车辆无法穿越的地形（Baro-Cohen，2006）。然而，在许多类似的情况下，直接复制自然系统的措施受到了当前技术的限制。其实仿生学的概念很早便已出现，如列奥纳多·达·芬奇（Leonardo da Vinci）模仿鸟类飞行设计了一种飞行器（Dickinson，1999），但该技术没有得到充分发展，导致相关的设计方案未能付诸实施。

近年来，仿生学特殊领域受到越来越多的关注，它与仿生机器人系统有关（Bar-Cohen，2006；Triantafyllou et al.，1995；Vincent，2003）。在该领域中机器人系统或部分机器人系统得到了发展，这些系统模仿活着的生物或自然过程。到目前为止，Azimo 可能是最著名的机器人例子，这种人形机器人采用了类似于人类的双

①英国苏格兰格拉斯哥大学工程学院航空科学系（Division of Aerospace Sciences, School of Engineering, University of Glasgow, Scotland, UK）。

足行走（Honda Motor Co.，2007）。仿生机器人及其系统有许多潜在优势，如具有更大的灵活性、更有效的推进和操纵功能、隐身性和可采用有利于环保的操作。

仿生措施是本章介绍的研究工作中的重点内容，其中展示了一些利用仿生推进系统进行水下推进的优势。本章重点介绍一种名为“罗博萨蒙”（*Robosalmon*，机器鲑鱼）的航行器（Watts et al.，2007a，2007b）。这款航行器采用了仿生鱼尾作为主推进系统，顾名思义，该航行器是根据大西洋鲑鱼的体型和游动风格设计的。

15.1.2　仿生 AUV 的优势

在水生物环境中，鱼类的游动姿势特别多。在某些情况下，鱼类的游动速度可能非常快，它在极短时间内的加速度便可超过 25*g*（约 245m/s^2）（Videler，1993）。而且，鱼类具有优良的操纵性，有些鱼类可以在不超过一个身体长度的范围，在几十毫秒内通过 180° 的转弯改变航线（Wolfgang et al.，1999）。

在过去的十几年里，许多具有仿生推进系统的机器鱼类航行器得到了发展，这些都极大地引起了人们对仿生自主水下航行器（AUV）领域的关注（Barrett et al.，1999；Liu et al.，2005）。这是由于仿生推进技术比常规方法具有更大的潜在的优势。其优势包括提高了推进系统的效率（Triantafyllou，1995）、改进了操纵性（Wolfgang et al.，1999）、对周围水的扰动较小（Sfakiotakis et al.，1999）等。

仿生推进系统的一些专业应用已经成为现实。除了能够执行常规水下航行器可以执行的任务（如水下观测），仿生 AUV 还可以执行其他任务。鉴于上述潜在的有利条件，仿生 AUV 非常适合这些任务（Barrett et al.，1999；Sfakiotakis et al.，1999；Yu et al.，2004），概括如下。

- 生物学研究：仿生 AUV 高效和低噪声的优点有利于对水生物种进行更长时间、更详细的研究，同时可以尽量减少水下航行器对自然环境的干扰。
- 环境监测：仿生 AUV 提高了在有限空间中的操纵能力并且提高了推进系统的效率，这可以延长执行使命的时间，并提高航行器在不利区域的运行能力。如果给航行器配备用于检测氧气和污染物的传感器，则这种航行器用于环境监测的效果会很好。
- 监视：仿生 AUV 在水中引起的干扰较小，再加上其鱼形外观，可以为航行器提供隐身能力，从而使之适用于执行监视和侦察任务，这些任务对军事行动和安全防卫行动来说特别重要。

这些是仿生 AUV 应用的主要领域，此外还有其他领域可以有效发挥 AUV 的优势。例如，有利于提高石油工业的效率，因为石油管道检验通常要求 AUV 具有各种操作能力。另外，多种可能应用的领域与鱼的类型及其相关游动模式或步态是相匹配的（Alexander，2003）。

15.2　生物游动

15.2.1　水生物的游动类型

海洋中有大量通过游动推进和操控自身在水中运动的物种。每个物种都进化出了自己的游动模式用于实现预期的运动。自然，游动模式或步态是以物种解剖中的驱动机制及其对周围水的操控方式为基础的（Alexander，2003）。下面讨论一些较常见的水生物的游动类型。

鱼通常都有沿水平轨迹游动的步态。由一侧至另一侧的运动使鱼能够沿侧向线形成推进涡旋流场。尾部的不对称运动会产生不平衡的转向力用于操纵。

水生哺乳动物如鲸鱼和海豚，主要生活在水中，通过尾部的垂直位移产生推进力。向上和向下运动产生的推进旋涡与某些鱼产生的推进旋涡类似。

海龟和海豹主要利用鳍产生直接的推进力和操纵力。各鳍向后运动产生向前的推力，从而进行所需的运动。鳍产生力量的平衡关系决定了游动的方向。

乌贼和墨鱼利用身体两侧的鳍游动。随着这些鳍的运动，将水推向身体的后方，从而产生向前的推力。这些无脊椎动物的操纵力矩由鳍产生的不平衡力形成。

虽然这些水生物的游动是最常见的，但这并不能涵盖自然界中发现的所有游动步态。本章以仿生 AUV 设计为背景，重点讨论鱼类的游动步态。

15.2.2　鱼类游动

就像许多其他动物一样，鱼也是根据情况以多种多样的方式进行运动的（Alexander，2003；Hoar and Randall，1978）。为了捕捉猎物或避开掠食者，鱼可以急转弯或突然爆发加速度，这些运动称为不定常运动，通常只持续几毫秒（Triantafyllou and Yue，2000）。鱼也可以沿一条直线以稳定的速度穿越很长的距离，这种运动称为定常游弋运动（Sfakiotakis et al.，1999）。这两种类型的运动都非常重要，但是本项研究的重点是不定常运动。

在鱼类推进领域，有几种不同的推动和操控其自身运动的方法。与本项目有关的鱼类中，它们的推进方式可分为两大类：身体和尾鳍推进（Body and Caudal FIn propulsion，BCF 推进）；中鳍和对鳍推进（Median and Paired Fins propulsion，MPF 推进）（Colgate et al.，2004）。大多数鱼类使用 BCF 推进，本项目研究的就是这种推进方式。BCF 推进包括沿着其身体方向传递的推进波。推进波从身体前部开始，向尾鳍方向传播。正是这种推进波产生了向前的净推力（Videler，1993）。

15.2.2.1　鱼的种类

根据推进波在身体开始出现的位置（在多大范围可见推进波），可以将 BCF 推进型鱼类进一步细分为为鳗行式、亚鲹行式、鲹行式和鲉行式（Moyle and Cech，2004）。图 15.1 展示了 BCF 推进型鱼类的一般身体/尾部图形及其与鱼类游动特性的关系。

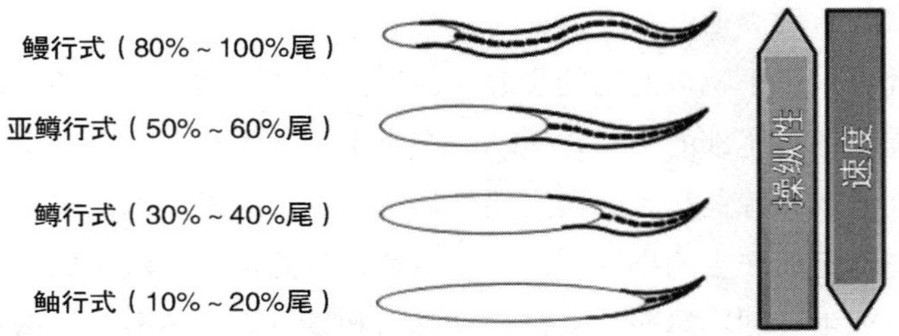

图15.1　BCF推进型鱼类的一般身体/尾部图形及其与鱼类游动特性的关系

鳗行式鱼类的尾部约为体长的 80%，为其运动提供了灵活性，所以它的操纵性最强。鲉行式鱼类的尾部约为体长的 20%，此鱼类表现出最快的游动速度。本项目中选择研究的是亚鲹行式，因为这种模式的游动特性处于中间状态，即这种模式的操纵性强，并且速度也足够快。亚鲹行式也是大西洋鲑鱼使用的游动形式（Hoar and Randall，1978）。

15.2.2.2　游动步态

为了复制鱼类的游动行为，仿生 AUV 必须复制相应生物的尾部运动。这是通过模仿生物尾部的运动模式或步态实现的（Alexander，2003）。然后用该步态确定所需仿生的尾部的运动学过程，从而使仿生 AUV 产生必要的涡旋流场和由此产生的推力。大西洋鲑鱼的理想步态如图 15.2 所示。

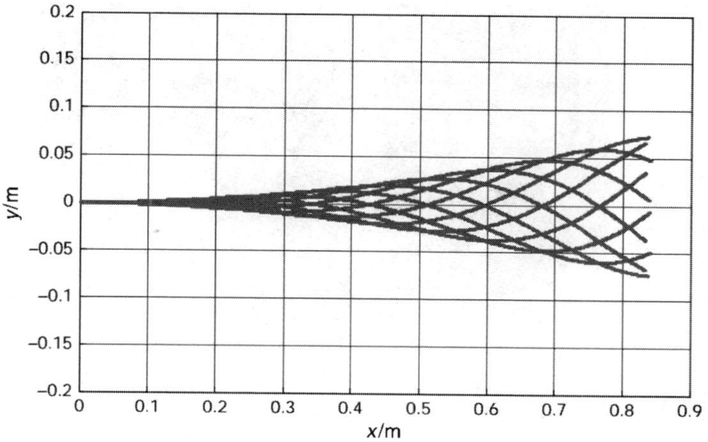

图15.2　大西洋鲑鱼的理想步态

该图展示了尾部在一个完整周期中的波动过程。图中表明通过对其机电驱动系统进行操控，仿生尾系统必须产生类似的波浪式游动模式。

15.2.3　仿生学方法

本项研究提出的复制仿生游动的方法是以一种名为 *Robosalmon* 的实验航行器为基础的，此类航行器以成年大西洋鲑鱼的相对尺度为模型，如图 15.3（a）所示，其长度为 0.85m，重量为 4.5kg。

此航行器由可运动的头部、刚性湿体（主体）和带尾鳍的水密十关节柔性尾部组成。尾部由两个单一伺服机械装置操控往复式肌腱驱动。这种设计是以活鱼身上的脊柱为基础的，即许多关节是通过脊柱两侧肌腱的收缩和扩张驱动的（Young，1962）。这种尾部推进系统可实现如图 15.3（b）所示的游动步态。

很明显，这种尾部推进系统并不能复制出真正鱼类的完全波动。准确复制理想的游动步态需要驱动尾部的每个关节，这对系统设计的要求非常高，而相比之下巧妙简单的肌腱驱动尾部具有更加显著的优势。因此，下面将针对基于肌腱驱动的尾部推进系统进行探讨。

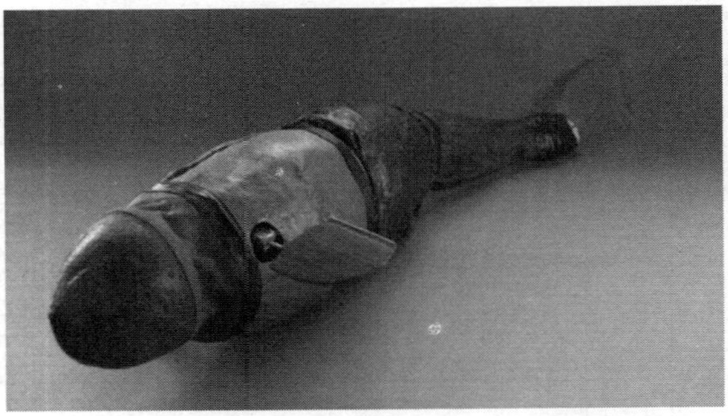

（a）具有肌腱驱动尾部的 *RoboSalmon* 航行器

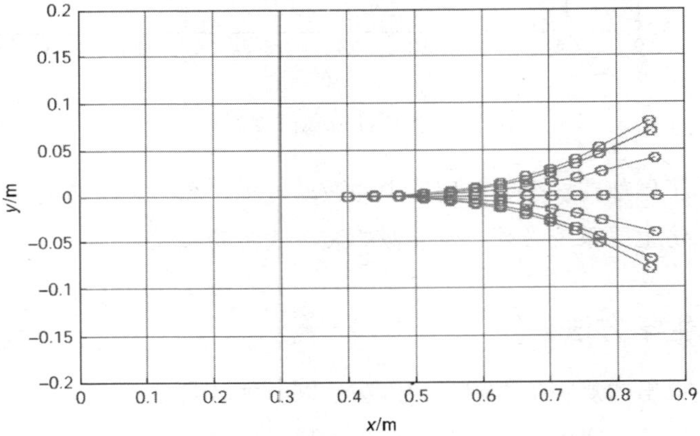

（b）肌腱驱动尾部的游动步态

图15.3　*Robosalmon*航行器的实验模型及其游动步态

15.3　仿生 AUV 的数学建模

本项研究的目的之一是建立并验证仿生 *Robosalmon* 航行器的数学模型，该模型可用于评价系统的性能。该模型借鉴了建立常规水中航行器模型的方法（Fossen，1994）和建立机器人操控器模型的技术（Niku，2001）。模型中还考虑了鱼类水动力学、生物学和形态学等方面的因素。并且对常规船舶建模技术进行了修改，增加和替换了一些术语，以表示航行器样机在模仿鱼类推进时的推力和阻力方程的仿生特性。

在讨论船舶、飞机、航天器或汽车等的运载系统时，确定了描述速度、位移等若干标准变量，为参照标架或坐标系统的确定带来了方便（Fossen，1994）。现在考虑的模型，使用了两个参照系，即随体标架（X_B、Y_B、Z_B）和接地惯性标架（X_E、

Y_E、Z_E）（Fossen，1994）。在 *Robosalmon* 航行器中，随体标架附着在航行器上，随着航行器的运动而运动。为了简单起见，随体标架的原点通常位于航行器的 COG（Fossen，1994）。将接地标架假设为惯性系，即固定的不会移动（Fossen，2002）。图 15.4 说明了随体标架和接地标架之间的关系。

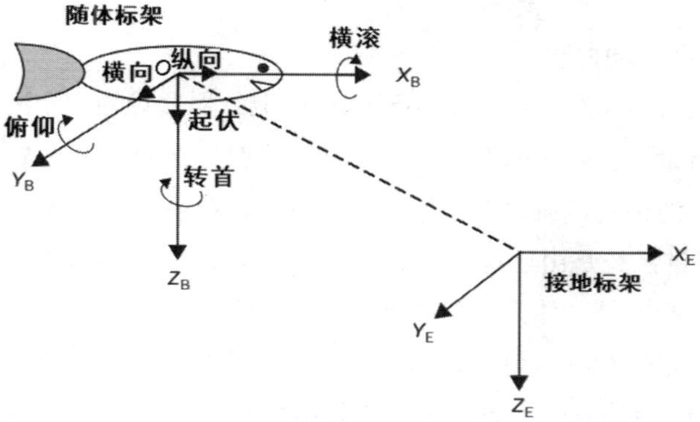

图15.4　随体参照系和接地参照系示意图

除了为建模确定参照系，我们还确定了一些动力学变量用于描述航行器在每个参照系中的运动。为描述在每个自由度（DOF）上的各种力和力矩（Fossen，2002），造船和轮机工程师协会（SNAME）确定了应用于船舶的标准符号。

数学模型由航行器动力学和航行器运动学两部分组成。航行器动力学包括计算机械尾翼产生的力和力矩，以及它们使航行器相对于随体标架移动的方式。航行器运动学部分阐释了由动力学部分引起的航行器在随体标架中的速度如何转化到接地标架中。得出模型的微分方程后，就可将其表达为状态空间形式。

15.3.1　航行器动力学

Robosalmon 航行器的动力学模型借鉴了常规水中航行器建模的技术。这些常规水中航行器包括 AUV 和遥控航行器（ROV）（Fossen，1994），需要采用经修改或替换的术语表征样机的仿生特性。例如，鱼类推进的推力和阻力方程，以及与鱼类相似的航行器的形体特征都需要如此处理。

6 自由度系统的标准航行器模型用于该系统建模，如式（15.1）所示（Fossen，1994），该方程的随体标架原点位于航行器的 COG：

$$\boldsymbol{M}\dot{\boldsymbol{v}}+\boldsymbol{C}(\boldsymbol{v})\boldsymbol{v}+\boldsymbol{D}(\boldsymbol{v})\boldsymbol{v}+\boldsymbol{g}(\boldsymbol{\eta})=\boldsymbol{\tau} \tag{15.1}$$

式中，$\boldsymbol{M}$ 为惯性矩阵（包括附加质量）；$\boldsymbol{C}(\boldsymbol{v})$ 为科氏力和向心力矩阵（包括附加质量）；$\boldsymbol{D}(\boldsymbol{v})$ 为阻尼矩阵；$\boldsymbol{g}(\boldsymbol{\eta})$ 为重力和重力矩向量；$\boldsymbol{\tau}$ 为控制输入向量；$\boldsymbol{v}$ 为线速度和角速度向量。以下各小节将介绍在 *Robosalmon* 航行器的建模过程中如何处理这些物理量。

15.3.1.1　刚体动力学

为了进行动力学系统建模，将 *Robosalmon* 航行器假设为一个刚体。这个假设意味着航行器的质量不会随时间变化，并且其形状保持不变。第 1 个假设是合理的，因为航行器由电池供电，所以在运行过程中没有燃料消耗；第 2 个假设则不那么容易证明，因为推进系统是由运动的尾部组成的，然而大多数质量集中在航行器内部，所以认为假设航行器是刚体为合理的近似。

由牛顿第二定律和欧拉第一、第二运动定律可推导出刚体方程，推导过程可以在 Fossen（1994）和 Fossen（2002）的文献中找到。*Robosalmon* 航行器的 6 个自由度中每个自由度的刚体运动方程可以表示为如式（15.2）～式（15.7）所示的形式（Fossen，1994）如下所示：

纵荡方向（纵向）　$$X=m(\dot{u}-vr+wq) \tag{15.2}$$

横荡方向（横向）　$$Y=m(\dot{v}-wp+ur) \tag{15.3}$$

垂荡方向（垂向）　$$W=m(\dot{w}-uq+vp) \tag{15.4}$$

横摇方向（横滚方向）　$$K=I_x\dot{p}+(I_z-I_y)qr \tag{15.5}$$

纵摇方向（俯仰方向）　$$M=I_y\dot{q}+(I_x-I_z)rp \tag{15.6}$$

首摇方向（转首方向）　$$N=I_z\dot{r}+(I_y-I_x)pq \tag{15.7}$$

式中，I_x、I_y 和 I_z 分别为航行器关于 X_B、Y_B 和 Z_B 的转动惯量。

15.3.1.2　水动力附加质量项

附加质量是由物体强迫简谐运动产生的压力诱导的力和力矩，附加质量与物体的加速度成正比（Fossen，2002）。在数学上这种现象在质量矩阵和科里奥利矩阵中得到了体现。

为了简化模型，可以作出简化附加质量矩阵的假设。现在作出的两个假设是：第一，水下航行器的运动通常是低速的、非线性的和耦合的；第二，形体存在某些对称性（Fossen，1994），同时也将 *Robosalmon* 航行器的形体假设为扁长椭球形。

由于这些假设附加质量矩阵可以简化为对角矩阵（Fossen，2002；Imlay，1961），所以可得

$$\boldsymbol{M}_{\mathrm{A}}=\begin{bmatrix} X_{\dot{u}} & 0 & 0 & 0 & 0 & 0 \\ 0 & Y_{\dot{v}} & 0 & 0 & 0 & 0 \\ 0 & 0 & Z_{\dot{w}} & 0 & 0 & 0 \\ 0 & 0 & 0 & K_{\dot{p}} & 0 & 0 \\ 0 & 0 & 0 & 0 & M_{\dot{q}} & 0 \\ 0 & 0 & 0 & 0 & 0 & N_{\dot{r}} \end{bmatrix} \tag{15.8}$$

这些假设也使科氏力和向心力项的附加质量矩阵简化为（Fossen，1994）

$$\boldsymbol{C}_{\mathrm{A}}(\boldsymbol{v})=\begin{bmatrix} 0 & 0 & 0 & 0 & -Z_{\dot{w}}w & Y_{\dot{v}}v \\ 0 & 0 & 0 & Z_{\dot{w}}w & 0 & -X_{\dot{u}}u \\ 0 & 0 & 0 & -Y_{\dot{v}}v & X_{\dot{u}}u & 0 \\ 0 & -Z_{\dot{w}}w & Y_{\dot{v}}v & 0 & -N_{\dot{r}}r & M_{\dot{q}}q \\ Z_{\dot{w}}w & 0 & -X_{\dot{u}}u & N_{\dot{r}}r & 0 & -K_{\dot{p}}p \\ -Y_{\dot{v}}v & X_{\dot{u}}u & 0 & -M_{\dot{q}}q & K_{\dot{p}}p & 0 \end{bmatrix} \tag{15.9}$$

采用扁长椭球形作为航行器的形状，其动力学模型仅需考虑 Fossen（2002）给出的 6 个方程计算得到的附加质量导数项。

15.3.1.3　复原力和力矩

复原力和力矩是计入重力和浮力的项（Fossen，2002）。计算水下航行器的这些力和力矩的两个重要参数是随体参照系原点分别到航行器 COG 和航行器 COB 之间的距离。

横向稳定性是所有水中航行器设计需要考虑的一个重要因素。恰当地确定 COG 和 COB 的位置可以产生横向回复力矩，当航行器存在横滚角位移使其偏离正浮状态时，横向回复力矩就会发挥作用。对于水下航行器，当 COB 在 z 轴方向位于 COG 之上时即可获得上述结果，这样当撤除外力之后就可以产生使航行器恢复平衡的力矩。由于此处理方法不需要主动操控机构，所以许多常规水下航行器都采用这种方法进行被动的横滚控制。因此，除了要有正的浮力，还要求 *Robosalmon* 航行器的 COB 位于 COG 上方，并且已经付出了很多努力使 COB 和 COG 在 x 轴和 y 轴方向尽可能接近。

然而，实际上鱼类通常是静不稳定的，因为其 COB 低于其 COG（lauder et al.，

2006)。尽管本项目的目的是尽可能准确地模仿鱼类，但是使航行器静不稳定会给航行器的设计和控制带来一些困难。因此，我们选择简化，即将 COG 置于 COB 之下。

用于 *Robosalmon* 航行器数值仿真模拟的重力和浮力向量在式（15.10）中给出：

$$\boldsymbol{g}(\boldsymbol{\eta})=\begin{bmatrix}0\\0\\0\\(Z_{G}W-Z_{B}B)\cos\theta\sin\varphi\\(Z_{G}W-Z_{B}B)\sin\theta\\0\end{bmatrix}\tag{15.10}$$

15.3.1.4　水动力阻尼项

任何在水下环境中运行的航行器都会受到水动力阻尼或阻力（Fossen，1994）。这个力对航行器动力学有影响，因此在动力学模型的力和力矩中需要用一个术语表示阻力。在本研究中，X_{dn} 表示纵向阻力；Y_{dn} 表示横向阻力。

可用式（15.11）所示的阻力标准方程（Fossen，1994；Hoerner，1965）对阻力进行近似计算：

$$f(U)=-\frac{1}{2}\rho C_{D}A|U|U\tag{15.11}$$

式中，ρ 为流体的密度（$\mathrm{kg/m^3}$）；C_{D} 为阻力系数；A 为横截面面积（$\mathrm{m^2}$）；U 为航行器速度（m/s）。该方程可以用于计算纵向、横向和垂向的阻力，也可以用于估算横滚、俯仰和转首方向的旋转阻力。

阻力方程需要知道每个自由度的阻力系数 C_{D}。由于 *Robosalmon* 航行器的形状并不仅仅为扁长椭球形，而是一个带鳍的椭球形，所以在计算每个自由度的总阻力系数时需要计入这些鳍的阻力。

首先，对主体在横滚、俯仰和转首方向上的阻力可以使用简单流线椭球形在亚临界雷诺数下的阻力系数方程进行估算（Hoerner，1965），如下式：

$$C_{\mathrm{D}}=0.44\left(\frac{b}{a}\right)+0.016\left(\frac{a}{b}\right)+0.016\sqrt{\left(\frac{a}{b}\right)}\tag{15.12}$$

式中，a 为沿 x 轴的半径；b 为在 y–z 平面的半径。

位于主体上的鳍产生的阻力应该用标准阻力方程和鳍形物方面的知识进行估算，鳍已经设计为接近 NACA0012 翼型截面（Goett and Bullivant，1938）。垂向阻力直接用鳍的平面面积和平板阻力系数进行简单计算（Hoerner，1965；Kermode，1987）。结合上述方法，可以推导出刚体在 6 自由度中的近似阻力。

然而，鱼类游动产生的阻力并不像刚体阻力那样简单，这是由于波动的鱼类形体与水之间存在复杂的相互干扰作用（Triantafyllou and Triantafyllou，1995；Videler，1993）。因此，人们试图假设尾鳍是一个楔形体，其表面积随着尾鳍与入射水流之间的角度变化，用此模型来表示尾部运动产生的阻力。用于表示尾鳍的楔形体阻力系数为 0.5（Hoerner，1965）。如果尾鳍处于最大摆幅位置，则其表面积最大，因此阻力增加；而如果尾鳍与主体成直线排列，则阻力减小。通过这种假设，尾鳍产生的阻力在一个尾鳍节拍周期内会发生变化，而当观察几个节拍周期时，阻力以一个稳定数值为中心振荡。

15.3.1.5　尾部操纵力

可以调整尾部的摆动使航行器能够操控尾部的中线。当向前推进时，尾部中线与航行器保持直线排列。当尾部摆动使中线的位置发生改变时（变化角度为$\Delta\theta$°），则假设推力在横向有一个分量，进而产生转首（首摇）力矩。图 15.5 给出了这种情况的示意图。

尾部以偏移的中线为基准摆动，于是可利用三角关系计算力在横滚、俯仰和转首方向的分量，从而使得建立的模型能够表达由尾部产生的操纵力。

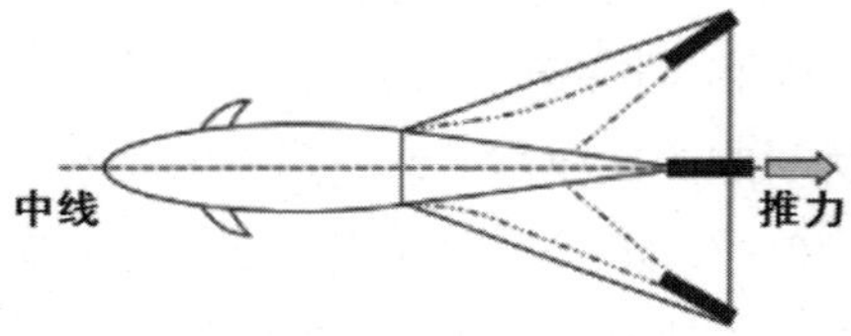

（a）尾拍居中时的推力（前向运动）

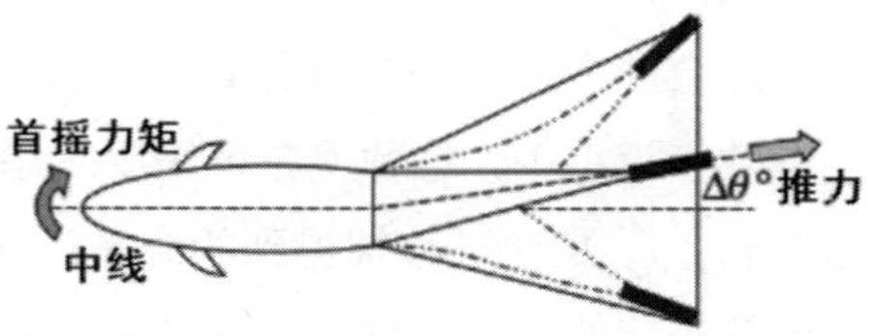

（b）尾拍偏移时的推力（转向运动）

图15.5　尾扫力和推力图

15.3.1.6　反冲运动

从最初的肌腱驱动 *Robosalmon* 航行器的实验中可见，在游动过程中由尾部产生的反冲运动是我们需要考虑的一个方面。当尾部向某个方向运动时，身体其他部分以反冲作为反应时，这种反冲运动就发生了。这会导致航行器出现横滚、俯仰和转首方向的不希望出现的运动。真正的鱼类也会有反冲运动（Fish，2002），但并不像类似 *Robosalmon* 航行器的某些仿生 AUV 中存在的反冲那么严重。这是因为实际中的鱼类有许多应对反冲运动的机制，如拥有一个扁体轮廓，这可以增加横向阻力（Webb，1977）。另一个处理反冲运动的方法是不管在任何时刻，主体与尾部在中线两侧的形体都相互平衡。由于尾部摆动是周期性的，所以可认为在整个周期中任何不平衡都相互抵消了，从而可认为整体的横向反冲小到可以忽略（Lighthill，1971）。

通过测试 *Robosalmon* 航行器的最初样机，可以看出在转首和横滚方向的反冲运动最为明显。造成横滚方向反冲的因素有两个。第 1 个因素是，当尾部偏离航行器中线一定距离 l_{TC} 时，由尾部质量产生的力矩。第 2 个因素是，由于尾鳍安装在航行器中线上方一定距离 l_{cf} 处，导致尾鳍在水中运动时的阻力作用在尾鳍上，将产生力矩。作用在鱼鳍上的阻力乘以 l_{cf}，即形成沿横滚方向的力矩。

转首方向的反冲运动用数学模型表示要稍微困难一些。通过观察在直线方向游动的 *Robosalmon* 航行器，其在转首方向的反冲运动表现为肌腱驱动尾部偏离中线时出现的形体旋转运动。如果以 COG 为枢轴点，形体的旋转运动方向与尾部的运动方向相反，即当尾部顺时针运动时，形体的反冲运动将是逆时针的。

在建立的数学模型中，这种效果用尾鳍作为尾部肌腱驱动系统运动时产生的横向阻力矩表示。如果肌腱驱动的 *Robosalmon* 航行器离开水，或位于其他物体上对其进行驱动，如长凳，则观测不到形体反冲，因为空气作用在尾鳍上的阻力明显小于水作用在尾鳍上的阻力；而且航行器与长凳之间的摩擦也阻止形体对尾部运动产生反应。然而，当该系统在海水环境中驱动时，由尾鳍运动产生的水动力阻力明显增大，因此会产生一个绕航行器 COG 的力矩，从而产生绕转首轴方向的反冲运动。

在数学模型中，这种现象可采用尾鳍阻力引起的反冲力矩 τ_{RECOIL} 作为表征，反冲力矩 τ_{RECOIL} 是通过移轴得到的绕航行器 COG 的力矩，该 COG 假设位于尾鳍前方半个形体长度的位置。横滚方向和转首方向的反冲力矩将在 15.3.1.7 节介绍。

15.3.1.7 肌腱驱动系统：力和力矩输入

对于数学模型，尾部推力使用一种大振幅细长体理论（Lighthill，1971）进行计算，所用方程如下所示：

$$F_{Thrust} = m_v wW - \frac{1}{2}w^2 m_v \tag{15.13}$$

式中，F_{Thrust} 是纵向推力（N）；m_v 是单位长度的虚质量（kg）；w 是尾部的垂直速度（m/s）；W 是尾部的横向速度（m/s）。因此，肌腱驱动尾部的整体控制力和力矩为

$$
\begin{aligned}
X_{\mathrm{T}} &= F_{\mathrm{Thrust}} \cos\left(\theta_{\mathrm{Centre}}\right) \\
Y_{\mathrm{T}} &= F_{\mathrm{Thrust}} \sin\left(\theta_{\mathrm{Centre}}\right) \\
K_{\mathrm{T}} &= 0.5 m_{\mathrm{Tail}} g l_{\mathrm{TC}} - l_{\mathrm{cf}} D_{\mathrm{FIN}} \\
N_{\mathrm{T}} &= Y_{\mathrm{T}} \frac{l}{2} + \tau_{\mathrm{Recoil}}
\end{aligned} \tag{15.14}
$$

纵向力 X_{T} 由尾部运动产生的纵向推力 F_{Thrust} 乘以尾部中线与运动方向夹角的余弦进行计算。横向力 Y_{T} 采用与纵向力相似的方式表示，只是用尾部中线与运动方向夹角的正弦相乘得到，从而构成尾部偏移产生的操控力。横滚项由尾部的反冲运动产生。最后，转首力项和横滚力项与形体长度的一半相乘得到力矩项和用于代表反冲运动的附加项。

15.3.2　航行器形体运动学

为了将数学模型中的动力学部分产生的随体坐标系速度转化为接地惯性参照系中的速度，需要进行变换。该变换由一系列旋转组成，旋转过程按照欧拉旋转变换定理所述的特定顺序进行（Fossen，1994）。

为了完成该变换，线速度和角速度需要分开处理，因此速度向量 $\boldsymbol{v}$ 分裂为两个独立的向量：$\boldsymbol{v}_1 = (u, v, w)^{\mathrm{T}}$ 和 $\boldsymbol{v}_2 = (p, q, r)^{\mathrm{T}}$，分别为随体参照系下的线速度和角速度。在接地参照系中对应的线位置向量和角位置向量符号分别为 $\boldsymbol{\eta}_1 = (x, y, z)^{\mathrm{T}}$ 和 $\boldsymbol{\eta}_2 = (\phi, \theta, \psi)^{\mathrm{T}}$。

该变换中线速度的标准符号用式（15.15）表示，角速度的标准符号用式（15.16）表示：

$$\dot{\boldsymbol{\eta}}_1 = \boldsymbol{J}_1(\boldsymbol{\eta}_2)\boldsymbol{v}_1 \tag{15.15}$$

$$\dot{\boldsymbol{\eta}}_2 = \boldsymbol{J}_2(\boldsymbol{\eta}_2)\boldsymbol{v}_2 \tag{15.16}$$

式中，$\dot{\boldsymbol{\eta}}_1$ 和 $\dot{\boldsymbol{\eta}}_2$ 分别为接地参照系下的线速度和角速度；$\boldsymbol{J}_1$ 和 $\boldsymbol{J}_2$ 为所用的标准变换矩阵（Fossen，1994）。

因此，将随体参照系下的速度转换为接地坐标系下的速度的完整运动学方程如式（15.17）所示（Fossen，1994）：

$$\dot{\boldsymbol{\eta}} = \boldsymbol{J}(\boldsymbol{\eta}_2)\boldsymbol{v} \Leftrightarrow \begin{bmatrix} \dot{\boldsymbol{\eta}}_1 \\ \dot{\boldsymbol{\eta}}_2 \end{bmatrix} = \begin{bmatrix} \boldsymbol{J}_1(\boldsymbol{\eta}_2) & \boldsymbol{0}^{3\times3} \\ \boldsymbol{0}^{3\times3} & \boldsymbol{J}_2(\boldsymbol{\eta}_2) \end{bmatrix} \begin{bmatrix} \boldsymbol{v}_1 \\ \boldsymbol{v}_2 \end{bmatrix} \tag{15.17}$$

15.3.3 状态空间形式

为了将 *Robosalmon* 航行器的数学模型转换为标准状态空间的形式，采用了一系列一阶微分方程对航行器的运动学和动力学进行了描述。在此，转换过程就是对式（15.1）和式（15.17）进行重排，即整理这两个方程，所得表达式为

$$\begin{bmatrix} \dot{\boldsymbol{v}} \\ \dot{\boldsymbol{\eta}} \end{bmatrix} = \begin{bmatrix} \boldsymbol{M}^{-1}\left\{-\left[\boldsymbol{C}(\boldsymbol{v})+\boldsymbol{D}(\boldsymbol{v})\right]\boldsymbol{v}-\boldsymbol{g}(\boldsymbol{\eta})+\boldsymbol{\tau}\right\} \\ \boldsymbol{J}(\boldsymbol{\eta}_2)\boldsymbol{v} \end{bmatrix} \tag{15.18}$$

这是非线性系统的标准状态空间的形式，即

$$\dot{\boldsymbol{x}} = \boldsymbol{F}(\boldsymbol{x},\boldsymbol{u}) \tag{15.19}$$

式中，$\boldsymbol{x}$ 为状态向量；$\boldsymbol{u}$ 为输入向量。数学模型的这种形式用于通过数值仿真模拟确定 *Robosalmon* 航行器的运动状态。

15.3.4 数值仿真模拟结果

获得系统动力学性能的数据是实验工作的重要组成部分。这使之可以与数学模型的模拟结果进行比较，以确定数学模型与物理系统性能吻合的程度。实验数据的来源有两个：第 1 个来源是从机载传感器中获得，这些传感器包括 3 个 MEMs 陀螺仪，1 个 3 轴加速度计，1 个与固态数据记录器连接的电流和电压传感器；第 2 个来源是通过对视频数据图像进行处理获得，这些数据是从安装在航行器游动轨迹正上方的摄像机中获取的。将这两个来源的数据融合在一起，以提供 6 自由度的性能信息。

数值仿真模拟获得的性能与通过 *Robosalmon* 航行器进行实验获得的实际性能的对比图，如图 15.6 所示。

图 15.6 所示结果表明，前几节所述的简单数学模型合理地表征了物理系统。注意，几乎在所有的数据中都可以看到反冲运动的影响。实验得出的纵向速度出现了噪声，这是由对所得视频进行图像处理提取数据过程的性质所致。但是，对纵向速度连续观测的实验数据的平均值相当接近模拟结果的平均值。

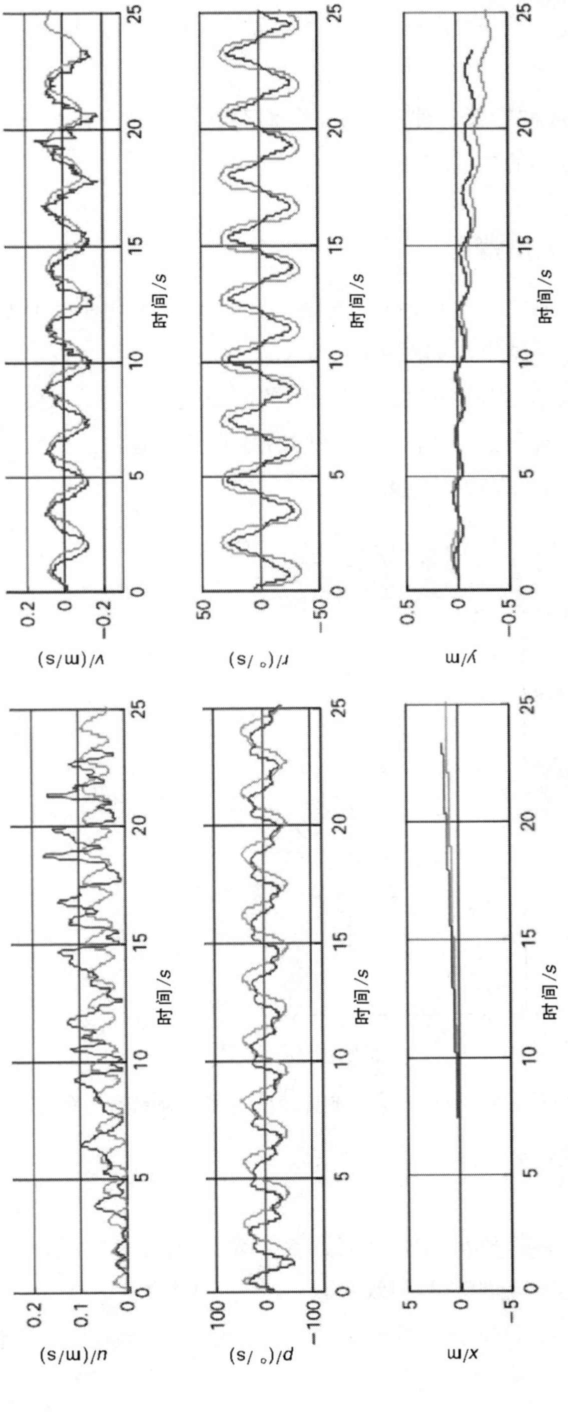

标称尾拍频率为 0.38Hz，标称摆幅为 0.105m

图15.6　向前游动的数值仿真模拟（浅灰色）和实验（深灰色）结果对比图

15.4 推进分析

为了得出 *Robosalmon* 航行器的性能特征，我们对其进行了一系列测试。这些实验能够确定航行器向前运动的性能和特性。

15.4.1 尾拍频率和尾拍摆幅

开展的第 1 组实验是研究尾拍频率和尾拍摆幅的改变对平均前进速度和纵向速度的影响，这组实验的总结结果，如图 15.7 所示。

从图 15.7 的曲线中可以观察到肌腱驱动系统的两个重要趋势。首先，可以看出对于恒定的尾拍摆幅，随着尾拍频率的增大平均前进速度也增大。其次，对于恒定的尾拍频率，尾拍摆幅增大纵向速度也增大。

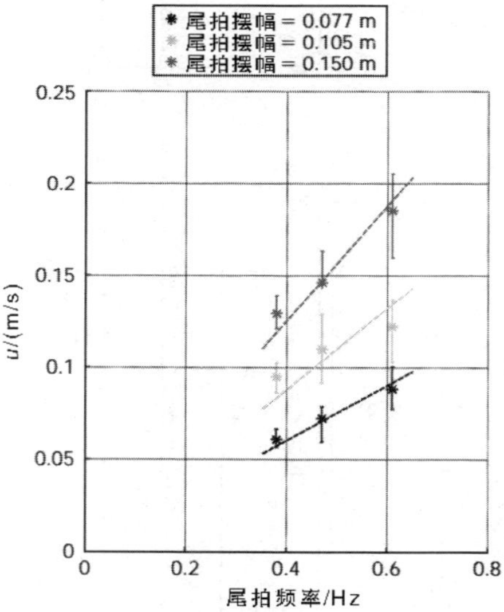

图15.7 在3种不同的尾拍摆幅下，前进速度与尾拍频率的关系图

15.4.2 功率

该项目的目标之一是确定 *Robosalmon* 航行器的游动特性，目前尚未讨论的最重要的特性是 *Robosalmon* 航行器的功率和效率。

功率与 *Robosalmon* 航行器的推进性能有关，可以分为 2 个阶段进行计算。第 1

阶段是计算以电池供电的形式向推进系统提供的输入功率；第 2 阶段是计算航行器在运动时的实际游动功率。

提供给推进系统的输入功率是通过记录机载电池的电压和向尾部推进系统供电的电流衡量的。而游动功率可用如下所示的游动功率与推进力、纵向速度之间的关系进行估算（Young and Freedman，2000）：

$$P_{\text{Swim}} = Fu \tag{15.20}$$

式中，F 为推进力（N）；u 为纵向速度（m/s）；P_{Swim} 为游动功率（W）。尾部的推进力使用 Lighthill（1971）的大振幅细长体理论进行计算。在不同的操作条件下肌腱驱动尾部的游动功率如图 15.8 所示。

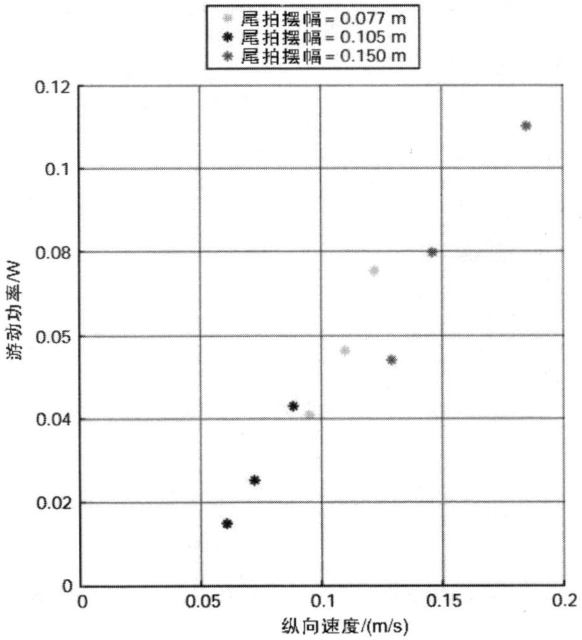

图15.8　在不同的操作条件下肌腱驱动尾部的游动功率

为了对肌腱驱动系统和螺旋桨系统的性能进行比较，我们设计了尺度类似的采用螺旋桨/舵进行推进和操纵的样机。用螺旋桨系统进行了类似的实验以获得进行性能比较的数据。

两个系统的效率是要比较的主要性能指标，肌腱驱动系统与螺旋桨系统在纵向运动中的效率对比如图 15.9 所示。在这个图中我们首先注意到的是，螺旋桨系统能够达到的最大速度大约是肌腱驱动系统能达到的最大速度的 2.8 倍。然而，肌腱驱动系统能够达到大约 0.061m/s 的最低纵向速度，略低于螺旋桨系统的 0.084m/s 的最低纵向速度。

对两个系统的效率进行比较表明，对于肌腱驱动系统最多只有 5%的输入功率转换成了有用的游动功率。但是，在低于 0.2m/s 的速度时，可以看出不同系统的效率有明显差异。例如，在 0.18m/s 左右，螺旋桨系统的估算效率约为 0.8%，而肌腱驱动系统的估算效率略低于 3%。这表明，对于低于 0.2m/s 的纵向速度，与螺旋桨系统相比肌腱驱动系统的效率更有优势。

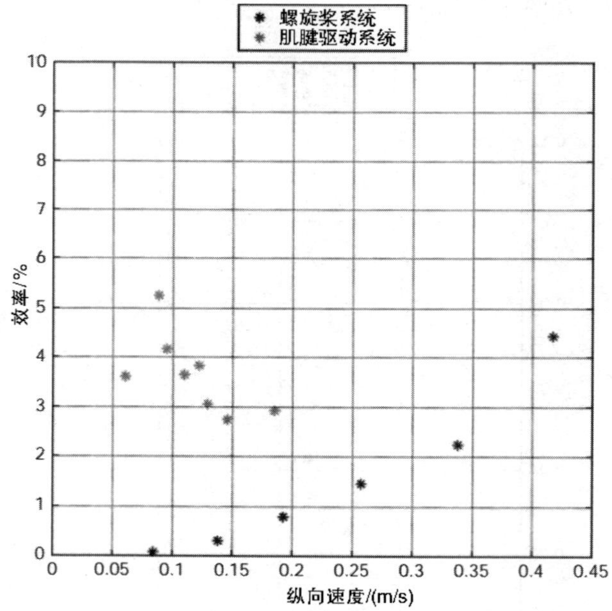

图15.9 肌腱驱动系统与螺旋桨系统在纵向运动中的效率对比

15.5 开环操纵性分析

接下来要研究 *Robosalmon* 航行器性能的重要方面，即航行器的操纵性。其操纵性是通过一系列的实验进行评估的，包括原地转向、有航速转向、回转圈和功率消耗。

如 15.4 节所述，*Robosalmon* 航行器采用的操控方法是改变尾拍中线。这突出了与螺旋桨系统相比，肌腱驱动系统具有的优点之一，因为对于肌腱驱动系统来说，向前推进与操控采用的是同一套驱动系统；而在常规系统中，螺旋桨和舵需要两个独立的驱动系统。以下各小节介绍了利用 *Robosalmon* 航行器样机实施操纵性实验的结果。

15.5.1　原地转向

首先进行的操纵性实验是原地转向，典型的运行情况，如图 15.10 所示。

由图 15.10 中的数据可以清楚地看出，正尾部偏移和负尾部偏移下的操纵性不是对称的。造成这种不对称的原因有两个。一方面，航行器的形体可能存在缺陷，导致航行器在转弯时不对称；另一方面，在肌腱驱动系统中，肌腱导线的张力可能有轻微的差异，这也会增加航行器在转向时的不对称性，即使进行了尾部离水标定，也不能避免这种情况的出现。

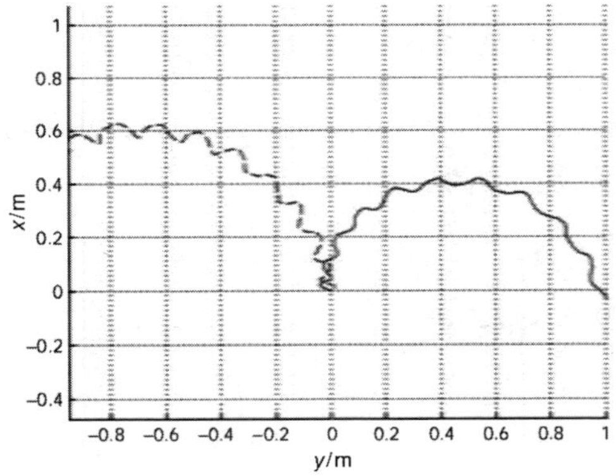

（a）坐标数据

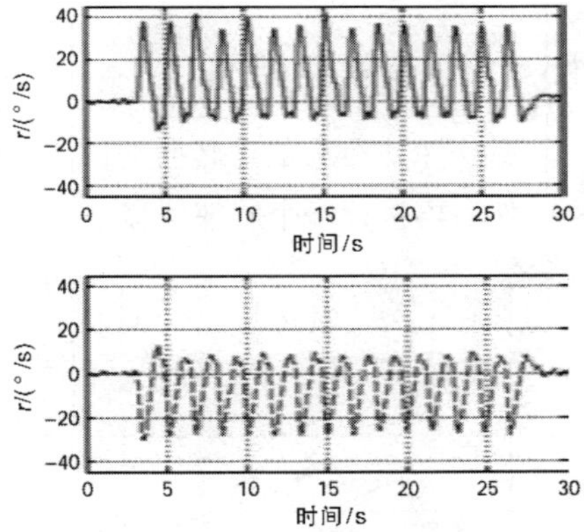

（b）转首速率数据

虚线表示−25° 尾部中线偏移，实线表示 25° 尾部中线偏移，尾拍摆幅为 0.105m，尾拍频率为 0.61Hz

图15.10　原地转向测试典型的运行情况

另外值得注意的是，反冲运动的影响在原地转向测试的各方面都很明显，如图 15.10 所示，反冲运动的影响表现为所有传感器记录的数据出现基于平均值的上下振荡。

在各种偏移量和两种尾拍频率下，所有原地转向测试得到的转首速率，如图 15.11 所示。可以看出，随着尾部偏移的增大，任一特定尾拍频率和尾拍摆幅组合下的平均转首速率都会增大，也可见所得转首速率的不对称性。

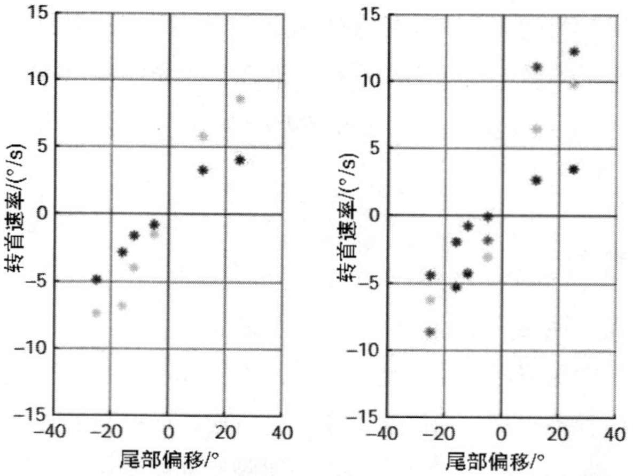

（a）尾拍频率 0.47Hz　　（b）尾拍频率 0.61Hz

深灰点表示尾拍摆幅为 0.075m，浅灰点表示尾拍摆幅为 0.105m，中灰点表示尾拍摆幅为 0.15m

图15.11　转首速率与尾拍频率和尾拍摆幅的关系

15.5.2　有航速转向

接下来进行有航速转向测试。在该操纵过程中 *Robosalmon* 航行器先直线游动 8s，然后再执行一个尾部偏移。有航速转向示例如图 15.12 所示。

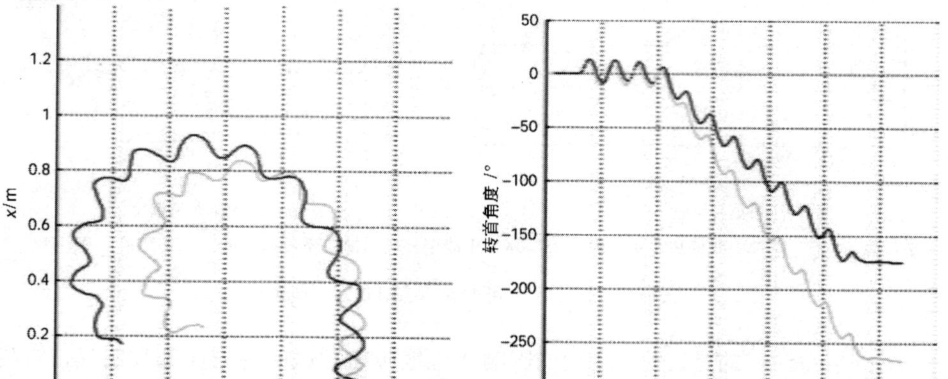

（a）*x*-*y* 平面的轨迹　　（b）转首角度

尾拍摆幅为 0.15m，尾拍频率为 0.48Hz，尾部偏移分别为−12°（深灰线）和−16°（浅灰线）

图15.12　有航速转向示例

由图 15.12 可知尾部偏移越大得到的转首角度越大。由这些实验得到有航速转向的尾部参数和转首速率，如表 15.1 所示。

表 15.1　有航速转向的尾部参数和转首速率

尾拍摆幅/m	尾拍频率/Hz	尾部偏移/°	平均转首速率/（°/s）	转首速率时间常数
0.15	0.48	−12	−8.20	2.11
0.15	0.48	−16	−12.15	1.95
0.15	0.48	−25	−14.11	—

由表 15.1 得到的平均转首速率表明，与原地转向相比，有航速转向的转首速率更大。

15.5.3　回转圈

回转圈测试是大多数水中运载工具要进行的标准操纵实验之一，此项测试要求以最大舵角进行实验。由于 *Robosalmon* 航行器没有舵，所以采用的最大尾部偏移为 25°。本研究中用于研究回转圈的方法与规定方法的另一个不同之处是航向变化范围不同。由于实验设备的原因，我们只完成了部分回转而不是规定的全 360° 航向改变（Fossen，2002）。

当 *Robosalmon* 航行器的尾拍频率为 0.48Hz，以驱动航向为中线按 0.15m 的尾拍摆幅进行回转圈时，其 x−y 平面的轨迹如图 15.13 所示。

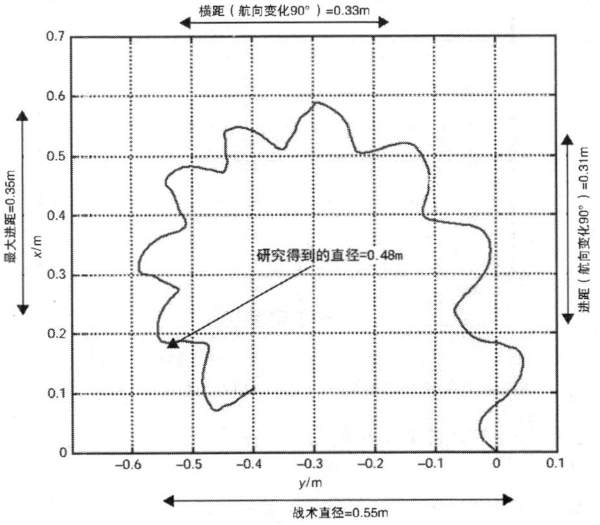

图15.13　*Robosalmon*航行器的回转圈参数

图 15.13 中的结果表明，回转半径接近 0.48m，这仅超过 *Robosalmon* 航行器形体长度的一半。有一种用于比较不同航行器回转圈性能的方法是将战术直径与航行器长度的比值进行对比。这一比例的典型值对于护卫舰约为 3，对于商船通常为 4.5（Tubper，2004），对于具有肌腱驱动系统的 *Robosalmon* 航行器该数值为 0.65。这表明可以认为 *Robosalmon* 航行器是操纵性较好的航行器。

15.5.4　功率消耗

与向前游动一样，操控工况的功率消耗是另一个重要的考虑因素。除了对肌腱驱动系统的测试，还对尺度和质量相同的带有螺旋桨系统的航行器进行了测试，用于对比。肌腱驱动系统与螺旋桨系统的功率消耗对比如图 15.14 所示。

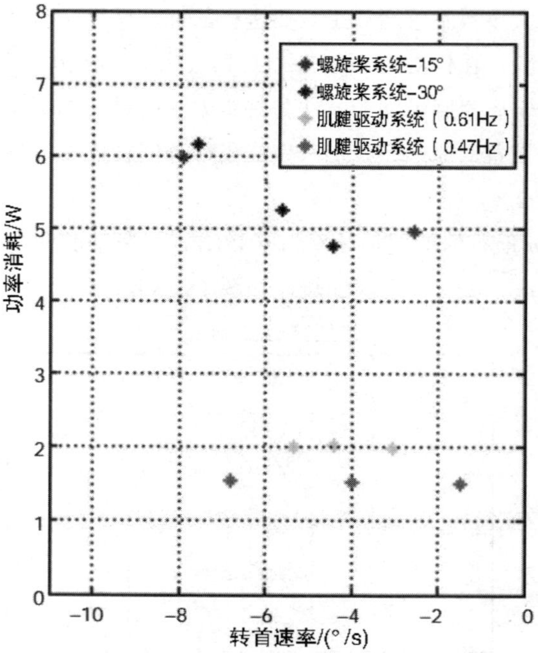

螺旋桨系统的舵角设为−15° 和−30° ，螺旋桨速度逐渐增加。
肌腱驱动系统的尾拍频率分别为 0.47Hz 和 0.61Hz，尾拍摆幅为 0.15m

图15.14　肌腱驱动系统与螺旋桨系统的功率消耗对比

测试结果表明，对于相同的转首速率，螺旋桨系统的功率消耗比肌腱驱动系统高 2.5 倍左右。

15.6　结论

本章概述了在格拉斯哥大学进行的 *Robosalmon* 航行器样机的研发工作。这项工作包括建立数学模型，其中，涵盖了 *Robosalmon* 航行器的运动学和动力学，用于辅助了解游动过程的动力学机制。详细介绍了肌腱驱动系统的建模方法，并介绍了反冲运动的建模方法。

给出了实验得到的纵向运动结果，其中，展示了一些数据的趋势，包括随着尾拍频率的增大，纵向速度增大。在驱动机构饱和前，航行器的最大纵向速度为 0.18m/s，出现在尾拍频率为 0.61Hz 和尾拍摆幅为 0.15m 时。从采集的纵向运动数据来看，尾拍频率与纵向速度的关系呈现为线性。然后将 *Robosalmon* 航行器的纵向速度范围与真正的鲑鱼的游动性能进行了比较，结果表明在特定的尾拍频率下，真正的鲑鱼能达到的纵向游动速度要比 *Robosalmon* 航行器的速度高 3.2 倍左右。这种性能的差异是由 *Robosalmon* 航行器的机械性能引起的。

纵向运动实验的最后一部分是肌腱驱动系统与螺旋桨系统的比较。结果表明，螺旋桨系统能够达到 0.52m/s 的最大纵向速度，大约是肌腱驱动系统所能获得的最大纵向速度的 3 倍。然而，肌腱驱动系统与螺旋桨系统相比能够保持较小的最低纵向速度。将两个系统的效率根据估算的输出游动功率占输入电功率的百分比进行比较时，发现当纵向速度为 0.18m/s 时，肌腱驱动系统的效率提高了 3 倍。

研究发现，肌腱驱动系统的操纵性优于螺旋桨系统的操纵性。虽然两个系统得到了类似的转首速率，但因为采用螺旋桨系统的是飞行器，所以其转首速率将取决于纵向速度。肌腱驱动系统不依赖于纵向速度，因此该系统的转向半径明显减小，若选用某些尾部参数，则可以在一个航行器形体长度的范围内使航向改变 180°。

总的来说，在 *Robosalmon* 航行器上完成的工作已经表明，仿生鱼类的推进系统是可行的。实验结果表明，用于 *Robosalmon* 航行器的仿生系统在改进推进效率和提高航行器操纵性方面，可能比螺旋桨系统更具有优势。对这一技术的进一步研究和开发可显著提高 AUV 的效率和操纵性，从而使 AUV 能够执行更长久和更具挑战性的任务。

参考文献

1. Alexander R M. 2003. Principles of Animal Locomotion. Princeton, NJ: Princeton University Press
2. Bar-Cohen Y. 2005. Biomimetics: Mimicking and inspired-by biology. Proceedings of the SPIE Smart Structures Conference, Society of Photo-Optical instrumentation
3. Bar-Cohen Y. 2006. Biomimetics: Using nature as an inspiring model for human innovation. Journal of Bioinspiration & Biomimetics, 1(1): 1-12
4. Barret D, Grosenbaugh M, Triantafyllou M S. 1996. The optimal control of a flexible hull robotic undersea vehicle propelled by an oscillating foil. 1996 Proceedings of Symposium on Autonomous Underwater Vehicle Technology, Montery CA, USA
5. Barrett D S, Triantafyllou M S, Yue D K P. 1999. Drag reduction in fish-like locomotion. Journal of Fluid Mechanics, 392: 183-212
6. Colgate J E and Lynch K M. 2004. Mechanics and control of swimming: A review. IEEE Journal of Oceanic Engineering, 29(3): 660-673
7. Dickinson M H. 1999. Bionics: Biological insight into mechanical design. Proceedings of the National Academy of Sciences of the United States of America, 96(25): 14208-14209
8. Fish F E. 2002. Balancing requirements for stability and manoeuvrability in cetaceans. Journal of Integrated Comparative Biology, 42: 85-93
9. Fossen T I. 1994. Guidance and Control of Ocean Vehicles. West Sussex: John Wiley & sons Ltd
10. Fossen T I. 2002. Marine Control Systems. Norway: Marine Cybernetics
11. Goett H J and Bullivant W K. 1938. Tests of N.A.C.A. 0009, 0012, and 0018 Airfoils in the Full-scale Tunnel. Report no. 675: 639-649
12. Hoar W S and Randall D J. 1978. Fish Physiology: Volume V11. New York: Academic Press, Inc
13. Hoerner SF. 1965. Fluid-dynamic Drag: Practical Information on Aerodynamic Drag and Hydrodynamic Resistance. Brick Town: Published by the author
14. Honda Motor Co. 2007. Asimo Technical Information, September 2007. Public Relations Division, Honda Motor Co
15. Imlay F H. 1961. The Complete Expressions for ‘Added Mass’ of a Rigid Body Moving in an Ideal Fluid. Hydromechanics Laboratory Research and Development Report
16. Kermode A C. 1987. Mechanics of Flight. 9th Edition. Essex: Longman Scientific & Technical
17. Lauder G V and Madden G A. 2006. Learning from fish: Kinematics and experimental hydrodynamics for roboticists. International Journal of Automation and Computing, 4: 325-326

18. Lighthill M J. 1971. Large-amplitude elongated-body theory of fish locomotion. Proceedings of the Royal Society of London, 179: 125-138

19. Liu J, Dukes I and Hu H. 2005. Novel mechatronics design for a robotic fish. IEEE/RSJ International Conference on Intelligent Robots and Systems (IROS), Edmonton, Canada: 2077-2082

20. Moyle P B and Cech Jr J J. 2004. Fishes: An Introduction to Ichthyology. 5th Edition. Engelwood Cliffs: Prentice Hall

21. Niku S B. 2001. Introduction to Robotics: Analysis, Systems, Applications. Engelwood Cliffs: Prentice Hall

22. Sfakiotakis M, Lane D M and Davies J B C. 1999. Review of fish swimming modes for aquatic locomotion. IEEE Journal of Oceanic Engineering, 24(2): 237-252

23. Triantafyllou M S and Triantafyllou G S. 1995. An efficient swimming machine. Scientific American, 272(3): 64-71

24. Triantafyllou M S, Triantafyllou G S and Yue D K P. 2000. Hydrodynamics of fishlike swimming. Annual Review of Fluid Mechanics, 32: 33-53

25. Tupper E C. 2004. Introduction to Naval Architecture: Formerly Muckle's Naval Architecture for Marine Engineers. 4th Edition. Oxford: Elsevier Butterworth-Heinemann

26. Videler J J. 1993. Fish Swimming: Fish and Fisheries Series 10. London: Chapman & Hall

27. Vincent J F V. 2003. Biomimetic modelling. Proceedings of the Royal Society of London, 358(1437): 1597-1603

28. Watts C M, McGookin E and Macauley M. 2007a. Modelling and control of a biomimetic underwater vehicle with a tendon drive propulsion system. Proceedings of IEEE/OES Oceans 2007

29. Watts C M, McGookin E and Macauley M. 2007b. Biomimetic propulsions systems for mini-autonomous underwater vehicles. Proceedings of MTS/ IEEE Oceans 2007

30. Webb P W. 1977. Effects of median-fin amputation on fast-start performance of rainbow trout (Salmo Gairdneri). Journal of Experimental Biology, 68: 123-135

31. Wolfgang M J, Anderson J M, Grosenbaugh M A, et al. 1999. Near-body flow dynamics in swimming fish. The Journal of Experimental Biology, 202: 2303-2327

32. Young H D and Freedman R A. 2000. University Physics with Modern Physics. 10th Edition. Boston: Addison-Wesley Longman, Inc

33. Young J Z. 1962. The Life of Vertebrates. 2nd Edition. Oxford: Oxford University Press

34. Yu J, Tan M, Wang S, et al. 2004. Development of a biomimetic robotic fish and its control algorithm. IEEE Transactions on Systems and Cybernetics—part B: Cybernetics, 34(4): 1798-1810

第16章　对下一代无人水中航行器——机器鱼的开发

Ikuo Yamamoto[①]

16.1　引言

生物根据其自身规律经过许多代进化以适应自然环境（Morris，1998）。通过科学地阐明其操纵机制并将由此产生的知识应用于工程，就有可能创造出新的产品和技术（Nachtigall，1998；Nachitgall et al.，2000；Yamamoto，2001）。

近年来，人们积极地致力于研发水下航行器。通过不同的新途径，即通过对鱼类等海洋生物的观测和操纵机制的工程应用，研发出一种仿生水下航行器。这种仿生水下航行器已广为人知，即机器鱼。世界上最早发展起来的机器鱼——海鲷——因为能够游动而在全世界闻名，其游动和没有电力和通信缆线的真实鱼一样。这项技术已用于制造各种机器鱼，如机器腔棘鱼、机器鲤鱼和机器鲸（Yamamoto，2008）。本章介绍机器鱼和具有鳍推进系统的 AUV 的起源、历史和未来，这类航行器是仿生水下航行器研究的一部分。

16.2　初始发展

在 20 世纪 80 年代，作者在研究各种海洋航行器机器人时，开始寻找替代螺旋桨的推进装置，这是该项研究的起源。在研究过程中，认识到鱼鳍的运动模式是一个关键因素，于是作者经常在工作间隙或假日期间去水族馆观察鱼类的运动。通过不断地观察，发现鱼类的游动是随着生存环境变化的，而且其身体结构和推进方式也有了独特的进化，以适应游动方式。此后作者的兴趣转移到了制造机器鱼上，与

---

①日本北九州大学（The University of Kitakyushu, Kitakyushu, Japan）。

此同时还认识到了科学方法的必要性。因此，在基于流体力学、材料工程、振动学、摩擦学、电气工程和控制工程等科学方法的促进下，机器鱼得到了发展。

16.3　柔性振荡鳍推进系统的发展

机器鱼的发展始于一种能够实现鱼类鳍运动的驱动机构。通过对鱼类运动的观察，发现鱼类可利用柔韧鳍的灵活性进行有效的游动，于是称该驱动机构为柔性振荡鳍推进系统。

早期柔性振荡鳍推进系统的驱动原理，如图 16.1 所示。柔性振荡鳍推进系统的弹性模块发生各种变化，由此产生了像鱼鳍一样的弯曲。通过数值仿真模拟和水池实验，确定了鱼鳍的最佳形状。然后，用安装了柔性振荡鳍推进系统的小型航行器对操纵性进行了测试。在这里，发现柔性振荡鳍推进系统可使航行器前后移动，同时用鳍可实现航行器的左右转弯。在 1990 年，神经网络算法在数学理论领域以外的应用还不常见，这种算法也安装在控制计算机上，建立了学习运动方式的系统（Yamamoto et al.，1995）。

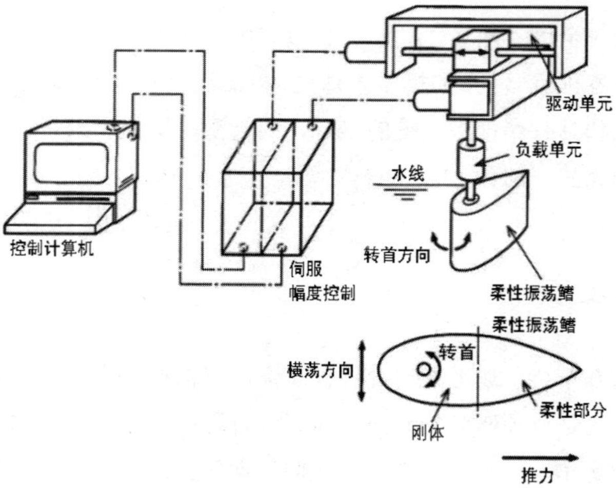

图16.1　早期柔性振荡鳍推进系统的驱动原理

16.4　机器鱼开发

16.4.1　机器海鲷开发

在开发柔性振荡鳍推进系统的基础上，开发了水下无线电传输、声呐信息技术、高真感整流罩技术和图像识别技术，与此同时还开发了机器海鲷，如图 16.2～图 16.4 所示。机器海鲷的体重为 2.6kg，长为 60cm；有一个内部电池，不需要缆线即可进行三维运动，其运动速度是 30m/min，表面由硅树脂制成，可自主航行或通过计算机遥控航行。图 16.5 展示了机器海鲷在水中游动；图 16.6 展示了机器海鲷游动实验（Yamamoto and Terada，2003a）。

图16.2　机器海鲷

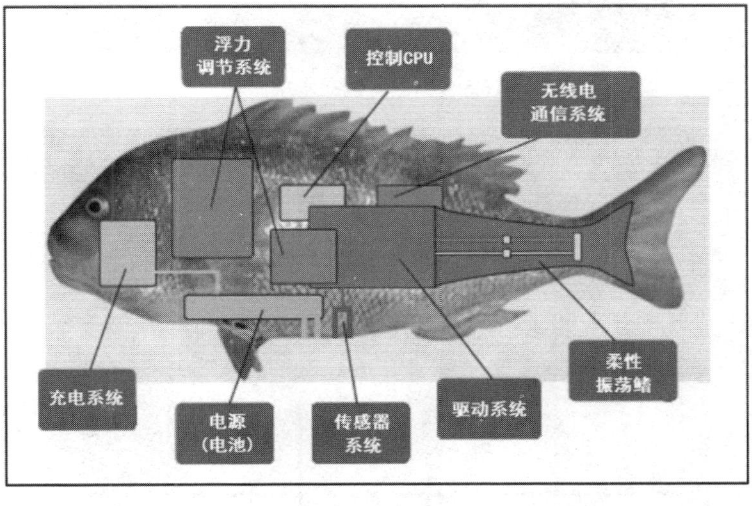

图16.3　机器海鲷的内部结构

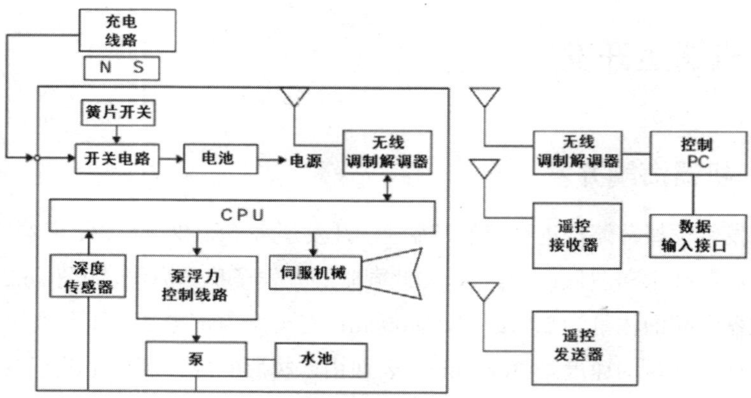

图16.4　机器海鲷系统配置

图16.5　机器海鲷在水中游动

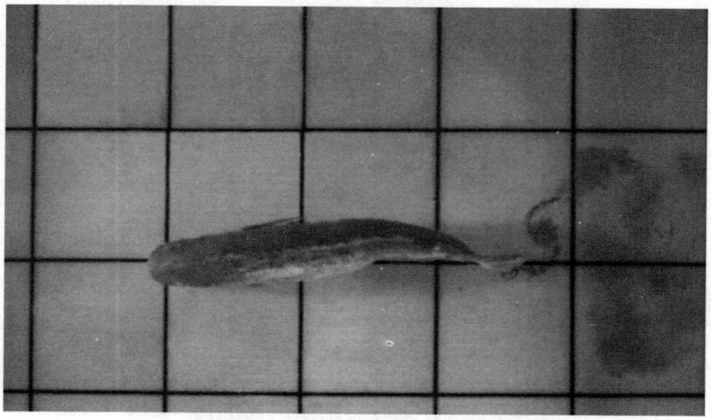

图16.6　机器海鲷游动实验

16.4.2　全自动游动系统

开发全自动游动系统的目的是让机器鱼自动游动。在这个系统中，如图 16.7 所示，机器鱼通过水池的超声波传感器进行定位，通过计算机自动控制。控制指令通过水下信号发送给机器鱼。该系统能够完成一系列的自动游动：当按下控制按钮时，机器鱼开始自动游动，自动修正深度和航向；当电池电量不足时，机器鱼自动游动到充电器上，自动充电完成后再开始游动。图 16.8 展示了在水中游动的机器腔棘鱼。由于机器鱼有一个中央处理器（CPU），所以可使机器鱼具有自身控制的特性（Yamamoto，2003b）。

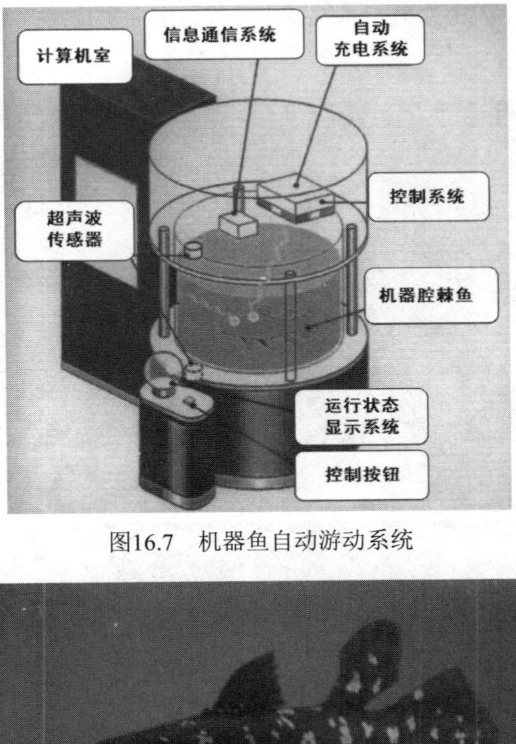

图16.7　机器鱼自动游动系统

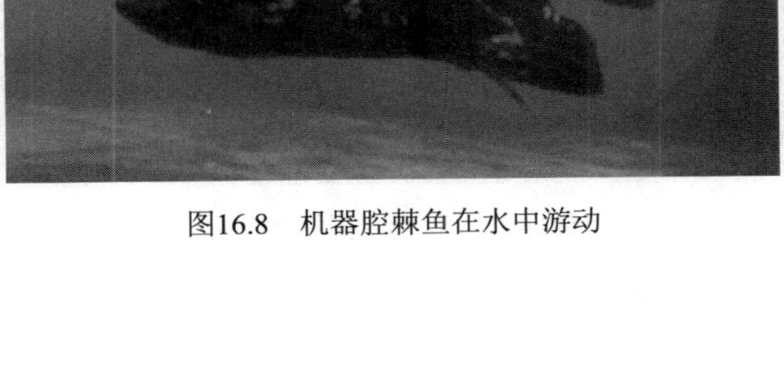
图16.8　机器腔棘鱼在水中游动

16.5　扑翼型机器鱼

作者已经开发了许多 AUV 的样机，并正在研究可用于收集海洋地理学数据和水样的扑翼型机器鱼，扑翼型机器鱼实验如图 16.9 所示。通过实验分析证明，开发出的单关节扑翼型系统能以其 24cm 的宽翼产生强大升力（见图 16.10）。这个系统只用一个驱动器和一个关节产生推进力。当驱动器旋转时，组成扑翼型系统的弹性振荡鳍的上下板的长度开始产生差别，因此，扑翼可以拍动，如图 16.11 所示。这些柔性塑料板作为支撑，还有薄橡胶膜用于产生推进力。从而使扑翼型系统可以实现其柔性运动。该单关节扑翼型系统在水池实验中显示出约 0.38N 的推进力，作者估计其升力约为 20N。

图16.9　扑翼型机器鱼实验

图16.10　单关节扑翼型系统

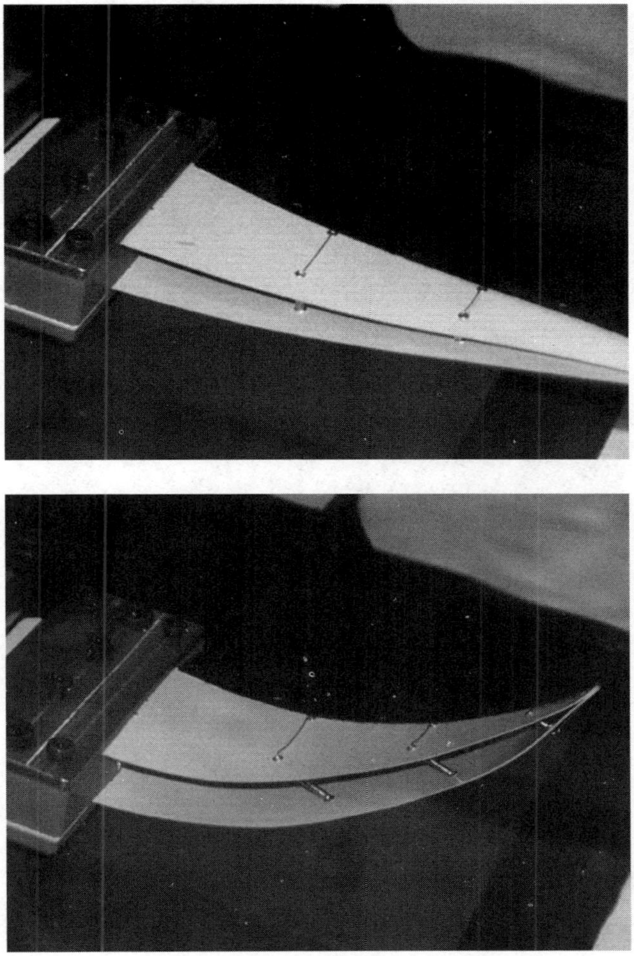

图16.11　扑翼结构

多关节扑翼型系统具有扭转机构，可以使水下航行器实现良好的操纵性（见图 16.12）。在扭转模式下，如图 16.13 所示，多关节扑翼型系统的最大旋转扭矩为 1.7～-1.6Nm，因此这个系统可以用于改变航行器的推进方向和姿态。这种多关节扑翼系统可以使水下航行器具有很好的操纵性。所开发的系统有利于 AUV 的推进和操纵系统实现多种功能。

图16.12　多关节扑翼型系统（平面模式）

图16.13　多关节扑翼型系统（扭转模式）

16.6　新的尾鳍机制

基于弹性振荡理论的新型尾鳍结构已经开发出来了，并且能够产生强大的推进力，如图 16.14 所示。这种尾鳍机构具有传动带滑动装置，该装置有一个中心支撑板和两根滑动带，尾鳍驱动机构通过推动两根滑动带驱动尾鳍，如图 16.15 所示。

图16.14　机器鱼的尾鳍

图16.15　机器鱼的尾鳍机构具有传动带滑动装置

这种新的尾鳍驱动机构还可以通过平衡重量调整机器鱼的纵倾，如图 16.16 所示，从而能使机器鱼保持水平姿态或控制产生的纵倾。

图16.16　调整机器鱼纵倾的平衡重量

16.7　圆头犁鳐概述

另一种新型机器鱼具有机翼和尾部结构以产生强大的推进力和较好的回转操纵性能。这种新型的仿生水下机器人是在圆头犁鳐的基础上发展起来的。圆头犁鳐及其模型，如图 16.17 所示。

（a）圆头犁鳐

（b）圆头犁鳐模型

图16.17　圆头犁鳐及其模型

圆头犁鳐有一个独特的结构，其头及翼的形状像鲨鱼，其尾部形状像鳐，如图16.18 所示。头、翼和尾部可以分别起到稳定器、推进器和舵的作用。目前正在计划将这些功能整合在同一条机器鱼中，以实现优良的操纵性。

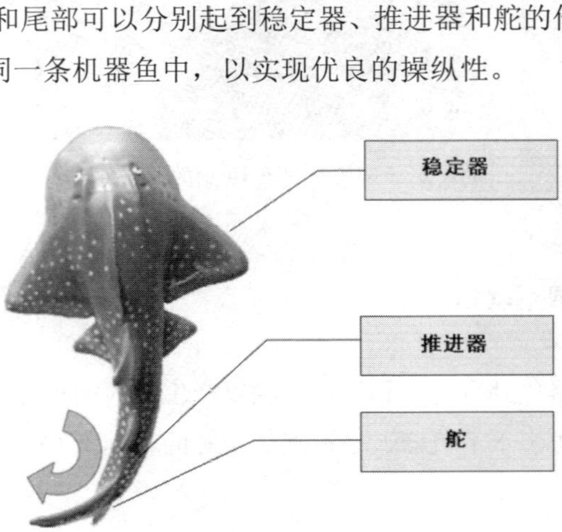

图16.18　圆头犁鳐的独特结构

16.8　结论

为了满足与矿物资源、海洋结构维护和环境测量有关的需要，开发了仿生水下航行器（机器鱼）。这些机器鱼是通过鳍的运动推动的，就像鱼类和其他水生物一样。利用最新动态系统理论和机电技术，建立了柔性振荡鳍推进系统，从而实现了鱼类的柔性运动。此外，还开发出了先进的自主控制逻辑，用于创造出一种能够在没有缆线的情况下进行三维自主运动的类似鱼类游动的机器鱼。对机器鱼的进一步研究，将产生种类广泛的海洋仪器开发技术，如图 16.19 所示。

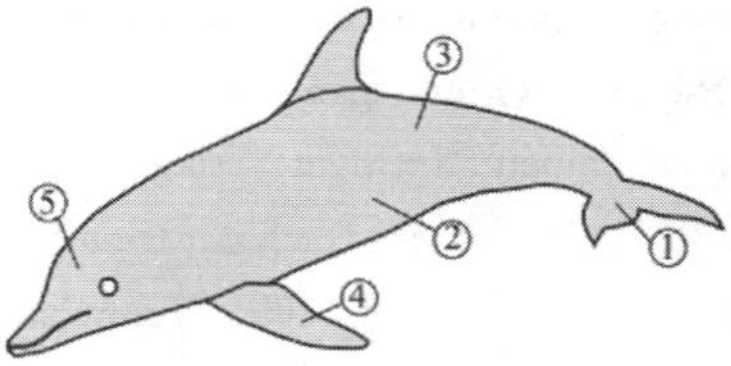

研究的问题	形成的技术
1. 推进器：柔性振荡鳍推进系统	• 不扰动环境的友好驱动器 • 无标定驱动器，高度瞬态力，可进退切换，具有优良的回转性能 • 螺旋桨作为辅助推进器 • 具有能轻握任何对象的机器手
2. 形体：优化配置设计	• 最小阻力配置和表皮设计 • 利用形体柔性高效率操控航行器
3. 材料：新材料	• 柔性，挤压，隔声，水密，加工性能良好的材料，环境友好可回收的材料 • 在水下可广泛应用的材料
4. 鳍：软着地，轻缓投放和回转	• 软着地系统和可以在靶向海底区域收集物体 • 可轻缓投放和回转的平滑运动系统
5.声呐：生物传感器	• 鱼眼多向传感器，可检测目标厚度的海豚形声学传感器 • 用作目标警示报警 • 用作一般的水下传感器
汇总：未来水下航行器	• 水中仿生操控设备 • 可在狭窄空间轻缓安静运动 • 用作仿生记录器和用于资源勘探（收集设备）

图16.19　研究机器鱼形成的技术

致谢

感谢日本 MEXT（Ministry of Education，Culture，Sports，Science and Technology，教育、文化、体育、科学和技术部）的知识集群计划，该计划为完成本项研究提供了资助。

参考文献

1. Morris C. 1998. The Crucible of Creation. Oxford: Oxford University Press
2. Nachtigall W. 1998. Bionik: Grundlagen und Beispiele fu¨r Ingenieure und Naturwissenschaftler. Berlin Heidelberg: Springer-Verlag
3. Nachtigall W, Blu¨chel K G. 2000. Das grosse Buch der Bionik. Deutsche Verlags-Anstalt
4. Yamamoto I, Terada Y, Nagamatu T, et al. 1995. Propulsion system with flexible/rigid oscillating fin. IEEE Journal of Oceanic Engineering, 20(1): 23-30
5. Yamamoto I. 2001. Marine control systems. International Journal of Robust and Nonlinear Control 11: 13
6. Yamamoto I, Terada Y. 2003a. Robotic fish and its technology. Proceedings of the SICE 2003 Annual Conference Fukui
7. Yamamoto I. 2003b. Flexible oscillating fin propulsion system and its application to vehicle and robotic fish. Proceedings of the 2nd International Symposium on Aqua Bio-Mechanisms
8. Yamamoto I. 2008. Research and development of fish robot. Journal of the Marine Engineering Society in Japan, 43(4): 99-102

第 17 章　海洋监测的工程特性：海洋生物与 AUV 的能量成本对比

A.B. Phillips[1]、M. Haroutunian[2]、S.K. Man1、A.J. Murphy[2]、S.W. Boyd[1]、J.I.R. Blake1 和 G. Griffiths[3]

17.1　引言

海洋生物经过 30 亿年的进化产生了许多适应三维运动的推进方法。游动一词包括海洋哺乳动物和鱼类的运动，头足类和水母类的运动，以及浮游动物每日缓慢的垂直迁移。游动性能被认为是决定许多水生动物适应性的主要特征（Plaut，2001）。游动是大多数水生动物寻找食物、逃避掠食者和成功繁殖的唯一选择（Videler，1993）。在一段时间内，个体通过进食获得的能量必须超过日常活动、生长和繁殖所消耗的能量。根据最优觅食理论，自然选择应使能量收入与能量支出的比例趋于最大（Townsend and Winfield，1985）。

当水下航行器与自然界存在的对应生物在相同环境中运行时，其操纵方式往往与其对应生物相似。William Bourne 在 1578 年详细描绘了最早记录的水下航行器的设计（Bourne，1578；Stefoff，2006）。经过 450 年的发展，出现了一系列的航行器，包括大型核潜艇、小型载人潜艇、遥控航行器（ROV）和自主水下航行器（AUV）。作为复杂的机电一体化人工制品，在 AUV 中有大量的子系统能够应用仿生设计，其中，包括对基于海洋哺乳动物发声的声呐波形和信号的处理（Reijniers and Peremans，2007）；仿生集群智能算法，如将该算法用于自主联网（Dressler，2005）；仿生能源（如与人工肌肉相关的微生物燃料电池）（Anderson et al.，2011），此外还

---

①英国南安普敦大学（University of Southampton, Southampton, UK）。

②英国纽卡斯尔大学（Newcastle University, Newcastle, UK）。

③英国南安普敦大学海滨区，国家海洋学中心（National Oceanography Centre, University of Southampton Waterfront Campus, Southampton, UK）。

有其他示例。然而，从生物系统寻求启迪时，需要注意以下 2 点。

（1）生物系统只对其感兴趣的功能进行优化。例如，许多生理上的适应是由于要吸引配偶或其他原因，而这可能不是仿生设计的预期结果。

（2）应该从比其工程上的同类更高效的生物系统中寻求启发。

很多文献认为海洋生物比工程系统在能量使用上更高效（Zhou et al.，2007；Gao et al.，2009），但是本章给出的数据与这一观点相矛盾。在某种程度上，这种误解可能是因为总是孤立地进行仿生减阻研究（Anthony et al.，2000；Fish，2006）；或者是因为与仿生推进器相比海洋生物推进器的推进效率更高（Bose and Lien，1989；Fish，1993，1996；Anderson et al.，1998）。对船舶而言，推进效率通常定义为在一定速度下获得的有用功率与螺旋桨轴收到的功率之比，在螺旋桨轴上可以直接测量转矩，由此即可求出螺旋桨轴收到的功率。如此处理推进效率包括尾流中的消耗、推力减额和轴上的消耗（轴上的消耗通常在 1%左右）（Comstock，1977），推进效率可表示为

$$\eta_{\mathrm{P}} = \frac{\text{阻力} \times \text{航速}}{\text{轴功率}} \tag{17.1}$$

对海洋生物而言，推进效率通常是从其他途径中推断得出的：如尾流研究（Tytell and Lauder，2004），Lighthill（1970）的细长体理论（Weihs，1989）、切片理论（Bose and Lien，1989）和叶元体理论（Blake，1979）。若仅考虑尾流中的消耗，则推进效率可表示为

$$\eta_{\mathrm{P}} = \frac{\text{推力} \times \text{速度}}{\text{收到的机械功率}} \tag{17.2}$$

上述两种方法都忽略了化学能转化为机械能的能量消耗。只关注了航行器系统或生物系统的一个方面，运输成本和能源消耗效率的整体问题不能完全得到解决。AUV 与银鳗的能量流的对比图如图 17.1 所示，说明了 AUV 和禁食并运动的银鳗的能量流情况，从潜在化学能量开始，至推进功率结束，强调了每个阶段的能量消耗（Ginneken and Maes，2005）。本章采用系统的方法说明了许多 AUV 的运输成本比类似大小的海洋生物低的原因。

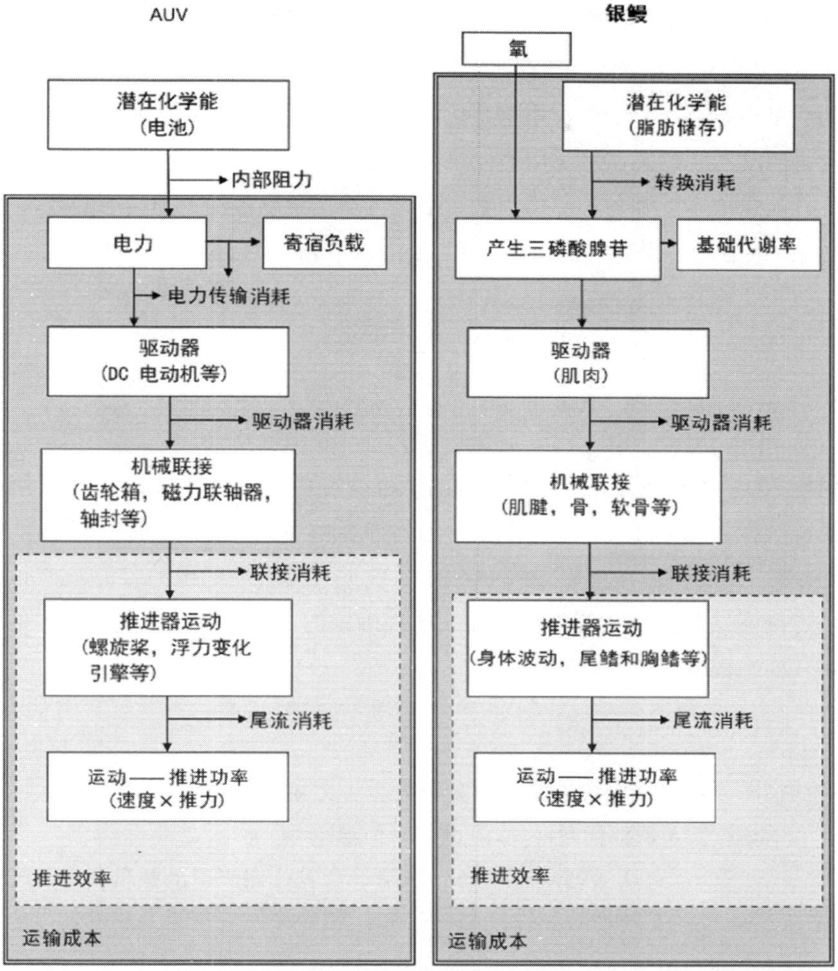

AUV 与银鳗的对比很有意义，因为银鳗向产卵地迁移 5500km 的过程中处于未进食状态（Ginneken et al.，2005）

图17.1　AUV与银鳗的能量流的对比图

17.2　运输成本

运输成本（COT）是对动物或航行器移动单位距离所需能量的规格化量度。运输成本的一般公式如下所示：

$$\text{COT}=\frac{\text{能量}}{\text{质量}\times\text{距离}}=\frac{\text{功率}}{\text{质量}\times\text{速度}} \tag{17.3}$$

运输成本的单位为 J/kg/m 或者 kJ/kg/km 。

对 AUV 和海洋生物而言，存在维持非推进系统的基础能量成本和用于推进（游动）的能量成本。而对于工程系统来说，基础能量成本称为寄宿负载，它与给计算机、硬盘驱动器和传感器等供电的能量相关。

推进能量成本受到各种环境因素、推进方法（游动模式）和相应的效率及航行器（物种）的生理和形态特征的影响（Lighthill，1969；Hammer，1995；Allen et al.，2000）。COT 可以表示为

$$\begin{aligned}\text{COT}&=\frac{\text{推进能量}+\text{寄宿能量}}{\text{质量}\times\text{距离}}\\&=\frac{\text{推进功率}+\text{寄宿功率}}{\text{质量}\times\text{速度}}\end{aligned}\tag{17.4}$$

由于 AUV 的机载储存能量是有限的，所以其航程与 COT 成反比。对于海洋生物来说，航程是一个意义较小的参数，因为许多物种不会在不觅食的情况下进行长途运动。对于 AUV 而言，每艘航行器的 COT 是根据标明的电池容量、排水质量、通过制造商网站和阅文献等得到的最大航程确定的。因此，从下式推导出的 COT 结果，其准确程度存在不确定性：

$$\text{COT}=\frac{\text{总储存能量}}{\text{航程}\times\text{质量}}\tag{17.5}$$

对动物而言，可用的总能量可以分解为以下分量（Smith，1976）：

$$\begin{aligned}\text{能量}_{\text{总数}}=&\text{基础代谢}+\text{体温调节（恒温动物）}+\\&\text{有意活动}+\text{特别动力作用（营养代谢产生的热量）}+\\&\text{脂肪增长和性产品}+\text{排尿、腮分泌物（鱼类）和粪便}\end{aligned}$$

动物的基础代谢一般根据恒温动物的基础代谢率（Base Metabolic Rate，BMR）或变温动物的标准代谢率（Standard Metabolic Rate，SMR）进行计算，在此为了简化记为 BMR，这相当于 AUV 的寄宿负载，是用于维持重要器官和其他生命支持系统运行，以及在基本呼吸量下活动的能量。在测量这些能量时，动物应该保持安静、没有压力，并且禁食，从而使能量不耗费在消化上。

由于不能直接测量海洋生物的能量消耗，因此需要通过测量氧气消耗量（mg），计算其能量消耗。如此处理的前提是氧气可以用于燃烧脂肪并产生能量。为了使数据规格化并与工程系统进行比较，能量消耗根据下式进行计算：

$$\text{功率}_{\text{总数}}(W)=\frac{20^\circ\text{C的}O_2\text{消耗}\left(\dfrac{\text{mg}}{\text{kg}\cdot\text{h}}\right)\times 13.59\times\text{质量}(\text{kg})}{3600} \tag{17.6}$$

式中，13.59 J/mg 为氧气热值（Elliott et al.，1975）。从而有

$$\text{COT}\left(\frac{\text{J}}{\text{kg}\cdot\text{m}}\right)=\frac{\text{功率}_{\text{总数}}}{\text{质量}\times\text{速度}} \tag{17.7}$$

$$\text{基础代谢率}(W)=\frac{\text{BMR}\left(\dfrac{\text{mg}}{\text{kg}\cdot\text{h}}\right)\times 13.59\times\text{质量}(\text{kg})}{3600} \tag{17.8}$$

$$\text{功率}_{\text{推进}}=\text{功率}_{\text{总数}}-\text{基础代谢率} \tag{17.9}$$

$$\text{COT}_{\text{净值}}=\text{COT}_{\text{总数}}-\frac{\text{基础代谢率}}{\text{质量}\times\text{速度}} \tag{17.10}$$

为了便于直接比较，实验温度很重要。对于恒温动物，温度应在其正常温度的中值区，这样就不会通过消耗能量调节体温（Casellini，2008）。为了比较，变温动物也应在同一温度下进行测试（因为其 BMR 随温度发生变化）；如果无法实现这个条件，则不同测试中得到的数据应通过规格化换算为特定的温度，从鱼类数据库（FishBase）（Froese and Pauly，2011）中收集的数据确定该温度为 20℃。规格化代谢率使用温度系数（Q_{10}）进行计算（Winberg，1971；Schmidt-Nielsen，1997），即

$$R_2=R_1\times Q_{10}^{\frac{T_2-T_1}{10}} \tag{17.11}$$

式中，R_1 和 R_2 分别为在温度 1（T_1）和温度 2（T_2）下的化学反应速率。在本书中该式可以改写为

$$O_2\text{消耗}_{T_2}=O_2\text{消耗}_{T_1}\times Q_{10}^{\frac{T_2-T_1}{10}} \tag{17.12}$$

应该考虑到，通常海洋生物是在其有意游动的速度范围内进行测试的，因此，现有的数据不能反映每个物种的完整运动范围。

理想化的 COT 曲线图 17.2 所示，展示了推进功率（P_P）和寄宿功率（P_H）的特性。在低速下寄宿负载占优势，该负载与前进速度无关，当前进速度趋于 0 时寄宿负载使 COT 趋于无限；在高速下推进功率占主导地位，且 COT 随着前进速度的增大而升高。在这两个极端之间存在一个最佳速度 U_{opt}，对应于单位距离最小的能量成本。U_{opt} 也对应于具有最长相应距离的速度。COT_{opt} 和 U_{opt} 是海洋生物能量成本的可接受值（Videler，1993）。

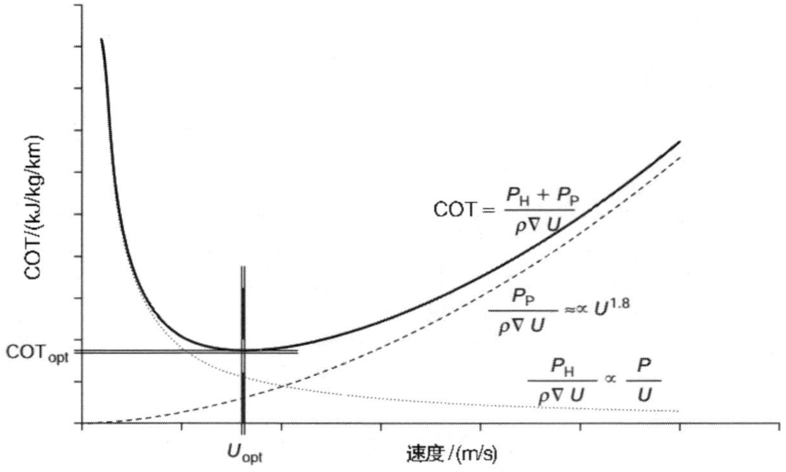

图17.2　理想化的COT曲线

各种海洋生物的总 COT 如图 17.3 所示（Davis et al.，1985；Dewar and Graham，1994；Williams and Noren，2009；Froese and Pauly，2011），由图 17.3 可知许多海洋生物在 COT 上表现出明显变化，如果速度范围大且有足够的数据可用，则平均曲线呈现出预期的 U 形。图 17.3 中结果显示，COT 随着动物的尺度、种类、恒温或变温等因素发生明显变化，以下各小节将讨论这些变化的原因。有一个有趣的结果是，银鳗的 COT 明显低于尺度（见图 17.3）或雷诺数（见图 17.4）（Davis et al.，1985；Dewar and Graham，1994；Williams and Noren 2009；Froese and Pauly，2011）与其相当的海洋生物。

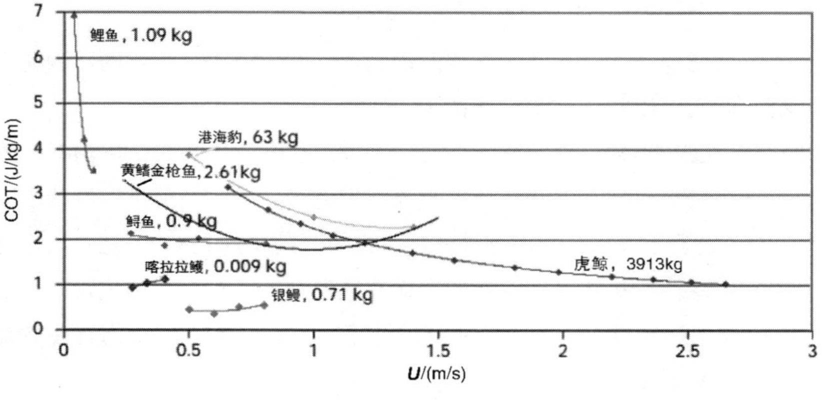

图17.3　各种海洋生物的总COT

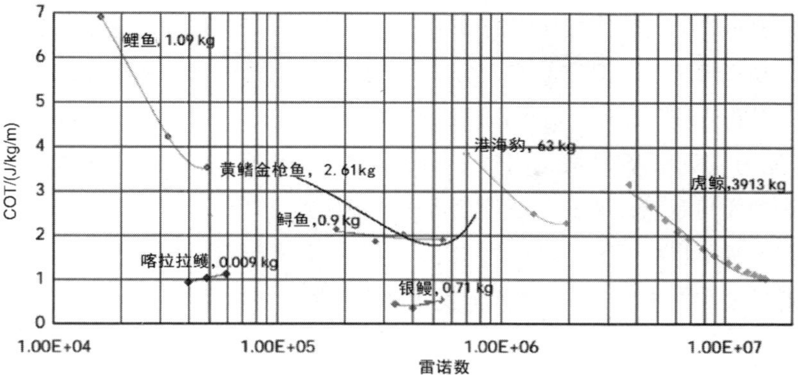

图17.4　不同海洋生物的COT随其雷诺数的变化

为了说明尺度、速度和寄宿负载等参数对 COT 计算结果的影响，作者考察了自航实验的细长回转椭球体的简化示例。必须指出，虽然是采用工程术语展开的有关讨论，但所讨论的概念同样适用于海洋生物。细长回转椭球体外形可由两个变量确定，极向半径 b（或 $L/2$）和赤道半径 a（或 $D/2$），其中，L 是细长回转椭球体的极向直径，D 是赤道直径。通过赤道半径与极向半径之比的反余弦可计算出细长回转椭球体的角偏心率 e_a，如下所示：

$$e_a=\arccos\left(a/b\right)=\arccos\left(D/L\right) \tag{17.13}$$

细长回转椭球体的表面积由下式确定：

$$A=2\pi\left(\left(\frac{D}{2}\right)^2+\frac{D/2\times L/2\times e_a}{\sin e_a}\right) \tag{17.14}$$

细长回转椭球体的体积如下式所示：

$$\nabla=\frac{1}{6}\pi D^2 L \tag{17.15}$$

假设在密度为 ρ 的海水中的细长回转椭球体自然漂浮，则可给出系统的排水质量：

$$质量=\rho\frac{1}{6}\pi D^2 L \tag{17.16}$$

推进功率的估算值可由下式求出：

$$P_P=\frac{1}{2\eta_P\eta_a}C_D\rho A_W U^3 \tag{17.17}$$

式中，C_D 为阻力系数；A_W 为湿表面积；η_P 为推进效率，即推进器的有效功率与螺旋桨轴收到的功率之比，该推进效率包括了船体效率、螺旋桨效率等。η_a 为驱动器效率，表示电能转化为机械能的效率；U 为细长回转椭球体的速度。初看，似乎所需推进功率随速度的立方的增大而增大。而实际上推进效率和阻力系数都随雷诺数变化，因此依赖于速度。对于在层流中的流线体，阻力系数与 $R_e^{-0.5}$ 成正比；而在湍流中，阻力系数与 $R_e^{-0.2}$ 成正比（Alexander，2005）。因此，在低雷诺数（$R_e < 100\,000$）下，推进功率与 $U^{2.5}$ 成正比；在湍流雷诺数下，推进功率与 $U^{2.8}$ 成正比。

作用于远离自由水面的潜航体的总阻力包括表面摩擦阻力和压阻力。对于船舶而言，通常使用 ITTC57 公式估算拖曳状态下船体的表面摩擦阻力系数（SNAME，1957）

$$C_f = \frac{0.075}{\left[\log_{10}(R_e) - 2\right]^2} \tag{17.18}$$

该公式包含了雷诺数（$R_e=UL/\nu$）的影响，它表明在雷诺数低于 100 000 的局部流动区域，即层流区域会导致表面摩擦系数迅速增加（严格来说，此区域采用上式计算的摩擦系数已不能给出可靠的结果。该公式是从船舶阻力领域引用来的，船舶的雷诺数一般不会低于 100 000，但 AUV 的雷诺数完全可能低于 100 000，在低雷诺数下计算 AUV 的摩擦系数的方法需要进一步探讨。本书中这部分内容作为对 AUV 摩擦系数的定性分析，原著中的上述说法不会得出错误结论，也不会影响下文的阐释和结论，译者注）。为了估算压阻力系数，船舶设计师通常的做法是使用形状因子（$1+k$）乘以摩擦阻力系数估算总阻力系数（Comstock，1977），即

$$C_{Dv} = C_f(1+k) \tag{17.19}$$

对于流线型船体，形状因子可以由下式估算（Hoerner，1965）：

$$(1+k) = 1 + 1.5\left(\frac{D}{L}\right)^{3/2} + 7\left(\frac{D}{L}\right)^3 \tag{17.20}$$

这种方法可给出鱼雷式外形的 AUV 的光体阻力的较好估算结果（Phillips et al.，2007）。为了对控制面和其他附体的阻力留有补贴，光体阻力应增加 20%。因此，总 COT 可以由下式估算：

$$\mathrm{COT} = \frac{1.2/(2\eta_P\eta_a)\dfrac{0.075}{\left[\log_{10}(UL/\nu)-2\right]^2}\left[1+1.5\left(\frac{D}{L}\right)^{3/2}+7\left(\frac{D}{L}\right)^3\right]\rho 2\pi\left[(D/2)^2+\dfrac{DLe_a}{4\sin e_a}\right]U^3 + P_H}{\rho\frac{1}{3}\pi D^2 L \times U} \tag{17.21}$$

式中，$e_a = \arccos(D/L)$。因此可得

$$\mathrm{COT}=f\left(L,\frac{L}{D},U,P_{\mathrm{H}},\eta_{\mathrm{P}},\eta_{\mathrm{a}},v,\rho\right)\tag{17.22}$$

式中，密度和运动粘性是周围流体的特性，而非 AUV 或海洋生物的特性。其余 6 个参数对 COT 的影响，如图 17.5 所示。图 17.5 中各参数的取值为 L=2m；P_{H}=50W；ρ=1025kg/m^3；v=1.19 10^{-6}m^2/s；L/D=7；$\eta_{\mathrm{p}}\eta_{\mathrm{a}}$=0.5。

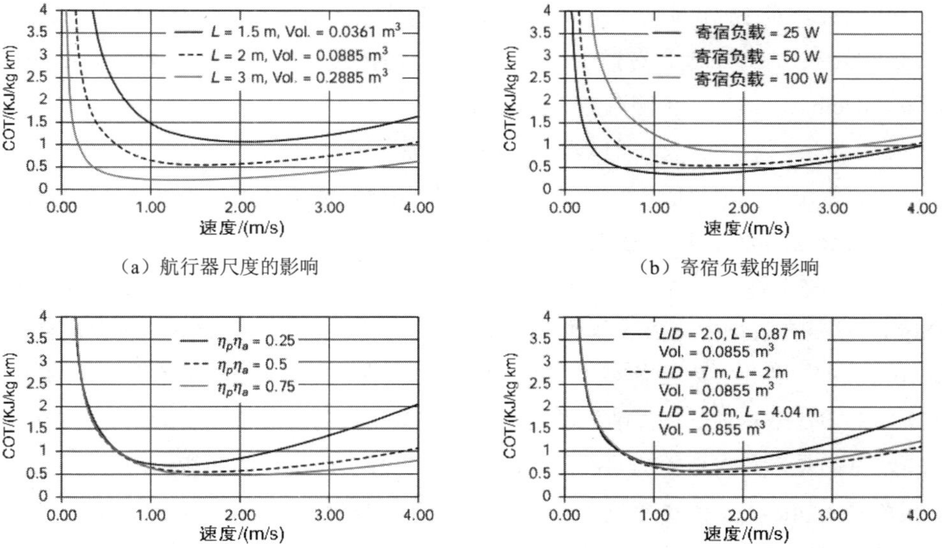

（a）航行器尺度的影响　（b）寄宿负载的影响

（c）总推进效率 $\eta_{\mathrm{p}}\eta_{\mathrm{a}}$ 的影响　（d）长径比的影响

图17.5　各种参数对COT的影响

由于阻力近似地与体积的 2/3 次方成正比，增加航行器的尺度将减少每单位质量的推进功率需求，从而降低 COT，与之相关的 U_{opt} 也会减小。在低速时（$U<U_{\mathrm{opt}}$），COT 对寄宿负载的影响很敏感；同时 $\mathrm{COT}_{\mathrm{opt}}$ 的量值也对寄宿负载的影响很敏感。当寄宿负载趋于 0 时，$\mathrm{COT}_{\mathrm{opt}}$ 的量值也趋于 0。若寄宿负载为 0 则 U_{opt}=0，显然这不是实际的速度。因此，运营者必须对某两点间适合的速度与对应于该速度的能量成本之间进行折中处理。

提高推进系统效率将显著减小高速（$U>U_{\mathrm{opt}}$）下的 COT，此时推进功率占优；在低于 U_{opt} 的速度下推进系统效率对 COT 的影响有限。

长径比对航行器的单位体积阻力有影响，在低长径比下摩擦阻力的分量小而压阻力的分量大，在高长径比下摩擦阻力大而压阻力小。应用上述公式，在长径比为

6.36 时可得到阻力最小值。偏离该值会导致较大的阻力系数，也会导致在 $U > U_{\text{opt}}$ 的高速下 COT 增大。已经显示出鱼类以高于 U_{opt} 的速度运动时，身体形状细长（细长度较大）是节能的重要因素（Ohlberger et al.，2006）。

17.2.1 寄宿功率/场代谢率

非推进功率在速度低于 U_{opt} 时的 COT 计算中占主导地位，并对 AUV 的最大航程有明显影响。为了理解海洋生物中与之相当的概念，生物学家通常采用 Kleiber 关系（Kleiber，1932）预测海洋哺乳动物的基础代谢率，BMR 如下式所示：

$$\text{BMR}=3.39\times\text{质量}^{0.75} \tag{17.23}$$

在静止、常温下、消化吸收后，非生长个体的 BMR 通常认为是个体最低的稳定代谢率（Boyd，2002）。对于海洋哺乳动物来说，它们或许不能与 AUV 的寄宿负载相比，因为动物需要考虑温度调节。另一种衡量标准是场代谢率（Field Metabolic Rate，FMR），这是在牧场中自由放养动物的代谢率，但它可能包含一定程度的游动活动。Boyd（2002）指出，对于体型较大的动物，FMR 趋向于 Kleiber 关系预测的 BMR，这表明对于体型较大的海洋哺乳动物来说，温度调节消耗的单位质量的能量较低。值得注意的是，与人造驱动器不同，生物肌肉在静止时也会消耗能量，这会使动物的代谢率增加。人体的典型值表明，在休息时肌肉消耗的能量为 54.4kJ/kg/d，明显高于骨骼（9.6kJ/kg/d）和脂肪组织（18.8kJ/kg/d）消耗的能量。然而，它比其他内部器官（或高代谢剩余质量）要低得多，这些高代谢剩余质量消耗能量为 225.9kJ/kg/d（Heymsfield et al.，2002）。

海洋哺乳动物的场代谢率、AUV 的寄宿负载和鱼类的 BMR 的对比如图 17.6 所示，图 17.6 中场代谢率数据由 Boyd（2002）从各种来源收集得出；鱼类的 BMR 根据 2011 年 Froese 和 Pauly 的 O_2 消耗计算得出，对于 AUV，所引用的质量对应于形体外部体积的排水质量，因此包括形体中自由浸水空间的水质量。另外需要注意图 17.6 中的对数关系和对数刻度。在典型情况下，海洋哺乳动物所需的无关推进的功率比类似质量的 AUV 大一个数量级。寄宿负载非常低的滑翔机和远程航行器的非推进功率需求比类似大小的海洋哺乳动物小 2～3 个数量级。这些远程航行器偏离了线性关系或区域覆盖范围，而将传感器的选择限制在低功率设备，以尽量减小寄宿负载。注意，与鲑鱼相比各种鳗鱼的 BMR 更低。

场代谢率与海洋哺乳动物质量之间具有良好的相关性（$R^2=0.8609$）。然而，

AUV（不包括远程航行器）的这种关系却显得较为离散（$R^2=0.4043$）。这可能是由于每种航行器为完成其使命而安装的可用仪器的范围广泛。例如，一个磁通门方位传感器［如 PNI TCM5（0.01W）（PNI，2001）］，或光纤陀螺仪［如 IXSEA PHINS（IXSEA，2011）］，惯性导航系统（INS）（15W）或一个 Persistor CF2（<0.2W）（Persistor Instruments Inc.，2010 年），可以是航行器上质量为从数十公斤到数百公斤的控制器。

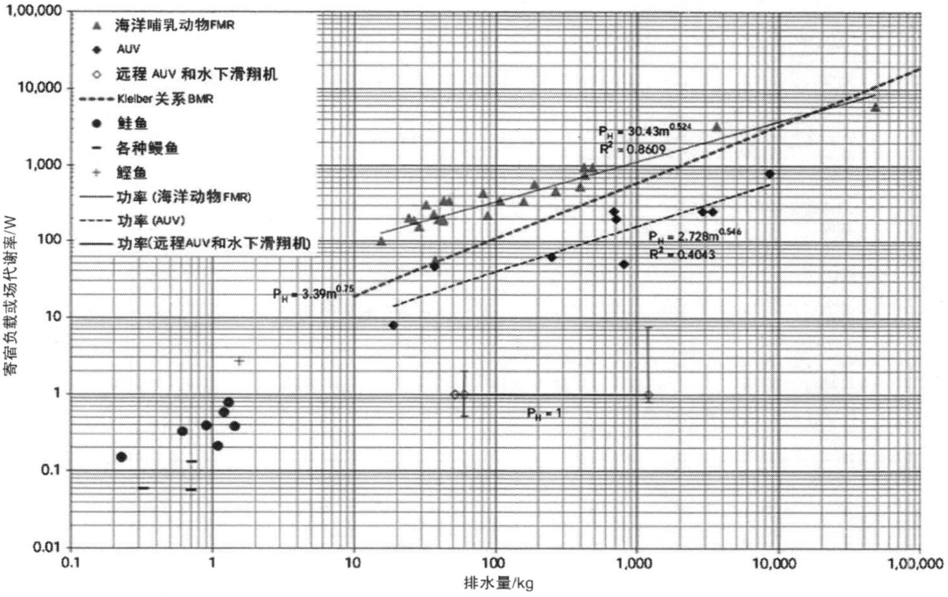

图17.6　海洋哺乳动物的场代谢率、AUV的寄宿负载和鱼类的BMR的对比

17.2.2　推进功率

当速度大于 U_{opt} 时，推进功率成本占 COT 的主要部分。此时推进系统效率低下而损耗的能量在 AUV 上占能源消耗的很大一部分。对阻力欠预报，对可携带电池质量过预报，对推进系统效率过预报，这些是导致 AUV 无法以预期速度达到设计航程的常见原因（Stevenson et al.，2007）。从电源到推进器的各个环节，如图 17.1 所示，都有能源消耗。其中，有些损耗是由于能源转换效率低下造成的，包括从化学能到电力过程存在的消耗（如电池的内部电阻），从电力到机械能的消耗，轴上消耗，最后从螺旋桨中的机械能到流体中的机械能的消耗，在这些能量转换过程中都有可能存在转换效率低下的情况。其他消耗来自电力支持系统，如电动机控制器和

电力调节器等。

在基本的层面上，需要通过动力克服海洋生物或航行器受到的水动阻力。海洋生物和 AUV 的高精度阻力数据有限。而 *L*/*D*（长径比）的来源更广泛，并很好地表明了形体（航行器形体）的流线型程度，这反过来又表明了阻力特性，如图 17.7 所示，其中，海洋生物的直径是沿形体测量出的最宽横向尺度。从所有的海洋生物中除去一种以外，其他海洋生物的 *L*/*D* 都为 3～7.5；虽然样本数量与物种总数相比很小，但有数据可查的物种倾向于具有良好的游动性能。但银鳗是一个例外，其 *L*/*D* 是 16.6。AUV 显示出更大的变化，大约 80%的 AUV 的 *L*/*D* 大于 3；那些 *L*/*D* 小于 3 的一般都是盒式框架 AUV，其外观和操作更像 ROV。

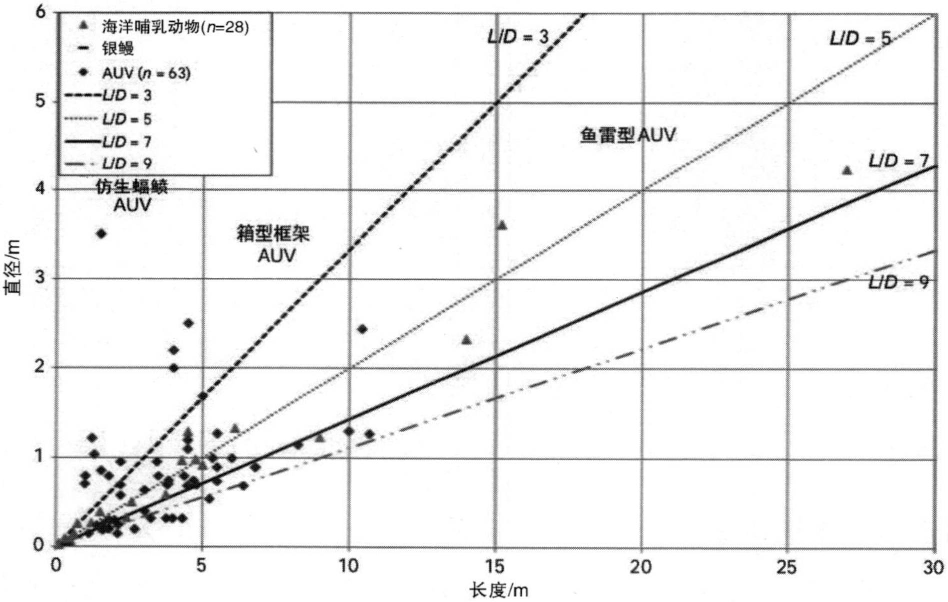

数据点阴影区域突出航行器配置的类型

图17.7　AUV（*n*=63）与海洋生物（*n*=28）的直径（或最宽的横向尺度）随长度的变化关系对比图

再回到式（17.13）～式（17.22），对体积为 3.5m^3 的细长回转椭球体在航行速度为 2m/s 的拖曳光体阻力进行了估算，其结果如图 17.8 所示。由于航行器尾部的分离增加了压阻力的分量，阻力在 *L*/*D* 小于 3 时迅速上升，而对于 *L*/*D* 为 3～12 的阻力变化小于 20%，对于 *L*/*D* 为 4～12 的阻力变化小于 5%。显然，形体的光体阻力反映的情况并不全面，因为控制面或鳍和其他凸出物，如天线等，可以大量增加总阻力（Phillips et al.，2010）。

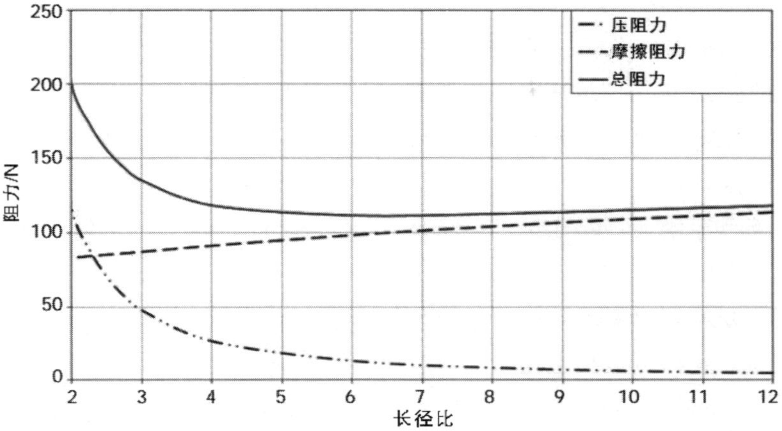

图17.8　长径比对运动速度为2m/s、体积为3.5m³的细长回转椭球体所受阻力的影响

许多作者都针对鲹行式和鲔行式推进的海洋生物采用了高推进效率（η_D），这些海洋生物是高速长距离游动者，几乎所有运动都在尾鳍上。例如，伪虎鲸的推进效率为 0.9（Fish，1996）；宽吻海豚的推进效率为 0.81（Fish，1993）；长须鲸的推进效率为 0.85（Bose and Lien，1989），其效率与典型的螺旋桨（Wageningen B5-75）的敞水效率（Carlton，2007）相比是很高的。Anderson 等（1998 年）和 Read 等（2003 年）研究了 NACA0012 翼型（60cm×10cm，带端板）在一定斯特鲁哈尔数和最大入射角范围以类似鲔行式的推进方式进行垂荡和纵摇时产生的推力。Anderson 等（1998）通过适宜地选择斯特鲁哈尔数、攻角、垂荡幅度比，以及垂荡运动和纵摇运动的相位，测量出了峰值推进效率为 0.87。然而，Read 等（2003）无法重复这些结果，得到的最高效率较低，仅为 0.715。由于尖端涡旋的存在，长宽比偏低的振荡运动翼型受到了显著的端部效应，与无限翼型相比，这种效应既降低了产生的推力，又降低了效率（Dong，2005）。

其他游动方式的推进效率不那么令人印象深刻。例如，美洲鳗鱼（Anguilla rostrata）采用鳗行式游动（身体波动开始于鼻端而在尾部达到最大幅度），根据尾流研究估算出其推进效率为 0.43～0.54（Tytell et al.，2004）。咽颌游动以中鳍和/或对鳍（Median and/or Paired Fin，MPF）推进，是用控制面游动而不是尾部游动，采用这种方式游动的物种，如蓝鳃太阳鱼，它的推进效率明显降低，为 0.15～0.2（Jones et al.，2007）。然而，非远洋鱼类主要采用咽颌游动，需要增加其操纵性以应对它所在海域中复杂的环境。咽颌游动主要利用其胸鳍游动，只在较高速度时用尾鳍加以辅助。这些物种拥有鱼鳔，因此能够保持自然漂浮。从胸鳍步态到胸鳍结合尾鳍步态的过渡发生在某个阈值速度，该速度随着物种和个体尺度变化（Mussi et al.，2002），称为胸鳍-尾鳍步态过渡速度（Drucker，1996）。不同物种长时间保持胸鳍结合尾鳍步态的能力也各不相同（Korsmeyer et al.，2002）。Drucker 等（2000）测量了黑海鲫和蓝鳃太阳鱼的步态转变速度；对于长度为 20cm 的个体，黑海鲫的阈值速度为 2.0BL/s（身长每秒），蓝鳃太阳鱼阈值速度为 1.5BL/s。

相对于更常规的螺旋桨推进器，提高其推进效率有较大潜力，这使人们开展了大量的研究以模拟生物推进系统。例如，可参见 Draper 实验室的 VCUUV 机器金枪鱼（Anderson and Chhabra，2002）、机器海豚（Yu et al.，2009）、芬兰的机器龟（Wolf et al.，2006）、仿生金枪鱼（Suleman and Crawford，2008），以及 Roper 等（2011）的评述。然而，推进效率只考虑推进器运动产生水动推力的能力（以及 AUV 轴的消耗），没有考虑产生轴运动引起的额外消耗，或能量转换流程在早期阶段的能量消耗（见图 17.1）。

在自然界中，动物运动是通过肌肉产生的。脊椎动物的生物肌肉可分为 4 组：快速骨骼肌、缓慢骨骼肌、平滑肌和心肌（Oota and Saitou，1999）。对于推进研究，主要关注骨骼肌，因为骨骼肌是唯一可以有意识控制的肌肉类型，并具备驱动所有肢体或推进器的功能。骨骼肌由两种肌肉纤维组成：慢速收缩型（I 型）和快速收缩型（II 型）。与旋转电动机相比生物肌肉的效率不高，但其效率优于人造线驱动机构。尽管某些类型的肌肉的效率可以达到 0.5，但是典型的骨骼肌的效率只有 0.3，（Curtin and Woledge，1993a）。三磷酸腺苷（Adenosine Triphosphate，ATP）是大多数细胞功能的主要能量来源。肌肉纤维的收缩是由 ATP 分解为二磷酸腺苷（Adenosine Diphosphate，ADP）和磷酸离子释放的能量驱动的。通过食物分解在细胞中释放的能量可以用于重组 ADP 和磷酸离子从而重新合成 ATP，这个过程的效率只有 0.5（Alexander，2003）。机器人技术中生物肌肉的研究通常仅限于作为与人造系统进行比较的目标（Caldwell，1993）。然而，已经有人试图通过移植活体生物肌肉驱动水下航行器（Herr and Dennis，2004）。生物机械电子学领域还处于起步阶段，维持活体肌肉的体外生长是一个相当大的挑战。

对于工程中的人工制品，有许多驱动技术可用于将储存的化学能转化为动能。这些驱动技术可分为两组，即旋转式驱动器和线运动式驱动器。旋转式驱动器是最常见的，可细分为电力驱动电动机、液压电动机和热机 3 种类型。线运动式驱动器不太常见，但包含了大量的驱动技术，其中，包括形状记忆合金（Shape memory alloy，SMA）、电活性聚合物（Electroactive polymer，EAP）和液压活塞。线运动式驱动器主要用于仿生推进系统，也可以利用旋转驱动器实现线运动或驱动。这当中通常涉及转换部件，如滑轮、齿条和齿轮、螺杆和液压泵等。如表 17.1 所示，提供了典型驱动器效率的资料。

表 17.1　典型驱动器效率（阴影处对应于仿生驱动器）

驱动机构类型	典型效率	评价	来源
直流电动机	0.6～0.9	它是 AUV 推进最常用的驱动器。所引用的效率是最佳持续负载下电动机的最大效率。其效率随尺度和电动机设计而变化	Maxon（2011）
气压缸	<0.67	其效率高度依赖于其他变量并高度依赖于气动系统的其他部件，所以大多数效率远低于这个理论的最高值	Prior 和 White（1995）
角鲨红肌纤维（I 型）	<0.507	从角鲨上分离的肌纤维在 12℃下进行电刺激。由此产生的正弦运动效率随频率变化，在 0.61Hz～0.95Hz 时达到最大效率，在 1.02Hz 时达到最大功率	Curtin 和 Woledge（1993a）
角鲨白肌纤维（II 型）	<0.41	从角鲨上分离的肌纤维在 12℃下进行电刺激。由此产生的正弦运动效率随频率变化，在 2.0Hz～2.5Hz 时达到最大效率，在 3.5Hz 时达到最大功率	Curtin 和 Woledge（1993b）
柴油发动机	<0.4	热机的主要优势在于燃料燃烧通常比电池具有更高的比能量。氧气源可以使用通气管从空气中获得。东京大学的 R-one 机器人是少数利用不依赖空气内燃机的 AUV 之一。R-one 机器人搭载了闭式循环柴油发动机和液态氧	Ura 和 Obara（1999）
蓝鳃太阳鱼推进肌肉	0.37～0.26	在咽颌游动速度的最大值处估算效率，分别根据现有机械功率的上限和下限进行估算。根据耗氧量估算游动所需的总功率	Jones 等（2007）
EAP	<0.38	EAP 是一种新型聚合物线驱动器，它在施加电流时改变形状。有电子式时和离子式 EAP。这两种 EAP 的主要区别在于前者利用库仑力，后者利用离子运动	Bar-Cohen（2004）
SMA	<0.1	SMA 驱动器通过加热和冷却合金诱导相变。晶格的变化使 SMA 整体形状发生改变，	Humbeeck（2001）

（续表）

驱动机构类型	典型效率	评价	来源
		从而产生力。驱动的速度取决于加热和冷却的速度，一般而言比电动机慢得多。由于加热和冷却相变SMA驱动器在不同温度下会产生严重滞后消耗	

大多数仿生推进系统需要振荡运动或往复运动。在大多数仿生系统中，这是通过连接到传动系统的旋转电动机实现的。通过正弦周期改变电动机输出实现对运动的电气化控制（Licht et al.，2004a），或者使用凸轮和曲柄实现对运动的控制（Yu et al.，2009）。气动和液压缸在地面机器人系统中很常见，但在 AUV 中则不太常见。

直流电动机或发动机输出的轴转速通常太快，不能有效地驱动螺旋桨，因此常采用减速齿轮箱。例外的情况有 *Autosub*3 和 *Autosub*6000 上使用的直接驱动电动机。不同齿轮箱的效率不同：单级行星齿轮的效率可以超过 90%，而蜗轮传动则低至 40%。一般来说，减速器的减速比越大，齿轮箱的效率越低（Maxon，2011）。

另一种驱动和推进方法是采用水中滑翔机的浮力引擎。泵可用于影响浮力变化，使滑翔机系统产生正浮力或负浮力。由此产生的势能通过机翼转化为动能。滑翔机的总系统最佳效率为 0.5（在最深的深度距离达到）（Griffiths，2003）。使用匹配良好的螺旋桨、电动机和齿轮箱系统，应该能实现类似的推进系统效率（Furlong et al.，2007）（见表 17.2）。

表 17.2　推进系统效率对比

浮力发动机		螺旋桨系统	
推进系统效率	<0.5	推进效率	0.7
		轴效率	0.95
		齿轮箱效率	0.9
		电动机效率	0.9
		推进系统效率	0.53

假设 ATP 转换效率为 0.5，肌肉效率为 0.5，则推进效率为 0.9 的伪虎鲸的推进系统效率为 0.225，明显低于工程螺旋桨或浮力变化系统所能达到的 0.5 的推进效率。Webb（1975）认为，对于亚鲹行式的游动者，总推进系统效率（总的有氧效率）通常为 0.15～0.30。

在设计推进系统时必须特别细心以确保驱动器的效率足够高。然而，这类研究的目的并不总是为了得出高效的驱动器，而是为了研究生物系统的水动力学、原理和机制，举例来说，在许多带有仿生推进器的水下航行器中，对于简单模仿而言，要么提及的总推进系统效率较低（Yu et al.，2009），要么根本不提及总推进系统效率（Suleman and Crawford，2008；Cai et al.，2010）。在许多情况下，螺旋桨驱动 AUV 能够达到与仿生推进器驱动 AUV 相同的速度，但螺旋桨驱动 AUV 推进系统所需的功率更低（Licht et al.，2004b）。

17.3　最优运输成本

对于海洋生物和 AUV 而言，通常选择在 U_{opt} 或接近 U_{opt} 时运动以使 COT 最小，AUV 还要使航程最大（Sato et al.，2010）。各种海洋生物（n=56）和 AUV（n=22）的最优运输成本（COT_{opt}）随质量变化的对比图如图 17.9 所示。AUV 的质量是与外部形体体积对应的排水质量，因此包括形体中自由浸水空间中的水质量。“玛德琳”是一只机器海龟，其数据取自 Long Jr 等的文献（2006）。虾、海龟和鱼类的数据由 Videler 和 Nolet（1990）的文献概括得出。海洋哺乳动物的数据取自 Videler 和 Nolet（1990）、Williams（1999）、Rosen 和 Trites（2002）的文献。黄鳍金枪鱼的数据取自 Dewar 和 Graham（1994）的文献。鱼类的数据还包括鱿鱼的数据，鱿鱼的数据取自 Webber 和 O’Dor（1986）的文献。企鹅的数据取自 Luna-Jorquera 和 Culik（2000）的文献。窄头双髻鲨（锤头鲨中最小的一种）的数据取自 Parsons（1990）的文献。欧洲银鳗的数据取自 Ginneken 等（2005）的文献，并根据 Palstra 和 van den Thillart（2010）的文献进行了整理，采用了多种测量技术得出了平均值。鳟鱼的数据取自 Ginneken 等（2005）的文献。鲑鱼回归线取自 Brett（1964）的文献；海洋哺乳动物回归线取自 Williams（1999）的文献。在排水量大约为 1100kg 和 COT_{opt} 略小于 0.01 处出现的明显异常的数据点对应于目前正在研制的 *Autsub*LR，图 17.10 阐明和澄清了其在图上的位置似乎异常的疑点，在该图上其 COT_{opt} 与相应的质量和寄宿负载（1W 设计值）是一致的。

图中还包括 3 条回归线。对于鲑鱼，Brett（1964）提出了一种外推回归线公式：

$$COT_{opt}=2.15\ 质量^{-0.25} \tag{17.24}$$

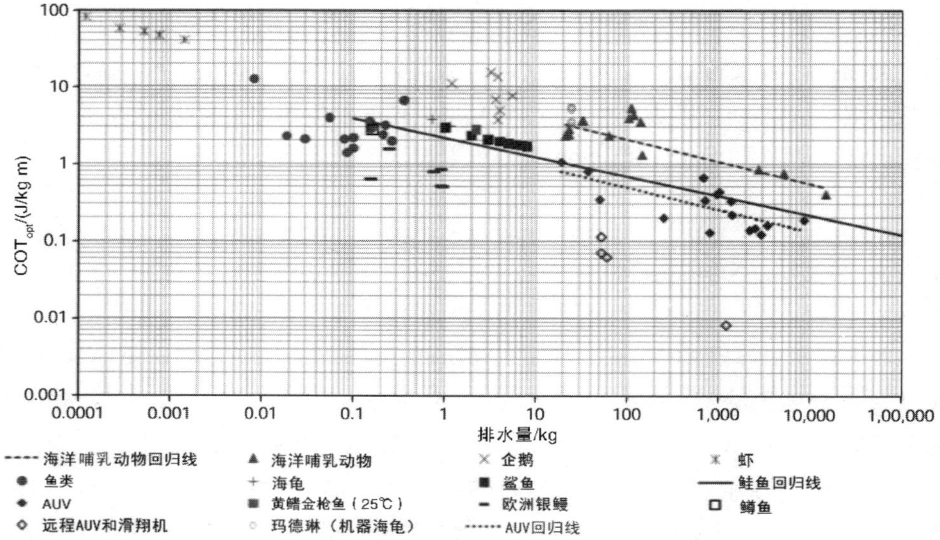

图17.9　各种海洋生物（n=56）和AUV（n=22）的最优运输成本（COT_{opt}）随质量变化的对比图

Williams（1999）针对质量为 21～15 000kg 的海洋哺乳动物提出以下回归线公式（$R^2=0.83$）：

$$COT_{opt}=7.79\ 质量^{-0.29} \tag{17.25}$$

还将所有 AUV 的数据拟合成了回归线，如此处理注重了数据具有的离散性和变化性。所得的回归线（为了清晰起见没有绘于图 17.9 中）表达式如下所示：

$$COT_{opt}=0.4149\ 质量^{-0.123} \tag{17.26}$$

该回归线的 R^2 值为 0.043，这表明了对于整个 AUV 数据库，质量与 COT_{opt} 之间的相关性很小。通过移除数据中的 3 台滑翔机和 *AutosubLR*，可以得到一条更有意义的回归线，表达式如下所示：

$$COT_{opt}=1.813\ 质量^{-0.285} \tag{17.27}$$

式中，R^2 值为 0.5248。与鲑鱼的回归线相比，该曲线随着形体尺度的增加，相应的 COT 减小得更快，而 AUV 和海洋哺乳动物的指数基本上是相同的。根据回归线，典型的 AUV 的 COT 是类似排水量的海洋哺乳动物的 COT 的 18.87%左右。

虽然 AUV 和海洋哺乳动物的数据都具有明显的离散特性，然而提高排水质量往往会导致 COT_{opt} 减小，这些与简化模型中预期的相同。显然，*AutosubLR* 和滑翔机的 COT 低于类似尺度的普通 AUV；这些航行器要求有较低的 COT 以满足所需航程的需求——设计者已认同对于这些航行器，其所有（包括科学传感器在内）的非推进功率需求应保持低水平（1W），并且其前进速度也保持低速（为 0.3～0.4m/s）以保证航行器在 COT_{opt} 处运行。

温血和冷血海洋生物的 COT_{opt} 之间有明显区别。Williams（1999）也指出，海洋哺乳动物的 COT_{opt} 明显高于相同质量鲑鱼的外推值。这归因于两类生物维持成本（寄宿负载）之间的差异，这种差异是由恒温动物的内在差异引起的。Williams（1999）证明，扣除保持恒温的能量成本之后，海洋哺乳动物的 COT_{opt} 趋近于鲑鱼。

类似地，测得金枪鱼的代谢率超过其他经充分研究过的鱼类（鲑鱼）约 3 倍（Korsmeyer and Dewar，2001），从而可以解释与鲑鱼相比黄鳍金枪鱼具有更高的 COT_{opt}。企鹅的高 COT_{opt} 可能归因于一些潜水鸟类需要承担大量维持体温的高能量成本（Leeuw et al.，1998；Gre´millet et al.，2005）。

需要注意的是，与鳟鱼相比银鳗的 COT_{opt} 更低（二者数据均来自相近尺度动物）。这初看可能与前文所述的鲹行式推进（如鳟鱼）比鳗行式推进（如鳗鱼）的推进效率更高的观察结果不符（Tytell and Lauder，2004），但这是一个 COT_{opt} 反映全系统效率的例子。由于鳟鱼和银鳗的形体都不是高阻力形状，所以这种与观察结果的差异大概归因于银鳗具有较高的代谢效率（较低的代谢率 BMR）（van Ginneken et al.，2005；见图 17.6）。这一看法得到了 Clarke 和 Johnston（1999）的支持，他们说明了鳗鱼与其他普通鱼类相比，其静息氧消耗量较低。类似地，Pettersson 和 Hedenstrom（2000）阐明，高阻力形体增加的推进功率需求可通过减小基础代谢率抵消，以获得相近的 COT_{opt} 值。

对于大多数仿生 AUV，没有足够的数据计算 COT_{opt}；机器海龟“玛德琳”（Madeleine，Long Jr et al.，2006）是一个例外。已拥有针对一系列基于 2 个或 4 个鳍状肢运动步态的 COT_{opt} 数据；这些 COT_{opt} 值与类似尺度的海洋生物相近，但比类似尺度的 AUV 高。

考虑到大部分 AUV 在形体和推进方式上相近，AUV 的 COT_{opt} 离散程度则出乎意料：与相同尺度的海洋生物相比，AUV 的 COT_{opt} 值覆盖范围更大。正如在前文强调的，寄宿负载对 COT_{opt} 的影响高度敏感。图 17.10 给出了寄宿负载对 COT_{opt} 的影响，图 17.10 中的结果采用与图 17.9 相同的方法得出，ρ=1025kg/m^3；$\nu = 1.19 \times 10^{-6}$；$L/D = 7$；$\eta_D \eta_a$=0.5。（海洋）哺乳动物的场代谢率为在牧场中静止的代谢率，场代谢率关系取自 boyd（2002）的文献。

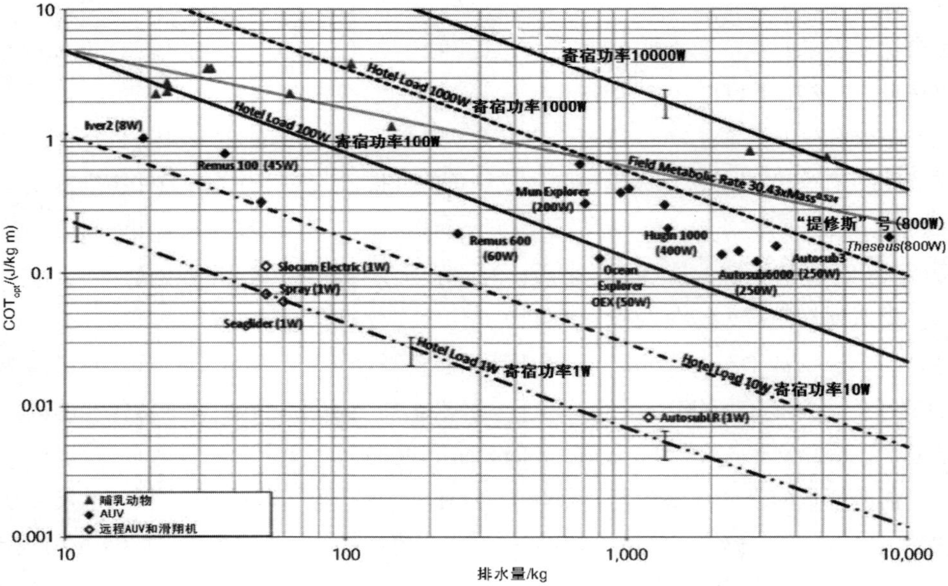

近对角黑线表示各种寄宿负载下预测的 COT_{opt}，寄宿负载 1W 线和寄宿负载 10 000W 线上的误差条表示推进功率减小 2/3 和增大 2 倍的影响

图17.10　寄宿负载对COT_{opt}的影响

此外，已知的各种航行器的寄宿负载也如图 17.10 所示。从该图可清晰地看出，AUV 的 COT_{opt} 变化与其寄宿负载的变化有密切关系，其变化范围可从 *Theseus*（Butler，1999）的 1000W 到 3 种最常见滑翔机的实际寄宿负载约 1W 和 *AutosubLR* 的设计寄宿负载（目前约 1W）。将 AUV 的数据点与不同寄宿负载下预报的 COT_{opt} 值进行对比，提示简单模型与观测到的变化吻合良好。假设 FMR 与寄宿负载相等，并使用 Boyd（2002）给出的 FMR 回归曲线，表明简单模型能够较好地反映海洋哺乳动物的 COT_{opt}。

传统上，已将探测型 AUV 的巡航速度设计为大约 2m/s，这是在最大航程与适当的前进速度需求之间进行折中处理得出的（Stevenson et al.，2007）。对于许多航行器该速度接近 U_{opt}。当寄宿负载降低时，U_{opt} 也减小而且很可能低于 2m/s（如 *AutosubLR* 在 1W 的寄宿负载下巡航速度约为 0.3m/s）。于是，许多 AUV 可能开始在速度高于 U_{opt} 时运动，在此情况下推进效率和阻力系数在 COT_{opt} 中发挥了重要作用。Petterson 和 Hedenstrom（2000）阐明，低阻力鱼类可采用较广范围的游动速度，其能量成本并没有大幅增加；而高阻力鱼类的能量成本则明显增加。类似的结果在低 C_{Dv} 和高推进效率的 AUV 中也能观察到［见图 17.5（d）]。

17.4　讨论

本章给出的数据纠正了一个常见的错误概念，即海洋生物的推进系统效率比同等尺度的工程系统高。强调了当从大自然中寻找启迪以改进工程制造物时，确定比工程方案更好或具有潜力的仿生求解方案很重要。例如，对水平航行性能之外的其他指标（如操控性能）感兴趣的 AUV 设计者而言，他们已经清楚地证明了仿生推进系统可以改善性能（Anderson et al.，1998）。

本章讨论的重点是航行器在直线行驶时的 COT_{opt} 和能源需求。对于海洋生物，文中没有考虑为获得良好操纵性需要付出的相关代价，如需要采用大型控制鳍从而增加直线游动中的阻力，也没有考虑采取提高繁殖成功率的措施。同时，与采用非自然漂浮系统维持深度的相关能源消耗也未明确考虑；这对动物和 AUV 而言都是问题。

在实验室（Webb，1998；Liao et al.，2003）和野外（Fausch，1993；McLaughlin and Noakes，1998；Hinch and Rand，2000）都观察到鱼类离开自由流动运行条件而偏向使用非定常流动特性。Philips 等（2010）讨论了用 AUV 复制此类行为的可能性。

关系到 AUV 实现其设计航程能力的另一个关键衡量标准是航行器搭载的储存能量。常规 AUV 运载有限的化学能量（电池或燃料）用于推进和提供寄宿负载。因此，为了在特定的速度下使航行器的航程最大化，AUV 的设计人员必须在优化能源的比能量的同时尽量减小 COT。能源的类型有很多种。能源的选择往往取决于推进系统的选择和使命的要求，以及对尺度和重量的限制。AUV 中最常见的能源是储存化学能的电池。可以将电池近似地模拟成有电阻的串联电压源；电池的这种内阻取决于电池的大小、化学特性、年限、温度和放电电流。然而，也有其他类型的能源，其中包括化学燃料，如柴油、奥托燃料 II 和压缩氢等。关于能源方面的工程技术更充分的讨论参见（Hasvold et al.，2006；Bradley et al.，2001；Griffiths et al.，2004）的文献。如表 17.3 所示，比较了各种生物和工程中某些常见储能形式的比能量。在自然界中用于储存能源的脂肪比目前的电池技术具有更高的比能量，如鱼油的比能量比锂聚合物电池高 60 倍。

通常电池占 AUV 总质量的 5%～45%，所占比例的具体状况与航行器的使命、航程、深度和速度的要求有关（Griffiths et al.，2004）。海洋生物能够通过喂养获得补充的能量，以补充日常行为消耗的能量，因此各种海洋生物储存的能量因物种、性别、季节、迁徙阶段、喂养行为和年龄等变量而不同（Jonsson et al.，1997；Anthony et al.，2000；Struntz et al.，2004）。在阿拉斯加威廉王子湾开展的一项研究中，虾和章鱼的平均脂肪含量最低，约为 1%；而脂肪含量最高的是成年太平洋细齿鲑（25%）和成年的鲱鱼（21%）（Iverson et al.，2002）。在宽吻海豚中，脂肪占成年动物总体重的 15%～27%（Struntz et al.，2004）。脂肪不仅为海洋哺乳动物提供能量储存，而且是多功能的，可提供浮力、流线形体和调节温度的功能（Struntz et al.，2004）。

据推测，银鳗能够在不需要进食的情况下洄游 6000km 返回产卵地（Schmidt，1923；van Ginneken and Maes，2005）。van Ginneken 等（2005）通过将雌性银鳗放置在一条可游动隧道中模拟了其 5500km 的迁徙。9 个平均质量为 914.7g 的个体在 0.5BL/s（约 0.37m/s）的速度下用平均 3.45MJ/kg 的耗能完成了模拟迁移。在迁徙之前，银鳗的脂肪含量为 10%～28%（Svedang and Wickstrom，1997）。假定脂肪所含能量为 39.45MJ/kg，这些银鳗将有剩余的脂肪储备，以便在到达时繁殖。基于以上能量数值，目前还没有二次电池技术可以让 1kg 的工程设计银鳗，携带质量为其体重 20%的电池，再按同等的推进功率和寄宿功率要求完成约 200km 的路程。

与海洋生物的摄食行为相似，并非所有的 AUV 在整个使命期间都完全依靠搭载的能源供应。例如，美国海军水下作战中心的 SAUV 采用太阳能动力（Crimmins et al.，2006）；特利丹公司的斯洛克姆（Slocum）热滑翔机（Webb et al.，2001）则利用垂直海洋温度梯度产生体积变化。

表 17.3　各种生物和工程中某些常见储能形式的比能量的对比（阴影部分对应于生物能量存储）

储能类型	比能量（MJ/kg）	参考文献
柴油	40.0	Larminie 和 Lowry （2003）
鱼油（鱼肝油）	39.45	Liversey 和 Elia （1988）
弓头鲸皮下脂肪	36.4	Department of Agriculturer USDA（2010）
灰海豹皮下脂肪	32.7	本研究④
白喙海豚皮下脂肪	31.9	本研究④

④用热量仪测量；皮下脂肪样本取自白喙海豚和灰海豹的中体，它们均处于搁浅状态，尤其是海豚处于营养不良状态；因此皮下脂肪的质地和颜色有所变化，皮下脂肪的质地为橡皮状而非胶状，于是此假设所得比能量小于健康动物。

（续表）

储能类型	比能量（MJ/kg）	参考文献
奥托燃料 II	5.04	Luo 等　（2008）
锂聚合物电池	0.47	Huggins（2010）
氢化镍（Ni-MH）	0.28	Huggins（2010）

17.5　结论

COT_{opt} 提供了一个用于对比海洋生物和 AUV 总体能量需求的有用指标。总的来说，AUV 与海洋生物相比有一个更大的 COT_{opt} 范围，这是因为 AUV 每单位质量的寄宿负载比海洋生物每单位质量的 BMR 有更大的变化。一般而言，与相当尺度的海洋生物相比，AUV 有一个更低的 COT_{opt}，因此 AUV 作为完整的系统，相比于其自然界的对应者的能量效率更高。

低阻力系数和高推进系统效率的海洋生物和 AUV 可以在 U_{opt} 附近很宽的速度范围内运动而不会明显增加能量代价，这与那些具有高阻力系数或低推进系统效率者不同。因此，对于在高于 U_{opt} 的速度下运行的 AUV 而言，使推进功率达到最小的要求对航行器的航程有明显影响。

Seaglider AUV（见图 17.10）通过将其寄宿负载降到 1W 以下获得了超过 4900km 的航程。其他远程滑翔机和 AUV 也采用使寄宿负载最小化的方法实现航程最大化。为了有效地减小寄宿负载，需要在可取的实验测量类型和频次上做出较大牺牲。海洋生物可以通过高代谢效率（低基础代谢率）和利用比储能效果最好的二次电池技术高 60 倍比能量的脂肪储存优势，实现相当长距离的迁移（如银鳗迁移 5500km）。

当评估一个 AUV 或海洋生物的推进功率需求时，考虑到系统的各方面是很重要的，从驱动器和轴直到推进器与流体的相互作用都需要考虑。鲉行式推进（此时推力由尾部振荡及身体非常小的弯曲产生）的高推进效率与相对低效率的肌肉配合，可能会使其整体的效率明显低于常规螺旋桨与直流电动机的组合。

致谢

本研究由 EPSRC（Engineering And Physical Sciences Research Council，物理科学研究委员会）通过授款编号为 EP/F066767/1，题为“监测海洋的工程特性

（NEMO）”的合作项目支持，该项目为南安普敦大学，纽卡斯尔大学和国家海洋学中心之间的合作项目。该项目的总体目标是发现、整合深潜与敏捷无人水下航行器（UUV）的创新设计与概念实施，以满足近海产业、环境监测和科学研究在以下各方面的需要：从海洋生物中得到启迪，实现增加功能、减小重量和能量需求，降低资金和运营成本等。

参考文献

1. Alexander R M. 2003. Principles of Animal Locomotion. Princeton: Princeton University Press
2. Alexander R M. 2005. Models and scaling of energy costs for locomotion. Journal of Experimental Biology, 208: 1645-1652
3. Allen B, Vorus W S, Prestero T. 2000. Propulsion system performance enhancements on REMUS AUVs. In Oceans 2000 MTS/IEEE Conference and Exhibition
4. Anderson I A, Ieropoulos I A, Mckay T, et al. 2011 Power for robotic artificial muscles. IEEE/ASME Transactions on Mecha- tronics, 16: 107-111
5. Anderson J M and Chhabra N K. 2002. Maneuvering and stability performance of a robotic tuna. Integrative and Comparative Biology, 42: 118-126
6. Anderson J M, Streitlien K, Barrett D S, et al. 1998. Oscillating foils of high propulsive efficiency. Journal of Fluid Mechanics, 360: 41-72
7. Anthony J A, Roby D D, Turco K R. 2000 Lipid content and energy density of forage fishes from the northern Gulf of Alaska. Journal of Experimental Marine Biology and Ecology, 1: 53-78
8. Bar-Cohen Y. 2004. Electroactive polymer (EAP) actuators as Artificial Muscles: Reality, Potential, and Challenges. Bellingham, SPIE — The International Society for Optical Engineering
9. Blake R W. 1979. The mechanics of labriform locomotion in the angelfish (Pterophyllum eimekei): An analysis of the power stroke. Journal of Experimental Biology, 82: 255-271
10. Bose N and Lien J. 1989. Propulsion of a fin whale (Balaenoptera physalus): Why the fin whale is a fast swimmer. Proceedings of the Royal Society of London. Series B, Biological Sciences, 237: 175-200
11. Bourne W. 1578. Inventions or devices. Very necessary for all generalles and captaines, as well by sea as by land. London: Published by the Author
12. Boyd I L. 2002. Energetics: Consequences for fitness. In Hoelzel, A. R. (Ed.), Marine Mammal Biology: An Evolutionary Approach. Oxford and Carlton Blackwell Publishing:

247-277

13. Bradley A M, Feezor M D, Singh H, et al. 2001. Power systems for autonomous underwater vehicles. IEEE Journal of Oceanic Engineering, 26: 526-538
14. Brett J R. 1964. The respiratory metabolism and swimming performance of young sockeye salmon. Journal of Fisheries Research Board Canada, 21: 1183-1226
15. Butler B. 1999. Field trials of the Theseus AUV. 9th Int Symposium on Unmanned Untethered Submersible Technology, Durham, New Hampshire: September
16. Cai Y, Bi S, Zheng L. 2010. Design and experiments of a robotic fish imitating cow-nosed ray. Journal of Bionic Engineering, 7: 120-126
17. Caldwell D G. 1993. Natural and artificial muscle elements as robot actuators. Mechatronics, 3: 269-283
18. Carlton J. 2007. Marine Propellers and Propulsion. Oxford Butterworth-Heinemann
19. Casellini M. 2008. Thermoregulation. Encyclopedia of Marine Mammals. London: Academic Press
20. Clarke A and Johnston N M. 1999. Scaling of metabolic rate with body mass and temperature in teleost fish. Journal of Animal Ecology, 68: 893-905
21. Comstock J P. 1977. Principles of Naval Architecture. 4th Edition. New York Society of Naval Architects & Marine Engineers
22. Crimmins D M, Patty C T, Beliard M A, et al. 2006. Long-endurance test results of the solar-powered AUV system. In Oceans 2006
23. Curtin N A and Woledge R C. 1993a. Efficiency of energy conversion during sinusoidal movement of red muscle fibres from the dogfish Scyliorhinus canicula. Journal of Experimental Biology, 185: 195-206
24. Curtin N A and Woledge R C. 1993b. Efficiency of energy conversion during sinusoidal movement of white muscle fibres from the dogfish Scyliorhinus canicula. Journal of Experimental Biology, 183: 137-147
25. Davis R W, Williams T M, Kooyman G L. 1985. Swimming metabolism of yearling and adult harbor seals Phoca vitulina. Physiological Zoology, 58: 590-596
26. Dewar H and Graham J B. 1994. Studies of tropical tuna swimming performance in a large water tunnel—Energetics. Journal of Experimental Biology, 192: 13-31
27. Dong H. 2005. Wake structure and performance of finite aspect-ratio flapping foils In 43rd AIAA Aerospace Sciences Meeting and Exhibit
28. Dressler F. 2005. Efficient and scalable communication in autonomous networking using bio-inspired mechanisms-an overview. Informatica, 29: 183-188
29. Drucker E G. 1996. The use of gait transition speed in comparative studies of fish locomotion. American Zoology, 36: 555-566
30. Drucker E G and Lauder G V. 2000. A hydrodynamic analysis of fish swimming speed: Wake

structure and locomotor force in slow and fast labriform swimmers. Journal of Experimental Biology, 203: 2379-2393

31. Elliott J M and Davison W. 1975. Energy equivalents of oxygen consumption in animal energetics. Oecologia, 19: 195-201
32. Fausch K D. 1993. Experimental analysis of microhabitat selection by juvenile steelhead (Oncorhynchus mykiss) and coho salmon (O. kisutch) in a British Columbia stream. Canadian Journal of Fisheries and Aquatic Sciences, 50: 1198-1207
33. Fish F E. 1993. Power output and propulsive efficiency of swimming bottlenose dolphins (Tursiops truncatus). Journal of Experimental Biology, 185: 179-193
34. Fish F E. 1996. Transitions from drag-based to lift-based propulsion in mam malian swimming. American Zoology, 36: 628-641
35. Fish F E. 2006. The myth and reality of Gray's paradox: Implication of dolphin drag reduction for technology. Bioinspiration & Biomimetics, 1(2): R17-R25
36. Froese R and Pauly D. 2011. FishBase: Version(02/2011),http://www.fishbase.org
37. Furlong M E, Mcphail S D, Stevenson P. 2007. A concept design for an ultra-long-range survey class AUV. In Oceans 07
38. Gao J, Bi S, Li J, et al. 2009. Design and experiments of robot fish propelled by pectoral fins. In IEEE International Conference on Robotics and Biomimetics
39. Gre′millet D, Kuntz G, Woakes A J, et al. 2005. Year-round recordings of behavioural and physiological parameters reveal the survival strategy of a poorly insulated diving endotherm during the Arctic winter. Journal of Experimental Biology, 208: 4231-4241
40. Griffiths G. 2003. Technology and Applications of Autonomous Underwater Vehicles. Ocean Science and Technology, London: Taylor & Francis
41. Griffiths G, Jamieson J, Mitchell S, et al. 2004. Energy storage for long endurance AUVs. In ATUV Conference
42. Hammer C. 1995. Fatigue and exercise tests with fish. Comparative Biochemistry and Physiology Part A: Physiology, 112: 1-20
43. Hasvold Ø, Størkersena N J, Forsetha S, et al. 2006. Power sources for autonomous underwater vehicles. Journal of Power Sources, 162: 935-942
44. Herr H and Dennis R G. 2004. A swimming robot actuated by living muscle tissue. Journal of Neuroengineering and Rehabilitation, 1: 6
45. Heymsfield S B, Gallagher D, Kotler D P, et al. 2002. Body-size dependence of resting energy expenditure can be attributed to nonenergetic homogeneity of fat-free mass. American Journal of Physiology—Endocrinology and Metabolism, 282: E132-E138
46. Hinch S G and Rand P S. 2000. Optimal swimming speeds and forward-assisted propulsion: Energy-conserving behaviours of upriver-migrating adult salmon. Canadian Journal of Fisheries and Aquatic Sciences, 57: 2470-2478

47. Hoerner S F. 1965. Fluid-dynamic Drag, 2nd Edition. Published by the author
48. Huggins R A. 2010. Energy storage. New York: Springer
49. Humbeeck J V. 2001. Shape memory alloys: A material and a technology. Advanced Engineering Materials, 3: 837-850
50. Iverson S J, Frost K J, Lang S L C. 2002. Fat content and fatty acid composition of forage fish and invertebrates in Prince William Sound, Alaska: Factors contributing to among and within species variability. Marine Ecology Progress Series, 241: 161-181
51. Ixsea. 2011. IXSEA PHINS Surface Inertial Navigation System
52. Jones E A, Lucey K S, Ellerby D J. 2007. Efficiency of labriform swimming in the bluegill sunfish (Lepomis macrochirus). Journal of Experimental Biology, 210: 3422-3429
53. Jonsson N, Jonsson B, Hansen L P. 1997. Changes in proximate composition and estimates of energetic costs during upstream migration and spawning in Atlantic salmon Salmo salar. Journal of Animal Ecology, 66: 425-436
54. Kleiber M. 1932. Body size and metabolism. Hilgardia, 6: 315-353
55. Korsmeyer K E and Dewar H. 2001. Tuna metabolism and energetics. Fish Physiology, 19: 35-78
56. Korsmeyer K E, Steffensen J F, Herskin J. 2002. Energetics of median and paired fin swimming, body and caudal fin swimming, and gait transition in parrotfish (Scarus schlegeli) and triggerfish (Rhinecanthus aculeatus). Journal of Experimental Biology, 205: 1253-1263
57. Larminie J and Lowry J. 2003. Electric Vehicle Technology Explained. Chichester: John Wiley & Sons
58. Leeuw J J D, Butler P J, Woakes A J, et al. 1998. Body cooling and its energetic implications for feeding and diving of tufted ducks. Physiological Zoology, 71: 720-730
59. Liao J C, Beal D N, Lauder G V, et al. 2003. The Ka´rma´n gait: Novel body kinematics of rainbow trout swimming in a vortex street. Journal of Experimental Biology, 206: 1059-1073
60. Licht S, Hover F and Triantafyllou M S. 2004a. Design of a flapping foil underwater vehicle. International Symposium on Underwater Technology
61. Licht S, Polidoro V, Flores M, et al. 2004b. Design and projected performance of a flapping foil AUV. Journal of Oceanic Engineering, 29: 786-794
62. Lighthill M J. 1969. Hydromechanics of aquatic animal propulsion. Annual Review of Fluid Mechanics, 1: 413-446
63. Lighthill M J. 1970. Aquatic animal propulsion of high hydromechanical efficiency. Journal of Fluid Mechanics, 44: 265-301
64. Liversey G and Elia M. 1988. Estimation of energy expenditure, net carbohydrate utilization, and net fat oxidation and synthesis by indirect calorimetry: Evaluation of errors with special reference to the detailed composition of fuels. The American Journal of Clinical Nutrition, 47: 608-628

65. Long Jr J H, Schumacher J, Livingston N, et al. 2006. Four flippers or two? Tetrapodal swimming with an aquatic robot. Bioinspiration & Biomimetics, 1: 20-29
66. Luna-Jorquera G and Culik B M. 2000. Metabolic rates of swimming Humboldt penguins. Marine Ecology Progress Series, 203: 301-309
67. Luo N, Miley G H, Kim K J, et al. 2008. $NaBH_4/H_2O_2$ fuel cells for air independent power systems. Journal of Power Sources, 185: 684-690
68. Maxon. 2011. Maxon Motor. http://www.maxonmotor.co.uk
69. Mclaughlin R L and Noakes D L G. 1998. Going against the flow: An examination of the propulsive movements made by young brook trout in streams. Canadian Journal of Fisheries and Aquatic Sciences, 55: 853-860
70. Mussi M, Summers A P, Domenici P. 2002. Gait transition speed, pectoral fin-beat frequency and amplitude In Cymatogaster aggregata, Embiotoca lateralis and Damalichthys vacca. Journal of Fish Biology, 61: 1282-1293
71. Ohlberger J, Staaks G, Ho¨lker F. 2006. Swimming efficiency and the influ ence of morphology on swimming costs in fishes. Journal of Comparative Physiology B: Biochemical, Systemic, and Environmental Physiology, 176: 17-25
72. Oota S and Saitou N. 1999. Phylogenetic relationship of muscle tissues deduced from superimposition of gene trees. Molecular Biology and Evolution, 16: 856-867
73. Palstra A P and Van Den Thillart G E E J M. 2010. Swimming physiology of Europeansilvereels (Anguillaanguilla L): Energeticcostsandeffectsonsexual maturation and reproduction. Fish Physiology Biochemistry, 36: 297-322
74. Parsons G R. 1990. Metabolism and swimming efficiency of the bonnethead shark Sphyrna tiburo. Marine Biology, 104: 363-367
75. Persistor Instruments Inc. 2010. Persistor(R) CF2
76. Pettersson L B and Hedenstrom A. 2000. Energetics, cost reduction and functional consequences of fish morphology. Proceedings of the Royal Society of London. Series B, Biological Sciences, 267: 759-764
77. Philips A B, Blake J I R, Smith B, et al. 2010. Nature in engineering for monitoring the oceans: Towards a bio-inspired flexible AUV operating in an unsteady flow. Proceedings of the Institution of Mechanical Engineers, Part M: Journal of Engineering for the Maritime Environment, 224: 267-278
78. Phillips A B, Furlong M E, Turnock S R. 2007. The use of computational fluid dynamics to assess the hull resistance of concept autonomous under water vehicles. In Oceans 2007—Europe, Aberdeen, UK
79. Phillips A B, Turnock S R, Furlong M. 2010. The use of computational fluid dynamics to aid cost-effective hydrodynamic design of autonomous under water vehicles. Proceedings of the Institution of Mechanical Engineers, Part M: Journal of Engineering for the Maritime

Environment, 224: 239-254

80. Plaut I. 2001. Critical swimming speed: Its ecological relevance. Comparative Biochemistry and Physiology Part A: Physiology, 131: 41-50
81. Prior S D and White A S. 1995. Measurements and simulation of a pneumatic muscle actuator for a rehabilitation robot. Simulation Practice and Theory, 3: 81-117
82. Read D A, Hover F S, Triantafyllou M S. 2003. Forces on oscillating foils for propulsion and maneuvering. Journal of Fluids and Structures, 17: 163-183
83. Reijniers J and Peremans H. 2007. Biomimetic sonar system performing spectrum-based localization. IEEE Transactions on Robotics, 23: 1151-1159
84. Roper D T, Sharma S, Sutton R, et al. 2011. A review of developments towards biologically inspired propulsion systems for autono mous underwater vehicles. Proceedings of the Institution of Mechanical Engineers, Part M: Journal of Engineering for the Maritime Environment, 225: 77-96
85. Rosen D S and Trites A. 2002. Cost of transport in steller sea lions, Eumetopias jubatus. Marine Mammal Science, 18: 513-524
86. Sato K, Shiomi K, Watanabe Y, et al. 2010. Scaling of swim speed and stroke frequency in geometrically similar penguins: They swim optimally to minimize cost of transport. Proceedings of the Royal Society of London B: Biological Sciences, 277: 707-714
87. Schmidt J. 1923. Breeding places and migration of the eel. Nature, 111: 51-54
88. Schmidt-Nielsen K. 1997. Animal Physiology: Adaptation and Environment. 5th Edition. Cambridge: Cambridge University Press
89. Smith R R. 1976. Studies on the energy metabolism of cultured fish. Ph.D Thesis of Cornell University
90. SNAME. 1957. 8th International Towing Tank Conference
91. Stefoff R. 2006. Submarines. New York: Benchmark Books
92. Stevenson P, Furlong M, Dormer D. 2007. AUV shapes—combining the practical and hydrodynamic considerations. In Oceans 2007—Europe
93. Struntz D J, Mclellan W A, Dillaman R M, et al. 2004. Blubber development in bottlenose dolphins (Tursiops truncatus). Journal of Morphology, 259: 7-20
94. Suleman A and Crawford C. 2008. Design and testing of a biomimetic tuna using shape memory alloy induced propulsion. Computers and Structures, 86: 491-499
95. Svedang H and Wickstrom H. 1997: Low fat contents in female silver eels: Indications of insufficient energetic stores for migration and gonadal development. Journal of Fish Biology, 50: 475-486
96. Townsend C R and Winfield I J. 1985. The application of optimal foraging theory to feeding behaviour in fish. In Tyler, P. & Calow, P. (Eds.), Fish Energetics: New Perspectives. Baltimore, MD, Johns Hopkins University Press

97. Tytell E D and Lauder G V. 2004. The hydrodynamics of eel swimming I. Wake structure. Journal of Experimental Biology, 207: 1825-1841
98. U.S. Department of Agriculture (2010) USDA national nutrient database for standard reference, release 23. nutrient data laboratory home page, http://www.ars.usda.gov/nutrientdata
99. Ura T and Obara T. 1999. Twelve hour operation of cruising type AUV "R-One Robot" equipped with a closed cycle diesel engine system. In Oceans'99, Seattle: 1188-1193
100. Van Ginneken V J T, Antonissen E, Mu ¨ller U K, et al. 2005. Eel migration to the Sargasso: Remarkably high swimming efficiency and low energy costs. Journal of Experimental Biology, 208: 1329-1335
101. Van Ginneken V J T and Maes G E. 2005. The European eel (Anguilla anguilla, Linnaeus), its lifecycle, evolution and reproduction: A literature review. Reviews in Fish Biology and Fisheries, 15: 367-398
102. Videler J J. 1993. Fish Swimming. New York: Springer-verlag
103. Videler J J and Nolet B A. 1990. Costs of swimming measured at optimum speed: Scale effects, differences between swimming styles, taxonomic groups and submerged and surface swimming. Comparative Biochemistry and Physiology Part A: Physiology, 97: 91-99
104. Webb D C, Simonetti P J, Jones C P. 2001. SLOCUM: An underwater glider propelled by environmental energy. IEEE Journal of Oceanic Engineering, 26: 447-452
105. Webb P W. 1975. Hydrodnamics and energetics of fish propulsion. Bulletin Fisheries Research Board of Canada, 190: 1-158
106. Webb P W. 1998. Entrainment by river chub Nocomis micropogon and small mouth bass Microtperus dolomieu on cylinders. Journal of Experimental Biology, 201: 2403-2412
107. Webber D M and O'dor R K. 1986. Monitoring the metabolic rate and activity of free-swimming squid with telemetered jet pressure. Journal of Experimental Biology, 126: 205-224
108. Weihs D. 1989. Design features and mechanics of axial locomotion in fish. American Zoology, 29: 151-160
109. Williams R and Noren D P. 2009. Swimming speed, respiration rate, and esti mated cost of transport in adult killer whales. Marine Mammal Science, 25: 327-350
110. Williams T M. 1999. The evolution of cost efficient swimming in marine mammals: Limits to energetic optimization. Philosophical Transactions of the Royal Society B: Biological Sciences, 354: 193-201
111. Winberg G G. 1971. Methods for the Estimation of Production of Aquatic Animals. Academic Press London and New York: Academic Press
112. Wolf M I, Licht S C, Hover F, et al. 2006. Open loop swimming performance of 'Finnegan' the biomimetic flapping foil AUV. In Sixteenth (2006) International Offshore and Polar Engineering Conference

113. Yu J, Hu Y, Huo J, et al. 2009. Dolphin-like propulsive mechanism based on an adjustable Scotch yoke. Mechanism and Machine Theory, 44: 603-614

114. Zhou C, Wang L, Cao Z, et al. 2007. Design and control of biomimetic robot fish FAC-1. In Kato, N. & Kamimura, S. (Eds.), Bio mechanisms of Swimming and Flying: Fluid Dynamics, Biomimetic Robots, and Sports Science. Tokyo: Springer-Verlag

中国多民族文学丛书／第六辑

模仿者的生活

帕蒂古丽／著

作家出版社

帕蒂古丽　维吾尔族，出生于新疆沙湾县老沙湾镇大梁坡村，现就职于浙江余姚日报社。中国作协会员，鲁迅文学院第15届少数民族班学员、第32届高研班学员。在《人民文学》《大家》《天涯》《美文》等杂志发表作品近百万字，作品入选全国各类散文年选和散文精选集。

已出版散文集《隐秘的故乡》《散失的母亲》《跟羊儿分享的秘密》《混血的村庄》《思念的重量》《水乳交融的村庄秘境》，长篇小说《柯卡之恋》被评为“北京市优秀长篇小说”，长篇小说《百年血脉》入选“第三届向全国推荐百种优秀民族图书”，并获“北京市优秀图书奖”、“第六届中华优秀出版物提名奖”，被翻译成英文在海外出版发行。

散文《模仿者的生活》获2012年度《民族文学》奖、《散文选刊》2012年度最佳华文奖、2012年第四届在场主义散文奖新锐奖。散文《思念的重量》获2013年全国散文大赛一等奖。散文《被语言争夺的舌头》获2014年度人民文学奖。

作者近照

目　录

混血的大梁坡

一

“大梁坡像鸡蛋，两头尖尖鼓中间，中间窝个大坑湾。”这是大梁坡小孩子们的几句顺口溜。大梁坡是一个蛋形的村庄，我家就住在大梁坡东南角最高的坡顶上，这个位置就是蛋尖，我家后边连着哈萨克族人的羊圈，前边隔着条小渠沟就是回族庄子。

一条大河坝把我家和对面的海子湾隔开了。积雪融化的时候，河坝里我沿着河左奔右突，很难找到可以过河的地方。老河坝很深，从这边走下去，再从那边走上去，得一袋烟的工夫。

河坝里水浅的地方是沼泽，只能没脚，深的地方深不可测。老河坝根本没有底，水是从河坝底里的泉眼里，咕嘟咕嘟冒出来的，河坝的水颜色发黑，味道很咸，连驴都不太情愿喝。

河坝边上，正对着我家院子的是我家的那片葵花地，被六棵白杨树静静地护卫着。房屋的后面是羊圈，矮矮的栅栏门，是用柳条编的，羊粪高高地堆在门口，好像就等着谁来铲走它们，然后运送到庄稼地里。

越过羊圈是那片低洼处的大菜地，像一个大坑，坑周围是一户一户蘑菇一样低矮的人家。我家的地势最高，像是在一座孤岛上。房子周围向任何方向走，都是下坡路，院子的地也朝外倾斜着。从门口泼的水，都会流向四面八方，一滴也不会积在墙根。到我们家做客的人，都得仰着脖子往上看，连苍蝇、蚊子都要学会斜着往上飞。

河坝两边的杂草很茂盛，芦苇、车前子、红柳、苦豆子、芨芨草、骆驼刺、胖婆娘、蒲公英，一丛一丛的，从河坝底里一路翻腾着往上涌，密实得连土都看不见半把。最高的芦苇有一房多高，可以直接用来盖房子。草丛里躲着一堆一堆的刺猬，那是蛇的对手。

河坝对岸，夏天躺满了晒太阳的花蛇，盘得像一盘子一盘子的拉条子，有的像马缰绳那么粗，有的像鞭子那么细。到了中午，除了我们这些瞒着午睡的大人偷西瓜吃的孩子，谁也不会到对岸打搅这些精灵。

看见轻手轻脚的我们，蛇并不惊慌，自顾在太阳下懒洋洋地做它的美梦。偶尔有几条还没睡熟的懒蛇，在暖暖的沙子上半闭着眼，慢吞吞地挪一挪身子，给我们光着的小脚丫让出一拃羊肠小道，然后又蠕动着身子，蜷缩成一团睡过去了。

到了冬天，河坝两岸就变成了白茫茫的一片。有月亮的夜里，能听见狐狸和狼的叫声。而附近的兔子都被猎人的狗赶到了更远的地方。

二

在大梁坡这个鸡蛋形的村庄，村庄最东面蛋肚子的位置，鼓得最胖的是新庄子，它坐落在维吾尔族庄子的外围。新庄子里住着从河南和甘肃来的十几户汉族人家。村里的小学校就在新庄子中间，那里面最特别的声音是哨子声。

大梁坡人的房子都盖在这个蛋形村庄靠边缘蛋清的位置，自留地和小菜园都扎在蛋中间的蛋黄的位置上。大片的庄稼地把人们想象中的蛋清扩展到眼睛看不见的地方，村庄里的五百多号人，把这个鸡蛋一样的小地球，用勤劳的手安排得妥妥帖帖，拾掇得停停当当。

这个村庄每天都照着大梁坡人心里所想的样子生长着。哪里种树遮风挡沙，哪里种豆哪里种瓜，哪里播苜蓿哪里种棉花，不管种啥干啥，大梁坡人一直有意无意地让这个村庄保持着一个鸡蛋形的模样，人们娶媳妇生孩子变老，都是在这个蛋里面扑腾着、忙活着。

大梁坡这个蛋好像有弹性会伸缩一样，人们再扑腾也被一层看不见的柔软的蛋壳围裹着，即使殁了，也都埋进了大梁坡的黄土。在我们长大成人的几十年里，从来没有人从村庄里走出去过。

村里住的一直是那些人，偶尔来了外面的光棍，也很快被大梁坡化在自己的蛋清里，给他在蛋黄里分出一块菜地种着，光棍在村庄不远的地方开出几亩荒地，然后娶妻生子过日子，被大梁坡的水土养活着。

汉族庄子有两大片，被扔在村庄最后面的蛋屁股上的是老庄子，那里住着从甘肃、河南、江苏、四川、山东来的五十几户汉族人家。

我家在村子东南边的高坡上，站在我家院子里往村子西北边看，住得离大坑最近的那几家，多是姓马的回族，只有一家姓王的回族，我小时候多病，妈妈带我认了王家两口子做了我的干爹干妈。

我长大了一点，学校从新庄子搬到了回族庄子后面，每次上学、放学都要路过干爹干妈家门口的菜园子，干爹见了直打量我，干妈总要摸摸我的头，拉拉我的手，说一些很难懂的青海调子的回族话，我只好含糊着点头或摇头。他们对我的表现似乎很满意，麻利地从菜地里拔了萝卜或摘了西红柿，用旁边河坝的水洗了给我解渴。

大梁坡人叫这几家人住的地方是回族庄子。说是回族庄子，就是回族人数多了点，其实回族庄子里啥族都有。马家住的坑湾那边是一个缓坡，坡被一条牛车道划成两半，坡下面就住着几家从南疆来的维吾尔族，坡上面还挤了一户哈萨克族人家。

从缓坡上下来，再上去往北，就是维吾尔族庄子，其实中间也夹了几户哈萨克族人家和两户姓苏的回族人家。维吾尔族人家一家离另一家靠得不近，他们都喜欢在院子里辟出地来，搭上葡萄架和瓜棚子，维吾尔族庄子被大大小小的葡萄架拉成了长条形的，长长地弯过来，几乎包围了半个村子。

维吾尔族庄子一直从村子的北面，延伸到了村子东面朝南拐弯的地方，两户哈萨克族人家的羊圈插在维吾尔族庄子的边上，像是在一串玛瑙珠子末梢拴了两颗银坠子，沉甸甸的。

从维吾尔族庄子到这两户哈萨克族人家，一路上半人高的荒草被踩出的一条路直通羊圈，这两座羊圈里有大梁坡村每户人家代放的羊只。到了下午羊回圈的时候，维吾尔族庄子的姑娘们都端着大碗、大缸子去羊圈里挤奶。

站在我家的高坡上看过去，只能看见绿草掩映的村道上姑娘们头上的纱巾，从纱巾的包法和颜色上，我就能判定谁家的姑娘又去羊圈里挤奶了，晚上到谁家必定有香喷喷的奶茶喝。

三

那时候大梁坡还没有清真寺，谁家生了孩子取经名，或是帮新婚的人念尼卡尔，爹爹都是去人家家里念《古兰经》，小孩子是不允许跟着去的，不过，从父亲带回来的东西上，我们就可以判断出村里又发生了什么大事。

我们家的每条毛巾都记录着大梁坡人的忌日。父亲带回来一条毛巾，就说明大梁坡又有一个人被真主唤走了。

有个人被真主召唤去了，那个人的家人或邻居就会不顾天早夜黑，如期地来找我父亲，让他去为殁了的人站乃麻子、洗礼、送埋。然后，父亲就带回来一条新毛巾。

如果我们家的毛巾用得发黑还没有换，就说明村里已经很久没有死人了。从毛巾陈旧的程度上，我们可以推断出上一个死者，埋在沙土里的身体是不是快要风干了。

要等到下一个人死了，我们家的毛巾才能换上一条新的。

从上个无常者的葬礼上带回来的毛巾，在我和弟妹们脸上来回摩擦得像发硬的牛肚，下一个人的死讯总会如期到来，一般等不到一条毛巾用烂。

奈比约拉殁了，他欠我的几千块钱也没了。爹爹从奈比约拉的葬礼上带回一条毛巾。不过这一次是例外，父亲从奈比约拉家带回来的那条毛巾用了好几年，用到绒都平了，就剩横一根、竖一条的一把线了，稍一捏就裂开一个大口子，家里人都很小心的，只蘸了水在脸上擦两下，就挂回墙上的木橛子上。

母亲每次看看毛巾上的破洞都说：“啧啧，奈比约拉家的毛巾可真经用。”

“这条毛巾值几千块哩，你知道个啥。”听起来父亲还想再多用上它几年。其实村里人借了钱，只要家里大人殁了，那账也跟着走了，断不会跟着后代要的，即使要讨，也不一定就能还上，恐怕又要下一代欠着。

四

我们一家就有两个民族，我爹爹是新疆喀什的维吾尔族，妈妈是甘肃天水的回族。村里人取笑我们家的孩子是“二转子”（混血儿）。我们听了很生气，回来给爹爹告状。爹爹说：“一个村里四五个民族，来自四五个省份，有几个二转子、三转子一点也不稀奇，一只老母鸡身子底下孵的，还不全是自己下的蛋呢。我跟你妈不是同一个民族，不是照样在一个锅里搅了一辈子勺子。”

爹爹和妈妈有很多习惯不太一样，用汉族话说真是叫“尿不到一个壶里”。天一黑，母亲就要把夜壶放在炕洞边，父亲就嫌她在屋子里吃，又在屋子里拉，不成体统。妈妈任凭父亲怎么说，那把夜壶从来不挪位置。即使父亲睡前偷偷放在门外，半夜里也会被妈妈悄悄端回来放在炕洞边。妈妈听了一辈子父亲的埋怨，爹爹听了一辈子母亲用夜壶的声音，也算是谁都没吃亏。

能在一大片葵花地里无拘无束地撒尿，其实也是一件很痛快的事。可是我们不敢当着妈妈这么做。爹爹改变不了妈妈，就带着我们反抗她。天黑上炕睡觉前，父亲带领我和一个妹妹、四个弟弟到院子里解手，隆重得像举行仪式一样，几个人呼啦啦往葵花地前一站，男人站前排，女人蹲后排，稀里哗啦地就撒开了。

父亲指向哪里，我们就打向哪里，因为父亲知道，哪一棵葵花缺少肥料不长个，哪一棵葵花被粪水烧得歪着脑袋，打不起精神。小弟弟的金粪蛋子来不及落到地上，就被我家大黄狗用嘴巴接住了，父亲见了就打趣，狗吃了人粪，最后还是会拉到自家的地里，赔不了账的。

大梁坡村是一个混血的村庄，各地、各族的人说着各自的话，吃各自的饭，几十年下来，发现你能听懂我说的，我也能听懂你说的。爹爹说：

“麻雀跟燕子待久了，也能听懂对方的歌呢。”

爹爹和妈妈就是燕子和麻雀住在一个屋里，偏偏是只能爹爹听得懂妈妈说的，妈妈听不懂爹爹说的，为难了我们这些做孩子的，当着爹爹说维语，跟母亲要说回族话，出门近邻都是哈萨克族，又要会说哈萨克族话。我们同时学会了三种语言。

五

来自天南地北的人到了大梁坡，都喝一样的水，吃一块地上长的粮食，慢慢地连人身上的气味也都变得差不多了。

河南人的面疙瘩被四川人学了去，四川人的麻辣汤被甘肃人搅到了锅里，山东人干脆把甘肃酸菜味、山西陈醋味、四川麻辣味一锅炖三省，江苏人尝尝觉得味道不错，照着做好，再在里面撒上一把糖，吃得很香。大梁坡人做饭的时候，闻一闻汉族庄子里飘荡的饭菜味，就是一股浓浓的大梁坡的“转子味”。

在民族庄子，哈斯木家的辣椒炒茄子，哈尼帕家的豇豆炒鸡蛋，乌斯曼家的土豆烧洋葱和回族人家的白菜萝卜炖粉条，饭菜虽是在各家的锅里翻炒搅和，却是你家的菜里有我家的肉，我家的菜里有你家的调料，他的饭里有我家的油盐，这饭菜也是“混血”的。

大梁坡的少数民族人家，油、盐、酱、醋、茶、奶、蛋都备得齐做一顿饭的没有几家。白天村里人都忙着种地的种地，放羊的放羊，傍晚回来要做饭了，一看盐袋子、油瓶子见底了，端了碗就往左邻右舍去，说是去借，一小碗盐、半碗油，多半是只借不用还的，等到你家缺盐少醋了，也可以端了碗去人家家里倒一点来救急。

谁家宰了羊就更不用说了，村里一大片民族人家的菜里，多少都得沾上点荤腥，你切一片肉，他拿两块骨头，一只羊也够百家吃，哪天换了另一户人家若是宰了牛，也是一样的道理，绝不会落下村里的任何一户，哪怕请你来喝碗肉汤。

村里的老人说，人分不均的，真主都会替人分均匀。大梁坡每个人家的饭锅也是有弹性会伸缩的，明明这家人只做了一家五口人吃的饭，赶巧吃饭时来了三四个人，主人家的饭照样够这八九个人吃。

大梁坡人喜欢在吃饭时有客人来家里，老人们说："念你好的人，都会在你正好吃饭时，赶到饭桌前，饭后来的人，是背后念你不好的人。"谁都想让人家知道，自己是念着别人好来的，所以，谁都会赶在饭前到人家家里，名正言顺地蹭上一顿。

主人家自然也会让出尊贵的上位给念他好的人，并且从锅里捞出肉最多的菜，还有面片最稠密的汤面。如果主人家的饭太稀，稀到要脱了鞋子卷了裤管让客人下到锅里去捞的地步，或者奶茶里的奶皮子太薄，薄到能透光，都是不礼貌的，别人就是吃了喝了也难念你的好，这样的人家的主妇是要被大梁坡人笑话的。

六

在村庄正中间那个圆圆的大坑里面，一年有三季长满了各种蔬菜，夏天，坑里种满了各种蔬菜，这个葱葱郁郁的大坑，就像是一口大梁坡的大菜锅。

回族、维吾尔族和哈萨克族人的菜地，都在村子中间的大坑里，你家种豇豆，他家种茄子，我家种辣子，谁家的先成熟了就摘一些下锅，你今天摘我的辣子，明天我摘你的茄子，一家种一样东西，十几家的菜合在一起，就能做出一桌像样的菜来了。

到了冬天，各家的白菜土豆等冬菜都进了地窖，那里就剩一个白茫茫的大雪坑，大坑里的雪很深，除非有十万火急的事情，谁也不会轻易到雪坑里瞎扑腾。

那年冬天天刚亮，爹爹说妈妈生孩子了，让我赶快去叫大坑那边老庄子的汉族医生乔桂兰。我好奇地掀开妈妈的被子想看看她生的是男是女，躺在妈妈大腿中间的那个小生命，小腿蹬着，露出胯下的小东西，肚子上的脐带还在母亲的胯下连着，我跟爹爹说："爹爹，是小弟弟！"说完，没等爹爹的呵斥出口，拔腿就跑。

我没有沿着村路去绕那个大坑，而是果断地把自己扔进了那个大雪坑，奋力地在里面扑腾到了坑那边，这是去老庄子乔桂兰家最近的路，我用了最短的时间，叫来了赤脚医生乔桂兰，看着她用火燎了爹爹裁衣服的大剪刀，给弟弟剪了脐带。

妹妹出生的时候也是冬天，乔桂兰刚好在坐月子，也是我飞奔过那个大雪坑，去叫坑对面的图拉罕大婶给妈妈接生。图拉罕大婶说她早算好妈妈要生了，谁家的媳妇几月份结的婚，几月里怀了孕，她心里都记着一笔账。

图拉罕大婶把做好的一大锅馄饨，用一个铝锅装好，盖上盖子，上面再裹了一个小被子，热乎乎地端到了我家的炉子上。给妈妈接生完，她用小被子裹好刚出生的小妹妹，给我们每人盛了一大碗热腾腾的馄饨，在剩的半盆馄饨里打了两个鸡蛋，连铝锅端着喂妈妈吃，劝妈妈多吃点好下奶，我看见那天妈妈吃得不停地擦汗。

村里人谁家生了孩子，都得借哈斯木家的小摇床，孩子大一点，又要换吐尔逊家的大摇床。这两个摇床上睡过村里维吾尔族和哈萨克族的每一个孩子。摇床从东家转到西家，转到摇床的主人家的孩子出生了，才会被送回去。而这时，已经有大着肚子的村里媳妇在掐着日子，等主人家把摇床让出来，给自己将要出生的孩子。

村里有几辆马车也是按村里人养马的数量做的，马车要派用场的时候，就要把你家的辕马、我家的儿马、他家的骒马套在一驾马车上拉车，一驾马车如果空了一匹马的位置，谁也别想用它拉东西。

村里的奶牛也是大家轮流挤奶的。谁家的牛生下牛娃子，大家都排着队来挤奶，等这家的牛不产奶了，另一家的牛兴许就生牛娃子了，又可以接着挤，这家的挤完了还有那家的。这样，大梁坡人一年四季都有鲜奶喝。

几十年，人们在一个村里过活久了，谁离了谁都不行。羊跟羊混着放，狗跟狗混着耍，鸡跟鸡混着喂，牛跟牛混着养，驴跟马混着配，人跟人混着活，这样的村庄恐怕跟混血的人一样，最后也算是混血的村庄了吧。

在稻谷上睡了一个冬天

那一年，地里的稻谷还没有收回来，大雪就像盗贼一样从南山那边扑过来，抢夺了村庄收割的喜悦。

父亲悔得直跳："唉，就在地里多放了一夜，谁知道雪这个贼娃子，会趁人睡着的时候，把一地壮壮实实的稻子全给埋起来了。现在镰刀磨得再利，又有啥用。"

"辛苦了一年的收成，总不能就这样送给雪贼，就是一点一点挖，一捧一捧地捧，也要把它收回来。不然，娃娃们挨饿不说，连明年的稻种子都有麻达。"妈妈低头看着隆起的肚子叹了口长气。

这天，村里的大人孩子全都出动了，扛着铁锹、坎土曼、铁叉、木锨，推着手推车，带着畚斗、簸箕、筛子，到雪地里刨稻谷。

雪有一尺多厚，要一锹一锹把雪铲成堆，再运到稻地外面去。手推车推出去的雪，都在稻地四周围起了冰雪长城，脚下的稻谷才从雪缝中戳出了一根根尖细的稻芒。

再往下铲，都是混了雪的稻谷，人踩过以后，稻谷和雪粒粘在一起，日头一照就结成了块，掰也掰不开了。

全村的人都蹲在地里捡稻子，远远地看过去，就像是在雪海里淘金子。

稻谷躺在冰床上

我和弟弟妹妹跟着大人们在雪窝里淘稻谷。我们用双手把稻子旁边的雪刨开，稻子一棵棵躺在雪上，就像金丝金豆撒开在白白的棉花絮上，金闪闪地耀人眼。

小心地抠掉沾在稻穗上的雪渣子，再轻轻地剥掉裹在稻谷壳上的冰块凝雪，一棵完整的稻穗就躺进我们为它准备的畚斗里。

爹爹走过来，看到我们举着稻穗像看花骨朵一样就跺脚："还不拿畚斗快点铲，铲起来倒进麻袋里，不把掀开雪层的稻谷赶紧铲起来，要是夜里再下场雪，它们就要烂在地里了。"

我们听了不由得加快了手脚，满畚斗、满簸箕地撮起雪地里沾着冰粒的稻谷，把大一点的雪块挑出来丢在一边，把裹着冰衣、连着稻秸的稻谷倒进大麻袋里。往麻袋里倒喳喳作响的稻谷，就像是在倒真金白银。

到日头偏西的时候，我们已经收了一半的稻谷。到日头隐在早上用雪垒起的白色长城后面时，所有的稻秸连着谷穗，都和冰冻的大地结成了一整块镶金雕银的冰面，连一粒稻谷都剥不出来了。

爹爹用一把小锄头在冰面上刨了一会儿，只在冰面上刨了几个白色的小坑。爹爹摇摇头，收起了锄头，套上了毛驴车，把六个装满稻谷的大麻袋放倒在车上，我和弟弟妹妹也一个接一个地爬到了麻袋上面。

大雪从人们手里抢夺过去的宝藏，又被人们抢夺了回来，尽管只抢夺了一部分，至少人们没有完全输给这场大雪。

不一会儿，马车、驴车和手推车都排成了队跟在我们后面，就像运送宝藏的队伍在雪原上列队行走。还有一些人肩扛身背着麻袋，一边走一边不停地朝回看，那样子就像是把孩子丢在了地里。

路上爹爹说，明儿个要起一个大早，把丢在地里的稻谷全都收回去，实在捡不起来的，就让牛羊、鸡鹅来觅食，这么好的粮食，一粒也不能白糟蹋了。

稻谷睡在大炕上

我们把本来躺在冰床上的稻谷，搬回了家里。

妈妈挺着大肚子抱了一大捆干树枝，在炕洞里点燃了火。爹爹掀开了大坑上的苇席和毡子，把六麻袋夹带着冰雪的稻谷全都倒在了大坑上，用木锨摊平。雪碴子一遇着热炕，很快化成了水，嗞嗞地冒着热气。

爹爹把苇席、毡子、单子、褥子，一层层铺开在摊开的稻谷和冰雪上，妈妈抱来的干树枝已经堆满了半间屋子。爹爹说："孩子们，你们拉开被窝，就睡在稻谷上。我和你妈一起把炕烧热。"

我跟弟弟妹妹和一大炕的稻谷一起睡得很香。

早上起来，我向窗户外一看，没有日头，鹅毛大雪像会动的棉花帘子一样厚厚地挂在窗玻璃上，一扑扇、一扑扇的。爹爹绿色的眼珠显得阴沉沉的。半屋子的柴火，全都变成了死灰堆在炕洞里，妈妈坐在炕洞前，脸色像灰一样。

大雪一连下了半个月，每天早上起来，连门都被雪堵住，推也推不开。那些日子，我们不再去稻地里收稻谷，从早上到晚上，我们都在做一样事情，扫雪、铲雪。扫了屋顶上的，再爬下来铲院子里的，扫完院子里的，再铲羊圈里的。刚刚扫干净，又落下厚厚的一层。老天就像在弹棉花，大梁坡村被捂在巨大的棉花套子里，掀也掀不掉。

雪停天放晴的那天，村里有很多人还是不甘心地到稻地里去，看看稻谷被雪埋了多深。人们没有一个扛家伙的，两只手筒在袖筒里去，又筒着两只手回来，脑袋和眼睛，像是被稻地里一根看不见的线绳牵拉着，一步一回头，好像那些稻子会在他们哪一次回头时，一下子从雪窝里蹿出来，蹿到他们跟前。

回来的路上，爹爹的头像霜雪压倒的稗子穗，一直戳进了肩胛里，硬是一次也没有回过。我替爹爹回头看了看那片白茫茫的稻地，爹爹后脑勺跟长了天眼似的："丫头，再看也没法子把在地里的稻谷看回来了，还是赶快回去吧。"

爹爹的步子越走越急，我一路小跑跟到家里。爹爹进了院子，操起靠在墙根的一把木锨就冲进家门，连脚带鞋上了炕，把炕上的铺盖、毡席全掀到地上，他就像大锅里翻炒手抓饭一样，不停地翻搅满炕的稻谷，稻谷冒着腾腾的热气，土炕上不时地露出斑斑水渍。

妈妈、弟弟、我和妹妹抱起地上潮乎乎的被子，晒到了院子里。本来薄薄的毡子浸透了雪水，变得比平时厚了几倍，我们四个人拽着又湿又重的毡子四角，好不容易拽到了柴草垛上摊平。

炕上的稻谷被爹爹一刻不停地翻搅了大半天。到傍晚的时候，我们把冻得像一张大铅饼一样的羊毛毡子，重又苫到还没有干透的稻谷上。

晚上，睡在硬邦邦的冻毡子上，像睡在大冰块上，被子怎么也暖不起来，一股凉气从身子底下直往上拔。

"下面火炕烤，上面身子焐，稻谷干得快一点。"爹爹躺在被窝里说这话的时候，冻得牙齿都打着战。

我们睡在稻谷上

我们在稻谷上睡了一个冬天。这是全家人睡得最踏实的一个冬天。我们每天晚上早早就躺在火炕上，用身子去暖那些稻谷。

每天早上起来，我都能看到爹爹的胡须上，妈妈和妹妹的发辫上沾着细细的稻芒。

照镜子的时候，我还能看到细小的稻芒夹在我柔软的头发丝中间，它们就像是躺在稻草堆里那么舒坦。整整一个冬天，我们家的每个人身上都带着新鲜稻谷的香气。

每天看着邻居家的大儿子哈力喀孜用石头臼子捣米，他们家每隔一天就有一顿大米饭吃。那些稻谷躺在我们身子下面，我们一粒都没舍得吃。爹爹说，炕上的这些种子，吃掉一颗，明年地里就要歉收一捧米。吃到肚子里的只有变成粪，种在地里的才能长成庄稼。

听了爹爹的话，就是看到有一颗稻谷掉在地上，捡起来偷偷含进嘴里，我都不舍得嚼烂，又悄悄把沾着口水的稻谷粒放进毡子下面盖好。我们硬是忍着，把一天三顿饭，减到一天只吃两顿，靠着喝玉米糊、吞高粱饼和吃地窖里的土豆、白菜，挨过了一个冬天。

冬天终于到了尾巴根上的时候，又一个弟弟降生在铺满稻谷的大炕上。本来睡在妈妈旁边的妹妹，把靠着炕洞和火墙最暖和的位置，让给了新出生的弟弟。

大炕上又多了一个娃娃，家里顿时热闹了很多。我家的门上还挂上了一根透着喜气的红布条。爹爹妈妈的脸也像五九过后的天气，渐渐暖和起来。

妈妈给小弟弟穿上妹妹刚出生时穿过的小棉袄，让我抱他到院子里看冰凌。屋檐下的冰凌吊得有三尺长，像透明的绳索垂挂在头顶上，滴答滴答往地上滴水。

“一九二九不是九，三九四九冻死狗，五九娃娃拍手，七九鸭子八九雁。九九加一九……”邻居家的女孩穿了鲜艳的衣服，扎了漂亮的麻花辫，一边唱一边跳橡皮筋，春天的气息就从她们的童谣、花衣服和头顶的蝴蝶花，弥漫到整个大梁坡村。

稻谷来到了春天

大梁坡村的春天，最先是沿着出去觅食的羊踩出的雪坑里走进来的，深深浅浅的羊蹄坑在春风里一行一行变得水汪汪的。厚厚的积雪覆盖的泥土，最先从那一个个小坑里重见天日。小小的羊蹄坑从村庄四周越走越远，向着村庄外更远的地方散开去。

冰冻了一个漫漫长冬的大地，就像是从羊蹄坑里解开了一粒粒黑色的纽扣，慢慢脱去了捂了一冬的白羊皮袄，一点一点露出了春色。

眼见着路边的杨树返青，河沿的柳树吐出苍绿的芽苞，结冰的渠沟在晴天里变得水汪汪的，春天的味道慢慢地从冰融雪消的田野上升腾起来。

清早，布谷的鸣叫从河坝那边飞过来，“布谷、布谷”的声音在窗户上、屋檐上飞来撞去，这声音撞到谁家，谁家就像得着了神谕似的，打开仓房，开始清理农具和闲放了一冬的马车和驴车。

爹爹修整好拉犁铧的绳索，把它套在老牛身上，起早摸黑到稻谷地里犁了三天地，他说，这片地去年吃下了那许多粮食，肥得流油，今年根本不用上肥料了。

我们把稻谷从大炕上扫起来，堆到场院里，爹爹给马套上了石碾子。马拉着石碾子在场院里撒了大半天的欢，那些连着稻秸秆的稻谷，舒服地躺在碾子下面打滚。我们在被爹爹用铁叉叉到了一边的干净的稻秸秆上打滚，就像在铺了新褥子的大炕上打滚。

我们把妈妈扬好了的稻谷，用木锨和簸箕铲进大麻袋里，抬到了车上。

爹把驴车赶上了高高的大梁坡。

我和弟弟妹妹坐在摞得高高的麻袋上，村庄一下子变得很矮很矮。我们被装满稻种的大麻袋托在半空中，天上软绵绵的云，地上暖洋洋的风，向着我们扑过来。

从坡顶上远远地看过去，冬天被雪埋掉过的那片稻地，已经被犁铧翻了个透，油黑油黑的泥土上，笼着淡白的水雾，日头照在雾气上，返出一道道、一圈圈紫蓝色的光晕，像虹一样。

弟弟和妹妹早已按捺不住，跳下高高的麻袋垛子，在翻得松软的泥土上奔跑。爹爹停好了驴车，卸下稻种，坐在新打的田埂上，卷上一根莫合烟点着，美美地吸了一口，眯着眼睛看弟妹们在稻地里撒欢。

我问爹爹："这么大一片稻田，这几麻袋稻种不够播咋办？"

爹爹捋了一把密密匝匝的胡楂子，对着稻地盘算："就是种子播稀点，也得把这块地全都撒上种子。今年雪水这么足，这地里，播上一颗种子，就能活一棵苗子，说不定去年埋在地里的稻谷也能发芽。再等些日子，这稻地里就长满绿绿的稻秧了。"

爹爹说这话的时候，我看见他湿汪汪的眼睛就像是两大块水田，成片成片的稻子苗浸在他的眼波里，那些在爹爹眼里疯长的绿色稻苗，一下子盖满了整个大梁坡，连大梁坡上刮过的呼啦啦的风，都被爹爹眼睛里的光染绿了……

老弟，我给你挖个坑吧

大梁坡西边的那块汉族人的坟地越摊越大，快要跟村子连起来了。坟滩上不长草，只长盐碱，白花花的，土都是塘土，赤脚走在上面像踩在灰上，一点重量都没有，刮一小股风，塘土就扬到半天上，坟堆上像是长出了土黄的头发，在半空里甩了一圈又一圈，把这个坟头上的土甩到那个坟头上。村里人说，这可能是死人被活人吵醒在串门。只要有人来，坟滩上的塘土就能热闹一阵子。

这一片坟滩的塘土到村庄北边尹文福的孤坟上串门，要有很大一股风吹上老半天，这些生前喝糊糊、吃苞谷面的亡人，一般都不愿费那么大的力气，跑上大半天才串上一座坟。这样一想，尹文福的坟就更孤单了。

尹文福的坟很大，在村庄北边的野地里，堆得像座小坡，他睡得很舒坦，没有人跟他挤。为了给他下葬，依布拉英和大梁坡村的人费了不少的劲。

你腾个地方给老弟吧

麦子黄了的七月天，抹了脖子的尹文福，尸体横在麦地里。尹文福七十岁的老娘正伺候他婆姨坐月子，大梁坡没有人敢告诉他家里人实情。人死得突然，做个棺材得三天，死人晾在野地里，怕就怕给狼和乌鸦叼了去。

“狗日的，有我在，看谁敢来叼我兄弟的半根汗毛。”依布拉英带足了莫合烟，皮大衣往身上一背，扛着铁锨、坎土曼到野地里看死人去了。

依布拉英一个人进了野地，在村庄北边的麦子地里找到了尹文福。

依布拉英看了看躺在麦地里的尹文福，“老弟，不能躺在这里，我得挑个地方给你挖一个坑。”

尹文福的眼睛也看着依布拉英。

依布拉英说：“连我你都不放心，不放心你就睁眼看着！老弟，你躺的这块地是庄稼地，不是不让你睡在这儿，是怕浇水的时候，把你浇湿了，躺在湿地里，天天跟尿了床似的，多不舒服！”

依布拉英用一根木棍敲了敲麦子埂子：“这里也不能躺，人过来过去踩在你身上，多不踏实！”

依布拉英走了几步，用木棍戳了戳麦地边上的一块土：“这里碱太大了，天天吃盐碱伤肾。”

依布拉英在麦地外面绕了几个圈回来，在尹文福脑袋边上蹲下来，卷了两根莫合烟，插了一根在尹文福嘴边，又把另一根插进自己嘴里含着，擦了根火柴给尹文福点上：“老弟，知道你不抽烟，点着了熏熏苍蝇、蚊子！”

依布拉英看看尹文福，尹文福嘴角好像微微有了些笑意，依布拉英满意地给自己点了烟。

“我给你瞅好了地方，就是离这里五十步远的芨芨滩那块。你看那里的芨芨草长得多结实，那地肯定有劲，边上还有几棵野柳树做伴，夏天热了，好歹能给你遮点阴凉。”依布拉英拔了一捆芦苇，盖在尹文福身上，又折了几把麦子，盖住了尹文福的脸和脖子。

别欺负不会动的人

依布拉英把坎土曼、铁锨都扔在芨芨墩子上，开始打量这块地。

这芨芨墩子有磨盘那么大，怎么说也长了十年八年了，能长草说明地气旺。依布拉英踢了踢那丛密密实实的芨芨草："老兄，你腾个地方给我老弟吧！你要是不肯让，等我给老弟挖好了地窝铺，再把你栽在他屋顶上，他在下面睡他的，你在上面风光你的，你看咋样？"

依布拉英往手上唾了口口水，抡起坎土曼从芨芨墩子的边沿一坎土曼、一坎土曼地挖了过去。坎土曼稍一碰到芨芨根，他就紧让远一点，坑的边缘越来越大，依布拉英满意地瞅瞅，"这个芨芨墩子挖下来，一个骆驼都能埋下了。"

坑越挖越深，芨芨根扎扎实实地往地底里盘，越挖越硬，坎土曼下去像砍在石头上，发出"吭吭"声。堆在大坑四周的土把太阳光全都挡在了外头，坑深得像洞穴一样，挖到第二天下午的时候，依布拉英爬不上来了，村里的人只能把土豆、馒头和白酒放在篮子里，用绳子吊下去给依布拉英吃，再把皮大衣扔下坑，夜里依布拉英就睡在坑里。

到了第三天下午，来了几个村里的壮汉，用绳子拴住芨芨墩子往坑沿上拉。依布拉英满脸泥巴仰头看了看坑沿上巨大的芨芨墩子，掏出火柴想点烟，火苗一闪就灭了。

依布拉英冲着上面喊："火柴受潮了，扔包新的下来。"新的火柴还是擦不着，有人冲坑里的依布拉英喊："怕是鬼吹灯，赶快上来，不然你就没命了。"

依布拉英拉着扔下去的绳子吃力地爬到坑沿上，刚上来就一头栽倒在土堆上。依布拉英躺在地上说：“啥鬼吹灯，坑太深，没空气喘不过气来了。”

一直睡在那个坑里

依布拉英把盖在尹文福身上和脸上的芦苇、麦子收了一堆，放在麦地埂子上用火点了，好取取暖，也好赶赶那些绕着尹文福尸体的绿头苍蝇。

这些苍蝇陪了他三天，依布拉英听着它们嘤嘤嗡嗡地叫，像是在叫尹文福的名字，它们围着那堆盖在尹文福身上的芦苇和麦子乱飞，动不动就叮在上面舔沾在芦苇和麦子上的血。依布拉英不停地挥着手帕驱赶它们。

白天它们被依布拉英赶到一边，去叮旁边溅了血的麦子和泥土，到了晚上，依布拉英盖了羊皮大衣睡下来，那些苍蝇招架不住野地里的冷风，就来钻依布拉英的羊皮大衣。这些贪婪的家伙，白天尝够了人血的腥味，晚上就围着依布拉英带膻味的羊皮大衣，沾点热烘烘的羊膻气。

这些苍蝇这样来来去去，在依布拉英的身体和尹文福的尸体间叮爬翻滚，连依布拉英都觉得，他的身体和尹文福的尸体的味道，已经分不出有啥不一样了。

有只蚊子飞进了尹文福的眼睛里，依布拉英趴在尹文福的脸上吹了吹，眼睛很干，依布拉英用手帕把蚊子抹掉，又揉了揉尹文福睁着的眼睛："老弟，你睡一会儿吧，我替你赶这些苍蝇蚊子。"尹文福似乎放心了，合上了眼睛。

依布拉英对苍蝇蚊子说："你们叮我吧，顶多叮几个包，几天就平了，别欺负不会动的人，他脖子上已经那么大一个血口子了，血都流干了，叮了也没多大的油水。"依布拉英挥挥手帕，那些苍蝇就全回到了依布拉英身上。

尹文福的棺材是史木匠这辈子做过的最大的棺材，他在山东老家给地主做的棺材也没有这么大。

瘦小的史木匠钻进去试着睡了睡，出来对他老婆马扎英说：“里面宽敞得很，可以睡下我们两口子了！”

棺材从史木匠家运出来的那天，史木匠拆掉了小院子门，推倒了半个院墙，那口来不及上油漆的棺材，摆在史木匠家窄窄的院子里，像一间木头房子。

史木匠躺进去试棺材的时候，依布拉英就估摸着棺材做好了。

第四天天麻麻亮，睡在田埂上的依布拉英就听到了嘎吱嘎吱牛拉木轮车的声音。他爬起来裹好羊皮大衣，站在麦地埂子上朝麦地那头一看，那口巨大的白棺材浮在一地的麦子上，像只大船一样朝他站着的地方漂过来。

依布拉英蹲在地上，把尹文福脖子上、脸上的麦秸、麦芒一点一点捡干净，把他手里的那把刀子取下来，用手帕包起来，放进了羊皮大衣的口袋，等他做好了这些再站起来的时候，那口大棺材就被几个村里的壮汉抬下牛车，放在他的脚边上了。

依布拉英从野地里逮了一只小绵羊来，提着四条腿放在棺材上，在羊头顶上浇了些白酒，那小羊战战兢兢地站在棺材上，四处望望，一动不动，依布拉英急了，对着羊大声叫唤：“我老弟往生，要你给他领个路，谁要你来这里站岗哨了，你这小畜生。”说完抓住领生羊的犄角，往一只耳朵里浇了半瓶烧酒，领生羊受了惊跳起来，绕着棺材边沿趔趄着跑了几圈，跳下棺材，慌张地撒腿往西跑了。

尹文福穿戴得像个地主老爷一样，头朝西边躺进宽大的棺材里，棺材盖子合上了，村里的汉子们开始往棺材上填土。

依布拉英围着他挖的大坑走来走去，一边转一边嘟哝：“糊里糊涂就往里面填土，你们看清楚了没有，下葬的是我。你们埋错人了！躺在坑里的明明是我，你们咋把我给活活地埋了。”依布拉英两手捂住脸，蹲在土堆上大声地哭喊。

黄土一锨、一锨重重地落下去，盖在白皮的棺材上……

大梁坡北边的那块野地里多了个大大的孤坟包。从村庄这边看过去，坟包上那个巨大的芨芨草墩，像个会变色的大瘤子，春天绿了，夏天黄了，秋天白了，到了冬天就变成了灰色，不像坟堆旁的那几棵红柳，一年四季都是血红血红的。

依布拉英说，那是尹文福的血脖子。他还说，自从给尹文福挖了那个又深又大的坑，他觉得自己一直睡在那个坑里，没有醒来过。

玛丽亚：一年一年又一年隆起的肚子

奈比约拉和妻子玛丽亚八年生了七个女儿，大梁坡村的人见了奈比约拉，总要提他老婆不停歇的大肚子：“奈比约拉，你地里不使力，有力都往你老婆的肚子上使。”

奈比约拉嘿嘿地应着：“天黑了，上炕钻被窝，又没别的事情好干。”

我母亲也跟玛丽亚比着赛着生，弟弟们一个接着一个落到大炕上。

我家男孩子多，能挑会扛，吃得多，干得也多。奈比约拉家的日子过得似乎一年比一年寡淡。

奈比约拉和妻子并不因为孩子多就愁眉苦脸，也没有因为连生女儿就灰心丧气。

玛丽亚的肚子一次次顽强地隆起，女儿们又接二连三地降生。

奈比约拉的女儿们像胡麻地里的麻秆子，密密匝匝，细细瘦瘦，一丛丛站立在大梁坡上，竟然成了一片风景。

奈比约拉来问爹讨烟抽，前嘴跟我爹说“女娃比男娃好养，像是吃草的兔子”，后嘴就漏，“不过，这玛丽亚的肚子，是没你家赛丽麦争气，不长稻子，净长秕子。”

奈比约拉这边点了烟才吸进去，那边话就像土墙上给老鼠打了洞，兜不住风了：“可这也不怪我一个人，伊布拉欣大哥，当年我这半老光棍看上玛丽亚漂亮，是你做的媒，你要不借给我那三千块钱，我奈比约拉到现在也是一个人吃饱，全家不饿，就不会和她弄出这堆丫头来。”

爹低着头专心卷着手中的莫合烟，干咳两声不言传。

“我奈比约拉穷，欠了你的钱，又欠了你的情，老哥，你放心，我有九个女儿，你的儿子们可以随便挑，挑中哪个我给哪个，大哥的儿子挑剩的，才能嫁给别人家。”

那意思，连站在一旁的我和弟弟们都听明白了，这三千块钱，他这辈子是还不了了，想拿自家的丫头来抵。

后来，我考上了大学，弟弟们都上中学了，奈比约拉家的女儿忙着担水、挑柴、拾牛粪，一天学也没上。

奈比约拉似乎改了主意，跟我爹说：“大哥，等你儿子们上大学，我就是卖了家里的奶牛，也要给你把那钱还上，到时候，你给估个价。”

我爹当然知道，那头奶牛，是奈比约拉的长工、孩子们的奶妈，一年四季耕种运输都离不开它。

爹说：“伙计，没了你那懒婆娘玛丽亚，你顶多是少了一个生孩子的肚皮、一张吃饭的嘴，一旦没了奶牛，孩子们就得喝空气！”

奈比约拉耷拉着脑袋不出声了。

这些话说了没多久，弟弟的大学通知书就送到了村里。凑了一个月还凑不够他的学费。

我一跺脚，拉着弟弟冒着大雪去找奈比约拉。

跨进门槛，掀开门帘一看，土炕上横七竖八躺了满满一炕女娃，七个姑娘苫在两条被子下面，最小的两个，跟奈比约拉和玛丽亚挤作一团。

灰突突的炕上，苇席、毡子、被子似乎被光景拉扯得东破一块，西烂一片，完整不起来。被子面上尽是大窟窿小眼睛。

脏污得看不出年份的棉花，碎得一块一块的，碎块与碎块之间，只有几根头发丝一样细的棉线连缀着，中间网子一样露着女孩子们的细皮嫩肉。

弟弟心善，见睡在边上的二丫头肚皮露在棉花套外面，悄悄拉了拉被子的一角，掩了掩那小肚皮，不料，又把另一边睡着的大丫头光溜溜的大腿暴露在了外边。

弟弟看了我一眼，显出为难的神色。

我看了弟弟一眼，鼻子一酸。奈比约拉看见我们闯进屋里，从炕上起身，披了油腻的破皮袄下地生炉子。

玛丽亚睡眼惺忪地搂紧被吵醒的最小的孩子，把乳头塞进她嘴里，那个大一点的立刻凑上去，去衔另一只乳头，被子一掀，露出玛丽亚隆起的肚子。

我和弟弟站在地当中，凑学费的事，一句也说不出口。

就那年的冬天，玛丽亚生下了一个兔唇的女婴。

早上，奈比约拉去挑水，走在结冰的河面上，脚下一滑，仰面朝天摔了下去，再也没有起来。

村里人说，奈比约拉是被玛丽亚的肚子克死的。

我父亲被唤去给奈比约拉净体、站乃麻子、送埋。我站在屋顶上，看见奈比约拉家门前，戴白帽子的人排了长长的队。

父亲两手贴耳高诵《古兰经》……队伍里没有女人和孩子。

我看不到玛丽亚和她的十个女儿。

第二年开春，玛丽亚带着她的十个女儿，骑着骆驼，嫁给了山那边富有的哈萨克牧民。

听说那天迎亲的骆驼排了长长的一列，那气势不比给奈比约拉送埋时的队伍逊色。

司马义：他的老婆每天都拴在裤裆里

村里人都叫司马义石头人，谁都知道他很小气。司马义家的草垛子从我记事起就比他家的围墙高，一直堆了多少年也没动过，那草堆得成了干柴，羊都不吃了还堆在院子里，司马义也舍不得当柴烧。

时间久了，司马义家的草垛子上的每根草，好像都认识主人家的院子，刮一场大风，把围墙头上的草吹到外面，等风一停，那些草堆自动地集中到他家院子的墙根和院门口，等着主人一根根把它们捡起来，再送回到草垛子里去。这样时间久了，下几场雨，落几层沙子，那些草垛子上的草就像毡匠擀好了的羊毛毡子一样，密密实实，别说是风，就是用铁叉去叉，也叉不下一丝半毫来。

司马义的邻居哈斯木半夜就去叉过司马义家的草垛子，结果木头叉子叉进去拔不出来，留了个叉子头在草垛子上，第二天早上塔石司马义拾回来，给那木叉头装了个柄子，扛着它就去叉麦草了。

哈斯木不甘心白白送了司马义一个木叉头，第二天夜里又扛了个铁叉去叉那草垛子，还没叉到柴草，铁叉却被那草垛子吸了进去，怎么拽也拽不回来了。

哈斯木跟爹爹讲："司马义有一块不寻常的石头，他在他家的草垛子里放了吸铁石，专门吸人家的铁家伙。"

爹爹取笑他："哪儿来的吸铁石！怕是司马义早知道你打他家柴草的主意，放了长绳等你送铁叉上门呢。"

哈斯木家一下子损失了两把家什，正是秋收的时候，场院里又离不开叉子，没办法，只好每天打发了大儿子斯迪克去司马义家借，早上借来，晚上还回去，第二天再去借。借了两日，塔石司马义对斯迪克说："你看这叉子都给你们用得短了一大截子。"说完，锁了门，下地去了。

一开始谁都不相信司马义家有那么厉害的吸铁石，司马义身上的一大串钥匙怎么就没有给吸过去呢？还有他一出门就在房门和院门上挂上一大把铁锁，按说要是有吸铁石也该先吸到他家的铁锁上去才对。

弟弟说他见过司马义确实有一块大大的吸铁石，他走路就解开绑在腰上的草绳，把吸铁石拴住，他在前面走，吸铁石就贴着地跟在他后面，遇到土厚的地方，那个吸铁石就像个小犁铧一样犁开塘土，把土里面的铁家伙全都拎出来拉走。

等司马义在村里的大路小路上转上一圈回来，玉努斯家拖拉机的螺丝、木纳瓦尔自行车上的钢蛋、吾拉别克马蹄上的半个铁掌子，还有不知从谁家驴车、马车上掉下来的铁钉子，扔在路边的一截废铁丝，全都吸在了司马义的吸铁石上回来了。

哈斯木说，司马义每天回来都把这些捡来的铁家伙摆在睡觉的那间屋里。司马义攒的废铁够开一个配件铺子，塔石司马义早年做过铁匠，等他攒够了废铁，想开一家铁匠铺也说不定呢。

哈斯木的话传开了，大梁坡村的每户人家见司马义出来"扫路"了，都赶紧把自家的铁锨、镰刀、铁叉、坎土曼、铁铲、锄头收进屋里去，连剪刀、菜刀、锤子、钳子、搪瓷茶缸、锥子、铁盆、铁罐也不敢随便放置在院子里了。

哈斯木传言塔石司马义的吸铁石不但长了眼睛，还长了耳朵，听得见谁家窗户台上掉了一根针下来，谁家墙根有铁皮在叮当作响。他断言村子里所有消失了的铁器，都能在塔石司马义家找到。

哈斯木的老婆丢了针和锥子，就怪罪到司马义的吸铁石上，司马义慢吞吞地说："铁这个东西丢在土里，它一直会往地底下钻，它本来就是从地底下出来的，认得回去的路。"

哈斯木的老婆就说："是那些铁家伙认识你家的吸铁石，吸铁石又认得你，你认得你家，最后都被你领回家去了吧。"

司马义听了不服，拿着那块黑乎乎的吸铁石从哈斯木家的土炕上吸出了针，又从院子里的一堆泥土里吸出了那根锥子。司马义还从哈斯木家院子后面堆的炭灰里，吸出了冬天丢失的火钳子和铁勺子，不知怎么的，最后竟然从他家的炕洞里吸出了村里的光棍懒汉克里木带着铁环子的裤腰带，打那儿以后，哈斯木家再也不好意思找司马义吸东西了。

司马义从来不做饭，做饭要放油放盐，村里谁也没见他买过油盐。不管农忙、农闲，司马义白天从来不回家。地里结了苞谷他烧苞谷棒子吃，麦子熟了他烤麦穗吃，洋芋可以刨了，他就刨了来吃，有空闲了点把火烧了吃，干活忙了，干脆生吃，旁边有水了洗一把，没水了，用袖子擦一擦就送进了嘴里。

有一年，司马义喀什老家来了个侄子叫吐尔逊，听说是个孤儿，跟司马义一样不爱说话，只知道干活，塔石司马义下地他下地，司马义回家他回家，活脱脱是塔石司马义的一个影子。

家里多了一个孩子，司马义家的灶屋里开始有了烟火气。到了晚上收了工，吐尔逊烧火，司马义做饭，我们几个孩子也喜欢去凑个热闹，帮着抱抱柴火。塔石司马义怕柴火太干，燃得快太浪费，烧柴前要用嘴喷一些水上去，柴火喷了水，到了灶里直冒浓烟，半天都烧不开锅，等他家的饭做熟，一般都到了后半夜。

司马义家做饭从来不用油，盐是用老河坝里的水熬了自家晒的，用它煮啥都有一股碱味儿。塔石司马义洗衣服也是用碱蒿子的叶子放进水里揉揉就搭在柴垛子上，洗过的衣服上面都粘着一层绿颜色的蒿子粉。

司马义家的苞谷、麦子和小米舍不得吃，不知存放了多少年辰，煮出来的稀饭都有一股子霉味。就是发了霉的稀饭，司马义也不会分给我们吃上一口。做好了稀饭他和吐尔逊吃，我们在一边看着，他们吃得很慢，吃完了打的嗝、放的屁都是一股子带碱的霉味。

我还趁司马义不注意，偷偷跑进去看过他家的里屋，确实堆了不少锈铁，但离开个铁匠铺恐怕还差得远。

村里人看着吐尔逊跟着光棍司马义过日子挺恓惶的，想找个老婆给司马义，司马义说："多个女人得加双筷子、加个碗，还得给她衣服穿，家里房子又那么小，还是算了。”

哈斯木说：“司马义是个石头人，他老婆每天都拴在裤裆里，还讨什么老婆。”

哈斯木的老婆不同意哈斯木的说法，“那个也能叫‘老婆’？那是给野驴嘴里放了个铁嚼子，看着青草也吃不到口，顶多咽咽口水过个瘾头。”

刚开始这些话我听不明白，就问哈斯木的大儿子斯迪克，斯迪克说：“司马义在玉米地里撒尿的时候我看到过，他裤裆里用细麻绳挂着一个木头圈子，有手镯那么大，箍在那玩意儿上，走路做事都会上上下下地动。”

我刚开始也不相信，后来我和弟弟真的看到了司马义裤裆里头的那个木头圈。

那天我们帮司马义抱柴火烧水，吐尔逊往灶里添柴，柴火太潮，灶里光冒烟不见火苗，司马义就蹲在灶前吹火，火光照到了司马义没有扣子的前裆上，他那玩意儿软塌塌地垂在松垮垮的裤裆里，套在上面的油光光的木头圈在火光里闪闪发亮。

跟羊儿分享的秘密

你第一次跟巴郎子（男孩）玩那个游戏，是在六岁的时候。

那时候，你和玉素甫在渠沟里玩泥巴，你的大拇指和第二个指头围起来，刚好围成一个小洞洞。玉素甫就把你的手拉进泥里，你看见玉素甫的眼睛不像是在看你，倒像是在看你身体里面的什么东西，你就把手往后缩，然后插进泥里。

玉素甫的一根指头从软软的泥巴上面插下来，戳进了你用手指头围成的洞眼里。巴郎子们骂你的时候，朝着你做过这个动作，你也用这个动作反过来骂他们，你知道玉素甫一点也没有骂你的意思。

他淡黄色的眼睛很讨好地看着你，你就不敢看他的眼睛了。他的手指很小心地戳下来，滑滑的，你感觉好像戳到了身体里面的一个什么地方，忽然觉得不好意思起来。

玉素甫看见你紧张的样子，有点吃惊，他不知道是被她的反应惊住了，还是被他自己的动作吓住了，慢慢地从泥巴里面把那根手指抽了回去，你身体里面被玉素甫的那根指头刺到的那个地方，一下子空了出来。

你的手还放在泥里不想抽出来，生怕抽出来，身体里面的秘密，也会被暴露在泥巴外面。

玉素甫照样背你过河，拉你去摘蘑菇、拾牛粪，和你一起玩羊髀矢、打沙包，他好像忘了跟你玩的那个盖在泥巴下面的秘密手指游戏，那是你和他两个人的游戏。

自从他跟你玩过那个游戏之后，你就觉得她跟玉素甫之间有了一个秘密。你从心里喜欢跟着他，他跑到哪里，你就随他跑到哪里。就像是跟着他，就可以守住那个秘密。

玉素甫把你领到了麦地里，麦苗长得快要藏住她了，玉素甫看着你在麦地里打滚，就蹲下来。

你的心就跳到了嗓子眼里，她以为他要跟她玩那个游戏，就趴在麦苗上瞪大眼睛看他。他俯下身子趴在她耳朵上说："以后不许你再跟着我！"他的声音像沙子一样灌进你的耳朵里，你跳得很疯的心，一下子就噎在了嗓子眼里，回不去了。

他站起来说："丫头跟娃子，屄里生芽子！"你不知道这一句话是不是骂人的，还没有想明白，他已经走出了麦地，你一眼发现，他的个子已经长得有一秆玉米那么高了。

可能玉素甫觉得玉米地才能藏住他的秘密，他经常跟村里的几个古丽去玉米地里拔扯拉秧。

那天中午，你在渠沟里洗脸，看到他进了玉米地。你往脸和脖子上打了很多香胰子，擦洗了好几遍，还对着半块镜子照了一会儿，看见镜子里的脸在太阳底下比镜子还亮。

你挽了筐，跑进玉米地里，从地这头穿过去，到了地那头，在地头上，看见阿曼古丽在哭，走近了一点，你看清了她手里撕扯着一把扯拉秧，套在细瘦的脖子上，她一边拉紧扯拉秧做的套子，一边哭："你要是告诉我妈，我现在就把自己勒死！"

站在她对面的是村里的单身汉艾尔肯。他瞥了你一眼，转身走了。

阿曼古丽抱住古丽的头大哭，她的脖子被草圈勒出很多条绿道道，全身都在打哆嗦，身上一股草的汁液味。这个时候，你看到跪在玉米丛里的玉素甫站起来，把衬衫往肩上一搭，吹着口哨走了。

你也拿起筐跟在玉素甫后面走，阿曼古丽跟在你后面哭："我不做这种事情了，我再也不做这种事情了。"

玉素甫不理阿曼古丽，也不理你，径直回家去了。

你不知道他们到底做了什么事情，但你觉得他们做的，肯定不是玉素甫跟自己做的那个游戏。

你就去问大头斯迪克，大头刚刚把羊赶回圈里，他大头摇摇："你想知道他们干了什么吗？说实话，我也不知道。"

大头喜欢让你靠墙站着，把两只手按在你两边的肩窝上跟古丽说话，说话的时候眼睛喜欢直勾勾地盯着你，好像那些话是说给你的眼睛听的。他一边说，一边摇晃你的肩膀，好把那些话摇进去，摇一会儿再拍两下，好像这样做，那些话就踏实了。

你扭扭肩膀，想挣开他。他揉了揉你的肩窝："我知道我爹爹和妈妈晚上是怎么做的。"

你把肩膀重新靠在墙上，墙被太阳晒得很暖。

"你把裤子脱下去。"他看了看四周说。

你蹲在墙角，把裤子往下拉的时候，你看到几只羊在瞪大眼睛看你们。

大头低着头，看着你把裤子拉到膝盖上，说："这样行了，你坐下。"

你屈着腿坐在地上。他连裤子抱起你的腿，大头一伸钻进了你的裆里。他大大的光头在她裆前晃动，你觉得他在咬你。你想起家里的小猫，躺在墙角的太阳底下，用舌头舔从它自己肚子下面伸出来的一截红红的小肠子，一下一下，看上去很舒服的。妈妈不让你看，把小猫用鸡毛掸子掸走了。

就在你闭上眼睛，觉得太阳照得身子懒懒的时候，听见了妈妈的叫声："谁教你跟男娃子玩这个的！"落在你身上的不是鸡毛掸子，是柳树条子，打在屁股上火辣辣的。

妈妈揪着你的耳朵，把你揪到了家后面的菜窖旁边，她一脚踢开菜窖上的盖子，拎起你的头发，把你丢到了菜窖里。

你在菜窖里慢慢地看见了与其做伴的还有萝卜、白菜、土豆和大葱，当你看清楚白菜上的癞蛤蟆，在你前面跳来跳去，跳到了你腿上的时候，眼前一下子全都黑了。

那天邻居哈里克拜尔把你从菜窖里救出来，抱回了他们家里。晚上，爹爹来接你，你躲在哈里克拜尔的大腿后面，不肯回去。

夜里，你睡在哈里克拜尔家的大炕上。炕是哈里克拜尔的三女儿努尔曼铺的，你和她挨在一起。

睡到半夜的时候，你发现挨着你的变成了努尔曼的哥哥哈力喀孜。你感觉两条硬邦邦的胳膊从后面抱着你，你的裤子被剥得光光的，有根手指一样的东西顶着你。他像翻饼一样把你翻过去对着他，把你的肚子贴在他的大腿根上。

你闭上眼睛想睡，可那根指头不停地在你身体里动，你想起了跟玉素甫玩的那个手指游戏。后来就睡着了。到天快亮的时候你醒来，那根指头重新找到了你的身体，你犹豫了一下，挨了过去。

第二天，哈力喀孜一早就放羊去了。你帮着努尔曼叠被子，努尔曼抱起叠好的被子冲你神秘地笑笑，把被子摞到了高高的被垛子上。

努尔曼的笑很鬼气的，好像昨天夜里的那些秘密，不只是你和哈力喀孜的，也是你和她之间的秘密。

出嫁几年后，你带着孩子回到大梁坡村的时候，阿曼古丽已经嫁给了光棍艾尔肯，哈力喀孜也娶了漂亮的哈萨克族新娘，大头斯迪克在镇上当了警察，还没有成亲。从他们几个人的脸上，已经找不到过去共享过秘密的影子。

你向弟弟打听最亲爱的玉素甫，弟弟忿忿地说："我最想不通的就是努尔曼，怎么会嫁给玉素甫那个家伙，我敢说，他放过的每只羊，都做过他的老婆。"

你闭上眼睛想，原来那大梁坡上满坡的羊，都跟自己分享过同一个秘密……

影子在时间里行走

那一声哨子总是在我蹲在灶前烧火，看着弟弟爬起来又跌倒的时候“倏”的一声，从我右耳朵旁的门缝里钻进来，划过我左边的耳朵，从这边的灶台径直滑到爬在炕上的弟弟的眼睛里。弟弟的眼睛一眨不眨地辨认了一会儿，就在他确认了那一声长长的哨音过去以后，我已经从锅里抓起了一个半生不熟的苞谷饼，一半扔给炕上被绳子拴着的弟弟，一半装进蓝布书包里，奋起直追那一声长长的哨音。

那一声哨子，总是让时间受伤，它划伤了我们的日子，它比我们家那把生锈的菜刀锋利。爹妈喜欢把所有锋利的东西都藏到我们够不着的地方，他们就是藏不住那声哨子，我和我们家的时间都被那声哨子切割成一块一块的。比起那声尖利的哨子，村子里的那口大铁钟的声音要柔和得多。它“铛——铛——”，一下一下，拖着长音，一停一停，一顿一顿的，慢悠悠地不慌不忙，好像在等谁赶上来，听上去像是从来没喂饱的老狗的吠声，或者一头病驴的喑哑的哀鸣，有点上气不接下气。

到现在都怕听时间的脚步声。在我所处的环境，没有钟表的滴答，看不见时间的行走，所有的窗户都拉着厚厚的帘幕，我把所有的干扰都阻挡在了帘幕外面。我的门户总是紧闭着，拒绝任何声音的闯入和切割，我喜欢把时间独自烹制成大块大块的美味，像贪婪的厨子恨不能把所有储藏的东西都做成囫囵的，总是尽量避免用类似刀和剪这样锋利的东西。我喜欢守着一段完整的时间，一个人不住地把玩一件东西，比如一个纽扣、一块橡皮，或者一只生锈的铁环，我一遍一遍抚摸我手里的东西，一阵又一阵对着它们发呆。我避免所有外界的东西来干扰它们：声音、风和光线，这些东西都会向人提醒时间的存在和行走，而一段拒绝了声音、风和光线的时光是相对静止的，起码对我来说是这样。

有光线的地方就会投射时间的影子。我喜欢看见早上的影子，长长的，高高的，把时光拉得很长，是那种让人觉得很安全的长度，比那一声哨子更悠长，让人不用担心任何短促的东西可以切断它。对着长长的影子，不希望自己跑得太快。那一声哨子离这样的长影还很远，可以放心地在小渠沟里把脸洗干净，在门前的葵花地里很从容地撒完尿，抱一捆柴火把锅里的水烧开，撒一把茯茶进去，盖上锅盖熬着，然后推开羊圈的栅栏门，随便拉一只母羊挤一碗羊奶，倒进热腾腾的锅里，掰一块干馕，蘸着奶茶一口一口慢慢地啃。

很多时候，下午拔草拔到天黑，回来坐在炕上一边打盹，一边摘棉花籽或搓苞谷，累到晚上起不了夜尿炕。第二天睁开眼睛，大太阳明晃晃地照着，爬起来晒褥子，见墙根的太阳影子短得无情，像是被谁在我睡着时偷着剪去了一大截。急到欲哭无泪，时间像是我尿在褥子上的那泡尿，只剩下了干干的印痕。那一声该死的哨子，偏偏就在这个时间“倏”的一声划破了大梁坡，刺刺地划在我火烧火燎的眉脸上。迎着那一声刀片一样尖锐的哨音，我奔过去追逐自己越变越短的影子，感觉自己越跑越薄，薄到跟一片纸一样，随便一阵风都能把我吹得不见了。

我真希望自己不见了，那样我就不用再一次又一次飞过大梁坡，越过老河坝，跨过小渠沟，奔向教室的时候，像一块大石头重重地落在教室门口，所有的眼睛都转向我，所有的脸都在惊愕之后，轻描淡写着司空见惯的不屑，然后我就被拒在门外了。无数次，我总是因为迟到，被挡在别人的时间之外。那个时候所有人的眼睛都失明了一般，只有我清晰地看到了时间的存在。我看见时间像一页一页的纸，被一只又一只稚嫩的手毫不在意地翻了过去，那些时间从无邪的童音里散失，一串一串，像阳光下的肥皂泡，簇成一团一团，在我眼前炸成粉末，飘散到教室外面，去追那一声下课的短促哨音。

在寒假和暑假里，那哨子的声音暂时隐蔽了起来，早上也不用一起来就提上裤子跑出去看日影。睡到晌午时分醒来，院子里站着，踩着脑袋的影子，觉得把时间踩在了脚底下，像是终于打赢了爱欺负我的邻家那个挂着两筒黏稠黄鼻涕的捣蛋鬼，心里有一种复仇的快意。

在冬天的雪地上踩踏着自己的影子，我喜欢用脚把它往深雪里揉。跟着我奔跑的小黄狗也打着转追逐自己在地上打滚的影子。它用尾巴拍打着影子，试图把它扫掉，结果在雪地上刨出了一个雪坑，那个影子还是牢牢地贴在雪坑里。小黄狗气急败坏地用爪子去埋那个雪坑，想用尾巴在雪上扫平它，填埋它。那个黑影跟小黄狗开玩笑一样，由浅变深，由深变浅。小黄狗的影子在雪地上扑腾了一阵，然后跟着它的主人一溜烟跑走了，留下我一个人在雪地上，看着自己脚下的影子发呆。

暑假里可以躲开哨子更长一段时间，却怎么也躲不开那个影子。我看着影子不停地变幻：在红花地里，它散发着红花的味道，映在红花的碎叶和花蕊上；在玉米地里，它和玉米秆、玉米叶子纠缠在一起，在阳光下翠绿地晃动；在沙土路上，它与路边细细的芦苇呼应着，头上稀疏的头发像芦缨一样摇曳飘动……它时时刻刻提醒我有个东西在与我并行，我逃不过它，任凭什么东西都逃不过它。它让我想起那一声暂时隐蔽在一旁的哨音，总要在某一个影子的到达中吹响。这让我在长长的暑假里，也感到一种不安，一种被不知名的东西追逼的不安。

我不但害怕影子，而且开始畏惧光线。大白天喜欢往暗的地方躲藏自己。我在家里三屉桌上钉了三枚钉子，挂了一个花布帘子，垫了一只麻袋在身子底下，钻进帘子里躺下。从帘子里面看，那块花布上的蝴蝶都是静止的，花布上的花一动不动，屋里没有一丝风，也没有任何声音。透过花布的光线已经变得很暗淡了，根本无法在墙上打出我的影子，这让我觉得心安。家里人推门进来，在抽屉里翻找东西时，我从帘子的底下看到了他们移动的脚，走过来，再走出去，然后门砰的一声关上，我觉得自己又被关在了时间外面。当我把一本砖头一样的小说翻到最后几页时，那本书上的字开始在我的眼前融化和消失。我揉着眼睛大梦初醒，一把掀开帘子跑到院子里，发现天已经黑透了，月亮正在圆圆地升到白杨树的梢子上来。院子里一个人也没有，爹爹在远处的田野里喊我的小名，一声接着一声。

我向那个声音跑过去。我奔跑的影子被月光拉得很长，在我的一侧，影子奔跑的姿势像魂魄的舞蹈，显得那么不真实。

爹爹对我们讲的故事，一起头就是“从前”。从前的王子要多英俊就有多英俊，从前的公主要多美丽就有多美丽。隔着“从前”谁也没法证明，宁愿相信一切都像故事里所讲的那样。才知道所有的“从前”里，美丽的从来都是时间。逝去的时间，一切“从前”，都借由时间显现着无法再现的、被想象幻化了的美丽。我们呵护一些从前的物什，其实都是在小心翼翼地呵护和挽留着时间。

爹爹的时间在他到了大梁坡以后就停了，他所有过去的时间都变成了从前。抽屉里扔着他旧时的罗马手表，那些表上的数字是很美的那种罗马数字，表链是用棉线一样柔软的细金属丝做的，像精密的弹簧一样有弹性。在我们家，那个精美的表只是一件装饰，甚至连装饰都称不上，它被关在抽屉里，年复一年。估计连那只表自己都不再认为自己是一只测量时间的用具了，它逐渐在时间里被忽视，在被忽视的时间里慢慢生锈。

作为装饰的是我们家的另一只钟表。它有一个方形的水晶透明外壳，里面发条、齿轮和所有的零件都可以看得一清二楚。从我记事起那些时间的齿轮就没有转动过，即使我拼命地上紧发条，那三枚一个比一个纤长的指针也是死死地钉在固定的位置上，一动不动。我不知道它所显示的时间还有没有意义，那是一个早上，还是一个晚上，总之它停了，那个时间对它来说肯定是一个很重要的时间，可是在我们家，不会有人记得它停止的时间了。现在它所显示的时间跟谁都没有关系，所以我们根本不用怕它，它总是被我和弟弟摔来扔去，显然，对我们来说，它至少是一个很结实、很漂亮的水晶玩具。

在大梁坡根本就不需要钟表，一切几乎都是相对停滞的。所以爹爹一直到死都在说，他想用那个钟表的水晶壳打磨一副水晶眼镜。大概他觉得自己老了，眼睛越来越不好使，他恐怕还想把自己来日不多、屈指可数的光阴看得再清楚一点。他也许发现了那个水晶表停滞的时间是个假象。时间并不会因为那一只表停了，就停滞流逝，爹爹还是不可避免地迎来了他的老年时光。

那个时候我们还小，喜欢到处寻找时间流逝的痕迹，并且对时光的流逝毫不在意。好多时候，我和弟弟喜欢躺在炕上，从天窗里照射进来的光柱中，从那些上下翻飞的星星点点的浮尘里，辨认时间缓慢地流动，从天窗的日影投射在墙面上的移动和变化上，辨认太阳大概处在天空中的什么位置。大梁坡的时间是粗糙的、原始的，粗糙到可以忽略，原始到停滞。这个世界也是不慌不忙的，如果不是借由哨子、影子、白天和黑夜来提醒，如果没有高音喇叭和收音机里的“刚才最后一响”和大梁坡的那口想敲就敲、没人敲就悄无声息的大铁钟偶然地提醒，这里几乎是被时间遗忘的。甚至有几年，一年里好似只过了两个季节，中间有一个季节很模糊，有一个季节被忽略了，就是这样也不见得有人会觉得这日子有什么过不去的。在这样的慢生活里，随时都可以追上昨天和更早的一些事物。人们有的是时间慢慢等，等来一阵凉风把汗抹干，等来一场雨把地浇湿，等来花开花谢，月落日升。一个老人走向时间尽头，又一个孩子被时间送来。生活里很少有什么东西会被错过，今天你丢了一头牛，明天你骑一匹马出去，照样可以在天黑以前，把前一天跑丢的牛追回来。

“嘀——刚才最后一声响，是新疆时间十二点整……”每次从收音机里听到整点报时，都会让我联想起听过无数遍的一个广播剧《最后一片叶子》。在剧的结尾，那个画家把一片翠绿的叶子画在了墙上，第二天，那个病中的女主人公醒来，看见最后一片象征生命的叶子还在墙上，她的病奇迹般地好了，而那个画叶子的画家却在前一天夜里死去了。

我们每天早上睁开眼睛看到这个世界的时候，一些生命其实正在逝去，而我们沉睡着毫无察觉。我们两手空空，因为时间是唯一的礼物。

疯长的红柳林

月亮和星星睡着，我守护着它们的梦……还是让我们一起回到那片红柳林吧。在海子湾水库大坝下面，那一大片红柳林，正在开花。一棵棵红柳擎举着一团团冷艳的火炬，玫红、冷黄和炽白，那是火焰最明亮的三种颜色。一簇簇浓密细碎的叶蕾，在向晚的天色中闪着灰绿暗蓝的光，馥郁的野香带着盐碱和沙子的质地，粗粝地扑面而来。

我回大梁坡老房子的路上，被村西边一截断头路拦住了，那是被水库的水流拦腰冲断的一截泥土路。原来土路的位置，是一座洋灰桥，对着我的小学校，还有村西头的那座孤坟。上学的时候，班上有个叫陈爱莲的女生，和一个叫李忠的男生，在桥下约会，被班里传说。桥很高大，桥墩很遮阴，夏天桥下应该很凉快，不过我从来没下去过。

前几年，洋灰桥没有了，被决堤的洪水冲翻，桥底朝天了。那些洋灰桥的废墟和残骸，就像一个人残败的过去，还原样堆在一边，保持着洪水泛滥时的样子。我想是因为没有谁能撼动它，那么庞大的水泥石块，大的有十几吨重，水的力气真大。

桥没有了，村里人就在原来的位置上填土，修了个高高的土坝来代替桥。站在被水流斩断的土坝上，我想，有些东西，也许你让个路，它就过去了，比如这个土坝，比如突如其来的洪流，你想拦腰截断它，恐怕是损坏自然的，我真想搭座桥，哪怕就在土坝断开的两端架上几根椽子，上面垫上杂草和泥土，桥上面走人，桥下面走水，这样也就太太平平。

桥是空心的，下面可以走水，人们却用实心的土坝，硬生生地把洪水的记忆挡在了一边。人们大概以为，洪水不会再来了。人就是这样，好了伤疤忘了痛。或许人们以为水来土掩，用土真的可以挡住水……多么荒唐天真的想法。朴实的庄稼人，只记住水能灌溉泥土，却忘了水也是土的天敌。

他们忘了水库决堤那年，他们的屋子是怎样被水连根拔起，连坟地里都漂起了白骨，棉花和庄稼沉到了水底，变成了水草，牛羊和拦截它们的圈、栅栏一起在水上漂浮，老鼠和狗都成了水生动物。

当然，这些是我的想象。

我没有亲身经历那场水灾，我只在梦里梦见过。

我把梦写成了文字，文字里，我把那场水灾，当成一场铺天盖地的感情洪水来写，那场感情的洪灾中，我是一个成功的逃匿者。我不知道感情的决堤和洪水的泛滥，究竟哪一个更可怕。我躲过了，我成功地躲藏了三十年……

这次，我不但看见了那次洪灾后，被掀翻的洋灰桥，那个被再次来袭的猛烈的洪水冲断的土坝，我还看见了那个我成功地躲藏了三十年的人。

他老了……

他真的老了。

很悲哀地老了。

他在车上很谦卑地用一根指头轻轻戳我的手背，提醒我注意他的目光，提醒他在我身边的存在。

我注意到了他的手，第一次，我认真地看了那双手。我说，你都干了什么，这双手粗糙成这样，简直是一双每天搓麻绳的农民的手。他说，还不是年轻时候干农活干的。

它粗糙到让人无法心生痛惜，这是最让我心疼的。

我说，我们这三十年都干啥去了。

他说，就是为了变老。

转而又说，你还是小妹。

我叫他哥，我只叫过他哥，从第一次见他，到现在，没有改过口，也改不了了，三十年，不是亲的，都叫成了亲的。

三十年，就一个躲字，千转百折。

三十年，就一个逃字，千里万里。

还好，他成了我的哥。

我不知道，我要把你躲成谁。

也不知道，我到底要躲到哪里，才算躲过了这场情劫。

看着老去的他，我几乎要说，我不敢躲了，不敢躲你了，然而不躲，我又该怎么样呢?

我真想跟他说，但是我怕他笑我天真，笑这只是一段虚妄的恋情。

我真想跟你回大梁坡，我羡慕红柳林里那户人家。

我们跑去向他问路，那是一个维吾尔族人，留着杂乱的胡须，衣衫褴褛，在这红柳林里，单门独户，没有人看见他。他看见我们，很坦然地敞着破旧的衣服，斜着肩膀打量我们，他只当我们是路人，来了就走的那种，或者过后，他当成根本没看见过我们，看见我们就跟看见一只戈壁滩上窜过的兔子，或者旋风差不多，我们在他的生活里，转眼就没有了，消失得无影无踪。

可是我却在心里想着，霸占了他的房子和院子，跟你住进那片红柳林的中心，谁也看不见我们，我们把所有走错了来问路的人，都当成兔子和旋风，在那样的地方住着，你可以忽略整个世界，你和这个世界毫无关系。

红柳林外是无边无际的戈壁，无边无际的天，太无边无际了，让人感觉虚无，这片红柳林围成了一个边际，人烟被挡在红柳林外，不大不小的林子正好。住在里面，在你心里，红柳林可以无边无际地延伸，它和你的心一样会生长，枯荣。

在这个季节里，它在疯长着，高大、丰腴，像喝醉了一样，通红着脸，在路边，被我们的车辙推得东倒西歪，它的庞大的根系相互连接着，盘根错节，几乎要把路封锁了。

红柳长疯了，如果你亲眼见到了那片红柳林，你就知道，什么叫作疯狂的植物，你就能体会植物的疯狂。

红柳疯狂了，因为它遇到了水。

水是它疯狂的原因。

水推倒了一座桥，却复活了一片红柳林。一种干旱的植物，长年的干旱，几乎让它忘记了水，忘记了生长。

以致我从小认为，红柳只能长到我那么高，谁知道它竟然高过了房子，高过了树，它把生长在一旁几十年的沙枣、榆树，远远扔在了后面，它让一年不见的我，看见了一种植物生长疯狂的速度。

它淹没了深深的老河坝，它用它四处伸展的红柳根，填满了整个河坝，然后把枝叶和红絮伸向天空，挤占着所有过去属于芦苇的空间。

我来来回回，在红柳林里奔突、穿行，仿佛这样可以感受它，可以和它一起生长，我感觉自己在重新生长，内心一些东西迅速地变得壮大，在红柳枝条的夹逼中，我内心的空间却在空前地膨胀、舒展。

为了平息自己，我想静静地做梦，也许红柳林是最好的梦想空间吧，看着一些植物生长，你也会让压抑已久的梦想，舒展成疯狂的枝条随意地生长。我一直以为自己只能长成现在的样子，我离开了最适宜我生长的土壤，我已经忘记了该怎样生长，红柳教会了我……

就在这样一个黄昏，在一个断头的土坝上，我想了很多，面对这样一片漫无边际的红柳林，我才意识到，我这三十年的离乡，我离开的正是我最需要的浇灌，那是一片红柳林梦想的水，是一个人的生命生长中最需要的能量。

我感叹那些红柳，它们居然不会被洪水淹没，大水过后，它们庞大的根系依然存留下来，等待生命的再次复兴。

有些东西的到来，像在一片干涸、板结的沙土上，用犁铧硬生生地犁出了一道裂隙，让肆虐的水，无阻无拦地强行灌进来。从未有过渠沟的龟裂的干土，一下子无法适应这样强硬地灌溉。然而，看到红柳，我顿时明白了，洪水对于严重焦渴的土地，无异于甘霖，疯狂地灌溉，导致的是生命亢奋的生长。

既能耐得住焦渴和干旱，又不会被突如其来的洪流淹没，真正强大的生命，是该具备这样对生命需求自如的伸缩和弹性吧……

凋零的古丽

古丽美得让你没了自己的想法，她的眼睛像芦苇掩映下的沙漠甘泉，睫毛像两把小扇子乌黑油亮地上卷，她的美是有魔法的。她对你皱起又弯又长的眉，你的眉就跟着皱起来了，她要对哪个男人笑，那个男人的呼吸都要停止。

古丽是阿依霞木从南疆带过来的，来大梁坡村的时候十二岁，在阿依霞木和肉孜的婚礼上，古丽被姑娘们拉出来跳麦西莱甫，她的手臂和腰肢柔韧得像拉条子一样，让村里的小伙子和半老头子们嚼了又嚼，嚼完了和着口水咽下去，说不定也会觉得亏，那要像牛一样一遍又一遍地反刍才上算。

村里的小伙子都喜欢往肉孜家门口蹭。肉孜在家门口拴了条大狼狗，狼狗比狼还凶，你的左腿就被它啃了一个牙洞，额角上还磕了一条疤。自从被古丽家的狗咬了以后，她们家的人对你出奇地好。

阿依霞木教你弹都塔尔和热瓦甫，古丽教你唱《艾力甫与赛乃姆》："哥哥，你这样扔下我，亲哥哥你要去哪里……"你最喜欢听古丽唱这一段。

你听过古丽在羊圈里给哈力喀孜唱这一段歌。后来村子里传说，哈力喀孜在羊圈里堵住古丽，向她求欢："把你给我行吗？把你给我行吗？"这一段你是没有亲耳听到过的。

你知道古丽家的那个羊圈，黑漆漆的，旁边住着古丽的继父肉孜的弟弟克里木。至于羊圈里到底发生过什么事情，或没有发生过什么事情，只有羊知道。

后来古丽的肚子就大了。古丽的肚子大了，起先谁也不知道。她照旧每天早上出去放羊，晚上才回来。

那天晚上你住在她家，早上听到哈力喀孜到肉孜家来喊她一起去放羊，肉孜没好气地走出来把大门一关，又把狼狗的铁链子放开，狼狗疯了一样向门上扑，哈力喀孜像一只羊羔子见了狼一样拔腿就跑。

古丽的身上出了大事情，最早应该是我发现的。那天你正在帮阿依霞木捻毛线，古丽喘着粗气冲了进来，你就问她："你干了什么，这样喘气？"阿依霞木斜了女儿一眼："叫你去牵驴就喘成这个样子，还不上去炕里缓一缓。"

牵趟驴就要上炕里去缓着，你看着她们母女俩的眼神，心里只觉得有点怪。

那天古丽上炕的样子很笨重，有点像妈妈那个时候……这个念头还没闪出来就掠过去了。

你陪古丽去小解，看到她肚子上裹着白布，厚厚实实的，又韧又细的腰肢变得又粗又硬，她说是母亲让她束腰的。

从那以后，古丽家的院子再也没向人打开过，她家的大狼狗在院子里转来转去，铁链子完全被扔在了一边。狼狗解放了，古丽被关在了屋里。

不能再去古丽家了，你只好去找兰花，兰花死了男人，一个人恓惶，经常叫你去做伴。兰花问你见了古丽没有，你低了头不作声。

兰花说古丽人这么漂亮，本来有个县长让人开着小车抢着来说媒，现在出了这事，怕是连放羊娃哈力喀孜也不会要她了。

你说："哈力喀孜每天喊她去放羊。"

兰花说："有人说，古丽跟哈力喀孜放羊把肚子放大了，鬼才信。说不定是肉孜两兄弟干的好事，两个半老头子糟蹋了好端端一个黄花闺女。"

住在古丽家羊圈旁边的那个叔叔克里木是个瘸子，他那条瘸腿没有碍着他经常往外头跑，他从外面带一些头巾、袜子、木梳、花头绳回来，换鸡蛋、羊毛，再拿这些去县城里倒卖。村里的女人都喜欢围着他。

兰花叹气，你也跟着叹气，你不知道自己为啥叹气。

隔了一些日子，兰花问你："想知道古丽的孩子怎么样了吗？"

你说："古丽生孩子了？谁是孩子他爹？"

"我看是肉孜的，割麦子的时候，他怕古丽晒着，给她专门搭了个草棚，最后自己也钻进去了。"兰花说，"在医院里，孩子的头都出来了，又被肉孜一拳打进肚子里去了。"

从那以后，你怕看到古丽，也怕听到她的消息。

就在你上初中的那年，有天下午放学经过阿依霞木家门口的那条路，平常这条路你是绕过去的，宁可绕一个大河坝也不愿走。可那天不一样，你好像被谁召唤着，走上那个斜坡，就看见一个熟悉的影子在路那头晃动，古丽的脸还是那么迷人，只是笑得有点吃力，她走上来拥抱了你，她的腰身粗壮了很多。

那几天你接连路过她家门前好几回，再也没遇到古丽。她妹妹说："姐姐和那个比她大三十岁的男人离婚了，男人嫌她不能生孩子。"

生不了孩子，汉子总还是要嫁的，肉孜家又不肯留她。过了一年，古丽从省城里带了一个黑脸膛的小伙子回来。那个时候你已经在镇里读高中。古丽的未婚夫没去过镇里，古丽约你星期天回镇里的时候，她和未婚夫跟你一起去。

路上你一直离了老远，看着他们你一句我一句说着悄悄话，走到一半，古丽站在一个大坑边让未婚夫走开，要你陪她去小解。

你很不情愿地跟着她进了坑里，她根本没有蹲下身子去解手，从胯下抽了一叠湿布出来，又从包里取出一叠干净的布子垫上。这又让你想起了她缠着白布的粗笨的腰身，你背过脸去，不想再看下去。

一路上你没有说一句话，看着古丽和她黑脸膛的未婚夫打情骂俏。未婚夫的眼睛火辣辣地盯着她，还一个劲地夸赞她多么漂亮，你在心里为刚才在大坑里看到的古丽可怜的身子难过。你觉得她和未婚夫之间的那些情话很脆很薄，比一张垫布还薄，一不小心就会被撕破的。

怒放的古丽

学校的隔壁盖好了两间新房子，房子背后是瓜田。西瓜快熟的时候，新房子里搬来了四个知青。两个女的皮白肉嫩，貌若天仙。两个男的面黑皮糙，跟村里的维吾尔族、回族小伙子没啥两样，除了比村里的小伙子会谈恋爱。

这些知青没农村偷情的经验，不选苞谷地、高粱地，偏把房子背后的瓜地当成了他们约会的去处，他们谈恋爱，等于给村里人搞公开展览，闹得大梁坡人封闭的感情世界顿时骚乱了。或许大梁坡青年的爱情启蒙，最早就来自这些知青。

其实这些知青刚开始的爱情公开在瓜地里，也没啥好看的，无非是一对一坐着说话，从中午说到天黑。大梁坡人不明白，男女之间哪有那么多话可谈的。汉族人凑到一旁也听不懂他们谈些什么。男的一会儿摸摸西瓜嘿嘿傻笑，一会儿拉扯瓜秧嘻嘻哈哈，女的羞羞答答，谈的人津津有味，听的人云里雾里。

这才真叫谈恋爱，有文化的人，恋爱的方式都跟大梁坡人不一样，西瓜地里都能谈出恋爱的味道来。他们看我是个小孩子，也不避我，不知道我听得懂维吾尔语。

那个疙瘩脸跟吾尔古丽说：“这个公西瓜喜欢这个母西瓜，所以挨得那么近。”

吾尔古丽不说话，拿眉眼瞟他。疙瘩脸开心得满脸的青春痘都像点了红墨水。

吾尔古丽高个子、长脸、尖下巴，长得像巴基斯坦电影里的女主角。村里人也确实把她当明星，谁家结婚、孩子满月办宴席、生日跳麦西莱甫，只要请到吾尔古丽，就算是很有面子，排场很大了。这些知青参加村里的宴席不用随礼，还被主人安排在贵客坐的上座，最好的羊肉、奶皮子，最厚的奶茶，都端给他们享用。

在麦西莱甫上，吾尔古丽是众人的月亮，她拿起都塔尔唱起情歌，风头压过新娘，村里那些乐手和歌手都只有仰望的份。她百灵鸟的嗓子、天仙的舞姿让大梁坡最能歌善舞的女子都黯然失色。每一场麦西莱甫过后，吾尔古丽的发型和衣着都会引得村里维吾尔族姑娘竞相仿效。

每次吾尔古丽弹唱，我挤在人堆最前面，几乎挨着她支着乐器的大腿，盯着她的脸蛋、鼻子、嘴唇和下巴，连每根睫毛的颤动都不放过。很快我发现了一个秘密：吾尔古丽的左眉梢有一个和我一样的疤。我的缺陷居然跟这个美如天仙的女子一样，这一点发现让我高兴不已。吾尔古丽也发现了这一点，跟一旁的维吾尔大婶悄悄议论："这个孩子的疤竟然跟我一模一样。听说眉梢有疤，父母有一方活不长的。我父亲在我小时候就过世了。"

吾尔古丽注意到了我，这才是最重要的，当时我还无法为父母会不会早逝这样的事忧愁。我只是为吾尔古丽皱起的眉头而感到了一丝小忧伤。

冬天来临的时候，邻居家的黄毛告诉我，吾尔古丽的小妹妹来了，人家都说她长得像她的姐姐。吾尔古丽的妹妹跟我一般大小，很快我们就成了朋友。为了对妹妹的朋友表示友好，吾尔古丽给我们打了食堂里做的汤揪片。疙瘩脸端了饭盆来吃饭，吾尔古丽的妹妹使眼色，让我们吃完跟她出去玩。疙瘩脸一只手扶在门框上，我们只好从他的胳肢窝底下钻过门去，我闻到了一股难闻的狐臭味。

吾尔古丽的妹妹说，疙瘩脸对她姐姐有点凶，姐姐有些怕他晚上来。他不喜欢她来给姐姐做伴。

疙瘩脸和吾尔古丽的爱情一直延续到了他们回城。离开大梁坡后吾尔古丽就被抛弃了。疙瘩脸的父亲是个有权势的人，不同意他们在一起。听说回到镇里，吾尔古丽还为他打过胎。看来大梁坡才是他们爱情的福地。

长大后，我在镇里见到过挑水的吾尔古丽，她弓着腰，样子弱不禁风，脸颊上布满了蝴蝶斑，看样子已经嫁了人。带着那枚和我一模一样的疤，不知道她到底嫁给了谁。她一语成谶，我爹爹果然早早离世。也许真的是她眉梢上的疤，注定让我与她有着一段共同的命运。

含苞待放的古丽

乌拉英家的古丽生出来的时候，我已经穿着开裆裤了。

古丽生下来，妈妈难产殁了，她没奶吃，很瘦小，又爱生病。乌拉英每天用装鸡蛋的小篮子装着她，去郭医生家看病。有的时候是清早，有的时候是半夜。

有一次郭医生对爹爹说，乌拉英带孩子看病不赶时候，早不去晚不去，那天新婚的郭医生脱了衣服，刚刚骑在老婆身上，乌拉英就冲进来了，他干脆让老婆把头缩进被子里，趴在老婆身上给古丽看病。

老郭说乌拉英只盯着篮子里小脸已经发紫的古丽，根本没发现那天郭医生身子底下还盖着一个人。郭医生说，救你的娃娃，不能误了我老郭播种子，是不是。

从古丽会走路开始，夏天古丽都是光着身子在外面跑来跑去的。我家做饭，古丽就端着她的榆木小碗站在锅灶边，等到饭熟了，我妈给她盛好，她端着碗就回去了。

从我见到古丽，就没见她穿过鞋子，不管冬天夏天她都光着脚，脚上糊着一层黑黑的垢甲，看上去像缠了黑色的裹脚布。

那年古丽都六七岁了，她照常端着那只小木碗站在锅子前，等我妈妈给她盛饭，比古丽大一岁的弟弟走过来说："古丽，回去穿了衣服再来，你羞不羞？"

古丽瞅一瞅我们，扭过身子跑了，从那儿以后，她再也不来我家了。

我知道古丽他爹早上出去忙活，到晚上才回来，根本没人给她做饭，古丽也没有衣服穿。每次我和弟弟去她家端点饭给她吃，她就像小猫一样蹿到炕上，用毯子盖住自己，只露两只眼睛看我们。

古丽长大了一些，还是不愿来我们家，不过不再光着身子了，她用被面把自己围住，到渠边洗碗、洗菜，那些红红绿绿的被面裹在她身上着实好看。

有一次我还看到她在她家院子里披着被面跳舞，我一走过，她就像受惊的兔子一样钻进屋里去了。

转眼古丽就变成了一个漂亮姑娘了。她穿了她妈妈过去的裙子，爹爹说古丽跟她妈像一个模子里倒出来的。

古丽还是不爱说话，想什么都用眼睛说，她对着家里那头奶牛，不是瞪眼睛就是微笑，那奶牛跟古丽待久了，就像她奶妈一样，古丽不言传，它也能闻出她是高兴还是不高兴。

她每天放牛、拾牛粪、挤牛奶，身上都是牛奶和牛粪味。古丽跟牛在一起的时间，比跟她爸在一起的时间多。

有时候在野地里放牛口渴了，古丽干脆跪在牛肚子下面吸几口奶。古丽摸牛的头，牛就伸出舌头舔她的手、舔她的脸。牛把古丽当成了它的崽。

她爹帮古丽梳头的时候，看到古丽头发上的虱子越来越多，快变成虱子窝了，虱子在头发上打滚，虱子生的虮子爬满了头发根，白白的、密密的一层，用篦子刮也刮不完。

他爹抓了一把六六粉，撒在古丽头皮上。没几天，虱子全被药死了，他爹还从古丽头皮里拉出一只牛蚤子，牛蚤子在古丽的头顶上钻了一个血洞。

她爹怕牛蚤子再钻进女儿的头发里，让古丽把一头卷发剃了。古丽跑进牛圈里躲了一个晚上不肯出来。

第二天早上，她爹牵了一只羊回来，跟古丽说："丫头，你把头发剃了，爹爹就宰了这羊，给你煮肉吃。"

古丽每天放牛，都给羊背草回来，可她好几年没闻到羊肉味了。

她爹给古丽剃了个光头，黄黄的卷发飘了半院子，羊肉汤的味道跟头发一起，飘在小小的院子里。

邻居家的小孩都被羊肉汤的香气引到古丽家平常没外人进出的院子。大热的八月天，剃光了头的古丽，用她妈留下的羊毛头巾，包住光头躲在屋里，不管她爹怎么叫，她也不肯出来见人。

有天古丽半夜在自家门口的小渠沟里洗澡，被几个躲在树上的巴郎子看到，他们从树上跳进渠沟里，把赤条条的古丽拉到河沿上，掰开两条腿倒提着她，想看看她是男是女。

出来小解的我和弟弟听到了尖叫声，跑过去用柳条把几个坏家伙赶跑了。夜里光着头、赤身裸体的古丽，像从泥水里爬出来的白肚皮蛙。

从那天晚上以后，只要我和弟弟从古丽家门口路过，冷不丁可以看见光头的古丽在院子里晒衣服、晾毯子，她看到有人路过，唰的一下就钻进屋里关上门不见了。

到了秋天，我和弟弟看见古丽在自家门前的地里刨土豆，一头的黄毛已经有一寸长，穿着一条不够长的蓝布裤子，蓝布裤管下的腿，雪白雪白的，粗了很多。弟弟说，那腿是吃羊肉吃粗的。

有两个农场的老乡走进土豆地里看土豆，其中那个男的老盯着古丽的腿，还过来摸了摸她的头，问她："你是男娃还是女娃？"

古丽干脆双膝跪在土豆地里，埋下头不吭声。那个男的看古丽跪在地里拼命地刨土，不理他，拍拍屁股走了。

那个女的留下来，帮古丽挖了一会儿土豆，装了半袋子，给了古丽钱，还捏捏古丽的下巴说："这丫头，长得真俊！"

那女的临走拉我到一边，附在我耳朵上说："这女娃子怕是没妈吧？你看她屁股后面一大摊血都干在上面了，还不换换，胸脯子也扎眼了，赶明儿让她去农场里买个奶袋子套上，小女娃子家的别晃散了！"

古丽一直跪在土豆里没有起来，直到我拉着弟弟走开，回头才见她背了一袋土豆往家里走。我还看到她一边往回走，一边不知道是在擦汗还是擦眼泪。

我回家告诉妈妈土豆地里那个女人的话，妈妈说，让古丽拿条她妈妈的旧裙子来，让你爹给她裁两件背心缝上给她穿。

我去古丽家找她，古丽翻出她妈妈的连身裙，她把下半截撕下来给我，把上半截在身上比了比，看样子还想放起来当衣服穿。

那是一件蓝底红花的裙子，裙幅挺宽的，爹爹一剪两半，裁开做成了两个花背心。

那天，我用洗干净的手绢包了做好的两件花背心去找古丽，古丽正在牛圈里挤奶，她见我手里的小布包，眼睛亮亮地一闪一闪。

我打开手绢，把里面包着的背心打开亮给她看，她抢过其中的一件来来回回地在身上比。

我背过身对着牛，示意她穿上。牛抬着头看着，我知道牛在看古丽换衣服。等牛低下头吃料，我知道古丽换好了，我才转过身来看她。

背心做得太宽了，挂在古丽身上，根本没有把古丽硬挺挺的奶子压住。可古丽欢喜得不肯脱下来，直接把棉衣套在了背心上。

我回来跟爹爹说，爹爹把眉毛一皱："她又没让我量，再说那孩子还在长身体，做得宽点，以后长胖了还好穿。"

果然到夏天古丽脱了外套的时候，我看见她那两个尖尖的奶子，给背心压成了厚厚实实的两坨，像在两块坡地上盖了一层薄毯子，只把坡顶的草压下去了，却依旧看得出那坡底有多大。

那两个软软的肉坡，藏在古丽的碎花连身裙下面，不再像过去那样一走一颠、一步三晃了，古丽的小腰也挺直了不少。

古丽有事没事又开始往我家跑，跟我一起去拔草、摘红花、拾麦子。

有一次，弟弟放学回家撞见古丽正要走，眼睛就盯了她不放："姐，古丽真是越变越好看了，头发黄黄的，皮肤白白的，脸蛋上像搽了胭脂，粉红粉红的。"

弟弟怕是把小时候赶人家回去穿衣服的事给忘了。古丽见弟弟看她，只顾低着头往外走，羞得睫毛一眨一眨的。

秋天我跟古丽去棉花地里拾棉花，古丽每弯一下腰，地上就掉几粒小扣子，她拾一把棉花，就要蹲下来在地上捡一次扣子，我也忙着帮她找掉在红红绿绿的棉花秆子下面的扣子，她感激地看看我红了脸不说话。

我说她："是背心太绷了，把扣子挤爆了吧！"

我给古丽挡着让古丽把背心脱了，古丽刚一蹲下来，那些小扣子就“嘣嘣嘣”地，爆豆子一样蹦了一地。

我看见古丽腋下被背心勒出一道一道的血印子。

古丽每天散着胸跟我去摘棉花，碰到我弟弟，她就低了头，用手里的袋子挡住前胸。

在棉花地里遇上有人来，喝水、闲谝，她就蹲下身勾了头干活，死也不敢把头抬起来。

我想好了，等把棉花地拾掇干净了，我就带古丽去买个奶袋子，再买块纱巾，把她头上一年四季扎着的厚头巾换下来。

那天，我们到老沙湾去卖了棉花，我领着古丽到了代销店里，几个女娃子在挑奶袋子，一看就知道是镇里头吃商品粮的主，细皮嫩肉，说话细声细气的。

我挤过去，看见那些奶袋子，整整齐齐地在玻璃柜台下面排着队，全都是白颜色的，有白棉皮的、白的确良的，那缝纫机缝出来的线，细细密密地在奶袋子两边，各划出一个又一个的圆圈，越到奶头顶上圈子越小，让人看着真是心里痒痒。

我拉着古丽让她过来挑奶袋子和纱巾，她离着玻璃柜老远看看那些挑奶袋子的姑娘、婆姨，还有围在柜台旁一边看稀罕，一边哈哈大笑的大男人，红着脸，就是不肯过来。

那天回来快赶到村头的时候，运河边上开过来一辆大卡车，在路上卷起了一股冲天的旋风，等塘土从半天空落下来，我看见古丽蹲在路边的土坑里，把头埋在两腿中间，两手捂着眼睛，“这该死的卡车，把人给吓成这样。”我冲那股旋风吐了口口水。

就是这见了卡车像见了老虎一样的古丽，有一天下午在运河边上，被镇里开大卡车的木纳瓦尔骗进了玉米地里……那个木纳瓦尔来过大梁坡村，收过古丽家的羊皮。

古丽好像不再像过去那么怕羞了。来我家借东西，她也敢直勾勾地看着我弟弟，她散着胸在自家出出进进，放牛、锄草、洗衣服都不再躲着人了，她不再勾着头，曲着背，遇上人头抬着，眼睛看着前面，像是根本没看见一样。

古丽散着的胸脯开始变得一天比一天肥大，走路的脚步也变得比过去重了。

翻过年，一出冬，脱了厚衣裳，大梁坡村的人都看到古丽肚子大了。就数乌拉英最瓜，我爹把古丽托了他裁好的小衣服拿给乌拉英，乌拉英还瓜着一张脸问：“嗨，你这糊涂的裁缝大哥，你说我家里要这个做啥？”

问了女儿后，一下明白过来的乌拉英一把拉了女儿，坐上毛驴车就去镇里找木纳瓦尔。

从镇里传过来的风声说，木纳瓦尔根本不认账，乌拉英给他下了跪都没有用。那混账家伙，在小饭馆里跷着二郎腿，端着烧酒杯，当着一大堆人说：“你们看看我木纳瓦尔，一个卡车司机，能去干这种放羊的傻女人？”

乌拉英地也不种了，牛羊也不管了，天天提着酒葫芦躺在树荫下面喝酒。

古丽叫他吃饭，他就拉着女儿的手大哭，把全大梁坡人的心都哭破了。

那天古丽躺在炕上，肚子疼得下不了地，乌拉英的酒，被女儿哭爹喊妈的叫唤声惊醒了，他套了毛驴车，装上女儿往郭医生家赶。

半路上，古丽就生了。那女娃的脐带是郭医生给剪的。

乌拉英跟老郭说：“我是不想让这娃娃生下来！”

老郭说：“你想不想有个屌用！我就是想让老婆生，她连个屁都放不出来呢！”

郭医生跟乌拉英说：“从十八年前你闯进我们家，我骑在老婆身上，给刚出生不久的古丽打针那次开始，我那台播种机就没停过，可老婆的肚子就是鼓不起来。孩子是老天赐的，难道你还想还回去不成？”

乌拉英还是听不进去，他说自己养不起那孩子。

没等古丽在家里坐完月子，乌拉英就用褥子裹了那孩子，用毛驴车拉到镇里，当街叫卖孩子，孩子饿得都哭不动了。刚好被去镇里抓药的郭医生碰上了，跟乌拉英说：“这孩子你不想养，只要古丽舍得，送给我做女儿好了。”郭医生和几个好心的人好说歹说，才把乌拉英劝回了村里。

村里人都说，乌拉英哪里是去卖孩子，还不是想让木纳瓦尔来认孩子，好把古丽母女领回去。

“等孩子长大的时候，木纳瓦尔会开着卡车，把我们母女俩接走的。”孩子从镇里被拉回来以后，古丽不管是碰到谁，都要拦住人家这么说。

不像驴的大黑驴

爹爹在遇到那头大黑驴之前，一直过得无声无息的。爹爹身体瘦小，即使穿了簇新簇新的呢外套，把胡须剃得干干净净，走在路上，也不会很显眼，大家都在各自的地里忙活，爹爹牵着和他一样矮瘦的小灰驴，到河坝里饮水，驴蹄声最多也就惊动几个在草坡打瞌睡的放羊娃，他们不耐烦地朝父亲和小毛驴白上两眼，然后打个哈欠接着丢他们的盹。

爹爹在家里，只有等他喂草料的小驴子和候食吃的鸡猫狗们，会吃惊地冲他光鲜的衣服和光溜溜的下巴，讨好地叫上一两声，然后，它们很快就把注意力集中在大盆子、小槽子里新鲜的草料和颜色鲜艳的玉米粒、高粱米上。

爹爹这辈子要遇见那头驴，是命中注定的事情。

爹爹为了遇见那头大黑驴，已经做了好多年的准备。仓房里一直备着大大的马褲子，后院里一直停着一驾马车，尽管父亲不养马、不赶马车已经很多年了（自从他的食指被马咬断，自从他的马车翻到渠沟里，压伤了他的脚骨以后）。

一、相驴

那天一早，我和弟弟看到了爹爹悄悄从木头箱子里，翻出了干净的尼龙袜，把袜子和那件蓝呢子的中山装，装在尿素袋子里放在了车上，又打开一个破布包，从里面取出了一年穿不了几次，长了霉斑的翻毛皮鞋刷干净，用那团破布包好后，掀起小毛驴车上铺的烂毡子放进去，再掩上毡子。

我和弟弟坐了毛驴车，爹赶着毛驴车赶了几公里黄土路，又赶了几十公里的黑油路，中间小灰驴休息了三次。我们吃中饭停在黑柏油路边上的一个喷井旁边，爹爹先给驴饮了水，洗掉了眉毛胡子上的尘土，再拿出带来的干馕，在井台边捡了块石头，把硬邦邦的馕敲成几块，干馕蘸着井水，一顿饭很快就吃好了。爹爹临走把一双脚也用水擦洗了一遍，然后光着脚上了毛驴车，鞭子一挥“吁”一声，小毛驴往右一拐，就上了黑柏油路。

小灰驴咯噔咯噔，赶了一下午，我们就到了团部的树荫里。爹爹让我和弟弟看车，他从尿素袋子底下，抽出那双尼龙袜子穿上，把包在破布团里的皮鞋取出来，用袖子蹭了两把，套在新袜子上。他很小心地拿出装在尿素袋子里的蓝呢子中山装套在身上，这些都是父亲在村里最要紧的场面上才穿的，已经成了他出门前的一套仪式。

只要看见爹爹刮胡子、洗脚，在车上放了皮鞋和袜子，我们就可以推断出，他一定有什么重要的人要见，或者一定有什么重要事情要办，跟在他后面，准能吃到好东西，或者能看点在村子里看不到的新鲜事。

出门时，我和弟弟根本想不到，他这么隆重地做准备，竟然是为了见那头驴。

我们每次偷偷跟在父亲后面，总是被他半路里赶回来，有时候快到目的地了，见我们跟来，爹爹就骂：“跟狗一样，走到哪里，跟到哪里，要吃屎，还是要喝尿啊？”一边拉住毛驴缰绳，一边回头大骂，趁毛驴放慢了脚步的当口，我们飞一样地就扑到了车上。

这次，爹爹早上见我和弟弟想跟着他，竟然没有反对，似乎还很乐意。到了大路上，他见我们落在毛驴车后面追得吃力，隔一段路，就从衣袋里摸出几颗水果糖扔在路边，我们追着那几粒糖，比小毛驴跑得还要起劲。

谁知道爹爹这么高兴，只是因为想带我们一起去见那头他中意的黑驴。

那天，爹爹去配种站看了三趟，又回来了三趟，每趟回来，都是先脱了鞋袜，挂在车辕上，再抽根莫合烟，躺着休息一会儿，神色中显出些许烦躁和不安。过不了多大一会儿，他又重新穿上袜子和鞋出去探驴。

我们像在野地里候食的小鸡一样，一直等着爹爹带点能填肚子的东西回来。

爹爹第三趟回来的时候，天已经黑了，他手里还是空空的。

我和弟弟很沮丧，这次跟爹爹来失算了，根本没有好吃好喝，一天了，除了看到小毛驴在芦苇丛里拉的驴粪和驴尿，什么新鲜的东西都没看到。

夜里，我们就着月色打了橛子，把驴拴进草丛里。爹爹铺了毡子睡在车下，我和弟弟打开破布团盖在身上，睡在车上。

第二天早上，我和弟弟醒来，爹爹像喝了烧酒似的，满脸通红，不知是晒的，还是兴奋的，神色很活泛："今天早上，配种站那头出远门去配种的驴，就要回来啦。"他一早起来，已经去过配种站了。

到晌午饭时，爹爹唤我和弟弟套上车，赶到配种站院前。我们从院子外就看到了那匹马，不，是那头驴，它比一般的马还要高大威风，毛皮闪着黑色纺绸一样的光亮。

当我见到那头驴的时候，一眼就看出，爹爹其实是一直在等它，等一头像马一样高大、八面威风的黑骏驴。

爹爹的六颗金牙，自从看见那头黑驴的第一眼起，就一直暴露在外面了。他的笑容看起来很陌生，很古怪，更像是一种人很吃惊时的样子。

爹爹的这种样子很少见，几乎是从来没有过的。我不知道在我妈生下我时，爹有没有把六颗金牙全部暴露在外面，反正我的四个弟弟一个妹妹降生时，他绝对没有暴露过，而且暴露的时间这么长。

看到驴之后，爹爹就不想走了。下午，老乡请他吃面，中间还喝了几杯酒。晚上，我和弟弟填饱了肚子，在团部看了露天电影《狐狸的故事》，看着大狐狸带着小狐狸们为了找食吃，在雪原上不停地奔跑，我们高兴得不得了，一起跟着大声唱：大地早上好，大地早上好……

我不再注意爹爹的牙齿，明天早上，他把那头大黑驴牵回去就是了。

我至今不知道，爹爹到底出了多少钱买了那头驴，那头驴是因为年纪大了，要退休了，配种站才廉价出售的，看爹爹的样子，似乎是占了很大的便宜。

二、反正不像驴

自从有了高大的黑驴，爹跟驴无论走到哪里，所有的眼光都会集中在爹身上。连鸡狗猫们看爹牵着驴，大摇大摆地走过来，都会自动把路让得很宽。

放羊的顽童们，老远见了大黑驴和爹，每次都要拦住爹问："伊布拉欣爹爹，它的妈妈到底是骡子，还是马？"

爹很骄傲地应道："哈哈，骡子的肚子，就像是克里木家婆娘土尼萨罕的大肚子，只长肥肉，不长孩子！"

"那它就是马生的！"

"你见过谁家的马，耳朵有一尺长！"

爹在驴身上花足了力气，一大撮红色毛线缨穗挂在驴头上，大大的马膁子套在驴脖子上（就像专门为它定做的一样），在后院里搁了几年，木头都快发芽了的那驾马车，又开始被爹爹拾掇拾掇派上了用场，连我家炕上唯一的绣花毡子，也被爹爹铺在了车上。

可是，我们却变成了驴的奴仆。我和母亲每天要担十桶水给它喝，弟妹们从早到晚不停地拔草给它吃，父亲还要时不时给它加玉米和糠料。

时间一长，我和弟妹们都不服气，觉得驴在跟人争食吃，气呼呼地抗议："不过一头驴，用得着当爷爷伺候？有好吃的好喝的，都给你驴爷爷吃，给你驴爷爷喝。"

父亲听了很不乐意地教训起我们来："驴就是你们半个爹，你们吃的穿的，都是驴给你们挣来的。"

我不知道驴懂不懂感恩，反正那时候我们不懂，在我们眼里，它就是一头驴！

在父亲眼里，它是什么都可以，反正不像驴。

三、醉驴

父亲身旁永远站着那头大黑驴。

寒假，我从大学里回来那天，看见父亲和驴并排站在朝南的窗根前看我，我从老河坝对面向爹爹和驴冲过来，兴许是我火红的滑雪服刺激了驴，驴看见我火狐狸一样奔过来，拽着爹爹手里的缰绳一个劲地往后退。

我跑到爹面前，把手里一小塑料袋已经被挤成了碎末的鸡蛋糕递给爹爹："爹，你吃！"

爹瞪了我一眼，正要低头饮水惊魂未定的驴，也抬起头来，跟着爹爹瞪了我一眼。

我知道爹爹给我的钱，有一半是驴挣的。爹和黑驴都在用目光埋怨我乱花钱。

我悄悄跟驴子说，那是我买了慢车票，用多坐了一夜的火车，省下来的钱买的。

驴子冲我咧开嘴，打了一个很响的喷嚏，看表情好像是在表扬我。

"爹，还给你带了高粱酒。"到了吃饭的时候，我才惴惴不安地从红色的塑料旅行箱里，拿出用厚厚的棉衣和围巾缠裹的两瓶酒。

爹爹看了我一眼，迅速把灰绿色的眸子探向那两瓶酒。我知道爹爹的样子说明，他不责怪我买酒，我小心地把酒放在一边的三斗橱顶上。

两瓶酒不知什么时候已经不在橱顶上了。

第二天，爹的朋友亚森来家里串门，一进门见我在收拾屋子，很热络地打招呼。父亲见他来了，兴致很高："我丫头从兰州带了两瓶高粱大曲，我们哥俩喝两盅。"

爹爹急匆匆地走进驴圈，从大黑驴的料槽底下摸出了一瓶酒，揣在怀里，又摸索出一只空酒瓶来："唉，这狗日的驴子，把我一瓶高粱大曲给喝了。"我这才闻到驴圈里散发着一股驴粪加浓烈的高粱酒的气味儿。

爹爹揣了酒去招待朋友。我踹了踹驴子的腿："你这黑牲口，你真以为你是爹，还敢喝我爹的酒！"

我摸了一把槽里的草料，湿漉漉的，黑驴的呼吸很重，呼哧呼哧的，一股酒香从驴嘴里喷出来，带着白色的唾沫星子，喷在我脸上。

我抓起一根玉米秆，挥到黑驴眼前，黑驴大嘴一张，昂首挺胸，发出“昂昂……昂”的叫声，向我示威，那神态和嗓门，竟然跟爹教训我时一模一样。

我丢下发怒的醉驴，撒腿就逃。

四、黑驴那家伙

黑驴身材高大、健美，毛皮纯黑，浑身上下没有一丝杂毛。那玩意儿也是又粗又长，威风凛凛，油光水滑，像涂了墨一样。

十里八村的，没有谁家的驴敢跟它比。爹爹看惯了自家大黑驴，对谁家的驴都瞧不上眼：“就你那头赖驴，比一比哪一条腿，都没我家大黑的那家伙长！”

黑驴动不动就喜欢把它那宝贝亮出来，吃草吃得闷了，就让它拖拉到地上，好让它也晒晒太阳放放风，呼吸呼吸新鲜空气。晒得爽了，黑驴还将那家伙一甩一甩的，好像是它一条多出来的尾巴，灵活得很。

黑驴往村子里一站，村里所有的公驴大气都不敢出了，老老实实地把那肚子上耷拉着的半截玩意儿缩回去。

男人们看到黑驴，脖子都不由自主地往衣服领子里钻。

只有那些顽皮的孩子，看到黑驴把家伙亮出来，就兴奋地围上去啧啧赞叹个不停。

黑驴对小顽童们不屑一顾，看他们来了，就把宝贝收进去。顽童们来了兴致，拿了玉米秆往驴的后肚子上捅。这种情形，要是被爹看见，爹是要骑上黑驴，扬起鞭子去追打的。

黑驴先开始还亮半截出来，给他们看看，后来被逗得不耐烦了，就仰起脖子，仰天长吼，吓得顽童们一哄而散。

有一回，黑驴那家伙不知是干活的时候太卖力，还是被村里哪个捣蛋鬼捣伤了，油黑的包皮撕开了一条血口子，爹每天跪在地上给它上药。

黑驴那家伙出溜出溜的，痛得跟挨揍的乌龟脑袋似的，皮一缩一缩地扯不展。

爹急得恨不得拿把钳子，把它撕烂的皮拉出来。爹到底是心疼自家的驴，实在没辙，就牵了村里最漂亮的一头小母驴来，拴在一旁的白杨树上。

闻着从小母驴坚实浑圆的屁股上散发出来的诱惑的气味，大黑驴忍不住冲动把那截宝贝伸出来，居然忍着痛一直探到了地上。

“这个黑家伙，跟男人一个尿样，见了漂亮姑娘，伤疤还没好，就忘了痛了。”

爹爹了解大黑驴，就像了解他自己一样。

上了一个星期的药，大黑驴的伤口痊愈了，撕开的口子结了痂。

这时有人拉了母驴来配种，爹爹说：“你交了押金先排队吧，驴没好利索，下了驴娃子也不带劲的。”

来人乖乖地交了押金，回家去等了。大约有半个来月的工夫，就有七头母驴来登记，交押金，排队。

从那儿以后排队成了规矩。大黑驴忙不过来的时候，四里八乡的母驴都得排队候着。

大黑驴一直保持着清洁交配的习惯。每次迎接“新娘”之前，爹爹都要给它清洗关键部位，用剪刀把多余的杂毛剪干净，这些都是配种站的人卖驴给他时嘱咐的。

爹爹唯一不能做到的就是，每次黑驴行房事之前，用酒精给驴那家伙消毒：“让驴那玩意儿天天喝酒，那不是变醉驴鞭了！”

但是，爹爹还是把酒精清洗，换成了用花椒水清洗，洗完了以后，还要让它在太阳下吹风晾干。邻居们对着爹打趣：“伊布拉欣不喜欢吃醉驴鞭，喜欢椒腌驴鞭！”

小的时候听不懂，还以为真有这样两道菜。长大了也没有听说驴鞭有这种吃法。即使有，父亲也不吃驴肉。

爹最后一次（也是唯一的一次）去医院，还是驴送了他最后一程。黑驴给他当了大半辈子伙伴、助手和朋友，一直到爹去世。

爹去世后，弟弟嫌黑驴老了，动作太慢，瞒着我们，把它给卖了，用卖了黑驴换来的钱，买了一辆红色的“铁驴”（摩托车）。

没过几年，弟弟外出打工，“铁驴”放在驴圈里生锈了。而大黑驴的子孙们，却在大梁坡村和更远的地方，一茬茬茁壮地长起来了……

繁密的西红柿

外婆、三姨、五姨钻在西红柿地里，外婆和五姨不断地从秧子下面，摸出又红又软又大的西红柿递给你，你起先咬着吃，牙齿酸倒了，就用嘴唇吸汁，嘴唇酸麻了，就往肚子里吞，肚子胀了，干脆挤了汁水，仰脖灌进喉咙。你的肚子变得跟三姨怀了娃娃的肚子一样，鼓得快要炸了。

三姨扛着大肚子跪在地里不停地吃，肚子圆得快要滚下地来。你觉得三姨怀孕一定是因为吃多了西红柿。三姨的身体被大梁坡的斜阳映得通红透明，你能看见她肚子里一大筐烂熟的西红柿。

地里散发着一股阴性的味道，酸溜溜的，有些刺鼻。那种味道能扎入你的肌肤，让皮肤刺痒。酸麻甜腻的气息从西红柿秧子根部，一直升腾到大梁坡上，夏末潮热的地气，把大梁坡的太阳熏得软软的，像一个熟透了，快要坠落的巨大的西红柿。

你鼓着肚子有些费力地呼吸着，你知道等不到太阳落到大梁坡后面，你滚圆的肚子就会随着几泡尿落地，像泄了气的气球一样瘪塌下去。三姨的肚子撒完了尿，也会挺在那里，不会瘪下去。

三姨接二连三产下脸蛋像西红柿一样的女娃。三姨吃西红柿吃得太多，你感觉她家早晚要被她变成柿子地。三姨诞下第五个女娃，倒提着娃，斜了一眼关键部位，就扔在一边，随她大哭大号，一口奶都不给喂，蒙上被子呼呼大睡。

五姨劝三姨，生都生了，好歹给娃喂口奶吃。三姨嫌烦，一蹬被子说，你心疼，那你拿回去喂。五妮就这样成了五姨的女儿。五姨也没少吃大梁坡的西红柿，肚子就是没有鼓起来。地里干活，外婆见她屁股上沾了西红柿酱一样的血迹，每回都摇头，说她这边吃进去，那边流出去，肚子里存不住货。

那年大梁坡的西红柿结得成了灾，这边摘了那边又结，繁密得摘也摘不完。你怀疑大梁坡的女人都像三姨一样，吃多了西红柿，忙着生娃去了，烂熟的西红柿落了一地，也没有人理。外婆捡了一筐又一筐，摊在院子里，晒成了西红柿干，又让五姨挑了一担又一担，灌满了家里所有的瓶瓶坛坛罐罐。

那些捣烂的西红柿，装在透明的玻璃瓶里，像新鲜的血浆，你觉得就是这些血浆输送进大梁坡女人的肚子里，让她们的肚子一年年鼓起来。那些黑乎乎的坛子罐子，像大梁坡女人的肚子，结结实实地鼓胀着。坛子里鲜红的酱汁，在太阳底下冒着白色气泡，像活的一样。你一点都不怀疑，这些装满西红柿的坛子，像三姨的大肚子一样，总有一天会孵出脸蛋通红的娃娃来。

第一眼看见从你子宫里刮出来的血肉，你就想到了外婆灌在玻璃瓶子里的西红柿酱。你闻到了小时候西红柿地里那种酸腐的味道。你感觉医生把你小时候吃进肚子里的那些西红柿，绞碎后全部掏了出来。

他在春天和秋天，两次带你去找那个上了年纪的女医生，让她用冰冷的不锈钢器械，掏你肚子里的西红柿酱。到了第三次，女医生脸拉得很长，说再掏就别想要孩子了。她的话终止了你的冷汗和疼痛，你保留了结在你肚子里的第三枚西红柿。

你要保证这枚果实是完整的。你甚至不敢再吃西瓜、西红柿这些圆形的果蔬，红色的草莓、苹果你都不敢再碰，你不敢切菜，你怕任何搅拌的汁液和绞碎的食物，你尤其怕看婆婆做西红柿酱、西瓜汁和草莓酱。

你肚子里那粒生命的种子，让植物的痛觉苏醒在你肉体的痛觉里。那些破碎的圆和绞烂的红，只会让你呕吐。你宁愿只吃白菜、韭菜这些白色、绿色的，形状跟红和圆没有关系的蔬菜。

到了秋天，你的肚子已经大得像一只西瓜，肚脐凸出来，伸出婴儿手指那么长的一截，像西瓜的蒂。你的肚子通过这根瓜蒂，跟瓜园子里的西瓜连接串通了，你不吃西瓜，也能品味到西瓜汁液的那股甘甜。

初冬，你破例买了一次瓜带回家。你特意避开了红瓤的，挑选了一只椭圆的白色香瓜。芬芳的香瓜有你膨胀的乳房那么大，你的嗅觉告诉你的味觉，甜瓜里一定蓄满了香甜的乳汁。

你让挺着的肚子帮你托着瓜，腾出一只手掏出钥匙开门进去，床上的他和那个你见过的雀斑女人，受惊的鸟一样飞身起来，披了纷乱的羽毛，分别落在两把椅子上。

你进厨房掂了一把菜刀出来，将甜瓜剖成两半，分别递给他俩。女人满脸的雀斑一下子红了，一粒粒红得跳起来，红色扔下密密麻麻跳跃的雀斑，一直跑到脖子根上。似乎是那些红色终于让她开口说话了，她说有事先走了，你们吃吧。你放下手里的菜刀，看着甜瓜乳白的汁液滴在桌几上，滴在地上。

你被抬到了手术台上。给你掏过两次西红柿酱的那个上了年纪的女医生，像剖开一个西瓜一样剖开你的肚子，她用力地挤压你的肚子，直到你肚子里的汁液全部流出来。你第一次从她瘦长的脸上，看到一丝笑纹，她说，是个女娃。你看见女儿的脸圆圆的，像一只小西红柿。

你又闻到了小时候西红柿地里的气息，你躺在暖洋洋的西红柿地里，碧绿的秧子下边，圆圆的西红柿，铺了一地。你看见大梁坡的斜阳里，外婆带着三姨和五姨摘西红柿。一眼望不到头的西红柿地里，西红柿这边摘了，那边又结，繁密得摘也摘不完。

马和驴生的，是骡子

外太公给太婆做祭日那天，你看见三外爷趴在刚做完祭饭的锅灶背后，剥了一半的旧棉裤露出脏污的棉花絮，贴着二外爷瘦小的胯部一挺一挺，三外爷屁股下面那些破棉花絮一抖一抖的。二外爷叫你也脱下裤子，你坐在火烧过的芨芨草墩子上不肯起，远远地看着一大群人在忙活。

在你眼里，那些戴着黑盖头忙前忙后的小脚老太婆，样子都跟外太婆差不多。你总觉得外太婆在做祭饭的人群里忙着，没觉得她殁了。几天前，你还给躺在炕上的外太婆舔扎在眼里的倒睫毛，她说你的小舌尖又凉又舒服。

你知道殁了的那个人，就是二外爷和三外爷的亲妈。你没看见两个小爷爷哭鼻子，你只看见外公悄悄抹眼泪。外公也看见两个小外爷在锅灶背后的把戏，拿起土块把两个光溜溜的小屁股打散了。两个小外爷提着破棉裤往两个方向跑。

外公停下来，不知道该追哪一个，折回来对着你咆哮："缠头家的小骡子！你个坏㞞看个啥？"

"缠头家的小骡子"，外公骂这前半句话的时候，喉头凸起，下半句像是努力往下咽了回去，声音在他的喉结上咕噜着滚下去，突起的喉头似乎拼命抑制着胃里的东西，不致使它们翻上来。

外公抑制不住的是自己的过去，外公张口骡子，闭口骡子，他从小就给外太公牵骡子。

你跟爹爹说外公骂你缠头家的小骡子，爹爹龇着满口的金牙气得鼻子都歪了，“你外公要不是跟了外太公，认他做爹，在甘肃天水来新疆逃荒路上就做了饿死鬼。外太公从逃荒路上把他捡回来，他就随了外太公姓李，跟着外太公牵骡子贩盐。他嫌弃骡子是杂种，下地活命又处处离不了这杂种。”

外太公喜欢骡子，到哪里都骑着骡子。他骑骡子，必定要有人在前面牵着。当盐贩子的时候，让外公牵骡子习惯了。外公“退役”后，他的三个儿子接替了外公，出门帮他鞴骡子牵笼头。

你问爹爹，族别是不是跟外公的姓一样，想变就能变。爹爹说：“命都要没了，变不变姓，哪儿能由得了人。啥能保命啥最要紧，人改了姓也改不了出身。驴和马能生出骡子，茄子再嫁接也变不成辣子。”听到最后你就糊涂了。

外太公做主把外婆娶给了外公，你和弟弟妹妹上了汉学后，跟着这个捡来的外公姓过一段时间的李，爹爹也没有反对，看来他还是看重别人有姓的，哪怕这个姓是外公捡来的。

后来爹爹想明白了，外公骂我们是“缠头家的”，等于说跟他姓也是白搭，爹爹说，才不稀罕这个从逃荒路上捡来的“李”，都得重新改回爹爹取的维吾尔族经名。

外公的出身是个谜，也没有人知道他的经名。外婆动不动就念讨白，她面对胡达的时间要比面对外公多，不知道是不是因为嫁给了身份不明的外公而心怀忏悔。

外太公认了外公做儿子二十年后，妈妈满十八岁，他又做了一次主，把她嫁给了爹爹。外太公做了两次主，让这个家族的血统彻底改换了。你疑心外太公大概认为外公反正不是自己的血脉，才这么无私地让孙女嫁给维吾尔族。

外太公亲生的两个儿子，都娶了同族的媳妇，生了一堆又一堆酷似他的子孙，女孩圆头圆脑，个个眯缝眼、塌鼻梁。男的五官像是在土豆上剜了几个浅浅的窝，土头土脸，两个小外爷，你叫他们“没胡子爷爷”，到老脸上也长不出半根毛，一点不像你和弟弟妹妹，黄眉深目，金发多毛，活像猴子投胎。

外太公贩盐的时候，见过“老毛子”跟汉族人生的“二转子”，他说那绿眼睛好看得像波斯猫，他责怪你和弟弟妹妹没有遗传爹爹的绿眼珠，长了李家的黄眼仁，把爹爹的维吾尔族品种给糟蹋了。

村里的回族老人也会当面责问外太公，怎么好端端把自家孙女嫁给维吾尔族人，外太公用拐杖跺着地，高声大气地反问：“咋不成，维吾尔族和回族一个教门，你说教大还是族大。”

当年爹爹要跟妈妈结婚，据说外公扬言要跳河，外婆差点上了吊，他们誓死阻拦，不希望再混杂进另一个族的血液。

外公说杂种咋能杂到这个样子，以后一家子人都要说两家子的话。他最不爱听维吾尔族人说话，满嘴卷舌头。

外公生就一副忍饥挨饿、忍气吞声的苦瓜脸，对你从来没有过好脸色，他也许怀疑爹爹告诉了你什么，你猜测他怕你知道，他一直不愿意承认、死死隐藏的那些东西。你没听外公出声念过一句《古兰经》，他跟回族人一堆坐着，阿訇讲上三天经，他一句都不言传。

外公有事没事都往地里跑，从地里回来也不进家门，一截树桩子一样在场院里栽着，打扫打扫场院，收拾收拾牲口棚，宁可干晒在外面，天不黑从来不进屋。他不做乃玛孜（伊斯兰教的五时拜），也从不看外婆做乃玛孜。每回他很诡异地背对着念经的外婆，你就怀疑外公想把自己藏起来，不让胡达看见，认出他的真面目。

外婆一天五番乃玛孜，一年四季口不离赞，一串泰斯璧赫尔（用来计数的念珠）不离身，开口闭口睁眼闭眼都是向胡达讨饶，像是在赎不明不白嫁了外公铸成的罪。

夜里霍夫旦（宵礼）和天不亮的邦布达（晨礼）时间，躺在炕上的外公避不开外婆念《古兰经》的嗡嗡声，那声音在整个屋子里缭绕，外公假装睡觉，从他每次竖起的耳朵，你觉得他一直都在仔细地听。

外公在外婆的念经声里装睡，有时候，在那个声音的庇护下外公显得很安详，似乎骗过了谁，有时候，他的眼睛里闪烁着恐惧，就像在听末世的宣判。

外公在一个狂风大作的黄昏走失了。那天他牵着骡子，带着舅舅一起去驮麦子。那头牲口走走停停，竟然死死嗅住一堆牲口的粪便，怎么吆喝也不挪步。外公抄了叉子叉过去，骡子身上叉着叉子拖着舅舅跑出很远。

舅舅牵住受伤的骡子，以为外公消了气会赶上来，等了又等，到天黑也没看见外公的影子，只好牵着骡子回来。你看见黑红的血从骡子的背部，一枚小小的洞眼里圆圆地闪出来，亮亮地落在院子里的干草叶上。

外婆见舅舅丢了外公独自回来，拐着弯骂他："牲口比人聪明呢，骡子都知道把你领回来，你咋不知道把你爹领回来。哎，马和驴笨，辛辛苦苦生了骡子，骡子多聪明，干脆让自己断了根，这一世里就免受生儿养女的苦，人还不如个牲口有灵性。"

外公的埋体从运河里打捞上来，是在他失踪十天后，面目已经无法辨认。舅舅从他衣袋里翻出了一条汗巾，似乎是他买给外公的那条。事实上谁都知道，同样的汗巾在任何一个代销店里都买得到。外婆还是默认了，扑过去哭那具被水泡得肿胀的不知是谁的尸体，哭词里尽是莫名的忏悔，听得人肝肠寸断："娃他大，这么大的路，把你走不下，末了走到了河里。你瞎活了一世人，身子活得冷冰冰，到了儿也没活出热气来。你不明不白地来了，不明不白地走了，连个姓都没留下。连句经都没念下，下一世胡达那里咋去得下？"

殁了的大舅

去外婆家要经过那排沙枣树，夏天沙枣花香喷喷的，外婆家也总摘一些插在杯子里。到了秋天，还可以上树摘沙枣，你爬到树上折，大舅舅在树底下捡，一群孩子围着吃。大舅舅都是把黑色的蜜沙枣留给你吃。

大舅舅是外婆家最疼你的人。可怜的是他只能整天坐在家门口的沙窝子里看着你玩。他拄着双拐，佝偻着小小的背，背上尖尖地凸着一块骨头。小孩子在沙包上玩，见他过来休息，就想着法子埋了他的双拐，他在沙窝子里爬到天黑也找不到拐杖。等你和外婆找到他，他眼睛睁得红红的，满嘴都是血泡。

那年四姨夫来外婆家，给一帮亲戚的孩子发了些零散钱，孩子们拿了钱就奔代销店，大舅舅和你买了水果糖，分给大家吃，小舅舅买了两个橘子，谁都不肯给，大舅舅责怪他："都是亲戚家的娃，就每个人分一点吃吧。"小舅舅才不情愿地掰了一瓣橘子给大舅舅，大舅舅接过来赶紧塞进你嘴里。

只要大舅舅不离开双拐，在沙窝子里他跑得还是很快的。要是谁家的孩子抢了你的豆子、髀矢，大舅舅拄着双拐像飞一样地就帮你夺回来了，还会放下拐杖坐下来用袖子帮你擦眼泪。

那天，日头很毒地盯了我家朝南的窗户，窗户上的油布晒得油汪汪的，刚过了晌午，干妈家的萨嘎领着小舅舅敲着窗户喊："娃他大舅殁了！"妈妈眯了眼睛才没有让外边的日芒把眼泪刺出来。

妈妈提了晒在院子里的水壶到里屋净了身，从箱子底拿了双新鞋子让你穿上，拉了你的手心急忙慌地赶到村口，坐了顺路的马车往黄沙梁奔。一路上妈妈总是把两手叉在羞处，你担心赶马车的人看到她的这个动作，就帮她把手抽出来，放在大腿上，结果又被她叉回去，几次反复，她不耐烦地推开你，还用眼睛很凶地制止你。

你有点恨妈妈不明白你的意思，其实你自己也不太明白。那个时候你还不知道大舅舅已经殁了。后来你开始注意自己脚上的新鞋子，鞋子放了很久了，妈妈没舍得让你穿，说是到外婆家做客时才好穿。鞋面是用黑色的平绒做的，穿着有点夹脚。

还没走到外婆家门前，妈妈就跳下了马车，往路边一排沙枣树奔过去，你突然觉得脚很疼很疼，疼得不敢往下踩，就地站着，远远地，看妈妈走到几个戴白帽子、抬着柳条编的抬把子的汉子跟前，妈妈揭开苫着抬把子的白布，又放下，然后背过身，用头巾捂住脸，僵在那里。

这时候，你看到那几个人都是亲戚，腰上都缠了白布。你知道有一个亲人无常了。你和妈妈站在路的两头，看着轻飘飘的抬把子被心情沉重的亲人抬出了很远，你听见妈妈失声地哭，就在那个时候，沙枣花的味道一下子包围了过来……

你被妈妈拉着一路小跑着进了外婆家的院子，晕晕乎乎闻见一股怪怪的香气，进了屋子才看见，那香气是外婆炕头上点的卫生香冒出来的，味道浓得让人想吐。

外婆坐在炕头上，炕正当中摆了个蓝布枕头，枕头中间压了一个深深的脑袋窝，小小的窝里看着还是汗湿的。你凑过去看，就闻到了大舅舅的脑油味。

外婆用手指摸索着那个脑窝，跟妈妈和几个姨姨说话："我的娃躺在炕上直喊心烧口干要喝水，水端到口边，他已经咬了舌头吐白沫，他手里面攥了一块钱，拳头捏得紧紧的，谁要都不给，眼睛直盯着他弟，阿尤布爬到他枕头跟前，他才把手摊开，看着阿尤布把钱拿在手里，他眼睛就闭上了。"

这个时候你的眼睛从小舅舅手里的那一块钱，转到地上摞着的两只大红箱子上，那上面画着花瓶和花鸟，箱子红得很扎眼，红颜色摆在外婆家显得很难看。

箱子旁边的地上放着一杯沙枣花，像是很早摘来插上的，已经没有了香气，沙枣叶子也萎了，干卷着，叶片上的沙枣花粉像碱花一样又僵又厚。

箱子顶上点着的卫生香散发出沙枣花的味道，大半截已经变成了灰。窗口的风一扇，灰就扑进眼仁里，惹得眼睛里湿湿的、痒痒的。

你把眼光移到箱子上方墙上的玻璃相框里，那里面有你、大舅舅、小舅舅和几个表妹的黑白相片，照片上的人眼睛都被外婆用白纸贴住了，外婆兴许是担心照相把魂照了去，就会又有谁被真主唤去做了天仙。你想靠近看得清楚一点，看得眼睛都酸了，忍不住揉揉湿漉漉的眼睛。

外婆失神地转过头来，看到你和妈妈，回过神从炕上挪下地来，抱住你和妈妈痛声大哭："我的儿到天堂里做了仙童，苦了我们这一世还要受苦做人……"

"呜呜……"亲人们哭的声音，也被屋顶压得矮矮的，那些低低的声音，就像大舅舅从来都没有直起来的驼背，挤在屋顶下，让人心里一个劲地发堵。

姑姑来了，姑姑走了

姑姑一家从喀什来走亲戚。姑父很少说话，他把嘴唇从浓密的络腮胡子丛中露出来，似乎只为吃饭和念经，每次吃饭前他都要念长长的一章经文。他儿子乌斯曼长着一头黄色的卷毛，眼睛跟姑姑和爹爹一样是绿色的。姑姑的女儿阿伊莎梳了一头漂亮的小辫子。乌斯曼不会讲汉话，姑姑制止你教他说汉语。你偷偷跟他说："我们家是啥话都说的，跟爹爹说维吾尔族话，跟妈妈说回族话，跟邻居说哈萨克话，跟同学说汉族话。"乌斯曼忽闪着长长的睫毛看看你说："妈妈说维吾尔族人还是要说维吾尔族话。"

姑姑送给你和妈妈格子连衣裙，妈妈拿了裙子在身上比了比，小心地叠起来，放进了木箱子里。你马上穿上了格子裙，姑姑说："帕蒂，把纱巾戴上。"

你说："戴纱巾，在学校要被男孩子扯掉。"

姑姑责怪爹爹："这个孩子就不该送到汉族学校，看她长大以后怎么办。"

爹爹的样子像是犯了错误，低头搓着粗糙的手指："我想让她像钉子钻进木头一样钻到汉族堆里去。"

姑姑不说话，也不再看爹爹，抓起你披散的头发，帮你梳辫子。

下午上学你迟到了。梳了八根小辫子，穿着姑姑送的格子裙站在教室门口，你被老师罚站，老师和同学们都在取笑你的小辫子。在大梁坡，就是维吾尔族姑娘也没有人梳满头的小辫子。你一根一根撕扯小辫子，直到它们完全散开，然后低着头，把凉鞋前端露出的分瓣的小脚趾指甲使劲往里收，你从来没有告诉过别人，你的小脚指甲是分瓣的。

那天回家，你挨个看了爹爹、弟弟、妹妹、姑姑、姑父、乌斯曼、阿伊莎的小脚指甲，也都是分瓣的。姑姑问你看什么，你没有告诉她，你觉得这是个秘密。

姑姑忙着给阿伊莎梳辫子。姑姑每次给阿伊莎梳辫子都像是一个仪式，先让你立在一旁，帮她端着装树胶的小碗，你看着她把褐色的树胶泥细细地抹在每根头发上，把头发分成一绺一绺，抹匀了树胶编好。阿伊莎六岁，梳了六根辫子，比姑姑给你梳的少了两根。姑姑把梳断了的头发，一根根捡起来，揉成一团，埋在渠沟边沙枣树下干净的沙土里。

那些树胶是姑姑带着你从渠沟边的沙枣树上割来的，用水泡上一夜，就变成了透明的胶冻，梳在头发里，头发上会留下木梳的纹路，干了以后满头硬邦邦、亮光光、明晃晃的，一个礼拜不梳头，头发也不会散乱。

姑姑给阿伊莎梳好了辫子，就去忙着擦洗被烟火熏得焦黑的铝盆和铝锅。你问姑姑擦干净干啥，姑姑看看爹爹，又偷眼看看妈妈，低下头只顾擦洗，你觉得爹爹和姑姑有事情瞒着妈妈。

姑姑把晚上擦洗干净的木盆子和铝锅，塞到你和阿伊莎手上，让你和她跟爹爹出去。你跟爹爹带着塑料壶去公房分过清油，带着搪瓷缸子分过白糖，带着和面的木盆子和烧奶的铝锅，你猜不出这次会端回来啥。

爹爹叫你在公房前排队，你问排在前面赵子虎老师的儿子黑皮：“食堂分啥？”

黑皮回头瞪你一眼：“回族娃娃也来分马肉吃，呸，啥回族！”

你很委屈，又觉得不服，仗着爹爹在一边，大声反击：“也不给汉族分马肉吃，去分大肉吧，你这个黑五类！”

黑皮瞄一眼不远处抽烟的爹爹，不说话了。

你伸长脖子看看队伍里面，确实一家回族都没有。马扎英把两大块煮熟了的马肉放在阿伊莎端的盆里，又往你端的铝锅里舀了两瓢马肉汤。你赶紧盖上铝锅的盖子走出来。

走在路上，爹爹掐灭了烟，把灰扑扑的手绢从口袋里掏出来，盖在热腾腾的马肉上。迎面走过来马守仓见了问爹爹："你咋也去分马肉了，咱们回族人家，可不能给娃娃吃这个，不教门。"

爹爹点头："我分了给喀什来的维吾尔族亲戚吃。"

走了一段路，爹爹拐到渠沟边盘腿坐下，他铺了手绢在地上，包了一块大的马肉在手绢里，另外一块，用身上带的刀子剔下肉，放在木盆里，你和阿伊莎吃肉，爹爹捧了骨头啃。

"爹爹，我们为啥不回家吃？"

"你妈是回族，她不吃马肉。"

"妈妈不能吃马肉，那我也不能吃马肉了吗？"

"你是维吾尔族，很多维吾尔族都吃马肉，骡子肉和驴肉不能吃。记住，回家不要跟妈妈说我们吃了马肉。"

爹爹啃完了骨头，把铝锅和手绢里的马肉用柳条挂在树上。爹爹说等晚上妈妈睡了，再取下马肉和肉汤给姑姑他们吃。我们在渠沟里洗干净了木盆才轻手轻脚地进了家门。

和爹爹偷着吃过马肉，你觉得自己触犯了禁忌，不再是个回族。爹爹没有因为娶了妈妈就变成回族，也没有因为生了你就和你一样变成二转子，他没有因为瞒着妈妈吃了马肉，就有啥不对劲，他还是维吾尔族。他的眼珠子一直那么绿，下巴上的胡子还是那么密，像个灰色的刺猬，让你心里觉得有些刺疼。你觉得你夹在爹爹和妈妈中间，像个四不像。

妈妈没了奶水，小弟弟闹着要吃奶，一个劲地哭。妈妈抹了辣椒水在奶头上，让小弟弟吃，他哭得更凶了。妈妈说要给小弟弟断奶，收拾一下带着你去黄沙梁外婆家住几天。

姑姑帮你梳了一头小辫子。爹爹让妈妈把箱子里的格子连衣裙拿出来穿上，妈妈脱了外套，换了裙子，露出雪白的小腿，她从箱子里找了双尼龙袜穿好，身上沾了重重的陈年樟脑和麝香的味道。姑姑让妈妈把白帽子摘了，扎了条格子头巾，爹爹让她照照镜子，说："嗯，有几分像维吾尔族了。"

怕照镜子的妈妈在镜子面前看了很长时间，像是有些不认识自己。临出门，妈妈还是不放心，把外套和长裤装在了包袱里提着。

走到半路里，妈妈的目光一直躲着回族庄子的人，看见有戴白帽子的过来，远远地就避开了，绕了棉花地、玉米地的埂子走小道。你看见妈妈有麻点的脸上渗出了细密的汗，汗珠挂在妈妈坑坑洼洼的鼻尖上，想滴滴不下来，像是一只只小白蚂蚁慢吞吞地爬着，显出很吃力的样子。

“裙子有些紧，你帮我看着人，我进地里换了好走路。”妈妈钻进玉米地里，一会儿就换了原来那身外套长裤走出来，用袖子抹了一把汗，走路的样子轻松了许多。

妈妈换了衣服，重又变回了平时的样子，只是白帽子忘在了家里。她路上一直嘟囔，怕外婆要怪她没戴白帽子。

大梁坡和黄沙梁都是老沙湾镇的村子，在古尔班通古特沙漠边上，两个村子间大片的沙包相连。那些叫梁啊、坡啊的，都是沙堆。村庄里的人在这片沙漠边上住着，就像和沙漠没啥关系，除了强壮的男人，谁也不会走出周围的村子，到沙漠里去挖索索柴。谁也不敢惹沙子，可沙子总是来惹村庄。风长年吹着，沙子一直缠绕着大梁坡和黄沙梁人的日子。

黄沙梁路边上次你和妈妈路过时看见的新坟，已经有段时间没人管，风吹得都快平了。路上只有东一块、西一块的耕地，两个村子的人要跑很远才能种上一片地。大中午，庄稼地里的人很少。有的人家地多，就种一年，放荒一年，养一养地气。

绕过一个大大的沙包，你看见外婆家的烟囱在冒烟。外婆家旁边的沙包越堆越大，坟一样，像是要把村庄都给埋起来。外婆家的土房子矮矮地陷进沙子里，远远看上去半截子在沙子里埋着。让你感觉住在黄沙梁，人的半截身子也在沙子里埋着。

你和妈妈满头大汗进了外婆家的院子，外婆从菜园里摘了菜，兜在对襟黑衣服里出来，迎面第一句话就是：“你把咱回族人的白帽子撇到哪里去了？”

“这一路上旋风刮得人吃了满嘴沙子。路里风沙太大，我怕把白帽子弄脏了。出门大太阳晒着，我就搭了头巾出来，遮点阴凉，头发也干净点。”妈妈说着，用手捏一捏包袱。你觉得妈妈心虚。

“头发干净了，心不干净了。我去屋里寻个白帽子，赶紧戴上，斋月里，不要叫阿訇看见你精光着头搭个头巾，你是回族，不像人家维吾尔族羊缸子。世人要笑话，下一世里胡达要定罪哪。”外婆踮着黑裹脚布裹着的一双小脚，进屋里找白帽子去了。

妈妈解了围巾戴了白帽子，走出来院子里，帮着外婆拾掇那些菜，准备晚上的吃食。

“封斋了没有？”外婆问妈妈。

“没，碎娃娃家，闹腾得不行，肚子里又有了小的，心里泼烦得很。”妈妈低声嘟囔。

“个人没封斋，怪不得娃娃碎，今天把阿布戴斯（礼拜前净身）洗了，吃了饭，霍夫旦（五时拜中的宵礼）时间到了，你跟我学乃玛孜。明天开始，把斋封上。记住封了斋，可不能跟你缠头男人到一起去，不然要坏了斋。”外婆说话和念经的时候都嘬着嘴，嘴边有很多的嘬嘴纹。你一直认为，女人念经念得多了，就会长出嘬嘴纹，每次外婆教你念完经，你都照着镜子咧一下嘴，生怕也长出嘬嘴纹。你发现外婆跟妈妈用力说话的时候，那些嘬痕更深了。你看看妈妈的嘴边，除了几颗麻子，什么也没有长。

那天，外婆烧火蒸了馍，烧了很多热水，预备晚上洗阿布戴斯。到了天黑外公回来，天黑透了，才吃饭。一看就知道外公也封着斋，干了一天活水米不进，脸黑着，嘴皮白花花地爆开了。外公从来没给过你笑脸，可他脸颊上有两道很深的笑纹，你起先总怀疑是外公在一个人的时候偷着笑形成的，后来你看见外公对舅舅和小姨笑，对表哥表妹笑，就是不对你和妈妈笑。

妈妈嫁了维吾尔族，外公就很看不起你和妈妈。妈妈给他说“赛俩目”（安拉赐你平安），都没听见他接。你最怕外公，他从来不正眼看你。他越不看你，你越觉得他处处都盯着你，他在用心眼审你。从他一进门，你就觉得他一直在看你满头的小辫子，你感觉头皮像着火了一样。

在村里做妇女队长的小姨领着大舅和小舅一进门，外公就对着小姨喊：“把那个回族不像回族，缠头不像缠头的尕孙，头发梳平展了再让她上桌子吃饭。”

小姨帮你拆了小辫子，梳了两条像她一样的长辫子，把你身上的裙子换下，给你找了身小姨旧的长衣长裤套上。

站在镜子前，你又觉得自己变成了回族女孩，在外婆家你是回族的法图麦，不是那个穿着裙子，满头小辫子维吾尔族的帕蒂古丽。

“法图麦，再不敢梳那缠头女子梳的头，小心到了下一世里，头要烧成火疙瘩哪！看你黑明都在镜子面前头绕，镜子都给你绕烂了！小女子天黑不兴绕镜子，大了要嫁老汉哪。更不敢去照相，照了相，你的魂就给照走了，听见没？”外婆站在你身后噘着嘴催喊你吃饭。你看看镜子旁边舅舅买来的骏马图和老虎画，马和老虎的眼睛都给外婆用白纸贴住，成了瞎马、瞎老虎。

大舅和小舅在一边分水果糖吃，你闻着好闻的橘子味道凑过去，大舅拄了拐杖，佝偻着背，背上的疙瘩像是骆驼的单峰，小舅个子高出了他许多，显得他比以前更驼更矬了。大舅分了两块水果糖给你，大舅说：“亲戚家的娃，你也分两颗给她吧。”小舅瞪了你一眼，说：“啥亲戚？老缠头家的丫头！”说完扔了一颗在地上。你捡了糖，剥了糖纸放进嘴里含着，觉得有一股橘子的酸味，没有外婆以前用甜菜熬糖稀做的黑糖好吃。

外婆炒了豆芽，里面有小小的羊肉丁，外婆家的羊肉丁是事先在锅里用盐炒好了，每次炒菜用勺子挖上那么一点点，很咸，很下饭。

“没有肉吃，看把娃娃馋的，搞得这么瘦。”外婆还是心疼自己的，你心想。

“家里人多，宰只羊煮了，也吃不了几顿。”妈妈说。

“维吾尔族人不会过日子嘛，看你一个回族媳妇家，也跟着维吾尔族人浑吃浑喝。”外婆不满妈妈。

“莫说肉一年没吃过，家里一点点油也没见过。”

“那做饭不都粘成锅巴了。”

“饭哪有那么稠，都是稀汤，能照见人影子哪。”

你听妈妈说得可怜，边忙着吃豆芽边插了句：“爹爹分了马肉，还有肉汤，妈妈不能吃。”

外婆和外公抬头看你，小姨在桌子下面用肘子戳你，你觉得没说错话，接着往下说："爹爹说我们是维吾尔族，我和姑姑一家人都吃了，我们没有给妈妈吃，妈妈一点都没吃。"

外公提前接了杜瓦尔，把筷子"啪"地一放，铁青了脸下了炕。

外公掀开白布门帘的时候，你看见树梢上的星星猛地向你扑过来，像冰水裹挟着冷风，一瓢一瓢地泼洒在你眼前，泼得你有点清醒，又有点晕头转向。

晚上，外婆和妈妈洗了阿布戴斯，外婆在里屋的炕上铺好了两条干净的礼拜毯，戴好了雪白的盖头。外婆见妈妈把刚换下的脏衣服原穿回身上，就嘱咐她换上干净的衣服，好教她做乃玛孜。妈妈还在支支吾吾地扣扣子，外婆已经伸手从包袱里像拉出一条大花蛇一样，满脸惊恐地拉出那条格子连身裙。

外婆一句也没有言传，她拐着一双小脚，像添柴一样，把格子裙子填进了灶火，用烧火棍捣到灶膛里面，勾下身子吹了口气，火苗呼啦一下扑得老高。黑漆漆的院子里一下子被裙子燃起的火光照得通明，过了一会儿又暗了下去，灶膛里剩了一堆冷灰。

从外婆家回来没几天，中午你从邻居家回来，看见外婆昂着戴着黑盖头的头，双手叉着腰站在你家院子里的土堆上，脸撇向一边，你叫外婆她也不转头看你。

妈妈在灶火前蹲着，灶屋里一股烧羊毛、燎羊头的焦煳味。爹爹抱了哭得快没气的弟弟，把他头上粘着的黑红的火炭，不断地剥落到地上，那些火炭滚到地上，冒着浓烟。

你进屋见姑父跪在炕上铺着的礼拜毯上，闭着眼睛在念撇史尼（五时拜中的晌礼）。姑姑搂着乌斯曼和阿伊莎对着墙壁在哭。

几个邻居来劝外婆，外婆从灶房里端出了一盘子稻糠馒头和麦面馒头，还有早上吃剩的麦麸饼，一骨碌倒在爹爹面前，然后噘着嘴尖声叫嚷："当初我就不情愿把女子嫁给你这个又抽烟又喝酒的缠头！现在你领了外面的女人，住在家里吃白面，给我女子外孙吃稻糠麦麸，看看她连奶孩子都没奶水了，今天不把那野女人一家子赶走，我把你儿子当柴火烧了，看你是疼个人的儿，还是养外面的野娃子。"

姑姑和姑父提了包袱出来，站在爹爹身后。爹爹垂下头背对着他们，抱着弟弟蹲着的身子颤动了一下。

外婆一把抢过姑姑手里的包袱抖落开，用小脚拨开一堆脏烂的衣裤裙子，包袱里裹着的一小碗树胶滚到了她脚边，外婆踩着地上衣服走过来站在你当面说："那碗里是不是马肉，是他们逼着你和你妈吃马肉对不对！"

"外婆……"你不知道慈眉善目的外婆为啥变得这么凶悍。

"法图麦，那个野丫头身上穿的花褂子是不是你的？让她脱了，给你放下！"外婆指着阿伊莎身上你的花褂子，转过又指着你的鼻尖。

你被外婆指着走到阿伊莎当面，梗着脖子说："把褂子还给我。"

阿伊莎抓住她妈妈，死死捂着衣服扣子哭。姑姑扇了她一个巴掌，那件褂子被姑姑连撕带扯剥下来，搁在你面前。姑姑收拾起地上散乱的衣服，将那个小碗里的树胶倒干净了，把小碗放在你和外婆中间，抱起光身子的阿伊莎，哽咽着跟爹爹道别。姑父和乌斯曼提着包袱走过爹爹身后，向真主祈福的经文从姑父浓密的胡子和嘴唇间飘出来，在爹爹和你的耳朵边嗡嗡地震响。

姑姑一家人离开以后，家里还是顿顿吃稻糠麦麸，唯一的变化是外婆让小姨给你和弟弟改了学名。在学校你不再叫帕蒂古丽，你跟着外公姓李，你的课本和作业本上帕蒂古丽的名字，全都被涂掉，写上了歪歪扭扭的李英兰。大弟弟也不再叫司马义，改叫李英虎。小弟弟不再叫司拉英，改叫李英兵。外婆说，等妈妈再生了娃娃，也要按这个排序排下去，叫李英花、李英军……

爹爹每天都用蛇油涂抹小弟弟烫伤的头，头上臭得人难以接近，只有苍蝇不嫌臭，上下飞舞着，把白色的肉蛆下在他头顶。小弟弟被姑姑抱去，一个夏天过去，他重新长出了头发。只是每次对着他叫李英兵，他都背过脸去不知道在叫谁。

爹爹从此也不再叫儿女的名字，叫你大丫头，叫大弟弟大娃子，叫小弟弟尕娃子，后来尕丫头、娃子、娃娃……就一个个这么叫了下去，把爹爹取的经名都弄丢了。而那些外婆和小姨给取的名字，写在课本和作业本上，只供汉族人叫。

生命是一场散失

之一：生命是一场散失，年月越久越是无可救药

爹爹走的那天，妈妈在大炕上滚来滚去，浑浊的眼泪从红肿的眼窝流出来，滞留在她有麻点的脸上。

见她痛不欲生的样子，外婆老泪纵横，她的话却是帮着爹爹说的："她这个样子，连我这个亲妈养她三天都受不了，你爹爹真不知怎么受了这三十年。"

那一刻我听出了外婆的忏悔。刚闭上眼睛离开的爹爹却听不到了。

爹爹在妈妈得病后，就与过去他心目中那个温良贤淑的爱妻失散了。恐惧占领了妈妈的现实世界，把她和同在一片屋顶、一条被子下的爹爹隔绝开了。

医院、偏方、驱鬼、招魂、巫术……爹爹想尽了所有能想到的办法，想拼命拉回妈妈，妈妈却日益坠入了分裂的深渊。

我们这个家崩溃了。经过巨大的精神离散的震荡过后，一切都被蒙上了一层灰影。家里变得阴森诡异，五颜六色的药丸在抽屉里、炕上、地上、院子里到处散落，那些黄色的和白色的药粉占据着大大小小的碗盏，又被妈妈泼在墙上、地上，碗盏在妈妈的手下四分五裂。

妈妈开始破坏所有的东西，有生命的和没有生命的，包括她亲生的孩子。我们在她挥刀舞剪的时候东奔西逃，东躲西藏。不幸的是，那时候弟弟还要不顾一切地扑到她怀里吃奶。妈妈显然已经不能辨认那是她的乳

儿，她强硬地把他从乳头上扯开，塞进了熊熊燃烧的火灶里……

这之后，刚与妈妈断了脐带的弟弟，被断了母乳，被亲戚抱去，在一间黑屋子里躲开苍蝇和蚊虫，疗养满头的灼伤。

刚吃了没几个月母乳的弟弟和我们一样，从此在精神上也完全与妈妈离散了。弟弟甚至连“妈妈”这个称呼都还没有来得及唤一声，这个称呼连同母乳的味道一起，就从他的生活中散失了。

“妈妈”这个充满甜蜜和痛楚的词，被我们用悲伤按压在舌根底下，它在我们舌尖上日日缠绕，却被我们强忍着，再也没有吐口。

假如有朝一日，我能够有机会再对着母亲吐口一声“妈妈”，恐怕我的口里随着这两个字喷出的将是热血。

在同一个屋檐底下亲人离散，一散失就是三十年。妈妈几乎没有完全清醒地认清过我们——她自己的丈夫和孩子们。

我想，我们这些孩子，都是一个屋檐相隔两重天的离散者的孩子，我们是这样两个睡在一个被窝，却被上天的诅咒，阻隔在两个世界的男人和女人结合的特殊产物，从一开始，我们的身体里就埋下了肉体和灵魂散失、无法完全合一的因子。

爹爹撒手西去，妈妈走失无归。散失是他们俩共同在我们生命中埋下的蛊毒，年月越久，越是无可救药。

之二：生命是一种散失，我们无法躲藏

在北京的一家维吾尔餐厅，从麦加朝觐回来的阿吉罕姑姑，望着和面的我姐姐的侧影泪流满面，她对招待她的餐厅女主人说：“真主啊，这个女孩子太像我伊布拉欣哥哥的回族妻子。她也总是挺着一个大肚子给我们做饭吃。”

我的姑姑凭借姐姐的模样，还原了我母亲三十年前的模样。那是曾经与我们生活过一个时期的姑姑，与我家人散失了三十年后的一次重逢。

那时候大着肚子的姐姐，在几个月后不可避免地产下了那个女孩。尽管在她怀孕初期，我就百般劝告她，想阻止那个孩子的出生，我不想那

个孩子一出生就没有父亲，况且，姐姐连自己都难保，怎么去抚养一个孩子。她为了保证不与肚子里的孩子散失，一气之下跑到北京，在老乡的餐厅里靠打工挣一口饭吃。

在孩子快要临盆的时候，她半夜敲开了我在那个寄居城市的租屋的门，那时我刚刚产下儿子四十天。那夜姐姐刚刚躺在我为她收拾的小床上就开始呻吟，也许是火车上的劳累颠簸，肚子里的孩子已经不肯安居母腹。我连夜把姐姐送进了附近那家我刚刚诞过儿子的小医院。

姐姐在我住过的那间小产房的床上疼痛地打滚，我双手扳住她的肩吻她汗湿的脸颊，抚摸她纷乱的头发，床连着地，她连着我，连着这地和整个产房都在颤抖……

孩子安稳地降生了。我一桶接一桶地往外倒血水。倒到第三桶的时候，我看着血水在雪地上越洇越大，眼前的红弥漫了整个院子，我扔下桶跑回产房，拉住姐姐的手。姐姐微闭的眼睛无力地眨着，我感觉她还活着，手是湿暖的，我知道，姐姐回来了，不会与我散失。

半个月后，那个白胖脸、酒糟鼻子的男人领着一个高个子的女人来抱孩子。刚刚给孩子喂完奶的姐姐，扣上衣服扣子躺下，平静地侧过脸去。

我给孩子裹了裹小被子，抱起孩子交到那个女人手里，女人低着头看孩子，我看着姐姐，姐姐侧着脸一动不动，直到那两个人出门，姐姐也没有转回头看一眼孩子。后来她只问了一句："那个女人什么样？"

我转头看着姐姐身边空出的那个小小的位置，小枕头和刚换下的尿布还摆着那里。儿子躺在炕上，使劲蹬着小腿，而那个安静的小毛毛却与我们失散了。我把儿子抱到姐姐怀里，她埋头亲吻着。我知道，她内心有一个位置将永远空着。

在事情过去了十五年后，姐姐去那个城市跟那个男人要求见一见女儿，被那个男人搪塞回来，母女始终没能相见。从产下女儿十五天就别离，十五年后又不能相见，我真的不知道，姐姐心里的伤痕有多么深，而这出失散的悲剧，我却是它的导演。

生命是一种散失，我们无法躲藏。这样的散失，却要借由亲人的手来完成，这真是一种残忍。我还亲手导演过另一场亲人的离散。

我小姨不生孩子，见我妈一口气生了七个，小姨想从我家的男孩中领走一个。二弟、三弟都想跟小姨走，我劝说爹爹把最小的弟弟送给小姨家，其他几个好不容易养大，已经可以帮家里放羊、打草、提水、砍柴了。

小姨家在城里开饭馆，可以供小弟弟读书，还可以报城市户口。爹爹低着头一言不发。我埋怨他："生了这么多，养又养不活，读书连本子都买不起，还要自己养，以后只有去要饭吃。"爹爹听了侧过脸去。

我知道爹被我的话刺痛了。我收拾了点衣裳，扎在一块旧头巾里，交给小姨父，抱起炕头上的小弟弟交到小姨怀里，推着他们俩出了家门。小姨抱着孩子，姨夫提着包袱，像是偷了东西一样，很羞惭地回头看爹爹，爹爹侧着脸，一直没有回头。

小弟弟到了小姨家，一直闹着要睡大炕，怎么也不肯一个人睡在给他准备的小床上。城市里的楼房，没办法满足弟弟睡炕的怪癖。我不知道，他不肯睡床，是不是躲藏和逃避散失的一种姿态。

为了逃避床，小弟弟整夜整夜不肯回家，即使回来，也睡在楼下厨房里的煤堆和柴火上，或者躲在地下室的杂物上睡觉。有几次，厨房和地下室门闭了进不去，他进了家门，拉开大衣柜的门，躲进衣柜里蜷缩着身子睡下。

爹爹去世后，小弟弟给我写过的唯一一封信里，说出了他这辈子最大的愿望：姐姐，爹去世后，家人四散，你们一个个越走越远，我想在老家盖一间大大的房子，把你们一个个都叫回来，大家一排睡在大炕上，就像小时候那样……

之三：离散的生命里，唯有盼望是不死的

我们从千里之外，像一片片支离破碎的记忆，栖落在外婆的眠床边。她的眼睛早就看不见任何东西，耳朵也几乎听不见声音了，她靠着拼接记忆来辨认我们。

我依恋外婆脑子里那些记忆背后的真相。我不知道，如果外婆把她头

脑中的记忆全部倾倒给我，我脆弱的神经是否能够承受。一天五番乃玛孜的虔诚的回族外婆，也许是靠祈求真主才得以心理安宁的吧。

有时候，我在想，外婆九十多岁了，悲伤过尽，离散遍尝，外婆仍贪恋着这张承载着她衰老生命的眠床，她仍然对着屋顶，睁大一双空洞失神的眼睛，不肯闭上，她心里一定还在留恋什么。

恐怕她也像我一样，还想为这个家族聚拢一些散失的记忆。外婆还在等待一些人和记忆，能赶在她灯灭之前，借着她的一点生命光亮，原路回来。

外婆生命里最初的散失，应该是从她和外公领着五个女儿，从那个叫天水的地方，扒上那列开出阳关、直抵西域的火车开始的。

那是一个饥荒的年份，天水大旱，黄土高原寸草难生。稠密的逃荒者像蚂蟥一样叮在了那列西去火车上。我的妈妈，确切地说是两年后将要成为我妈妈的那个女孩，那一年十六岁，她差一点就被疯狂的人流冲下火车，外婆拽住了她粗黑的长辫子，把她从车窗口拽了上来，火车开动了……

与家园离散的外婆一家，被火车倾倒在了一片荒漠上，他们循着生命的气息，来到了现在的家园。当时，这里是一望无际的黄沙。四月，新疆的土地才刚刚下种，麦苗细细地裸露在泥土上，玉米苗才打开两个嫩嫩的叶瓣，杨树刚刚泛青，柳树快要抽芽。似乎知道远方有一批饥饿的客人要来，那一年榆树上的榆钱，层层叠叠地开满了大梁坡的天空。

只有榆钱怎么填得饱那么多饥饿的胃。树叶被摘尽了，树皮被剥净了，草根被挖光了，苜蓿被连根铲起……可以吃的东西都被煮进锅里，填进胃里。饥饿仍然像饿狼饥虎在肆虐。饿疯了的人们不顾一切地冲向最后的粮食——地里刚刚生长的麦苗和玉米苗……

我不知道那个颗粒无收的秋天，我的亲人们是靠什么度过的。值得庆幸的是，外婆外公和四个女儿都活了下来，外婆在这一年，还生下了一个一出生就双腿残疾的男孩。

这个我应该叫作大舅舅的男孩，他的出生似乎就是为了一场离散。大舅舅在这个世界上只活了七年，从会走路开始，他就拄着双拐，仿佛那副双拐是他从胎里就准备好了，应付这不平的人生。

这个天使一样的男孩，注定无法避免生命无常的离散。他的照片如今就挂在外婆的眠床旁边的白墙上。瘦弱的他，艰难地拄着双拐，在生命的另一端，直立成一个等待的姿势……

最不幸的是，在壮年时期，外婆又遭遇了我小舅舅与小舅母，在一个屋檐下的精魄两处、魂体各异的精神离散。这出戏，竟然与我爹爹和妈妈的那出戏，如出一辙。让人不得不慨叹，命运真是一个拙劣的导演。

小舅母婚后不久便精神分裂，她与舅舅将几十年前我爹爹和妈妈演过的悲剧，又在外婆面前重演了一遍。这个悲剧至今持续着。我从小舅舅的女儿严重自闭的状态，再次体会到那种母女形影不离，灵魂却长久两相离散的煎熬。

我不知道，外婆是怎么承受住这一切的，她一生之中，两次见证了两代人，以同样的方式在她的怀抱和眼前，演出互不辨认的惨剧。舅舅是认得舅母的，只是那个日日蓬头垢面、疯痴呆傻的女子，哪里会再是他心目中那个柔情蜜意的娇妻。

这些真的是上天的诅咒吗？这样没有距离却永无休止的灵魂的失散，却是比任何隔着距离的肉体的失散，来得更加酷烈，如同把一个亲人的活尸交在你手里，要你守候，不能言，不能语，让人欲哭无泪，生死两难。

而外婆还在等。她早年等来了痛丧爱子，青年等来我母亲的丧魂失魄，中年等来我外公走失后坠入运河尸骨无还，壮年时她亲手收拾过四姨夫被谋杀后捡回来的尸骸，老年她又等来了我的小姨猝然离世……

离散的生命里，唯有盼望是不死的。外婆黑洞洞的眼窝里已经没有了惧怕，她只安详地躺在那里，等待一场又一场的离散过尽。生命的黄昏，久已失散的亲人在远路上跋涉，也许生死相隔，再也走不回来。也许，有朝一日，又忽然从漫长的噩梦中醒来，一切重又回到了生命状态完好的团聚光景……

幸好，还有记忆，可以作为下一世里相见的凭证。

之四：相聚是分离的前奏，每一次都无法预期

姑姑带着她的丈夫和一儿一女，从喀什老家来我们家避难。

这是爹爹第一次有老家的亲人来投奔他，他也是从十二岁离家出走后，第一次与散失的亲人团聚。

那正是饥饿的年月，我们一家七口，加上姑姑家四口人，锅里的玉米粥越熬越稀薄，直到能照出人影来。玉米面馒头换成了高粱面馒头，最后换成了稻糠馒头，嚼在嘴里像嚼刺，咽进喉咙如咽针。

弟弟那时候还挂在妈妈乳头上吃奶，而更小的弟弟在母亲的肚子里长大。

那天，外婆出其不意地闯进了家里，从灶间里拉出了正在啃食稻糠馒头的我妈妈。外婆破口大喊着："看看，这就是有外心的男人的黑心肠，把玉米馒头留给别的女人，让自家的女人吃稻糠麸皮！"

"几个玉米馒头，是爹爹留给缺奶的小弟弟吃的。"我在一旁替爹爹辩解。爹爹也用了恳求和乞怜的目光看着外婆。

外婆双手叉在腰上，站在院子外的灰堆上，手挥脚踢地喊，四面的邻居都来院子里劝架。

村里几个年纪大的出面劝外婆，外婆不依不饶，要求村里出面，把姑姑一家从我们家里赶出去。

爹爹当院蹲着，低垂着头。妈妈抱住弟弟躲在灶间里。外婆冲进屋里，带着鞋子踩到炕上，拽下了姑姑正在炕上睡午觉的两个孩子。

姑姑跑进屋里一边骂两个孩子，一边给女儿穿衣服。眼尖的外婆认出了那件花衣服是我穿过的，从背后推了我一把说："去，把你那件花褂子给剥下来！"

我为难地被推到姑姑面前，姑姑眼泪汪汪地看着我，把那件穿了一半的花衣服从女儿身上脱下来，塞给我。

那女儿光着身子哭叫着，被姑姑连巴掌带骂堵住了哭喊的嘴，那骂词是维吾尔语，我能听懂，回族的外婆是听不懂的，"你这个孽障的羊羔子，

我和我亲哥就要离散了，你还为一件衣裳哭！”

离散了，离散了，父亲和骨肉再次离散了，没有人问过他的心有多痛。一直到去世，他再也没有看到过姑姑，这一去就是一生一世。

后来，姑姑派了儿子克里木来看我爹爹，帮我爹爹种地，说是来报答那时候几年的养育之恩。克里木在我家住了几年，恋上了邻居家的女孩，女方家不同意，他们干脆将生米煮了熟饭，两个人私奔了。

那一年，我和妹妹去石河子老街的牧主乌斯曼巴依家，看望过克里木的妻子和孩子。而那时，克里木因为一桩官司逃回伽师老家，留下妻儿在人家屋檐下讨口饭吃。

克里木的妻子娇小瘦弱，样子酷似那个小时候被我剥下花衣服光着身子出门的表妹。怀着一份骨肉亲情和难以言说的恻隐之心，我把包里随身带着的一件外套披在她身上，还摸了一卷零钱塞到她手里，让她给孩子买点吃的。

像小时候，必定要与小表妹散失一样，我与这个酷似表妹的女人注定也要散失。

不同的是，那时的一场散失，完全是由外婆造成的，而这一次，不知又是谁的手，在剥离着克里木和他的妻子与儿子的散失。

走的时候，我亲吻了那个带着乳香的孩子的脸颊，他的小手紧紧攥住那卷零钱，却攥不住命运中他还无法意识到的那一场旷日持久的散失……

相聚是分离的前奏，每一次都无法预期。

父亲的骂声

父亲是如此热衷骂我们，我们是如此热爱父亲的骂。

我们在骂声里获得的安全感，远比骂声带给我们的气馁多得多，我们安然接受着父亲的骂，从不抱怨和抗拒。

热爱父亲就要接受他热爱的骂，似乎是顺理成章的事情。

父亲用骂声来确认，我们都是来自于他和母亲错误结合的结晶，父亲在骂声里不断强化自我认错感，对于我们，骂声则一遍又一遍地证明：我们来历确凿。母亲不惜以众叛亲离的代价，嫁给了比她大二十二岁、维吾尔族的父亲，顺利导致了我们这些错误的产生，她依靠生产我们这些错误，来确认和加固她在这个家庭里的地位。

在父亲看来，母亲似乎就是依靠他的错误，跟他生活了一辈子，所以他的骂声归根结底有很大一部分是属于母亲的，我们只是他和母亲错误庇护下的小麻烦，因而他的谩骂中总少不了“你妈的”这个指认。

父亲似乎是不满的，对一切，对母亲，对我们，对困窘的生活，归根结底是对他自己的选择不满。这些不满都化作了谩骂，作为我们生活里的背景音存在。我们和母亲都不屑于他的不满，他不满的谩骂对于我们一点也构不成威胁，最大的事实摆在那里——我们这些孩子，就是那些明摆着的事实，无论如何精彩的骂声，也无法把我们再骂回去，我们已经顺利地来到这个世界上，我们还怕什么！

我们很无赖、很可气地摆在父亲眼皮底下，他越是骂我们，就是等于越是在承认自己的错误——而且是很没尊严地向我们承认。接二连三到来的孩子，让他越骂越凶，我们足以让他骂上整整一生，并在他的骂声里心安理得地快活着。他的骂声像剥洋葱一样把我们蒙昧的心智剥开，像井水一样把我们的眼睛洗得更亮，去除了我们身上的污垢，让我们变得更灿烂。

不可饶恕的是，我们这些父亲用来谩骂的对象，竟然也是他生命里唯一的慰藉，这似乎是一个出乎意料的反讽，简直太过分了，这让他怒不可遏！

其实他被装在自己骂声的葫芦里，一直不知道自己到底在骂谁。他总是冲着我们叫："你先人的！你奶奶的！你妈的！"骂完了似乎很快意。我们几个孩子听了，总是转过脸，背对着他偷着笑，或者互相之间用眼神暗示，你看，他又在骂他自己了。

他用骂声对抗世界，也用骂声与世界妥协。

他骂人一点也不阴暗，言辞十分明朗，声音像缎子一般有着很明亮的质地，大段大段的维吾尔语，从他喉咙里唱歌一样撕开来，又从络腮胡子包围的嘴巴里，像一匹锦缎刺啦啦地扯出来，一串比一串长，一串比一串精彩，扯也扯不断。

有时候，他一边狠狠地踩着缝纫机，一边从嘴里用维吾尔语吐出编织好的大片大片谩骂的锦缎，那些锦缎辉煌到让站在一边的我们哑口无言，我们心里就像赞叹他用绸缎花布缝制的衣裳一样，赞叹他如同裂帛的斥骂。

他给别人做的每一件衣裳，都是唱着木卡姆缝制的，他给我们做的每一件衣裳，都是伴随着一句一句不满和一片一片不情愿的谩骂缝合的，那些谩骂像彩锦绸缎一样落在衣服上，落在我们身上，我们穿着他做的衣裳，就像披着他锦缎般灿烂的骂声，分外光鲜绚烂。

他缝衣服，我们喜欢凑在他跟前，恭候他的骂声。骂人如果没有听众，就跟唱歌没有听众一样没有面子，他一边缝衣服一边骂，我们听得入了迷。等做好的衣服飞过来，落在我们怀里，他的骂声也就到了尾声，接着一定是一声汉语的呵斥："你八辈子祖宗！"这最后一句呵斥，是他学来的，一定要等到了最后热骂结束才用，就像收音机里的播音员给听众说：“今天的节目到此结束，欢迎下次收听。”

根本不知道八辈子祖宗是谁的我们，每每被这声汉语的呵斥惊醒，都会在父亲的愤怒里惊惶四散，满屋子、满院子找扁担、找筐、找绳子，该担水的去担水，该拔草的去拔草，该砍柴的去砍柴，房子里一下子就空了。

勤劳能使父亲莫名的怒气暂时平息，为了能让父亲高兴，懒得干活的我们只好装作很勤快的样子，像奸猾的毛驴一样夸张地撒开四蹄，去奔向我们根本不愿意干的活。

离开了父亲的骂声，我们的世界变得单调而虚空，周围的一切远没有父亲的骂声丰富和精彩，似乎我们每天活着的意义都由父亲各种内容的骂声来赋予，习惯了骂声统治的世界，离开了这个声音，我们就是聋子，什么也听不到，什么也听不懂，我们在父亲的骂声里了解他的想法，认识眼前这个世界，看见平时看不见的东西，明白世间最细小的情感和道理。

我们争先恐后地犯错误，来赢得父亲的骂声，我们在骂声里获得做他的孩子的权利。甚至出去不多久，我们就要迫不及待地跑回家，听他不断的斥责和谩骂，没有比骂声更让我们放心和快慰的了。我们是他的孩子，他把最富于才情的骂声给了我们，这是我们作为他的孩子才能拥有的特权。除了母亲和我们，他从不训斥外人，一辈子都没有过。他爱我们爱得那么凶，时时刻刻都像一头发怒的狮子。

我们从来不厌烦父亲的骂声，骂声时刻在屋子里灿烂着，就像阳光、像空气一样滋养着一大家子人。我们从不回避跟骂声一起到来的热乎乎的巴掌，噼里啪啦的鞭子，热辣辣的柳条，抽在脸上、赤裸的背上、屁股上，这些炸响像鞭炮一样，有一种为胜利而庆贺的热闹。我们从不拒绝热闹。平淡的生活多少显得有些寂寥和无趣，我们愿意父亲像个帝王一样，用高声的责骂和愤怒的鞭子轰轰烈烈地治理我们这个家，我们知道，他内心有这样的需求，我们把权柄交在他的手上，他的打骂不会使我们改变对他的拥趸。

父亲骑在毛驴上，我们甘心情愿跟在后面，做他的侍卫和随从，我们是他和毛驴忠实的仆人，给他端水端饭，给他的驴饮水拔草，我们跟着毛驴和他奔跑，跑得没有驴快，我们甘心接受他的鞭策。鞭子是我们赋予他的权杖，任何时候，父亲可以鞭笞我们，母亲也无权藏起他的鞭子。

鞭子是父亲的另一种谩骂，比起对驴的谩骂更炽烈，落在我们身上，比落在毛驴身上更缠绵、更有形。

致命的愧疚

母亲的病在我四岁时开始发作，终生未愈。我和四个弟妹从出生到长大，衣食住行和读书求学，都是父亲一手操持，他就像是替母亲给我们还债一样。对母亲的病，还有我们这些缺失了母爱的孩子，也许父亲一生都深怀愧疚。

小时候没人给我梳头，每次过节父亲会帮我扎头发，用的是不知道他从哪里找来的牛皮纸绳，头发扎得乱糟糟的弄得邻居笑话。父亲只好隔几天带我到邻居家，让邻居家的姑娘帮我梳辫子。

农忙时节邻居都忙着收拾地里的庄稼，没人帮我收拾一头的长发，头上生了虱子，父亲宰了一只羊，用羊肉哄着我，给我剃了光头。刚上小学那两年，我一年四季都是捂着厚头巾上学的，掀掉我的头巾，让全班看我的光头哄笑，成了调皮的同桌取乐的方式。

熬到了暑假，头发好不容易长起来了，爹爹给了我两块钱，让我和村里的女孩结伴，到柳毛湾镇买了一块淡蓝色带网眼的纱巾，开学包在头上，结果头发从网眼里扎出来，脑袋像个蓝色的刺猬，惹得同学笑话。冷不丁揪我网眼里冒出来的头发，疼得我惊叫，又成了后排的男同学的一大乐趣。

穆斯林女孩是不允许随便把头发剪掉的，父亲对我的头发恐怕也怀有一种宗教上的愧疚。我八九岁的时候，南疆的姑姑来我家，见面第一件责怪的事就是说父亲作为阿訇，居然给自己的女儿剃了光头。父亲对着小自己很多的妹妹，低下了花白的头，一语不发。

我的头发终于留起来了，姑姑每天给我蘸着树胶梳小辫子。我从父亲脸上看到的那种满足感，是别人给他一头牛也换不来的。让我像邻居家的女孩一样梳漂亮的辫子，应该是父亲内心的一种情结。

我长大了一些，父亲觉得自己的裁缝手艺赶不上商场那些服装好，他卖了鸡羊有了钱，会带我去镇里或者周围团场商店添件衣服。买来的新衣服穿在身上，他总是要夸赞那些衣服的面料和做工，说那种面料只有在上海这样的大地方才有，那做工也是大服装厂家的，因为那些机器锁边和锁扣眼的技术，是他早年在乌鲁木齐服装加工厂工作时，从来也没有见识过的。

父亲一生对衣帽鞋袜都十分讲究，这一点也遗传给了我。我从懂事开始，就喜欢翻出箱子里父亲年轻时穿的翻毛皮靴和网眼的T恤，穿着在村子里招摇，惹得那些从未见过这些时髦玩意儿的村里孩子眼红。

十五岁那年，我在乡里的商店看上了一双红色的半靿羊皮靴，想趁着父亲到商场买油盐酱醋，让卖皮鞋的女售货员说服他，给我买下来。父亲跟那个中年女人拉了一会儿家常，就催促我跟他回去，他跟笑眯眯的女售货员打招呼，说家里的鸡鸭还等着喂。

出了商场父亲只扔给跟在后面的我一句："买一双羊皮靴的价钱都能买只羊了。"他赶着毛驴车，一路上再也没有开口。我着了魔一样心里对那双皮靴恋恋不舍。到了运河边的大上坡，父亲心疼毛驴，自己先从车头上跳下地，见我还坐在车屁股上不动，就挥了鞭子呵斥我下来。

现在想想，尽管那鞭子在我耳边甩得啪啪响，父亲像是算好了鞭子落下的速度，给我留足了跳车的时间，才没让鞭子落在我身上。那时我心里只有怨怼，嘴上不依不饶地咕哝："就知道对我吼，有本事找个会做鞋的妈，就不用你买鞋子给我穿了。"

父亲听见这话，脸色变得灰青，双眉紧蹙，拉着脸一言不发重新坐回车上。我得意自己找准了父亲的死穴，横下心对他痛楚的表情佯装看不见。毕竟是父亲，我还是感受到了他的心痛。这股父亲传递过来的疼痛，在三十多年后，锥心穿肺而来，在我到了他当年的年纪的时候，像箭一样击中了我。

孩子都知道父母的死穴，也知道利用父母的愧疚感是刺伤父母最有效的武器。那时的我还没有体会到，愧疚会是这样一种致命的感受。当年父亲赶着驴车对我挥鞭子的那段路，就是现在我去父亲坟地的必经之路，这么多年每次去父亲的坟地，我都要猜测那一路上父亲内心的感受。

我的话等于否定了父亲的人生，告诉他有这样一个病妻，是男人最失败的事情。母亲是在嫁给父亲以后患病的，他一直认为母亲的精神疾病，是他一手导致的，也许对此他曾愧疚到痛不欲生。就因为他无法满足我一个小小的愿望，我竟这样残酷地谴责他的无能。

他一定会觉得自己付出了这么多，辛辛苦苦养大的亲生女儿也这么伤他的心。其实，那时导致这一切真正的原因是贫穷。我居然会为了一双皮靴，就用那样怨毒的话去刺伤父亲，将他一生的恩典和功绩都抹杀。他会怨恨命运的不公吗？我把生活对他的不公，一股脑强加在他的身上，他当时承受的是怎样的重负？

他不是不想给女儿买那皮鞋，如果他是个皮匠，我相信他一定会剥了一只羊，用羊皮亲手给我做一双皮鞋。可他只是个裁缝。虽然没有妈妈给我做布鞋，可我是被父亲做的花裙子宠坏的孩子，每次我穿上新衣服，父亲连拔草、捡柴火这些事都不让我插手，只要我像花蝴蝶一样围绕着他飞来飞去。

父亲最后死于心肌劳损，我想当时我的一句话，一定在他一天天衰竭的心脏上，刻下了一道看不见的伤痕，因为没有人抚慰，这样的心伤注定无法愈合。

来自天国的棉花

弟弟又从家乡寄来了今年的棉花。那些新棉花放在屋子里，虽然用白色的棉织布包裹着，用白棉线缝了口，仍散发出一股人体的味道。棉花从种到收半年多时间都跟人在一起，人用手采摘回来，去了籽弹好做成棉絮，用细棉纱网起来，再用棉绳捆了，装进袋子里。棉花在跟人打交道的漫长过程中，自然也沾染了浓浓的人的体味。

一到冬天，我就开始往家里囤棉花，仿佛这个世界的所有温暖，都系在这家乡的棉花上。我们一家人在南方整整一个冬天的温暖，全由这一大袋一大袋的棉花来供应。它包裹着我和我的丈夫和儿女。有了这些棉花装的棉被和棉褥子，夜里连空调都不用开。

去年，弟弟也寄来过大大的四床棉絮，和今年寄的一样，装在四个白洋布的袋子里，上面很醒目地写着寄件人的地址和姓名：新疆沙湾县，司拉鹏·伊布拉欣。把它们从邮所里装上三轮车拉回家的时候，我坐在三大袋棉花中间，怀里还抱着一袋棉花。路上的行人都回头看看我，目光里有着一丝不解。

在远离新疆的南方，我被这些棉花包裹在家乡的温暖中，就像夜夜躺进大梁坡的怀抱，跟故乡相拥入睡，我可以在它的围抱中，大胆地去梦北方温暖的雪花。

我给新疆的棉花套上了江南的碎花布被套，然后用棉线细细地将被套的开口缝合在一起，就像缝合内心深处被岁月撕开的一道伤口。这时候我感觉把自己断裂的梦和分隔成南北两半的生活，也密密地用内心生长出来的那根柔软的线缝合在一起。这个被子缝合以后就像我了，南方的表皮里，包裹着北方的芯子。

或许这用来做被套的南方产的印花布，本身也是由产自北方的棉花织成的，它们有缘在我的手里完成了一种团聚，这么想着，缝被子的针脚，也跟我的心思变得更绵密了。

缝被子的时候，我发现弟弟从老家寄来的棉絮里，夹杂了几片带着籽的棉花，我拣出来，放在床头柜上，每天躺下之后和起来之前，都用手去捏捏那棉花里的籽，只不多的几颗，却勾起很多有关棉花的记忆。

在北方，棉花和每个人的温暖紧紧关联着，大雪纷飞的冬天，出门在外的人们身体的温暖都由它提供。在老家，棉花还做着跟身体和生命密切关联的更多隐秘的事情。

就是这样一大袋带着棉籽的棉花，曾经放在老家外屋的门背后。那年冬天我就是用它来抵挡少女的初潮。

那一年大梁坡的初雪，就下在秋的尾巴根上。门前的棉花地里，没摘干净的棉桃给日头一照，还零零星星地在吐絮炸蕾，软软的棉花絮挂在冻得发紫的棉花秆上，冷风一吹，白絮拉得长长的，东挂一条西搭一条，像是结在棉花秆上白色的蜘蛛网。

我和弟弟最后一次从地里摘来的棉花，用大麻袋装着堆放在外间屋的门背后，妈妈每天都用头巾兜一些来，坐在炕上摘里面的棉籽，然后把棉花一片一片撕得像云一样薄薄软软的，堆在火墙边驱潮气。

爹爹举着老剪刀，把一叠棉布裁得东一片西一片，然后踩着旧缝纫机唱着他爹爹的爹爹唱的老歌，开始给孩子们缝过冬的棉裤棉衣。每天早上起来，都有一两件胖得像充了气一样的棉裤棉衣，放在我和弟弟、妹妹的枕头边上。

那天我一早醒来，穿好新棉衣棉裤冲到门口的棉花地里，蹲下去就觉得有热乎乎的东西从身体里冒出来，轻轻柔柔、黏黏稠稠的，滴在新落的雪上，没有一丝声音。顺手从棉花秆上撕了几绺棉花条一擦，竟是冒着热气的血，我抬脚再看雪地上，斑斑点点，像是撒了石榴红的花瓣。

我采完了伸手可以采到的棉花絮，却堵不出流淌着红色的泉眼，我想到了门背后的那一麻袋棉花，跑进去抓了一大把垫好，系上了棉裤，站在雪地上。新棉衣棉裤真热呀，我在白茫茫的初雪中，裹在一堆软软的棉花里的身子，被焐得火烧火燎的。

我用棉花送走了那一年的雪和整个冬天。春天来的时候，爹爹想起了要用麻袋里的棉籽，他一只手提起麻袋说："咦，轻了这么多？"

我和弟弟妹妹们坐在大炕上剥棉籽，妈妈用撕下来的棉花做了一条新褥子给我。

弟弟说："妈妈偏心，只给姐姐做新褥子！"

妈妈看看爹爹，爹爹看看我，说："姐姐是女娃子，那你是女娃子吗？"

弟弟抽抽鼻子："那咋不给妹妹也做一条？"

妈妈笑笑："过几年给妹妹也做一条。"

雪化了，我就去棉花地里看冬天扔的那些血棉花，结果一片也没有找到。等地都干了，我到棉花地里拔棉花秆，在撒过石榴红的地方，连秆带土拔出了一堆棉花团子，上面沾满了泥，那些热乎乎的血好像已经随雪水化到泥土里去了。

我用手刨出了那一小堆棉花团子，用一个小布袋子收起来，等爹爹松好了地，下好了棉花种，就在靠近田埂的地方，一个挨一个地把那些棉花团埋进地里，然后，从春天到秋天，一天天看着他种的棉花出苗、开花、结蕾、吐絮……关于棉花的这种亲密记忆，恐怕是没有其他东西可以替代了。

我最后一次回老屋子，迎接我的也是一屋子装满棉花的麻袋。我问母亲，爹爹呢？神志不清的母亲说，你爹去种棉花了。这大概是父亲临走前没有完成的一件事，跟母亲说过，所以可怜的母亲脑子里只记下了这一句。那时我和她都还不知道，那个我们生命中最重要的男人，已经在医院悄悄离开了这个世界，去天国种他的棉花了。

那个初春，门口的土地刚耕好，棉花来不及下种，父亲就进了医院。棉花恐怕是父亲跟大梁坡这块土地，最后难以割舍的一层联系了。还没卖来不及卖掉的那几麻袋棉花，成了父亲留给我们的一堆与生命纠结的念想。

那年五月里，我带着母亲和弟弟妹妹搬家。我们变卖了家里所有的东西，唯独留下了那几麻袋棉花。因为冬天刚刚过去，已经来到暖和的春天的人们，不再需要这么多的棉花。我把棉花袋装在拉石头的拖斗车上，然后跟母亲、弟弟和妹妹坐在棉花袋旁，任拖斗车把我们一家像搬运石头一样搬向一个陌生的城市。

一路上，车身止不住地颠簸着。我们死死地拽住那几麻袋棉花，跟满车的石头一样默默地坐着，心里揣着石头一样的心事。家里所有的人都在，唯有父亲却再也不能跟我们同坐在一辆车上了。颠簸中我闭上眼睛就能看见，父亲赶着马车拉棉花种子下地，我跟弟弟妹妹一起，坐在堆着装满棉种的大麻袋上的情景……

我擦了眼泪去看天上大朵大朵的白云，大梁坡的云，也默默地跟着搬弄着我们一家人命运的拖斗车在迁徙，我想，那天上的白云，或许是爹爹种在天国里的棉花吧……

村庄远远地被甩在了后面，村头的最后一棵树，像一个追着父母背影奔跑的孩子，我分明听到了那一棵树的呼喊……那棵树孤独的影子，在我们的视线里慢慢变得模糊，最终消失在拖斗车扬起的塘土和旷野的旋风中。

那几麻袋父亲种的棉花，是我们从大梁坡带走的最后的东西，在一座陌生的城市，它成了我们一家在这个世上仅有的一点温暖和依靠。在那座西伯利亚寒流频繁侵袭的中国最西北角的边陲城市，我们用大梁坡的棉花抵挡了一个又一个寒冷的冬季。

那些棉花，在陪我度过了母亲从我生活中走失的那个寒风彻骨的冬天后，在每个弟弟妹妹远走他乡之前，我都会用老家带来的棉花，为他们做一床厚厚的被子，让他们带着，让失去亲人、远离了家乡的孩子，用来自故土的温暖，来抵御异地他乡的寒冷。

我想被子是家庭里很具母性的物什，也是和人接触最亲密，厮守时间最长的物什。我觉得送给弟弟妹妹家乡的棉花被，就是送给缺少母爱的他们母亲一样温暖的呵护。

回想小时候，家里的被子是好几个孩子盖一床，一般盖了一个冬天后，到了春天才拆洗，那些被子白洋布的里子上都是油气和汗味。

那些被面子倒是很好看的，是妈妈老家黄土高原风味的图案，大红或紫红色的底子上，配着粉红的牡丹和大朵大朵金黄的菊花，花朵像弟弟的脑袋那么圆那么大，那些翠绿的花叶子连叶脉都看得清，活的一样。我想那些被子应该是母亲结婚时的陪嫁，维吾尔人家多半用十字绣花和贴花的图案，传统的大花布图案的被子面，是回族人家最喜欢的。

小时候家里的被子一直就是那么几床，我们从小到大，从来没有增加过。但那个时候，我们也没有觉得缺被子。几个孩子挤在一床大大的被子里，你搂我我抱你，在奇寒的冬天可以像一窝小猫一样相互取暖。

到了稍大一点，男女自然分开，弟弟们盖一床被子，我跟妹妹喜欢去和母亲挤一床被子。小点的弟弟只好把母亲的怀抱让出来给我们，这样母亲也就自然而然地给小弟弟断了奶。那时母亲的肚子里恐怕已经孕育着更小的弟弟。

虽然那个时候有的是棉花，用来给我们做衣服的花布和白洋布也不是没有，况且父亲是裁缝，即使那些布幅不够宽大，也是可以用他的老缝纫机来解决的，然而家里就是没有添过新被子。父亲说挤着暖和，还说，冷了就把炕烧得热一些，柴火总是不要钱的，烧完了，还可以去野地里砍。

倒是我家的大黑驴，每年到了冬天，父亲晚上睡觉前，都会给它的背上盖上一条旧褥子。褥子底下任何时候摸上一把都是热腾腾、潮乎乎的。我们晚上捉迷藏手冻得冰冷时，就会伸进驴背上取暖，就跟我们把手伸进父亲的胳肢窝里一样，热乎乎的。

谁要是睡着冷，父亲的绵羊皮大衣就会加在谁的被子上。他总是说，人跟马啊驴啊都是一样的，身上压点东西自然就会热得出汗。我们都觉得皮大衣压着太重，不愿意一晚上都背着它睡觉，等被子暖热了，就把大衣掀掉让爹爹盖。爹爹说，他不怕冷，跟我们挤着睡身体火烫火烫的，小孩子火气好，他说我们一大炕孩子，都是他的贴身小棉袄和小火炉。

那时候家里的被子，到了开春都是我一个人拆洗。被里子尤其难洗，要用家里的大铁皮盆子，担了河坝的水烧热了泡着，用自制的土肥皂一寸一寸抹个遍，哪一块漏下了，那块布照着太阳就不透光，晒干了准会留下一块黄渍。留下的斑痕，要等到秋天等秋收空闲下来再拆洗，我每天铺被子叠被子时看到都要心烦一阵子。

拆洗家里的四五床被子是件大事情，一般从拆洗到缝好，要花上两三天时间。被子洗好没干或者没缝好的那几天里，大家只好男的挤一堆、女的挤一堆将就将就。不愿意挤堆的，干脆就盖着棉絮睡觉，那些棉絮经过多少年与人体厮磨，已经发黄变旧变硬完全失去了弹性，盖上几个晚上，身上也不会粘上一丝棉花。

褥子是交给弟弟、妹妹到河坝里去冲洗的。拿几块长的木板垫在河底，把褥子和淤泥隔开，再把褥子摊开在木板上，站上去用脚踩，把里面积攒了一个冬天，用火炕烘干了无数遍的大人的汗、小孩的尿，全部挤压出来，让水冲走。每次开春清洗被褥，弟弟妹妹在裹脚布里闷了一个冬天的黑黑的脏脚丫，在水里浸泡了大半天后，像去了皮的土豆，一下子变得雪白雪白的。

褥子是一定要放进河坝里边洗边冲的，要想洗干净太费水，况且也用不着土肥皂去搓，最多把母亲生孩子和行经的血痕，拿土肥皂疙瘩多揉搓揉搓，即使留下了一些污渍，也无大碍，毕竟褥子是垫在身子底下的，这些隐秘的斑点懂事的大人和不懂事的孩子都不会去细究。

况且即使把褥子上的斑斑点点清洗干净了，也难保下一个孩子出生时不沾染上血渍尿渍。我家的七个孩子（姐姐出生不久就夭折了），都是在同一床被子里、同一条褥子上出生的。

妈妈生孩子的那条褥子我们都认得，它每次都垫在母亲的身子底下，混合着洗不尽的血迹和尿渍，那些血迹和尿渍，其实就是我们来到这个世界上生命的痕迹。

虽然妈妈每次生孩子时，褥子上总垫着厚厚的一层棉花，还是免不了血迹透过松软的棉花，浸到下面的褥子上。那些带着母血的棉花，最后跟孩子的胎衣一起，被父亲埋在后院干净的沙土里。

也许人最不了解的就是自己的父母。我很难想象意识模糊、神志不清的母亲，是怎么接二连三地把我们带到这个世界上的，她的意识弱得连她自己都需要别人来保护，很多时候，她处于连生活自理能力都基本丧失的状态，我们六个孩子却健康地来到这个世界，而且在她的哺育中渐渐成人……

我更加不了解的是一起生活了二十年的父亲，在我来到这个世界之前，他整整四十年的生活对我来说，都只是一些传说、揣度和无法探究的秘密。我恐怕只能用自己的方式去解读他的一生了。我曾经写过一首《天堂的棉花》给在天国的父亲：

我出嫁的那一年
父亲用嫁我的彩礼钱
在家门前开了一块荒地
他为了种上一大片棉花
用完了所有的力气
和荒草一起倒下
我跌跌撞撞赶回家
老远就见那片父亲翻好的地
荒在太阳下面
已错过了下种的时机
院子里静悄悄的
风不再像往日那般喧哗
母亲以手掩面
说父亲去了天堂种棉花
我抹一把眼泪抬头看天
天上开着白色的花
那是父亲的棉花
还是村庄的白发
棉花织成的纱
裹住了父亲的身体
蒙上了父亲的脸
父亲躺进了村后那块荒地

去看守他天上的棉花
我领着弟弟站在父亲的坟地
弟弟抱着高高的土堆哭了
正午的阳光从头顶上泼下来
把我和弟弟的影子压得很矮
像贴在父亲身体上
两瓣棉花叶子
阳光像父亲伸出的手
抚摸着我和弟弟的脸
暖得透心彻肺
我终于明白
我们这群孩子
才是父亲一生
御寒的棉花

今年秋天，我的儿子和女儿都开始住读，入学前带的都是很薄的蚕丝被。弟弟寄来的棉花，我做成了两床厚厚的棉被和两条加厚的褥子，分别寄给了在南方的两个城市就学的儿女。儿子说，他同学从没见过这么厚的被子。在新疆生活过的女儿很理解我的用心，收到被褥后，发信息给我：老家的棉花很温暖，浓浓的妈妈味道！

睡进家乡的棉花里，就是睡进那些有关棉花的记忆里。那些用家乡的棉花做成的被褥，混合着北方秋天庄稼地里的气息和南方冬天的太阳味，再和以家人的肌香，我每天上床睡觉，都像是少女时躺进自家的棉花地里，棉花紫红的花秆间摇曳着斑驳的阳光，炸蕾吐絮的棉桃散发出女人身体最美妙、最隐秘的香气，那是北方大地上最纯净、最母性的味道……

散失的母亲

生日这天凌晨，我梦见母亲走了。她躺在土炕上，身子被白布蒙着。多年来，我过生日的方式只有一个——每当生日就写一篇《生日寄母》，自母亲莫名其妙地失踪后，便搁笔了。

母亲不识字，我四岁起，她就患了严重的精神分裂症。疾病的起因是一把刀。那是那场史无前例的运动开始不久，村里的尹会计被造反派怀疑偷窃代销店里的红糖，给他刚生了孩子的老婆补身体。这个从内地下放到大梁坡，把脸面看得比生命还重要的知识分子，在开他批斗大会的前夜刎颈自杀了。

现在想想，在那个人人自危的动乱年代，在一个村庄里，每个人的命运都是环环紧扣、息息相关的。就像是一个连环扣，尹会计刎颈的那把刀，直接引发了我母亲的精神分裂。

炎热的七月天，尹会计死在一片离村很远的麦田里，他家里八旬老母病重，老婆正在坐月子，善良的村民不忍心惊吓了他的家人，决定在村里做好了棺材，再去麦田收尸。

村里有一个六十多岁的老木匠，做一口棺材得三天，尸体要在麦田里搁上三天，怕饿狼野狗会毁尸食肉，得有人看管。村里没人乐意做这桩晦气的事，看尸的活儿最后由我爹爹主动承揽了。

爹爹可能觉得反正自己每天挨批斗，去看尹会计的尸体，也不怕再增加点罪名。父亲那时已是远近闻名的“投机倒把”分子，大会小会，批斗游斗，母亲总是战战兢兢地站在批斗大会会场最后面的角落里落泪。

父亲在麦田里看守了三天三夜，尸体下葬那天，也许是出于保留物证的动机，他把自杀者用的那把刀，用手绢包着，放在大衣口袋里带回了家。

昼夜担惊受怕的母亲，在父亲回家那天，从他衣袋里翻出了沾着血浆的刀。这场让我母亲无法理解的运动，当时以一把带血的刀的形象，横在不识字的母亲眼里，她内心所有的恐惧都集中到了那把刀上。

她疯狂地把刀塞进灶火里，又将烤红的刀举在手上，扔进门口的老河坝里，自己也不顾一切地跳了进去。幸亏河坝不深，母亲被救了上来，但从此她变得神志不清。

我不相信什么鬼魂附体，村里的人却深信不疑。现在想来，胆小怕事的母亲对刀的恐惧，不如说是对政治斗争的恐惧。自此以后多少年来，家里的刀总是不翼而飞，父亲买了一把又一把，买得快，丢得快。

直到后来，我家老屋子搬迁，才发现炕洞里、灶台里、地窖里、仓房里，到处是各式各样的刀，而那些藏刀的地点和方式，除了我母亲，没人能想得出来。

后来，每当切菜找不到刀时，家里人就找母亲要，耐心地向她解释，这刀是拿来切菜的，不会再有人拿去伤人。

母亲这才打着哆嗦从门背后、火墙的里面或沙土堆里把刀拿出来，有时记性不好，也会忘了埋在哪里，那就只好再去买一把。

懂事后，我常常看着无知无觉的母亲发呆：难道就是这个疯癫到对一切浑然不知的女人生养了我？生命这样残酷的给予方式，在好长一段时期，都让我觉得不可思议。

然而，母亲把她窈窕的身段、柔软的肩臂、浑圆的腿和修长的手指，都再造一般遗传给了我，这些不由我不相信，我就是她生命的延续。

二

母亲失踪后，我常常从妹妹、姨姨、外婆身上，从自己和女儿身上找寻她的影子，幻想她有一天重新回来，希望她的病奇迹般地好了……

从小失去母亲的我们这些孩子，就像没有桨的小舟无助地漂泊，尝尽了世态炎凉，人情冷暖，但我仍然以为自己比起母亲是幸福的，能够意识到痛苦，本身就是一种幸福。

我最怜悯的人是痴子，不是因为他们衣不遮体，食不果腹，而是怜悯他们已经对这个世界无知无觉。

其实，有时沉重的生活负担，也可以成为一种精神的支柱，生活的艰辛，也会成为活下去的动力。人常常是苦难一旦消失，活着的支柱也随之坍塌。就像父亲，扛过了所有生活的重压，却在我们都已长大成人，可以替他分担时，他松了口气就猝然而去了。

父亲去世后，我把老房子交托给邻居，把母亲用拉石头的拖斗车，拉到了离大梁坡千里之遥的边陲城市塔城，在那里安顿了一个家，弟弟妹妹寒暑假总会来这里团聚。

在塔城生活时，母亲总记得大梁坡那个家的墙壁不够白，她从马路边背了一袋又一袋人家用过后废弃的白石灰回来，堆在屋子门口，说要带回去刷老房子的墙。她不断地从院子里拔一些野菜回来，用水洗了，煮进锅里。我知道，她还在大梁坡和她在甘肃天水那些饥饿的记忆里游荡。

现在想来，那时母亲记忆里的地点，从来没有从大梁坡转换到塔城。她没有距离感，在她的概念里，塔城只是大梁坡边上的另一个村庄，步行走走，就可以回到村庄里去了。

就像在大梁坡时，她的大部分记忆，还停留在十六岁以前的甘肃天水张家川一样，到了塔城以后，她的全部记忆似乎都停留在了大梁坡——那个她混混沌沌生活了三十年，生了七个孩子的大梁坡。

在来大梁坡的最初两年，我母亲还是个姑娘的时候，外婆说她是五个姐妹中最勤劳，最心灵手巧的一个。这一点从母亲初嫁父亲时，绣在枕头和我的小鞋子上的花上，可以得到完好的印证。那些艳红的牡丹和小动物，逼真到像有生命的一样，那是我见过的最美的女红。

母亲一病不醒后，我抱着小枕头和小鞋子哭过，亲吻过那些她亲手所绣的花瓣和小鸡小鸭，那些植物和动物通过我含泪的亲吻，常常在我的梦里醒来，跟我对话。

母亲却是不能再醒过来了，她掉进了一个深深的梦魇的深渊里，那个梦魇深到像她的生命一样，或许比她的生命更加无边无底，深得谁也搭救不了，深得连她自己挣扎的力量也丧失殆尽。

在塔城的三年里，每日坐在我面前的就是这样一个母亲，她旁若无人地自言自语，即使在吃饭和躺下睡觉的时候，她也在急急忙忙地跟自己说着没头没脑、没完没了的话。

她听不进去来自这个世界的任何声音，也漠不关心这个世界的一切事情，除了她大脑里那些残损的记忆，她不再接受任何关于这个世界的任何信息，即使她至亲的儿女——她排斥这个世界。

偶或一点意识短暂的清醒，偶然地看到一件触目惊心的事情，被她记牢了，即使事情对别人来说早已过去了，她却耿耿于怀，始终不能从脑海里移除。

对她来说，任何被她记住损害性的记忆，恐怕都是一种折磨，要缠绕她一生。强行灌输的信息，她混乱的大脑根本无力处理，那些记忆就会变成病毒，时时危及她本来就不完备的大脑系统。

所以，我们不敢把任何会刺激到她的事情告诉她。任何不好的事情，当着她只能搪塞和隐瞒。偶尔的清醒，她也会耸着耳朵听一两句我和弟弟谈论的话题，有时竟然也会插口进来。

我和弟弟这才意识到忽略了她的存在，一不小心说漏了嘴，我们只好再编故事糊弄她，她歪过头去，自顾自跟自己争论和谈话，再也听不进去我们补救性的言说。

因为不知道母亲什么时候糊涂，什么时候清醒，加上她清醒的时候一年里没有几次，她的清醒反而要使我们感到恐惧和受到惊吓。

母亲与我们的失散，先是从她自己与自己的失散开始的。她开始不再是她自己，她变成了另外一个人。仿佛有两个人向两个方向拉扯着她，她无意识地胡言乱语，多半的表现也是对话式和争执状态下的两个人。

母亲分裂的大脑过分拥挤、兴奋和热闹，它被各种各样我们看不见、常人无法想象的东西塞满，现实世界的任何人和任何事情，都无法插入进去。

有时候为了引起她的注意，我们靠高分贝的大喊大叫来干扰她大脑的程序，我们一遍遍地强调同一句话，好让她记住它。

我们想方设法让她记住一些很关键的东西，比如不要去开水管和煤气。然而让人悲哀的是，她很聪明地记住了我们给她做的开水管和煤气的示范动作，却把我们对她的叮嘱弃之一旁，置若罔闻。

我真想帮母亲把她失散的意识全部捕捉回来，关进她的大脑，让它们不再散失。然而连她自己都已经意识不到，她把自己的意识丢了，别人又能怎样？

那时候跟母亲住在塔城报社院子里的一间平房内，我与她共睡一张大床，为的是好看住她，她起夜，我是必跟着起来的。有一次醒来，见母亲坐着抱着我的脚，我惊吓到尖叫，赶紧看她手上、身边有没有刀、剪之类的利器。

当我明白，母亲只当我还是她的乳儿，见我睡觉把脚蹬到了外面，就帮我抱在怀里暖着。忽而一明白，心里顿时横过对一阵久违的母爱与柔情强硬的抵抗。

我知道，这暂时苏醒的母爱，只是回光返照，转眼就会不见，化为心酸。为了赶走不争气的眼泪，我恶声呵斥着，逼她躺下睡觉。

那个时候我用微薄的工作收入，养活母亲，又要供几个弟弟妹妹读书。开学了弟妹除了要交学费，日用品样样都要备齐带走。这个裤子短了，那个鞋子裂了，生活总是捉襟见肘。

暑假弟弟带了几个同学要看电影，跟我要十元钱，我只给了两元。弟弟不悦，摔门要走，母亲竟冒出一句："你这不懂事的娃，你姐为了你们几个，连自己的孩子都不要了，还要惹她生气！"

听到这句我"哇"的一声哭了出来，几年的劳累、委屈、伤心一起涌上心头，淹没了我的理智。

等痛苦过后，我清醒过来，回味母亲刚才那句话，惊异地回头去看母亲，母亲却一副浑然不觉今夕是何年的疯痴状态，口里胡言乱语，癫狂的表情真让我疑心，刚才那句话是我听错了。

然而这句话，的的确确是母亲说的。

我从未告诉过她，我不要自己的女儿了，我自己也没想过，我不要自己的女儿，是为了养妈妈和弟弟妹妹。

这样复杂的一个推理过程，在我的大脑里都没有过清晰明确的思考过程，半个脑子都已经坏掉的母亲，她是怎么想出来的呢？

由此我一直有种怀疑，母亲的最后一次出走不归，是她刻意而为，她想为我们做出一种牺牲。

当然这有两种可能，第一种可能是：母亲是在精神极度失常的情况下出走的，她想循着一条路回到大梁坡，结果找不到回来的路走失了。

第二个可能就是，她在按她脑子里的那个想法做事，她不想再给我造成重压和负担。她或许真的看清楚了我那时的处境，离开丈夫，弃自己的孩子于不顾，养着她和一堆正在求学的弟弟妹妹，爹爹去世后的一切负担，都落在了我一个人身上。

母亲甚至有几次没头没脑地问我，要不要找个男人领张结婚证，被我用白眼制止了。她也白着眼睛骂我："眼白多眼黑少，跟你爹一样！"我气到好笑。

母亲从那一年起，失踪了三次。第一次出去了一整天，到了晚上，自己找了回来，脸被晒黑了，嘴巴干裂，表情像一个刚刚哭过的孩子，脸上满是委屈，还有做错了事后的悔意。

第二次出去了三天，被一个好心的汽车司机送回来，说是从塔城郊区牧场的一个牧人家带了回来，幸亏她还记得我们的住处叫红楼。

那次回来，她脸上闪着笑意，像是出了趟远门，或者走了趟亲戚，头发、衣服整整齐齐、干干净净，我问她饿不饿，她摇头说，天天有奶茶喝、有馕吃，饿不着。

第三次出去，母亲再也没有回来，那个冬天至今已经有二十年了。

我不知道，母亲这次，是抱了什么样的想法出走的，走的时候，她的意识处于什么样的状态，她是不是已经认出了自己，也认出了躺在她身边的我们都是她的孩子？

当时正是春节里，弟妹们从四面回来，天天围着一只大锅吃饭，一大间屋从中间拉了一个布帘子，女的睡一半，男的睡一半。

那天下午，我、妹妹和母亲挤在大床上睡着了。等我一觉醒来，床中间母亲的位置空着。我跑出去才发现太阳都西斜了。

院子里四处喊了一遍，没有人影。我回来拍醒了弟弟妹妹，几个人分头去找。

边陲的二月，西伯利亚的冷空气依然强盛，伸手拉开大铁门的门环，手指都要粘连在铁环上。院子外面的马路上，白天太阳下融解的雪水傍晚结了薄冰，镜子一样闪着寒光。

我们在每一条路上呼唤，沿着每一条河寻找，不大的城市的角角落落，一夜之间被我们用脚量遍了。

一夜又一夜，一遍又一遍听着风叩动门环的响声，以为母亲会像往常一样推门回来。然而，通向每一个方向的路都是漆黑的，每一道河流都闪着诡异的光。

三天、三十天、三个月、三年……我们找遍了塔尔巴哈台山脚下的农村牧场、边防哨卡，都没有母亲的音讯。电视、报纸、电线杆上的启示，都无法换回关于母亲的一丝消息。

我们偷偷回到大梁坡一带，挨家挨户去打听，生怕年老的外婆知道母亲失踪，精神上支撑不住，她问起母亲的状况，我们只是隐瞒、搪塞。

那些年里，我们几个孩子无论走到哪里，都暗地里带上了一个如影随形的使命，寻找母亲，打听关于母亲的消息。

我知道，这个世界跟我们开着一个残酷的玩笑，不知道命运之手，把我的妈妈推到了哪里躲藏……

母亲，假使你认出了我们后，就决定与我们散失，宁肯你不认得我们。原以为，找到那个失散的自己，你就能找到我们，不料想，你认出了自己的那一刻，竟会与我们永远离散……

如果这样一场失散是母亲的安排，我们已经在无奈中默默地忍受了二十年。如果是上天的安排，我跪在神前祈求，看在父亲看护他人尸体三天三夜的善行上，不要再惩罚我的母亲了，让她重新回来吧。母亲，归来。我们一起陪你回大梁坡。我知道，从母亲而诞生的，终会散失和消亡。母亲今年已经有七十岁了，她生命的最后一程，应该由儿女来安排陪伴。

二

母亲走的时候，是痛苦的，还是平静的，意识是混沌的，还是清醒的，她有恐惧吗？我用一个梦里的场景，填补“母亲去世了”这个场景的空白：弟弟把妈妈的埋体推进了湖里，我在旁边看着，母亲蜷缩的身子用布裹着。母亲是冬天走失的，我一直活在“她还活着”的幻想里，从没有想象过她的埋体。那个梦仿佛亲历一般，我能感觉到那空气里的寒气，湖水看着很深，周围长满了芦苇和茂密的灌木，我很担心埋体会浮上来，心里希望弟弟用点力，推得远一点，不要让埋体在岸边打转，以免被人看见。母亲是不能够水葬的，梦里我很清楚这一点。

母亲还活着吗？她真的不在人世了吗？母亲至今没有下落，那个梦到底预示着什么，是我恐惧的反射么？也许潜意识里，我想用水葬的梦，为妈妈补上一个小小的葬礼。

我不厌其烦地审视自己的身体，这是母亲失踪的那个年龄的身体。摸摸自己的身体，感觉妈妈的肉长在我的骨骼上，腰腿酸痛时，我用妈妈的表情体验疼痛，我把身子借给妈妈，让她拼命使唤，使唤累了，我从妈妈的疲劳里抽出自己。我替妈妈吃她最喜欢的食物，吃很多，然后装着她的样子很满意地打嗝。我小小的，一直长不大，大约只有四五岁的光景，我看着妈妈发呆，妈妈白白地生了我，我什么都无法替她。

我一低头，就能闻到类似母体的气味。这种熟悉的体味儿，让我想起母亲，还有母亲衣服上的气味。

母亲走失后，我一直没有收拾过她的衣服，她几乎没有什么衣服可以收拾。

母亲从里到外穿的，都是我穿旧了给她的，就连内裤也是。怕尿液不小心渗透到裤子外面，我在裆部缝了毛巾绒加厚。每次洗好晒干，穿之前我都要用手揉搓后再递给母亲，看着她不要穿反了。换好内裤，母亲总要叉开双腿，在院子里走一阵子，好让皮肤适应内裤的干硬。我总是不耐烦地看着她，她用表情示意裆部不舒服，一副抱歉的样子。现在想起来我冲动地恨不得立刻去超市，买一打内裤放着，叫她换上。母亲失踪后，我总是穿着破旧的内裤不肯换下来，用这种方式来减轻没给母亲买新内裤的内疚感。

母亲冬天的衣服是父亲在世时给我做的一身棉衣裤，里面穿的是哥哥的破秋衣秋裤，罩衣是我上高中时穿的那件藏蓝色涤卡翻领装，她捡了父亲留下的男式裤子当罩裤，用布带子系着裤腰，裤腰太大，一不小心会松了掉下来，有时候系得太死，母亲憋着尿，让我帮她解裤子，我一边责怪她，一边贴着她的肚子，用牙齿咬开她打的死结。往往我急得一头汗，母亲缩着肚子拼命往后退，嘻嘻地笑，说她怕痒，惹得我骂骂咧咧。

羊毛绿格子头巾，扎了二十年的那条，村里的妇女几乎每人都有，是父亲的亲戚从南疆捎来卖给村里女人的，母亲那条正是有疵点卖剩的。同时捎来的还有格子连身裙，很宽大，有绿格子和棕色格子的两种，父亲特地给母亲留了一条，母亲在镜子前试了一上午，回族女人不许穿裙子，她一直不敢穿，压在箱底，后来被外婆翻出来烧了。

母亲走失后，我没有为母亲哭过。我只是想她的时候才哭。我也从来没反过来想想，母亲会不会想我们，她应该记得我们每一个孩子，她也会向别人絮絮叨叨说我们吧。我一直把她当作一个没有意识的人，一直那么自私地认为，只有我会想她。

跟弟弟妹妹见面时，我们的谈话里只提起父亲，大家似乎竭力避免提到母亲，似乎从来没有过这个人。

有一次，一不小心我跟弟弟说到妈妈这个字眼，我说“如果妈妈在的话，应该有七十岁了”。说完我假装若无其事地看看弟弟，他吃惊的样子让我大惑不解，他像是第一次听到“妈妈”这个陌生的称呼那样，从一个长长的梦里清醒了片刻，也许他第一次意识到自己也有妈妈，又有点怨我不该随便提到这个词，妈妈对于他，只是一个没有实指的词，那个词代表的那个人，已经从他的记忆里消失了二十年了。他很快恢复了正常，他的正常就是对妈妈这个词和它所代表的意义始终保持麻木，我知道，他的意识又落入了母亲早已不存在这个现实当中。

从弟弟观察我的神情来看，他似乎没有对我的平静表现出无法接受或失望，反而面露轻松之色，我理解他一直在担心我会为母亲的走失而悲伤，或者他也怕我看穿他曾偷偷伤心过吧。我们互相猜测彼此的伤心，但是我们从不互相诉说。我们不该伤心吗？母亲不在了，我们也不能表现出伤心，扭曲的感情和变硬的心，我们似乎是同一个师傅教出来的。母亲的失踪，变成了一件家族里隐讳的事情，不能像父亲的死那样被光明正大地提及。或者这比死更难让人承受，硬是要承认一个下落不明的亲人“已经死了”，这件事情比死本身还要复杂和残酷。

我最不忍心的就是告诉弟弟，我怕他心里无法承受。可怜的弟弟，一个完全不知道妈妈为何物的孩子，六个多月就送给了小姨家。后来没见过母亲几次，再告诉他却是母亲丢失的消息，我居然把他的母亲给丢了，他这一生恐怕还期待过跟母亲再次相认，就在小姨突然去世后，他才将“二姨”（母亲在她家姊妹中排行老二）改口叫“妈妈”。母子的缘分真是一层薄膜一样脆，一触即碎。

妈妈这个词，会引发他脑子里一连串疑问：妈妈真的存在过？“如果还在”是什么意思？是说她不在了吗？不在了是指失踪了，还是殁了？

这是一个言语不能触及的禁区，大家都保守着一个假秘密。家里甚至从来没有人问起过母亲在边城那三年跟我一起是怎么过的，还有失踪的具体细节，每个人心里似乎都有自己想象的情境，我不由得去猜测。有时候我认为他们根本不去想这个，他们或许和我一样，会认定了母亲神志不清，就是说母亲根本不会知道子女在想她，把一个痴子当作付出怀念的对象，这在正常人的情感上是不对等的。或者他们根本忘了这回事，想到他们几十年了都不问，我心里有些替母亲悲凉，忍不住想提起来这个话题，但是，遇到的都是弟弟妹妹的沉默。

只有小姨对我提起过一次，那是在父亲去世二十年的者那则（亡人的葬礼或祭礼）上，她凑在我耳朵边上说，让阿訇念经的时候，把你妈也给带上。我听了吓了一跳，她的声音被我的吃惊放大，每个字都扎在我耳朵里，像针扎一样刺耳。我很抗拒她给母亲带丧礼的想法和做法，那样意味着我承认我妈妈不在了。我没有去给阿訇说，对小姨无来由地判定母亲殁了，而且连这种丧亲的仪式还要蹭着让母亲搭便车，她太不敬重自己的姐姐，我内心很有些怨气。这样不明不白地就承认我妈已经殁了，我无法接受，我意识到自己从来没有在内心承认过妈妈不在人世了，因为谁也无法确认她已经殁了。

三

我承认，过去都是我们按照自己的想法，让母亲一辈子活在她的病里。现在我们又让她活在隐讳里，母亲从来没有以一个正常人的身份，正确地活过或者殁掉。活着的时候不能健康地活，殁了又不能明明白白地殁了，母亲是活是殁都冤屈得很。

过去，无论她清醒还是糊涂，我们都不肯承认她是一个正常人，几乎可以这样说，我们用自己认定“她是一个精神病人”这个无理的说法，固执地剥夺了母亲做一个正常人的权利。我不明白，我们为何要这样否定她的意识，我们越是成长起来，就越是否定她，似乎我们的成长，一定要以她的意识消失为前提和代价，我们比小兽还要残酷。我们是在否定自己的母亲的过程中成长起来的。我们一定要以母亲为镜子，才能看清哪些是正常的，哪些是病态的。似乎没有母亲，我们就无法认清自己和这个世界。我们试图把母亲的疯癫合理化，这样我们就不再需要一个正常的母亲。我们认定了自己的母亲天生就该是个疯子，这样就消除了本来要为此付出的痛苦，我几乎没有为母亲的病痛苦和抱怨过，只有对她的疯疯癫癫表示愤怒，我们用愤怒代替了痛苦。我们不想推翻已经认定的事实，谁都不想去追究已经转换了的痛苦，我们几乎不去考虑，就接受了这个疯了的母亲。这是一种自然而然、合情合理的接受方式，小的看着大的，态度惊人的一致。

父亲应该抱过无数次希望，都被现实颠覆了，不如干脆不再承认还有希望，反而踏实，父亲的想法像是通过基因遗传给我们一样，我们从来不抱希望，不给自己恢复希望的机会，打定主意就跟这样的母亲这样生活。正是我们的绝望，让母亲再也没有机会做真正的自己。由我们表现出来的对她的绝望，母亲判定了自己将永远病下去。

母亲得了这个病，与其说是治不好的，不如说是我们强加给她的，是我们让她一直停留在疾病状态中，没有人试着带她走出来，哪怕是用一点点的努力。我们对这种病没有一点认识，因为她的病，我们连自己的母亲都不认识了。有时候我甚至想，也许是她最后忍受不了这种状态才出走的。

母亲甚至在自己清醒的时候，都要装作发病，她怕我们不认识那个清醒的她。父亲有时恍惚着说她装病，撒懒不想去干活。母亲时好时坏的样子，也会让他疑心自己一贯的判断，他很矛盾地否定这一点，说她就是一个彻头彻尾的疯子，根本没有脑子。

这句话，等于让母亲认定自己的病是不会好的，母亲只好再回到自己的病里躲起来。她怕父亲，父亲判定她的病不会好，她的病就不可能好。她也会反唇相讥，说我们是疯子，有病。我们恐怕真的有病，一家人真的都疯了。但是从来没有人会站在母亲那一边支持她，她的判定无效，她应该对我们很无望。在她的眼里，我们真是没救了，可我们从来都那么自信，从来没有反过来替她想过。是我们把她按在这个病里，让她一辈子抬不起头来，我们每天给她打上烙印，做上标记，刻上记号，她是疯子，疯子，疯子。她就这样忍受了我们几十年。

我是一个自我欺骗到可以假装代替她活着的人。母亲失踪那年刚满五十，此后二十年里，她和我的岁数一起在增长。我每年给她和自己分别加上一岁，每年我的头发增白，也就意味着，她的头发白得比我多一些。我想象不出她很衰老的样子，她走的时候，脸上只有麻子，还没有皱纹。也许脸上那些密集的麻点掩住了皱纹，或者说，阻止了皱纹的生成。

我经常回忆跟母亲走过雪地去看我女儿的那个下午，夕阳的余晖冷冷地斜射在雪地上，一会儿催着母亲走在我前面，我从后面看她小心翼翼生怕滑倒的样子，干脆三步两步走在前面，给她示范走快了也不会摔倒。我走了一截，站在路上等母亲走上来。站着站着，突然就想到了夏天，我抱着女儿走在这条路上，我累了，放她在地上，让她自己往前走，她一步都不肯走，就地站着不动，我再往前走，她跟了几步，见我停下，又就地站着，等我退回去过去抱她。我叫她走上来，她就往回退。我们中间始终隔着一段距离，谁都不肯让步。

我希望那段雪路一直在我记忆里延伸，我就可以和母亲并排走在一起。

到四道巷子婆婆家，母亲进门拉住外孙女的小手，要给她暖手手，母亲反复地叫她的乳名，口里呢喃着：让外奶奶揣一揣尕手手……娃娃稀罕哪。听到榕儿奶声奶气地叫外奶奶，母亲欢喜到满脸的麻点都拉成了细线，在脸上蹦跳，那天她口齿清晰、礼仪周全，也没有一句自言自语，一直跟我婆婆寒暄，让对方很惊奇地睁大眼睛。迫使我不得不用她的眼光，看待在我眼里显得有点异常的母亲。

四

五十岁，母亲的身子骨还没有呈现出衰老僵硬的迹象，浑身的肉很活，充满母性的那种松垂温软。现在的我刚好长成了母亲那时的样子，我很欣慰，从五十岁开始，我觉得自己在替母亲度过慢慢走向老年的岁月。

我的意识经常飘出去，飘到跟母亲生活的边城。

母亲似乎刚刚还坐屋里，站起来将耳朵边花白的头发拢进绿格子羊毛头巾里，说出去转转，我知道她随时都能让她从大门那边进来，我随时都能把她朝着我走过来的样子，从记忆里调出来，复制到现在居住的小区的门口，她就那么在越来越深的暮色里，缩着脖子，溜着肩膀，小心地走在窗外我看得到的路上，我一喊，她就会抬头，看见窗口张望的我……

我差点要喊出来，我穿上衣服，匆匆下楼去叫她上来。

我下了电梯，走出居住楼的大门，马路一下子空了，小区的大门开着，我问门卫，刚才那个进来的老年妇女，包着绿格子头巾，背有点驼，朝着这边走过来，看见她去哪里了吗？她可能是我失踪……是我妈妈。这个自然断了的句子，让我有点犯晕。我的另一股意识因为这个句子干扰，暂时中断了，我想起妈妈失踪已经二十年了。可我还是坚持认为我看见的那个女人，也许就是我妈妈，她这么晚来找我，本来能遇到妈妈的可能性，都被自己的动作迟缓不坚定破坏了。假如我早点下楼，不要盯着马路上的她发呆，也许我现在就站在她面前，向她介绍自己，让她辨认我。马路上与妈妈相遇这个场景，经过我无数次模仿和演练，随时都能出现在我眼前。

也许有人给她指错路，她走到别的楼里，走不出来了，我觉得还是应该去找找。或者我站在马路上，等她出来。

我很羡慕门卫，做门卫真好。如果我是门卫，一直看住边城报社的那扇铁门，母亲就不会走出去，我多次打问报社耳朵有点背的老门卫，他一直说不清楚，妈妈是在什么时候出去的。或许他睡着了，要不就是他开着门自己走出去办事了，妈妈钻空子跑出去了。

我一直站在马路边，透过玻璃门看门卫在屋里看电视，他们对电视的专注，让我很不放心。

我现在生活的这个城市，这个戴头巾的女人似乎一直出现在我的眼前，我过去居住在那个小区，她就在那条巷子转来转去，现在我居住的这个小区，每天去单位上班的那条巷子里，早上去和晚上回来，我都能看到这个女人。如果我中午偶尔有事路过这条巷子，也一定能遇到她。她从没有离开过我的生活，就像我从来不承认，母亲已经不在人世了一样，她成了我近在眼前的一个伤口，把我母亲活着的各种生活场景，每天展示在我的面前。

有时候我想试着对她笑笑，最后还是忍住了，我不想打搅她，其实是我没有自信能够打搅到她，她是那么专注于自己，几乎从来没有看过我一眼。心情不好的时候，我为这个偷偷地哭过。她居然不看一眼我，这就是我哭的理由。

早上穿过马路，在巷子口，我又碰到了那个女人，她坐在银行门口的台阶上避雨，她一边低头看着行人路过的脚，一边慢吞吞地把手伸进衣服里拼命拉扯，我顺着她的手看进去，衣服里高高凸起那女人的锁骨，锁骨下干瘪的胸，我猜测着她有没有哺乳过孩子，只看见她的手像拉起一块褐黄色布料一样，拉扯着一段肉皮的褶皱，从里到外看不见任何跟乳房有关的形状。

没带雨伞的我，在离她几米远的地方站住，装作躲雨的样子，用余光打量她的赤脚和裹在黑色紧身裤里的细瘦的双腿，我想到女儿曾说她是这个城市里最健美的人。她的脂肪都在没日没夜的奔走中消耗尽了，浑身上下没有一点赘肉。

女儿这样说的时候，她不知道我想到的是她的外婆，我丢失了的母亲。我关注这个女人纯粹是因为，母亲有着跟她一样的病，我知道自己关注所有的精神病人，都是因为他们跟母亲有着一样的病。女儿也会关注那些父母离异的孩子，像我一样默默地关注，不会说出来，甚至这种关注有时候是无意识的。

这些年，我用母亲的声音祷告，我用文字把亡人跟我的生命连接。我一直用另一个人的身份生活，什么都不做时，我偶尔回来，身份可疑。我抱住自己的身体时，感觉抱着父亲蜷曲的骨骼，我想事做事的架势很古怪，愤怒的时候是我爹，疑神疑鬼的时候是我妈，对我的孩子不得其解的时候，感觉那是来自父母血缘里面的东西。疲惫时，我时常感觉妈妈在我里面呻吟，我不敢用她的嗓音说话，怕把自己吓着。我不是我自己的时候，反而更像我自己，像记忆中小时候的自己，那时候多好，我也是一个有母亲的孩子。

牛虱·刀子·绳子

牛　虱

村里人避开你和妈妈，聚在邻居家比比划划，指指点点。那些声音贴着墙根，嗡嗡嗡地围着你家的院墙打转，墙根的影子也比爹爹在家的时候深了许多。偶尔有一两句撞在门窗上，又被转来转去的旋风吹跑了。人们朝你家的方向投来诡异而短促的目光，生怕到声音里面的东西被你和妈妈捕捉。

邻居哈尼帕一遍遍给不断围拢的人指，指头抬得很高，几乎指到了半天上，人们在指一个自己也不太确定的地方时，指头就会抬到半天上，你顺着那个方向往远处看，只看到大锅一样的天空在村庄尽头盖下来。你没有去过那么远的地方，不知道那锅盖边上有啥。

跟妈妈亲近的回族赶过来，用话语探刺妈妈："娃他爹去了哪里？"妈妈摇头。

"爹爹去了野地。"你抢着说。

妈妈用目光制止你。

人们用暗示的眼神传递只有他们清楚的秘密，眼睛里闪过惊骇。

"给汉族人家守夜……看抹了脖子的死人，胡达呀，犯古那哈（罪）呢。"干妈的责怪似乎是对着妈妈。妈妈低头用头巾一角蒙住嘴和半张脸，像是怕胡达认出她来，降罪给她。

你不知道爹爹是给汉族人家看尸体去了，那天晚上爹爹的羊皮大衣是妈妈帮他披的，大衣口袋里你用手绢包好塞了几个鸡蛋，是妈妈一早起来给他煮的。走的时候，爹爹皱着眉毛，四处看看，像是努力在想忘记了什么东西没有，最后啥也没说，拉开门出了院子。

爹爹走了的三天，你没看出家里有啥不一样，妈妈跟往常一样做饭、喂鸡、饮驴，给妹妹洗尿布片子。哄睡了妹妹，妈妈给玩得满头泥土的弟弟洗澡，帮你洗头，梳头的时候，妈妈从你的头皮里拉出了一只牛虱子，牛虱子被她扯断了腿，血淋淋的，妈妈看见了血，眼睛扎疼了似的眯成两条缝，好像要把看在眼仁里的牛虱子挤出去，细密的皱纹受惊了一样向两个眼角逃过去。

妈妈说这只是母的，有蓖麻大，发白，一肚子血。牛虱子公的像黑豆那么小的，红红的，钻进牛皮要钳子夹才出来，好像嘴上有吸盘。

牛虱子在你头顶掏了一个小洞，把自己塞进去，妈妈吃力地用木梳齿把它抠出来，它鼓鼓的肚子周围，大半圈细细的腿在模糊的血肉里蠕动，妈妈捏着它，把它扔进了灶火里。你知道牛虱子是踩不死的，踩到地上踏扁了还会活过来。

妈妈帮你扎住头发，站起来去洗梳子上的血，洗完了回来坐在炕上，眼睛直勾勾地盯着挂在墙上的花布墙裙。

“牛虱子钻进脑子里，会把你的脑子吃了。”

“牛虱子把我的脑子吃了，我就得死了。”

“脑子让牛虱子吃了，人就疯了。”

晚上睡觉，妈妈用一根大木头棒子，把房门从里面顶住。平时为了省油，天一黑妈妈就催你和弟弟上炕睡觉。那夜，妈妈点了一晚上油灯。她不住地盯着门缝看，看完了摸摸你的头，像是害怕牛虱子爬回来，钻到你的头发里。

那个小洞流了半天血，结了指甲盖大的一个疤，疤硬硬地鼓起来。你挠头皮的时候，从头发里抠出豆子大的一个粘着头发的痂，干干的牛毛棕色。疤掉了的地方，留下一个凹痕，能盛下一个牛虱子，坑里面荒了，不再长头发。

刀子

牛虱子吃了你的头发根，就被灶火像吞豆子一样吞掉了。

那把刀子吃掉了妈妈的脑子。它比牛虱子厉害，灶火啃不动那把刀子。

爹爹回来时，你给爹爹包的几个鸡蛋，换作了那把刀子。它从爹爹的羊皮大衣口袋里掉下来，闷闷地落在地上，刀刃裹在厚厚的干血里，像刀的伤口结了一层硬硬的痂，包裹着刀子的手绢跟血迹黏在一起，灰白的手绢像是刀子撕开的皮肤。

妈妈像烧掉牛虱子一样，想烧掉那把刀。刀子飞进了火里，你看见手绢在火里蝴蝶一样张了张翅膀，眨眼就萎成几片灰粉。刀子边缘的血痂像锅巴，被火苗嚼得噼噼啪啪，火的牙齿咬不动那把刀子，妈妈瞪着被火光烧红的眼睛，从灶火里刨出刀子。

那把刀的红光刺进了妈妈的眼睛，她的眼睛紧闭。刀光刺进了她的嗓子眼，她扯开嗓子尖叫，刀光刺进了她的脑子，她被那把刀指挥着拿起铁锤，向着刀子砸下去，刀跳起来，妈妈也跳起来。

妈妈攥住那把活了的刀子，像攥住一条蛇，她的手心里溜出一小股青烟，细细的，像毒蛇的尾巴。

你看见刀子带着妈妈飞起来，妈妈张开胳膊，赤着脚离开了地面，从家门口的尘土里飞出去，她的白帽子飘落在地上，长辫子散开，像受惊的野马的马鬃，高高地扬在扑起的尘土里。马鬃在半空里晃了几圈，没入了河坝。

那把刀子把妈妈抛进了河坝，它给了妈妈魔一样的力气，妈妈像鸟一样飞过了河坝里一房高的芦苇，就在河坝的芦苇中间，刀子丢下了妈妈，妈妈一脚踩在倒下的芦苇上，一脚插进泥沼里，停在河坝中间。

爹爹和小姨一前一后，在泥沼里张开胳膊，分开高高的芦苇，像飞不起来的鸡，向着妈妈吃力地扑腾着翅膀。你站在河坝边上，看被搅浑的泥水吐着气泡。河坝吃掉了那把刀子，噎住了，在打嗝。

你摸摸头顶心的那个坑，坑里面滑滑的，坑的边缘鼓着硬硬的头皮，手指尖陷在坑里，可以感觉到自己凉凉的。

牛虱子用一个不长头发的窝，占住了你头顶心的位置，很长一段时间，你都担心牛虱子会回来，在你睡着的时候，吃掉你的脑子。你怕自己变得跟妈妈一样。

绳　子

妈妈疯了的那天，门前的那道绳子上一件衣服也没有晾，只有爹爹的呼叫和小姨的沉默晾在绳子上，那道绳子绷住了院子里矮矮的天空，在半天空勒出了一道淡淡的印痕。

小姨用胳膊把自己搭在门前妈妈晾衣服的绳子上，你有些吃惊，小姨好像比平时胖，身子很重，绳子的那头压下去一道深深的弯。她把脸埋在臂弯里，样子像是困极了，半个身子无力地挂在绳子上。她的长辫子有一段纠缠在绳子上，像是另一道打结的绳子。

你知道小姨不是睡着了。小姨睡着了是会打呼噜的，你看见过小姨睡在炕上打呼噜，爹爹拿了一团棉花，放在她大张的嘴里，后来小姨醒来知道了，就跑回去了，羞得很长日子都不敢再来见爹爹。

爹爹灰扑扑地扑过来，把自己交给绳子，在绳子的这头压出了一道浅浅的弯。爹爹把青筋暴起的手放在绳子上，把干瘦的脸端在手上，仰头向天，像接杜瓦尔那样，嘴里呼求着："胡达，你让娃他妈疯了，我一个男人家，领着三个娃娃咋办。"

爹爹说的是汉话，似乎不是说给胡达，更像是说给小姨听的。你看见院子的上空空荡荡的，半天上只有那道绳子。你只有五岁，爹爹不会想到说给你听，你想想就是把你整个挂在绳子上，也压不出像小姨那么深的弯。

你看见爹爹的话沿着绳子爬进了小姨的耳朵，小姨的耳朵就侧在绳子上，像是绳子上长出了一只耳朵。绳子听见这句话，那个深深的弯就变浅了，接着又深了回去。你感觉爹爹可以从绳子的抖动，还有小姨那头那个变浅又变深的弯度，判断出绳子那头的耳朵接住了他的话。

爹爹的声音传到了半空，最后跌落在绳子上。天空里没有耳朵接住爹爹的话。你感觉绳子的另一只耳朵，长在靠爹爹这端，爹爹说完那句话，他这头的绳子似乎吃了一惊，跳起来，一下子把自己绷直了。

小姨趴在绳子晃了一晃，然后一动不动，无声无息地像是真的睡过去了。爹爹无助地埋下头，脸停在手上，手停在绳子上，爹爹像贴在绳子上的纸片或者枯叶，你担心一阵风就能把他吹跑。

绳子晃动起来，你看看两端拴绳子的木桩子，下面的沙土里像是被丢了一窝蚯蚓，木桩开始松动。你光着的脚丫用力踩住地面，牢牢地把自己扎在两个桩子中间，像打进土里的第三根木桩，拼命地支撑住绳子上爹爹沉沉的秃头和小姨倾颓的肩臂。

肉与铁的对峙

羊·刀子

刀子悬在爹爹身上，羊的命悬在刀子上。

村庄里的铁，除了往牲口圈里钻，往庄稼地里钻，很少有别的用处。

刀子是村庄里的蛇。刀子钻进羊的脖子。刀子钻进羊的肚子。刀子在羊皮和羊肉之间跑。刀子很快，羊跑不过刀子。刀子很利，爹爹没事就磨刀子。刀子比石头还硬，羊的骨头就变得很软。

刀子满村子走，刀子不怕狗，它把整个村庄都当成一只羊。有时候，羊像是蒙着眼睛在走，迎面撞上刀子。刀子很聪明，假装自己不是刀子。刀子上抹了厚厚的羊油，粘着羊毛，散发着羊的味道，羊就会去接近它。

羊只知道吃草，不知道有一天要挨刀子。刀子丢在羊圈门口，刀子吊在爹爹的裤带上，晃来晃去，爹爹每天挂着刀子去喂羊。羊不认识刀子，只认识草。刀子假装成一段生铁，把刀刃埋在虚土里，藏进干草里，它假装躺在地上睡觉。

羊踩过去，两瓣蹄子像滑在一小块冰上，裂开一个口子，又合拢了，像眼睛睁开一下，又闭上。

刀子认识从它身上踩过的羊蹄子。爹爹不让我们从刀子上面踩过去，他怕刀子把我们当成了羊，记住了我们的脚掌，追上我们。不小心踩着刀子，一定要再倒回去，这样你就不会被刀子记住。

我说，铁这个家伙厉害。爹爹说，发明了这个家伙的人厉害。自从有了铁，力气再大的东西，都像木头一样被制服。

羊对铁这样没有生命的东西，根本不正眼去看。它对刀子一直没有记忆。它们记得住吃过的每一种植物，记得住每一种植物不一样的味道，那是上天赐给它们的能力。羊不知道铁的味道，好像这个世界上只有草，从来就没有铁，没有刀子。

人只给了羊一次认识刀子的机会，通过刀子，人把自己的恐惧输送给羊。羊看着刀子，肉与铁对峙着，铁，这个羊从来不认识的家伙，插进它的脖子，捅进它的肚子，那里面刚好装满了它喜欢吃的草。刀子插进羊的皮和肉，轻柔地将它们剥离。

肉，遇到了刀子，立刻就会被肢解。

等刀子的人

一屋子的人都在坐等刀子。

刀子在另外的屋子里周游。

这间屋子一大半是炕，餐布占据大部分炕面，一圈年长的妇女和男人，围坐在炕上等刀子。

从门到炕是一个走道，人们等待刀子从这里走过来，这段人走的路，也是为一把刀子预留的通道。

屋里人的视线，被一条棉门帘隔断。掀开门帘，是另一段走道，通向对面的屋子。

人们在走道上来来去去，奶茶、馕和牛肉抓饭，被一一搬运到炕上，食物占领了面前的地盘，人们不由得往后缩紧身体，后背贴住了墙。脖子稍往前倾，就能撞到肉呼出来的热气。

视线在肉上盘旋，刀子没有来。人们只好隔空舔着肉香，望着空气等刀子。

空气忽地移动起来。

视线被一股凉气牵向门口，掀开棉门帘的手，拉住众人的目光，重重地提起来，再扔回到门口的地上，棉门帘随之落下，地上站着一个高个子男人。

抓饭上面的肉，都被看瘦了。

眼睛里的油，都看化了。

肉等着刀子，都要冷透了。

高个子男人摊开手，示意他手里没有刀子，他也在找刀子。

人们的视线随着高个子男人移动，恨不能将他变成刀子。

从这边屋子能看到，走道那头屋子地面上，四根铁锹把子粗细的木棒，支撑起一张茶桌，桌面苫盖着花花绿绿的塑料布。这样的塑料布一点也不好看，在村子里随处可见。

茶桌的四条腿，从塑料布下面伸出来，蹬在凸凹不平的地面上，像一头背上盖着花布毯的老牛，“牛背”上驮着满满的食物，一帮年轻男子围着“老牛”，默默地端坐着，一眼就知道，在坐等刀子。

肉多，刀子少，人只有等刀子慢慢转回来。

对面的屋子没有门帘，门楣上垂下来巴掌宽、打了褶子的白纱，像是给门倒挂了粗短的白睫毛，有人走过，白睫毛一忽闪，门的眼睛竖起来，瞪着这边的屋子。

继续等刀子。

白睫毛扇开，又垂下。

等刀子的人们显出了不耐烦。

干硬的馕，浑圆浑圆地摞在餐布上，等待着刀子。

牛肉手抓饭上，壮实的牛腿、牛排、牛肉肠冒着热气，等待着刀子。

“刀子！”对面屋子里的人，也在呼唤刀子。

“让他们慢慢等吧，年轻人有的是时间。”这边屋里的老人，漫不经心瞥一眼“白睫毛”，嘟囔起来。

高个子掀开棉门帘，一屋子的视线齐刷刷转向对面的屋子。“白睫毛”后面，苫盖着花毯子的“马背”，驮着的高高的馕、牛肉抓饭、牛肉肠，一起朝这边眺望。

棉门帘掀开，露出黑眼仁，又闭上。

高个子男人有点不耐烦，皱起眉毛，解下腰里的一根绳子，把棉门帘绑住，像对付一只待宰羊一样吊起来。“羊”重重地摇晃着，高悬在破旧的门框里。

等刀子的人有些愤怒了。

这个世界上到底还有没有刀子。

高个子男人答应去找刀子。

两屋人的视线在走道里交织在一起，很快打了一个结，附着在绑起来的棉门帘上。

棉门帘上的结，迅速地晃了晃，停在高个子男人肩头。

高个子男人把闪着油光的刀子，高举在头顶，像是要宰那只高悬在门框里摇晃的“羊”，他直奔过来，像一个胜利者，一刀子割断绑住棉门帘的绳子，自然得仿佛宰了一只待宰的羊。吊起来的“羊”重重地落地，刀子似乎割开了众人目光扭结的结，对面屋子织得像网一样纠缠的视线，被棉门帘挡在外面。

高个子男人手上的刀子，割去一茬麦芒一样，一路割过来，等待刀子的目光，被刀子的锐光嚓嚓嚓地切断一大片。

刀子，被这一屋子的人等来了。

屋里人的目光被刀子的幽亮碰触后，像拔丝土豆上凝固的糖稀丝，甜蜜地脆断，纷纷碎落在面前的抓饭和肉块上。

吃肉的时刻来临了，吃肉之前的仪式，在棉门帘被拉开后才正式拉开。

端着铁盆的女孩，提着洗手壶、肩搭发黑的白毛巾的男人进来，壶嘴里流出的清水，被每一双苍老的手接住，每一双手里流下来的浊水，被生锈的铁盆接住。

发黑的白毛巾，在每个人手上轮流转了一圈，停在炕角最后一个老年女人那里，女人接过已经变黑的毛巾，象征性地碰了碰，缩回手来，在衣襟上抹她那双在毛巾转圈的时间里，快要晾干的手。

刀子上桌，预示这场肉宴开始。

刀子被长者掌握，人们对刀子盼望的目光，纷纷折回到长者手下的肉块上。

刀子开始切分肉。

人们摘下眼珠，换上鼻孔，迷醉在香味织成的网里。

长者的手扶起来的牛腿、牛排，被刀尖叫醒，肉的香味被刀子翻腾起来，一截一截、一片一片、一丝一丝，被一个个悬崖一样高耸的鼻子接住。

埋头的人们，五官都扑向肉。经过刀子切削的肉，陆陆续续来到人们的嘴里。

牛肉肠切成圆圆的、薄薄的片。被刀子激活的香味挑在舌尖上，被味蕾碾压成香泥。

牛肉割成了小方块，肉里的纤维被刀子撕扯出来，一条一条，缠绕在刀子上，抽出一丝丝香味的线，缚裹住人们的牙齿和嘴巴。

胡萝卜钻进牙槽里，被挤压出略微的甜酸，人们的咀嚼声，开始接近食草动物，忙着把草料密密匝匝织进胃里。

饱满的大米，一粒一粒数着自己，经过食道，在牛油脂的润滑下，重新生长在人们身体里。

“这肉里有股铁锈味。”

“牛是刀子宰的，肉是刀子割的。那是刀子的味道。”

肉的味道、胡萝卜的味道、大米的味道之后，人们咀嚼到了铁的味道。每一片肉肠里，每一块牛肉里，每一根胡萝卜丝里，都有一股铁腥味。刀的味道，溜进人们的口里、胃里、血液里。

“人在的地方，刀子就在。吃东西，必先喂刀子，有刀子吃的，才有我们吃的。”

“刀子躺在肉里，刀子才是肉的权威，掌握着生死。“

“刀子的终点只有一个，那就是命。”

人们忽然发现，为食物放行的时候，也在为刀放行。刀也发现，人们需要食物的时候，似乎最先需要的不是食物，而是一把刀子。

刀子在牛肉里翻找香味的时候，是在翻找它最先尝到的那一口新鲜热血的味道。有肉的地方，刀子都行走过了。刀子利用了人们对它的需要，它可以到达每一个它想要到达的地方。

刀子躺在盘子里。人们专注地盯着刀子切割过的肉食，沉浸在刀子参与了制作过程的食物里。

食物是人们的目标，就像肉是刀子的目标。刀子在肉里穿行，因锋利而显得格外殷勤。长胡子的长者，端坐如王者，他握着刀子割肉，刀子此刻也握着他。

人离不开刀子，肉离不开刀子。人往哪里走，刀子就往哪里走。高个子的男人把膏满油脂的刀子举起来，架在头顶上。他的脚在路上行走，他的头顶留给了刀子行走。

人们不需要刀子的时候，刀子躺进刀鞘里躲藏，躺在墙角的案板上假寐，或躺在人们的口袋里生锈。

人不等刀子的时候，刀子会默默地等着人。

牛·笼头

爹爹给牛犊嘴巴上套上麻绳编的笼头，像是戴了副麻绳口罩，麻绳笼头把牛犊的嘴巴和妈妈的乳房隔开。小牛犊无法张嘴叫妈妈，它发出变异的哀声哞叫，妈妈听不懂。笼头将它们隔离了，牛犊和妈妈像蒙上了耳朵，谁也听不清谁的话。

牛犊的父母亲和父母亲的父母亲，都是套着笼头长大的，它们的开口方式，也在这个过程中变异。嘴巴的形状长期被笼头固定，它们不再会像马或者驴那样，张大了嘴巴，仰天长啸。

它们记忆里有过正确的发音，只是每头牛犊，自套上笼头那天起，它们的口型和发音就被笼头改造了。

牛犊记得母亲的气味，用戴着麻绳口罩的嘴巴，撞击母亲戴着麻绳乳罩的乳房。肿胀和疼痛，已经无法唤醒母亲对牛犊的记忆，母亲用犄角和蹄子攻击牛犊，乳房已经习惯了牛油味的主人的挤榨。

两只乳房像两只眼睛，滴下白色的眼泪，两串哀伤的呼唤。

牛犊嚼烂了麻绳笼头，又被换上铁丝编的口罩，母牛取下麻绳乳罩，戴上了厚厚的帆布乳罩。

铁来了，嚼不烂，也撞不断，反抗和哭泣都没有用。牛犊离开母亲，白天死心塌地去吃草，夜里卧在牛棚里，反刍胃里的铁腥气。

主人扮成牛犊，手掌心涂上牛奶和厚厚的牛油。主人的手很润滑，像牛犊的舌头。

套着笼头的牛在田野里走，那一块庄稼都不是它的菜，人让吃哪个，它就吃哪个，人让吃多少，它就吃多少，人让啥时候吃，它就啥时候吃。只有拉是可以随时的，但不是随地的，人为它做的牛粪兜子，就绑在尾巴下面。

人每天用干牛粪煮牛奶，喝完牛奶，走到牛犊身边给它套上笼头。人的嘴里散发着牛的味道，牛的嘴里散发着铁的味道。

有时，牛奶里有股隐隐的铁腥气。

马・嚼子

主人在不让马吃草的所有时间里，马嘴里都衔着那块铁，那是一副铁铐子，铐住了马嘴。

马嚼着铁嚼子，像嚼着自己的一块骨头。它嘴里只剩下铁的味道。它以为铁的味道，就是这个世界的味道。

马不知道铁是从哪里来的，它很津津有味地品味着嚼子，这是世界上跟它最亲近的东西，就像是从它嘴里长出来的。马每天顺从地戴上它，像没牙的爹爹出门前，戴上塑料做的假牙。

似乎马只有衔着嚼子才叫马，嚼子成了马的门面。

戴上这个铁家伙，任何草料对于马口，都是无效地进入，它无法咀嚼和吞咽，爹爹给马戴上铁嚼子，就像妇女主任让母亲戴上那个铁环，母亲无法把父亲输送给她的精液孕育出后代，马也无法顺利地把草料，转化成它所需要的能量。

深夜，马从胃里的每一丝草料中，反刍出生铁的味道。那味道带着光亮，在马的胃里翻腾着，像一团装满萤火虫的透明物，马灯一样悬在马的身体里。马睁着圆圆的眼睛站立着，面对满肚子铁的光亮，它再也无法闭上眼睛。

用惯了刀子、铁笼头和马嚼子，爹爹相信了铁的威力。他把家里所有的木器，都换成了铁器，木锨换铁锨，木叉换铁叉，皮鞭换成了钢丝鞭。他说，铁，不怕火，不怕水，这个世界上，铁比人厉害。

妈妈听了很生气。就用三角眼瞪他，骂他牛脾气，说，有本事把你的化学牙，也换成铁牙。

爹爹属牛，妈妈属马，爹爹骂她长了一副马脸。爹爹发起火来眼珠子就发绿。他拿起铁钳子威胁妈妈，说要拔了她的牙，给她戴一副铁嚼子，让她好好尝尝铁的滋味。人和牲口一样，只有靠铁，才能制服。

变种者

一

大梁坡不流行文字。村里凡能找到的报纸，都是卷莫合烟、擦屁股、糊顶棚、糊墙纸用的。村里少数民族识字的，就爹爹加上造反派木纳瓦尔、扎旦和“里通外国的右派”亚森这四个人。

那个时期，报纸在大梁坡突然吃香起来。你看到的报纸是维吾尔文和哈萨克文的，是那种用新文字母拼写的，不是像爹爹放在木架子上的那些经文那样的阿拉伯字母。爹爹不读报纸，报纸都是由年轻的造反派扎旦和木纳瓦尔读的。爹爹在炕上盘腿卷莫合烟，爹爹手里卷莫合烟的报纸是印着阿拉伯字母的旧报纸，那些字母随着爹爹的拇指和食指的转圈，蜷曲扭动着。你看看木纳瓦尔手里的新报纸，再看看爹爹和亚森手里卷烟的发黄的旧报纸，你看得出上面的两种字是不一样的。新报纸上的字更像是你正在学的拼音字母，卷烟纸上的字跟爹爹读的《古兰经》上的字一模一样。你两种字都不认识，你刚开始在汉语学校里学方块字。家里唯一的煤油灯就亮在这圈坐在炕上，听扎旦和木纳瓦尔轮番读报纸的维吾尔族和哈萨克族村民中间，你可以借着这里的亮光照着课本学汉字。

你看见亚森也在用食指和拇指捻细细的莫合烟，烟卷被他用白皙修长的手指捻得越来越硬，亚森还不时地用湿红的舌尖去舔，用口水湿润纸的边缘，好让烟卷黏合在一起。那根烟下面粗，越到上面越尖细，细到只有一层薄纸皮拧在一起，亚森的手不断地在尖细的顶端抚捻，你想起了弟弟早上起来撒尿的家什，包皮被尿憋得嫩滑透亮，像是从湿土里刚扒出来的蚯蚓。

你趴在爹爹和亚森之间，一边斜眼睛看着亚森卷烟的手的动作，一边开始扯胯下的裙子，那件张开着墨绿色叶子的裙摆，被你用两只手拧成了一根巨大的布棒，你把硬邦邦的布棒费力地顶在耻骨下，然后很惬意地趴在那根布棒上，布棒慢慢地变软，你再次翻起身，把它拧紧，布棒一遍遍地在身子底下散开变软，又被你一遍遍地拧硬，塞在身子底下，压住。这个游戏，在每一个念报纸的晚上继续着，屋子里一屋子的都是男人，只有你一个女的。你向四周看看，似乎没有人注意你，你继续着你的游戏。读报纸的声音时而让你厌烦，时而让你亢奋，时而让你觉得困倦。

二

在你读汉族学校以前，你家里没有人懂汉字，妈妈是甘肃天水的回族，不识字，爹爹是维吾尔族，从小熟读《古兰经》，村里维吾尔族和哈萨克族人都叫他毛拉，回族和汉族人叫他裁缝。你家里爹爹和妈妈的戏，按说是很难唱到一处去的，干活倒是能干到一处。爹爹踩着缝纫机唱维吾尔族的木卡姆，妈妈在一旁帮着手工锁扣眼，缝衣服边，边做活边捏着尖细的嗓子唱她的回族花儿。

你家里的土炕上铺着和田来的毡匠擀的花毡。那些毡匠住在你家，你看着他们用粗羊毛擀出一张跟炕面一样大的土灰色羊毛毡子，再把细羊毛染成各种各样的颜色，擀出一块块五颜六色的小毡子，用剪刀把彩色的小毡子剪出各种好看的图案，图案里没有你喜欢的小动物。曲曲直直的线条和三角形、菱形以及多角形图案，还有那些弯弯绕绕的植物花卉，像是葡萄枝叶，又像是西瓜的藤蔓，那些对称、并列、交错、连续、循环的花纹，都是你在爹爹那些经卷经文的边框上看熟了眼的。你看着毡匠把图案贴了一圈又一圈，再在毡子中心贴满花花绿绿的大花纹，又用碾子把那些图案和花纹牢牢地擀到白毡子上，直到那些图案和花纹像是本来就生在毡子上的一样，用指甲去抠、用手去撕都撕扯不下来。

维吾尔族的大花毡上，叠着大红大绿的被子，那些被子面都是妈妈的陪嫁，开满脸盆那么大朵的牡丹和菊花，还有大红喜字，有绸子的，也有花布的。炕上摆着中间圆滚滚的蓝布绣花八角枕，跟维吾尔族人家蓬松的羊毛四角方枕决然不同，枕头上的鸳鸯蝴蝶是妈妈亲手绣的，那些彩色丝线绣的鸳鸯蝴蝶和羊毛花毡的几何花纹放在一起猛一看，像是一个回族媳妇睡错了炕头。维吾尔族的爹爹和回族的妈妈一辈子就是睡在这样的炕上，把毡子睡旧，被子睡破，枕头睡烂。一直到爹爹睡进黄土里，他们才分开。

爹爹老家在喀什伽师县，十二岁学念经和裁缝手艺，他会种瓜和果树，却不会种庄稼。在大梁坡不会种田的人就是个低能的人，“大锅饭”的时候，村里只能安排他去戈壁滩上挖柴火。村里食堂里的大灶像一个无底洞，多少柴火填进去都能变成灰。

大热天，你和弟弟跟着爹爹去挖柴火。爹爹赶着毛驴车唱歌，黑驴听惯了爹爹的歌。那些歌在你听来调子都差不多，你知道，爹爹经常跟邻居说起这些歌就是维吾尔族的木卡姆。在你更小的时候，木纳瓦尔还没参加造反派，他想跟着爹爹学木卡姆，抱了都塔尔来你家，还给爹爹行了礼。就在边上的那间小房子的炕上，一大排年轻人围着爹爹坐着，眼睛里满是艳羡和仰慕。爹爹说话的声音有点异样，不像平时硬绷绷的，很像在重要的仪式上诵《古兰经》那样，很高亢很有弹性，尾音拖得很长。听了爹爹唱木卡姆前诵经般的语调，你忽然也想学木卡姆。屋子里是一堆男孩子，只有你一个女的。木纳瓦尔时不时对你眨眨睫毛飞卷的大眼睛，总在趁你不备时用肘子碰碰你的小腿，你的小腿就在他弹都塔尔时莫名其妙地微微颤动一下。

后来爹爹说，木纳瓦尔就会弹都塔尔，嗓子像公鸡叫，学不了木卡姆。你觉得爹爹像是喝醉了在说醉话，不以为然地看看爹爹。你觉得木纳瓦尔一头黑亮的卷发，长得浓眉大眼像个演员，在村里是有名的歌手，谁家结婚，都请他去弹唱，那些歌都是他即兴编的，能把姑娘们逗得很开心。爹爹眼睛里有一丝失望，不知道是为木纳瓦尔，还是为你的不以为然的目光。爹爹就不再说话了，自顾自去驴圈给他的驴饮水。爹爹一边给驴饮水，一边在驴圈里唱木卡姆，惹得那头听惯了木卡姆的黑驴一个劲地打着响鼻应和。

三

每天早上爹爹给食堂去砍柴，把你放在食堂旁边的托儿所里，你不愿意，每次都哭着跑回食堂来找爹爹。食堂里做饭的是史木匠的老婆，一个泼辣的山东女人，一头短发，用发卡往耳朵背后别着，说话粗声大气，跟男人一样，抽起莫合烟来，比男人还凶。

马扎英跟爹爹说："你这犟丫头跟我家小丫头樱花同岁，我认她当干女儿了。"马扎英转过脸对你说，"丫头，以后跟我回家去。"

你不肯，要跟着爹爹去砍柴火。马扎英对你瞪眼："干妈给你那么多好吃的，吃完就不认账啦？"她又转了脸冲着爹爹笑，"都说这二转子聪明，还真是的，你这丫头，恐怕我那两个丫头脑子加起来也不顶你家一个。"

"还是上汉族学校的孩子聪明。"爹爹应和着。

爹爹忙着从毛驴车上一捆一捆往食堂门口卸柴火，卸完了，洗了手，端起一碗开水蹲在食堂门口歇着。马扎英追出来问："裁缝，丫头她娘的病好点了吧？"

爹爹默不作声放下碗，从褪色的中山装的一只口袋里摸出莫合烟袋，又从另一只口袋里摸出半片报纸，整整齐齐地叠起来，撕下一小块，从烟袋里捏了一小撮烟丝放在纸上开始卷。马扎英斜着眼说："你个裁缝，是不是看不起老婆是回族，两个人不往一处睡，女人的病不就越来越重了？"

爹爹停下卷烟的手，抬眼看着马扎英："哪里的话，天天睡一个炕，还有啥看起看不起。不信你问丫头。"

马扎英一摆手："去，丫头懂个啥，毛还没长齐呢。"瞄了瞄爹爹的脸色加了一句，"裁缝，我马扎英脸皮厚得像牲口一样，连你们夫妻的这个事都问，你不要对我肚子胀。我是看着她妈成了这样，你一个男人家带着这些孩子可怜。”说完就去锅台上张罗饭菜了。

你不知道妈妈得了啥病，也不知道为啥马扎英要说爹爹可怜。你上汉族学校的决定，就是那天你听爹爹跟马扎英说起的。马扎英说，上汉族学校，这丫头将来可以做个大翻译。说完还让你伸舌头给她看，你舌头一伸就舔到了鼻尖，吓了她一跳：“呀，这二转子脑瓜子聪明，连舌头也比咱们汉族人长。舌头长，学话学得快。”你还不知道，上汉族学校和民族学校到底有多少不一样的，不就是学汉字和汉话。马扎英的话让你觉得你学这些也不会很难。

爹爹给你做了书包，用裁衣服剩的一块蓝色华达呢布，对叠起来，把两条边缝住，像个维吾尔族人的褡裢。有一次一个白胡子老人拄着木杖在门口乞讨，你看到他背着的那个布包，跟你的书包几乎一样，只是那上面的线脚是用手工缝的。爹爹让你从面袋子里挖出一碗面粉给他，你端了面粉过去，老者一边向你说塞瓦布（真主赐福你），一边取下肩上挂着的蓝布袋子，张开袋口，让你把面粉倒入他的袋子里。面粉扑起来，扬到了老人的胡须和睫毛上，你看见他洁白的胡须颤动了一下，很可惜的样子，目光追逐着飘起来的面粉末，两口古井一样深陷的眼窝里有点责怪你的浪费，接着涌出一丝遗憾，他说：“好人家的女孩子，应该把头巾搭起来。”他说完背了袋子，拄了木杖，转身离开，你看着他穿着灰布长袷袢的背影往邻居家去了。

村里经常来这样白胡子的乞讨者，看穿着就知道是从南疆来的，爹爹每回都会让你挖米和面给他们。

你问爹爹：“他们没有饭吃吗？”

爹爹说：“老了，干不动活了。”

“他们的孩子呢？”

“孩子没读过书，只有种地。地少，养活不了爹妈。”

你在村子后面的马扎（坟地）见到过一群这样的老者，安详地靠在坟头上念经、打盹、晒太阳，每逢主麻日（礼拜五），他们等着上坟的人散乜帖（施舍）。三三两两上坟的人路过，会在其中一个老人摆在脚边的帽子里，搁几元纸币或者放半个馕。老人们等散乜帖的人走开，才慢悠悠地坐起来，像坐在自家炕头上那样，几个人一起分食那块馕。他们吃馕的样子，一点也不像是吃完了就没下顿的乞者，一小口一小口地放在嘴里，慢慢咀嚼着，把掉在宽大衣襟上的碎渣用手指捏起来，吸进嘴里。纸币就摊在几个人脚底下，有人拿起一个小石头压住上下翻动的风。吃完了馕，老人把帽子拉到眼睛上，倚着坟头接着打盹。

四

你在蓝布书包里装了半个馕去学校，瘸腿的赵子虎老师拄着单拐把你领到最前排，跟马扎英的女儿樱花坐在一起。樱花忽闪着睫毛看了看你，把身子往墙边靠了靠说："维吾尔族娃娃，身上有股羊奶子味儿。"你缩了缩身子，觉得肚子很饿，抱起蓝布书包，埋着头啃里面露出的馕边。老师拄着单拐过来，所有的人目光都追着他一瘸一拐的步子跟到你面前，你嘴里含着馕，委屈地看着赵老师愠怒的脸。你没有听懂规矩，不明白上课饿了为什么不能吃东西，或者老师说过，你忘记了。

下课你被学生用讥笑送出了教室。第二节课，你躲到了对面的民族班里，你认识的所有孩子都在这间教室，老师就是天天跟爹爹喝酒的哈萨克邻居亚森，没有人觉得你来这间教室有什么意外，你挤在最后一排，踮着脚才能看到黑板上的字母，你跟着熟悉的扎旦的莫合烟嗓子，跟一屋子大小不一的孩子大声用你熟悉的语言念"abcdefg"。练习写字母的时候，你时不时地瞅着亚森不注意的空当，迅速地咬一口书包里的馕，四周乱哄哄的，根本没人注意你低下头在书包的掩盖下飞快地啃馕的动作。肚子吃饱了，很快你就把汉族班上的屈辱忘了。

爹爹回家问你学了啥，翻开你的作业本检查，你的本子上写满了英文字母"abcdefg"，一个汉字也没有。第二天你就被赵老师看管起来了。那天赵老师讲《亡羊补牢》，你举手问"邻居"这两个字是什么意思，老师让你坐下，然后一字一顿地说："连这个都不懂，回去问你爹！"同学们发出不屑的声音，你不懂老师为啥那么不高兴，觉得委屈。你顾不得樱花监督的眼光，竖着耳朵听着对面民族教室唱《字母歌》，不住地向外张望，就像一只兔子被人关在鸡圈里一样惶惶不安。

放学一回到家你就急着问正在裁衣服的爹爹："邻居是什么意思，老师让我问你。"

"肯定是你惹老师肚子胀了吧，"爹爹抬起绿色的眼珠，"哈里克拜尔家和亚森家就是我们的邻居。"

"那小石头家呢？"

"小石头家跟我们不是一个村的，还隔了条河坝。"

你看看哈里克拜尔家那边，不说话了，声音被哈里克拜尔家那堵低矮的土打墙堵住了。从窗户里看不到小石头家，小石头家在我们家背后的河坝那边。亚森家跟我们家也是隔了道渠沟的。你觉得爹爹说亚森是邻居，是因为亚森能跟他一起喝酒。你觉得你的邻居不是亚森，是河坝对面的小石头。你会的那些汉话都是跟小石头学的。在班里你想跟小石头做邻居，不想跟樱花做邻居，小石头从来不说你身上有羊奶子味。小石头家从口里上来不久，小石头不会维吾尔族话，也不会哈萨克族话。你跟他玩，只有用手比划。他说吃桃子，就用两个手圈一个桃子的形状，你说吃西瓜，就用两个手臂围一个大大的西瓜。你把他说的桃子当成鸡蛋，他把你说的鸡蛋当成桃子，你就抓住裙摆上下忽闪着原地打转，然后蹲下去，做出母鸡下蛋的架势，小石头以为你要拉屎，就带你去茅坑，背过脸去，在茅坑边等你。你只好到鸡窝里摸出鸡蛋来给他看，他就摸着青皮西瓜一样的光头冲你笑，拉着你去他家的桃子地里看桃子。

哈里克拜尔家的几个儿子骂小石头是"河南娃"："河南大裤裆，一个扁担两个筐，甩哒甩哒到新疆。"小石头拾起土块打他们，嘴里骂着："哈萨娃喝奶茶，一口喝个猪尾巴。"哈里克拜尔家的儿子站成一排，先伸出一条胳膊，用另一只手圈住胳膊，从手指套弄到胳膊根，套完这条胳膊，套那条胳膊，再伸出腿把胳膊圈成圈，从小腿套弄到大腿根，套完一条腿，又换一条腿。小石头扔下土块向他们吐唾沫，也学着先伸出一条胳膊，用另一只手圈住胳膊，从手指套弄到胳膊根，套完胳膊，再套腿，套完一条腿，又换一条腿。你伸手打掉小石头的手和腿，"哇"地哭了，哈里克拜尔家的儿子"哄"地散开了。小石头站在你面前，你看见小石头光头和黑油油的脖子上都渗出了油乎乎的汗。你大声地哭，你知道那个羞辱的动作是驴和马干的事情，小石头不懂，你不想看见小石头学这个动作。

五

你替爹爹写的请假条，恐怕是大梁坡有史以来，第一份维吾尔族人用汉语写的请假条。那份假条队长在社员大会上读了，还夸你能写出这么好的请假条。在假条末尾你用了“此致：崇高的革命敬礼”的字样。队长说，这份假条代表了大梁坡维吾尔族很高的汉语水平。爹爹向你转述这些话时，六颗金牙闪闪发光，脸上满是荣光。吐尔松对这份假条很不以为然，很快他让上维吾尔族学校的儿子亚合普，也转到跟你一个班上汉族学。亚合普和他爹爹一样长着霸气的鹰钩鼻子，就像他爹爹喜欢打得老婆孩子东躲西藏一样，亚合普老是喜欢动手打人，打完了还要挨打的人给他下跪。你是维吾尔族人，亚合普从不打你，还帮你打那些想欺负你的汉族男孩子。你不喜欢亚合普打人，也不喜欢他帮你。回家路上他要拉你过河，你不愿意，宁可绕很远，去走老苏家旁边的独木桥。欺负人的人你都不喜欢，不管他是啥族。班里喜欢欺负你的田小冬，被亚合普教训了好几次，越教训，他越欺负你。你不再恨欺负你的田小冬，你开始恨帮你教训田小冬的亚合普。

你是汉族学校里唯一戴着头巾来上课的学生，上课老师每次让男孩子脱帽时，都让你摘下头巾。你只微微把头巾拉到后面一些，算是摘了一半，老师也不计较。坐在你后面的田小冬总是在这个时候，把你的头巾全部拉下来，你立刻像是被别人当众剥了衣服一样，感觉脊梁骨上冷风飕飕地刮过来。你不是怕冷，头巾一直是得戴着的，只有睡觉时才能摘掉。戴习惯了，没人看到过你黄黄的头发，每次田小冬拉下你的头巾，你都觉得头发被拉掉了一次，后面的学生都“黄毛、黄毛”喊叫不停，老师干脆让你把头巾戴上上课。你的头巾每节课都有好几次被田小冬拉下来。

你告诉爹爹学生拉你头巾，笑你的黄头发。爹爹说维吾尔族女孩不能精光着头，你是毛拉的女儿。爹爹说干脆剃了光头，就有人不会笑你黄毛了。爹爹宰了一只羊，哄着给你剃了头发。维吾尔族女孩不能剪头发、剃头发的，爹爹说他念过讨白，真主不会怪罪的。你在光头上包了头巾去学校。那天总理逝世了，全校的学生都在校园里扎花圈。老师递给你一朵白花和一个黑布条，要你戴在手臂上，你怕极了，忍不住大哭。老师以为你很悲痛，摸摸你的头安慰你。其实你是害怕，邻居家的小孩都说汉族人死了是有鬼的，你怕鬼就藏在花圈和小白花里。你站得远远地惊恐地看那些花圈，你想到了妈妈，人家说妈妈就是给汉族人的鬼缠住了，整天疯疯癫癫，自言自语，神志不清。

老师还是逼着你戴上了那个黑布箍和小白花，校园的喇叭里哀乐放得很响，那慢吞吞的声音在院子里一遍遍地震响，震得你心里瘆得慌，全身一个劲地打寒战。喇叭里说低头默哀三分钟，所有的男学生都脱下了帽子，拿在手上，你下意识地捂紧光头上的头巾。这时，有只手从后面伸过来，使劲扯你的头巾，你按住头顶死命抵抗那只手，那只手不依不饶揪住你的头巾往下拽。你的光头在哀乐声中终于暴露在全校学生眼前。哀乐在继续，学生中间传出的阵阵哄堂大笑，你的耳膜被哀乐夹杂的哄笑声震荡着，心里像打鼓一样，脑袋里嗡嗡作响，两腿瘫软，人快要陷入晕厥。

六

亚合普学了汉语后写的第一篇作文不是请假条。那天下课你在做值日，亚合普把叠成三角形的折纸塞在你手里就走了，你顺手把它放在了书包里。回家路过哈里克拜尔家，他家正在门口打馕的二丫头努尔汗，叫你帮她给馕坑加把火。你抱了捆干柴正往馕坑里添，就见挂着两筒黄鼻涕的她弟弟阿里木从院子里出来，拉拉扯扯翻你书包里的汉语课本，那个三角形的折纸掉在了地上。阿里木捡起来打开，你伸手去夺已经来不及了。阿里木大声读出了掺杂在半生不熟的汉文里面的维吾尔语单词：喜欢、爱、玉米地、约会、亚合普。

你开始讨厌长年挂着两筒黄鼻涕欺负人的阿里木。阿里木喜欢捉弄人，玩的游戏跟回族庄子里的马高他们不一样，你喜欢跟马高和一群回族娃娃趴到渠沟里洗澡。马高会看着你脱了背心，连裤衩也剥下来，帮你把它们挂在柳树枝上。马高说女娃子的裤衩不能挂在榆树枝、沙枣枝上，那些树味道甜招虫子，虫子就要爬进去。他说“爬进去”的时候，眼睛看着你裸露的下部，那里一片白净，粘一粒沙子都看得清楚。你低头想看看有没有虫子在爬，看到高起的地方，再往下就看不清楚了。马高说他帮你看看，你把腿分开。马高说立着看不到里面，让你躺下，马高的表情很关切，看起来比你还关心是不是有虫子爬进去。你靠着渠沟边的斜坡躺下。马高站在那里，让你把腿叉开，他蹲下来拎起你的腿凑过来，他长着雀斑的脸在中午的日光下，像涨红的麻雀蛋一样。

那次要不是妈妈正好路过渠沟，看到了你挂在柳树枝上的裤衩和背心，用柳树条子把你赶回家去，马高能帮你找到正好要爬进去的虫子也说不定，你为这个事情一直很责怪妈妈，你不敢说出来，妈妈的柳树条子抽得你屁股火辣辣的。马高和一帮回族男娃子散得比兔子还快，剩下几个女娃子还在渠沟里趴着，看着那些被回族娃娃挂在柳树枝上的裤衩和背心发呆。你被妈妈从渠沟里揪起来，看着马高他们扬起的塘土飘到了回族庄子，心里还在想，那些女娃子怎么不怕妈妈，你觉得妈妈肚子胀只跟那些男娃子有关系。

那个暑假里你长高了一点，胸部结了两个核桃一样的果子。门口的渠沟里只有光屁股的弟弟妹妹趴在浅水里扑腾。阿里木和马高他们不在家门口的渠沟里洗澡，都是趁中午家里人睡着的时候，到村东头的渠沟上游去扎猛子，那里渠宽水急，深的地方能没过胸脯。在阴凉里躲了一个暑假，你也想躲过妈妈的目光到那里去扎一个猛子。大中午，家里人都睡了，你看准了阿里木家院子里一中午都没任何动静，胆子慢慢放大了。你从里屋的窗户翻出去，脚尖落在院子松软干燥的塘土里，你带着一股塘土，一溜烟跑到村东头。

渠沟边一个人也没有，淡紫的马兰花散发带着碱腥味的香气，蓝色的薰衣草花引逗着蜂蝶飞舞，苍籽、苦豆子用它们身上天生的苦味驱赶着渠沟里的蚊虫。渠沟边没有树，你把裤衩背心揉成一团藏在苍籽硕大的叶片下面，悄悄爬进了水里。渠梁很高，就是有人路过，也看不到你。你刚游到了渠梁平坦的地方，阿里木带着一帮巴郎子冲到渠梁上，剥下衣裤跳进水里，把你从水里捉了出来，光溜溜地扔在渠边的泥地里。你死命地捂住羞处，阿里木拼命扯你的一条腿，将你倒提着，一边任你挣扎，一边跟同伴喊叫：“渠沟里有水蛇，也不怕钻进去！亚合普，你不是想跟她去玉米地约会吗，快来看，二转子的那里跟母羊一样，都有白奶皮子了，今晚就去羊圈吧，可以交妊了。”亚合普远远地冲着你的身体吐唾沫，阿里木看到亚合普的动作，扑通扔下你在泥地里，走过去拿了衣服，把手搭在亚合普肩上，推搡着亚合普从渠沟边走开了。

七

那年夏天，你戴上了红领巾，是一个笑眯眯的汉族姐姐帮你戴的。你怕解下来没法原样系上去，晚上睡觉小心地从头上取下圆圆的红圈，套在爹爹的缝纫机头上。早上起来洗完脸又把它套到脖子上。你包好淡蓝色的纱巾，你的头发茬子黄黄地从淡蓝色纱巾的小圆孔里钻出来，像爹爹下巴上的胡子，镜子里你的脑袋像个淡蓝色的刺猬。那块纱巾是你躲过好几条恶狗，到镇里买的，回来的时候，被狗追进了厕所里，半天不敢出来。有了红领巾，你不再喜欢那条有点褪色的纱巾，觉得它上面的小圆点很难看，像妈妈的麻子脸。

妈妈见你要出门，拿了把梳子像你很小的时候一样，要帮你梳头扎辫子，她凑过来拽住你，用木梳梳你包着纱巾的光头，纱巾被木梳的齿划得咝咝作响，你一挣扎，纱巾撕开了一个口子，你甩开妈妈的手，抢夺了她手里的梳子，气愤地扔过去。梳子在屋子半空划了一道斜线，撞到墙上，又弹回到地上，摔成了两半。你扔下躺在地上的梳子和戴着白帽子愣在地上的妈妈，气冲冲地跑出家门。

你的注意力集中到了脖根的红领巾上，觉得光头也不那么让你难受，走进教室头抬得比以前高了一些。看着你脖子根的一圈神圣的红色，没有人敢再来拉你头上的纱巾。老师上课提问群众的“众”是什么意思，你灵机一动：“三个人是众，群众就是人多的意思。”赵子虎老师夸了你：“你们看，一个维吾尔族孩子，能把汉语学得这么好。”下课学生们都提着各自的小板凳，排队到村公房前开批斗大会，你一路歌声比以往高了很多。

社员们都坐好了等批斗会开始，你和同学们走到最前面坐下。你的个子很矮，坐在第一排最中间。你一坐下就看到了爹爹的光头垂在你眼前，都要碰到你包着纱巾的光头了。你甚至闻到了爹爹头上熟悉的气味，汗味和脑油味混合在一起，家里的被子和枕头都是这个气味。爹爹的腰弓得像一个筐把子，胸前挂了个大牌子，上面用毛笔写了粗壮的汉字“投机倒把分子”。那些汉字你刚刚学会，还不太懂那字的意思。你知道被批斗的人都是些坏人，爹爹变成了坏人，你在心里不断画着问号。你看到爹爹旁边排一溜的四个裹着小脚的女人，全都穿着黑衣服，赵子虎家的成分是地主，他爹有四个老婆。你认得那是赵子虎老师的四个妈。四个小脚老太婆颤颤巍巍地弯着腰，脖子上的牌子一律写着“四类分子”，这个汉语的意思你也不懂，凭直觉你认为四个就是四类，凡是带“分子”的，在汉语里多半都是不好的，除了积极分子。

社员们开始在队长带领下喊口号：“打倒四类分子某某！”

你举起手喊：“打倒四类分子某某！”

你第一次听到赵子虎母亲的名字，过去都是听赵老师叫她们大妈、二妈、三妈、四妈的。

你回头看看队伍后面赵老师也在面无表情地举起手：“打倒四类分子某某！”

接着是“打倒投机倒把分子伊布拉欣！”

你张开口迟疑了一下，你看到爹爹秃顶的头上的汗油光发亮，他吃力地弓着腰，光头快要碰到了地上，刚要举起的手不由得耷拉下来。

批斗会回来开班会，樱花举手揭发你：“她批斗大会上喊打倒她爹爹的口号时没有举手。”

赵老师在讲台前愣了片刻，脸上闪过一丝不耐烦和冷淡，说：“好了，知道了，你坐下。”

樱花的大眼睛很委屈地看着老师眨巴眨巴，然后莫名其妙瞪了你一眼。你低头看看胸前的红领巾，原来它也保护不了投机倒把分子的女儿。

下课后赵老师对我和樱花格外亲热，笑眯眯地问："你们是不是干姐妹？"

樱花说："那是我妈妈认的，我才不愿意跟投机倒把的二转子女儿当干姐妹。"

赵老师笑笑，摸摸樱花的头："你跟她长得挺像的，她不像二转子，像汉族，你俩长得就像电影里的黑桃花和白桃花。"

你知道，那是刚看过的一部电影《原形毕露》里，一个女演员演的两个角色，樱花闹着要当那个白桃花，你低着头不言语了，你心里知道，那个黑桃花样子更洋气，更像你。

你喜欢樱花的长相，你希望你是史木匠和马扎英生的纯种，不希望自己是爹爹和妈妈生的杂种。一看就知道你跟班上的女孩子长得不太一样，鼻子高了点，眼睛有点往里抠，下巴很尖。你希望自己有一种特殊能力，能够变脸，最好把头发变长，不再光着头，你幻想着长出来的黄头发变成黑的。你忍不住把这个想法告诉了樱花，樱花对你从未有过地友好，她说黄头发确实不好看，像黄毛狗，还是黑的好看。

你回家从菜地里拔了染眉毛的乌斯曼叶子，把乌斯曼汁挤在小碗里，用写大字的毛笔蘸了，刷在头发茬上。你相信乌斯曼能把维吾尔族女子的眉毛染得又黑又亮，也一定能把你的黄头发变成黑色，黑得跟汉族人一样。你照照镜子，乌斯曼墨绿色的汁水满头满脸淌下来，头上像盖了一顶墨绿色的小帽子，你心里还是觉得一阵阵得意。

你染好头发那天夜里，村里正好演样板戏，喇叭上通知一家老小都要去。爹爹收拾好了家里的事情，催着你包好头巾出去看戏。

赶到公房前样板戏已经开始了，爹爹挤到哈斯木旁边问演的啥戏，哈斯木裹了裹破旧的袷袢，怕冷似的低声说："听不懂喊叫些啥，叫你女儿翻译吧。"你很高兴，那上面说的、唱的你全都听得懂。

台上的戏很热闹地在演，爹爹跟哈斯木蹲在一旁，卷了莫合烟，抽着烟喧起了荒。

那些年，村里会唱几句的都去演样板戏，村里的汉族、回族、维吾尔族、哈萨克族都被大喇叭像赶羊一样，赶到村里的公房前看样板戏，那几个戏演了一遍又一遍，唱词、念白你都能背下来了。

你的头发长出来很长了，还是黄黄的，你不再相信乌斯曼可以把头发染黑。你编了两条小辫子，觉得你这样看起来有点像那些回族的表妹了。本来不怎么爱搭理你的表哥，也开始带你跟一帮回族人去上户地看秦腔。那边甘肃、陕西的回族多，经常会有剧团演出。秦腔拖着长长的陕西和甘肃腔，念白像是回族亲戚说话的味道，你听着一点也不觉得生疏。那次看《宝莲灯》，你在后台看到那个演沉香母亲的大肚子女人，把肚子用白布缠得平平的，再穿上戏服上台。下了台休息，女人就把肚子上的白布解下来，让肚子里的孩子松活松活。你猜想着她那肚子里的孩子肯定也想把那肚子劈开钻出来。女人一边化妆一边抽烟，估计孩子在肚子里也是腾云驾雾，被折腾得像台上的沉香一样上滚下翻。你实在喜欢她的化妆和戏服，你站在台下着迷地看着她，慢慢地忘了自己。你觉得自己快要变成那样一个吊眉细眼，白鼻梁红腮帮子的戏里女子。

散戏的时候表哥叫你，你才从戏里惊醒过来。你坐上戴白帽子的回族汉子赶的牛车，听着粗声野气的秦腔和花儿在黑黢黢的河沟和坡梁上回响，你觉得眼皮越来越重，眉梢在黑暗里慢慢吊起来，眼睛细细地眯成一条缝，你觉得自己快要变脸了，你不再是那个高鼻子抠眼窝的黄毛维吾尔族女孩，你变成了细眉凤眼的黑发回族女孩……

图尔逊

大个子图尔逊在堆满草垛子的院子里追我，我爬上草垛子，他拽住我的小裙子往下拉，我小裙子一提，就上了院墙。

我一边大声喊着“图尔逊，图尔逊”一边跑。图尔逊就是维吾尔语停下的意思。

我在院墙上跑，图尔逊在院墙下面追，眼睛里有不甘和余怒，那不甘是不敢上墙上来抓奔跑的我，那余怒是我偷偷翻进他家的院子，在草垛子上翻跟斗，弄乱了他垛的草垛子。

他先开始像赶一只坐错了窝的兔子一样追逐我，我的惊惧和尖叫让他突然发现，自己似乎拥有足以征服一个黄毛丫头的秘密武器。

我被他黄黄的眼仁里突如其来的光亮吓住了，他捂住自己的嘴，向我摆手，示意我不要大呼小叫，从院墙上下来。我知道他不敢上院墙上追，那样他就会输给了院墙外村里人的眼睛。

院墙上飞奔的我，完全不像是受了追逼惊吓的兔子。图尔逊像是被一只堵住他去路，在他面前飞来飞去的蝴蝶惹恼了，不小心一时失控。我是那只猛然间引逗起他追逐之心的蝴蝶，他只想征服那股弄不懂的飘忽，又害怕追急了，蝴蝶翻墙落地摔坏了翅膀。

那担心当然是多余的，我未长成的身子柔软如猫，纵然从房顶上落地，也不至于跌断翅膀，况且院墙外堆积着的虚土有一尺厚，轻捷如鸟的我落下去，顶多像一只麻雀从一根钢丝上飞临地面，估计连一星土花都不会溅起。

我得意自己赢了，赢在我能挑逗起这个高挑得像一棵白杨树一样的少年，发疯一样满院子追我，我看到了一个从来没有人看见的他。

图尔逊输得眼睛里冒着怨毒的火，仿佛我戳醒了隐藏在他身体里的另一个他。他终于抛下另一个他，拍打掉衣服上的墙灰和杂草屑，垂头丧气地进屋去了，留给我一扇关闭的门。

一个没捕到蝴蝶的少年，也许觉得那只蝴蝶不属于这间阴暗的屋子。我张开翅膀愣在墙头，那种挑逗他的刺激的快感还在，被追捕勾起的紧张和兴奋还没有消退，剧烈的心跳把尖叫卡在喉咙里，像一股旋风被院墙围住，急切地在院子里盘旋。

多少年了，蝴蝶保持着振翅的姿势。那是我玩过的最惊险的飞翔的游戏，我像站在悬崖边上，从高高的院墙往下看时，想象中坠落的快感让我尖叫不止。

身体里的危险被我喊出来，我用危险吸引少年，武装自己，那种危险像悬崖边上的蝴蝶突然停住，用战栗的翅膀诱惑追捕它的人。身体里还有一些细微到看不见的东西，被少年追我的脚步追索、盘问，而我还在懵懂中，尚不明了被追逼和讨要的到底是什么。

仿佛我的身体隐藏了一种危险的东西，似乎那种东西是他边追边塞进我的身体里，他要追上我，就是要拿回他放进我这里的东西，在口袋里或者裙子里，他不帮我指出来，我就不知道它到底是什么，不知道的东西才会散发危险的气息。

只有他抓住我的脚，往下拉我的裙角的时候，那种东西突然像光点一样闪动了一下，很快就熄灭了。那是一只蝴蝶的秘密，很轻，随时都能被少年带走。

图尔逊的那间挂满乐器的小房子里，我只记住了躲避他的过程。我从屋子的这头跑到那头，扶着墙跑，手指掠过那些明晃晃乐器的线，碰撞出各种声响。他长长的身体紧随着我，他完全可以一把逮住我，像老鹰一样按住我，他长长的四肢稍一舒展，就能占掉半个房间。

我眼里的吃惊与恐惧，像两枚钉子将他的脚钉在地上，他仿佛怕痛一样，只把上半身尽量倾向我，两只长胳膊长臂猿一样伸过来，像一个预备跑过来的姿势，又像是要接住我的样子，我无论往哪个方向跑，只要他原地转一转身子，把胳膊伸直，我就像一只球一样，顺利地落入他用十根指头为我编织的篮筐。

我惊恐中夹杂着好奇回头看他，那是扔给他的小小诱饵，让他不致在我的惊叫中失去追逐的勇气，我害怕这场游戏的结束，胜过了害怕这场游戏本身。他像围猎一只刺猬一样，不敢来抓我，只随着我转，好像从哪个方向触及我，对于他来说都很棘手。

在他看起来我似乎很受惊，仿佛将要被老鹰吞没的小鸡，其实我只是兴奋过头，那种被吞没的想象，使我感受自己怦怦的心跳，紧张中带着一种满足感，跟害怕不一样，似乎对某种不明袭击暗暗地好奇和期待，却不知道它会来自哪里，又会袭向何处。

雪天里，跟图尔逊捉迷藏，我飞一样地绕着房子的四堵墙跑，在房子的一个拐角，擦伤了左边的乳苞。它硬硬的，未成熟的杏子一样，有着坚硬的核，从墙棱子上猛地蹭过去，擦破的皮碰触摩擦棉衣的里布，钻心地痛。

我用憋气锁住喉咙，努力不使自己叫出来，我第一次意识到身体上凸起了两个尖苞，左边的尖苞跟墙的摩擦阻止了我的飞奔，墙像刮刀一样刮过去，刮掉了杏子嫩嫩的皮和黄黄的绒毛。发现两只小杏子的惊喜，一时间盖过了刺心的擦痛，那种惊喜似乎比刮刀还要尖锐。

从小喜欢跟我捉迷藏的图尔逊，后来成为有名的乡村乐手，我在一个又一个婚礼上看见他，他在弹唱中用目光和我捉迷藏，在那些快乐诙谐歌曲的间隙，他用打飞眼、抛飞吻来追逐我，随着心跳加剧，乳苞鼓胀，我的左乳里隐隐地有一丝痛，像对那次擦伤的纪念。

多年以后，乐手图尔逊用他年轻的生命跟死亡捉了一次迷藏，在一个冬夜里死于醉酒。父母为他取的图尔逊这个名字，也没有将他的生命留住。每个冬天，我的左乳都用肿胀和疼痛，来祭奠那个漆黑的冬夜里追逐我，第一次帮我发现它的人。每次想起他的时候，我的左乳就用隐痛来回应我，仿佛在说，那个几十年前的雪夜里，跟我捉迷藏的少年还在，他就躲在我的左乳里。

亚 森

亚森是村里的木匠，在俄国留过学，三十岁了还是单身。他有着哈萨克族男人高大英气的外表。爹爹喜欢他来家里喧荒（北方方言：聊天）。亚森来找爹爹，总是在夜深人静时，可以偷听塔什干维吾尔语电台。爹爹的收音机坏了，也是他帮着修。有次他来得早了些，爹爹放下正在缝纫的金色狐狸皮大衣，请他喝酒。亚森看了看刚刚成形的狐狸皮大衣，眼睛一亮："在俄罗斯，到了冬天，美丽的姑娘们穿起狐狸皮的大衣，就像狐狸仙子一样迷人。"爹爹说："我女儿将来出嫁时，穿上我做的这件狐狸皮大衣，也会美丽得像传说中的狐狸仙子。"

收音机里俄语电台播送着音乐，亚森说："我年轻的时候，在边城参加过很盛大的舞会，这首华尔兹舞曲，让我想起那位和我跳舞的俄罗斯女郎美妙的舞姿……"

也许是酒精的作用，回忆这个场景时的亚森，他那略微深陷的眼窝里一对金色的眸子仿佛被一道明亮的光线照彻，卷曲的金棕色头发随着他的头温柔地低下，一下子簇拥在他宽阔的前额和大理石一样苍白光洁的面孔上，他冷静的高鼻子下棱角分明的唇部，由于快乐的回忆而变得曲线柔美，颜色红润。

你从爹爹和亚森口里听到过的新鲜词，在别人口里是听不到的。爹爹和亚森很隐秘地说那些词里的事情，他们有时候用隐讳的眼神代替了话语，好像故意不想让你弄懂。爹爹说得最多的是：艾提尕尔清真寺、阿帕克霍加（香妃）、木卡姆、艾力甫与赛乃姆……亚森说得最多的是：塔什干、哈萨克斯坦、莫斯科、华尔兹、阿肯弹唱、部落……

爹爹和亚森喧荒都是后半夜听完电台以后。你钻在被子里偷听他们说话，往往听着听着就和梦搅在一起了。有时候亚森中午来，他们坐在炕沿上喧，你趴在炕上听。他们说到了女人，亚森回头看看你，好像提防着什么，又好像刻意在引起你的注意，亚森看完接着说下去：少女、强暴、监狱……

你假装没听见，把目光瞥到一边。爹爹看了看你没有注意听，继续跟亚森说：通奸、埋在土里、露出上半身、石头活活砸死、尸体掩埋。听爹爹说完，你感觉大炕在往下陷，你下半身埋在炕下面，上半身像雕塑一样立在炕上，几缕风从门外刮进来，扫在你身上，像鞭子抽过来，你看见手臂上金色的汗毛一根根竖起来。

你从家到学校去的路，先是穿过你家门口渠沟边长着半人高蒿草的塘土路，弯一个大下坡，从哈里克拜尔家后面跨过那段渠沟，上了陡坡，亚森家的土块房子和大馕坑，就立在沟边的两棵沙枣树旁边。

沿着沙枣树和土块房子中间沙枣花香气弥漫的小路穿过去，可以看见土块房后墙上那扇窗，那是亚森木工房小小的后窗。后窗其实就是泥墙上一个方方的小风洞，没有玻璃，也没有挂布帘，只要天气不是很冷，暗淡的窗户里面，都映着亚森白瓷一样硬朗的脸和棕色羊羔毛一样的卷发。

你每天从亚森的后窗经过，都侧目去看看那扇小窗户，亚森也总是停下手里的活儿，抬眼看看你，一副若有所想的样子，然后接着干活儿。

你猜测亚森的所想，总是猜不出，就总是上学和放学路过时，想探究他那副表情，像是把不会做的算术题多看上几遍一样。久而久之，你看他成了一个习惯，他停下活计若有所思的神情，也成了他的习惯表情和动作。

这个静止的镜头反复地出现在那个小小的方窗内，像一幕每天都看的小电影，让你觉得意犹未尽。

有一天你放学晚了点，路过小窗没看见亚森的脸，你走近了往里看，到了墙根一探头，见亚森正坐在凳子上端着碗喝茶，看见你，把碗放下站起来，对你招手，你被他的动作惊吓，拔腿就跑。

以后你每次上学路过，都不敢正眼看那扇窗户，只偷偷一瞥，余光瞥见亚森惨白的面孔，看不清他的表情。下午放学回家，你的路正对着那扇窗户，你低着头努力不使自己去看他，还是感觉到有一只手在窗口晃动。后来每次来去，你不再拿眼睛去看那扇窗户，你觉得那扇窗户开在你身体里某个隐秘的地方，看不看，都能感受到有一只手向你晃动，晃得你心慌、头晕、目眩。

过节，家里来了客人，爹爹让你去亚森的木工屋里借凳子，你的心腾腾腾地乱跳。你慌慌张张奔过蒿草路，跳过渠沟，你在沙枣树荫下站住，把蹦跳的心从嗓子眼咽回去，推开了亚森的屋门。亚森正在刨木板，金黄的刨花堆在地上，散发着一股松香味。亚森停了手抬头看着你，像是早就料到你要进来，仿佛你早就站在他当面，他本来就一直那样看着你，一点也不惊奇。你紧张地把双手背到身后贴住墙，心突突地跳。

亚森似乎知道你在打哆嗦，伸手来抚你的肩头，你一躲闪，他的双手落了空，一刹那仿佛一下子被你躲闪的动作激活了，满屋子追你。他从后面扯住你裙子，你转过头来眼睛一眨不眨地看着他，他一时愣了，不敢看你的眼睛，好像想不起来该说啥，垂下头，你觉得他用一把看不见的锯子，把连接你和他的目光从中间锯断了。他含糊地说了句“喜欢你”，说完就放手了，好像他抓住你就为了说这句话。

等你拿了两把木凳逃出屋子，回头还见亚森愣在原地，好像忘记了该做啥。你闻到一股松香和沙枣花混合的味道。

第二天再路过亚森的小窗，你突然很想看看亚森，你停下来，看见亚森用一只手伸到窗口围成一个圈，用另一只手的一个手指来来回回地穿过这个圈，想让你明白什么。见你站在路中间愣着，亚森微笑着，眼神定定地看了你一会儿，拿了一根小木棒，在一只手围的那个圈里上下柔和地滑动。你先是想到了牲口之间发生的事，脸忽地热了，胸膛里开始乱跳。

你隐隐地把那个动作和男女间那种隐秘的事情联系起来。这个平常小孩子之间对骂时常做的粗野的侮辱性动作，由亚森的两只手缓慢地做出来，一点也不粗暴，他的手指好像在跳舞，又好像乐师的指挥棒在他手里优雅地划动，你身体里的某一处平时紧闭的漆黑的孔，被这个迟缓温和的动作触动、掀开，接着缓缓地游过几缕软绵绵的光亮，那丝丝光亮如积雨云一样，随那根小木棒在圈内轻柔地搅动，好像进入你体内不知名的地方游移了片刻，然后随一阵风融解消隐到潮湿的黑暗里去了。

那天下午，家里的人还没有回来，你刚洗好澡从大洋铁盆里出来，虚掩的门吱呀一声被推开了，你向门扑过去，想切断开门的声音，挡住被推开的门。已经来不及了，亚森已经惊立在你面前，你甚至可以感觉到他高耸的鼻子里的呼吸喷在你脸上，你看见他的鼻翼猛烈地扇动了几下，你愣在他面前其实只那么一瞬间，可那一瞬间被惊惧无限拉长，他断断续续含含糊糊地说着什么……

黑漆漆的屋里，昏暗的煤油灯下，你意识到自己赤裸着站在一个男人面前，他发光的眸子里映着通体发光的你，你恨不得长了羽毛从窗户飞出去，你看见炕上放着还未完工的你未来的“嫁衣”——你像一只山羊一样从地上敏捷地跳到了炕上，抓起狐狸皮大衣，飞一样地裹在身上，他呆立在门口，仿佛猎人看着站在陷阱边缘的狐狸……

你可以感觉到他那双火一样的眸子追随着你，那件金色的狐狸皮“嫁衣”仿佛被他的眸子点燃，在你身上化作熊熊燃烧的烈焰。你扑过去企图夺门而逃，亚森高大的身影像一尊塑像一样矗立在门口。

亚森看到惊恐万状的你，不停地对你摆手，口里连续不断地重复着：“没事的，不要怕，没事的。”你觉得他这些话是说给他自己听的，因为你看到他站在原地，摆动的双手在打着哆嗦，像是猎人不小心站在了陷阱边上，他一边摆动着两手，一边往门口倒退，以投降的动作和姿势，一直退到门外去……

他像一个被缴了械的士兵一样，对着你举起双手喃喃自语：“你不要怕！你美得像一位天使，感谢上天，让我在你最美的时刻，让我用眼睛领受了你的美，但是他为什么让你生得这么晚，你真的太小了，不然我今天就向你求婚。”

他说完这一切就转过身去，掩上门走了，把惊恐万状的你留在门内。你对他所说的话似懂非懂，你分明看到他眼里没有一丝邪念，含着圣洁的泪光，那些泪光没有打动你懵懂的心，却秘密地掩埋在你十四岁的记忆里。

后来你很少看到亚森，他似乎也有意地回避着什么，又似乎忘了他那一个刹那间向你求婚的举动。只是有那么几次，当你路过他独居小屋的后窗时，那里会有一个高大的身影默默地目送你走过，没有表情，没有言语，静静地站着，仿佛一尊雕塑。

假如他向你的父亲提亲，一向相信爱情的父亲说不定会把你嫁给他，开明的爹爹对此应该有他充足的理由，因为我的母亲就比父亲小二十二岁。你猜想，喝醉酒后，亚森会不会向爹爹谈起你十四岁的那个秘密。爹爹会不会把你的来生许给他。

在爹爹眼里，他的朋友亚森的确是一个才华横溢的人，而且举止又是那么的优雅高贵。他说得对，你的确太小了，他在诞生娶你这个念头的同时就必须打消它，感叹一件东西很美，又与它无缘，这种感觉太残酷了，他看你的眼里闪着绝望的泪光。

也许在那一刻，穿狐狸皮大衣的你，在他眼里幻化成了他日夜思念的俄罗斯金发女郎。他冷不丁对着十四岁的你说出的那些古怪的话，正是他日思夜想着要对另一个人说的，或许他那么说，仅仅是为了抚慰一个小女孩在一个男子面前失态后惊恐的心。

他的话证明他骨子里是个极其传统的男人，尽管他受过高等教育，留过洋，但他仍认为一个姑娘，只可以在自己的丈夫面前才可以这样袒露自己……他是一个多么善良，多么绅士的男人。

亚森在四十岁的时候迎来了他一生中最灿烂的阳光，他被平反了，调到他最向往的、给他留下过最美好记忆的那座边陲城市，在师范学校当了俄语老师，在那里他遇上了这一生致命的爱情。

村里人都说，亚森太相信爱情，是爱情杀了他。你相信一段残酷的爱情，是足以杀死一个像亚森这样信仰它的人的。那一场比罂粟花还要美丽的爱情夺取了他的生命——他的会跳华尔兹的金发天使无情地抛弃了他，他敏感而脆弱的神经就此崩溃了，无法工作的他被送回了村里。

你没有看到，生命里第一个求婚者一夜之间须发苍苍、蓬头垢面的模样。当你完成大学学业回来的时候，亚森已经安静地躺在墓地里，所有的秘密都被黄土掩埋了……

那件你只穿了那么一次的“嫁衣”，也在亚森去世的那一年被人偷走了。父亲在念叨朋友亚森的同时，也总是念叨那件大衣，说他用了九只颜色一模一样的狐狸的皮，那皮是他请了最好的皮匠加工的，那做工是他做了一辈子裁缝的顶级手艺。

爹爹一直不知道，那件“嫁衣”早已完成了它应该完成的最美丽的使命。它真的太美了，在那个深秋的晚上，在昏暗的煤油灯下，美得让村里最有才华的绝世美男子，对着他十四岁的女儿发出了一次最奇特的表白……

那无法挽留的一幕，如同一个美丽的假相。那时，亚森十四岁的“梦中新娘”包裹在爹爹为她做的绝世“嫁衣”里，在突如其来的爱情中瑟瑟发抖，那一刻，在求婚者眼里，她美丽得如同传说中的狐狸仙子……

尤 尤

腊月天的夜里，你跟尤尤、舅舅、苏玛捉迷藏。院子里的草和扫在一边的雪粒冻结在一起，硬扎扎的，人走过去，踩着冰雪碴，声音像是踢在一堆碎玻璃上嚓嚓地响。你顺着声音追过去，就看见尤尤在草垛上，你大声叫嚷着让舅舅来抓他。尤尤祈求地向你摆手，叫你不要喊，他拍拍身下的草垛压低嗓子说："不要叫他们，你悄悄上来！"被他的变声期嗓音里的亲昵惊了一跳，你尖叫着逃离。

夜里玩累了，你跟舅舅、苏玛和尤尤睡在外婆家的大炕上。炕上挂着碎花布墙裙，已经洗得有点发白了。外婆铺好了炕，睡前按惯例教大家念经。你看见尤尤用眼梢偷着瞟你，你故意不看他，你觉得他不该在这个时候看着你，他的眼光里有一种黏糊糊的东西，让你觉得很不自在。你脱了棉衣躺下的时候，他匆匆用眼角又扫了你一下，你只看见了他的白眼仁，你把头埋进外婆家带着烟熏味和香豆味的被子里哧哧地笑。

第二天外婆责怪你又尿床了，让你把褥子拿出去晒在草垛上。其他人都取笑你，冲你做鬼脸，只有尤尤低着头不敢看你。你出去晒了褥子，懊丧地坐在草垛上发呆。尤尤推了自行车出来停在你面前，很小心地打量了你一下，再四处看看。他让你帮他扶着自行车，他来擦辐条上的泥巴。你边看着他擦自行车，边跟他说话，他从车辐条的缝隙里偷看你的表情。你觉得他很在意你，并不在意你尿床这件事，你就把尿床的事情忘在脑后了。

一上午尤尤跟舅舅、苏玛和小姨玩髀矢，你一心想着跟他们捉迷藏，可是等到晚上，还要熬过整整一个白昼，你觉得难耐，就在一旁搅和，拧了外婆晾在屋里的湿衣服上的水，往尤尤身上洒，他也只是假装恼怒地呵斥一声给别人看，然后把甩在他脸上的水珠用手背擦掉。他擦水的时候还偷着斜了眼看你，给你使眼色，让你不要闹。舅舅和苏玛都看出尤尤让着你，也从不真的跟你生气。

一个人的时候，你就在雪地上写尤尤的名字。你想过，妈妈是回族，你应该找个回族男孩。尤尤上汉语学校，你可以跟着尤尤讲汉语，还不触犯穆斯林女人不嫁汉族人的禁忌。或许这样你的种又可以变回到回族，起码不再是半回半维的二转子，能利利索索当回族人了。

可尤尤的母亲嫌你是维吾尔族人，不教门不会持家，担心你人太瘦小，长大不会生孩子。

尤尤他父亲是个中医，一年四季在外游医不回来，你从来没有见过他。你每次去找尤尤，就看见尤尤母亲永远坐在炕头上，用眼神指挥着戴白帽子的儿媳妇和甩着两根长辫子的女儿，在地上忙得团团转，洗衣、烧饭、管孩子。你进门总害怕看见尤尤他妈，你其实很担心自己成了她的儿媳妇，也会逃脱不了这三个女人的命运，不是像他母亲一样等着一年到头不回家的丈夫，就是像他嫂子一样，围着婆婆和丈夫团团转。

尤尤母亲知道丈夫在外面有相好，妇道人家也没办法，尤尤他妈不愿意离婚，怕到了下一世要从中间劈成两半，听毛拉讲，离了婚的女人就是这个下场。尤尤嫂子也忍受不了婆婆，幸好丈夫心里很疼她，表面冷个脸给婆婆看。儿子对媳妇越是好，越是遭婆婆嫉妒，婆婆用了各种方式刁难和折磨她。这些话你是听尤尤嫂子的妹妹苏米奈跟你说的，在尤尤面前，你从来都假装不知道他家的事情。

苏米奈的姐姐跟汉族小伙子在麦地里偷情，被一帮回族人团团围住，要用铁锨、镰刀、坎土曼收拾那个汉族男人的那玩意儿，苏米奈的姐姐大了肚子，她抱着汉族男人大腿不分开。麦地里那个场面，经过苏米奈的描述，就跟着你的心思在你眼前活动起来。苏米奈说，要是她才不会抱着汉族男人的大腿不放。她妈妈教她，哪个男人敢欺负她，就让她踢男人的大腿根，那地方是男人的命根子，踢一脚男人就不会动了。你听得心惊肉跳，暗想，男人大腿根的那东西太可怕了，居然能让女人大肚子。

暑假外婆家盖房子，尤尤来帮忙和泥巴、搬土块，弄脏了衣服。见你端了盆子要去给舅舅洗衣服，尤尤跟你挤挤眼睛，让你帮他把背心和裤子洗了。你到了井台上洗衣服，尤尤的绿背心被你洗得跟刚浇过水的葱一样，他的蓝裤子漂在水盆里，像是天空被撕下来了一块浸泡在盆子里。尤尤和舅舅到井台上冲洗身子，尤尤看着你冲洗衣服，眼睛像井水一样透亮。

房子上梁那天，苏米奈跟你说，尤尤发烧了，一个人躺在她家，你拔腿就往苏米奈家跑。尤尤告诉你，是他故意躺在苏米奈家的，是他故意打发苏米奈来叫你的。你知道他发烧不是故意的。他躺在炕上，显得没平时那么长，盖着被子，被子空空的，人仿佛瘦了，你在他面前站着，他眼睛里映出了你脸上的忧伤。你拿出小碎花手绢递给他，他放在鼻子底下闻了闻，乘苏米奈出去倒茶，把它悄悄藏进了被子里。

那个暑假你都住在三姨家，每天从三姨家的窗户看尤尤到井台上去担水，看了一个夏天。要离开三姨家的那天清早，你去他家找他告别，他说，这段日子他把家里的水缸每天都灌得满满的，菜地也浇得闹大水了，他只好主动去帮邻居家挑水，邻居家以为他看上了他家的女儿。他说他挑水只为能经过三姨家的窗口，他说每次路过都看到窗户里有个影子在闪动，有一双眼睛在看他。他知道那双眼睛是你的。

尤尤的嫂子进来看你们坐在桌子前小声地说话，冲尤尤笑笑说："邻居家的赛丽麦等着你给她家挑水呢，你还在这里坐着。"

你有些担心，等你走后，他会跟邻居家的回族女孩好，那个女孩会不会也和你一样，每天偷看他挑水。你不敢看他，低头看着他家桌子上的玻璃板底下他的照片伤神。

那个夏天过得很慢，你每天像演算难做的数学题一样，演算你和尤尤寒假的见面，像背课文一样默念着尤尤，一遍一遍幻化出你和尤尤每次在一起的场景。这样场景终于移到了另一个寒假。那个寒假，没有人捉迷藏了，舅舅和苏玛都在准备考大学。晚上你一个人坐在外婆家的草垛上唱歌。你知道尤尤经常住在苏玛家，苏玛家就在外婆家后面。你每天都看到尤尤在苏玛家的院子里站着，用目光跟你打招呼，但一直没有在一起说话的机会。

那天一早，你买了双绒线手套，拿了本书，在外婆家的后墙根等尤尤出来。尤尤果然从苏玛家土块垒的花墙里看见了你，他的眼睛一路看着你走过来，你递给他手套和那本书，他匆匆递给你一个笔记本和一块手绢。他在你面前只站了几十秒钟，回头看了三次，他像那天早上的一道晨曦，只闪现了一小会儿。

看着他的背影消失在笼着寒雾的花墙那边，你回来打开那块手绢，上面是一幢幢尖顶的小洋楼，右下角写着“大上海”三个字，你小心地折好，塞在裤子的口袋里。你打开笔记本的第一页，一行流利的钢笔字跳进你的眼睛：“心爱的法图麦”，你赶快去看落款“爱你的尤尤”，你心惊肉跳刚要合起来，不知什么时候悄悄躲在你后面的苏米奈，一把夺走了笔记本，你转身夺回来，撕下打开的第一页，扔进了外婆家的灶火里。

苏米奈愣在那里，她说她看到了你和尤尤在墙根约会，她不会告诉别人。你只看到了本子上那页字的开头和结尾，你已经知道尤尤会在中间对你说些什么，他想说的肯定和你想说的一样，以后他一定会说给你听，你一点也不遗憾。

其实再也没有以后了。就在那个秋天，尤尤和他姐夫的弟弟来你家跟你告别。他们帮着爹爹把一麻袋一麻袋的粮食搬到毛驴车上以后，回来拍拍白衣蓝裤上的灰尘跟你说，他家要搬到伊犁去了。

你能做的只有帮他翻你的照片，你把仅有的几张黑白小照全都塞到他手里，似乎这样就可以让他把你也带到遥远的伊犁。他一直把眼光盯在那些美丽的照片上，你心里酸酸的，你知道以后他只能盯着那些照片看你了，而你连他的照片也没来得及留下。你没有后悔过，把那些定格着你所有少女时光的照片都给了他，只是痛惜那些照片后来在他家失火的那年，全部变成了灰烬，你再也找不回那些被一个男孩子用目光雕刻过的黑白时光了。

那个下午，你与尤尤在运河大桥桥头告别，他姐夫的弟弟远远地蹲在雪地里等他，那个告别镜头恐怕都雕刻在那双眼睛里，很多年都没有淡去。你每次回大梁坡，都听说他姐夫的弟弟留话给你熟悉的人，要他们转告，说他想见你一面，有重要的话要跟你说。其实你已经知道了他想说的话。不知为什么，从头到尾，你和尤尤的离别里，一直都伴随着这个人的影子。你不是不愿意见他，你只是不愿意再面对那些有他陪伴，你和尤尤离别的伤感场景。

尤尤靠在桥栏杆上，斜着身子对你说："我们家搬走，再也不回来了。"

你不说话。

"你还在看《红楼梦》？不要看了，看汉族人的书要中毒的。"

你还是不说话。

"上完高中，你还想上大学？"

你依旧没有说话。

你在心里，对他和他的话抵触着：不能看么？不能考么？你不知道你为什么在离别的时刻，对他第一次产生抵触。也许你抵触的不是他，是离别本身。你用抵触，来抗拒离别的伤痛。

离别一直纠缠着你和尤尤。只是当时的伤心早来了几年，后来你们一别再别……

寒假，你从大学里回来，跟多年不见的尤尤重逢，就在他嫂子家里。尤尤还是一副你熟悉的样子，白净的脸上没有胡楂，只有一些软软的绒毛。他问你冷不冷，伸出手来，想帮你焐手。你用普通话回答他："我穿了很厚的毛衣毛裤，一点儿都不冷。"

"你把你那洋腔洋调先放一放，回族话全忘了？把小时候念的经也全都忘了吧！"自你认识他，他从来没有用这样教训的口气跟你说过话。

你躲开他，坐在炉火旁边哭了，他呆呆地看着你哭，很无辜的样子。好像那句话不是他说的，也许那句话是他内心隐藏的另一个回族男孩说的。

你很受礼遇，尤尤的嫂子客气地摆了四个干果碟子，这是第一次这么对你，你知道是为了礼貌地送走你，好无碍地迎娶他们给尤尤挑选的回族媳妇，你在中间是一个障碍。你坐在炕头上喝盖碗茶，墙上挂着一圈蓝底碎花的墙裙，你可以看到窗户外面你和尤尤暑假盘的鸡窝，你担水，他和泥，渴了饿了，他从筐里拿馍馍给你吃，用大碗给你倒茶喝，那时的清茶是甘甜的，现在的茶放了冰糖，仍然是苦的。

你每次来，尤尤都叫你看他打沙袋，好避开他母亲的目光，跟你单独待一会儿，那沙袋还掉在外面的棚里，他再也不会叫你去看他打沙袋了。你哭，对着炉子哭，趴在炕上哭，你哭得头晕眼花。尤尤说他母亲逼他娶回族伊犁那个女子，大他三岁，很教门，很贤惠，每天早上连刷牙水都给他倒好。你愣了，知道他们关系已经不浅。他说他喜欢的是你，要你跟他回伊犁，你竟然哭着点头答应了。

尤尤说这些年他跟着爹爹干中医，他给你搭搭脉，说："你还是个女孩子。"

你含着眼泪笑了，说："我不是女孩子难道是男孩子？"

他说话回避着你的眼睛。你红了脸，低了头，其实你对他的话半懂不懂。

他一直夸你的眼睛好看，很深邃，他一直帮你擦泪，一直奇怪地笑着，看着你哭。他说要带你跟他回伊犁，他没有说出让他产生这个冲动的逻辑，仿佛他带你回去，只是因为你好看的眼睛。

尤尤衣服上有种陌生的气息。寒冷漫长的北方冬夜里，尤尤留给你凝固的镜头，就是帮你焐手和用小心翼翼的拥抱给你取暖。你跟尤尤坐在温暖的炉火旁，你和他交换了团徽作为信物，他往你胸口别团徽的时候，眼睛看着你，试探地按了按你棉衣隆起的地方。煤油灯昏黄的光很柔和地洒在他略带稚气的脸上，你静静地看着他，他收回了目光和伸过来的手，重新回到安全的距离，和你面对面安静地坐着。

火炉烧得很旺，屋子里暖烘烘的，让人产生困意。你幻想着有一天，跟尤尤并排躺在挂着花墙裙热乎乎的炕头。北方寒冷的冬夜里，这就是你最大的幻想。过去你对尤尤没有过这种幻想，也许是他妈妈整天占据着他家的炕头，让你觉得自己没有机会。

尤尤给了你跟他并排躺在挂着花墙裙的热乎乎的炕头的幻想，那是一个充满慰藉、很温馨的镜头。花墙裙是你对一个回族式家庭最初的幻景，这个镜头一直很清晰，比真的拥有过的还要清晰。那次你回家之后，买了一大卷蓝底碎花布，让爹爹缝了边，在三间屋子的炕上全都挂上了碎花的墙裙。

也许只是为了一个幻景，冲动中你和尤尤约好了第二天早上跟他去伊犁，向他妈妈求情，让他退婚。

第二天早上你还是失约了。多年后尤尤告诉你，那天他和姐夫的弟弟在运河边等你等到天黑，他冻坏了耳朵。他姐夫的弟弟跟他说："你要是不能娶她，就把她让给我，我要去追求她。我喜欢她，你相信我会一辈子对她好，家里不同意娶她进门，我就倒插门给他爹爹去种地。"

尤尤说，他娶不了你，宁可让他姐夫的弟弟娶了你，也好过将来你找汉族，要是让他家里人和亲戚朋友听到，他谈过的女孩最后找了汉族，他面子上都挂不住。

那夜你从尤尤家里回到外婆家，舅舅的一封信在八仙桌上等你。舅舅说，外婆也不同意你找尤尤，因为他们家信新教，外婆信老教，两边进寺都进不到一个寺里，亲戚之间以后很难走动。舅舅希望你嫁给他的好朋友忠厚老实的苏玛，他们一家和外婆一起从天水逃难过来，都信老教，两家知根知底。

舅舅从小跟尤尤和苏玛都很要好，苏玛的姐姐就是尤尤的嫂子，亲戚连亲戚，多好。苏玛的妹妹苏米奈从小喜欢舅舅，舅舅根本不理她，现在却要把你说给苏玛，你的脑子转不过弯来。

你跟舅舅说："我才不跟苏玛，一脸大胡子，像个小老头。"

外婆说："说来说去是怕你将来嫁给汉族，那我们宁可你嫁给你表哥。尤尤已经订了婚，明明要娶别的女人，还要跟你纠缠不清，就怕你管不住自己，被他骗了。"

你想起表哥说过他要向你提亲，请外婆同意，外婆没有反对。你说你反对，表亲结婚，后代要弱智。表哥说他眼见着很多回族表亲结婚了，孩子好好的。大不了不要孩子，总可以了吧。你觉得外婆和舅舅真是糊涂，为了不让你跟汉族结婚，什么招数都想得出来。

你同意了外婆和舅舅，不跟尤尤，但也决不答应跟苏玛或者表哥。这件事总算以尤尤重回伊犁，与那个他家选中的回族女孩完婚而告终。

那年的雪化得特别迟，春天的信息似乎被锁在漫漫长冬里。那个冬天你感觉你流出的眼泪是红色的，你看到的雪也是红色的，雪化的水也是鲜红的血色，连水管里流出的自来水也是汩汩流动的红色，你的世界有点失真，你怀疑自己患了色盲，直到地上的雪化尽，你的眼里还是残留着一片记忆里的血色。你怀疑自己做了一个血色的长梦，一直醒不过来……

马　圈

马圈里的几十匹马，从马圈外面看不到。马圈围着比马还要高的土打墙，跟马一样威风。从马圈外面只能看到高高的干草垛子，草垛子在马圈的正中间，阔气地占去了半个马圈的位置。草垛子旁边是碾玉米、碾麦子的场院，旁边堆着很多石头磙子。

在外面干活的马，一回到马圈就不停地吃草料，那些草料都是由阿哈提兄弟几个用铡刀铡碎，倒进马槽里。每匹马都有一个固定的马槽，马槽边是拴马的桩。地上打扫得干干净净，马圈看起来就像军营那么整齐。

也有在马圈里干活的老马，它们在围着马圈院墙建的土房子里慢吞吞地拉磨，磨米、磨面。老马眼睛蒙着布，走得很慢，石头的磨盘发出咯吱咯吱的响声，老马听着响声拉着磨打转。爹爹跟在老马后面围着磨打转，他把带来的豆子倒在磨盘上，拿了把小扫帚，把磨好的豆粉扫成一小堆，再捧进面袋子里。

你喜欢磨坊旁边打铁的铺子，里面有架风箱，你时不时地帮着胡成霞的爹爹拉几下。胡成霞的妈妈来给家里人送下午饭，刚放下饭，小儿子下学回来，她一屁股坐在一旁的木墩子上，扯开怀襟给十岁的儿子喂奶。胡成霞的爹爹和叔叔吃完了饭，又抡起了大锤，好趁着下午凉快，修补好用豁了的旧坎土曼。火星子扑出来，在土屋子熏得黑乎乎的墙上乱飞乱窜。你丢下风箱，去追那些火星子。

阿哈提的小妹妹仗着哥哥在马圈喂马，爬到马圈的草垛子上打滚、翻跟斗，你也学着她的样子在地上的场院里翻跟斗。胡成霞的小弟弟吃完奶，抹着嘴胆怯地看着你们疯。你做出吃奶的口型取笑他，他哭着钻回了妈妈怀里，重新坠在妈妈的奶上，一边叼着奶，一边从他妈妈的怀里探出头，对你做鬼脸。

你和阿哈提的小妹妹翻跟斗正在兴头上，阿哈提从马厩里跑出来，大声呵斥：“臭丫头，你骑散了草垛子，马不喜欢女的裤裆里的尿臊味，快下来，马群就要回来了。”

你和阿哈提的小妹妹跑出了马圈，落了半边的大红太阳里，映着奔跑的马群，太阳的红染得马群一片红彤彤的，马扬起的马鬃、马尾也给太阳染得像一团红晕。你觉得从你面前奔过去的每一匹马都是枣红色的。等马群驰过，站在马群后面的你才看清了这一群马，有黑的、棕的、红的、白的。

胡成霞站在马群过后的红尘里，心惊得一脸苍白。她刚出院，她在一四四团医院住院的日子，你去看过她，她还用喝水的搪瓷缸子给你打病号饭吃，那些米饭软软的，像是在水里泡过的。

你不知道胡成霞得了啥病，她似乎是吃水泡米饭吃的，像是什么东西从她身体里被抽走了，变得身子也软软的，手也软软的，声音也软软的，和你说话很吃力地喘着气，她脸上的颜色淡了很多，雀斑的颜色也从黑色淡成了黄色，你看着有点不习惯。

这时候，跑过来一匹落单的马驹，你指着马驹说是枣红马，胡成霞说不是马，是小黑骡子。你摸摸它的耳朵，它闻了闻你的手，又伸过头闻了闻胡成霞花罩衫的衣襟，打了个响鼻，甩了甩尾巴，朝着马圈跑了。

“它不喜欢闻我身上的药水味。”胡成霞有点怅怅地看看马圈。

以前马圈里都是胡成霞去送饭，自从发生了那件事。那件事传来传去很不明了，连传说都算不上。确切地说，大梁坡人根本没有用舌头去传这件事，多半是用眼神去传的。那些眼神里传来传去的东西，说不清道不明，你越看越糊涂。

这件事用舌头含含糊糊说出的部分，听起来似乎很明了了：中午、阿哈提、马圈、草垛子、撕烂、胡成霞的裤子。

中午你去过马圈，围墙边的磨坊、打铁铺都上了锁，马圈看起来比平时大，比平时空旷。人都为了躲太阳去午睡了，马圈里一点声响也没有，静悄悄地有点瘆人。几匹老马在马圈角落的食槽里安静地吃草，马圈顶棚上漏下来的正午的日影，落在地上、马的身子上，顶棚上搭着的木头和芦苇的阴凉，也落在地上、马的身子上。

傍晚到来的时候，你喜欢看马群回圈，红彤彤的日影里，马群的颜色红得让你的眼睛充血。胡成霞惊惶地跑出来，站在她家门口的小土墩上看马群。让你高兴的马群，却让胡成霞胆战。你被满眼枣红刺得近乎色盲了的眼睛，在她的脸上渐渐恢复了辨别颜色的能力，你看见雀斑隐在她苍白的脸色里，那些马儿掀起的红云并没有染红她失血的脸颊，反而衬得她更加面无血色。

谁也不知道那些传言是谁先传播的，也没有人能证实那些传言是真的，本来就胆怯的胡成霞变得更寡言少语。碍着那些传言，你不好问她什么，每次看见你，她嘴角似乎挂满了想要解释的欲望，一遇到马圈围墙包围过来的影子，那些脸上的雀斑就愁云一样浮上她的脸庞，制止她诉说的欲望。低头看着黑压压的在她脚尖上的影子，她嘴角的愿望就逐渐暗淡下去，接着她整个人，也在重重的影子里暗淡下去。

你也低头看自己的脚，脚上那双鞋子是胡成霞叫她妈妈比着她的脚做的，胡成霞的脚似乎长得比你的快，你的脚还夹在窄小的黑色条绒拉带里，她的脚已经长出去一截。你低头打量胡成霞地上的人影，也比你长出很多。

村里人走路都避着胡成霞，除了你村里没有人愿意跟她说话。从马圈里回来的人，都绕着胡成霞站的小土墩子走开，她家门前的那条路渐渐地长了荒草，离开她家几丈远的地方，人们重新踏出了一条小路来。马群在每天的傍晚，照原路冲过胡成霞家的门前，奔向马圈。

你穿着胡成霞妈妈做的拉带鞋，大着胆子跟着胡成霞进了她家院子，就像进了马圈里一样有点心惊，胡成霞紧紧拉着你的手，像是一松开就怕你跑了。兴许是怕晒出雀斑，胡成霞的头巾几乎遮住了眼睛，你看得见她眼睛里潮乎乎的亲热。

院子里摊满了从地里割来的苞谷，上面还长着苞谷棒子。胡成霞说爸爸妈妈怕她身体不好，不能走远路，就把地里的苞谷连秆子割回来，让她一个人在院子里掰下来，再搓下玉米粒，等搓完了，妈妈再拿到磨坊里去磨面。说到磨坊的时候，她的眉毛皱了一下，脸色变得阴沉下来。

你帮她掰了一会儿玉米棒子，离开的时候，她拿出自己的花罩衫用布包了送给你，把自己关在了院子里，你听见她从里面顶上了院门。

第二天，你穿了胡成霞的花罩衫去马圈，场院里马拉着石头碾子在打场，村里老老少少围在场院里，在搓碾子没有碾碎的苞谷。看到你跑进来，阿哈提像狼看见了火一样远远地躲开。老老少少都停下手里的活儿，他们大概以为是胡成霞来了。喀汗看见是你，向你吐了口唾沫："呸，二转子，两毛钱，穿了婊子的花罩衫。"

银花凑上去问："两毛钱咋啦？"

你不知道喀汗说了啥。

银花厌恶地抽了抽鼻子，朝地上吐了口唾沫。

大人们在忙手里的活，银花、喀汗和孩子们在探究你身上的花罩衫。

大头一个趔趄被推到你身子旁边。

"二转子，两毛钱，二转子，两毛钱，穿了婊子的花罩衫。"孩子们齐声对着你和大头喊。

"做买卖，是你妈和克里木教的。"喀汗用苞米棒子点着大头的光脑袋。

"做买卖也比你强，拿畜生当老婆。"大头毫不示弱。

你瞥见阿哈提躲在草垛子后面，探出耳朵听动静。你心里知道，他在躲你身上那件花罩衫，就像胡成霞躲着磨坊和马圈。

胡成霞的花罩衫，上面镜子一样映着：中午、阿哈提、马圈、草垛子、撕烂、胡成霞的裤子。

谁也不知道那些传言是谁先传播的，也没有人能证实那些传言是真的。

气 味

你觉得一家人是用气味连接的。只要跟在爹爹后面，你就觉得被一条看不见的绳子牵着，你认为那绳子是爹爹身上的味道。爹爹无论去了谁家，你都能找到他。爹爹说你跟狗一样，闻着味道就跟着跑，你也说不清，就是喜欢跟着爹爹跑。

你和弟弟妹妹常年捂在一个被子里，身上的气味也是一样的，只有爹爹能区分出来，爹爹喜欢用鼻子嗅弟弟胯下的味道，他觉得那种味道类似纳斯（一种含在口中的烟草），让他上瘾。

你闭着眼睛就能辨认爹爹和妈妈的味道，你晚上像猫一样，在漆黑里准确地找到妈妈的被窝，挤到她脚下面睡觉。你蜷缩着，脚刚好够到妈妈的胯下，能触到她大腿根的那一蓬毛，有点糙糙的，让脚心发痒，妈妈挪开你的脚，你就又够到妈妈隆起的大肚子，被妈妈挡开，你把腿伸直，够到了妈妈累累的奶房。你有时候闻到妈妈胯下的血腥气，有时候闻到尿臊味和奶腥气，有时候闻到妈妈跟爹爹混合的味道。

你不喜欢闻陌生人家的气味，就像狗在家里拴久了，闻到陌生的味道就要吠叫撕咬。

你每天回家路过校门口的猪圈，绕很远还是能闻到猪粪的恶臭。那天体育课后渴急了，老田的女儿田旭英叫你一起到她家喝水。你看到了猪圈里一群满身泥水的猪，在食槽里拱食，发出令人恶心的哼哼声。

老田正在女老师宿舍旁边的渠沟里捕泥鳅。他用网纱把狗鱼像捞面条一样从浑浊的泥汤里捞出来，晒在渠边铺着的油布上。田旭英帮她爹把这些狗鱼连肚肠都不用去掉，就直接晾在太阳下面打算晒成干吃。她说狗鱼在锅里用辣椒粉炒炒，吃起来很香。你捏着鼻子进了她家，外屋房梁上挂着猪肉，一股土腥味，地上满是剁好的猪饲料。喝了半碗水出来，你觉得身上沾了猪肉和饲料味。

田旭英拉你住在她家。你看着她用炉子上做饭的大铁锅，熬了烂白菜叶子和米糠，搅拌匀了端出去倒给猪吃。屋里随着门每次打开，飘进来的气味里，猪吃的饲料味、人吃的白菜萝卜的气息和猪粪味混在一起，这种气味跟牛羊的气味完全不一样，是你到一个穆斯林家不会闻到的。

夜里你在褥子上尿了尿，你以为你可以把家里的味道暂时丢掉，早上起来后，你闻到田旭英家的褥子上，散发出一股你家里的羊膻味。你怕他们闻到你身上散发的味道，他们一家人忙着换炕单布、晒褥子，似乎没有注意到你担心的味道，你心里还是不踏实。

田旭英让你和她一起摊炕单布，你趁她不注意，把一只用来夹炕单布的夹子，迅速装进了自己的书包。你觉得你和田旭英家的区别就在这只夹子上，你家没有炕单布，只有油腻腻的羊毛毡子。这些炕单布上的夹子让你心里不舒服。

你觉得她带你来是一件错误的事情，你偷了夹子就是对她这个错误的惩罚。这样她以后就不会带你来了。作为“她再也不会带你来”这种预感的报复，还有作为让你闻那些难闻的味道，跟猪在一个铁锅里煮吃食的报复，你得意于你偷了那只对你毫无用处的夹子。

田旭英哭着哀求你把夹子还给她。你看到你的报复伤害了田旭英，你觉得自己很可恶，心里对自己的这种厌恶，立刻变成了对她的反感。你看见她鼻头周围粗大的毛孔，像剃了毛的白猪皮一样，头发粘在黏糊糊的眼泪和鼻涕上，嘴里呼出一股难闻的酸菜气味。

那天你出了门，就把那只夹子扔到了田旭英家门前的臭水沟里，两头正在喝水的老母猪立刻挪动肥胖、肮脏的身子，用嘴去拱夹子溅起的污秽的水花。你不能让爹爹看到那只夹子。你朝着它们吐了一口浊痰，出了一口浊气。

你在心里狠狠地责怪田旭英，不该拉你去她那个圈着老母猪的家，让你闻难以忍受的猪粪和猪肉味，还用给老母猪拌饲料的锅给你煮面条。要不是她拉你住在她家，你也不会偷那只该死的夹子。

你担心邻居要是知道你吃了她家的饭，晚上还睡在她家的炕上，会说你沾了刚死了人的汉族人家的晦气，吃了汉族家的猪肉，身上有股猪肉味，他们会唾弃你的。

就在你住在田旭英家那天晚上，爹爹打发弟弟、妹妹四处去找你，结果妹妹走丢了。红旗农场的管水员在路上捡到了她，把她带回家里。妹妹在他家里过了一夜，第二天才送回来。妹妹回来脸蛋给风吹黑了，嘴唇也哭裂了，好几天都不说一句话。

我和弟弟问她："你住在谁家？"

"一个会吹笛子的汉族叔叔家。"

"他家也睡炕？"

"他让我睡床，我哭着不睡觉要回家，他就吹笛子给我听，我就不哭了。"

"那你肚子不饿？"

"叔叔给我下了面条，喂我吃。"

"面条好不好吃？"

"好吃。"

"有没有肉？"

妹妹翻着白眼想了半天，摇摇头。

"你肯定吃了猪肉，你看你脸都黑了，像只小黑猪，满身都是猪肉味。"弟弟说。

妹妹"哇"的一声哭了。

从那儿以后，妹妹变得爱哭，不爱说话了。她胃口很大，很能吃。你和弟弟说她越来越像猪，一听到"猪"，她就哭个不停。

你不敢跟家里人说，你在田旭英家吃住了一天，只搪塞说你去了外婆家。你下意识地照镜子，偷偷检查自己跟妹妹有没有相像的地方，脸有没有变黑，身上有没有猪圈的气味。你闻闻自己衣服上，似乎真能闻到一股猪肉的土腥气。

早上，你给羊儿拔草回来，发现羊群里最老的那只母羊，躺在羊圈里伸直四蹄、咬着舌头不会动了。你就怀疑那只羊的死，跟你去了汉族家，沾了晦气有关系。

爹爹似乎不在意羊死了，翻了翻羊的眼皮，又摸了摸羊脖子和鼻尖说：“苜蓿它吃得太多，撑死了。”

“死了的羊，不能吃了，挖个坑埋了吧。”

“穆斯林不能吃，汉族人可以吃，好好的羊，又没病，埋了可惜。”

爹爹端来了半盆清水，在清水里过了刀子，麻利地宰了羊，剥了皮，羊肉裹在剥下的羊皮里捆好放到车上，套好毛驴车，说：“丫头，趁早上天气凉，到红旗农场把这羊肉卖了。你带上书包，跟我收钱去。”

你和爹爹早饭也没来得及吃就上路了。半路上看见在红柳和白刺丛里躺了大半个烤得焦黄的面包，爹爹让你下车去捡，你捡来已经风干变脆的面包，捏掉上面的蚂蚁，凑在鼻子上闻了闻，跟馕不一样，是很香甜的味道。

你掰了一半给爹爹吃，爹爹尝了尝说，这是兵团人用最好的面粉在烤箱里烤出来的。你想，爹爹觉得能吃汉族人烤的面包，那么汉族人做的饭也是可以吃的。你心里对自己吃了田旭英家面条的事，也就不再那么在意了。

到了农场，正赶上汉族老乡们中午下班，爹爹把驴车停在井台边，下班的人都到井台上打水，看见车上的羊肉，就上来问价，爹爹说给钱就卖。

羊肉卖得很快，半个晌午下来，就剩了一点肋骨，爹爹收拾起来送给老乡，老乡很热情地留爹爹在他家吃饭。老乡换了只新锅，给你和爹爹做饭。爹爹嘱咐不要放羊肉，老乡打了鸡蛋，做了素的面疙瘩汤。

汉族老乡的儿子理了干净的小平头，穿了雪白的的确良衬衫，帮你和爹爹端饭。

老乡问你：“今年多大了？”

你低头看着脚不说话。

爹爹说：“十三了，在上汉族学校。”

老乡说：“二转子长得就是漂亮。你这女儿以后嫁给汉族，还是嫁给维吾尔族啊？”

老乡家的男孩偷偷看看你，掀开纸卷做的珠帘出去了。

爹爹说：“我们有首歌：汉族好哪维吾尔好，哪个漂亮哪个好，新疆好哪口里好，哪里有家哪里好。”

老乡笑了：“那就给我儿子做媳妇吧。”

爹爹也咧着满嘴的金牙大笑。

你用目光寻找刚才那个穿白衬衫的男孩子，透过珠帘发现他站在院子里，好久都不敢进来。你不满地低了头，觉得爹爹不该在人家面前，这样随便议论你的事情。

爹爹的笑有点像假笑，让你心里很不踏实。

爹爹让你在老乡家住下来，你对着爹爹拼命摇头示意。

老乡让你洗个澡换件衣服，晚上去团场看看电影。一刹那你很想留下来。你看看老乡家的床，红蓝相间的宽条纹床单干干净净。你想到自己睡的大土炕，油污的羊毛毡子上面沾满了尿渍、泥渍。你很不安，怕晚上睡觉，老乡一家发现你光着身子穿了长裤和外套，没有穿短裤和小背心……

你还担心自己夜里一不小心就会尿床，你发现自己越是到了干净的人家，夜间睡着就越是控制不住会遗尿。一想到第二天起来，要面对那一大摊尿渍，你就脸红。你最担心的是自己身上的那种复杂的味道。

一年四季，你身上总是混合着各种各样让你不安的味道。

你变得对各种气味格外敏感。在寒假和暑假，你在三姨家每天吃的花卷，卷着一层一层墨绿色的香豆粉味、红色的红花粉味和褐色的花椒粉味。从你吃进去的花卷里渗进你的皮肤里，你的头上、身上都沾染了三姨家被子和枕头上的这些调料香味，你身上的味道和表妹们变得几乎一样，你住在三姨家的日子里，这些味道暂时盖住了你衣服上、身体上和头发上沾染的家里的羊肉、羊奶和羊圈气息。

你穿了三姨为你做的长裤，宽大得可以当棉衣罩衫的长袖衣服，头发梳了辫子纹丝不乱盘在头上，头上戴了头帕，跟表妹进回族寺学经。你一进寺门，毛拉就停止了诵经，所有念经的孩子都停止念经，站起来用诧异的眼神看着你，被那些直勾勾毫不掩饰的异样目光包围，像一只不小心闯到羊群里的兔子，你内心充满了不安。

表妹使劲把你往清真寺外拉，你不想走，你求援地回头用眼神祈求毛拉，毛拉的注视和目送里，丝毫没有挽留你的意思。你不知道你什么地方和表妹不一样，你穿着回族女孩端庄的衣服，你围了头帕，你闻到自己浑身和表妹一样，散发着周围回族人特有的气息，你不知道你精心装扮过的全身上下，还有什么地方会出卖你在这里会是一个异类。

你意识到三姨家衣服和花卷的味道，根本没法证明你从骨子里是一个回族。你觉得毛拉是有神力的，他隔着老远就嗅出了你身上陌生的味道。这种味道使你一出现在寺门口，就显得跟这里的回族娃娃不一样，那是一种长期和维吾尔族、回族和汉族混合在一起的味道。

你不像住在回族村的回族表妹们，远离汉族和维吾尔族，整天念经、说回族话，只在菜地和庄稼地里进进出出，不用到野地里去放羊。表妹们根本不用去学校，男孩子去了学校，也是回族跟回族抱成团。

你不一样，学校里全是汉族，唯一的维吾尔族男孩亚合普，找了维吾尔族的相好后，也退学回家放羊了。回族干妈家的几个男孩子，上个一两年学就戴起白帽子回寺里跟着阿訇和毛拉念经了。

在家爹爹念的经文都是维吾尔调子，带着浓重的卷舌音，你跟表妹们学爹爹的维吾尔口音念《古兰经》，她们像不认识你似的，瞪着眼珠子半天不出声，她们不敢确认这样的念法。你把跟外婆学的《古兰经》念给爹爹听，总是被他笑话成大舌头念经。

你每天把从三姨家带来的香豆粉，用手帕裹起来装在口袋里，你发现你把自己熏得像个回族人家的大花卷，也没有用，你就是把自己埋在香豆粉里，也救不了你。你回到家里，身上还是要沾染上浓重的羊膻味，你的衣服上都是一股香豆粉和家里的味道混合的怪味。在学校熏得汉族同桌捂鼻子。

你觉得那股味道跟你干的活儿有关。家里一冬天都散发着热烘烘的羊臊味和羊反刍草料散发的混合味道。春天羊产羔子的季节，你和爹爹妈妈、弟弟妹妹挤在烧热的大炕上，大肚子的母羊就在你睡的火墙边上产羔子。

爹爹常常半夜里叫你起来，帮他扶刚生下来吃奶，湿乎乎、黏答答、站立不稳的小羊羔，染得你满身都是浓浓的羊奶和羊胎盘味道，母羊都很难分出你和羊羔的区别，动不动把刚舔了羊羔热乎乎、黏兮兮的舌头，伸到你的手和脸上，你身体上又沾上了一股羊舌头上草料味唾液的气息。你觉得自己早晚会变成一只羊。

在羊圈里，你跟羊羔子没啥区别，羊羔跪在母羊膝下吃奶，你拿了碗到羊圈跪在母羊奶头底下挤奶，奶涩住了挤不出来，你往手上吐了唾沫，滋润一下羊奶头，羊奶头实在憋住了，你干脆用嘴去吸通了再挤。去野地里放羊，放得饿了渴了，羊的奶一半给羊羔吃了，一半给你吮吸了。喝多了羊奶，你汗水、尿水里，胳肢窝和乳苞上，都有一股羊膻味。

你慢慢发觉你身上的气味，跟爹爹身上的气味有关。爹爹的光头上有一股浓浓的羊头味，棉帽子的帽圈、单帽子的帽檐挨近头皮的地方，冬夏都渗透着厚厚一圈黑油，像是剃头匠从来不洗的擦刀布，用指甲一刮，就刮一层混杂着碎头发的油脂下来，像是从烤羊头上刮下来的，又黏又黑，带着火烧火燎的羊头味。

爹爹替村里谁家念经宰羊，羊头和羊蹄总是作为酬劳送给他。就是没有送给他，人家也会煮熟了羊头、羊杂碎，留他吃好了，再用手帕包些煮熟的羊耳朵和羊舌头带回来。爹爹说小孩子吃羊耳朵、羊舌头，会变得又听话、又能说会道。你怀疑爹爹的羊头味，跟他喜欢吃羊头有关系。

爹爹腋窝里的汗味很复杂，你和弟弟妹妹经常探究地钻到爹爹腋下去闻。那里有时候是一股羊肉、胡萝卜和洋葱煮在一起的羊肉手抓饭味道，有时候是一股羊肉和洋葱做馅蒸熟的薄皮包子味道。

你和弟弟、妹妹经常问爹爹："爹爹，你吃抓饭啦？""你吃薄皮包子啦？"爹爹总是没好气地说："天天喝稀饭，哪里来的抓饭包子味道。多拔点草把羊喂好，等卖了羊，才能带你们去下馆子。"可你不相信那些气味是无缘无故散发出来的，你总是疑心爹爹瞒着你们去了谁家吃了抓饭，或者羊肉薄皮包子。你从早上跟踪到晚上，直到爹爹上了炕，打起了呼噜，你才闭上眼睛。

第二天起来你发觉，爹爹即使一天不吃不喝，身上都会散发出他最爱吃的食物的味道。

爹爹吃厌了妈妈煮的回族饭，为暂时逃离妈妈和家里呛人的锅灶，偶尔会带你和弟弟到镇子里阿布杜拉的饭馆去解馋，爹爹想用一顿维吾尔族的饭来证明，自己还是曾经的那个维吾尔族男人。爹爹一副醉态地从大脑里调出那首他最喜欢的维吾尔族木卡姆哼唱。跟他家里缝纫机前或外面的毛驴车上哼唱的相比，他的声音有些细微地颤抖，似乎在饭馆的维吾尔族人堆里，他更容易激动和捕捉到自己，让自己跟过去靠得更近。

这是爹爹最幸福的时候，周围没有大黑驴、黄狗和鸡鸭在他眼前晃动，那是他过去的自己，在喀什的清真寺里念经、在喀什老街的裁缝店里做学徒的那个自己。他不用吃妈妈煮得像麻雀舌头一样的碎面片，每次爹爹都说那些面片像是醉汉嘴里吐出来的。他也不用闻着家里陈年的屎尿味，他从那些拖累中把自己暂时解脱出来，他几乎忘了在家里的那个自己。

爹爹笑得让你觉得有点奇怪。他把六颗金牙都露在外面，似乎不这么做就浪费了它们的光泽和成色。你这才发现，它们平时在爹爹嘴里完全是被埋没了，你几乎没有见它们完整地暴露过。在家里，你不愿意看到它们，爹爹的金牙让你战战兢兢。露出金牙或用舌头舔金牙，是爹爹发怒前的预告动作。在维吾尔族饭馆里吃饭的爹爹，金牙看起来一颗颗都比平时大，比平时锐利。你心里觉得替那些金牙委屈。

在镇里下一次馆子，爹爹可以转遍镇里仅有的两条街，端着老街上买的一盘抓饭，再到新街上配几个薄皮包子一起吃，这样才让他觉得没有白上一趟镇里。他会跟店主说起他小时候在喀什老街上，谁家的抓饭配谁家的薄皮包子最正宗。你惊奇于时隔几十年，他仍然叫得出那店的名字，说出店主的外貌，模仿他们的叫卖声……

后来你猜想爹爹身上那些味道，跟他胃里的食物关系不大，那是他记忆里的食物散发出来的味道。大概人想吃什么想得多了，浑身就会自然而然散发出他想象中食物的味道。

妈妈身上没有爹爹那种荤味儿，也没有羊奶味，哺乳期，她每次撩起衣服，总是呼扇出一股酸腥气的人奶味。她的口腔里常年散发着一股发霉的玉米秆和干草料的气味，类似马反刍草料的味道。

外婆和几个姨姨嘴里，也有着跟妈妈相同的味道，总让你联想到那是饥饿的味道。外婆说起过外公当年带着外婆、妈妈和几个姨姨，外婆一家在饥荒年月里，从甘肃扒上火车进新疆，最后被火车倾倒在了这片荒漠上，他们循着生命的气息来到了大梁坡。

青黄不接四月天，新疆的土地刚刚下种，麦苗细细地裸露在泥土上，玉米苗才打开两个嫩嫩的叶瓣。大梁坡野地上的野菜、草根、榆钱、树皮，都被人挖光掠尽了，外婆就让妈妈把地上刚冒出来的麦苗、玉米苗偷着挖出来吃。

你怀疑妈妈是在用身上的味道，来记忆曾救了她命的庄稼苗和野菜，就像外婆喜欢用唠叨来记住一些往事。外婆一年到头在家里囤积吃的。满缸满坛子的油和醋，放坏了，就倒进锅里烧一遍，再存放起来，说是要留到小舅舅成家。宰了羊，肉用咸盐炒好了，装在盆子里，用纱布盖着，隔几天，菜里撒上几粒，咸得能当盐使。

外公一天到晚都在地里刨来挖去伺候庄稼，到了晚上收了工，外婆家的灶屋里开始有了烟火气。你烧火，外婆做饭。外婆怕柴火太干，燃得快太浪费，烧柴前要用嘴喷一些水上去，柴火喷了水，到了灶里直冒浓烟，半天都烧不开锅，等外婆家的饭做熟，一般都到了后半夜。

外婆家做饭从来不用油，盐是用老河坝里的水熬了自家晒的，用它煮啥都有一股碱味儿。外婆洗衣服也是用碱蒿子的叶子，放进半盆水里揉揉就搭在柴垛子上，洗过的衣服上面都粘着一层绿颜色的蒿子粉。

外婆家的苞谷、麦子和小米舍不得吃，不知存放了多少年头，煮出来的稀饭都有一股子霉味。就是发了霉的稀饭，外婆每次也只分给你小半碗。做了好了（吃的）都给小舅舅吃，小舅舅吃得很慢，你在一边看着。他吃完了打的嗝、放的屁都是一股子带碱的霉味。

你觉得，一个人是什么样的人，过着什么样的生活，其实是可以用鼻子来辨别的。你的算术老师段老师就是个满身香味的城里女知青。

那天下午放学，你算术作业还没做完，段老师把你反锁在女教师宿舍里罚你做作业。你在本子上潦草地画完了那些算术题，开始探究段老师身上那种香喷喷的味道是从哪里来的。你在段老师的办公桌上看到了那些稀罕物：珍珠霜、香皂、香粉。

你费了很大劲从字典上查出了它们的用途。你在脸上抹了香皂，用脸盆里的剩水洗了脸，涂了面霜，对着镜子搽了香粉，镜子里你黄瘦的猴脸，变得像小白骨精。满屋子香气让你觉得，你不再是那个羊圈里的维吾尔族黄毛丫头，你在段老师的宿舍里，当了一个下午香喷喷的汉族姑娘。

回到家里，你求着爹爹给你买来了香皂。在家里的洋铁盆里，你一遍遍用爹爹卖了二十只鸡蛋换来的香皂，清除身上的异味。你用洗过澡的香皂水浸泡穿过的衣服，衣服上也浸染了香皂奇异的香味。

等水气一干，香皂的味道散尽以后，家里那种味道又顽固地占领和覆盖了你的身体。跟那种香气相比，混合着羊膻味的弟弟妹妹的屎尿味、爸爸的汗味、妈妈经血的腥味和奶馊味“欲盖弥彰”。

你想用持续不断的香气，掩盖家里各种各样的味道。你跟爹爹要钱，买了卫生香。

爹爹说：“你狗鼻子闻惯了汉族人的味道。”

你家里点了卫生香，哈萨克族邻居哈雷哈兹来借东西，闻到屋里的香气，斜着眼睛问你：“你点这个熏死人啊？汉族家死了人才点这个。”

哈雷哈兹说完，把刚吃完抓饭的满手羊油，抹在油亮的卷发和油乎乎的羊皮大衣上。哈雷哈兹呼扇着酸烘烘的风出门了，在屋里留下了一股臭皮子、酸奶子加羊肉的膻味。

你从哈雷哈兹身上闻到了跟家里相同的气味，你觉得要让人家不嫌弃你，就得改变身上的气味。

你收了一个夏天的新疆红花，用卖红花换来的钱，去县城买花露水和洗发精。两个小伙子挤到你旁边搭讪，回族模样的人说：“看打扮是咱们回族。”维吾尔族模样的人插话：“看她用乌斯曼描过眉毛，就知道是维吾尔族家的姑娘了。”你低了头不言语。

“花露水和洗发精是汉族姑娘喜欢的东西。”售货员冲你笑着打趣。你买了花露水和洗发精转身就走，听背后那两个小伙子还在争执你的民族，售货员猜你是汉族，你觉得你有些方面，已经开始像汉族了。

你不再用土胰子洗头，开始用洗发精，你跟班上的女同学一样，梳起了光亮的马尾辫。你在衣服上洒了花露水，走进教室，男同学猜测着香味是从谁身上散发出来的。同桌樱花闻出了你身上花露水的味道，不再动不动对着你捂鼻子。

随着你拥有了香皂、花露水和洗发精，你身上那种顽固的气味，慢慢地在远离你，你觉得自己正在陌生的味道里，慢慢变成了另一个人。

混血的日子

爹爹说他的皮肤是蛇皮。他的四肢和背部，在干燥的季节总是蜕皮屑，每天晚上钻进被子，他都要让你和弟弟妹妹轮流帮他抓挠脊背，可能那些鳞片挂在身上和衣服、被子不断摩擦，会让他觉得自己白天像一条拖着一身死皮跑来跑去的蛇，好不容易等到天黑，他就迫不及待巴望着把快要脱落的鳞片一样的皮屑，从发痒的背上抠干净。

爹爹让你给洗的每件贴身衣裤，衣服里子上都沾了一层白色的皮屑，拉起来一抖能下场小雪。

妈妈说她是鸡皮，从脖子到大腿、小腿上都布满细碎的小颗粒，一受凉全身皮肤上就是一层细小的鸡皮疙瘩，像是全身发疹子，脖子和胳膊腿像拔了毛的鸡脖子、鸡腿。

爹爹和妈妈的两种血液，在你身上没有很好地融合的迹象随处可见。你能清楚地在身体上分出哪一块是爹爹的皮肤，哪一块是妈妈的皮肤，它们不像是自己长出来的，像是从他们俩身上割下来，一块块连缀到你身体上去的。

在你身上的一块鸡皮中间，也会包围着一小块蛇皮。那些蛇皮在干燥的天气和爹爹一样发痒、褪屑，而那些鸡皮一遇冷就凸出一片小颗粒，每个颗粒上都耸着细黄的绒毛，像是一些细小的粉刺。鸡皮平时总是很安静，像胆小且不爱声响的妈妈，经常无声无息地就被莫名的恐惧吓出一阵阵鸡皮疙瘩。

你身上的蛇皮像是包裹了不安分的毒液，哪怕是处在一大块鸡皮包围当中，小到蛇的鳞片似的几片小斑点、小蛇纹，它们都会用各种办法提醒你，你身上蛇皮的存在。它们会发痒，会不断蜕皮，在你抓挠时，会发出和周围的皮肤不一样的刺刺声，在周围其他皮肤受惊吓或在寒风里惊慌地竖起毛孔的时候，你触摸它的手感，像是猛然抓在一块晒干的蛇皮上，你毫不费力就能很准确地找到它们的位置。

你的后颈部就有那么一小块蛇皮，和那些妈妈给你的胆小怕事的鸡皮相比，暗藏的蛇皮显得平滑镇定，冷静得像蛇盘在草丛里一样一动不动。你喜欢在受惊的时候，迅速地伸手去摸后颈部这块父亲生给你的蛇皮，它能给你壮胆，带给你一种安全感，像是在自己身上摸到了爹爹的脊背。

在爹爹看来，他和妈妈的皮肤，远不如两种牲口的皮毛容易融合得那么完整。马跟驴生的骡子，它的皮毛就比人生的“二转子”的皮肤融合得容易，而且天衣无缝，虽然毛比起马和驴的略粗长了些，但绝不会东长一块马皮，西长一片驴皮，像爹爹手工连缀出来的百衲衣。

爹爹拉着大黑驴给人家的驴子和马配种，在方圆几十里配了上百头骡子出来，没一头的皮毛长得像弟弟的疤瘌头，这一块长毛，那一块不长毛。为了治愈弟弟的疤瘌头，从不伤蛇命的爹爹，从河坝边捉了条肥胖的大花条蛇回来，活活塞进瓶子里，挂在驴圈顶伸出的椽子上晒蛇油，给弟弟抹头皮。爹爹会将手掌里沾染的蛇油，用力地涂抹在你和弟弟妹妹的蛇皮小腿上，一方面不浪费蛇油，一方面也好顺便把手擦干净。其实爹爹心里或许和你一样，巴望从他身上继承的蛇皮，在蛇油的作用下，能变得更齐整更光滑一些。

厌恶做饭的爹爹突然对做饭产生了兴趣。家里宰了羊，爹爹取出羊的肠子和肺洗干净，在木盆里把大米和面粉用盐水搅拌在一起，灌进羊肠子和羊肺里，羊肺被灌得像妈妈怀孩子时的大肚子，那些塞满了米的羊肠子，在大铁锅煮得膨胀起来，怎么看都不像一种吃食，而像是雄性动物的器官。

爹爹似乎渐渐迷上了在两种东西之间的搭配和混合，他尝试着把各种不同的东西放在一起，让它们相融合后变成另一样东西。爹爹还发明出了各种混浆饭。他把甜菜和苞谷面煮成一锅粥，发现甜菜放得太多，饭反而容易发苦，于是不断调整甜菜跟苞谷面的比例，直到掌握了最佳的配比，他把自己的试验结果传播给邻居，后来村里家家户户都学会了煮这种甜菜饭，他们叫它伊布拉欣家的“二转子”饭。

爹爹不断在锅台前折腾，试着把大米和玉米面搅在一起煮粥，用稻糠和麦麸拌在一起煮粥，把玉米面和土豆混在一起煮成粥，日子混合在一锅粥和另一锅粥里，被爹爹不停地搅拌着，灌进一家人的肚子里。他一遍遍嘱咐你和妈妈，任何两种东西配在一起，要搅和得均匀才好看，要搭配得好味道才会好。

你和妈妈学着他的样子，一遍遍地搅拌那些糊糊。爹爹在一边不是斥责你没有掌握好米和面的比例，就是责怪妈妈没有把两种不同的东西搅匀，直到浑然一体。糊糊里总是被他挑出一些夹生的面疙瘩来，里面包着一包没来得及被滚汤水化开的面粉，他斥责妈妈和你没有在水没变烫之前，把米面在平静的温水锅里撒开、搅拌好，硬是性急地把面粉和米倒进滚水锅里，火烧得太急，让米面在锅里淤积的气泡，裹出了一团团面疙瘩。

爹爹说那些面疙瘩嚼在嘴里，像是在肉里嚼到的“胰子”，让人恶心。后来他经常用维吾尔语骂骂咧咧，说你和弟弟妹妹，是嵌在他和妈妈的肉里，没有化开的“胰子”，以此来发泄对自己制造的变异品种的不满。

可能是面疙瘩让他联想到那些碜牙的“胰子”，爹爹似乎对混浆饭渐渐失去了兴趣。你肚子饿了问爹爹用啥配啥煮粥，爹爹心里很疙瘩，说出来的话就很冲：“一个破锅里，还想配出啥花头来，一窝糊涂蛋，配啥吃都一样，最后拉出的都是臭屎。”

爹爹大概是觉得锅灶这块地方太小了，他又开始琢磨着在地里面下功夫，好配出些不一样的花头。在对“二转子”混浆粥失望后，爹爹把兴趣转向了在地里给植物搞嫁接。他把田家的苹果树枝嫁接到家里的梨树上，又把老潘家的桃树枝嫁接到家门口的杏树上，他叫人从南疆带来了伽师瓜的种子种在西瓜地里，把西瓜花的花粉采下来撒在南瓜花上，再把黄瓜秧嫁接在葫芦瓜秧上，他每天醉心于在这些植物之间搞嫁接。后来村里很多人都尝到北疆的沙土里的南疆伽师瓜，还有那些怪模怪样的苹果梨，只是那些南瓜、黄瓜和葫芦瓜，很多都被爹爹嫁接死了，活着的该怎么长，还是怎么长，根本不理睬爹爹的意思。

爹爹说有些植物跟人一样，生来就笨，不会吸收别人的长处，所以才需要有蜜蜂和蝴蝶，这些聪明漂亮的东西在中间传花粉。爹爹经常去河边的野草丛里赶那些花蝴蝶，还在夜里把野蜜蜂的巢用筛子罩住，偷偷移到瓜田和苹果地里放开，结果蜜蜂和蝴蝶还是闻着野花的气味飞走，根本不理睬这些用臭烘烘的牛粪、羊粪、驴粪、鸡粪和大粪喂养出来的家花。爹爹觉得是蜜蜂和蝴蝶不够尽职，他恨不能自己变成蜜蜂、蝴蝶，好亲自给他的瓜果传授花粉。

爹爹在给植物搞嫁接，并没有耽误跟妈妈一个接一个地造出“二转子”的儿女。随着你家里弟弟妹妹接二连三地出生，爹爹的挑剔也多了起来，他不是对儿子的眼睛太小，太多地继承了回族血统不满意，就是为女儿的皮肤继承了维吾尔族的遗传，长太多毛而忧心忡忡。

他甚至怀疑最小的弟弟不是他跟妈妈生的。起因是妈妈在那个冬天犯病，光着脚跑出去走丢过一夜，回来爹爹问她，她恍惚之间说了居马訇这个名字，或许是路过了居马訇家，或许在路上碰见了他。爹爹一听到居马訇这个满脸大胡子的老光棍的名字，就一口认定妈妈在他家留宿了一夜，他用鞭子威逼和强迫妈妈承认，她跟居马訇有过肌肤之亲。

那夜妈妈确实没有回家住，妈妈在外流落的这一夜，在爹爹的想象中，充满了与居马訇交欢的可能性。爹爹起初问妈妈，夜里有没有跟居马訇干那个事情，妈妈起初还直瞪着爹爹说“没有”。后来爹爹用鞭子追问，妈妈扛不住了，就闭着眼睛说“有”。

后来爹爹每问一句，就抽妈妈一鞭子，根本不等妈妈回答。

爹爹他逼着妈妈把腿张开，接着提问和鞭子一起落在妈妈叉开的腿中间。爹爹的提问，似乎就是为了鞭子抽下去得更有力一些，就像打夯的时候喊号子一样。

爹爹用鞭子对付够了妈妈的下体，直到妈妈的下体变成了一个肿胀的大红水泡。你和弟弟抱住爹爹的腿，把发疯的爹爹拉下炕，他又拼命地跳到炕上，追着妈妈的下身抽打，妈妈似乎没有了疼痛，眼里只有恐惧，她的眼睛紧盯着在她身体上起落的鞭子不放，就像盯一条随时会扑过来吸她血的毒蛇。

爹爹对着妈妈的下身出够了气，叹了几口大气，骂了一大堆用来骂牲口的难听话，还觉得不解气，他说，如果不是看妈妈是脑子不正常的“茗子”（傻子），他就把她半截身子埋在土坑里，让人活活用石头砸死她。

爹爹气哼哼地把自己的枕头褥子和被子，从靠妈妈的火墙那头，转移到大炕的另一头。爹爹每晚睡觉前看见妈妈都会长吁短叹，冷不丁冲着大着肚子的妈妈恶狠狠地咒骂几声“居马訇”。你和弟弟妹妹听了，冲着妈妈无奈地瞪上两眼，算是安慰爹爹。

等小弟弟降生后，看到他的长相跟其他几个儿子像一个模子里倒出来的，爹爹似乎平静下来，不再提起“居马訇”的事情，开始把兴趣转向牲口的配种。

他最初是把鸡鸭鹅关在一起，希望它们互相踩蛋，结果有段时间，鸡生的蛋上，总是沾着鸡屁股上的血，爹爹每天盯着鸡屁股、鸭屁股乱转，让你和弟弟妹妹在鸡鸭舍里爬进爬出，追着肿胀的鸡屁股、鸭屁股捡蛋。

爹爹咧着金牙很满意地擦那些蛋上的血迹，你看着只觉得替难产的鸡肚子痛。那些肿胀的鸡屁股、鸭屁股，总让你想起被爹爹打到水肿的妈妈的下体，还有她身子底下拖着的那些溃烂滴血的肿泡，你感觉身体的某个隐秘的部位疼痛到痉挛。爹爹似乎认定了那些是“二转子”蛋，你吃着也觉得那些可疑的蛋，有股鸡鸭混合的古怪的血腥味儿。

鹅们每天高傲地鹤立在鸡鸭中间，昂着脖子踱着方步，像是耻于骑到矮小的鸡鸭身上去踩蛋，鸡鸭踩蛋，它还要伸直了脖子去干涉。看见有鸡鸭在旁边盯着，它们似乎也羞于跟同类苟合，鹅们只顾着跟鸡鸭争食，结果连本来该有的鹅蛋也给耽误了。爹爹气恼地把鹅赶出了鸡鸭群，他骂那些鹅是白送小老婆都不会踩的傻大个。

后来，爹爹不知从哪片野地里捡了一只狐狸回来，他说狐狸是最聪敏的动物。一直巴望着狐狸养大后，能够和家里的大黄狗交配，好生出一只聪敏漂亮的狐狸狗。

爹爹讨厌猫，那只狐狸偏偏跟猫扭作一团，根本不理大黄狗。爹爹看见花猫在狐狸屁股上，不怀好意地闻来闻去，舔来舔去，就把小花猫用一只死老鼠骗到黑屋子里关起来。

花猫的哀鸣惹得四邻不安，爹爹很气恼，用绳子绑了它的脖子，吊在门前的榆树上用铁棍子打，花猫在榆树上被吊打了半晌，爹爹最后气哼哼地挖了个坑，奄奄一息的花猫被葬在树根下面。

“这只打不死的贱猫，臭了正好给树做肥料。”爹爹似乎还不解气，“不知好歹的贱东西，问你偷吃了没，问一辈子你都闭着眼睛说‘没有’，我叫你再跟我说没有！”其实花猫很冤枉，它只会说“喵”，爹爹不知为何就认定它说的是“没有”。

狐狸长大了一些，浑身的毛就开始发红，身上散发着浓浓的狐臭味，狗见了狐狸就撕咬，狐狸见了狗就躲，根本不让它近身，恶狠狠地怒目相向，好像有仇。

没过多久邻居家的鸡也接二连三地不见了。爹爹开始骂狐狸：“白养了你，还偷吃，比那只贱猫还不如。”狐狸躲到河坝边的洞里好几天不敢回来，晚上你看见它跑回来过几趟，估计它看见爹爹连它的食槽都撤了，就再也不回来了。

交配狐狸狗的事没成，家里唯一能让爹爹咧开满嘴金牙笑的，就只有爹爹从配种站千挑万选牵回来的大黑种驴了。爹爹的六颗金牙，自从看见那头黑驴的第一眼起，就一直暴露在外面了。他的笑容看起来很陌生，很古怪，更像是一种人很吃惊时的样子。爹爹的这种样子很少见，几乎从来没有过。你不知道在你妈生下你时，爹爹有没有把六颗金牙全部暴露在外面，反正几个弟弟一个妹妹降生时，他绝对没有暴露过，而且暴露的时间这么长。

爹爹说要想生出好的后代，选种很重要。他连黑驴那玩意儿尺寸有几拃长，有多粗，勃得硬不硬实，挺得久不久，都在配种站里用手量过、比过、摸过、算过。似乎他要买的不是驴，而是驴的那截玩意儿。

用爹爹的话说，黑家伙那玩意儿，一闻到发情的高头大母马和母驴的后屁股味道，鼓得就像一大截用气撅子打足了气的自行车胎。爹爹根本舍不得骑大黑驴，走到哪里都喜欢牵着它，村里的男人见了，都冲着爹爹竖起大拇指，爹爹醉了酒似的独自得意，喜滋滋地替黑驴领受赞叹，那样子像是别人夸的是他，而不是驴的能耐。

爹跟邻居扎旦夸耀："看看，咱家的大黑驴种就是好，只要种好，生出来骡子也能赛过马。"

扎旦不服："再好的骡子，也不可能赛过马。再肉（笨）的马都会生马驹，骡子能行吗？骡子就像瘸腿克里木的老婆，只管用，不管生。"

"他们两个，谁知道是公的有麻达，还是母的有麻达。没准克里木自己是匹骡子。"爹爹反驳。

"村里人传说克里木的老婆，每天傍晚牵着自家的小毛驴去河坝边饮水，一去就是好几个钟头，天黑了才提着裙子从河下面爬上来。有人见过她撩开裙子躺在地上，拉着毛驴的那玩意儿，按在自家的泉眼里饮水。"扎旦哈哈大笑。

"下次把咱家的大黑驴借给克里木的老婆，让她尝尝大黑驴饮水的滋味，试试大黑驴能不能在克里木老婆的瘪肚皮里，种个小骡子出来。"爹爹跟着扎旦疯狂地大笑。

小　姨

外婆家放《古兰经》的红漆箱子上，很快被小姨带来的一摞摞红皮书、一叠叠画报占领，外婆默念着讨白（忏悔词）请求胡达宽恕，把小姨扔在一旁的《古兰经》收进了箱子里面。

小姨说，外婆看那些阿拉伯文是瞎子看灯，还不如进扫盲班，识个汉字，背点儿语录，也不至于在检查组来检查时，给她脸上抹黑。

从来不让挂照片的外婆，挡不住小姨，小姨跟几个戴红袖章、捧红宝书、剪齐耳短发的女学生的合影，被镶在玻璃相框里挂上墙。

上了色的那张小姨的单人照，放得很大，小姨嘴唇和脸蛋通红，咧着白生生的虎牙笑，你啥时候看她，她都盯着你看。你躲在桌子角上偷眼看她，她的目光也一样追过来，吓得你不敢再去偷她的雪花膏搽脸。

小姨一身草绿军装，扎一根军用皮带，一副尖下巴扬得老高，两条长辫子在屁股上甩来甩去。你觉得小姨样子很神气。

外婆跟你说："可不敢学小姨，咱回族人家，照了相魂就会被吸走，没有魂的人阿赫热提了（人殁了后世里）就要下地狱。小姨整天不着家，看明儿个哪个回族敢娶她。"

小姨晚上参加民兵训练回来，教外婆背几句"老三篇"，外婆瞪小姨："教不会咋背。"

小姨说："你咋背《古兰经》的？该背的不背！你该咋背就咋背。"

小姨教了几句时兴的口号，让外婆记住。外婆一晚上哆哆嗦嗦，那双三寸小脚站也站不稳当，舌头也不利索了，跪在炕上，念讨白念个没完。

第二天一大早，小姨带工作组检查，挨家挨户让每个人背“老三篇”。到了自己家，轮到叫外婆背，外婆躲到灶间里哆哆嗦嗦不敢出来。

小姨生拉硬推让外婆出来，帮外婆整好大襟衣服，让本来就驼背的外婆抬起头、站直身子背一段。

你看见外婆尽力地想并住小脚，黑布缠的绑腿中间，形成了一个大大的罗圈，可以钻过一条狗。

外婆求检查的人：“让我丫头帮我背一下，我老婆子家不识字，咋办？”说完就咕哝着“胡达饶我”。

小姨不高兴了，背着别人向外婆使眼色：“咦，刚才嘟囔啥，跟谁求饶？”

外婆瞅瞅旁边几个戴红袖箍的，擦了把汗无助地看着小姨。

“干脆你就背那句‘千万不要忘记阶级斗争’。”小姨的声音里有一种装出来的厉害。

外婆侧着戴了老银耳环的耳朵，用小脚跺了跺地说：“听不懂是个啥意思。你再念一遍，我跟着说。”

小姨又念了一遍，外婆像小学生一样，倒背着双手，靠在里屋的门框上，噘起嘴，学着跟着咕哝着，那样子像是在念《古兰经》，吃力地咕哝完，憋红了脸，像尿急的人似的，躬着身子，急急地拱进里屋，“咔哒”一声拉上门闩。

可怜的外婆一定是受了惊，赶着去追随那声咕哝飞出去的魂。

那天小姨走了以后，外婆觉得她那张平时念《古兰经》的嘴，念了汉族人书上不教门的东西，为了洗干净咕哝了一句话的罪孽，她整整补念了一百遍讨白，念得嘴皮都麻了。

外婆说，儿女的古纳赫尔（罪），下一世里都得做娘的担着。你就担心挑小半桶水都颤颤巍巍的小脚外婆，怎么担得下小姨那么多古纳赫尔。

你不敢告诉外婆，小姨领着你，在镇里跟同学吃酒吃菜，酒席上你听见几个人说起要一起报名当兵的事。

那天从同学家出来，你小姨拉着你，深一脚浅一脚地在雪地里走，小姨的脸和嘴唇，红得跟上了色的照片一样。

小姨让你不要告诉家里人在汉族人家吃饭，还对着你连连哈气，让你闻她嘴里有没有酒气。

小姨说，外婆说的古纳赫尔，是根本看不见的，就像酒气，喝完了，等走回家就散了，没有人知道。

小姨报了名当兵，小姨知道，公家的事情，外公和外婆没胆量干涉阻拦。

小姨说："很快就能变成真正的女兵了，以后拍照片，不用再跟人家借军装，也不用要舅舅做的红缨枪和家里的擀面杖，可以使真刀真枪了。"

那天早上，小姨叫舅舅和你到院子里扫雪，外公和外婆拉住小姨，让她不要扫雪了，梳洗梳洗，家里要有客人来。小姨双手握着扫把，像是握着枪不肯放松。

你眼睛一直盯着院子外面，替小姨看着。

外公外婆也在院子外面的雪里立着，听见远远就有人声，从结满霜花的沙枣树林那边过来，一群男女抱着红红绿绿的纸包，把院子里的雪踩得一串乱脚印。

舅舅说，回族庄子的人，来跟小姨提亲，让小姨进屋梳洗。

小姨不言语，你看见她从门背后取下外公拴牛的缰绳，急匆匆往里屋闯。

提亲的人呼啦啦从屋里出来，又呼啦啦从院子门出去，飞一样地消失在结满霜花的沙枣树林那边。

外公的骂声、外婆的叫声、小姨的哭声、舅舅的喊声，一股脑儿从屋里往外灌，灌满了院子。等你进屋时，屋里已经静悄悄的，拴牛的缰绳在房梁上摇晃。

外婆说，寻短见的人进不了天堂，千万不能跟外人说小姨上吊寻死的事。

小姨跑了，几天没回家，你想她肯定去了她的同学家，外婆逼问你，你不吭声。邻居问起，外婆说小姨去走亲戚了。

过了几天，小姨回来了，头发变成了齐耳短发，好像是什么事也没发生过。民兵训练再也没人叫她去了，小姨一个人背语录，背着背着就发呆。墙上的相框也被她拿下来，不知道藏到了哪里。

舅舅说，小姨心里有疙瘩。当兵前几道关都过了，听说最后要脱衣服体检，小姨羞死了，吓得偷偷逃了回来。

小姨的相框拆了以后，留下的那枚小钉子上，外婆做饭洗衣服时，就挂挂她的泰斯璧赫尔（礼拜时用来默记念经遍数的念珠）。

“安拉眼明，把我娃送回来了。到底是咱回族人家的闺女，还是懂教门的。”外婆对这个结果似乎很满意。

诵经声里的外婆

外婆的一生被钉在闹钟里。胡达在每天的五时，召唤她做五番乃玛孜。外婆被闹钟上了发条。胡达在外婆身体里装了一个齿轮，外婆命里的齿轮每天围着胡达转。

舅舅和你的时间跟外婆的不一样，你们的时间挂在学校的大钟上，你们听钟的命令，那个钟是汉族人敲的，它发出声音的时间，和外婆的闹钟不一样。你在学校的时间，捏在赵子虎老师手里的哨子上，赵子虎老师教你念的东西，也跟外婆教你念的不一样。

外公在闹钟响了以后醒来，闭着眼睛听完，转个身表示听懂了闹钟里的话，似乎有谁在闹钟里每天胁迫他。

外婆的时间住在闹钟里，闹钟叫的时候，外婆看看它，像是看见她的神，身心完全顺从。

外婆说时间攥在胡达手里，人的命也攥在胡达手里。你不敢碰那个闹钟。你不想你的命被关在一个闹钟里。

你看见胡达每天从闹钟里，把外婆的时间递给她，外婆不敢滥用胡达给她的时间，她把一天里的五个时段，用做乃玛孜的方式归还给神，除了侍奉神，她私自留下的那些时间，只够操持凡间一些简单的事情，烧火、择菜、做饭、浆洗、缝补，她做这些，只为了等待闹钟召唤她，再次把她带回到胡达那里去。

你猜那个闹钟一定是拴在胡达的腰上，就像外婆家橱柜的钥匙挂在外公的裤带上，除非外公开恩，橱柜里的糖果、点心和炒豆子，才会由外公哆哆嗦嗦的手里分到你们手里。不然，那些吃食，就在你们的念想里慢慢发霉。

闹钟一响，外婆就像上了发条一样，端起手壶，去牛圈里小净，然后脱了三寸长的黑丝绒小鞋，爬到炕上，摊开经单子，去领受神的糖果。外婆撅起尖尖的臀，朝西跪拜，感恩胡达的恩赐。

外婆在炕上，面对天上的神，你在地上，只能面对外婆的屁股。你趴在炕沿上，从外婆屁股后面，看她打了绑腿的罗圈腿的缝隙，你只看到对面墙上的花墙布，外婆的脸每天面对那块花墙布，比她面对任何人的时间都要长，它比你家的花墙布好看，也比你的脸好看。

那块花墙布一定是胡达赐的，跟外婆家所有的东西一样。外婆家有吃不完的油、米、面、羊肉，都是胡达赐的，胡达赐给外婆家的，要比你家的多，你希望爹爹和妈妈也做乃玛孜。爹爹说，胡达赐给他的孩子，比赐给他的粮食多，胡达的恩赐，对每一家都是不一样的。

外婆对胡达的虔诚，使她家的仓房变得充实丰盈，以至于不得不腾出一间大房子，放那些神赐的食物。你家的仓房里，冬天只有黑乎乎的煤炭，夏天张着空荡荡的大嘴，麦子从场院直接倒进了锅里，进了一家人的肚子。

外婆家那些神赐的粮食，都是由外公喘着粗气从外面扛进来的，神赐给外公的，似乎只有使不完的力气。外公的脸上有铜像一样的色泽。爹爹说过，跟胡达接近的人，都有着太阳烤过的皮肤。

外婆脸上没有那种颜色，小脚的外婆走路都颤巍巍的，根本没办法到那么远的地里去干庄稼活。她只能在家里看守那个闹钟，为闹钟里的神做乃玛孜。她用敬拜的方式跟胡达亲近，好从那里求得一些剩余时间，操持一些尘间的事情。

外婆五体投地的时候，神就在洗得发白的经单子上，接住她的脸和身体，经单子是白的，外婆的盖头和脸也是白的，神喜欢皮肤净白，戴着白盖头，跪在经单子上的外婆。

外婆做完乃玛孜下炕的时候，两条跪得发麻的腿已经支撑不住身子，下床时只能用两只手帮助支撑着，神就从地上轻轻接住她。她是神的侍女，神从来不让她吃力，从来没有因为她是小脚，就让她跌倒。她时刻都念叨着胡达，胡达就把力量加给她，让她在六十岁的时候，还能担起大半桶水，抱起一大捆柴火，做一大锅汤面，等着外公和舅舅从外面忙完各自的活回来。

外婆活了九十八岁，念了九十年经，嘴上都念起了嘬嘴纹，手指头也被泰斯璧赫尔磨出了茧子，她摸你头发的时候，头发会沙啦沙啦响，像磨在砂纸上。外婆不敢摸你的脸，她的手很硬，脸很软，她擦汗带着布巾，怕手上的茧把自己的脸硌伤了。你每次见她，都躲开她的手，喜欢贴住她的脸。

清早外婆家的闹钟一响，你就从床上惊起来，你熟悉这个闹钟油漆斑驳的外壳，还有那上面显示的是外婆做晨礼的时间。你重新躺下来，那只闹钟，它背靠着墙面安放在暗红色的中间。你看到桌子一侧的花围墙布，闻到大炕上每天早上起来，那种隔夜的烟熏气。外婆晚上给闹钟上好发条，早上在闹铃声里第一个醒来，窸窸窣窣地开始在大炕上做完乃玛孜后，才开始一天的日子。

外婆家的馕装在布袋子里，每天早上，外婆从袋子里取出一只，闻上一阵，她的动作轻缓，表情郑重，带着些许相遇的惊喜，每次都好像是在领受世上的第一个，或者最后一个馕。她的馕袋子里，一直都有源源不断到来的吃不完的馕。

外婆对馕怀着对真主所赐食物的敬畏与珍惜，每一餐，都是一次敬拜感恩仪式。

她跟袋子里的馕微笑着道别，扎好袋子坐下来，她双手捧着馕，跟它面对面，她端详馕，让馕也仔细打量她，仿佛她是那个馕要吃的早餐，或者是让那个馕辨认出她，不要受到惊吓。

她摸摸馕满脸的芝麻粒，直到馕对她露出笑意，她们之间似乎达成了默契，她默念清真言，直到馕不再感觉到疼痛，她开始轻轻地掰那个馕。

那个馕在她手里，重新回到了面粉一样的原初。外婆叮嘱我，干馕要掰碎了，用奶茶泡开再吃。她从来不会拿一只馕，直接用牙齿对付它，因为那样，人吃的就是自己上一口的口水蘸湿的馕，对于一个穆斯林，这样被污染了的食物，是不清洁的。

梳头，她把掉在地上的头发收起来，装进一个袋子里，扎住，埋在园子的土里，外婆说等她到了地下，她全身脱落的东西都会重新找到她，完整合一，这样她的灵魂就会安宁了。她剪了的指甲屑，每次都放在户枢的一角，吸引那些虫子不致被门枢碾压而毙命，人若害了虫蠹的命，下一世里也是要抵命的。

外婆让用过的东西物以类聚。出门前，她把厨房里的菜叶子和扫起来的尘土分开放在两个簸箕里，带出门去，尘土倒在墙后面的土堆上，菜叶子倒在门前的鸡食槽子里，灶火里的草木灰，一般都埋在菜园子的地里。厨房的剩菜叶子跟人脚底的尘土互不认识，它们应该各去各的地方，最好不要碰面。外婆说，把土豆皮和用过的草纸装在一个簸箕里，它们就会闻不惯对方的气味相互憋屈，家里就容易有口角，日子就难以清静。

你不能完全弄懂外婆内心的这些道理。每天看着外婆做这些，你能从外婆每天的举动里看见神，从细碎的物事中看见凡常日子里种种的好，似乎地上的烟火和天上的神明都能相安于心。

外婆殁了以后，你用默诵她教你的《古兰经》，用她熟悉的声音祷告，好让外婆在诵经声里复活。

麦草褥子

麦收时节，大梁坡环绕着高高的麦草垛子，它们挺立在村里，像临产的母亲，骄傲地鼓起腹部。你往哪个方向走，都能迎面看见它们，一丘连着一丘，一圈圈团团围坐着，姿态饱满地占领了村里的空地。

那些麦秆堆积起来的草垛子，刚刚从七月的大地上回来，鼓胀着大肚子，草色中带着些许临产妇疲乏的淡黄。站在这样丰盈的草垛子面前，我就像站在怀胎的母亲面前，有着想亲近和抚摸那充满母性的身体的欲望。

打场的时节，我和弟弟妹妹头发上、衣服上沾满快乐的麦芒，在草垛子上蹦跳嬉戏。农村的娃娃对丰收这个词没有太清晰的想法，只是对麦垛的气息，有一种天然的喜爱，麦香对孩子们意味着好吃的馍馍和可以尽情玩耍的麦草垛子。

村里最美好的事情，几乎都跟麦秸垛子有关。漆黑的晚上，麦秸垛子是村里滋生恋爱的温床。我跟那个邻村男孩的第一次约会，就是两人背靠着麦秸垛子互诉衷肠。无数次我在麦秸垛子后面久久地等他，嘴里衔着一根麦秸品味着初恋的味道。我的第一封情书，就写在那样一张麦秸秆做的粗糙的算术纸上，我初恋的泪水甚至打湿过算术本上一粒一粒凸起的麦壳。

几乎村子里的每个孩子，都出生在麦秸秆和稻草上。谁家的婆姨要生孩子了，都会准备几捆当年的麦秸、稻草，晒干净装进麻袋里，搁在高处存放，以免被耗子抢先当了温暖的产床。

冬天，牧业村的一家哈萨克族人撤了毡房，带着孩子，赶着羊群，来到大梁坡过冬，父亲把家里一大排土坯房的最后那间让给他们住。那个哈萨克族的阿帕，在这间屋子生下了她的第九个儿子。

那天她家的棉门帘不断被我掀开，父亲让我一次又一次送麦秸秆进去，为了能用上力使出浑身的劲生孩子，高大的阿帕让丈夫用粗粗的麻绳把她吊在房梁上，豆大的汗珠子从阿帕的脖子上、脸上、赤裸的身子上，砸到大炕上铺开的麦秸秆上。我看着孩子从阿帕的胯间，滚落到撒在烧热的大炕上的一堆麦秸秆上。

在我的记忆里，麦秸秆的气息已经和新的生命牵连在一起，无法剥离。母亲生我们时，身子底下铺垫着厚厚的麦草，能隐约闻到那种麦草的气息。温暖干爽的麦草从我的手上，到了母亲的身子下面，被她身子里的血水和羊水淋得湿答答的。

母亲生下我的几个弟弟妹妹，不管是头先着地，还是屁股先着地，身体最先接触的就是一把麦秸秆。土炕上的苇席和毡子都被抽走，只剩下母亲跪在一堆麦秸秆上。那样的时候，我总是爬上大炕跪守在母亲旁边，捧着干净的麦秸秆等着接生婆使唤。孩子生完了，沾染了血和羊水的麦秸秆，就会和孩子的胎衣一起被收走，埋在庄稼地里。父亲从炕洞里铲出热乎乎的稻草和麦秸秆、玉米秆烧的草灰，铺垫在炕面，吸干那些羊水和血水。

麦秸秆在农村里就是人们的草纸和孩子的褥子、屎尿垫子，用完了就扔在地里当肥料。在野地里解了手，抓一把麦秸就应急。父母在地里干农活儿，抱一捆麦秸铺在地上，娃娃在地上爬，或者干脆用长长的麻绳，系在一大捆麦秆上，娃娃扶着麦秆捆子学坐学站，拽着麦秆捆子摇摇晃晃学走路。

父亲总是让我跟他一起在羊圈里，守候快要生小羊的母羊，那些我从院子里抱来的玉米秆、麦草，在母羊身子底下被淋得黏糊糊的，像是打烂了一篮鸡蛋，鸡蛋清洒在草秆上，初生的小羊羔身上也湿漉漉的，母羊舔舐着小羊羔身上的黏液，小羊羔的口唇不小心碰到那些沾着羊水的麦草，还会本能地伸长颤巍巍的脖子去嗅、去啃食。

那些麦秆、稻草、玉米秆，是牛羊的草料，也是小牛、小羊出生时的产床，它们落在上面，一定不会陌生，也绝不会受到惊吓，那些柔软的麦草像一个褥子。

高处的声音

两根长木橛子一半打进土墙，伸出墙体的另一半担住一块木板，这就是爹爹的木架子，类似于神龛，一个很原始的供奉处。

木架子上最早供奉的是《古兰经》。母亲炒了羊肉，也会用盆子盛起来，放在木架子上，那是你踩了凳子也够不着的高处。

爹爹洗净更衣后，捧走《古兰经》，去做乃玛孜（礼拜）、行逊乃提（圣行），他站在高起的土坎上诵经，高处的诵经声泼洒下来，长音被风扬得高远，卷舌音慢慢舒展开来，柔软的白羊肚手巾一样擦拭天空，“比思敏俩，热合玛尼热依黑姆（奉普慈特慈的真主之名）”和着大梁坡上的芦花飘下来，落在一片白头巾和白帽子上，“俩一俩罕，银兰拉乎（除独一无二的安拉，绝无应受崇拜者）”抹过的天空下，众人的脸洁净、端庄、虔诚、静穆。

礼拜仪式回来，《古兰经》被端端正正地放回木架子上，上面盖上一块白毛巾。你不认识那些阿拉伯字母，你能听到那本《古兰经》里爹爹的声音，从白毛巾下面溢出来，和好闻的羊肉味一起，渗透每天的日子。

搬了新房子以后，爹爹在墙上打了两个木橛子，另一个声音被爹爹供奉在木架子上。

你大脑里储存着第一次听收音机的声音，那种被调频和音波美化的音质，听起来不真实，仿佛是非人间的，你怀疑那种带着金属气息的声音效果，是咖啡色格子音箱布面上织着的金线造成的。你奇怪父亲镶着金牙，却无法发出那种金属的声音。

声音最有助于记忆。随着声音复原的，是一个建设兵团的汉族“老乡”和父亲埋头调试频道的画面，那个老乡的面目已经模糊了，父亲说，收音机就是他从上海老家捎来的。

妈妈管收音机叫“化学匣子”，笨重的方形暗红木外壳，跟爹爹的缝纫机板一样光滑结实，两个金属旋钮掌管着声音的大小和不同的频道，母亲管两个旋钮叫“铁奶头”。

每天晚上爹爹都拨弄那两只“铁奶头”，越到夜深越是不肯放手。妈妈埋怨他，恨不得抱着“化学匣子”睡觉。

弄不懂成分的物品，妈妈都轻蔑地概之以“化学”的，爹爹的假牙是“化学牙”，塑料袋是“化学袋子”，复合肥料是“化学肥料”等等，口气里表现出对化工物品的鄙夷和不屑。

一家人在饭前念“比思敏俩”，饭后念“安拉乎艾克拜尔（真主最伟大）”，睡前“俩一俩罕”。你听得出父亲诵经的长调子，跟收音机里整齐短促的说话节奏截然不同。

高处的东西，总是容易受雷电风的影响，听不清楚。爹爹在房顶架了一根天线，其实就是一根细瘦的白杨树杆插在烟囱上。地线是一根铁丝，从屋顶的白杨树杆子上斜拉下来，埋在驴圈的墙根底下。起风了，白杨树杆晃荡不停，收音机发出刺啦刺啦的杂音。爹爹在屋顶上跺脚，大黑驴在圈里急得直跺蹄子。

爹爹顺驴棚的梯子爬上屋顶，一回又一回去正那根杆子，他想把那个歪了的声音正过来。他说风把杨树杆子刮歪了，收音机里传来的声音就歪了。

你不明白“化学匣子”里传来的声音正不正，跟一根白杨树杆子有什么关系。爹爹觉得关系大了，仿佛地上木头的直和弯，都是按天上的声音长的。天上刮东风，地上的树就朝西弯，天上刮西风，地上的树就朝东弯。

收音机里说，不是东风压倒西风，就是西风压倒东风。风和风打架，那地上的树很为难，左摇右摆个不停，都不知道该往哪边弯了。父亲说小孩子操心不着天上的事，天上的事大人操心就行了。小孩子操心不了那么高的事，更多的时候，你只操心木架子上的羊肉。爹爹听收音机的时候，你闻着羊肉味睡觉。

爹爹准时收听半夜十二点的塔什干维吾尔语电台，那种声音跟白天收音机里的不同，像是从很远的地方传过来，男声低沉沙哑，女声轻缓飘渺，伴随着刺啦啦的杂音，忽高忽低，声音被风扯来扯去。不时地会有别的声音压过来，盖过去，父亲吃力地辨别，到底哪个是他要听的那个真声音。

你以为爹爹相信收音机的声音，直到那天，收音机里说有人被打倒了，你第一个听到，跑出去告诉正在喂驴的他，他一把捂住你的嘴，不让你乱说话。你以为家里的收音机坏了，说胡话了，一口气跑到邻居家，邻居家的收音机里也在说有人被打倒了，你一进去，收音机就被关了。

你大声喊叫，有人被打倒了，他们都不理你，说你胡说，恨不得用眼睛里的恐惧把你的嘴塞住。你跑回家爬到房顶上，去正那根天线，爬下来再听，那个声音还在重复刚才的话。你只好站在院子里吹风，好让风把刚才听到的声音刮走。可是那天没有一丝风，院子里的白杨树一片叶子都没有动。

爹爹的那些经卷不再放在高高的木架子上，木架子上也没有了炒好的羊肉，只有收音机里传出干巴巴的声音。你闹着要吃羊肉，爹爹说都被割了尾巴了，羊圈里连根羊毛都没剩，哪儿来的羊肉吃。你说养几只吧，可以每天拔草喂羊。收音机里一个男人厉声呵斥："不许放屁！"你吓坏了，赶紧用被子捂住头。爹爹说，收音机里的人听到你说话了，骂你呢。大炕上的弟弟吃惊地说，收音机里的人真厉害，刚放了个出溜屁，他都能听到。

爹爹还是会在深夜听收音机，刮大风的夜里，还是会爬上房顶去正天线。他听哈萨克语、维吾尔语电台，比较"放屁"这个词，哪一种语言翻译出来听着更得体。

刮大风的夜里，爹爹到屋顶折腾他的天线，从驴棚失脚跌进旁边的驴圈里，大黑驴看到有团东西从天而降，惊得"昂昂"大叫。爹爹一瘸一拐回屋来解释："毛驴体贴主人家，知道老天刮风咱家收音机没戏唱了，趁机亮一嗓子给我们听。”

大黑驴好像真的知道天上的事情。每逢大风的天气，天线不好使，它就叫得格外起劲，脖子一扬，声音直直地冲上去，高过房子，高过房顶的杨树杆子，传到天上的大风里去了。

一堵墙用裂缝说话

村庄里的墙，被和泥巴打土块、打夯盖房子的人砌进很多秘密，这样的一堵墙，吞进了多少村庄的沙土，就会吐露多少村庄的信息。

经年的墙慢慢开裂，透光透风，会顺便把一些东西悄悄透露出去，多数秘密都漏到屋后的河坝里，或者被风吹进墙背后的羊圈里。羊圈一般都是土打墙，也没有用泥抹过墙面，风吹雨淋，年辰久了四处漏风，连小羊都能漏出去，根本关不住秘密。

烟火的气息钻进屋顶芦苇的管子里，一根根芦苇都被熏成了烟鬼，夜里能听见它呼噜呼噜地吸气，芦苇里灌满河坝的秘密，被烟气熏烤成另一种成色，像爹爹被莫合烟熏烤的手指，焦黄灰黑。飞絮带着芦苇的秘密，在半空里飞来飞去，飞过棉花地、玉米地，女人和男人秘密的对话，随飞絮被吸入，掩藏在屋顶芦苇的缝隙里。

房子和羊圈里，都是人和羊的秘密。羊圈里的羊把古丽和大头脱衣服脱裤子的事，偷偷说给墙听，他们黑暗里的喘息，被裂缝传出去，隔墙的单身汉子偷听了去，传给村庄里的风，风在墙上开出一个洞，在洞里装了耳朵和眼睛，秘密被呻吟掏空后，又被风言风语灌满。

爹爹不断地和泥，隔段时间，墙就要重新糊上一次。不多几日，太阳烈一些，裂缝就会重新显现。他用沙土和稻草、麦草和泥巴，想让墙泥变得牢固一些。那些钻进土块的缝隙，被泥密实地糊住透不过气的，都是些经年的隐秘，密不透风，比如古丽一天天大起来的肚子，到底是谁干的好事。

裂缝的危险来自墙里，墙皮上显示的只是一种表象。爹爹只看到墙皮，他似乎否认是墙里面出了问题。沉默的墙，只有靠裂缝说话。墙要说话的时候，就咧出一个口子。裂缝成了墙唯一的表达，把危险和恐惧展示给人。看惯了到处是裂缝的房子，就会觉得，一面太完整的墙，像一个哑巴。

四处漏风的墙，看着多嘴多舌，却比没有窗户和裂缝的外间屋子安全。外间屋子只有一扇门，黑漆漆的四堵墙，屋顶开了个天窗，露着一线天光。冷天里天窗堵着，热天天窗是一张朝天的嘴，偶尔燕子看见人没有留门，像黑色的叶子从天飘入，让天窗的白扑棱棱一阵黑。除此以外，天窗从早到晚像个朝天的喇叭，又空又圆又大，仿佛这张嘴说话，不是说给人间的，没一句能着地，风一卷就上了天，谁听没听见，天窗也不在意。

爹爹说，一面再完整的土墙，早晚都是要开口说话的。墙说话，直接采用了裂缝这个形式。墙的话不从门窗走，它要说它自己的话，自己的话就要从肚子里、胃里、心窝子里掏出来，墙急着挤出几句话，声音一大，嗓子就挤破了，墙面上就裂出一条条缝，先开始细细的，墙的话越说越多，嗓门越来越大，缝就越裂越开，最后裂开的口子都合不拢了。

这个时候，爹爹又开始和泥巴糊墙。爹爹发现泥稀了不行，抹不住口子，泥稠了也不行，太重粘不住墙，不一会儿就脱落下来。爹爹只好往泥巴里面添水，加稻草和麦秆，泥巴就有了韧劲，稻草和麦秆横竖交错在墙上，把裂缝捆住，它们用经纬交错的细小纤维绑架了整个墙面，让裂缝像一个秘密一样，消失在墙里。

谁都知道那是暂时的。爹爹在墙的嘴里塞满了泥土、沙子、稻草和麦秆。爹爹每天堵住墙的嘴，就像邻家的古丽睡着了，爹爹开玩笑用棉花堵她的呼噜。

过了几天后，他几乎忘记了墙从哪里开裂的。爹爹在一面到处是裂缝的墙面前，成了一个瞎子，他欺骗了自己，墙用稻草和麦秆的掩盖，让他相信了那些裂缝是不存在的，爹爹逼迫墙隐藏了裂缝和危险。住在稻草和麦秆交织充满裂缝的墙里，假装忘记了恐惧和危险。其实住在四处裂缝的墙里面，比住在结实的监狱里还要危险。

裂缝盘踞在墙面上，像钉子钉在木板上，仿佛这面墙就是为裂缝而生。有病的墙体承载着这些裂缝，龇牙咧嘴，破裂，抵抗，无法愈合的伤痕，不完整和疼痛，仿佛不是裂缝的，而是整面墙的。爹爹明明知道墙的开裂是从里面开始的，不知道为什么，他总是用泥巴墁住表皮。

墙基因为裂缝而变得动摇，墙像老人松动的牙齿，显出老态，墙缝开始漏土，开出窟窿，先是蛇钻进来，接着耗子窜进来，猫钻进钻出，窟窿越刨越大，鸡和狗干脆在墙角做了窝。

墙体似乎变得越来越沉，硬生生地撑着压下来的肥胖的墙肚子，墙鼓胀着，变得矮胖、浮肿，混合着稻草和麦秸的泥巴糊得再多也无济于事。爹爹在窟窿里添泥沙和碎土块，修补后的窟窿不是实打实夯出来的，没有劲道，鸡和狗一刨就开了。

冬天那些窟窿里塞满了冰雪，屋子怎么也烧不热，西伯利亚刮过来的寒风彻骨，裹挟着冰雹打破墙的沉默，从屋子的各个方向袭击，裂缝和窟窿用冷酷的叫嚣威胁，一家人在一个又一个长长的严冬里，感觉住在一条又一条裂缝里打哆嗦。

那年爹爹离开后，一家人再也忍受不了漫漫寒冬里，墙上那些窟窿和裂缝，老房子废弃，檩子和椽子被邻居家抽走，四堵墙坍塌。缝补过墙的裂缝的稻草、麦秸秆，软塌塌地萎弃在地，房顶的芦苇戳在地上，直指着天空说话。自由了的墙，重新回到它的原貌，在雨水和雪水中，融化为泥土、沙子、稻草、麦秆……

村庄里的爹爹盖的老房子，如今已经没有墙，也不存在裂缝，只剩下一片废墟，在镜子一样明亮的阳光下摊开着，寂静无声……

殁了的姐姐

古丽殁了的姐姐芭哈尔的相片挂在墙壁上，让你心生莫名的嫉妒，让你想到夭折的姐姐。

姐姐小小的坟在村口，用枣红色的木栅栏围着，爹爹每次赶着毛驴车路过，都要指给你看。那是那片坟地里唯一拥有栅栏的坟。爹爹说只有公主坟才配有这样的木栅栏。从此你喜欢上了暗红褐色的木栅栏。

一年又一年，姐姐跟你一起成长。你从来不跟妹妹比，你只跟姐姐比。你能看到她，你梳辫子，她的比你长，你跑路，她比你快，你对着镜子笑，她笑得比你甜，还有两个小酒窝，那是你一直想有的。

姐姐什么都比你好，皮肤比你白，眉毛比你弯，眼睛比你大，头发比你黑。丢失了的刀子最锋利，爹爹心里知道维吾尔族人的这句口头禅。出生七天就殁了的姐姐，好过活过了三十年的你。

每次你都从爹爹手指的地方，看到姐姐站起来，站在你追不上的地方，对着你展开婴儿般的笑容。

你觉得每次站在芭哈尔的相片前，都是在代替一个看不见的人嫉妒，你知道古丽的姐姐是天使，假使她在，断然不会嫉妒自己的妹妹比自己漂亮。你霸道地认为所有村里的女孩都不应该比芭哈尔更美，那些肆无忌惮的美，隐含着一种对死者的不敬。

住在河坝那边的维吾尔族当兵的试图与芭哈尔开始一场恋爱，她却用天真烂漫和不谙风情，来淡化那份对于她来说唾手可得的爱，用对兄长一般的无邪拉开距离。你觉得那个当兵的根本不配她。她纯净如天使，而他是一个满头不洁的卷发，满脸黑胡楂的俗物，对爱情的百思不得让他因为烦恼不断地搔首，导致军装的肩头落满了雪花一样的头皮屑，领章边缘也脏得发黑。善良的芭哈尔用白线为他钩过一个雪白的护领，可是过不了多久，那领子被他油脂分泌过盛的脖子染得变黄继而发黑。

芭哈尔死后，你曾幻想那个当兵的爱上了你。但那几乎是不可能的，那个呆子痛苦到几乎发痴，胡子不刮，头发不理，衣服不换，只有那条护领洗得雪白。他依然经常来芭哈尔家，忧郁的眼睛里看不见村里别的姑娘。芭哈尔用死亡主宰了他的内心，拥有了他的全部。

从芭哈尔家门口过河坝时，芭哈尔雪白的脸映在河坝的水里，你出神地看上很久，就能看见她从水里走出来，扎好头帕端着碗走向羊圈去挤奶，湿漉漉的卷发俏皮地从头帕里溜出来，带着水珠晃动在光洁的额头和耳轮旁。

失去了女儿，芭哈尔的妈妈似乎变得特别怕冷，一年四季穿着厚厚的棉衣和棉靴，家里人在院子周围堆满了高高的柴垛，好让她不再看见女儿落水的河坝。从她浮肿的脸和红肿的眼睛，可以猜想到她梦里的哭泣。

芭哈尔的爹爹表现得很冷静，他用豁达的语气安慰家里人：芭哈尔为救落水的同伴而死，真主会唤她去做天使。这种对夭折的生命的隐忍，让你心里替死者产生了一丝不平，但又怕他像他妻子一样，悲伤到冬夏不分的地步，毕竟他家里还有四个幼小的女儿要照顾。

从芭哈尔的几个妹妹眼里，很难找到那种失去姐姐的哀伤，当你提起她们的姐姐时，她们一副既吃惊又忌讳的表情，竭力掩饰一种对死亡的迷惑和不解。她们的眼睛圆圆的，酷似芭哈尔，显得很无辜。

从她们隐讳的脸上，你感觉出她们希望所有人都把死亡当作一个秘密，不去向任何人透露。说到死去的姐姐，她们不约而同地看看身后，然后提示你要背对着死神说话，这样可以让死神听不见，死亡就不会来追赶活着的人了。

葬 埋

我站在通往清真寺的路口，四个弟弟和一个妹妹排成两列站在路的两边。

他们腰间系着的白纱布，像是真主缠绕在他们身上的绷带，他们没有哭。

所有的人也都不哭，他们望着我。

走过这一段路之后，我要见证的是一个亲人的死亡，可我不能哭。

我不要用泪水冲洗父亲的埋体，也不想让真主看见我的不情愿。

包着白头巾的妹妹从亲人的队列里走出来，她手里的白纱布从我的头顶上覆盖过来。

我听到妹妹在诵经声中里低低地饮泣。

我的双膝降下来，重重地落在清真寺的门槛前。

我的主啊！我只是你的孩子了……

父亲裹在白布里，像一个婴孩，微微地蜷缩着瘦小的身子，嘴角残存着笑意，样子像是睡进了一个好梦里。他下巴上的胡子没有刮。

那些胡子生长在这张熟悉的脸上几十年了，它们不知道这张脸的主人已经到另一个世界去了，还在自顾自地在这个世界里疯长……

爹爹的埋体躺进了则拉提，前一天给爹爹送埋的人，都要请到家里来念《古兰经》、吃抓饭。青黄不接的五月里，地里的菜刚刚下种，麦子、水稻才长出绿苗子，谁家都端不出做一大锅抓饭的米和黄萝卜、皮牙子，好在大梁坡上的羊儿吃了一个春天的草，已经养得壮壮实实。能宰羊来举念，那则尔就等于成了大半。

一大早，弟弟就赶回了爹爹放在乌斯曼家羊群里的三只大尾巴羊，用草绳把三只羊链起来，拴在门口渠沟边的榆树上。羊不吃也不喝，头抬得高高的，望着渠沟那边。五月里渠沟那边的苜蓿地里，开了零零星星的小紫花，吹几股子风，苜蓿草的味道就传到了渠沟这边。

吾拉子别克从腰间解下刀子，在渠沟的清水里涮了涮，在油光光的裤子上翻过来蹭了一遍，翻过去又蹭了一遍。

就在这当儿，村里的几个青壮年用细麻绳捆了三只羊的羊腿，把羊按倒在渠沟边。羊儿喘着粗气，喷着清鼻涕，伸直了脖子躺在地上。

吾拉子别克掂着刀子走上来，闭上眼默念清真言，刀光一晃，耀得周围人的眼睛闭了一小会儿，吾拉子别克的刀子就从羊的脖子上抹了过去，抽出来的刀刃干干净净。

三只羊并排躺在渠沿上，头朝着西边那一大块开着紫花的苜蓿地，几只蝴蝶扇着翅膀在渠沟边上绕了一圈，飞进了苜蓿地里不见了。

阿布拉哈提支起了村里办大事时用的那两只大生铁锅，把宰好了的羊剁成大块放进锅里来煮。

几个弟弟忙着把大梁坡所有人家米缸、米袋子里的米背回来，把大梁坡所有人家菜窖里的黄萝卜、皮牙子背回来。

两口煮肉的大铁锅边，等堆得像金山、银山一样的皮牙子和黄萝卜，在婆姨、姑娘们的刀下变成了金丝、银丝，铁锅里漕出的肉香飘满了整个大梁坡村。

肉出了锅，送埋的人也都陆陆续续从村村落落赶上来，我们招呼着客人在榆树上拴好了马，卸好了驴车，把驴牵到树荫里，再把客人领进屋里上炕坐定。阿帕们开始提来滚了一上午的奶茶，调好了奶茶端给客人们。

那些招待客人的馕也是用挨家挨户收来的麦粉烤的。这一天，大梁坡人粮袋里的粮食、地窖里的菜，从大梁坡牛的奶头里挨着个儿挤来的奶子，都煮成了吃食，集中到了伊布拉欣家，用各式各样的碗和盘子盛着，摆到了各家各户带来的达斯特尔罕（餐布）上，在阿訇的诵经声中，整个村子都在为亡人举念。

父亲殁了，家要散了。

我们把牛卖了，把羊卖了，把树卖了，把刚播在地里的庄稼也卖了，把灶上的铁锅、锅铲子、铁勺子、碗、筷子，仓房里的煤炭、老虎钳、扳手、铁锹、坎土曼、老犁头，连同驴车、毡子、炕席都堆在门口，等着村里的人来挑走它们。

我们从小盖到大的被子，被亲戚装上了牛车拉走了。那上面还沾着爹爹身上一辈子的油气汗气和妈妈最后一次月经，白洋布的被里子乌黑而油腻。

那几天，我们家变成了大梁坡村最大的集市，不断地有人从我们家带走东西，然后留下一卷角角分分的纸币。

我们跟大梁坡村做了第一次，也是最后一次交易。我坐在炕上数那些零零散散的钱，妹妹在院子里等人上门，她面前一堆堆地摆着我们从仓房、菜窖、灶房、驴圈里搜腾来的一麻袋炭、大半袋子米、一盆面粉、一疙瘩盐、小半罐茶叶、一截缰绳、一个驴膗子、两捆劈好的柴板。

这些东西会聚在一起，向村里宣告着我们在大梁坡生活的结束。

大弟第一个跑出去讨钱。他手里拿着爹爹去世后，阿布里孜村长让村里人记录的账本。

“玉赛尼家还欠我们家一麻袋稻种。”

“苏法音家欠我们二十公斤面。”

“努尔阿訇家欠我们一壶油。”

“吐尔逊家欠七十元配种钱。”

“玉努斯他爹不在了，欠我们家的一百二十块钱，让玉努斯还，我去找他……”

大弟似乎忘了昨天送爹爹去寺里和马扎，用的还是玉努斯家的拖拉机。他的样子好像要把爹爹给了村里人的好处都收回去，要跟自己生活了二十多年的村庄进行一次彻底的清算。

爹爹走了，没有留下一个子儿不说，连一句话也没有留下。大弟觉得整个大梁坡村都欠了他的，他跟来家里挑东西的村里人讨价还价，连圈里的牛粪，渠边的几棵榆树、野柳树、沙枣树，他都找人估了价。有几个人来问了问，都摇摇头走了。

大弟气得把那些牛粪铲起来，倒进了河坝里。连那一排歪歪扭扭的树，他也抡起斧头砍了，扔在渠沿上。他说，这是我们最后的家当了。

只有院子里六棵树根已经枯死，不再有人搭理的白杨树，兀自立在门前，看着我们兄妹六个进进出出地折腾。

大弟几乎是用仇恨的目光，打量着村里来挑东西的每一个人，恶狠狠地开着价，好像要用钱跟所有的人，来一次彻底的了断。

大弟帮哈斯木往他家的牛车上装我家的三斗橱的时候，我从缝纫机的抽屉里搜出了那把爹爹用了大半辈子的剪刀，弟弟见了一把夺过去说："这么重，卖废铁也可以卖上三斤。"

我抢过来，抱着剪刀哭了。

大弟抓起从爹爹身上脱下来的衣服，逼着邻居估价。我赶紧端了半盆水，把那几件满是尘土和汗渍的衣服浸到盆里，逃到屋背后去洗。大弟弟过来追那几件衣服，我说："这是爹爹身上的衣服，不能卖，我要洗了给小弟穿。"

站在大路那边往坟地看，一眼就能看到爹爹的坟。爹爹黑色的墓碑，在那片则拉提里看着很高大，我在心里比了比，有爹爹那么高。爹爹是爱面子的，活着的时候爱穿呢子衣服、毛料裤子和翻毛皮鞋，殁了只能扛着这块碑，站在大梁坡上。

我跪在黑色的墓碑前，黑裤子沾了爹爹坟头的土，头巾是白的。

有只蜜蜂从坟边飞过来，绕着我的脸飞了一圈。我想躲闪，又觉得那蜜蜂很亲近，屏息看着，它顺着刚才绕的弧线，从我的额头开始，沿着我围巾下的脸盘绕了一圈。

这一圈几乎是贴着脸蛋的，我都能闻到蜜蜂飞翔时带来的紫云英气息，它像是在仔细地辨认我的脸，好像是已经认出我了，贴着面打个招呼。

我站在坟前，淡淡地对着蜜蜂笑了。我感觉是爹爹在借蜜蜂的眼睛打量我。坟上围了一大帮人，那蜜蜂只端详了我。

打坐在墓碑后的阿訇念完了几个长长的索尔，我们正抬手接都瓦尔，有一条蜥蜴倏地从坟头里钻出来，飞快地用眼神打量了我们一圈，又回到它爬出来的那个洞里，不见了。那条蜥蜴皮很嫩，像是很少出来晒太阳的。

给爹爹上完坟，我伸手摸了摸石碑上雕的那个白色的月牙，石质粗硬，手指像是摸到一块骨头。一股旋风刮过来，向半天上旋去。抬头看天，一朵孤云停在天边，一动不动，松软得像棉花，素净得像雪莲。

隐秘的事情

爹爹与妈妈只有四年正常恩爱夫妻的生活，生了妹妹的那一年，妈妈精神失常，然后愈演愈烈，失常了三十年。这三十年，爹爹一天天蹚过老河坝一样又苦又咸的日子，不知道作为一个男人，爹爹是怎么过来的。

爹爹应该痛惜过自己，有一年冬天，爹爹骑着毛驴，驮着妈妈一次又一次地去公社，为的是办离婚手续。每次走之前，妈妈都答应到了那里，会同意离婚的。

可每次回来，爹爹都说，这个“苕子”（傻子），一点都不“苕”，聪明得很，家里答应得好好的，到了地方当着别人，就说不同意。口气里似乎很替妈妈存余的那点脑子感到骄傲。毕竟是自己爱过的女人，发疯后，父亲还爱她，她为他生了三个孩子。

那时候离婚，都是要双方同意的。可怜的妈妈到了决定命运的关键时候，脑子就不糊涂了。毕竟一个回族女人家离了婚，就意味着要一个人过完后半生。

尽管爹爹一不如意，就打她骂她，但毕竟心里也是疼自己的女人。还有一些说不清的原因，只有妈妈知道。总之婚没有离成，整场事情看起来，像是半个脑子的妈妈，跟聪敏绝顶的爹爹玩智斗。最后妈妈赢了。

到了春天，毛驴都跑瘦了，爹爹从痛惜自己，变得开始痛惜自己的驴。他说妈妈骗人，把驴都折腾坏了，驴春天还要下地干活呢。

爹爹开始安心地喂驴、养鸡、给羊上膘，一家人的日子，又回到了自家眼里的正常，一天天继续下去。从那次开始父亲对离婚死了心。妈妈也肆无忌惮地开始发她的疯，她似乎知道自己赢定了，无所顾忌了。

我们几乎没有看见过爹爹和妈妈躺在一个被窝里，但是弟弟妹妹依然一个接一个地出生。我从来就不知道，爹爹和妈妈什么时候过夫妻生活。我猜测他们之间会有默契和会心，虽然妈妈的意识沉睡了，但人的本能在每时每刻都醒着，而且妈妈那时还很年轻，而比妈妈大二十二岁的爹爹应该知道这一点，所以他是用自己残存不多的温存，来竭力安慰另一个身体，一个意识混沌不清的女人焦渴的身体。

他们是怎么做到的，而且要做到无声无息？精神错乱的妈妈，或者她本能地知道，为人父母，这样的事被孩子发现是羞耻的。

他们很好地隐藏了这个秘密，妈妈用自己仅存的理智守护了孩子心眼的洁净。我们和爹妈在一个炕上睡到长大，爹妈却从来没有一次为这样的事让我们尴尬，我和弟弟妹妹对此，保持了那个年代的孩子应有的懵懂。爹妈在我们眼里一直是神圣的。

爹爹和妈妈感情的黏合剂应该是那些曾经美好的记忆。尽管好景不长，唯其不长，才显得珍贵。人的一辈子，反复记忆的不也就几个刻骨铭心的镜头。但是当我长大之后，每想到爹爹三十年抱疯妻而眠，就觉得悲凉，悲凉到骨髓里。

很多时候，爹爹脸上显出苦行者的孤寂。

在大梁坡盛满母爱的大自然中，爹爹像个孩子，总能和我们一起找到充满童趣的乐事。他带着我们捉刺猬、捕麻雀、捕蛇，看燕子在屋梁上衔泥、做窝、喂幼燕。对于大梁坡赐予他的这一切，他比我们更精心。

那年，那对燕子没有如期归来，爹爹用一年的时间等待。他不断地猜测着，几乎隔几天就替燕子找个理由，最后安慰自己：燕子一般不会走错门的，大概我们晚上睡着关了天窗，它进不来，选了别的人家去垒窝。

为了燕子回来不迷路，爹爹白天黑夜不闭户，一扇窗户都没有的屋子圆圆的小天窗和门，从这一年初春开始，一直等到秋天霜降才关上。

爹爹对一对燕子的用心，甚至胜过了任何一个试图靠近他的女人。对燕子可以敞开门户和天窗的爹爹，从来没有让哪个女人推开过他的情感窗门，他的情感世界隐秘到几乎没有留下什么蛛丝马迹，如果不是万分悉心地收藏仅有的几个隐秘镜头和细节，爹爹的情感世界看起来几乎是空白的。

哈斯木的老婆是我亲眼见到对爹爹卖弄风骚的大梁坡女人。孩子的衣服她自己会缝，她自己的花裙子喜欢找爹爹缝。爹爹帮她缝裙子的时候，她靠在缝纫机边，捏着平时粗声大气的嗓门，媚声媚气地跟爹爹挤眉弄眼，挑逗爹爹。爹爹一言不发地踩缝纫机，看上去面有怒色，又不便发作。

哈斯木和老婆很恩爱，这个爹爹很清楚。或许恰恰这样，这个女人的眉目传意，伤了一个像爹爹这样守着疯婆娘过活的男人的自尊，她的卖弄风情类似给一个饿汉扔一块干骨头。她认为拿准了这一点，爹爹这样干渴的男人，一定渴望像她这样的聪慧伶俐的美妇人。

爹爹当时的冷漠或许说明，他能够判断出这个女人类似施舍的调情里，多少含有揶揄加同情的成分。这个女人之所以揶揄，是因为对爹爹冷冰冰的态度心怀不满。这个高挑美艳的女人自然知道自己的魅力。她不明白的是，一个健康的男人居然能一辈子守着一个疯女人，对周围其他漂亮女人无动于衷（其实说实话我到现在也不明白）。或许爹爹对她美貌的无视，让她产生了想戏弄爹爹的念头。

当然，这事并未影响爹爹和哈斯木家的正常人际交往。每当爹爹有事去哈斯木家，哈斯木的老婆也大大方方端茶殷勤招待。似乎缝纫机前尴尬的那一幕从来不曾发生过。

试图挨近爹爹的女人不止哈斯木的老婆一个，只是爹爹对女人总是怀有警惕和抗拒。从南疆嫁过来的阿吉罕居然当着众人跟爹爹开玩笑，说她跟爹爹年轻时就相识，可惜爹爹那时瞧不上她，想要找更漂亮的。她大概不知道我妈妈的情况，弄得爹爹在一群大梁坡女人面前尴尬无语。

我五岁时跟爹爹一起，在老沙湾镇的街头撞到了一个女人，这个女人后来一直出现在我们一家人的生活里。

那天在十字路口，迎面闯过马路的那个维吾尔族女人，几乎不顾一切地扑上来，牢牢挽住爹爹持鞭子的手不放，鞭子死死地夹在他和女人中间，他无法对大黑驴发号施令。

爹爹的第一反应是跳下车，试图让车停下来。猛然勒住的驴缰绳，让大黑驴和驴车连连倒退了几步，他用力甩开女人的胳膊，抽回他的鞭子。驴车前进的惯性形成反方向的作用力，让他推开的动作变成他与女人挤在一起，车停下来，爹爹有点粗暴地推开了女人，女人幽怨地看着爹爹，眼角有些潮湿。

爹爹可能意识到自己的冷漠，气氛稍稍缓和了一下。爹爹下意识地回头看看，女人这才注意到我和弟弟坐在车上，正定定地看着这一幕。爹爹的眼神里闪过一丝抱怨，他最不想让我们看见的一幕，还是被我们看见了。

自从那次路遇后，那个女人经常来家里，在我们记忆里留下了一些很家常的镜头。爹爹说，她是爹爹在南疆的远房表妹，爹爹让我们叫她姑姑。

冬天姑姑来我们家有时是大清早，我们还没有起来。她抱来柴火把炉子生起来，用她带来的平底铁锅给我们烙玉米面饼。这个时候她有点像爹爹故事里的仙女。等我们醒来的时候，热腾腾的玉米大饼摆在小饭桌上，茶在碗里冒着热气等我们。我们穿好衣服洗手洗脸，她把洗干净的毛巾递给每一个人，爹爹接过毛巾就捂住脸，眼睛并不去看她。

夏天，姑姑带了癞痢头儿子哈迪尔江来我家。爹爹为了治哈迪尔江的头，去河坝边捕了三条蛇，放进瓶子里晒成蛇油，每天涂在哈迪尔江的癞痢头上，我们不愿靠近那个满头蛇油的恶臭的孩子，整个夏天，他一个人坐在墙根背阴处默不作声地玩沙子。只有爹爹和他妈妈不嫌臭。爹爹在筷子上绑了棉花给他搽蛇油的时候，他妈妈坐在一旁扇走围上来的苍蝇，眼角潮湿地看着爹爹，一言不发。

等爹爹用蛇油治好了哈迪尔江的头以后，紧接着发生的事情很蹊跷：弟弟的头被发疯的妈妈塞进了火塘。那个傍晚，姑姑抱走了满头粘着炭火冒着烟的弟弟。

我们不知道当时还在吃奶的乳儿，在这三个月里姑姑是怎么喂养照料的。后来听爹爹断断续续地说起，姑姑每天给他煮粥、熬玉米糊糊，苍蝇在弟弟头上下了蛆，姑姑用针一个一个地挑出来，再用紫药水消毒。为了躲开苍蝇和蚊子，弟弟在不见光的黑屋子里待了三个月。

姑姑用神奇的手，抹掉了那个傍晚降临在我们家的一个噩梦，把一头乌黑的头发还给了弟弟。弟弟被姑姑送回来的时候，头上一点烫伤的痕迹都没有。

这件事情的始末，仿佛是上天给姑姑一个机会，还爹爹的一份情债。

那个夏天，爹爹因为“投机倒把”，被镇里用卡车拉去批斗。我们听到有人说起爹爹在棉花加工厂劳动改造，姑姑去看过他，就顺着别人的话，找到了姑姑家，她住的镇郊那个地方，爹爹曾经带我们去过。

姑姑怕我们饿着，给我们一人一个玉米面馒头，倒了两碗清茶。家里只有她一个人，哈迪尔江的爸爸前几天殁了，他早上还在稻田里插秧，中午回来说肚子里长了个硬块，当天就断了气。她说哈迪尔江去地里插那些他爸爸没插完的秧了。

等到我第二年再去看姑姑，她已经嫁给了离镇里很远的贫困村里的孤寡老人。那个老得连路都走不动，话都懒得讲的白胡子老汉，拄着拐杖坐在门口晒太阳打盹，一个劲地咳嗽着，等姑姑和哈迪尔江干完活回来伺候他。

回来我问爹爹，姑姑那么漂亮，为什么要嫁给那个病老汉，还要跟哈迪尔江一起挣钱养他，她不能不嫁人吗？爹爹皱皱眉，似乎很不情愿地回答：姑姑也老了。

爹爹一直到生命终结，才抛下妈妈，还有他跟妈妈一起创造的我们姐弟六个。

那个姑姑和爹爹狭路相逢的十字路口，离后来爹爹亡故后洗埋体的清真寺，还有他下葬的墓地都相去不远。我离婚那年，爹爹托梦给我，梦里的场景就在这个十字街口，我梦见一只燕子要从我手里飞走，爹爹接连对我说：抓住它，不要放手，它会飞走的。

我最终敌不过强大的命运，没能抓住我的爱情鸟，眼睁睁地看着它飞走了。这个时候，我才开始慢慢试着去理解爹爹。

爹爹在世的时候，每次听他用苍凉的声音唱《阿克别力克》，一直以为他在抱怨心爱的人抛下他，另觅新欢后活得并不如意，让他痛心。现在想来，爹爹是在质问自己的一生：你说我不好，你不爱我，你找到的好的又在哪里？

十字路口的那个镜头，我曾无数次把背景置换到别处，设想那个女人要是在没有我们在场时，这样不顾一切地死死挽住爹爹的臂膀，含情带泪注视着爹爹，爱情鸟是不是也会驻留在他们正当中年的生命枝头。

也许作为女儿，我这样探寻爹爹隐秘的情感是对亡人的不敬，但是这些记忆是那么不可抗拒地拥过来，如果我不去抓住它，我怕没人能记得这些值得记忆的过去，那也许才是对生命真正的辜负和大不敬。

我想，假如有一些隐秘的事情，在一些隐秘的时刻发生在爹爹身上，这是不是或多或少能弥补爹爹生活的无奈和生命中的缺憾，至少爹爹的一生会完整一些，而不只是因充满牺牲者的悲剧色彩令我满心痛惜。

不知是为方便自己路过时看看，还是为了父亲想我时，好顺路看一眼他的老伙伴，爹爹去世后，陪伴他半辈子的老缝纫机，被我寄存在老家和谋生地之间的城市。那架老缝纫机在我托付的那户人家的地下室里，孤零零的，越看越像我走远后，被抛在黄沙深处的爹爹……想起小时候，我们睡在炕上，看爹爹在卧室窗前踩缝纫机的背影。如今，老缝纫机剪影静穆得像一方墓碑，架间透着幽暗光影形成的方框，像一道墓室的门静静敞开着。

爹爹去世后，我一直想找个会唱《阿克别力克》这首老歌的族人，想听取父亲逝去的声音，让不可再现的过去，仅以声音的方式再现一次。少小离家出走的爹爹，到底经历过怎样失败的爱情，究竟有什么样的过去？又是如何与回族的妈妈相识相爱，结成夫妻的？父亲的身世里，写满了我，我的猜疑，我的命定，我想从爹爹的情路轨迹中，为我的出生和混血的生命，找出一个完整的理由。

老河坝

我们家背后，靠着河坝的那块从河坝这一边伸到河坝里去的半月形荒地，几十年了始终平展展地躺在河坝边上，每年从雪山上下来的洪水没有侵占过一寸。老河坝知道春天爹爹要领着我们在这里采蘑菇，秋天要在这里砍柴。老河坝就是这样体恤着繁衍在它周围的村庄，老河坝旁的人们也从没有侵犯过它，也从不因为它的水是黑的、咸的、腥的不能喝就嫌弃它，人们都习惯了闻着老河坝的味道过日子。

这条河坝比这十里八村的老人年纪都大，在大梁坡的人还没来之前，在还没有大梁坡和海子湾这些村子之前，老河坝就已经在了，它算得上是大梁坡、海子湾、黄沙梁的祖宗。人们不会随意在河坝里扔一块木头或石礅，更不会往河坝里填一锨土，老河坝也总是很体贴地在人们过河的地方，变得浅浅的，浅到刚刚没过脚面，让人们卷起裤管，提了鞋，从它凉丝丝的水里蹚过去。

只有那次海子湾水库决堤，暴涨的水一夜之间把老河坝灌满了。老河坝为了保护周围的村庄，把凶猛的潮水拦在自己的身体里，它衰老的身体被冲出了一个个大空洞，老河坝拦住洪水往沙漠里奔涌的路上，经过洋灰桥，老河坝兜不住身体里太多的水，翻了个跟头，洋灰桥就被撞翻了，溢出来的水把两边的庄稼淹了几天。老河坝用千疮百孔的身体把洪水带走以后，那些在河坝的水里洗了澡的庄稼又开始生长。

老河坝经过老沙湾那片坟地的时候，仿佛认得那里住的是它过去的老熟人，怕惊扰了正在酣睡的亡人，它在离他们还有半里地的村庄边上打了一个旋，那个村庄没有损失，坟地也没有损失，只是靠近村庄的盐碱地被冲出了几百个大窟窿，那个本来没有名字的庄子，从此有了一个名字，叫窟窿村。人们说，窟窿村没冲垮，是它庄子底下都是树根。也有人说，是老河坝通灵性。

老河坝的蛇也是通灵性的。在海子湾水库闹大水的前几天，那些蛇把我家的院子和墙根当成了它们的避难所，它们躲进鸡窝和狗洞子，惹得鸡鸣狗跳的，连我家的大黑驴也忍不住在驴圈里甩蹄子。等洪水退下去的那天，大梁坡又恢复了安静的日常。

早上从我家的南窗上看过去，老河坝两岸被太阳晒出了细细的塘土，大水冲刷过的蒿草在风里自在地摇摆。那天早上我和妹妹在炕上叠被子，看见一条肚腹里鼓得一疙瘩一疙瘩的蛇，从炕上蹭下去，从门底下透着光柱的破洞里挤出了胀鼓鼓的身子，大摇大摆地去河坝边上晒太阳了。爹爹说那条蛇不是吃多了老鼠，就是快要产蛋了。

最早的时候，那个还不叫窟窿村的庄子，住着十来户从河南来的汉族人家，庄子周围都是盐碱地，没法种庄稼，那些人家在庄子里种了一大片的白杨树，后来这里变成了林场。再后来，庄子里的人春天就来大梁坡种地，夏天守着庄子里那些树浇水乘阴凉，秋天再来大梁坡收庄稼，冬天回到林场里过年。在大梁坡一来二去，好多人家跟大梁坡结了亲，每年过年，大梁坡人都去林场走亲戚。

那时候，窟窿村的男人们就在我们家背后紧挨着河坝边上盖了一大排房子，春耕秋收时就搬来住在里面。吃饭都由一个又高又胖的女人做，那个女人力气比男人还大，一个人能扛两麻袋麦子。这个男人堆里的女人就住在食堂里，地里浇水、锄草忙不过来时，她也帮着男人们搭把手。她比男人们还高一个头，就连大梁坡的男人们见了她都不敢出声大气。她吃饭端着大盆子，见我和弟弟来就从她的盆子里拨一碗出来给我和弟弟吃。

那个女人屙屎屙尿都来我家挖的大茅坑里，我们认得拉得最粗最壮的就是她的大粪。她用报纸擦屁股，我们家的茅坑里时不时有几片撕碎的汉文报纸，那是我在大梁坡看到的最早的文字。我识字以后，除了课本，我看到的最多的课外读物，就是沾了那个女人大粪的报纸，至今我还记得

“忘记历史，等于背叛”这样精彩的句子就是那时看到的。

窟窿村的人背水而居，他们背后河坝边那块月牙形的平地，很快变成了他们的后院，他们空了就蹲在河坝边上洗衣服、晾被子，我和弟弟妹妹，还有小石头，就围在河坝边上追蝴蝶、玩过家家。那时候，小石头家就住在河坝对面，小石头家的茅草房很矮，过去只是村里人到河坝那边种地、浇水、收庄稼时，歇歇脚、遮遮阴凉用的。小石头和他的爹爹、妈妈和姐姐从林场搬来，就挤在那两间破茅草屋里。

小石头是汉族。小石头姓庞，大梁坡村的人叫小石头他爹桃子老庞。桃子老庞种了一大坑的桃子，河坝对面每年春天都开一大片桃花。从我家的高坡上看河坝那边，那些桃子树就种在我们一家人的眼皮底下。等到秋天桃子成熟的时候，小石头一篮接一篮地把香香软软的桃子，送到河坝这边的我们家，爹爹收下桃子，总是吩咐我们去鸡窝里掏出热乎乎的鸡蛋，连同家里攒好的鸡蛋，一起放进篮子里，让小石头带回去。

过了几年，窟窿村的人搬走了，河坝边就剩下一排空房子，那里冬天就成了麻雀们的家，也成了我们的柴草房，野猫也来做窝，害羞的小母狗躲在里面跟邻居家的公狗交配。再后来我长大了一点，窟窿村的人好多年不来种地了，那排房子的屋顶坍塌下来，剩了一排墙圈子。

那排墙圈子又撑了好多年，又剩下一排土墩子，再后来，土墩子也化在了土里，屋里的灶还留着矮矮的土台子。弟弟妹妹们在土台子上跳来跳去追四脚蛇，慢慢地灶台也塌了，露出烟熏火燎的黑色土块，土块上散发着我熟悉的那个庄子人的面汤味和烟火味。

小石头一家也回到了林场。又过了几年，小石头来我们家送桃子，我看见他脚上穿了白球鞋，就觉得他熟悉的脸也陌生了不少。他跟着我们在河坝边玩，生怕河坝的黑泥巴弄脏了他的鞋，他沿着河坝边的沼泽一个劲地跳来跳去。

后来我们去那个墙圈子的灶台上追赶四脚蛇的时候，他终于耐不住，把那双已经沾满了老河坝泥渍的白球鞋脱掉，扔在一旁，光着脚丫子跟着我们在河坝里追逐。跑累了，他就把瘦高的身子放倒在河坝边月牙形空地的柴草上，躺成一个大字。那个时候，从他沾满了汗和灰土的脸上，从他踩在塘土和河坝淤泥里的光脚丫子上，我重新找回了小时候跟我玩过家家的那个小石头的影子。

小石头一家回到了林场，还是种桃子。这条大河坝也从他们在林场的桃子地边绕过。我们每次去镇里，路过桃子老庞的桃树林子，也蹚水过老河坝去吃几个桃子解渴。就是那次水库闹大水，也没有伤着那片桃树林子，老庞说："老河坝比人会走路，它知道到了庄子边上该绕一下，碰到庄稼拐个弯，看见树兜一圈。大河坝认得这些桃树，说不准大河坝在大梁坡的时候就和这些桃树精结了亲呢。"

老河坝穿过窟窿村，再绕过那边坟地就到了老沙湾镇，去老沙湾，走在庄稼地里怕找不到路，只要沿着老河坝走，就能一路走到镇上。那年秋天，爹爹大清早宰了一只羊过肉孜节，羊皮卖给了收皮子的皮客，觉得羊肠子吃了可惜，收拾起来也嫌麻烦，爹爹把羊肠子绕成一圈一圈，用了根小麻绳一扎，打发我和弟弟趁着新鲜，拿到镇里的收购站里卖上几毛钱，好换些酱醋回来。

我和弟弟怕羊肠子见了太阳变硬，连早饭也没吃就往镇里赶。一路上秋风干爽爽地吹在脸颊上，跑热了的汗很快就被吹干了。我和弟弟时不时地去摸摸那把提在手上的羊肠子，生怕被风吹干了。羊肠子是收了去做羊肠线，用来给开刀的病人缝伤口的，干了硬了收购站是不收的。

为了抄近路，我和弟弟一路从庄稼地里的小路上穿，玉米棒子、高粱秆子从我们眼前一晃而过，玉米叶子像刀一样割在脸上、手上，玉米棒子结结实实地打在我刚刚结苞的前胸上，噼噼啪啪地发出响声，我和弟弟侧着身子护着手里的那串羊肠子，手臂上、脸上、脖子上被玉米和高粱叶子割出血来也顾不得疼。

就在我们穿出玉米地的时候，旁边黄沙梁村庄里的两只狼狗，可能是闻到了新鲜的羊肠子味儿，朝着我们扑过来，我和弟弟只好折回玉米地里。两只狼狗不肯罢休地追进玉米地，弟弟喊："往河坝里面跑！"我举着羊肠子，跟着弟弟连滚带爬跌进了大河坝，沿着河坝往前飞奔。

两只狼狗沿着河坝上面追，我们在河坝下面跑，一直追到了河坝拐弯的地方，狗的叫声才停歇。我和弟弟提着羊肠子爬上了河坝沿，一眼就看到了镇里收购站的大铁门。路上被狼狗赶得急，我们到了收购站的时候，收购站的铁门才打开，收购员收下羊肠子还赞叹了一声：“真新鲜，估计你们出来的时候，这羊肠子还冒着热气呢！”

沿着老河坝，我躲避过一条模样像一根枯柴棍的眼镜蛇的追赶。那天我走在玉米地埂子抄近路上回家，一截本来躺在地上的灰白柴火棍活了一样，在草上竖起来，直着一尺长的脖子在草上滑动。它不靠近我，我也不敢去靠近草丛，它越滑越快，像是要飞起来一样，我撒开双腿飞奔着和它并行赛跑。那场赛跑像是一直没有终点，情急之下我选择了跨过河坝，把蛇甩掉。

就在我跨过老河坝的时候，我看到那条眼镜蛇停在了河坝对岸，看着河坝里黑幽幽的水发呆。它看了河坝很久，我看了它很久。我猜想着那条蛇它在望着河坝想什么，它无论如何飞不过那条河坝，它肯定没想到这里卧着这样一条比它更凶猛的“大水蛇”。老河坝冷静地看着蛇，蛇看着老河坝，我看到了蛇眼睛里的恐惧，神秘的蛇也害怕比蛇更神秘的死亡。

我最后一次沿着河坝奔跑，是父亲去世的那次，我跟着一位村里的维吾尔族大婶去追给父亲送埋的车。爹爹的埋体是用拖拉机直接从医院运往老沙湾清真寺的。我要用两条腿去追赶那辆飞驰的拖拉机，不然迟来的我就见不到爹爹最后一面了。那一刹那，我想到了到镇里最近的路，就是沿着老河坝跑，这条路我跟弟弟提着羊肠子飞奔过，不同的是，那一次是跟追赶我和弟弟的狼狗赛跑，这次我是去追赶拉走爹爹的死神……

老河坝就像岁月一样深，它比死亡更深，让我觉得神秘得看不穿它。老河坝是认得我的，这就够了，它认得我的喘息，认得我的眼泪，就像它过去认得我在它身边的欢笑和嬉戏。我从来不敢想，什么时候能沿着熟悉的河坝从头到尾走一遍。我甚至一直不敢用我笨拙的笔去碰触老河坝，生怕会亵渎了老河坝的灵魂。

十七岁那年在离别老河坝之前，我偷窥了住在老河坝下游，那个喜欢我的男孩子滴进老河坝里的一滴泪，他对老河坝写下了这样的句子：我是荒芜的沙漠，你就是滴进我心里一滴咸涩的泪水，清凉、清亮。

这滴泪也滴进了我的心里。

我的老河坝……

妹 妹

爹爹死的时候没有一丝挣扎，他是跟死神约好了，跟死神合谋逃走的。

爹爹这种让人措手不及的死法，让毫无知觉地躺在他脚边睡着了的妹妹很不甘心，妹妹一生都想盯住死神，看看爹爹到底是怎么被死神领走的。死神每次都让她很尴尬。她定居香港后，先后看护的五六个老人的死，都是在她不在场时发生的，而且事先毫无预兆。每一次死神都在它来临的那一刻，用忙碌或劳累蒙上她的眼睛，让她始终错过那些正面的死亡镜头。

死神没有到来时，老人跟平常一样，延续着他们病病歪歪的生命。死神到来时毫无声息，悄悄带着老人离开，死亡才被发现。妹妹不是想阻挡，她知道没人能够阻挡。她只是想看见死神的手是怎么把活人带走的。让死神在她一不留神的时候，领走躺在旁边的活人，一声咳嗽都没有，对一个陪护者来说，简直就是一个嘲弄。

妹妹喜欢上街看老人。在香港一出门，妹妹眼里看到的全是老人，拄着拐杖停在人行道上歇气的老人，扶着墙站立着吃力地喘息的老人，弓了腰在大街一隅捶胸平息咳嗽的老人，妹妹会长时间盯着那些缓慢地行走在街边颤悠悠的老人。

妹妹说，那些脸上没有皱纹的老人都是保养得很好，家里很有钱的，多数子女在国外挣大钱，这些老人不会去托老所，都是由陪护在家里照看的。只要看见大街上的老人，尤其是脸上少有皱纹保养得还光鲜的，就让她感到莫名的满足，仿佛那些老人都是她未来的财产，可以让她永无休止地在香港把看护的活儿进行下去。

妹妹不是特别缺钱才去做看护的，她也没有必要总是选择做夜间陪护。她放着星级宾馆一样的高级住宅区的房子不住，白天教完普通话，夜间就扎进某一处老人的居所，守在快要走到生命尽头的老人身边，听候那些等待死神的老人有气无力的召唤。

她常常会在电话里向我抱怨：该死的老头，又要撒尿了，整夜整夜地折腾，一会儿都不让我睡着。抱怨过了，又一切如常，然后再抱怨，再折腾，周而复始，她做陪护依旧做得不厌其烦。

我见过妹妹照顾她丈夫患痴呆症的父亲的镜头，她用各种方法逗老人笑，跟他比划着说姐姐来看她了，老人流着口水一副似懂非懂的样子。她从菲用手里抢过碗喂他吃饭。老人洗好澡，她跟用人争着往他身上涂润肤露，还不无骄傲地摸摸老人白胖的肚子，压低声音对我说，老爹的皮肤软软的，保养得比女人还好。

我彻底相信了自己的推断，她不只是为了钱才去照顾老人的，照顾老人得来的钱，她一点不剩都给了几个弟弟买房子买车，她说他们是爹爹生前最疼爱的宝贝，疼爱他们就是疼爱死去的爹爹。她确实喜欢做陪护的那种感觉。越是病重弥留的老人，越是能满足她的看护欲望，因为那情形酷似爹爹离开的那个夜晚。

妹妹十五岁那年，爹爹用嫁了我的彩礼钱，开垦了这一生最后一块地，那块地就在家门前，在地里种上了棉花后的那个下午，爹爹从尿滴不断到彻底尿不出来，最后双腿肿得迈不开。他不得不套好毛驴车，带着大弟弟和妹妹赶往一四四团部的医院。

到了医院，已经是夜晚，爹爹吩咐大弟弟把毛驴车赶回去看家、喂好鸡狗牛羊驴，留妹妹在医院看护他。晚上没有陪护床位，妹妹钻到爹爹的脚底下睡下。

妹妹说，后半夜还看见爹爹坐起来，你知道爹爹喜欢光着身子睡，我让他披了衣服坐着。爹爹摸黑卷了一支莫合烟点上，烟头一明一暗。后来我不知怎么就给睡死了，啥都不知道了。第二天早晨醒来，发现爹爹硬胳膊硬腿躺着，眼睛睁着，不会动了。

"姐姐，那些护士来看他，我忙着给爹穿衣服。你知道，爹爹睡觉是不穿衣服的。"妹妹说这话的时候有点尴尬地皱皱眉。

妹妹一直觉得，爹爹的死，是她闯的大祸。对于那个夜晚，她反复地检讨自己：我咋睡得那么死。妹妹从小就嗜睡，爹爹死后，她突然没了瞌睡，每晚有事没事都要熬到后半夜才上床。躺在床上，也要瞪着眼睛想事情，逼她早睡，她就很不满地瞪着眼睛说，她需要慢慢地过渡到睡眠状态，她的这个过渡会持续好几个小时。

她为不能早睡找了很多理由，诸如忙完白天，还没享受夜晚呢，躺下眼睛一闭天就亮了，觉得一天还没过够就完了，可惜得很等等。抱着这些理由，她把很多事情放到晚上去做，半夜别人睡着了她还在屋里转来转去，或者胡乱捧一点过期的报纸杂志，瞪圆眼睛枯坐着，不肯睡觉。

她喜欢照顾老人喜欢到上瘾。她活着唯一的愿望就是源源不断地有老人让她照顾。这一个刚去世，她就想方设法找到下一个来接替，她受不了没有老人在身边的日子。白天做普通话教师，晚上住在老人身边护夜，这就是她最安生的日子。

这个情形像极了父亲去世前妹妹的状态：白天在村里的小学教学生拼音识字，夜里守在爹爹身边端饭递茶。她在离开大梁坡几千里开外的香港，找到了和爹爹在世时一样的生活模式，她觉得自己恢复了一些说不清的东西，她希望这样的日子一成不变地延续下去。

妹妹的陪护极其尽心，被她陪护的老人过不了多久，就认定了她把她当作亲女儿，每个老人都是让她陪护到咽气为止，没有一个中途换人的。

前不久她看护的老太太死了，老太太远在英国的女儿赶不回来，妹妹不在意任何忌讳，大着肚子跑医院太平间、火葬场，一个人料理老太太的后事。老太太在英国的两个女儿回来，看到一切事宜都已经办妥当，要求妹妹生了孩子继续看护她爸爸，老头和女儿给妹妹带薪放假生孩子，生完孩子给她配两个菲用，让妹妹带着孩子继续做陪护兼管家。妹妹说这样的事情在香港没听说过，她运气好，碰到的都是好人家。

妹妹的这些作为，让我联想到爹爹，他给在大梁坡的野地里抹脖子自杀的尹会计看了三天尸体，等村里做好棺材运过来下葬。这让我多少相信了遗传这个东西的神秘性。

我感觉妹妹始终想恢复爹爹还活着的那个医院的夜晚的状态，她把跟老人在一起的每个夜晚，都当成了跟爹爹度过的最后那个夜晚。或许她一直在那个夜晚梦游，不曾醒来过。不同的是，她把那个夜晚自己的睡眠状态修改了。

她不再是那个嗜睡的自己，她成功地把自己修改成了一个没有睡意的人，她的睡眠变得很浅，老人一有响动她就起来，老人身体状况不好时，她干脆放弃睡眠，整夜不合眼。她一直无法释怀地盯着那个偷偷从她睡梦里带走爹爹的叫作死亡的看不见的东西。

怀孕的日子，妹妹重又变得嗜睡，她想了种种办法在老人有动静时叫醒自己，比如在老人袖子上拴一串铃铛，在老人衣角绑线绳另一头连住自己。那个老人过去是个银行家，老人被她打动，干脆连财务也让妹妹帮他打理，自己多年珍藏的古董都拿出来送给她。

妹妹觉得自己挺幸福，每夜都能沿着她自己设置的时间和场景，回到那个父亲在的夜晚。她尽心尽力地看护，一次又一次修改着自己睡着后爹爹死了这个事实。每一夜都有一个爹爹不死的可能摆在她面前，至少不再会因为她的疏忽而死。只要看护的夜晚无休止，那个错误就一直不会到来。

她每夜都能通过成功的看护，把自己变成没有犯那个错误以前的妹妹。她在每一夜的不同时段醒来，等于在爹爹死去的那个夜晚的每一个时刻她都醒着，这一生的夜晚，她一个都不错过，爹爹就没有死，她与每个夜晚活着的老人相守，就是跟活着的爹爹相守，她不再有老人被死亡偷袭的担忧。

只要经她看护的老人，没有一个是在她睡着不知晓的情况下死去的，她就是一个成功的看护。她很满意地告诉我：那个老太太大白天手里攥着电视遥控器，对着电视屏幕，靠在床边死掉了，两只眼睛睁得大大的。

她最不愿意睡了一夜后睁开眼睛，旁边躺着的人死了、硬了。她觉得这是死神对她作为一名看护最大的嘲讽和愚弄。她被爹爹的死刺激的神经一直醒着，这一生恐怕再也无法在夜晚踏实地睡去。

她嘴上抱怨老人夜尿不断，其实她更怕老人睡得太死，无声无息就那么走了。即便是老人安稳正常的睡眠，她的恐惧也会让她半夜里醒来，走到老人床前，无缘由地拍拍老人的身体有没有僵硬，摸摸老人的手脚有没有冰凉，看看鼻翼是不是在翕动，甚至用听诊器去听心脏有没有正常跳动。爹爹的死亡和许多年的训练，将妹妹变成了一个称职的陪护。

不知道是刻意，还是上天冥冥中早有安排，妹妹找了一个比她大二十二岁的丈夫，她和丈夫的年龄差距刚好是爹爹和妈妈的年龄差距。妹妹说生孩子前总是担心，如果自己现在看护的老头死了，带着幼小的孩子，恐怕再也难找到陪护的工作，她又不想离开孩子去陪夜。

现在她突然发现，还有一个人她可以从现在起看护到老，那就是她的丈夫。妹妹完全不必担心自己看护的日子有一天会中断，她再也不用担心找不到爹爹还在的那个最后的夜晚。她笑着说，她放心了，她可以一辈子做看护，永远都不会失业了。

她说这些话时，表情和妈妈一样，我感觉她是在说，她想变成妈妈，去照顾老年的爹爹，她照顾好老年的爹爹，那个令她后悔和恐惧的死亡之夜就永远不会到来，或者不会用那种猝不及防的方式到来。其实妹妹一直睡着，睡在那个恐惧的夜晚，她越是让自己在夜里醒着，她正常的意识就越是沉入那个夜晚无法苏醒。

跟妹夫说起妹妹小时候，跟爹爹把自己跟丢的事情：小时候我们都像间谍一样，时刻注意着爹爹的动向，只要爹爹套上毛驴车，我们就看见开心的一天拴在毛驴的四蹄上，只要跟着爹爹和毛驴出发，就少不了好吃好玩的。

那个早上，我和弟弟一早就去上学了，刚满三岁的妹妹观察到爹爹套好了毛驴车出了院子，妹妹怕一个人留在家里，偷偷跟出去沿着渠沟在暗处跟着车辙跑。妹妹以为会像以往的每一次那样，我们几个跟到一半，就会被爹爹拉上车，爹爹这一次根本没有回头。

毛驴车一溜烟出了村子，妹妹被甩到老远，越跟越远，最后毛驴车没影了。妹妹被一座桥挡住了去路，她不敢过桥，怕被湍急的水流拉到桥下面去。她在桥下面哭到天黑，一个管水闸的人把她带回家，妹妹在他家住了一夜，第二天才送回来。

妹妹回到家小胖脸晒得黑黑的，嘴唇都冻紫了，谁问她话她都不答，张嘴就哭。后来缓过劲来，她说那个叔叔晚上给她煮面吃，还吹笛子哄她睡觉，所以妹妹直到现在都认为，会吹笛子的人都是好人。

妹夫听完这个故事叹了口气说，到头来她还是把爹爹给跟丢了。放心，面我是会煮的，只是笛子还不会吹，看来要学学吹笛子了。

妹妹不希望等来的，只是丈夫的衰老和死亡，于是她用孩子的诞生，修改了这个规则。她做了一件大事情。她现在等待的是孩子一天天的生长。她认为一切发生了质的改变。孩子的出生，让衰老和死亡变得遥远。

妹妹生了孩子以后我去香港看她，她重复最多的一句话是：一觉醒来，发现身边的半死不活的老人换成了一个新鲜的小生命，感觉真是太棒了。有时候她是跟我说，有时候这句话她是跟自己在说。那个小生命刚刚开始，离死亡这样的东西还很远，这让妹妹觉得很有安全感。她知道在这个生命旁边，自己可以放心地睡觉，即使睡过去了，小生命也会在饿了的时候，用本能的哭喊叫醒她，她可以安心地睡着，只等那一声动听的哭叫。

度过那些守护死亡的夜晚，妹妹终于来到一个新鲜的早晨。感谢上苍在用这种办法来救赎可怜的妹妹，以此来去除她对亲人在睡梦中离开的愧疚和恐惧。她的脸上依然带有梦痕，那些梦痕里依然留有死亡的阴影。新生命会用喊叫声唤醒她多年的梦游。她长久不眨眼地看着熟睡中的孩子，凝神屏气地观察孩子每个细小的表情变化，脸上显现出从未有过的满足。

失散的弟弟

弟弟的腰上拴了根麻绳，麻绳的另一端牢牢地绑在打进墙里的木橛子上。他从炕的那头扶着墙站起来，拽着绳子摇摇晃晃地朝炕沿扑过来，然后停在离炕沿一步远的地方摔倒了。我蹲在灶前往灶里添柴火，每次看他扑到炕沿时，心一惊直起身子怕他跌下炕来。每一次他都跌倒在相同的位置，慢慢地他似乎习惯了这个游戏，小小的身子被绳子拴着，从炕那头猛地跑过来，又重重地跌在炕沿上，好像他认定了跑过来就是为了跌倒。于是从早上到晚上，他反反复复地重复着那个游戏，兴冲冲地跑过来，再兴冲冲地跌倒，跌倒变成他唯一的乐趣。

一

弟弟一直试图逃离小时候拴着他的那根绳索，他在用这种方式来扯断跟自己熟悉的世界的所有联系，他是以这种方式在挣脱捆绑在自己身上的时间。长大了以后，他一次次地离家出走。在他长久地离家后想回来的那个冬天，他从广州坐火车到了乌鲁木齐，在火车站他打盹的时候，他的密码箱被人提走了。一无所有的他在火车站大哭了一场，又转回头，扒上了去广州的火车……

多年后，弟弟在带我去他的租屋的路上讲起了那个丢失的密码箱。我觉得，那里面锁着的不仅是他打工几年的积蓄，还有他密封在里面的经历的时间。一个人丢失或废弃了一些东西，也就废弃了自己的一部分生命。

那次，我把弟弟从那个衰败的租屋里领出来的时候，弟弟因为屋里的那几件旧家具、一堆早已弃他而去的“女友”的破损生锈的饰品，围着那个屋子打转迟迟不肯离开。我看着他把那些假钻的项链和皇冠装进一个圆形的铁盒子，抱着铁盒子咣当咣当地走出租屋。在他半道上去一个同行家里取他存放在他家的几件金饰时，我把那个铁盒子扔进了路边的垃圾桶。我知道保存了那些东西，并不能够使过去的一切回转。

那天我在雨里等了很久，远远地看见弟弟从梧桐树下走过来，从他失落的脸上我就读出，他并没能如愿地拿到他寄存的那些金子。他恐怕还不知道，他失落的不是那些金子，是那些过去的时间。在失去的时间面前，所有忧伤都是徒劳的。我希望弟弟所有的东西都变成从前，希望他能回到自己曾经熟悉的时间和亲人中来。我希望他像爹爹四十多岁时那样，能有一个女人牵绊住他，给他生一堆孩子，然后让所有的时间都停留在当下。

惧怕捆绑的弟弟在一生中都试图摆脱拴住他身体的绳子，他一次又一次地挣脱那根无形的绳子的捆绑，一次次远走他乡，又一次次回来，在家门口跌倒。为了甩开那根绳子的捆绑，他变换着一种又一种生活方式，在一个又一个女人之间来来去去。他说他越来越害怕被女人管束，为此他离开了那个用痴情和温柔捆绑牵制了他十年之久的山东枣庄女人。那个女人有着白得透亮的肌肤，淡黄的眉毛和眼睛，她雪白的乳房上两个硕大的乳头，足有婴儿的拳头那么大，殷红殷红的，弟弟说过那是为他而种的草莓。最终那两粒新鲜而饱满的草莓，还是敌不住时光和岁月的催逼，被那个女人寄存在了另一个男人那里。那个没有血色、见了阳光像见了刀子一样要紧闭起眼睛，像白化病一样惨白的枣庄女人，她嫁给那个泥鳅一样的广东男人的目的，最初也许只是想给自己的那两颗娇嫩的草莓保鲜。

弟弟最终甩开了那个枣庄女人，是因为他觉得女人代表绳子，他已经厌倦了那个女人的柔情，厌倦了她用米饭、鱼肉和各种各样的菜汤，还有女人带着腥味的肉体，像拴住一只猫一样拴住他。我知道弟弟害怕任何牵绊他的东西，为了逃脱女人的羁绊，他到现在四十多岁了还打着光棍。他喜欢站在宾馆前台跟那些年轻的服务员眉来眼去，还喜欢停在商场里和女售货员打情骂俏。宾馆和商场，这些地点和场所不会让人联想到家，不会有根绳子从暗处出其不意地伸出来套牢他，在这种到处摆满了床铺、衣食，毫无后顾之忧的舒适环境里，他显得格外放松和应付自如。

二

我去广州接弟弟的那天，他就是在火车站附近的旅馆里见我的。我坐在他身边陪他说着话，他就犯困了，头发已经明显开始稀疏的脑袋靠在我的肩上，像小时候一样。我把手从他的头发上移下来，抚摸他粗壮的眉毛，他闭上眼睛张着少了一颗门牙的嘴，歪在沙发上睡着了。他一见面就告诉我，他已经有半年没有好好睡过觉了。他连自己的租屋也不敢过去，他怕他的对手来找他算账，他一度抢了那个凶悍的家伙的生意，为了报复，那个家伙在一个晚上带了一帮人，追到他喝咖啡的地方，逼得他走投无路从二楼上跳下来，摔成了脑震荡，一颗门牙也在水泥地上磕掉了。

那个时候，妹妹正在从香港赶到广州的大巴车上。她不停地打电话问我，到了汽车站往我们所在的宾馆还要坐多远的的士。她的口气很焦急，恨不得马上见到这个失踪了二十年的哥哥。而弟弟以睡着的姿态等待着正在从远路上飞驰而来的离散了二十年的妹妹。妹妹在最早打给我的那个电话里说，她只听了他的一句话，就确认是他了。他的声音再怎么变，她也认得，因为在我所有的弟弟当中，她跟他在一起生活的时间最久。

那天，我和妹妹用爱和食物堆砌的规劝催眠了弟弟，我对他说，我和妹妹代表爹爹和妈妈，我们带你离开这里，你必须在四十岁前结束你的漂泊生涯，父亲在这个年纪也已经不再漂泊了。我们要弟弟回到我们存在的那些时间中来，不要成为我们家族时间之外的一个影子。

弟弟半是迟疑半是向往，他被我们描绘的家人美好相聚的未来时光所诱惑。妹妹做完了这件事跟我在宾馆里一起度过了后半宿，一大早就踩着时间的点子匆匆地告别我和弟弟，乘着高速大巴回到她的香港时间中去了。我不愿意被广州那令人窒息的空气淹没，像一个怕要溺水的人一样，拽着弟弟退了租屋，把旧家具和电器留给房东，把衣服和日用品打了两个包。我打算带着弟弟彻底逃离那个他生活了二十年的城市。我一次次地把弟弟拉下楼，他又一次次甩开我的手回头，不断地到那间潮湿散发着莫名不洁气味的屋子里，去翻找一些纸片、账单和电话号码。他拼命地想留住一些跟这个城市之间的联系，包括那个不男不女的人留下的那些铅一样沉重的假钻项链、镶着彩色玻璃片女王王冠造型的头饰，在离开出租屋时，他把它们装在一个圆形的铁盒子里，交到了我手上。

离火车要开动的时间越来越近，我在心里计算着赶到火车站的距离和这段距离所需要的时间，心急如焚。当弟弟从那道逼仄昏暗的楼梯上再次下来，站在院子里望着楼上的窗跟我说“姐，等一等，我再上去检查一遍，还有没有丢下什么东西”时，我禁不住愤怒，顺手抡起了放在楼梯口的一把竹枝扫帚，劈头盖脸地向他打过去，弟弟双手护住头往前跑了几步，一些积在巷子里的污水被他激起来，溅在他浅蓝的牛仔裤上，他抱怨着我弄脏了他的裤子，脚步却加快了不少。路边的行人看着我气势汹汹的样子，不由瞪大眼睛停在路边，给提着包的我和弟弟让出了一截空空的巷子。

我已经做出了这样的决定，我要把弟弟拉回到我的时间中来，我无法忍受一个亲人长久离散在我的视线之外，我要与他拥有共同的一种光阴。

尽管在途中，他的目光一次又一次地游离，又一次又一次地被我强行拉了回来。他一次又一次地找理由，想在某一条马路上停下，试图用一种可能的方式结束我对他的牵制，结果都被我拖住。他说去取寄放在朋友家的那几件金饰的时候，我知道他在制造拖延，给自己的回头找最后的机会。为了让他体验最后一次打击和对这个城市的失望，我淋着冷雨站在马路边梧桐树下的垃圾桶旁等他。趁弟弟转身走开的机会，我飞快地把那个圆形的铁盒子塞进了垃圾桶，还伸手把那个稀里哗啦作响的铁盒子往里捅了捅。我希望把那个跟弟弟纠缠不休的假女人留在广州，让他（或者她）不再跟行到我和弟弟以后的生活中来。那个时候我有一丝内疚，因为从那个租屋出来，弟弟把那个铁盒子交到我手中时，我答应过他，会替他保管，帮他带回去。

其实没有人能够真正替另一个人保存一段他根本不参与其中的时间。弟弟一个人在广州生活的那段我不在内的时间对我来说是陌生的，在我心里是被抵触的，包括那个不男不女的弟弟的朋友，他（或者她）的存在本身，对于弟弟根本就是一种欺骗，我不能允许这样一种欺骗在弟弟和我在一起生活的时间里继续下去。我亲手替他埋葬了那个人，我把他和朋友的殉葬品一起葬在了垃圾桶里。在我的理解中，他或者她，根本就是这个散发着潮湿咸腥腐烂气息的城市所产的垃圾。从那个朋友家出来，弟弟的神色安静了许多，我暗暗觉得这跟我丢了那个铁皮盒子有关系，那个人妖恐怕在他（她）留的那堆东西上施了魔咒，只要我们坐上火车，就会彻底摆脱那个魔咒。弟弟走上来提起放在垃圾桶旁边的那个旧皮包，他并没有察觉里面少了那个咣当作响的铁盒子，那个皮包已经轻了很多。

就在我和弟弟进火车站排队的时候，弟弟的目光集中到了我身上，他开始很专心地在我的脸上和身上上上下下来回搜索，他说："姐，那些金首饰取回来是想送给你的，你戴着一定比她（他）好看。"转而又说，"我很奇怪，这个世界上除了爹爹，就只有你能制服我了。可能是因为你的眼睛长得太像爹爹。"

我站在弟弟对面，扫了他一眼献媚的样子，目光开始游离。我把弟弟从迷失的时间中拯救回来，爹爹却被时间带走了，他再也看不到我们重新站在他面前了。或许是爹爹最终摆脱了纠缠他的时间。那一刻在时间的镜子里，从弟弟的眼光中，我看到了爹爹四十五岁的目光，这种目光是弟弟熟悉的，里面有威严掩盖下的溺爱，表现出来的方式却是对弟弟的不满、指责和无休无止的抱怨，弟弟在家里的所有时光就是这样度过的。只是这些日子早就随着爹爹的消失而消失了。

三

有时候我想，爹爹走了以后，弟妹们似乎都被没有方向的时间淹没了。我的生活就是为了铆足劲，泅渡到时间的深海里，去打捞离散的亲人。

从广州到宁波的一列火车上，漂泊沉浮的弟弟暂时浮上了我时间的水面。可他浮上来，似乎就是为了在我给他预备的岸上，喷几口烟圈、冒几个气泡，然后他就像一只章鱼一样，肆无忌惮地置我的感受于不顾，提着他那个拉链坏损的破皮箱，重新又爬上了那列开往广州的火车。

他走了以后，我认真地回想他在我身边的二十几个日日夜夜，每个白天他都像迷失的人一样在大街小巷来回地走，每次都是我下班后把他从某一个路口，某一个小店和小区找回来。他说他只是出去看看我生活的这座小城，不会走丢。可我害怕，我怕极了他再一次迷失在我不在的时间里。

那天一早就看见他神情落寞地坐在北阳台上，看着窗户下那个金鱼池发呆。我想让他洗漱了跟我一起坐着吃早餐，一连叫了他好几声，他都没有反应。过了很长一段时间，他猛地回头看着我说："姐，我没想到潜在水里的鱼，也会被岸上的野猫叼了吃掉，太可怕了，我没想到会这样。"我看着他眼里蓄着泪水，满脸忧伤的样子，一时被他说糊涂了，竟不知道怎么答他。他无助地看着我，像金鱼一样鼓鼓的眼里泪水逐渐涣散开来，神情也由惊惧变得黯淡了，像一条垂死的鱼。我至今也不明白弟弟那天坐在阳台上想了些什么，那只叼了池塘里金鱼的猫，何以让他如此恐惧，总之从那天起，他再也按捺不住他要回广州的念头。就在那个小阳台上他一次次跟我暗示他的想法。

最后我忍不住问他："你回那边到底是为了什么？"他先是说有一些别人欠他的账要追，然后他又进一步解释说，有一个朋友的姐姐患白血病快要死了，他从广东河源联系了一个献血者给她，他是中介人，他不出场，朋友的姐姐找不到血源，生命就保不住了。他叹了口气又说，她那个血型是稀缺的，那个朋友已经好几天没找他了，他姐姐说不定已经死了。他说这话时表情有点忧伤。

我安慰他："如果是白血病晚期，你就是给她找到血源也救不了她。"他反过来对我大喊："让我看着她死，这太残忍了！就是拖延一段生命，也要为她想想办法！什么叫救人救命，你没有看到过我看到的一切，你没有办法理解！"

我再也克制不住自己的坏脾气，扯开嗓子对着他咆哮："你这是在救你自己！你明明知道那些人是救不活的，你只是让他们的家人拿钱给你！你想救的人不是那些病人，你是因为没有能够把爹爹救回来，你这辈子都在用救人的幌子，掩盖和弥补你自己的过失！爹爹已经死了，你就是救再多的人，他也不会再回来了！”

我扔下半疑半惑中的弟弟，一个人关上书房的门去抹眼泪。我在心里原来一直是责怪弟弟的，总以为如果不是他离家出走，承担起一个长子应该承担的义务，父亲也不会活活把自己累死在自家的一亩三分地里。其实应该抱怨的是时间，是时间把我们一个个接到这个世界上，也是时间最终把父亲带走了。我想把弟弟从他沉溺的时间里拖出来，让他回到我的岸上。而我给他的这个岸，又何尝不是构筑在时间的河流上。谁又能在时间的河流上做一个垂钓者呢？

弟弟还是被那只雌雄不辨的野猫叼走了。就像他坐在那个小小的北阳台上，看到脚下的池塘里的鱼，被岸上觊觎已久的野猫叼到草丛里，活活地吞进肚子。弟弟原来可能以为自己会是一只猫，不料想，他突然发现了自己其实也是一条池塘里的鱼，一条可以被岸上的野猫叼走而无力还击和挣扎的鱼。我给他筑再坚固的岸，也拦不住时间这只凶恶的野猫。他也许看到了自己在时间里，最终会像爹爹一样，出其不意就被时间叼走，无法幸免。

弟弟决意要回广州的那天上午，我问坐在北阳台上抽烟的他：“你也知道了爹爹是救不回来的，不管你这辈子救活多少人，也换不回他的生命了。你回去只是为了那个人妖。”

弟弟很认真地看着我说：“姐，她（他）不是人妖，她（他）像姐姐一样漂亮。”

我大声咆哮：“他和你一样根本就是个不务正业的流浪汉。”

“他（她）快二十岁了，已经发育成一个男人了，脸上就是搽再多的粉，也盖不住他越来越粗的胡楂。他说过，等他寄给家里的钱够给爹妈买房子，他（她）就去医院把填充在乳房里的东西取出来。我只是觉得他（她）很可怜。好多时候我是把他（她）当成儿子看的！”弟弟神色凄楚，声音低了下去，头也低到了雪白的衬衣领口上。那一刻我觉得弟弟从来没有那么可怜过。

那个男孩有着一对人造的乳房，他（她）有着女孩的容貌，却长着一双四十三码的脚。弟弟带着他转遍了广州大街上所有的鞋店，也买不到四十三码的女式高跟鞋。我给弟弟洗衬衣的时候，发现了弟弟为那个假女人订的四十三码女式高跟鞋的单子了。我把本来想撕碎的那张单子还给了弟弟，他眼神里带着一丝尴尬的感激瞥了我一下，接过了那张粉红色的单子，叠了叠，放进了衬衣口袋里。

我知道了这个假女人不可避免地加入弟弟的生活了，他（她）的影子像时间一样无法制止。其实在一年多以前，这个假女人就突然失踪了，弟弟不断地往他（她）的电话卡里充钱希望她能接他的电话，或者打电话给他，然而那个假女人却像空气一样从广州的各大歌舞厅里，从弟弟的生活里蒸发了。

我去广州看弟弟那次，在大街上牵着大弟弟走过一家家饭店、咖啡吧和歌厅的时候，弟弟时不时地要停下来，回头指给我一家店门或者一个靠窗的咖啡座，用怀念和神往的口气跟我说："就这里，我和他（她）来过，他（她）老家是江西，喜欢吃辣的，但是吃了又要喝很多王老吉去火，怕对嗓子有影响，她的职业是在歌舞厅里唱歌，有很多歌迷。广州的歌舞厅我这几年为了送她赶场子都跑遍了。每天夜里要换好几个地方，最远的出租车要开一两个小时，她唱到很晚，我就在一旁坐着喝红牛，一个晚上可以喝掉十几罐，喝到嗓子充血，但是精神会很好，一个晚上不睡照样没事。"走了没几步停下来若有所思地又说，"应该是这一家，我常陪他（她）来喝夜咖啡的，我和他（她）一起在这里消磨了一个又一个晚上。姐，我们要不要进去坐一会儿，这里的服务员我都认识。"

我只是当没有听见他的这些胡话，冷着脸往前走，他迟疑一下，又紧步跟上来。他不知道，他根本不知道，哪里是他在消磨时间，分明是那些有毒的时间像腐蚀剂一样消磨着他的生命。这让我窒息和绝望。有一刻我也动摇了，我怀疑自己能否把他从这个霉变的城市的阴影里拉出去。

四

在我还不知道有这个假女人在弟弟的生活里存在的时候，我只是痛惜他。那天上班的时候，我接到一个电话，对方接通电话就问我："你猜我是谁？”我听那口气像一个着意要骚扰我的男孩子，就冷冷地说：“猜不出来。”他说：“我是你弟弟。”他又接着用维吾尔语说，“我是你弟弟。”

二十年没听到弟弟的声音，他原来粗粗的嗓音（正在变声期）变得很轻细，像个十二岁的小男孩，我无论如何不能相信，一个人的嗓音会被时间改变得完全相反，还有他口气里的玩世不恭是我所不熟悉的，他的笑也很陌生，“嘿嘿嘿嘿”地在电话那头不断地传递着一份假装轻松的尴尬。我说：“你的声音分明不是马尔，你想干什么？”他有点伤感的声音立刻传了过来：“你不愿意认我这个弟弟就算了。你若不信，我把电话给这路边做生意的维吾尔族老乡，他们就是老家过来的。”有一个更加陌生的新疆男人接了电话，大概是说：“你弟弟在广东不容易，他最近病了，精神受了点刺激。”

电话那端传来了叫骂声。那个自称是我弟弟的人尖着嗓子，大概是在对刚才接电话的人用维吾尔语叫骂：“这帮笨蛋，你们的脑子才受了刺激。”然后他嘿嘿一笑，电话里说话的口气转向了我，“我只是前几天被一帮家伙追赶，不小心从二楼上掉了下来，摔掉了一个门牙，说话有点漏风。我的脑子很正常。我住院是因为不明原因休克了，被这帮人送去检查，查出是低血糖。”电话那头他无休无止，没头没脑地说着一些没有逻辑毫无连贯性的话，我觉得他越说越远，越说我越怀疑。但我又怕我不认他，若他真是我失去音讯多年多方寻觅不得见的弟弟，我是要悔断肠子的。我怕他忽然不见了，我怕我一放下电话，他就要从我的生活里消失得无踪无迹，像过去二十年那样。而他似乎也明白我在想什么，在电话那端柔声说：“姐，你放心，我的手机二十四小时开机，我会一直充电，让你随时可以拨通我的电话。”

那些日子我白天黑夜都守着电话不吃不喝，我不断地把电话拨过去想再一次证实他是我的弟弟，我不断地跟他提一些小时候只有我们俩才知情的事情，他居然对答如流。我甚至怀疑这是一场谋杀，或者是绑架案。我把这些发生的事情想象成恐怖电影中的情节：有人绑架了我的弟弟，把他脑子里所有的细节都背下来，跟我对证。然而他们这样做的目的是要干什么呢？事情在我恐惧的猜测中变得越加扑朔迷离真假难辨。我觉得唯一的办法是直接去广州找他，见到他本人，当面相认。妹妹在对他和她在郑州一起卖烤羊肉的细节进行了一番盘问之后，确认是他，她说："他记得我跟他一起背着老板干的一切事情，那些东西我不说，除了他是不会有人知道的。怎么会不是他呢，他的那个德性和腔调，我太熟悉了，我就是一辈子不见这个哥哥，也不会认错他的声音，他就是烧成灰我也认得出！"

妹妹有点气愤地说起弟弟不分白天黑夜地让她切肉、卖烤羊肉，自己却揣了钱下酒馆，领回一些不三不四的女人，为此，还要熟睡中的妹妹让出房子给他。妹妹不肯他就拳打脚踢把她赶到大街上。妹妹在电话里有点伤心地说："其实这些年不见也很担心哥哥，不过想想他以前那样对我，真是一辈子都不想理他了。"

我知道妹妹在说，是时间多少化解了一部分伤痛，过去的事情已经变得不再让她难以忍受。

五

那个附在妈妈身体上的魔，在妈妈离开了二十年后，终于拣选了大弟弟。现在每到往年妈妈犯病的季节，大弟弟就没日没夜地给我打电话，他在电话那端歇斯底里地哀鸣号叫，我在电话这端唉声叹气，场面像极了三十多年前，爹爹掩面蹲在墙角任妈妈发疯的场景。这个时候，我简直觉得自己活在一个莫名的诅咒里。

弟弟说他在广州租屋的水电被人掐断，房门钥匙被人藏起来了，他搭客的"铁驴"被抬出去扔在马路上，电瓶已经坏了，充不了电，他只好让"铁驴"躺在马路上，白天他就蹲在马路边，怕他的"铁驴"被汽车轧死。

我跟他说，"铁驴"不是家里养的大黑驴，本来就是个没生命的东西，撞坏了可以再买一个，还是回去休息吧。他说晚上回租屋进不了门，他坚持了好几天了，大白天走着路都打瞌睡，他怀疑有人给他下了安眠药要害死他。

那个电话里的警察声音柔和地责怪我："他脑子有病，你们做家属的也不想个办法，干脆送精神病院。"我很害怕精神病院这个词，我眼前晃动着弟弟眼睛绝望地瞪着我，在带铁栏杆的床上挣扎的场景。

还有那个杂货店的老板娘，在电话里用广东普通话对着我的耳朵发出高分贝的尖叫："他从来不买这种烟的，那么贵，今天拿了一包就跑，差六块钱没付。你们不管他，早晚要给别人打死。"

我去广东看大弟弟拉他回来那次，他看见公交车就拦，上了车不让我掏钱买票，他说这个地段上没人敢不停车，也没人敢收他的票钱。说完狠狠地瞪着司机，司机赶紧躲避他的目光。

其实他在我家里的那些时间也是这样，他喜欢去抢别人的东西，喜欢到处惹是生非。最后他不愿被我管教，跑回他割舍不下的广州去了。

我怀疑我们的家族中了疯狂的魔咒，家族的每一代总要有人承担那个诅咒，我们都怕被这个病拣选的是自己。我们没有被魔附着，完全是因为这个家族的魔都被大弟弟一个人承担了去。想到这个，家里每个人都不得安宁。况且弟弟每天的电话让人觉得，家里的每个人都悬在那条诅咒前，难以逃脱。大弟弟的状况在我和弟弟妹妹之间的电话里不停地传播，各种消息像病毒一样很快从广州扩散到香港、浙江、新疆。

大弟弟每天坐在被锁死的租屋门口，进不了家门的景象，在我脑子里来回地闪现。他回不去了，他几十年来真正想回去的家是大梁坡。只有回到出发的地方，他才是一个精神状态正常的人。

他一出大梁坡，就被那片土地诅咒了。在离开大梁坡的这些年里，他是背着诅咒游荡的游魂。他坐在广州租屋的门口，体会到的不是小时候丢了家门钥匙的感觉，他品尝的是被一个城市拒之门外的苦楚。

这些年来，他生活在广州，却一直没有被这个城市接受过。他是个连身份证都没有的流浪汉。他出门的那年，村里还不知道有身份证这件事。他只有一本户口本，这本户口本上，除了一出生就死在大梁坡的姐姐和老死在大梁坡的爹爹，其他家庭成员的名字下都写着"迁出"，唯独大弟弟的户口还在册。那么多年跑了那么远，他仍然是大梁坡的孩子。大梁坡用一本户口本牵拉着他。

他无数次想要回那本户口本，小弟弟从大梁坡把户口本寄给了他，有几年大弟弟几乎天天带着户口本，生怕把自己唯一的身份见证弄丢了。后来他出了点事，被关了起来，临走他把户口本托给了他在广州打工的山东枣庄女友兰英。

后来我从兰英手里要回了户口本，想回大梁坡给他办个身份证，那时身份证已经要本人亲自去办理。我只好把户口本托付给在沙湾的弟弟，让他妥善保存，等到有一天他哥哥回来。那个辗转了浙江和广东的户口本，现在就躺在新疆沙湾小弟弟家的箱子里，等他真正的主人。

大弟弟打电话老是提起那本户口本，比对爹妈或者自己的孩子更上心，似乎很不放心，还说最好由他自己保管。我只好连哄带骗让他打消这个念头。我担心他会弄丢或者毁坏那本户口本。

现在这个户口本是我们家和大梁坡唯一的牵扯，它可以证明我们是大梁坡的孩子，它记录了我们的出生和离开大梁坡的时间，是我们的生命凭证，我有责任把它保护好，不能让它出任何意外。

妈妈走后，疯魔最先选中的是我二爷，然后是我舅母。现在轮到我们家来承担那个诅咒，疯魔不依不饶地缠上了大弟弟，他离家最早，离开我们最远，离开大梁坡最久，从十七岁出门，再也没有回去过。就是消隐在广州稠密的人海里，疯魔依然找到了他，揪住他的脖子，按下他的头，让他俯首听命走上不归路。

疯魔选择的人，都是离开大梁坡去到城里的人，二爷在县城，舅舅在州府。二爷从小跟我大弟弟一样，不爱读书，又憎恨种地。他在县郊开了个饭馆，终于摆脱了种地的命运。县郊开饭馆根本没人吃，当会计的小弟弟只好把单位的盒饭订在二爷的饭馆做，赚来的钱依然养活不了二爷一家，二爷的三个孩子两个失学。

他对医院和学校的收费心怀强烈的不满，拿了一张药费单给我说，最后他打赢了官司。他很骄傲地说医院赔偿了误诊他精神病，赔偿金七千块钱，院长都向他赔礼道歉。亲戚都说是院长怕烦，二爷总是干扰患者就诊，知道他缺钱，用钱打发他。

二爷列了县里贫困小孩的名单，我发现很多是我们家族里的，还有几个是大梁坡的老乡，他问我能不能找人捐助学费。还说如果孩子们读不起书，以后也可以不用读了，他要办一个经学校，让回族人家的孩子都去念经当阿訇。

二爷说有天胡达托梦给他，让他在一夜之间变成了一个大阿訇，他满口都是神谕，逢人便念经讲解教义。我们以前从来不知道，他竟然会背那么多圣训，他的说话做派像个大阿訇或者族长，乍看没什么不正常。除非你不知道他过去是个大字不识半把，胆小得一句话都说不连贯的人。亲戚递给我的每一个眼色里，都在说他是一个疯人。其实他在当地已经疯得很有名了，人人都说他是一个疯子。

无论如何我无法把这个二爷，和那个小时候背着水壶、肚子被水灌得像圆圆的西瓜的小男孩；那个在他妈妈的祭祀上，和他哥哥玩鸡奸的男孩，跟眼前穿着灰袍子、戴着白帽子、满口伊玛尼的大阿訇联系起来。唯有他在讲经的间隙神经质地抽鼻涕的动作，还是小时候的那个样子。

舅母的疯法跟二爷不同，她从一开始就怀疑舅舅真正喜欢的不是她，她担心舅舅也不会喜欢她怀的孩子，起先我以为她只问我这个问题，跟几个表妹一交流，发现她们个个被问到过同样的问题。亲戚们都知道，舅舅娶舅母，就是想改变自己是个农村人的命运，他如愿以偿进了州府上班，谁知命运把疯狂的魔咒放在了他妻子的身上……

我被舅母的问话惊吓，舅舅怎会不喜欢自己的骨肉，孩子还在肚子里，她的脑子就这样混乱，真为无辜的孩子担心。结果那个孩子果然从小自闭，到了十岁还不肯开口讲话。

我看了海灵格的家族序位排列，发现家族中有人有自杀史，那么这个家族的三代人中有人就会患自闭或者精神分裂症，或许这个孩子的自闭，跟舅母的病没有直接的关系。只是我不敢去问舅舅，外公死亡的真相，他到底是自杀，还是真的“不慎跌入水中身亡”。

回族人最忌讳自杀，自杀者是进不了天堂的，外公不是不慎落水，家族一定会隐瞒真相。外公连同他的身世和族别，都是这个家族的一个谜。也许疯魔的病根就在外公身上，然而真相和谜底被死亡掩藏起来了。

所幸的是，舅母已经看到了她不惜以发疯为代价，一直探索的不解之谜的答案：舅舅疼爱这个自闭的孩子胜过一切。只是舅母已经被疯病牢牢地缠住，再也挣脱不开了。

想想我的每个弟弟、妹妹都曾经是这样的孩子，都是在母亲的疯癫中孕育，在母亲的疯癫中降生，在母亲的疯癫中沉默地长大，似乎也没有人为我们担心过。我们的命真大。

我不知道自己要探索的魔咒的秘密，到底什么时候才能够揭开，是不是也要以疯癫为代价。到底家族里还有多少个人，在不知不觉中，暗地里正被疯魔打上记号。

我知道，大弟弟的魂被疯魔掳去了，是他的灵魂和我们失散了。

现在我的眼睛总是盯着远离大梁坡后，一心想在外面发大财的弟弟妹妹，我担心在他们一心盯着钱的时候，疯魔会不依不饶地跟着他们，我幻想着替家族中的所有人解除生命里那个看不见的魔咒，祈祷他们中不再有人被疯魔掳了去。

大梁坡上的生活

我们家在老沙湾大梁坡的屋子，盖在高高的土坡上。前些日子，白天装修，夜里，我和弟弟打了地铺，躺在埋着我们胎衣的地方，心里安宁得就像躺在爹娘的怀里。小时候进进出出的庄稼地，长满芦苇的河坝上，那些记忆都回来了，一片一片落满院子，栖息在苞米叶子上，棉花秆子上和葵花的盘子上。

花了二十年时间书写，现在，我终于把自己写回大梁坡。这个村庄，对于别人可能只是一个村庄，对于我，却是一本打开的书。我回来，就是向故乡索要一份记忆，一份丢失的记忆。

坐在屋子的门槛上，用父亲的目光看那些荒草。我是在荒草中长大的，却从没有这么长久地凝视它们。孩童时代只顾着在一路奔跑中长大，似乎奔跑的方向，就是长大的方向，奔跑的速度，就是长大的速度，遥不可及的远方，充满了诱惑。成长中的奔跑，不会为谁停留，我甚至不会停下来，等一株荒草长大、追上来。童年的我，像一只惊慌失措的鸟。任何事物，都是匆匆地从眼角掠过。

现在，我用父亲的目光，打量大梁坡，村里的房子沿着一个椭圆形的大坑排列着，似乎从来就是为了我从这一头打量起来一览无余。坑里一直种着棉花，无论地分给了谁家，都种棉花。似乎这块地就属于棉花，从我穿开裆裤到现在，几十年来没有变过。

我大学毕业不久，就当了记者，离开大梁坡的第二年，父亲用嫁我的五百元彩礼钱，开垦了房子西南面靠着河坝的十几亩地，这块地，用尽了他最后一点力气。等我抱着孩子，带着一台为他买的收录机回来，只赶上为他送埋。

我的婚礼父亲没有来，家里一个人也没有来，父亲本来可以用那五百元钱买车票，到塔城参加我的婚礼，可他把钱用在了开垦荒地上，他想着我还有三个弟弟、一个妹妹在读书，他雄心勃勃，准备把他们都培养成“国家的人”，结果他走了，把他们全部留给了我来负担。

我们个个都像父亲，都留恋大梁坡，都想在年纪大了以后回来。这里养了我们一大家子人。大梁坡有父亲打了一辈子交道的邻居，邻居呼唤孩子的声音，跟他们的父辈一样，邻居吠叫的狗，似乎还是多少年前，我们听着入眠的那一只。

早上起来，看着葵花的脸盘渐渐亮起来，一点点仰起来，转向太阳。雪山在远远的地方，就像画在天幕上。站在房顶，能看到海子湾水库的大坝。二十八年前，这条路扬起黄尘，运送父亲埋体的拖拉机，突突突地驶过。埋葬了父亲后，就是那条路，带着我们迁徙，让我们兄妹六人，朝着六个方向，走了几十年。现在，都该回来了。回到当初，回到没有离开过的大梁坡，回到另一个梦境，等父亲的声音，远远地叫醒我们。

三弟弟每天盘算着，口袋里的钱还能做多少事情。他盘算着盘一个大炕，叫兄弟姐妹们都回来，像小时候一样，大家一起并排睡在大炕上，这是他一辈子的理想，现在快要变成现实了。

三弟弟现在盘算的，父亲在他这个年纪也盘算过，大弟弟想的，跟父亲一模一样。一旦回到这里，日子似乎只有一种单纯的过法。这是真正的重来，地里种的，院子里养的，一样都不多，一样都不少。大地就这么古老，村庄也这么古老，日子还很悠长……还来得及，把过去的时光，再从头过上一遍。

最小的四弟，打算第一个回来。他是六个孩子中，最早离开这个家的。

冬天，我倚在门框上，看着三弟带着孩子，在雪地里撒欢，我猛然想起，这个院子里，从来没有过四弟弟童年的脚印，他六个月就送给了姨姨家，被姨夫裹在被子里抱走了。

这个夏天，四弟久久地钻进茂密的蒿子里，似乎在寻找什么，我看见掩没过我们童年的蒿草，幸福地掩没了他。

白天种菜拔草，晚上一起睡在大炕上，这些小弟弟没能经历的村庄岁月，我们要为他补回来。我们从小欠了他这样一份日子。谁也无法把过世的爹娘还给他，我们现在只想把大梁坡的生活，原原本本还给他。

大梁坡的狗

回到大梁坡后发现，要想在村里来去自由，得先跟村庄里的狗搞好关系。

回大梁坡村的家，路只有一条，必须从邻居家门口过，邻居家的大白狗从来不拴。大白狗刚产了崽子，凶得简直像一头母狼。我不认识大白狗，它也不认识我。只好来去坐车，根本不敢下地。进自己家的门，还要经过邻居家的狗认同，回乡真不容易。

怎么过大白狗这一关，四弟弟的说法是：把它喂熟。大白狗的窝，在我家和邻居家之间，临近我家的大门，所有来我家的客人，都要过它这道关。养熟了，等于咱家养了狗。

要想喂熟，先得从生开始，这狗根本无法近身，每次狭路相逢，即便我是坐在“铁壳子”里，它都要来咬个不停，一直咬到大门口，我没法下车，只好对着邻居家大喊：“图拉訇，挡狗！”

图拉訇用维吾尔语骂了一句，大白狗撤退了。图拉訇大喊着：“你骂它，用维吾尔语骂它，声音要大，骂得凶一点，它就会怕你。”

我一边发抖，一边用维吾尔语骂狗，狗果然低下头，不叫了，乖乖进了狗窝。

后来我发现行走在大梁坡，你得不断变换语言方式，跟村庄里的狗对话。维吾尔庄子里的狗，维吾尔语和哈萨克语通用，回族庄子的狗，只理会回族话，你可以说甘肃话、宁夏话、青海话，如果你说普通话，它立刻能辨别出你是个外来客，就不会那么客气了。

汉族庄子的狗，即便不出狗窝，也可以从来人的武威口音、张掖口音、天水口音分辨得出是谁来了。汉族庄子的狗，对说河南话、陕西话的人十分顺从，庄子里操这两种口音的人居多，当然它也不排斥山东话。狗的器官很灵敏，如果你明明满口的大葱味，却说着一口河南话，它反而会起疑心。

现在到了大梁坡，你千万不要以为大梁坡人养狗是为了看家护院。过去大梁坡人养狗，多半是为了放羊、捕狐狸、追野兔、逮野鸡，现在狗的作用类似于石狮子，是为了迎客和装点门面。

在家里坐着，只要院子里的狗叫了，就是在给主人报信，有客人来了，赶紧出来迎客。

村庄各户人家的院子，根本用不着狗来看，田晓武家的摩托车扔在地边上，从四月扔到了八月，忙完收割，田晓武想起来摩托车还在地头，带了扳手、榔头和起子，敲打了一下，又把摩托车开回来了。

阿布麦提去了县城，家里的母牛扔在河边五六天，等他回来去河边牵牛，母牛下的牛犊都在河边欢蹦乱跳了。

玉努斯家的车没油了，扔在村道边一个礼拜，钥匙插在锁孔里，也没人去动。

村里人太太平平，谁也没空惦记别人家的东西。如果有外人打村庄里任何一家的主意，村庄里的狗就闻得出来。村庄里的人听得出来，迎客的狗叫声和狗的斥责声是不一样的，现在我不管去哪个庄子，都能变换着语言方式，跟狗准确地对话，进进出出再也不会有狗冲我恶吠。

邻居家的那条母狼一样的大白狗一见了我，就侧着身子温柔地躺下去，亮出两排大号黑纽扣一样的乳房。我一开始不明白大白狗何以跟以前“判若两狗”，四弟开玩笑说，狗的意思是你给了它许多好吃的东西，为了表示感恩，它也把身上最好吃的东西亮给你。

说笑归说笑，狗把最柔软的地方亮给我，至少狗表示它认识我、信任我，如果村里的狗都不认你，那你就算不上大梁坡人。

回家路上的谜

从沙湾县城往大梁坡走，三十公里路，路两边的棉花，显出一场大雪普降的样子，似乎提醒着，天冷了，该摘了棉花做冬衣了。

棉花，以云的轻，围裹出最深重的暖意。高出来的棉花秆子，像从雪地里戳出来的树枝丫，给人一种春天化雪的假象，秋阳悬在半空，懒洋洋地，有种倦意。

摘了棉花后的棉田，像融雪后的大地，露出大面积的棕红，这就像一个反季节的预示，冬天很快就要赶来了。

路边的玉米，像是我长在地里的幼年记忆那么茂盛葱绿。玉米结实的样子，像母亲怀抱着婴儿。童心未泯的秋玉米，像是故意长出那么长的胡须，假扮成老头儿跟人逗乐。

红旗农场的酒葡萄也开始采摘了，搭了架子的葡萄地里，葡萄藤缠绵在架子上，像是一个穿着翠裙的女子，拥吻着挺立在地上的葡萄架，看着让人有一丝醉意。

每次去大梁坡，看到通往海子湾村的那条岔路，我就想象着路尽头，可以看见绿树土房的那个村庄海子湾，我不知道自己似乎有什么东西，遗落在那个与大梁坡毗邻的村庄，那一窝窝树，总是那么充满诱惑地朝我招手。

我曾坐在父亲赶的毛驴车上，从那条路上，那个黑魆魆的树窝子路过，父亲大概累了，一路上一言不发，只有他甩开的鞭子，在我头顶盘旋，那些树像我的头发一样在风里竖起来。毛驴车上拉的是父亲砍来的柴火，我坐在高高的柴火垛子上，心绷得紧紧的。风从柴火垛子上刮过，星星在天幕上一跳一跳的，惊魂不定。

我很想一个人下车，沿着那条土路，进入那个过去经常出没的村子，又担心村里已经没有人认识我，会奇怪我从哪里来，来村里干什么。

小时候，去那个村子，似乎回回都是有理由的，打醋、买盐、买茶叶，我买过的第一块巧克力，就是在那个村里的商店。我第一次看戏，也是在那个村里，看蒋凤珍在戏台子下，粉白着脸子，跟那台上甩着水袖的花旦学唱戏。

穿过那个村子，就是海子湾水库大坝，上了水库大坝，就可以去很远的地方。对了，那个村子，是一个出口，是通往远方的必经之地，而往老沙湾镇的方向走，似乎是往后退，因为过了镇子，就是古尔班通古特沙漠的边缘了，再也没有什么地方可以去。

有一个冬天，我趁晚上父亲睡了，偷了他口袋里的两块钱，第二天，村里的孩子去海子湾村买东西，路过我家门口，我跟了去，结果到了商店才发现，两块钱不见了，我空手而回。

回来父亲没有问起我，去商店干什么，这倒让我很惊奇，平时我做了错事他会呵斥我，这次却任由我去，也让我很奇怪。我怀疑父亲发现我偷了他的钱，趁我熟睡着的时候，悄悄又把钱重新偷了回去。

我那种说不出来的失落情绪，持续了半个冬天，起初我很懊悔偷了那钱，以为是我在路上把钱弄丢了，替辛辛苦苦的爹爹心疼，后来，我看爹爹从未提起自己丢钱的事，就判定钱一定是被爹爹拿回去了，又不戳穿我，让我自己领悟一个人平白无故丢了钱的感觉。

父亲去世后，这件事成了一个小小的谜，再也找不到答案了。我总是想去海子湾村兜兜，大概就是要寻找丢失在那段路上的谜底吧。

修　改

有时候，我怀疑我回到大梁坡，似乎是为了把过去的生活，用我现在的生活修改掉，涂抹掉。

吃的，喝的，穿的．用的，都不可能是过去的。那个我偶尔回来，在夜色中小解的当儿，挨着我，看着曾经熟悉的夜空，远远的一点零星的光点，这时，我很真实地是我。

冬夜，看着一轮冰月挂在天际，地上无垠的白雪呼应着银白的月色，那个时候，我有一片刻像是回到了儿时。这样的时候已经不多了。

总有现在的我看着过去的我，或者过去的我看着现在的我。来来去去地奔走在大梁坡，她们互相熟悉着，有时候彼此靠近，有时候截然分开。有时候故人和回忆使她们黏合在一起，相互拥抱，合二为一。

我在试图一点一点．用现在心满意足的生活，抹去过去的苦难，而苦难不会真的消失。

那一次，我长久地回头，看我曾经读书的小学校路口，一个戴着白头巾，背有些佝偻的老年女人，站在路边茫然张望。

弟弟问我眼睛向后在追着看啥，我说，那个老年女人会不会是我们走失的母亲。他怅然地说．不会吧，是个捡棉花的。

我看到女人不见了．大片的棉花地里，棉花已经摘尽。我的心里空落落的，像是一个棉花桃子炸裂后，被掏走了棉花，我的心在刺眼的天光下变得干硬瘪塌。

我的心就这样被掏空过一千次一万次，母亲还是没有回来的迹象。

我只想在大梁坡盖了房子，等母亲回来，只要房子还在原来的老地方不变，母亲的魂若回来，就必定能找到我们。

不管我们的生命经历过什么沧海桑田，母亲也会认出我们。只有在母亲眼里，我们还是昨天的那个孩子，也只有母亲的存在，才能证明我们还是过去的我们，母亲能帮助我们完全回到过去。

也许我的回来，并不完全是为了更改过去不堪的生活，而是为了把现在的生活和过去的生活接合起来，还原一个完整的大梁坡。

我期待送给自己和母亲一个完整的家园。

记忆的侵犯

他的目光那么专注和坚定地看着我，好像要拔出多年前在我身上撒下的一些钩。从他熟悉的问候语和看我时用力的表情，我能感受到，他和我在相逢的同一时刻，我们一起紧紧拥抱了过去。那个被称为“记忆”的奇妙东西，骤然飞临我们头顶，栖息在我们紧挨在一起的肩头，在我们之间倏然滑落，化成深秋的雨水，洒落在我们的眼眶和脸颊。

无数死亡的记忆复活，掺杂着重逢的喜悦，就这样他紧紧拥抱了我，这个少年时代的见证者，也深深地拥抱了他自己。

这个年龄的男人，拥抱我和拥抱自己同样需要勇气，少时那些记忆给了他这一刻的勇气。紧接着他颓然地丢开我，似乎那股勇气一下子抽离了他的身体，像被什么东西抛下一般，他愣在院子里不知所措，有些惊异地看着我，似乎在惊异我如何从天而降，惊异刚才的那股突如其来、冲破世俗的力量。

我明白他目光坚定，是因为只有这样的目光，才能集聚足够的力量，穿透那么深重的岁月，调动那些久远的记忆。

我眼前闪过一个镜头：在他家的羊圈里，他让五岁的萨吾列和七岁的我，还有六岁的古丽尼莎为他挠脊背，他的身体已经发育得很强壮，肩膀宽阔，膀大腰圆。

童年的我，连同那个羊圈里的气味，还有他油腻的脊背上的体味，一下子紧逼过来，白花花的脊背在黑暗的羊圈里让人眼花缭乱。

我没想到，自己还保存着这样一个镜头，也没想到这个镜头，会在几十年后再见到他时显影，我有点慌乱地看向他。

我有点晕眩，羊圈里的那个镜头，恍然是梦。

他有点奇怪地对我点头说："铁辽喀孜就是我，我就是铁辽喀孜。"

从我有点疑惑的目光中，他似乎看出了一种怀疑，像是在对自己做一个自我肯定。我不知道，那一刻，他是不是把过去那个青春年少的铁辽喀孜，和现在站在我面前苍老的铁辽喀孜连接在了一起，他的话像是为了让我和他一起，认领几十年前那个镜头。

铁辽喀孜的语气，让我确认羊圈里的那一幕真的发生过，一个小伙子，把三个年龄加起来跟他一样大的女孩关进羊圈里，逼着女孩们为他挠痒痒，他背对着我们，两条胳膊搭在羊圈凸凹不平的墙壁上，很享受地轻轻呻吟。

他只是发出低微的呻吟，他用声音侵犯了我们的耳朵，除此以外，他对我们没有做任何侵犯的动作，他可能还没有学会该如何侵犯。

他不会知道，此刻，这件往事突如其来，侵犯了我的记忆，那声音和镜头，竟然储存在我的记忆里那么久，只是为了在再次遇见他时显现出来。

铁辽喀孜穿着短袖衬衫和棉马甲，站在无遮挡的院子里，他的衣服和暴露在冰雨里的胳膊被淋湿了，他浑然不觉地说："没错，你就是大梁坡的那个小小的古丽，你没有变。"

尽管我已经年过半百，可在他面前，我确认地点点头。

他被无边无际的冰雨包围，我想把他拉回来躲避一下，让墙壁为他阻挡一下冰雨。我知道，我们无法阻挡记忆的侵犯，就像无法阻挡漫天的冰雨无边无际地降落下来，我和他花白的头发，都被记忆的冰雨淋湿了。

爬 犁

她从外婆家走了出来，矮矮的，像外婆家低矮的烟囱。穿着胖嘟嘟的棉衣，脖子缩得像只小狗熊。她呼着哈气，越走越近，朝着这边的沙枣林走过来，她曾经看到给大舅舅送埋的亲人路过那片沙枣林，妈妈站在那里，用头巾捂着脸，肩膀不停地颤动。那是初夏，沙枣花的香味包围的初夏。现在是严冬，四处白茫茫一片，只有雪片寒冷的气味。

她拉着一架小爬犁，一直朝着沙枣林这边的小沙包走过来。雪在她的脚底下嘎吱嘎吱地响。她的嘴上不再有哈气，外面冰冷的空气吃掉了她嘴上的哈气。她拉着爬犁上了很高很高的雪坡，她认得那个大雪坡，夏天是一座沙包，大舅舅的双拐，就被孩子们埋在沙包边缘的沙子里。大舅舅满脸眼泪粘着沙子，眼睛上都是红血丝，他的嘴巴哭得干裂出血。

她希望在雪坡下面看到大舅舅陪着她。夏天大舅舅在这里陪她玩沙子，现在他躺在沙枣林后面的墓地里。

她眼睫毛和眉毛上结满了霜，雪娃娃一样，一次一次地把爬犁拉上雪坡顶峰，趴在爬犁上，呼啦一下子从坡顶俯冲下来。她爬上滑下，滑掉了整整一个上午。

太阳从坡顶滑向沙枣林的时候，她似乎看到大舅舅拄着双拐，立在沙枣林下看着她。除了他，似乎再也没有人陪她在沙坡边玩过。

她那么熟悉大舅舅拄着双拐的站姿。她玩爬犁的时候，他却不能来陪她了。她这样想着的时候，觉得白色的大雪坡，像一座巨大的坟。

她从小被外婆娇惯，大舅舅也总是保护她，可小舅舅不怎么待见她。

他喜欢跟她抢东西。小舅舅跟她一起去沙包上滑爬犁，总是让她给他拉爬犁。坐在爬犁上的总是他，他一个人嗞溜嗞溜地滑下去，让她帮他把爬犁拉上来，然后他坐在爬犁上，嗞溜嗞溜滑下去。她站在寒风里，看着他一次次像飞一样滑下去，她看呆了，感觉雪中的爬犁像长了一对翅膀，载着小舅舅飞下雪坡。

舅舅不在家的时候，总是把爬犁藏起来。这一天，外婆和小舅舅、外公都出门了，就她一个人在家里。她偷偷把爬犁从仓房里拉出来，拉到了雪坡上。

谁也没看到，她像一个长了翅膀的小雪人一样，从雪坡上飞下。雪在她四周飞溅，她闭上眼睛张大嘴巴，幻想着地上的雪都变成甜甜的白砂糖，飞进她嘴巴里。

小舅舅滑爬犁时，嘴里总是含着从大队商店里买的橘子味水果糖，坐爬犁没有她的份，水果糖更没有她的份。她看着爬犁在雪里飞，水果糖的气息和雪的气息搅和在一起。

她期待小舅舅能给她玩一次爬犁。她期待的事情没有发生，雪地上的雪也没有变成白砂糖，要吃糖只有外婆大铁锅里的糖稀。用糖萝卜煮啊煮啊，从早上煮到晚上，糖萝卜就变成了糖稀。每次，等外婆把糖稀煮好了，她也在外婆的诵经声里睡着了。

熬过糖稀，一连几天，屋子里总是弥漫着一股焦煳气息，她的嘴巴里也是糖稀的焦煳气息。小舅舅不喜欢这种气息，只有小舅舅不在家的时候，外婆才会给她做糖稀。她一直盼着小舅舅出门，外婆好给她煮糖稀，吃了糖稀，再偷着玩小舅舅的小爬犁，让雪坡上散发出糖稀的味道。

她虽然没有吃到糖稀，却拥有了一次滑爬犁的机会。整整一个上午，她很满足地从雪坡顶上，坐着爬犁一次次地往下滑，沙包是她的，爬犁是她的，雪中的整个世界都是她的。尽管那个爬犁，只属于过她那么一个上午。

事隔几十年后的冬天，走过外婆家原来的房子时，我又看到了那排沙枣林，那个大雪坡，看到了她在北风里，冻得像红萝卜一样的小脸蛋。她侧着小小的身体，用冻红的双手紧紧地拽着拴在爬犁上的麻绳，在雪地里吃力地往前走。

我看到她的孤独，一个孩子童年的孤独。

我一下子认出了她，她就是五岁时候的我自己。

语言的弹坑

我喜欢村庄里的宁静，你可以像一个哑巴一样生活，来保持一颗心的敏感。

当语言的区域太宽广的时候，我会追逐语言追逐得很疲累，为省下一点体力，我喜欢保持静默。追逐那些虚无缥缈的声音，漫无边际的话语，太耗费体能，就像挖土和填埋一样，铲平那些语言的土丘，填平语言制造的沟壑会让人筋疲力尽。大片语言和声音轰炸过后留下的空洞，让我感觉世界的虚空和不真实。

不要用语言和声音填平我们之间的空隙，不要用嘈杂填埋我的空间。当语言抽离，声音消失，那种感觉像是要忍受一切，被你抽离后整个世界的坍塌，让人恐惧。

带着杂音的语言像是一阵急雨，在地面留下小小的浅坑，像天空下了一阵石子，粗粝地打在我铺开的思绪上，思绪从一块完整平滑的丝绸，变成千疮百孔的破网，兜不住任何细密的思想颗粒，那种华丽被撕开肢解，变得支离破碎。

心蜷缩成一团，像被用力揉皱的草纸。你的话说完了，我该把自己扔进垃圾桶里了，因为我有价值的部分已经被喧嚣和嘈杂损耗殆尽。

语言的矿坑，显出过度开采后被废弃的荒凉，残留着无用的残渣，脏污的废水，处处是被肆意践踏过的印记，所有的根系被革除，大地的营养被抽离，一切生命都无从生长。

我不是怕语言和声音，我是怕语言和声音过后，就像弹雨和炮火过后留下满目疮痍，语言的弹孔和声音的坑洞，坠满我的全身。

我的世界遍体鳞伤，无法收拾。

光线的重量

我真不希望村庄里有灯。在大梁坡，当我潜入黑暗就是潜入记忆深处。

我说过无数次，当你看到我独自坐在大梁坡的一间黑房子里，千万不要开灯，手按下开关，就像扣动了扳机，我会被送命的。

你走进我的房间，替我打开灯的那一瞬间，我大脑里的电源就像被切断了，思维完全短路，我只看见你的嘴不停地在我面前张合，手不住地比划，我全然听不到你在说些什么。

我满脑子只想世界上最后一件我没来得及做完的事情——那就是把灯关上。我失魂落魄地扑向电灯开关，就像濒死的人奔向一线生机。

灯光重新变暗，一个死而复生的我，又回到了这个世界。我的记忆恢复，视力恢复，听觉恢复，我又变成了之前黑暗里的那个我。

中间被光线切断的那段记忆被删除了，再也无法恢复，我左思右想，不知道你向我叮嘱和解释过一些什么，或者吩咐了一些什么事情。我努力回想，只有你的表情和在眼前比划的手势，我无法恢复你说话的内容。

有的时候，你把手伸向开关的瞬间，我的心提到了嗓子眼上，我感觉自己的魂飞了出去，好不容易从黑暗里聚拢的自己，又在光线中散开，我追不回来那些思维碎片，分崩离析。

我的重心顿时脱离了既定的轨道，像失重的陨石一样从宇宙跌落，我无法收集那些飘散在心际的物质，我的世界轰然离开我，抛下我，我感觉自己在下坠，我的星球在向着茫茫天际坠落，没有人能够救我。

我起身去追，我想把光线堵住，那样我的魂就会回到我的身体里。我关掉了电灯，手按在开关上的那一瞬，我突然无限悲伤，我发现，我追不到它了，我看到了那些被满屋子亮堂堂的光线赶跑的东西，看到它们飞离我而去的背影，那是我刚才在黑暗里养出的一截思绪，像一匹撕裂的锦缎，悲切地飘扬着飞远。

我看见了我的灵魂被光线撕开的样子。

光线是有重量的，一个人怎么能背着一屋子沉重的光线而浑然不觉。光线有锋芒一样的质感，它一根根扎在我的眼球上，一线窗帘缝隙漏进来的光，都会像匕首一样刺进我的眼球和身体里。

坐在光线里，我万箭穿心。我脆薄的身体承载着一立方一立方光的重量，我变得越来越重，重到能被我看见的东西都被光线挤压在我的身体上。

我只有闭上眼睛躲避光线，躲进想象的黑暗里，以减轻这光亮无限的重量。

我用我的灵魂召集的阴魂，黑暗里他们聚集在我周围，我像一个被催眠的人，与我前世的记忆相遇，与另一个世界的幽灵对话，恰好在这个时刻那盏万恶的灯被点亮了。

我好不容易会聚的记忆，我脑海里没有见过光的事物全都死了，光线像刀一样切断了我与另一个世界的连接，我用意念的魔法打开的与另一个宇宙的通道，统统被关闭，灯光一下子把我切换到了这个世界，那个世界瞬间消失，我猝不及防跌落到了现实。梦境失落，想象幻灭的感觉恍如一梦，我无所适从。

上一世，我一定是一个穴居者。我适宜于独坐在黑暗里，感谢上天给我这样一方安全的黑暗，那是我最自如的时候。

我眼睛里的记忆之光，足够照亮我。

雪变成满天的鸽子

我对大梁坡说，下雪了，我就回来。似乎大梁坡冬天的雪，能够为我积蓄生命能量，似乎雪下得有多厚，我的能量就有多足。没等下雪我就回到了大梁坡，固执地等着跟村里的人一起迎接今年第一场雪。也许是故乡疼顾我，怕我冻着，进了十二月还不肯下雪。

天不亮，窗纱上隐隐约约有一层白色的碎花在飘动，我担心自己又在做梦。我总是梦见下雪了，一次次拉开窗帘，一次次失望过后，再梦见下雪，总是忐忑犹豫，不敢拉开窗帘。

我裹上围巾和棉衣，拉开门，地上白蒙蒙的，空气里有股雪花的寒香。我下意识地蹲下去摸了一把地，湿冷的沙子和雪混合在一起的粗硬颗粒感，这是古尔班通古特沙漠边缘雪的质感。一直等待的雪，趁着我睡着，悄悄落满了我的院子，我的房顶，我的老河坝，我的大梁坡。

我跑出院门，在村道上飞奔，去看雪中的村庄。彻骨的寒冷，会让人调动身上所有的热能去应对，仿佛漫长的冬季背后有一种彻骨的力量在支撑着，奔走在大梁坡的雪地上，脚步总是那么有力。

天色随着我的脚步渐渐亮起来，大雪中，我闻到了东北风吹过来的汽油味，接着看见东边阿哈提家的灯光。如果在过去，谁家一早要出门，一定先听见驴叫跟人声。起太早，驴嫌人吵醒了它的瞌睡，跟人对抗的声音，人用道理驯服驴的声音搅和在一起，从风里滚过来，滚到醒来的人家院子里。这像是扔进东风里的声音包裹，你用耳朵打开就可以了解东边院子里发生了什么，你可以检查一下自己家的茶盐酱醋剩下多少，够不够坚持到下一次有人套驴车出门，决定自己是不是搭着谁家一早套好的毛驴车，去镇子里或者一四四团部、红旗农场买一点家里短缺的东西。现在阿哈提没有了驴，有家用小汽车了，给汽车加油的味道传过来，你根本无法判断他今天要去哪里。因为汽车一天可以跑很远，跑到乌鲁木齐、奎屯、独山子、克拉玛依再回来。人的耳朵和鼻子判断能力，没有毛驴车时代那么管用了，狗的判断能力也没有过去管用了，追着铲车、拖拉机、拾棉机死咬，惹人笑话。好在狗的嗅觉还是那么发达，能闻到村子里谁家宰羊宰牛，也仍然能闻到生人的气味，拽住裤腿不让动弹，弄得想在大梁坡顺手牵羊的人红着脖子根离开。

泽乃提罕窗户的灯一闪一闪，似乎是开了电视，她是个倔强的孤老婆子。夏天我去看过她，送她两块做裙子的布料，她怀疑我给其他女人一块，给了她两块，是不是认为她穷，考虑要把一块退还给我，好保全自尊，尽管很不富有，她还是想活得体体面面。

阿哈提的小汽车朝西边开走了，没有人知道大雪天他要去哪里。泽乃提罕在这个村里很少出门，孤身一人守在屋子里，守着大梁坡。她的电视屏幕黑明都亮着，她的眼睛除了用来看电视，就是用来看大梁坡。她死之前不会离开大梁坡，死了也不离开，她拜托邻居，如果她先走了，就让邻居把她埋了，如果邻居先走了，她让邻居的家人把她埋了。她在黎明的黑暗里一闪一闪的窗户，其实比电视屏幕大不了多少，她的世界也就一个电视屏幕加一个窗户那么大。她很知足，在她眼里，大梁坡前面带着个“大”字，证明这是个大地方，而且是个可以完全交托自己生前身后事的大地方。

阿哈提家的灯黑了以后，图拉訇家的灯亮了两间屋子，估计是他妻子收拾着要去镇里食堂打工。为了不让狗跟鸽子抢食，邻居图拉訇把家里的大白狗和一窝狗崽药死了。现在他家院子里没有了他呵斥的对象，本来走路都看着天的图拉訇，更加不用看地了，初冬地上完全没有了他要看的东西。他每天天不亮就站在门口的空地上，抬起头看天上的鸽子。有时候天上什么也没有，他也一动不动昂头看着天。图拉訇为了看天，从来不戴帽子，以免抬头的时候帽子掉下来耽误他看天，一到冬天他的耳轮总是黑红的，像是被严寒给烤焦了。

雪从天上扯下一道道白纱，我满身披着白纱往回走，看见图拉訇又站在门口习惯性地抬头看着天，大雪也没有网住他执拗的视线。我也学着像图拉訇昂起头看天，天上的雪变成满天的鸽子，向我飞过来。

消失的人物

冬天，大梁坡的人们都和我一样生炉子、做饭、扫地、洗衣服，除此之外，男人们忙着喝酒、挣钱、追女人，女人们忙着结婚、生孩子、办满月酒。我相信，他们还有我看不到的内心生活，比我看到的和搬到纸面上的更彻底。

傍晚，我喜欢坐在炕上看村庄，从窗户里远远地看过去，新添的几朵路灯围着种棉花的大坑耀眼地开着，村庄像一本打开的书。大梁坡的人物就适合住在村子里看，他们一旦进到了我的书里，从此就从我的现实世界里消失了，被我用薄薄的纸张埋在了书里，再也出不来了。

我在村里再见到我写过的某个人，会有一种悲哀，我不愿意承认这个人就是我写进书里的那个人。我写的喀力喀孜，有着帅气的外貌，夏天我在他家见到他时，他抱着孙子出来迎我，人已经老得找不到一丝过去的模样，蓬头乱发，胡子拉碴，他还用少年时候那样的热烈眼神看我，却没有了那时的单纯无邪，比我早年见到的他父亲还要衰老。如果夜里见到他，我一定认为是他父亲苍老的幽灵。

有时候，我后悔把大梁坡的人们写进我的书里，他们被我锁在陌生化的描述里，再看到现实中的他们，反倒让我生疑。在村委会门口碰到童年伙伴小石头，他见面跟我握了个手，这个成人化的举动，一下子让我向童年记忆里那个顽皮的小石头告别了。他和我的手握到一起的刹那，我就把他和笔下的那个小石头彻底断开了，把他和我的童年断开了，我只认识记忆里那个小石头，不认识眼前的这个人。我有一种犯罪感，仿佛我把他俩其中的一个杀死在了我的文字里。文字是我给童年记忆修建的牢狱，进入我文字里的都成为我的囚徒，他们被我判了无期徒刑，一辈子不得离开我为他们铸造的牢笼。

清早，打开手机，锁屏图是一只艳红的沙发，旁边的矮柜上摆着三个银子的烛台。我这间屋里没有沙发，只有几只高低不一的旧木凳，是用来踩脚上炕的。我端坐在土炕上的炕桌前打字，屋子里没有通网络，我感觉被这个村子扔在了尾巴根上。隔了三十多年后回来，村子里总有一些东西，是我无法追赶上的。

我出了门，朝尚在熟睡中的白蒙蒙的村庄走去，想趁着早上村庄还没有苏醒过来，一个人安静地走走，复活一些过去的记忆。空气中有股干草的甜香，仔细闻，有种淡淡的草药味道，可能是艾蒿上下了雪，被晨曦一照有股艾香。村子四周房子顶上落着雪，有一种威严感，仿佛一个城堡，联合起来护卫着什么，一副提防着谁的架势。

一个人偷偷走过村子最东头，就像小时候边走路边捡柴火和牛粪那样，我躬下身在路口捡了一段谁家丢弃的拴过羊的麻绳，我抖掉绳子上的雪，绳子一股羊臊味，已经被拉扯成了一团乱麻。我多年没有看到过麻绳了，城市里的麻都用来做衣料了，只有在农村，麻才被拧成拴牲口的绳子。哈萨克族邻居玛泰出来倒尿盆，撞见我匆匆招呼了一声，急忙隐到白刺墙后面去了。

我绕到哈斯木的旧房子门前，哈斯木家的那棵树还是老样子，我记得本来是两棵，不知什么时候少了一棵。哈斯木家门前的大坑是不是原来那个，我有点记不清了，拼命回忆，也想不起来这个位置曾经是什么，是亚森家的后窗？亚森每天等我从学校回来，经过他家后窗时，用左手的食指和拇指圈成一个圈，再让右手的食指不断从左手的圈里穿进穿出，那是一个在大梁坡小孩子都懂的动作。

我沉浸在那个带给我早期启蒙动作的回味里，突然有人打开哈斯木家旧房子的门出来，把我恢复的旧时记忆撞开了一道口子。道莱提罕大婶要生炉子烧火了，在院子里取柴火、铲煤，她朝大坑这边伸长了脖子，我赶紧背过脸往回走，生怕她奇怪我大清早站在大坑边上发呆，幸好大坑里积着的是雪，不是水，不然我恐怕像个要投水自尽的人。我绕回到原来的路上，把一串串可疑的脚印留在了雪地上。

清早不赶羊、不赶牛，一个人在村路上逛游，总有点形迹可疑，我有点忌惮拖着的那团麻绳。我穿着大棉袄、扎着布围巾、穿着棉拖鞋的样子，很可能像个贼，平时见了我老远就摇尾巴的阿哈提家的狗，一个劲地冲着我狂吠。人们睡着的时候，把村庄交给了狗，清早大梁坡的狗知道人们起得晚，仍然尽职尽责看管着整个村子。我只想去散散步，偷窥一眼苏醒前的村庄，没想到要趁机拿什么东西，走了一圈，无意间竟提了一段没用的麻绳回来。麻绳潜意识里似乎跟线索这样的字眼有关系，我是想寻找一些记忆的线索罢了。这根记忆线索可真的够粗够长，断断续续，纵横交错，纠综绕结。

路边肉孜家的房子，夏天我来的时候，还有一些残墙，现在被推土机推成了一堆土，像一个坟墓的样子，本来看家护院的高高大大的白刺，如今戳在土堆上不肯倒下，它还不知道，主人早已经不在了，不需要它了，这傻傻的植物，多少年过去了，仍然倔乎乎地挺在废墟的积雪上。

天色亮了，空气飘散着牲口牛羊反刍了一夜的草料的气息。我回到炕桌前，开始反刍清早在村里偷窥的一切。我用笔将好几个熟悉的人物，从现实中拉进我文字的牢狱里。对于大梁坡，我不仅是个文学小偷，可能罪行比这要严重得多，不知道被我关进书里的那些大梁坡人，会不会宽恕我。

父亲的车架子

父亲的车架子，是由榆木做骨架支撑起来的。这个车架子使光了大黑驴的力气，使光了父亲的力气，也使光了它自己的力气，跟父亲一起躺下了。父亲躺进了墓地，他的车架子现在躺回了房子西北角，那是父亲过去最喜欢躺在车架子上睡午觉的位置。夏季，在自然风的吹拂下，父亲把车架子当成他的木床，土墙的阴影长长地伸过来，像一块灰色的毛巾被一样盖在父亲身上。

穷困的年月，驴车是父亲载着我们渡苦海的方舟，承载过我们全家七口人的生活，它拉过庄稼的种子，地里的收成，过冬的煤、柴火、白菜、土豆、大葱，有一年夏秋之交，还拉过半车苹果。

那个正午，父亲把车赶到柳毛湾，卸了车让毛驴休息，我跟父亲坐在车架子上，等着看苹果园子的人来开门。我们等了很久，父亲心情很好，坐在车架子上卷莫合烟，眼睛时不时地瞟一眼路口。父亲似乎很有把握，看园子的人会从哪边路口走过来。

我问了父亲好几遍："看园子的人什么时候来啊？"

"看园子的人吃午饭去了，吃完饭就会来开门。"父亲等得很耐心。

我想，看苹果园子的人，可能是这个世界上吃饭最慢的人，要么他没有牙，要么他是数着米粒吃饭的。

"爹爹，我猜你小时候也很喜欢吃苹果。"

"小时候喜欢吃，现在牙不好。"父亲龇了龇满口的金牙。

我怀疑父亲镶了金牙，就尝不出苹果的味道了，不过这没关系，我吃了以后可以告诉他。想到吃苹果，我咽了口涎水。

其实我没记住那天有没有等到苹果园子开门，也没记住有没有吃到苹果，只记住了跟父亲坐在车架子上抽着莫合烟乘阴凉，我闻着太阳晒出路边树叶甘涩的香气和风中的苹果味，听父亲说话。他一说话，下巴上的胡楂就在树叶漏下来的光斑里一闪一闪。那胡子是早上新剃过的，从父亲脸上薄薄的一层皮里，探出一层断了的钢针一样的青茬子。父亲什么都可以瞒，剃胡子他没法瞒着我。家里只有一面穿衣镜，就挂在里屋，那镜子是我和他一起坐着毛驴车，从一四四团团部商店买来的，上半边画着天安门，下半边写着“战无不胜的毛泽东思想万岁万岁万万岁”。父亲对着没有画和字的镜子两边，左顾右看地剃胡子，我就知道这天必然有好事情，无论如何都得跟定他，不能让他偷偷把我给甩了。

给父亲送埋的那一天，从路上赶来的我看到他的胡子没有剃，他似乎下意识地担心自己剃了胡子，家里就会有人一直跟着他。一辈子唯独这一次，他知道要防着我们了。父亲那天套上赶着那辆榆木做的驴车去医院看病，再也没有回来。他断气的时候，我在千里之外的噩梦里挣扎。

父亲去世以后，我们谁都不敢轻易去碰那个车架子，仿佛那是他的骨架。在老房子的地基上造好了新房子后，还是让它躺回原地。有时候见它淋在雨里，想用塑料盖起来，转而想想，塑料不是白的就是黑的，也就让它那么淋着。晴天，太阳在东南边的时候，它在西墙根的阴凉里，让我想起跟父亲等苹果园子开门的那个正午。太阳转到了西面，它就在太阳下晒着，就像那次跟父亲去野地里挖柴火，中午累了，周围没有阴凉，父亲晒着大太阳，倒头睡在车架子上打呼噜，我守在父亲挖好的柴火旁，时间仿佛停止了，只有戈壁滩上的流沙在流，旋风在旋。

父亲在戈壁滩上的那个午觉睡得可真够长的，比等待那个开苹果园子门的人时间还长，似乎永远也等不到他醒过来。没想到，有一天父亲真的会以这样的方式离开我，一觉睡到再也不起来。现在想想，戈壁滩上父亲睡在车架子上那次，还有坐在车架子上等苹果园子开门那次，比起他现在睡在墓地里，是多么短暂的时光。

现在，父亲的车架子躺在他喜欢睡觉的位置，上面盖着厚厚一层雪，像父亲盖了一床白色的被子躺在那里一动不动。

彩虹发辫

我家窗户根下的大坑斜对面，土坡上被一团芦苇和树木围着的，是古丽尼莎家的老房子，芦苇摇晃着沉甸甸、毛茸茸的缨子，像一群黄头发的孩子在风里奔跑。每次我有干不了的泥巴活儿，对着大坑那边喊一声，古丽尼莎应声就到了。她飞奔过来，那天，替我用河坝边的滋泥墁好了裂缝的火墙，把柴草和枯树枝折断，放进煤炉，忙着点火。

我在一屋子的柴草烟火气里感叹："我终于回到大梁坡了。"

"理所当然要回来，这是你和父母唯一一起生活过的地方。"她忙着往炉子里燃烧起来的柴火上添上碎煤。

世界那么大，只有这片土地上，才会浮现出父母的影子，那影子是我看熟了的他们劳作或劳作回来，在屋子里像我现在一样烧炉子加煤，在院子里喂牛饮驴，喂羊喂鸡的身影。

我站在院子里梳头，问古丽尼莎，还记不记得小时候揪着小辫对着彩虹说"我的头发快点长，长得像彩虹那么粗那么长"!

古丽尼莎神秘地笑了："这是我奶奶告诉我的，她说这样头发一夜之间，就会长得像彩虹那么粗那么长。"

她拉开掩在头巾下的两根长辫子，"很久没有玩'彩虹发辫'的游戏，头发明显地稀少了。"

"我的头发都少了一半。"我捏起薄薄的头发给她看。

"我们再试一试那个游戏，说不定还灵。"她像小时候那样，大眼睛里闪着央求的目光注视着我。

古丽尼莎帮我梳了两根辫子，“编了头发不会再被野风吹散，也不会被大风拔走。”我看到自己地上的影子，瘦瘦小小的，仿佛回到了童年。

古丽尼莎收起梳子上缠绕着的头发，“掉了的头发埋在家门口的树根下面，这样你的头发就会像树一样越长越密实。拾不回来的那些头发没有了根，就再不会长了。”

我一根根捡拾起地上的头发，跟梳子上的头发合起来，绕成一小团，突然想起几十年来散落在南方的头发，那些没有了根的头发永远不再长了。我把那一小团头发埋在李子树下，古丽尼莎又在土上面浇了一桶井水，李子树密实的根，紧紧抓住土不放。

尽管天上没有彩虹，我心里有个稚嫩的声音在说：“我的头发快点长，长得像天上的彩虹那么粗那么长！”

真想跟古丽尼莎一起，再回到那条童年的彩虹下，向着天空乞求，赐我满头发辫，像天上的彩虹一样。

火热的炕

我们家橡皮红的新房子，是旧房子的废墟垫底盖起来的，整栋房子向南都是窗户，看过去像一列火车。去年夏天回来，我特意挑选了朝南的卧室，这样拉开窗帘能看到河坝和南山。从老房子靠南的窗户望出去，结冰的河坝像一条巨蟒，透着生猛的威力。冬天的雪最先灌进南窗，南窗上结着的冰凌花，在火炉里的火苗升起来以后，最先融化。我们的眼睛都朝南长，向南一点就离太阳近一点。

今年冬天，我住在最东头有炕的屋里，早上睁开眼睛就能迎上太阳第一缕阳光。北方冬天的太阳只能给人看，不暖身子，取暖要生煤炉，烧火墙和炕。

盘炕用的是门前的土，散发着淡淡的尿味，像我很熟悉的小时候尿炕的味道。村里的羊毛，蘑菇湖水库的盐碱泥巴，地里的麦草，这几样东西混合在一起，几乎是把大梁坡有的东西都盘在了一面炕上。南山的煤烧开土井里的水，再搅拌进大梁坡牛奶，住在大梁坡上，大地上的味道齐备，这是我的山水、我的血脉，这就是我的生活、我的世界。

弟弟让人给炕周边钉了一圈带圆孔的金色瓷砖，说要给屋子勒个金腰带，我看着觉得好笑，像一圈蛀了洞的金牙。弟弟给红砖火墙围的一段白栅栏（目的是防烧热的火墙烫着人），跟一大圈“金蛀牙”合起来看，像父亲满嘴金牙中几颗没有镶金的白牙。我夸弟弟，这个大炕盘得把地下的老爹都能逗笑。

在大梁坡，传宗接代都是在炕上完成的。炕，很容易让人联想到繁衍。我看到过母亲跪在大炕上，从这头跪到那头，再从那头跪到这头，来回几次，就有一个弟弟或者妹妹，像熟透的西瓜一样滚到炕上。父母在炕上滚了一辈子，滚出了我们七个孩子，我们的身体都是在无遮无拦的大炕上滚大的。宽大、平坦、结实的炕连着地面，不动不摇。炕承受再大的压力也不会叫，除非塌下去。大梁坡一代又一代人，都是从炕上滚出来的，沾着泥、带着土，就像土豆从土里繁衍出来。

我躺在炕上，大梁坡的天空，时不时响起飞机的呼啸声，那声音，仿佛火炉里的火被火墙吮吸后，呼啸着进入炕洞的声音。飞机白天黑夜地在天上呼啸，我的火炉白天黑夜在地上呼啸。飞机划在天空的那道长长的白，一次次跟房顶烟囱里冒出的白烟连接起来。坐地日行八万里，我睡在土炕上做梦，梦到坐着土炕回到南方。

冬日的梦境里，他的手臂从后面搂住她的腰，把记忆中的那个她重温了一遍，像温习过去的爱情。她忐忑着，分辨不清这感觉究竟是好还是不好。他只是抚摸了一遍记忆，似乎抚摸能给她注入生命，然后他开始相信，曾经在照片上用目光抚摸了千百回的女子，这次是活生生地被自己搂着。

醒来的那个她，仍然被晾在大梁坡的土炕上。梦里的拥抱，让我想起煤、牛粪和土加在一起的那种燃烧物，不是煤炉跟炭火直接的爱情，掺了许多许多煤炭以外的东西。有时候我觉得，一个没睡在炕上体验过“灼热”的人，没法真正理解灼热的情爱，没生过炉火的男女，没法真正理解“火热”这个词的含义。我怀疑离开了炕以后的男人和女人，爱的能力和欲望也会渐渐退化，变得没有那么热烈了。

我把田野上、渠沟边干枯的树枝、树根拖回来，折成一小段一小段，把废弃的树根劈成巴掌大的木片，从田埂边拾回来一捧骆驼刺、半把蒿草，一层层放进炉膛里，用麦草和芦苇垫在最下面引火，一股柴草的烟气，熟悉得就像从父母身体上散发出来的气息。小时候，在炕上睡了一个冬天以后，家里的每个人，身上、头发上都散发着柴草的气息。

趴在炕上，热乎乎的炕像父母的身体。北方的冬天，人是靠火生活的，火是冬天里的希望。在我渐渐长大的那些年月，一个个漫长的冬天里，火炉里的火从早到晚都是红红的，每一次生炉子烧炕的都是父亲。那时的每一个疙瘩煤、每一团火的温度，都是先从父亲手心里，传到炉子里、火墙里、炕里、屋子里，传到我们身体里。那炉火至今暖着我们的血。

父亲的印记

一大早，东窗和南窗根的地裹在雾里，刚翻的泥土蒸腾着水汽，新撒的一层牛粪、羊粪上落着白霜。弟弟计划着明年春天，这边种菜，那边种花，再搭个长长的葡萄架。

我揶揄弟弟："这块地像是父亲刚刚犁过，等着他下种的样子。他最了解这块地，明年种啥，我们问问他吧。"

"这块地上的每一把土，父亲都用手捏遍了。"弟弟蹲下身子，捏了一把泥土。

新鲜的土在秋阳下摊开着，一言不发，仿佛默默地等候父亲发话。

"看到新翻的泥土，就觉得父亲还在，好像他的影子随时会出现在地头上。"

弟弟手一指说："他们正看着我们呢。父亲在那儿，母亲在那儿，那个我们没见过的姐姐也在那儿。"

弟弟指的是院子周围的三棵树，父亲是房后面蹲着的那棵老榆树，母亲是守在门前的李子树，那个出生没几天就殁了的姐姐，是老榆树后面的那棵小柳树，矮矮地立在我们从前上学的路口。

"应该给他们留个门，一年四季不去关上，应该在河坝边上搭一座桥，不然他们回来，会被河坝挡住，过不到家里。"

"我们六个长大后，朝着六个方向走散了，你看那六棵白杨树，就是在我们走远的年月被人伐掉的，幸好根子还在这里，只要根子在，就会回来。"弟弟指的是北边一圈伐掉的杨树墩。

只要根子在，家园就在。只要村庄在，童年就在。只要土地在，父亲就在。冬天，在大梁坡，处处能看到父亲的印记。

我的脚白天在雪地里奔走，晚上伸在火墙根上取暖，脚后跟干裂脱皮，脚上的皮肤像极了父亲。在大梁坡待久了，我终日干着父亲干过的活儿，父亲在我忙碌的身体里一点点复活，仿佛在我全身的皮肤下面隐藏包裹着，要从我的身体里长出来。

首先复活的是父亲的双手，指甲里藏着煤炭的灰，手指上套着一层洗不掉的黑，像戴了一层丝网手套。那双手长久地握持炉钩、火钳，渗进铁锈和煤粉后跟手汗黏在一起，指纹掌纹里像是始终粘着黑色的印泥，手摸到哪里，哪里就会留下印有他指纹的印记，无论父亲亲昵地抚摸，还是他愤怒的巴掌落在脸上，都是他权力的印章，证明我们是他最疼爱的孩子。

父亲用汽油或柴油清洗手上的炭黑、铁锈，用拖拉机润滑油润滑他干裂的双手，仿佛他的双手是铁质的，他恨不得夜里睡觉前，将这铁质的零件拆卸下来，浸泡在柴油里保养，白天再组装在身体上使用，就像他的假牙，晚上泡在盐水里休息，白天安在他的嘴里吃东西。

继父亲的双手之后复活的，应该是父亲瘦削的脸，眉毛、睫毛上落着霜雪，随后是他矮小的身子。父亲活着的时候，身上年复一年积满了一层层黄土。最后掩埋了他的黄土，只是积得比他在地上的时候更厚一些。

墙上的风洞

咳嗽哮喘又开始轮番折磨依拉訇，他老伴努热拉罕大婶被风呛得没法呼吸，被风湿痛折腾得没法睡觉。他们对我不停地抱怨着，这都是他们搬进我们家的老房子后，那些风洞给害出来的病。

依拉訇家炕上放着氧气管，努热拉罕大婶动不动就得吸氧，她向每一个来她家的人不停地撒娇，七十岁女人剩下的唯一撒娇方式，就是告诉别人自己哪儿又痛了，示意人家关心关心她的身体。老化的身体只有一直疼痛，才会不被忽视。

他们搬进我家老房子前，没有堵好墙根子上那些风洞，长年累月灌进来的风，在伤害完我父亲之后，又伤害了依拉訇的气管和他老伴的关节，钻进了依拉訇的肺和他老伴的骨头缝里游走作祟。依拉訇说，风把他的气管当成气管子，把他的胸腔和肺当成了风箱，从早到晚呼哧呼哧响个不停。

依拉訇想到了我父亲留给他的那句话："你不把墙洞收拾好，风就会来收拾你。"

依拉訇早晚会搬进我们家的房子，父亲殁之前就有预感。对依拉訇说上面那句话的时候，我父亲身体里已经扯开了风箱。他央求依拉訇和点泥巴，帮着把后墙根的风洞堵上。依拉訇看看父亲已经没了力气，需要靠他的力气堵那些风洞，就出了个大价钱，父亲摇着头，大口大口地咳嗽着，他被这几百块钱的要价给呛住了。

"我帮你把风洞收拾好，就能把你的咳嗽也带走，不把风洞收拾好，你就得和你的咳嗽在一起。想留着咳嗽，还是留着钱，您自己选择吧。”依拉訇以为用咳嗽威胁我父亲，我父亲就会被吓住。

“咳嗽是我养的狗，有咳嗽陪着我，晚上家里不敢进贼。这风洞也是宝贝，我留着，夏天吹个风，图个凉快。您走吧，依拉訇，风洞和咳嗽我先留着，你啥时候想要，我回头再转给你。”

依拉訇把我父亲和他的咳嗽声晾在风里，头一扭走了。

我父亲殁了不到半年，依拉訇搬进了我家的老房子。

我父亲真的把他的咳嗽留给了依拉訇，依拉訇蹲在地上对着墙根咳，仰起脖子对着房顶咳，咳得前仰后合，房顶的尘土被他的咳嗽声震得四处飞舞。他对老伴嘀咕：“当年伊布拉欣家的风洞我没帮着堵，那天他蹲在墙根用咳嗽声送我。哎，他一定料到，有一天我们也会吃这风洞的苦头。”

“当时你要是堵上就好了，咱们现在就不用被风欺负。”老伴腰疼得直不起来。

“伊布拉欣说过，我不收拾他的房子，风会来收拾我。自从我们住进他的房子，我一直在收拾那些风洞，可是有什么用，风像是认识那些洞一样，堵上以后过不了多久，又从原先穿过的地方刮开了，我们还是被风收拾。”

“等我们搬进来，风洞已经开得太大，堵不住了。”

一到冬天，风就开始折腾依拉訇老两口，袭击他们薄弱的关节、气管和肺，甚至侵入到心脏了。愧疚和懊悔让老两口常年失眠，风一刻不停地在他们的良心上穿孔打洞。

他们用棉花堵，风从棉花缝里钻进来，用破布堵，破布被风撕掉。他们用泥巴堵，老的墙皮不认新的泥巴，新墁上去的泥巴被旧墙皮挤得脱落，他们干脆铲了一大堆土，堆在墙根，土每天被风吹掉一些，被狗刨掉一些，被蚂蚁做窝，鸡叼走土里面的草籽和虫子，最后被老鼠、黄鼠狼洞穿。似乎满世界的东西都在跟他们作对，帮风把风洞重新打开，风的嘴对着他们不停地吹，他们怎么合也合不上。

依拉旬总是感觉，我父亲没忘记他们，一年四季都在用风洞里的风，问候他们一家的生活。

为了逃离我们家老房子的那些风洞，依拉旬盖了个结实的房子，把我们家的老房子拆了，抽走了檩子和椽子。这些檩子和椽子被上到了陌生的房顶，不愿意服服帖帖承担起别人家的重量，时不时地漏点土、漏点水，让依拉旬的咳嗽、哮喘和他老伴的关节炎、风湿痛加重。

住在新修的房子里，依拉旬和老伴还是感觉冷风像蛇吐着蛇信一样，从四面的墙洞里钻出来，风蛇的毒液已经浸入了他们的身体深处。

“伊布拉欣一定在怪我，怪我不帮他堵风洞，人搬走了，还要抽走他家老房子的这些木头。你看我们盖的这新房子的屋顶，总是往下面漏水、漏土，好端端的墙上就裂口子，感觉到处都在漏风。”

努热拉罕大婶指着头顶说：“那不怪伊布拉欣，幸亏伊布拉欣那间老房子里这些椽子、檩子，不然我们这房子盖不起来。”

依拉旬怀疑我父亲对风念了咒语。他们每次见到我就拉住我，给我诉苦，希望通过我让父亲收回他的咒语，不要再让风跟他们作对，收拾他们衰老的身体。

我说，我父亲都睡在土里了，总不可能趴在墙根子上帮着风刨土打洞。

自从他们跟我说了那些风洞的事情，风洞就打在我心里了。好像依拉旬和努热拉罕大婶的身子，变成了我父母在世时的身子。父母用衰老羸弱的身体，抵挡那些风洞的漫长冬夜，我在远方，睡在四壁结实严密的楼房里，梦里总有风雪漏进来。

如今父母躺进严实的黄土里，坟墓里应该不会再有风，可我总担心那些老鼠、蜥蜴和蛇，他们依旧会把洞打进坟墓。我总担心坟墓的一角会漏风，就如同小时候，父母总担心我晚上睡觉被子没有盖严实。我一直没法堵上心里的那个风洞。

依拉旬把房子连同墙上的风洞卖给了老邻居，就像当年哈斯木把我家的老房子买过去以后，转手卖给依拉旬。依拉旬又把老邻居晾在了风里，就像当年把我父亲晾在风里。依拉旬老了，已经没有力气堵上那些风洞了。

依拉旬两口子搬走了，带着他的咳嗽哮喘，带着老伴和她的风湿痛，搬到了镇里的女儿家，他们的女儿最终在父母活着的时候，让父母永远逃离了那些风洞。依拉旬的女儿把那股吹彻过父母们的寒冷留给了我，把愧疚和懊悔留给了我，把那些我没替父母抵挡的风洞植入了我的身体。在冬夜，那些吹彻过他们生命的风洞，在我的身体里不断地开合，仿佛天地的呼吸都变成了风，吹进我的每一根骨头，在我的骨头上打孔钻洞，让它发出类似骨哨骨笛的声音。

包裹在图案里的童年

第一眼在一块巨大的波斯挂毯上看到那种图案时，我怔住了。这些有序排列的图案，每一个都是对上一个的重复，仿佛是一个繁衍出下一个，可以无限地复制繁衍下去。

它们似乎在用一套无声可视的语言向我传达一个秘密。它们每一个都用一模一样的色彩、韵律和线条说着同样一句我所听不懂的话。

它们的外形像被放大的蝌蚪，从大大的头部到极速变细的尾部，布满了细密的植物花叶，一群有着石粉颜料天然色泽的蝌蚪，遍体运载着现实中从未见过，却像从我身体里长出来的一样，熟悉得不能再熟悉的花纹。

蝌蚪们一列列、一行行奋力地游过来，每一个都像是在对我示意：像我这样，让这些细细密密的花纹覆盖你的全身，你就能变成我，懂得我。

我恍然想起，这个图案曾经缀满我的全身，覆盖过我的每一寸肌肤。我摸了摸自己的身体，感觉满身都是挂毯上那种图案。我不记得它们是在什么时候褪色脱落的，多少年来，我再也看不见它们。

我可以确认，这种图案最早出现在我的生活里，是在我的童年。

做裁缝的父亲，给他自己做的那件蓝呢子中山装，波斯蓝的绸子内里上，印满了这种造型的图案，看久了，图案会动起来，蓝色的蝌蚪忽而沉没在水里，忽而借着浪花的冲力浮游在水面，忽而又沉没在蓝色的汪洋深处，不管怎么挣扎，它们始终浸在海一样的湛蓝里，像在孕育，又像是蠕动着想要爬上来。

那些蝌蚪们，藏在父亲最温暖的衣服内里，数九寒天被父亲怀揣着，从未冻僵过。它们围裹环抱着父亲清瘦的身体，呼吸着父亲的气息，时刻紧贴着父亲，跟父亲比我们更贴近，它们占有了我的父亲，仿佛它们才是他的孩子。

在我们这个母亲疯癫的家庭，每个孩子都会问父亲，我们是从哪里来的？父亲总是坚定地敞开他的衣服，让我们看他的脐带，那里有一个小小的脐带眼，父亲一次次重申，我们都是从那里爬出来的小蝌蚪，我们从小对此深信不疑。

冷了，或者瞌睡了，父亲会解开衣扣，用那个湛蓝的怀抱拥住我，让我回到那些蝌蚪中间，取暖、打盹，或者做梦。我像钻进温热的被筒一样，迫切地钻进沾满父亲体味的衣服里寻找那些蝌蚪。

我们六个孩子，都是偶然从父亲衣服皱褶里剥离下来的蝌蚪，被风抖落在地上，也还是日夜围绕在他周围。幼年时，父亲是我们的宇宙中心，我们这些蝌蚪围绕他运行，从不偏离轨道。

印在父亲湖绿的眼眸里的我们，把那片温暖的湛蓝，当成孕育过我们的海洋，那种图案成了我们辨认父亲怀抱的一种密码。后来每当我回想父亲的怀抱，眼前就呈现出那些蝌蚪组成的细浪一样的花纹。父亲衣服内里的那些蝌蚪，成了童年某种昭示神秘基因的符号。

春天，父亲为我做了一条连身裙，湖绿底色上，细密地排列的仍旧是那个图案，那些用墨绿色勾画出轮廓的蝌蚪形状，排列没有先前那么紧密，仿佛是父亲蓝呢子中山装内里上蝌蚪的衍生物或变种。它们比先前父亲衣服内里的图案外形上放大了一些，变色成了深绿，看起来饱满蓬勃，充满生命的张力。那是一种孕育中的绿，仿佛父亲身上包裹的蝌蚪移植在我身上，像发芽的腰果，灌浆的胚胎，长着尖细的苞芽，旺盛鼓胀的身体紧绷绷地弯曲着，像一群在冬眠过后苏醒过来的大头小尾巴虫子。

我穿着连身裙走在河坝边，像一只沿着河坝游来游去的青蛙。我去渠沟里游泳，我站在太阳下，绿色擦过我的皮肤，透过它我看到天空布满了一个个图案，那些图案被阳光映在我的胴体上，像一个个印戳，盖满了我的皮肤。

我穿着它去井边提水，我穿着它去村头放羊，我穿着它去学校上学，我穿着它穿越少数民族和汉族混居的村庄，我第一次感觉到，我从这个村庄里，从学校不穿裙子的汉族小女伴中凸显出来。裙子上那些似乎是专属于我的神秘而古怪的图案，包裹着我的骨血和魂肉，仿佛我降生时就穿着它。伴随着裙子上独一无二的图案，我开始认识和熟悉自己身体的发育、骨骼的长势，认识自己的体温、心跳和呼吸。

裙子从我身体上，贴着每一寸肌肤垂下来，跟着我在沙漠里，在带着野柳白絮和蒿草浮尘的风中舞动、跳跃，像一团绿色的火苗。父亲波斯绿的眼眸在注视着我一天天长大，通过这条裙子，父亲老远就能认出我就是他的女儿。

裙子上熟悉的图案，成了我不会脱落的护身符，有了它们的存在，使我不至于丢失自己。我几乎天天穿着那条裙子，似乎不穿那条裙子的我，就不再是我。

姑姑从南疆的到来，再一次强化了这个图案在我心灵里的印记。

她从喀什为我带来了一件背心，背心是无袖的，有橘黄色的包边，背心上密密排列的依旧是那种我从小熟悉的图案。这一次肉红色的蝌蚪浮在乳白色的底上，像肉芽泡在牛奶里。那些孕育着复杂的植物枝叶的小肉芽，长在了我的身体上，就像我的文身。

穿上它，我飞奔到河边去照水里的影子。我感觉自己并没有穿什么，那些肉芽的颜色和质感，跟我的皮肉完全一致。我留恋着水里的影子，去学校迟到了，在全班同学面前被罚站，他们被我的背心吓了一跳，说猛一看，我像光着身子进来，仔细一看，原来身上竟爬满了蛆。

站在全班同学面前，我是一个披着满身的蛆芽儿，展示自己生命密码的孩子，那一刻被取笑的屈辱，一直定格在我的记忆里。

后来，我藏起了那满身的肉芽儿，在它上面套上厚厚的外衣。那些来自喀什姑姑的手，跨越万里传递给我的“蛆”，它们嗅着我的气息，凝结着我的汗渍，有时它们从我的基因里浮游上来，以最初蝌蚪的模样，更多的时候，它们隐藏在我的身体里，直到嵌入了我的身体里，我用血肉养着它们，它们成为我的一部分，就像当年父亲把它们缝进他的衣服内里。

那种图案在我成年后，曾外化过一次，像一次回光返照。那是一条波斯的奶白色披肩，披肩上奶白色丝线勾出的图案中，过去的蝌蚪如今已经长大，变成弯曲着脖子的蛇头模样，然后急剧地变形，变小变细到无，再在丝线的经纬中一遍遍重复着这个图案，一个连着一个，直至无穷。

这些蛇头一年又一年在我的肩头栖息，直到离开新疆去炎热的南方前，我把它送给了我的妹妹。我走得匆忙，来不及告诉她关于这个披肩，关于那些我小时候穿旧以后，脱下来给她的裙子上，那些基因密码一样的图案符号。我的妹妹，她最终也成了那种若不穿我脱下的旧衣服，偶尔穿了一件新衣服就会找不到自己的人。

长大后的我，再也没有穿戴过那种图案的衣装。大朵大朵的中国牡丹或艳丽的西洋玫瑰成了我身体上迷离交错的风景。

让我的记忆从一个个图案里突然苏醒的那块波斯挂毯，挂在我面前，丈夫说那个图案汉族叫腰果花图案，那些图案里的枝叶是波斯枣的枝叶，有人也叫它佩斯利图案。在我眼里，这种花纹要比他说的更神秘、更复杂一些，带着帕慕克小说中的细密画风格，类似的装饰图案曾经隐现在《古兰经》的扉页和经文边角。

学美术设计的儿子用手机百度后惊叫起来：妈妈，太奇怪了！这块挂毯上的图案，像极了一种显微镜下才能看到的美丽的海洋微生物。

作为阿訇和裁缝的父亲偏爱的，竟会是一种海洋微生物的图案，这个肉眼不可见的海洋微生物，被放大后的样子，一次次在他挑选衣料时被选中，为我做了童年的衣装。从他自己的衣服到我的衣服，一直都如影随形的符号图案，或许带着父亲前世的记忆。

那件蓝呢子中山装，后来被大弟弟带走。他说这件衣服像他的襁褓，他想带走的是父亲温热的怀抱。他最早离开家乡，也走得最远。父亲去世后，这一件衣服在大弟弟长久流浪、无法回乡的几十年里，已经成为他赖以栖身的故乡。

我怀念那种图案，就像怀念我早已不在人间的父亲。我的童年曾居住在那种莫名的图案里，我一直把一个说不清的图案当作自己的故乡。不管那种图案是什么，它们曾经贯穿过我整个的童年，成为我身体的一部分。在南方生活的几十年，很多时候，它们携带着一种熟悉而又陌生的气息闯入我的梦境，我努力辨认着它们，就像我努力辨认那个游移不定的自己。

胎 记

在我回喀什伽师，找到父亲的亲人们的那年四月，我肩背上那块胎记表面，先冒出一层巴旦木花苞一样的小红蕾，然后小红蕾裂开小口，伸出一粒粒小红舌头，像是要开口说话了。

我担心这块皮肤会越发作越厉害，伽师的姑姑说，也许全发出来，那块经常发痒的皮肤就彻底治愈了。我一直把这块胎记，比喻成维吾尔族父亲、回族母亲的血脉没有很好地融合的标记。

也许父亲郁结了半个世纪的乡愁，在我到了喀什伽师之后，终于从我身体上这块血液混合不均匀的胎记上挥发出来。淤积的血脉，以全身出疹子的方式展示出来。我感觉父亲郁结在我身上的那一股血脉打通了。

在祖源地，原乡之水灌溉我、洗涤我、沐浴我身体上巴旦木花一样的小红蕾，沉着的色素，随着血脉的畅通，由表皮融进了我的体内，并由我畅流的血液逐渐代谢。皮肤经过阵痛奇痒后，一层层蜕皮、溃烂、流水，变得平展光滑。

多么神奇的原乡之水，多么神秘的血脉连接。祖源地的水土，为我换了一块新的皮肤。跟别的地方皮肤相比，这块曾经长过胎记的皮肤，只是缺少了用来透气的毛孔。

我有时禁不住猜测，难道我出生时，有一股神秘的力量，在我身上打下了这个记号，标记和预示将来由我返乡，去寻找万里之外，失散了半个多世纪的血亲。

也许这个胎记是我出生时，父亲许诺的一个心愿，就像他标记他的那匹马一样，父亲隐秘而强烈的愿望，红烙铁般炽热地烙印在我的肩背上。这块胎记是父亲的印章，是他为我接的第一个虔诚的都阿。

我父亲年少时远离祖源地，也许无法承受思念的重量，殁的时候，血液都堵塞郁结在心脏。他的胎记，长在被思念洞穿的心壁上。

借由父亲的呼唤，我才带着家族的胎记，来到了父亲的出生地，喀什伽师县和夏阿瓦提乡的喀尔萨村。我相信我的出生，或多或少寄托着祖辈神秘的心愿。亲人在前世向后人无法传达的愿望，会以神秘的方式，在子孙身上留下一些痕迹，比如一颗痣、一块胎记。亲人的愿望，我背负了半个世纪，借由这块胎记才明白。

父亲在伽师乡下的那些亲戚，被我找到的时候，他们对早年出走的父亲浓厚的思念，在见我之前的半个多世纪，已酝酿成地火或涌动的暗流，遇到了我即刻喷涌而出，他们用亲情淹没了我。

他们掩埋在内心深处的亲情，像在地下埋了一个冬季，熬过了漫长寒冬的葡萄藤，遇到了春天，本来蜷曲的藤蔓蓬勃茂盛，抽枝拔节，膨胀的根系使地崩土裂，不管不顾地伸展过来紧紧地簇拥着你，让你来不及审视就彻底陷入。强大的血脉，破土重生。

用姑姑的话说：感念造物主，只要不死，亲人总会有相见的一天。

正当我写下姑姑见我时念叨的上面这句话，她恰巧从伽师打来电话。她的声音看似暂时切断了几分钟我的思绪，实则是给了我“联通”这个概念确切的解释。我们之间的亲情感应是那么强烈，我们的血脉是贯通的，时间和距离都无法阻隔。

感谢上苍，伽师这一股父亲的血脉，几十年来还是那么集中，没有任何大的迁移。缓慢的变化速度，让我得以在父亲离世后，再回来寻根时，还能够在原地找到他们。他们对年少出走，一生未归的我父亲所有的感情，都加在了我身上，我的心被他们浓烈的亲情浸泡。

在我现在居住的沿海城市，男男女女个个皮肤细腻白净，出生时的那块胎记，可能已经淡到看不见了，或者被他们用现代的美容手段清除了。新的城市移民越来越多，人们变得不再那么念旧。那些背着土特产走亲戚的山里人，在越来越崭新的城市，变得有点不合时宜。

城市一天一个变化，旧的，一律被新城扔在新房子的门外。过去，越来越变得无从说起。他们只隔着安全的距离，观望过时的亲情。似乎与过去过于亲热，就会有一双从暗处探出来的手，把他们的衣服掀起来，让那块代表着过去的胎记露出来。

基于一些说不清道不明的理由，我不大愿意去新型城市或大都市里走亲戚。那里现代的商业气息能把再浓的亲情，都逼退到一个看不见的角落，让你与金钱和利益赤裸相见。我想这也是人们青睐古老城市的原因，那里尚残留着与城市面貌大体相对应的传统余温。

搬到新型城市的亲戚们，“胎记”已经被外乡的泥土掩埋了。你寻上门去，他们最多翻起泥土再看一眼，这一眼也像是向过去的告别，没有重新复活过去的意思。人们到底是富了，还是穷了，亲情到底是奢侈到享受不起，还是变得不再那么重要了，我很难说清楚。

我尤其怕久不见的亲戚，那种对着我努力翻找什么，审视我的眼神，真的是为了找一块记忆里的胎记？怎么都感觉自己像一颗埋在地里的土豆一样，被他们用目光生硬地刨出来，我感到浑身赤裸，他们还觉得我尚面目不清。他们已经不是一团热乎乎的血肉，我的胎记也对他们无动于衷，毫无感应。

已经经历了一次死亡那种的亲情，不再有血脉奔涌的热气，即使复活也是短暂的，带着死亡的冰冷和无法长久的勉强，就像隔夜的馒头，只适合放在祭祀的案子上。要想寻到它离乡离土后的枯萎的根，不是那么容易的事。这就像把几十年来不断迁移的电源线路，一根根梳理好，连接起来，不小心废旧的电线就会短路，无法导电。

很多时候，我看见自己支离破碎的亲情线路丢弃在地，捡拾后一团乱麻般无法梳理，即使双方都认可某一根共同的血脉，情感上也再难以拉近距离。

我母亲的故乡在甘肃天水张家川县木河乡桃源，一次次迁徙，将她连接故乡的脐带割断了。脐带纵然割断，这端的痕迹还是留在肚腹上，她身上的这段脐带，在想念埋在故土的那一端时，那一端会不会在万里之外的地下隐隐作痛？

我肩背上的这块胎记，没有透气的毛孔，也许是因为还有母亲的血脉没有打通。母亲嫁给我父亲之前，据说结过婚，那么我是不是还有同母异父的弟兄姊妹流落在外？

夜深人静时，我能听见身体里，有一部分血脉还在低低地呻吟。

母亲的那股血脉，那种经年累月的淤积不通，让我感到窒息。在这个世界上，早已与我散失的母亲，似乎在以肩头这块不透气的皮肤对我言说。过去我一直听不懂皮肤的言语，直到我找了父亲的亲戚，我恍然明白，母亲血液在我身体里冲撞低吟，就是要告诉我，我一日不去天水桃源寻根，她就无法顺畅地呼吸。

外婆说，每个游子离开家乡，都会在家乡穿一个黑洞，只有等游子归乡，黑洞才能弥合。亲人回到家乡，就能给黑洞补上一块补丁。

我从小是这个家族一块不怎么好看的补丁，我的出生，改变了家族的血脉组成。外婆和外公都因为母亲嫁给了一个维吾尔族，多少对我这个有别于其他纯种外孙的小杂种另眼相待。这两股本来都单一的家族血脉，因为我的诞生，有了两种血液融合的因子。

现在，我觉得我是这个家族一块很重要的补丁。我想去天水找到母亲的根系，让我肩头的那块胎记，成为这个由两股血脉混合而成的家族的最漂亮的补丁，让它将父母的血脉弥合得天衣无缝，我想，它会有透气顺畅的那一天。

我突发奇想，母亲半个多世纪前，从甘肃天水逃荒到新疆的路途中，出了一身水痘，留下了满脸麻子。与我失散的母亲若能回还，我一定要带她去趟天水桃源老家，故乡会以它神奇的力量，将她在故乡留下的黑洞弥合，连同她脸上的麻子一起，平复到旧时的光滑。只要上天肯将母亲还给我，这个奇迹能发生，第二个奇迹必定会发生。

母亲、外公外婆、太外公太外婆逃荒新疆后，再也没有重回桃源，最终客死异乡。那年月，那么多人逃荒，再也没有回去过，大多数变成了游魂。他们留下的黑洞，没人补上。

有时候，我会梦见从未去过的桃源。我梦见太外公院子底下挖出的墓葬群，梦见那些墓葬被挖开后，地上留下的一个个黑洞。我还梦见桃源，像母亲那件旧衣衫，上面打满了一层层补丁。

我想这个梦，我是替母亲和母亲所有的亲人们做的。

伤痕累累的葫芦

花妮在喀什的泽普县城买了两只葫芦，一只给了他，一只送给了我。他用食指在葫芦身子上画了一个门的形状说，“从来没见过这么大的葫芦，在它肚子上开一个口，可以装很多美元，”转而故作幽默地地说，“再装上一个防盗门，就安全了。”

他声音里似乎有一把刀，或者他手指上带着箭头，把葫芦划开了。葫芦似乎听懂了他的话，沿着他比划过的地方，开了一个拱形的门，门开得不大不小，与整只葫芦刚好相配。

我想那只葫芦，大概是不愿意跟我回南方，它宁可用摔破自己的方式，留在喀什，陪另一只葫芦。葫芦摔在了楼梯上，花妮也坐在了楼梯上，仿佛摔坏的不是葫芦，而是她自己。

一肚子的葫芦籽倾倒出来，同行的人你一把、我一把争抢葫芦籽。葫芦最懂得人的需要，人也懂得葫芦的心愿。没有脚的葫芦，想借南来北往的脚，把它的籽带到四面八方，让葫芦的儿孙一夜之间遍布天南海北。

葫芦懂得留籽，就像人懂得留后，葫芦会一种语言，一种行走的语言，葫芦籽将行走在黑夜和白天，漂浮在时间的水面之上，讲述关于去与留、死亡与复活，讲述关于喀什、泽普的种种记忆。我试图用幻觉来弥补葫芦破口的悲伤。

午夜狗吠中，熟睡的葫芦在深夜里醒来，一个跟着一个，往夜深里行走。花妮说她要给那只完好的葫芦雕刻上龟兹壁画，将它变成艺术收藏品，来抵挡岁月，躲过黑夜，躲过时间的追逼。

葫芦似乎懂得我没有说出来的心思，那个拱形刚好是个清真寺门的形状。我把葫芦留给花妮，想遂了葫芦的愿，就在那个破口上，请她雕刻出清真寺的拱门，再用水钻在门顶上镶一个白色的月牙。

喀什的葫芦，被花妮收集在她的葫芦店里，等待在她的刀下磨炼成一个有文化修养、有艺术内涵的葫芦。花妮的葫芦跟花妮一样尊贵，高高地搁在专门制作的台子上，供人仰望，不可碰触，有一些供奉的味道。花妮说不清她供奉的是葫芦这个生命本身，还是她雕在葫芦身上的花纹。

花妮煞有介事地观察一只她觅来的葫芦，她说要如此观察几个月、半年甚至一年，把葫芦摆在眼皮底下，左看右看，上看下看，直到她认为已经完全了解了这只葫芦，知道以它的年辰、成色、形状，依据这些她似乎胸有成竹，这个葫芦雕上什么样的图案，配上什么样的颜色最适合它，花妮敢在葫芦身上横雕竖刻的理由就是这样，仿佛她通晓葫芦的心愿。

花妮爱葫芦，喜欢雕葫芦，想着怎么改变葫芦，而我想着怎么改变她。花妮到底是爱葫芦，还是对葫芦的外貌和命运不满，抑或对自己的命运不满呢？花妮不说，我也不说。

花妮就是喜欢雕葫芦，她不希望别人像雕刻葫芦一样雕刻她。她也无法像雕刻葫芦一样，将自己从头到尾雕刻一遍，所以她只喜欢雕葫芦，别人说让花妮改变一下自己的时候，花妮就说，我不喜欢出门，不喜欢见到那些动不动就想让我变成另一副样子的人，我就是我，不想被谁改变。

花妮越不情愿别人来改变她，就越是喜欢雕葫芦，她不希望变成葫芦，随别人下刀，她只希望葫芦们能被她雕刻，这个逻辑似乎就是这样。

无论别人将自己的塑造能力描绘得多么高超，对于花妮来说等于要将她千刀万剐，她知道雕工越细的家什，挨刀就越多，她太明白这一点了。所以无论别人把她被改造后的形象和价值说得多么诱人、多么价值连城，她还是不愿意成为一只供人雕琢的葫芦。她很强调自己的生命性、个性，与生俱来环境生成的那些部分。葫芦只有一个壳，再就是一肚子的籽，不知道它们面对花妮的刀时，是不是也怀着和花妮一样的心思。

花妮决不会放过一只适合雕刻的葫芦，一只葫芦不雕刻点什么，她就叹那只葫芦可惜了，白白废弃了。她总能挑到那些表皮质地好、干燥牢靠硬实、朴拙中藏着的灵气被粗陋的表层、懵懂的形状掩盖了的葫芦，加工后艺术效果十分显著。我见到花妮的时候，也有那种挑到了一只好葫芦的欣喜。这个花妮不知道，其实我自己也不是很清楚。

我看着花妮雕葫芦，感觉到的是锥心刺骨的痛，而她对雕刻有一种快感。她对着葫芦下刀的时候，我就担心那些葫芦闷在肚子里的话，有没有机会对她说出来。

花妮希望把每一只葫芦都雕得天下无双，其实我也这么想，也希望我把花妮刻画得天下无双，但仅限于在文字里。

其实，每一只葫芦都是天下无双的，雕葫芦的花妮是天下无双的，花妮雕刻的葫芦也是天下无双的，花妮常常忘记了自己是天下无双的。至少我是这么认为的，无论她的任性，还是她的执拗，这些不是谁的雕刀锋利、雕工老到，就能够剥离和剔除的。那是好葫芦的本色和原生质地。

花妮爱葫芦，花妮对葫芦的爱很矛盾，有时候，这种矛盾甚至很难调和。

对于一个完整的葫芦，后期改造和加工会被人称为是种艺术，葫芦本来想告诉人们的那些东西，反而被掩藏，变得模糊，无法分辨。就像花妮的雕刀，千辛万苦只为了让一只浑然天成的葫芦面目全非，也许她是在发泄对造物主设计的这个空脑壳的头状物的不满，努力想给它添点什么上去。

胆大的人从来都是依照自己的喜好改造事物，按照自己的需要创造事物，希望把世界修理成他们头脑中的样子，以自己的欲望统治这个世界，他们无限制地利用这个世界，整个地球，对于他们也不过是一只可以任意雕琢的葫芦。

谁问过葫芦愿不愿意被雕刀强暴，也很少有人把葫芦设想成人的兄弟，即便看成兄弟，也不意味着他们就能抑制旺盛的再造欲，就像花妮爱葫芦，其实她爱的是雕刻葫芦、改造葫芦，因为这个比起改变她自己的命运似乎要容易得多。

花妮只雕葫芦，不说话。她想帮葫芦长成另外一种样子。葫芦也不说话，直到它全身挂彩。没有谁会为一只葫芦说话，即使它愤怒到要爆炸，葫芦仍然是闷葫芦，葫芦的沉默助长了花妮的控制欲，改造者从来被认为是强者，哪怕是改造一只葫芦。

葫芦不会轻易开口，花妮怕的就是葫芦开口，开口就意味着破裂，在花妮的眼里一个破碎的葫芦，恐怕很难再具有什么艺术雕刻的价值。

在葫芦雕刻者看来，一只不经过雕刻的葫芦，很少会有什么值得欣赏的艺术价值，似乎葫芦生来就该是花皮的，而不是白皮的。除了那些一成熟，就被实用主义的主人摘下来装酒，或者干脆一劈两半用来做水瓢的葫芦，过着粗鄙而俗常的生活，那是不是它的本意，谁也不知道。

人们对任何事物的判断，都依照自己的既定规则。什么是艺术，都是由创造了它的人说了算，不是由葫芦说了算，如果葫芦张口，不知道会怎么评价人强加给它的文身。还是花妮一语道出了葫芦的切肤之痛：“再美的雕刻，对于葫芦都是伤痕。人们只不过被美迷惑和麻痹了，忘记了他们所欣赏的，其实就是一个伤痕累累的葫芦。”

疼痛的施与受

喀什老街巷子口，正午的天光底下，我遇见那个十二三岁的少女，带着一个四五岁的女孩，大夏天小女孩将头巾包得严严实实，我猜测她的头发大概被剃光了。看肤色眉眼，小女孩该有一头金色的头发。我在这个年纪也跟她一样，患病的母亲不能帮我梳头，一头小辫子被父亲剃得精光。包了头巾去上学，被淘气的男孩子掀掉，我裸露的光头成了课堂的常备笑料。

大点的那个女孩走过来，见有人打量她，顺势蹲在门槛上，下意识地用手捂住裤子大腿处一个破洞。这个年纪的少女最敏感害羞，穿一条遮不住羞的裤子，被一群衣着光鲜的陌生人打量和拍照，破裤子与她的天生美貌冲突着，尴尬的场景跟她怕羞的天性冲突着。她意识到了自己的不体面，羞愧地低头侧过脸去，不敢正视我们。

真后悔出门前换了鲜艳的裙子，我本该穿着破旧的衣衫与她相逢，那一刻就像迎面撞见十几岁的自己：大梁坡秋日的天光下，家门口路过几个兵团男人，眼睛紧紧盯在我暴露的小腿上。我穿着一条不够长的蓝布裤子，裤子短到藏不住猛地增粗变长的腿。我为自己露出身体而羞耻，顺势跪在门前的土豆地里，屈膝低头假装挖土豆，等着那些人离开。时间被无限拉长，下半身像着了火一样烧灼发烫，我能看到自己天蓝的裤子跟腿上雪白的肉映衬着，无比耀眼地晾在别人的目光里。

我想替那个少女承受她不堪承受的那一份难堪，我能感受到她手捂住裤子破洞蹲下去的那一刻很灼痛，很漫长。

为了让小女孩抬起头，对着镜头，我身边一个同行者掏出两张零钱塞在小女孩手里，另一个从挎包里掏出了一粒糖递过去。少女抬头转过脸来，她身边那个小女孩手里捏了两张零钱，头却拼命低下去，小女孩身子紧张地躬起来，头抵在少女肩膀上，似乎在用全身的力气抵制住那块糖果的诱惑。少女脸上显现出一份不自然的表情，或许是领会了小女孩的身体语言，她想为小妹妹接受一小块透明塑料包装纸包裹的甜蜜诱惑。被强行压制的羞耻感让她的面部线条微微扭曲，那块糖投影在她清澈的眸子里，就像一口井里扔了一个石子进去，本来平静的目光顿时变得纷乱，那晃动的波光里映射出她内心的纠结，她对着照相机的镜头方向伸出手，脸上显出一副很吃力的样子，仿佛需要用全身的力气，来接这块只有几克重量的施舍。

她得到了那块糖，她能轻松地咽下那块糖吗？我想象经历了这样一番心理过程后，要花上多大的力气才能消化它。她把所有的力气都花在了对施舍的对抗、抵触、矛盾、痛楚之后，最终抵不住诱惑，还是无奈地伸出手做出接受的姿态。

在我的印象中，少女的手一直停在半空中，半握着一块糖，镜头里她向别人展示着满面的羞臊，这羞臊被镜头放大，成为那个巷子里半掩墙门的表情，成为这户人家的表情，成为这个城市的表情。

对一群不速之客的施舍，该用什么样的表情去迎合，该用什么样的心理平复那一刻受伤的自尊，用什么方法才能让自己在伸手接受的刹那，快速消除掉那种蚀心磨肺的羞臊感。一个习惯了只接受来自造物主恩赐和父母馈赠的孩子，在犹豫中，还来不及思考是否该接受外人的施舍，就在心理上体验了一种消化施舍物时，艰难的心理过程。我能看出她们眼神里那份陌生感和疑惑：这些素不相识者的馈赠，仅仅是出于友善吧，他们拍下了她接受施舍时满脸的尴尬，那么这算不算为了一块糖果就出卖了自己的尊严？这是多么严肃复杂的话题，她们无法担当，也无法判定，这些都被搁置在一块糖果和一个镜头里，变得无比的沉重。

女孩抗争的动作和表情已经出卖了她的内心，她显出羞愧，她为自己感觉到的羞愧而羞愧，她还没有学会隐藏自己的表情，感谢真主，至少这份羞愧没有被施舍者嘲笑。羞耻心是宝贵的，高贵的人才懂得羞耻。

这些陌生人，用一块糖果的诱惑，刺激了她的羞愧，他们或许会以为她眼角潮湿、满心感恩地接下了那块糖果，却无法体会，她要为接受这颗糖果，付出多么沉重的心理代价。

也许她们可以吞下那块糖果，难以吞下的是那种被人施舍的羞耻感。在体会了一份善意的同时，要承担超过它一百倍的沉重感，要消化超过它一百倍的羞耻感，这就是心理的代价。她们还太单纯，单纯到在接受了别人的好意后，竟无法处理随之产生的那种与自尊粘连在一起的羞耻感。

这些看起来很富足，也许从来都没有机会接受施舍的人，衣着光鲜，背着相机在巷子里东走西拍，施舍给她们糖果后，面带满足的笑容看着她们。女孩甚至不会用汉语表达出于礼貌的感谢，她们无言地看向我，用目光向我求助，我知道那块糖果是素的，在南方我也经常买着吃，除此之外，我无法对她们解释更多，我在内心祈祷，让她们接受一份友爱的过程，不要成为一个受难的过程。我希望我使用的维吾尔语，能帮助女孩减少心理负担，让她们的接受过程能轻松一些，在咽下那块糖果时，能安心一些，消化得不那么艰难和疼痛。

我宁愿想象她们不是真的想要那块糖，而是出于善良，不想拂了施舍者的好意，才礼貌地接过了小小的馈赠。因为好多时候，在施与受的过程中，疼痛的也许是受施的一方，而拒绝接受施舍，伤害的却是施者和受者双方的感情。

被语言争夺的舌头

一

刷我家的木门时，剩了不多的蓝色和绿色两种油漆，父亲混合起来刷上去，最初那些搅拌不匀的油漆，蓝不蓝绿不绿的颜色很怪异，热天冒起许多小泡泡，像青蛙的皮肤，冷天北风一吹就龟裂剥落。门上的油漆不断改变自己的形态努力适应着气候的变化。后来，黏稠的绿色以绝对的比例优势占了上风，几乎将蓝色的油漆挤了出去。剥落后的绿色只剩下斑斑点点，最终门变回了蓝色。

我们家庭里语言的演变，就像那扇木门颜色的演变，最初占主导地位的母亲的回族话，随着她患上严重的精神分裂症而弱化（除了自言自语，几乎丧失了正常的语言能力），父亲的维吾尔语占了上风。他们各自的语言和生活习性，像蹩脚的油漆匠刷的油漆或者拙劣的泥工墁的墙皮，两种不同的油漆或者泥巴混合着，斑斑驳驳地粘贴包裹在我身上，其间有弥合不了的裂纹，它们组成了我在这个“混血”的家庭生长出来的、类似鱼鳞或者蛇皮一样的文化斑纹，就像难以分辨混合后的两种颜色的油漆一样，我已经难以分辨哪一种印痕来自于父亲，哪一种印痕来自于母亲。

那些杂糅交错的印痕，像是针刺的刺青，最初刺刻上去时的那种刺痛、灼热感已经消失，红肿也已消退，血渍被擦拭干净后，溃烂的伤口渐渐愈合，结的疤痂也在岁月中脱落，留下的那些若隐若现的瘢痕，已经成了我隐秘的“文身”，唯有我自己看得见。

父亲和母亲不同族别的亲戚，他们观察我的样子，就像我看家里不蓝不绿的油漆木门，他们一半是在观察隐藏在我身体里的母亲，一半是想从我身上找出父亲的影子来，他们各自接受了我的一半，争抢着改造他们所陌生的另一半。

喀什来的维吾尔族姑姑为我编的满头小辫子，在外婆家备受敌视，被小姨撕扯着拆散。父亲为我缝制的连衣裙，被外婆夺过去扔进了灶火，我被逼迫换上小姨的长衣长裤。从那时候起，我告别了裙子几十年，这对于一个以长裙为主要装扮的维吾尔族女孩，是多么不可思议的事情。对于长期生活在两个民族夹缝里的我，这一切似乎都发生得自然而然、合情合理。即使父母的宗教信仰是同一个，生活习惯和禁忌也不尽相同，我回族的母亲跟维吾尔族的父亲生活了一辈子，也没有穿过一次裙子。种种习俗交织、互融或者相争，慢慢地我理解了母亲和外婆、父亲和姑姑，双方都希望我在接受另一方文化的同时，竭力维护好他们各自的民族自尊心。

在一个多民族聚集区，一个孩子在成长中难免被各种不明的潜流裹挟。维吾尔族的父亲、回族的母亲、哈萨克族邻居、汉族老师灌输给我不同的语言、不同的文字，不同的习俗。在家里，父母亲念《古兰经》的不同发音，都会演变为没完没了的家庭争端。外婆教我念天水张家川口音回民调子的《古兰经》，父亲一次又一次试图用他标准的阿拉伯语发音和语调来修正，外婆的口音却成为不可更改的模板，被牢牢搁置在我的记忆里。

我不知道这是不是文化，作为孩子也不知道该听从谁的。常常是大人各执一词，我照着先讲的一个的做，照着后讲的一个的改。不同的语言连我的名字也不断地进行修改，不同时期不同的民族用不同的叫法称呼我，从回族的法图麦，到哈萨克族的芭迪玛，再到汉族的李英兰，一直到维吾尔族的帕蒂古丽，给穿梭在各种族群间摇摆不定的我打上了一个个不同的结。我的认知过程里，到处是涂改液和橡皮擦的痕迹。那种渴望包容的诉求，在童年时也许只是一个期望，这样的期望被迫搁置在多种文化的夹缝里。深深陷入迷茫中不容逃脱的我，唯有盲从。到头来我发现，在模糊的比较中本能地接受下来的，都是些天生基因里就有亲切和认同感的东西。

二

我家先出生的三个孩子很幸运地掌握了维吾尔语，自从我和弟弟、妹妹上了汉语学校后，从第四个孩子开始，家庭的语言开始出现分岔。连父亲也不得不操着僵硬的舌头吃力地迎合我们流利的普通话。第四个孩子学了维汉翻译，他是家里唯一一个由父亲亲自护送到大学的孩子，可见父亲对于他的专业是多么的在意。自此以后，后面出生的孩子都使用纯汉语。一个家庭出现了两种语言势均力敌的局面。学维汉翻译的弟弟后来娶了讲广东白话的女子，讲维吾尔语的妹妹嫁给了说英语的香港男人，偏偏那个一句维吾尔语都不会的小弟弟，娶了地地道道的维吾尔族妻子。这真是一个语言倒错的世界，语言对于人的争夺猝不及防，你根本无法预料你的舌头，会遭遇哪种语言的争夺并停留其中，看来为了适应这个变幻的多元世界，人必须多长出几根舌头，以备不时之需。

被父亲送进汉语学校的我，对于自己连一封维吾尔语的家信都不能写给他，在心底一直抱有缺憾。看得出父亲对我汉语学得不比汉族差，充满了胜利者的自豪，我代他写给生产队的请假条，是我用汉语为他带来的第一份实惠，他在被我家的马咬伤了手指后，休息了半个月而不被扣罚工分，那份简单得不能再简单的请假条，甚至被他当作我的第一篇汉语“优秀作文”，在邻居面前大肆炫耀。或许，早在那时候，他就看到，学习主体民族的语言，对于一个民族来说是一件融入主体社会的大事情。

多年后，父亲在我的意识当中，从当年走出家乡的一个叛逆者的形象，重新回归到一个在文化融合上有着先觉能力的人。在内心我把这份应得的尊重归还给了父亲。身上若隐若现的文身，让我渐渐理解了他，早年从维吾尔族聚集的南疆来到多民族混居的北疆，或许一路上的经历，已经让他看到，想要走出去融入外面的世界，首先要突破语言的限制和障碍，他自己一生没能够完全实现这一点，他想从我们这些孩子身上，着手改变这种状况。

在离开家乡之前，我就像一只在汉族、维吾尔族和哈萨克族各种语言围猎中的兔子，毛皮上印上了各种文化混杂的斑纹。来到了南方后，我也试图在各种方言文化间争夺自己的舌头。也许正是集各种文化于一身，才能够体验到语言文化争夺的极致，这样才好把自己当成一个有价值的社会标本来解剖。

我从头溯源，很想把改造了我的那些东西一一检索出来，看看它们都是些什么样的东西，竟然有如此奇特的魔力。这个想法对于我很有吸引力，我需要明白，我的被改造是如何日复一日地在发生，我看见了自己身上，各种各样的凿孔、裂痕、文身，撕裂、疼痛、不完整，无所适从、猜疑、纷纷扰扰的心理纠结，然而真实、自然、清晰。这就是我，混血的文化缔造的独特生命。

三

文化对人的争夺，不单单发生在不同的种族、不同的文化之间，即使在同一民族和相同地域间相同的文化，也在相互撕扯中争相给对方打上自己所认同的印记。我所在的余姚，身边的姚剧明星中有人就在沪剧、越剧和电视剧对他们的争夺中徘徊，难以取舍。人最终到底会被哪一种文化磁场吸引了去，恐怕取决于这种文化丰富的内质和磁性的强弱。

小时候强制我拆散满头小辫子的外公、外婆和小姨前些年相继去世了，还健在的大姨、三姨、四姨和众多母亲的亲人，对于我回到新疆生活似乎泯灭了希望，而对于我在老了以后身归故土还是满怀期待。活着的时候，她们和我父亲争抢着用各种方式标记我，当发现已经无法将我从另一种强大的环境中夺过来，最后她们决定争夺和标记我的死亡。对她们来说，这恐怕是对另一种文化抢夺了的迷途羔羊的争夺，我在内心暗自把这个理解为故土对游子的争夺。

争夺是一种本能，也是生存的法则。争夺无时无刻不在发生，历史对真相的争夺，权力对话语的争夺，自然对环境的争夺，时间对生命的争夺，不可知的明天对人命运的争夺……各类文化环绕在我们周围，就像空气中的微粒，试图消灭争夺几乎是不可能的。而文化争夺不是像从你手里抢一样东西那么简单，它首先从对语言的一种抢占开始，抢占你的舌头、眼睛、喉咙，深入你的身体，抢占你的味觉、嗅觉，继而抢占你的思维、抢夺你的精神世界，整个过程，被抢占的对象可能毫无察觉，即使察觉也无以阻止。大多数人应对一种强势文化冲击的姿态是束手跟从。

丈夫永远坐在电视面前，他的眼睛一部接一部地追随电视剧。他对电视剧矢志不渝，几乎构成了他对生活中所有新事物的抵抗。他全盘接受各种“神”到无与伦比的电视剧，他迷恋这种剧目，几乎失却了人原本该有的对虚构底线的判断，他采取一种放任的宽容，任由电视剧以它固有的模式在眼前泛滥和延续。在我看来，这种从不抗拒和彻底的容忍，几乎跟遗弃差不多。我吃惊于他对自己热衷的东西，居然顺应到不再产生一丝碰撞的激情。他已经被喜爱的东西融化和吞噬了，这件事物成功地争夺了他，他彻底变成了所关注的事物的一部分，他们是一体的，不分你我，他对它不再存在差异性的思维，甚至事物不用来捉拿他，他就已俯首听命，干脆变成了这个事物的合谋者，串通这件事物一起绑架了自己，将自己献祭于它，他从沙发后面露出的脑袋，成了一件电视前的祭品。

与儿子争夺一件喜爱的外套，或者与我争夺一样喜欢的食物，丈夫都是锱铢必较的，他只顾着计较那些看得见的争夺，电视剧争夺了他的眼球和大面积的时间，在这种看不见的精神争夺面前，他心甘情愿慷慨无度地出让自己。一种文化形式对于一个人来说竟然有那么强大，让他震撼到消失了自我，这真令人惊异。

小时候，我看见父亲用烧红的烙铁给马打上烙印，怕它混杂在马群中被主人辨认不出而丢失。马因为疼痛难忍差点咬断了父亲的食指，父亲举着血淋淋的手指，暴跳着用鞭子抽打那匹因毛皮被烫伤疼得浑身颤抖的马。父亲的伤口渐渐愈合，可他被咬伤了筋的食指始终蜷曲着，无法伸展。强势的父亲想要标记那匹可怜的马，马却反过来标记了它的主人，这个结果是父亲始料未及的。父亲因此一生都咒骂马生性顽劣、不通人性，他钟爱忠实顺从的大黑驴，他把最好的草料都给了驴，马干最重的活，吃最差的饲料，挨父亲的鞭子也比黑驴多。

只要是生命，最初被打上烙印时，都会有焦灼、疼痛和不适的感觉，有的甚至会因为强烈的过敏和排异反应而致命。任何东西在相互碰撞和相互标记的过程中，在对抗、撕扯、断裂、争夺后，变化的结果不一定是非此即彼的。相互侵吞也好，互相融合也好，这个世界上的两样事物总不可能完全割裂，最终各种印痕终会变得界限模糊、难以辨识，都是你中有我，我中有你。我相信碰撞是融合的开始，疼痛则是我们为争夺和标记彼此付出的代价。对于任何一种文化的吸收，或许都是在抗争中去发现、分析、比较，之后汲取，而不是不假思索地被这种事物彻底淹没。

四

在乌鲁木齐二道桥的街头，我用汉语问一位榨石榴汁的维吾尔族老大娘："石榴汁多少钱一杯？"大娘两只灰绿色的眼珠在我身上从头到脚滚了一遍，不紧不慢地反问："你明明是维吾尔族，为什么对我说汉语？"我以为她不会认出我是她的同族。我刚从南方回来，一身的江南打扮，民族特征早已被二十年的南方岁月淡化，我不知道是什么泄露了我的民族身份，那一刻我的吃惊多于尴尬。我没想到的是，这样一个同族的老大娘用诘问的方式，将多年来游离于我的民族身份一下子重新归还给了我。我站在她面前，像是突然站在了一面镜子前，清晰看见了那个被这片土地认可的自己。

江南生活的二十年，根本看不到哪一只手在每天修改着我，涂抹掉我过去生活的印记，并不断给我标刻上新的文身和标记，看不出是谁悄悄窃取和偷换了我本拥有的外貌特征和生活习性，连我自己都毫无察觉，我的参照物和模特完全被调换过了。失却了同族的参照和从小滋养我的那种文化环境，连我的语言系统也被环境偷偷置换了。

在江南生活了二十年后，我第一次来到喀什，在父亲的老家，在那个全是维吾尔族人的村子里，站在羊圈的矮墙边，我用汉语跟堂哥的女儿搭讪："你今年上高几了？"抬眼间猛地瞥见她吃惊不已的眼神和大惑不解的表情，我被自己无意识地使用汉语的唐突吓了一跳。这个与我儿子年龄相仿的女孩，用她那带着责怨和提醒意味的目光，将我不自觉地溜到汉语里的舌头一下子拽过来，让它重新回到维吾尔语中。我愣在那里惊魂未定，赶紧把刚才那句汉语问话用母语重复了一遍。

她在与我争夺一种话语，喀什这个强大的语言环境帮了她的忙，她成功了。在这里无法舒展汉语的情形，就跟我在南方蜷缩着无法舒展母语舌头的情形如出一辙。我有点犹豫不定，是该为这个身处维吾尔语环境中不懂汉语的女孩子遗憾，还是该为在纯汉语环境里自己渐渐退化的母语自责。

后来，我一遍又一遍地回味那个羊圈的矮墙边与侄女对话的镜头，其实完全是我一个人在说话，同样的一句问话，我说了两遍，一遍用汉语，一遍用维吾尔语，准确地说，是我给自己的汉语做了一次翻译。侄女只是用目光制止了我的问话，她责怨和警示意味的目光让我明白，这里虽是父亲的祖籍，我来到这里，毕竟只是个客人，我只能尊重这里的语言习惯。侄女看似柔软却充满怀疑的目光里，有一种很强硬的东西，充满坚持和抗争，不由分说将我拉回到她的语境当中。当时，她看我的样子，像极了看一个在河边，一只脚踩在岸上，一只脚蹚在水里，站立不稳的人。她那份紧张让我莫名地感动，好像她在用目光抢救一个不及时撤回水中的那只脚，就要被脚下湍急的水流卷走的人。我不得不以让步来抢救和保护我与她之间，在语言争夺中莫名地受到挤压而疼痛的那份亲情。

当我重新回到维吾尔语时，她很释然，仿佛已经将我从危险的水流中救回了岸上。我从汉语当中抽回的舌头，有一点僵硬和不自在。带着羞愧和歉意站在她面前，我看清楚自己身体上来自另一个地域、另一种文化的标记是那么的不可隐藏，这些对于她来说充满陌生感的烙印，怎能逃得过她纯净的眼睛。

喀什的侄女与我之间展开的语言争夺，让我想到生长在北疆沙湾的侄子巴哈迪尔从维汉双语学校转入汉语学校时的那种挣扎。两种语言在争夺着一根舌头，巴哈迪尔在两种语言之间游移不定。说他舍不下母语，倒不如说他是舍不下那个熟悉得不能再熟悉的环境，转入汉语学校，等于要换掉他原来环境里熟稔的一切，老师、同学、伙伴，他所有跟外界的关系，都要随语言的转换而转换。人的整个世界都笼罩覆盖在语言里，他不单单是要调换一所学校，而是要调换一个语言世界，这个变化大得足以让他惊惧不安。

亲人之间对他选择上汉语还是维吾尔语学校不停地争执，让巴哈迪尔处在父母无法调和的两种意见当中显得很无助。我能体会在经历那种震荡时，一个孩子的无辜、焦虑不安和内心的触痛。

巴哈迪尔来过我江南的家，那时候，汉语对他的覆盖是局部的，暂时的。大多数时候，他对我说维吾尔语，然后他从母语里艰难地拐回僵硬的舌头，操着带着浓重新疆口音的不灵活的汉语跟我儿子和女儿对话。在他跟我女儿和儿子交流的间隙里，我忍不住打断他吃力的汉语，不厌其烦地纠正他古怪的汉语发音。

女儿和儿子的舌头，已经完全被汉语和英语抢占，他们全然不懂维吾尔语，也许出于我遗传的那份对语言的敏感和天赋，他们的英语学得出奇的好。我满怀善意地想让巴哈迪尔在使用另一种语言时，也能有一种像他的维吾尔语那样纯正的味道。巴哈迪尔常常忧心忡忡地看着我，仿佛是我的舌头生病了，而不是他的语言方式有问题。我在内心也接受了他对我母语状况的同情。在与他用母语进行交流时，我不得不时常深怀歉意地停下来，用汉语代替或者弥补我的维吾尔语表达，或者向他讨教一些维吾尔语单词。由于长期生活在南方，我的母语已经开始退化，本来张口就来的那些维吾尔语单词，从舌尖上退回到大脑的记忆库里生锈、蒙尘，变得残缺不全。

我以为我可以借助汉语完成更准确的表达，这些我在母语中习以为常的做法，被巴哈迪尔不断地纠正，就像我纠正他不纯正的汉语发音，他对我的“维汉混合表达”不以为然，肆无忌惮地嘲笑我在母语表达时含混的语气，断断续续的句子，难以为继的维吾尔语单词。这个时候，他完全占了上风，他用一口毫无瑕疵的母语，将我维汉“混合型”的句子击得溃不成军。在为自己纯粹的母语骄傲和陶醉时，他或许还不能想到，他这一口漂亮的母语，在我所身处的环境里，除了我，没有第二个人能懂。

五

我从小被各种语言追赶着，似乎哪一种都无以逃脱。父亲的维吾尔语和母亲的甘肃回民话混杂着占领了我最初的听觉。我刚刚开口说话，邻居家的哈萨克语密不透风地包围了我。我用哈萨克语适应了跟邻居家孩子一起骑马、放羊、捣酸奶的畜牧生活，我贪馋的舌头被哈萨克人的酸奶疙瘩、奶油和新鲜的包尔萨克吸引，我付出的唯一的代价就是转动我的舌头，让它适应哈萨克语夸张的卷舌音，像追随奶茶上漂浮的奶皮子一样，任哈萨克语在舌尖上激情地颤动、弹跳、翻卷。后来我甚至能像在搅拌的油茶里用舌头分辨出炒熟的大米、小米的不同香味一样，区分出凯热依、那伊曼、乌瓦克这些不同哈萨克部落发音细微的差别。

我上大学的新疆班，四十几个学生由十几个民族组成，同学之间常常是一会儿说哈萨克语，一会儿说维吾尔语，一会儿说汉语，一会儿说蒙语或俄罗斯语，语言转换之快，让外人瞠目结舌。我的舌头在这里得到了充分的舒展。在这样一个特殊的集体环境里，似乎没有哪一种语言在生活中占绝对的优势，大家用各民族的语言混杂在一起的“特殊语言”聊得热火朝天，舌头在各民族的语言里游来窜去。那些汉语单词点缀在各民族的语言里，自己说完都很奇怪，这究竟属于哪一家语言系统。如果在这样的环境多待上几年，恐怕要缔造出一个“民考汉”（少数民族上汉语学校考入汉语类高等院校的）学生自创的语言体系。那时候，班上的女孩子还竭力逃避用方块字炮制的情书的围追堵截，写家信也尽量使用本民族的文字。现在想来，如果她们生活在南方，也免不了陷入汉字的汪洋大海，若离了它，恐怕寸步难行。

在一个地区，一种语言所承载的文化的强弱，有时候避免不了地与使用这种语言人数的多寡挂钩。在靠近哈萨克斯坦的西北边陲城市塔城，哈萨克语成了我深入牧区的“通行证”。我发现哈萨克语几乎成了这个地方除了汉语以外的第二种“通用语言”，连俄罗斯、塔吉克、塔塔尔、锡伯、蒙古、乌孜别克、柯尔克孜、维吾尔、回族等少数民族都学会使用哈萨克语，不少汉族孩子都进了哈萨克语学校读书。

维吾尔语和哈萨克语中，语言这个词直译为“舌头”，懂不懂一种语言，就叫作“懂不懂这个民族的舌头”。懂多种语言的人，叫作“拥有多根舌头的人”。离开塔城后，我不得不蜷缩起我的另外两根舌头——我的哈萨克语和维吾尔语一起被搁置起来。广东白话、河南话、上海话、宁波话，一路狂轰滥炸，我用普通话穿过了各地方言的洪流后，才发现离开新疆到了内地，我的另外两根引以为豪的“舌头”像两只小船原地搁浅，根本无法行驶到更广阔的海面上。

初来江南，我的舌头在姚江一样宽阔悠长的余姚方言水面上就像一条小泥鳅，根本翻不起什么浪花。进入“五里不同俗，十里一方言”的余姚乡村，我根本无法用普通话来解救困境中的自己。有半年的时间，与方言的对峙，使我完全陷入了失语、失聪的状态。我成了一个舌头被捆绑的人。捆住自己的舌头，跟捆住自己的手脚一样会使人停滞不前。方言阻断了我的舌头，也割断了我向外部世界延伸的精神触角，我变得又聋又哑。为了让别人了解我，我从学简单的方言开始，解救自己的舌头。

多一种语言，一个人的交流范围可以成千上万倍地扩大，这不是吃亏了，而是占有了一种优势。语言是一条精神得以前行的路径，可以带你走出去，让思想走得更远。在汉语里，这叫出路。出路对于一个人是何等的重要，几乎是存亡攸关的大事情。

思念的重量

——写给父亲的四月信笺

萨拉目，亲爱的父亲：

知道你看不懂汉字，可女儿只能用汉语为你写这封信。

心里祈祷着，写下这个名字，帕蒂古丽·乌拉依穆·麦麦提，这才是我完整的名字，这样的我，才算是一个真正的维吾尔族人的孩子。乌拉依穆·麦麦提·胡万哈利这个珍贵的姓名，你险些丢了。在这个四月里，我帮你把真实的姓名，还有你失散在五十年岁月里的亲人们，都重新找了回来。

找到了你的出生地——喀什伽师县和夏阿瓦提乡喀尔萨村，我才明白，在北疆，你找到了一处地貌、植被都与喀尔萨何其相似的大梁坡村，一路的戈壁碱滩的芦苇骆驼刺、沙丘荒漠的红柳芨芨草，这不只是一种巧合。就像一个人照着自己初恋情人的样子，找到了陪伴他一生的妻子，那又是一个怎样不忍提及的妻子，一段不堪回眸的漫长岁月。

三十八岁在大梁坡与小你二十多岁的母亲结婚，你与母亲只有四年正常夫妻的生活。生了妹妹的那一年，母亲精神失常，然后愈演愈烈，终生未愈，你的生命和这段不幸的婚姻一起延续了二十五年。这二十五年，你一天天蹚过老河坝一样又苦又咸的日子，不知道作为一个男人，你是怎么过来的。

我和四个弟妹从出生到长大，衣食住行和读书求学，都是你一手操持，对母亲的病，还有我们这些缺失了母爱的孩子，你的一生就像是替母亲给我们还债一样。

我无法完整地记述已经被黄土掩埋了的你，也许只有停留在文字之外的东西，才保留着它本来的面目。真主带走了你，而你带走了那些只属于你自己的记忆……你从来不轻易地将你的生活，呈现给我们这些当年还幼小的孩子。对于你的内心世界，我只有用你给我的生命，用自己的体验慢慢去体会。

小时候，我只通过从喀什来的亲戚口中，得知你出生在一个叫作伽师县的和夏阿瓦提的地方。你十几岁就开始在喀什当学徒学裁缝手艺，旧时学手艺少不了为师傅家干杂务。一个十来岁的孩子远离父母，为人家劈柴担水，牵驴饮马，为的是寻条生存的路子。后来，正是你精湛的手艺给我们一家的生活带来了不少方便与实惠。

偶然有一次，你向我们提起幼时家中缺粮，常常在手抓饭里放过量的菜油，以控制食欲。由此我断定，生性要强的你，一定是为了少张嘴吃白饭，学成手艺后自谋生路不再回去了。由绿衣人自千里之外艰辛传递过来的信件，被拆读后，一直躺在木头箱子最底层，你一封也没有回复过。信全是用维吾尔文写的，从小学汉语的我，一句也看不懂。

村里有个邻居去了伽师探亲，回来告诉你，家人因你一去几十年音讯杳无，以为你早已不在人世了，请阿訇为你念《古兰经》，站者那则（殡礼拜）。我催促过你，回信向亲人们报声平安，你却冷静得像座石雕，看不出一丝若有所动的神情。你真的希望家人都以为你不在人世了吗？无论什么样的家庭变故，也不至于让一个孩子，少年出家，终生不归。我曾在心里责怪你冷酷。后来我猜测心高气傲的你，多半是觉得自己在外面混得不好，无颜见父老乡亲罢了。

父亲，当年你一定做过衣锦还乡的梦吧？这种想法，又何尝不是很多无可奈何背井离乡者的精神支撑。离开家乡的人就是精神的流浪者，我猜测你在辗转漂泊和动荡浮沉中，一定有过一份我无法想象的生活。

你只信神，从不相信这世上有鬼，然而母亲相信有鬼。于是当她看到了你去看汉族人的尸体，带回来的“畏罪自杀的反革命”的铁证——那把沾着血迹的刀子时，彻底疯了。虔心向主的你在走投无路中，请了萨满教的巫师来家里作法，驱逐附在母亲身体上的鬼魂。

你虽然没有看见母亲说的鬼，但你从母亲的疯癫，看到了相信一种东西所造成的伤害。你或许以为，人总是被自己相信的东西所伤，你没想到的是，不相信的东西会伤人更深。

我对那个自杀者和他的孤坟的恐惧，或许源于它具有能使好端端的人精神失常的威力，我不知道能不能跟鬼讲道理，我尝试着跟那个缠着我母亲的鬼魂和解，不再恐惧他、仇恨他，看在我的父亲三天三夜看护他横在荒野的尸体的分上，求他在地下放过我可怜的母亲。

母亲一病不醒后，你开始拒绝一切温情的东西，对我们严苛到近乎冷酷，从现实生活阴影里，从你早衰的脸上，我读到了你对生活的抗拒。你在内心深处对生活中的苦难是抗拒的，现在想来，正是这种抗拒，构成了你应对艰辛生活的力量。这种抗拒，其实是你对生活最后的激情与依恋了。

有时候我觉得，正是无从得知你年轻时的种种生活，我和弟妹们便成了你那段生活的分岔。你早年的生活像一棵被拦腰斩断的树桩，我们的长成使它重新返青，并派生出许多枝枝丫丫，朝着不同的方向伸展，我和弟妹们开始背井离乡，去经历所有你有可能经历的事情。我们以各自的方式，探求着原来那棵老树在天空中划过的痕迹。

我懂事后看到的你，已经是一个面朝黄土背朝天、为一日三餐发愁的农民。只有从你干农活时的笨拙，出门修胡子刮脸擦皮鞋，每天早晚刷牙等与当地农牧民不同的生活习惯上，还看得出那些残留着你早年生活的影子。

我从你保留下来的年轻时穿戴过的鞋帽衣物中，探寻你过去生活的蛛丝马迹。沿着那些精巧的翻毛皮靴的漂亮的镶边，顺着考究的毛料裤笔直的裤线，有绣着金线的袷袢挺括的胸肩，以及式样华贵的狐皮软帽的成色上，我揣测着你年轻时的风流与潇洒。你年轻时穿过的那件真丝的针织网眼短袖T恤，你在箱子里存放了几十年后，你默许我少女时代把它当作裙子穿，曾引来周围的人对你早年如此前卫的着装意识的惊叹，父亲你对时尚超前的文化的接受能力早就遗传给了我。

在你苍凉的身影背后，我感受到智慧多思和宽和包容的你，对自己所创造的生命深深的怜惜。你唯独拒绝我们学你的裁缝手艺，你让我们学会与命运抗争，不要去重复你走过的路。你最终的寄托，就是我们这些来自你骨血的孩子。你把我们一个个地送到了汉族学校，幻想我们也许会选择与你不同的道路，你将自己已经被生活泯灭了的希望，重新点燃在我们的眼里。

人只有在经历了难言的灾难和惨痛的失败后，才会对过去的一切缄口不提。你生活中到底有过怎样大起大落、大喜大悲的事情，那时的我，无从得知。尽管大千世界，某一个人的喜怒哀乐，渺小如一颗尘埃，作为女儿的我，总禁不住一次又一次在记忆的残缺处展开想象的翅膀，父亲，你对于我，终究是一个深不见底的谜，我永远无法探测你生命的深度，就像一个活着的人无法测量死亡的深度。

命运多舛的你，最终没能“衣锦还乡”。在你六十三岁那一年的暮春，突如其来的死神夺走了你对生活的依恋，你对命运的抗争，你对世界、对生命的爱与恨……

你去世以后，我背井离乡、漂泊流浪，试图去经历你当年有可能经历的故事，我把自身的体验当成对你生命的延续。只要是对你身世的种种猜测、想象，不管是真是假，是虚是实，都会使我内心充满苦涩的满足。我不止一次地对已经殁去的你说：我们可以对话了，我们可以相互诉说，可以对一些记忆不再缄口不提。然而，生活终会使一些秘密成为永恒，如若你地下有知，知道我此刻的想法，父女相对，恐怕亦只是苍然对苍然了。

如何才能通过自己的生命，来恢复你的原形，窥见你的全貌？我们试着顺你的来路，去探寻已经被岁月的黄沙掩埋了的生活轨迹。一直找到喀什，找到你的亲人，你的生活经历，才逐渐在我们的探究中，一点点凸现出来，丰满起来。

在喀什噶尔，我仿佛听见风吹草低处，你低沉沙哑的歌声和诵经的声音，秋风一样流淌过来，那阵阵苍凉的歌声，拂过高大的艾提尕尔清真寺，拂过戴着头巾的维吾尔女子，拂过伽师和夏阿瓦提喀尔萨村的古旧的黄泥小屋，也许只有那神秘的歌声和诵经声，能够使我更加接近已经离我远去的你……

在喀什的大剧院，我替你看了盛大炫目的民族音乐歌舞剧《香妃》，最打动我的是香妃身边的汉族小姑娘最普通的一句话：你在京城只有皇帝一个亲人，我是你的第二个亲人。亲人，偌大的京城皇宫，载不动香妃这个西域女子的乡情，这就是故乡的分量，思念的重量。父亲，我看见你失重的人生里，只刻着两个字：故乡。在北疆的大梁坡生活了二十五年，除了我们，你身边再没有其他亲人，你的亲人都留在了南疆的土地上。

我童年的时光里，你总是叫来喀什的亲戚，每年在北疆沙湾县老沙湾大梁坡村的土地里，播撒来自你老家的作物种子，同时种上的恐怕还有你对老家的念想，这正是你对回不去的地理空间，采取的一种精神置换方式。

你不是作家，只能用绿色的作物，在土地上抒发那种叫作思乡的情绪，有时候，这种情绪比作物更难伺候，更难描述。这种灌溉，用的不是水，是时间和生命的血液。

一个人用生命喂养他的思念，我不知道这个人是不是幸福的，他至少是深沉的，他的生命是够分量的。我由此来判断你生命的轻重，一个离乡者思念的重量，就是他生命的重量。

你眼睛里充满灰绿色的忧郁，那种忧郁从不消散，我以前总是不明白，其实那是怀乡者的忧郁，深不见底。回不去的家乡是最远的，也是最近的。故乡的回忆就珍藏在心底里，包裹在眼膜里，含在舌尖、嗓子眼里，稍有碰触心就会滴血，遇风遇沙都会咳嗽、流泪。

饥饿的年代，有亲戚不断地从喀什来看你，你与他们见面的样子表面上很淡定，似乎你从来没有离开过他们。或许正是你的这份令人捉摸不透的淡定，让亲戚都变得小心翼翼，似乎在躲避什么，他们对你似曾有愧，这只是我孩子时的一种感觉。是他们独占和享用了父母心里本属于你的那份爱吗？他们甚至都不叙旧，在你面前不提父母。你无旧可叙吗？还是旧事不堪一叙？

离开大梁坡，在江南生活二十年，时刻活在思乡梦里的我，到现在才明白，或许喀什的亲人们不敢轻易碰触的，是你年久结痂的思乡，或许他们也和我一样，在你的眼里暗暗探寻，你究竟把故乡和亲人，到底安放在无边无际心灵沙海的哪一角，猜测你的情感何以变得如此荒凉。其实经年的相思决堤泛滥，无数次淹没过心海，灾害深重的思乡者的心灵，早已经千疮百孔，深不见底的思乡之情，难以收拾和言说。

那年，姑姑带着她的丈夫和一儿两女，从喀什老家来我们家避难。姑姑与你见面第一件责怪的事就是，你作为阿訇，居然给自己的女儿剃了光头。穆斯林女孩是不允许随便把头发剪掉的，你对我的头发恐怕也怀有一种宗教上的愧疚。你对着小自己很多的妹妹，低下了花白的头，一语不发。

我的头发终于留起来了，姑姑每天蘸着树胶给我梳小辫子。我从你脸上看到的那种满足感，是别人给你一头牛也换不来的。让我像邻居家的女孩一样梳漂亮的辫子，应该是你内心的一种情结。

那正是饥荒年月，我们一家七口，加上姑姑一家五口人，锅里的玉米粥越熬越稀薄，直到能照出人影来。玉米面馒头换成了高粱面的，后来换成稻糠馒头，嚼在嘴里像嚼刺，咽进喉咙如咽针。

那时候弟弟还挂在母亲乳头上吃奶，更小的弟弟在妈妈的肚子里孕育。外婆出其不意地闯进了家里，从灶间里拉出了正在啃食稻糠馒头的妈妈。外婆给一帮穿着草绿衣服、扎着腰带、戴着红袖箍的人大喊："看看，这就是有外心的男人的黑心肠，把玉米馒头留给别的女人，让自家的女人吃稻糠麸皮！"

姑姑跑进屋里一边哭，一边给女儿穿衣服。眼尖的外婆认出了那件花衣服是我穿过的，从背后推了我一把说："去，把你那件花褂子给剥下来！"

姑姑眼泪汪汪地看着我，把那件穿了一半的花衣服从女儿身上脱下来，塞给我。我看着表妹抹着泪光着身子走出家门。

好不容易连接上的亲情又断裂了，骨肉再次离散了。父亲，没有人问过你的心有多痛。一直到去世，你再也没有看到过姑姑，这一去就是一生一世。

没有亲人在你身边了。在大梁坡，你孤独的生命，千疮百孔的心，似乎只有从南疆食物和作物里得到些许慰藉和补偿。

小时候，你带着我去喀什来老沙湾定居的老乡那里串门，等他们用南瓜包子、抓饭和拉条子招待我们。饭前的长长的话题就是关于喀什的那些美食记忆。或许是那些食物的记忆，让你身上四季都散发着羊肉、孜然和洋葱混合的那股好闻的味道。

河边上看水闸的那家，就是喀什来的老乡，你赶着毛驴牛车跑好远，在他家等一天，就能吃到一顿南瓜包子，也许你是无意撞见的，那包子特别的味道，却被每次都在场的我记住了。我一直以为，是回族的母亲无法满足你维吾尔族的胃，其实，你是借吃包子收集对家乡的记忆。一辈子能喂饱一个思乡者的，就是记忆，记忆中的味道是最对胃口的。用记忆来充饥，就是思乡者唯一的宿命。

在北疆，孤独中的你，一直都活在对南疆物事的追忆里。你请来给家里帮忙种地的人，都是从你的老家伽师来的亲戚。姑姑的大儿子来，你让他种了一大片伽师瓜，姑姑的小儿子来，你又让他种了英吉沙的杏子，那些杏树居然成活了，还开花挂果。你想借助北疆的泥土，恢复老家南疆的生活图景，靠这种把回忆隐藏在劳作中的手段，从中获取心理的慰藉和精神的补偿。

你整夜整夜睡在瓜棚里，或许想让你的梦送你回到伽师瓜的故乡。当夜晚村野狗吠将你唤醒，星空下的瓜田里，你脑海里浮现的事情无人知道，至少你用你的方法，从幻觉上改变了身处的地域。就像离别人世之前，一次次你支撑着身子坐起来，看着这个世界，没人知道你眼前看到的是什么。你看见喀什噶尔和那里的亲人了吗？

你想念喀什，总是爱说“喀什是个大地方”，言下之意你也是个见过世面的人。越是见过大世面的人，越是不会轻易在文化冲撞中，放下属于自己的东西，让步给别人。

与汉族朋友、哈萨克族邻居、回族妻子文化习俗的冲撞，一直伴随在你生活里，穷尽一生，你只学会了生硬的汉语，哈萨克语一句也不会。对周围的人和事物，你的眼光多半是不满的、批判式的，你会对不好听、不好看的歌舞戏乐，有一系列的比喻，会说那是鸡叫驴吼，只是属于动物范畴。村里敲锣打鼓，你说像逃荒要饭的擂锅砸碗敲碟子，够不上艺术。你形容跳“忠字舞”的人，手硬得像铁铲木叉。这些形象的比喻深刻地影响了我后来的审美观，让我认定歌乐就该委婉、深沉如“木卡姆”，能象征人类最神圣的情感，舞蹈当如“刀郎”，充满原始的激情与生命的活力。

你最爱唱木卡姆，可以唱几天几夜不重样，方圆几十里没有谁会唱那么多的歌，你那一颗在木卡姆歌乐河流里浸透过的心，里里外外都是音符。你若在世，且活在喀什，木卡姆艺人的队伍里是不是也会有你。我在喀什街头寻找木卡姆盒带，在叶尔羌木卡姆的故乡和阿曼尼莎汗陵膜拜木卡姆圣地，叩访木卡姆艺人。

父亲，在莎车的农家小院葡萄架下，弹着都塔尔、坦布尔、热瓦甫，陶醉在木卡姆歌声音中的男人中，我找到了你，恍惚间，那些唱的、跳的，坐着的、站着的，一个个在巷弄里、在大街上与我相遇，擦肩而过的每个维吾尔族人仿佛都是你。

在喀什，我吃遍了艾提尕尔清真寺附近，维吾尔族人的南瓜包子、薄皮包子、烤包子店，我的胃口足足有两个人那么大。父亲，我吃东西的时候，你就装在我的胃里，我代替你多吃了一份。我用你的眼睛看巴扎，用你的耳朵听木卡姆，用你的嗅觉闻故乡各种各样的香料味道，我想用我对你的想念，让你复活在四月的喀什噶尔。

到了喀什才知道，在亲人们眼里，你年轻时就是当地传奇式的人物。原谅女儿的自私和虚荣，我希望你曾经是个有钱人，对你后来的贫困多少有种补偿。你经常说，钱只不过是扔在地上吐上一口、踩上一脚再拿起来用的脏东西。纵然如此，倘若听到你过去曾是个乞丐，女儿会心酸的。

那是上个世纪五十年代，在到处是毛驴车的喀什，你骑着一辆电动自行车到处周游。其实，那辆“幸福牌”电动自行车，是现代化对一个古老村庄的侵入，对一个人的侵入，甚至一个民族的侵入，是你主动迎接了这种侵入。你从千里之外的乌鲁木齐搬回了它，在伽师的尘土里激扬你青春的叛逆时光。父亲，你是一个叛逆者。你知道，大弟弟多么像你年轻的时候，他的生活由农村向城市的转向，也是从卖了你的大黑驴，买回一辆“幸福牌”摩托车开始，在北疆的村庄大梁坡的塘土中，他向着渴望的城市生活奔突。人对城市生活的向往，最初也许是从对速度的向往和改变开始的。

你的速度是超前的，世界却并没有按照你心里的速度前进，从你的“幸福牌”电动自行车到弟弟的“幸福牌”摩托车，时间似乎停滞了三十年。大弟弟在他十八岁时，重演了你青年时代学电动车的一幕，并且把三十年前你开着电动车下饭馆、追逐女孩子的历史，在你的眼皮底下从头到尾重演了一遍。最终，大弟弟的戏演到了高潮，离家出走，这一幕，也是你在父母亲人面前上演过的。历史何等的相似，当时对此你恐怕只能是讶然。

不同的是，大弟弟出走时，刚好赶上“包产到户”，他不愿意种地，跑出去打工，而你是在失去了土地之后，不愿忍受当时的饥荒，嗅觉灵敏的你恐怕已经预料到，地主巴依的日子过到头了，世道要大变了，你想赶在一场运动来临之前，逃离喀什。

见证过那个情形的老人告诉我，你出走前，把家里的财产装了十几辆毛驴车，插上红旗，赶到了乡政府交公，看到村里最有钱、最有文化的你带头将家产充公，村民上交财产的毛驴车队，跟在你后面排了几公里长。

你动员父亲将家里的土地全部上缴，父亲与你反目成仇，你背着“败家”的不良名誉，被驱逐出家门。那天下着雨，你带着唯一的弟弟，牵着一头毛驴，毛驴背上绑着几个水葫芦和成褡裢的干粮出村。村口干活的人看到你，劝你等雨停了再走，你去意已决，其实当时的你，已别无出路了。饥荒年月，你结束了三十多年的故乡生活，那是你人生的一次异常的变故。

带着弟弟走到了巴楚县后，或许你不放心留在家里年迈的父母，弟弟被劝回，你独自北上。你一个人的旅程中发生过哪些事情，至今是一个无法破解的谜。

五十年前的一别，你到死也没回过喀什。二十四年前的四月，你生命中最后一次提到了喀什噶尔，远在天边的亲人似乎感应到了死亡的气息，千里迢迢来北疆寻你。早已隐没真实姓名的你，终未等到亲人相见，被几层薄薄的白纱布裹着，躺进了大梁坡乍暖还寒的泥土。父亲，安放了你埋体的异乡黄土，如何能安放住你难安的乡魂。

父亲，你是家族中走出来的汉文化的第一代融入者，魂魄难安，融入者有融入者的悲哀，你必须抛下所有的过去，这是融入的代价。

从贵族生活跌入贫困的深渊，需要面对饥荒和现实的动荡，是这些迫使你离开了家乡，到乌鲁木齐的一家服装厂打算另谋人生出路的你，结果又被“下放”到大梁坡村，对过去地主巴依成分和各种运动的恐惧，让你不得不隐姓埋名，在大梁坡，你似乎被改造成了一个彻头彻尾的农民。

恐惧政治运动的你，还是没能逃过各种批斗，你被挂上“投机倒把”的牌子，到处游斗。那些年你在村里享受的都是“明星待遇”，你每天的工作似乎就是刮干净胡子，穿好干净的外套，等工作组将拖斗汽车开到家门口，戴红袖箍的民兵队员把你架到各个公社的批斗大会会场上。你像一个专业演员一样敬业，你是会场的焦点，脖子上挂一块用黑毛笔写着“投机倒把分子”的大牌子，腰弓到一百八十度，光光的脑袋抵住地面。那些你给他们做过衣服的大人和孩子，买过你鸡鸭鹅以及它们的蛋的人，在民兵的带领下举起拳头在下面喊“打倒投机倒把分子伊布拉欣”！他们打倒的那个人不是你。每次他们打倒的只是你的化名，历史不过在开一个玩笑，真正的你安然无恙，躲在真实的名字后面，暗暗嘲笑他们。

除了做裁缝、卖鸡蛋，你的身上其实还有很多隐性标记，你与当地人不同的刷牙、剃胡子的习惯，买收音机、缝纫机、自行车、手表这些一般农村家庭没有的奢侈品。不会干任何农活，使你的贫农身份显得来历不明，你不喜欢步行，出出进进喜欢骑驴坐车，你花钱买肉吃、请客下馆子等可疑的生活模式与当地人格格不入。

那个饥饿动乱的年代，母病家贫你挨批斗，多种因素叠加在一起，让你忍痛将最小的弟弟送给了小姨，你为四个儿子取的司马义、司拉英、司拉鹏、司依提，这些沿用汉族人的姓，学着用第一个字符相同的方式排列的名字最后一个，没有派上用场，司依提这个名字下面的那个人空缺，不再在这个家里，他变成了有名有姓的马俊，他走的那天是主麻日，小姨家给他另取了经名主麻。

跟你的真实名字只有喀什来的亲戚呼叫一样，司依提这个名字只在你心里珍藏的花名册上。就像南疆的亲戚们用疑惑的眼光看待你改名，别扭地叫你的大梁坡名字一样，小弟弟也用疑惑的眼光看小姨、小姨夫叫他陌生的新名字。恐怕值得疑惑的是那个年代，亲情在贫困和饥饿面前成了奢侈品，难以为继。

直到你的生命结束，你忍痛割断的一条又一条亲情的尾巴再也没有接上。混乱过去，对混乱年代的那份恐惧却延续下来。你决然切断了与以往生活的各种联系，成为叫伊布拉欣的另一个人，前半段人生从你身上远离和断裂，你成了切除了自己历史的一个断裂的生命，多么疼痛和分裂的生命。

父亲，我们一样的不完整，就像断了尾巴的蜥蜴，你一半留在南疆，一半来到北疆，我一段扔在北疆，一段活在江南，两段一样的痛楚。来自南疆的传说中娶过好几任妻子的你，后半生安身立命，与疯了的母亲度过了二十五年不弃不离的日子。你把自己的过去完全割断了，似乎成为另外一个人，过去的你和后来的你何等的分裂。

你把一个葫芦一样完整的人生，一劈两半，一半浸泡在蜜一样的故乡喀什的记忆里，一半沉浮在大梁坡老河坝的苦水里。一个葫芦也会有截然不同的两种命运，就像你前半生甘甜、后半生苦涩的日子。

父亲，遍布你足迹的喀什噶尔古城，为何无法将你留住，随着命运的指派，你还是来到了北疆的大梁坡，脱下锦衣重回土地。你与土地的纠结，恐怕无人说得清楚。我知道，你对土地有一种复杂的爱。

那年，乌鲁木齐那家你被“下放”前干过的服装厂招你回城，我们欢呼雀跃，满以为从此可以不种地，做城市人、吃商品粮了，你却满面怒容地斥责我们：城市能养鸡养鸭，能放牛放马，能养活你们吗？后来，我们在学校填写的每一张表格，你都很关心，让我们在家庭成分一栏里，按照你的嘱咐填上“工人”。父亲，你的人生，如此矛盾，纠结不清。你是想背弃这片养了我们的土地，还是为没能干你擅长的裁缝职业而后悔了？

父亲，曾经有个维吾尔族小伙子，向我求爱的方式就是恳求我：让我帮助你的父亲，一起种你们家的那块地吧。他想用和你耕种同一块土地的方式，让这块土地留住我，让我记住他，接纳他，却被那年正忙着考大学的我拒绝了。

我知道，那块大梁坡的土地，一直真正想念着的当年的垦荒者，一块土地掩埋了第一代垦荒者后，在日复一日、年复一年，默默等待垦荒者的后代。

自你走后，这块你和喀什的亲人们曾经耕种过的土地，彻底被我们背弃了。我们离开土地，四处漂泊，让它一直流落在陌生的人手里，种什么长势都不如从前。我相信土地是有记忆的，它熟悉那些有着共同血脉的人，就像你熟悉自己的兄弟，这块土地熟悉喀什噶尔打铁匠手上生铁的味道，这块土地是曾经与喀什的坎土曼缠绵交欢过的土地。

父亲，就在你五十年前离开的那个村口，五十年后，你弟弟的儿子斯莱曼，似乎一直等我来找到他，他说他已经等了我几十年了，他都四十五岁了。这正是你来到大梁坡后的年纪。

我从几十个年龄和模样都相仿的维吾尔族人中，偏偏选择了向斯莱曼打听你，他就等在我要去找他必经的村口，我和他就这样在你五十年前出发的那个村口相遇了。早五分钟，或者晚五分钟，我们都无法遇见。我只向他提起“沙湾”两个字，他就两眼放光，我从未见过面的堂弟脸上看到了你当年的样子。

他向我背诵着从他父亲那里、从来北疆看过你的亲人那里，打听来的有关你和大梁坡的种种生活细节，大梁坡每个邻居的名字，咱家老房子后面那个苦水河坝，河坝里你养的鹅和鸭子。他一一向我转述的这些细节，像等待破解的密码，一直沉睡在我的记忆里，几十年从来没有人来碰触，我跟斯莱曼的对话，激活了那些密码，也复活了那些记忆和记忆里的亲人。

斯莱曼的父亲，就是跟你走到巴楚县后被你劝回的那个的弟弟，按照你的愿望，为父母养老送终后，已于十一年前去世了。

这次去喀什，我带了几件漂亮的衣服，想找到那个当年被我剥了衣服，光着身子哭着离开的小表妹，跟她忏悔，可我永远无法偿还那件童年的衣衫了。小我好几岁她已经在五年前过世。小时候与我玩泥巴的表哥，如今仍在放牧着成群的牛羊，早出晚归，一如那时在大梁坡。

父亲，就这样，从斯莱曼口中，第一次听到你完整的名字：乌拉依穆·麦麦提·胡万哈利，我感受到斯莱曼身上有你澎湃的血液的气息，那是我们共同的血脉连接。他说，我同祖同宗的姐姐，怎么也看不饱你。我含着泪珠笑对他的深情。

斯莱曼与我相认后第一件事，就是问候那片你耕耘了半辈子的土地，他唯一的愿望，就是耕种你曾经洒过汗水的那块大梁坡的土地，这个愿望是真主对接好了的么？土地恐怕也知道等待它的人来了，就在这个时候他重新回来了。斯莱曼如此热爱你耕耘过的这块土地。他说想用这种方式纪念你，告慰他没能来北疆的父亲。没能跟你一起走，他的父亲曾一次次在他面前抱憾。或者说，在五十年后，他打算替自己的父亲来北疆。我说，秋天村里打算重新承包给我们，那片土地也一直想念你们。我答应将大弟弟留下的那块土地，交给斯莱曼，成全他想念你的方式。我知道，有了这个接替者，你会安心的。

冥冥之中，大梁坡的这块土地，似乎就在等待喀什噶尔的第二代亲人，一直在等我去找到他们。相隔半个世纪后，我与南疆亲人的相会，恐怕不只是亲人与亲人的约会，那是有灵性的土地与人的约会，是那片土地的愿望。土地的记忆比人更久远，不容易遗忘。

父亲，我弄不懂的是，你在失去了家乡的土地后离开，大弟弟却在承包了那片土地后出走，都是因为土地，两代人离开土地的原因却截然相反。

看着斯莱曼，我出神了，倘若我和斯莱曼的命运被调换，谁的命运更像他自己？如果历史重来，命运改写，从喀什出来到北疆的是你的弟弟，而被劝回后留在南疆的那个人是你，父亲，你的命运是不是会更好一些，这个答案我无从得知。

借着人的置换，土地的命运也会被置换么，或者反之亦然。

父亲，在你去世的二十四年里，咱家的那块土地，一直接受陌生人的坎土曼和铁锹砍挖，被陌生的脚掌踩踏，他们用土地抗拒的方式，种上一些土地抗拒的作物，土地对熟悉的亲人气味的想念越来越迫切了。

这些想念被在喀尔萨的两代血亲感应了几十年了。斯莱曼说，他的父亲年复一年收集好的种子，每年都会为未曾谋面的大梁坡的土地留上一把，在二十四年前，让他带着伽师瓜种和泽普的葫芦种子，去石河子、沙湾一带找你。就是在那年的四月，你离开这个世界去了天堂，我们举家搬迁，让你错过了家乡的亲人和来自家乡的种子。

斯莱曼梦呓一样复述着记忆，我也进入了一个久远的梦里，这块土地上的人和这块土地上种的作物，被另一块相隔千里的土地上的亲人念叨了五十年，在他们后代的记忆里盘旋了半个世纪，等待一个活着的人来证实这些听似传说的种种细节，他们终于等到了我。

他们一直思念的感情和我们一样，似乎也在等待一个地方安放和停靠，他们也有很多模糊的记忆，等待跟我一起确认和打捞，我的舌头在滚滚而来的维吾尔语词汇间匆忙地打转，来不及梳理就滔滔不绝。

在你家乡的那几日，从早到晚我都在忙着认亲，一排一排，都是亲人，一排一排的房子，都是亲戚家的，走了七八个村子，每走一个村子，半个村子都是亲戚，你的家族的根系是那么庞大。东家一碗茶，西家一碗面，南家一碗汤，北家半个馕，竟然把一顿饭分成了好几顿吃，吃到深夜，还有老者掌着灯来认亲。

斯莱曼说，你下次来，住上一百天，走一百家亲戚，绝不会重样。

我说，那我就等明后年再来，住他一年，走他三百六十家亲戚，每天换一家，不要重样。

我们相对而视，开心地大笑。

你和弟弟，自从巴楚一别，两颗葫芦籽，一粒留在喀什噶尔，一粒远漂北疆，到死没能相聚。我与斯莱曼的这场相遇是上天精心安排的，是那两粒葫芦籽的后代的相遇，我们满肚子的语言，都在寻找出口。

斯莱曼说他要带着他的后代，带着喀什的坎土曼，带着莎车的杏核、伽师的瓜种和泽普的葫芦籽，再次让你躺着的那块大梁坡的土地上，飘满你家乡的瓜香果香。

父亲，你一定记得，曾经也有过这样亲人团聚的好年月，你仰面躺在杏子树的树荫里，你身边坐着南疆的妹妹、妹夫，我和他们的孩子在瓜田里玩泥巴。

我重新找到了我的弟弟，他那么热爱这块土地。他让我重新找回了人对土地的那份念想。父亲，在斯莱曼和我心里，你已经化成了这块大梁坡的土地。

父亲，让我再给你说说四月的喀什吧。在这里，我每天都像在梦游，我在喀什的见闻，多么像是另一个梦境。

那个养老院里半疯的维吾尔族女人，她用精神分裂症患者的呓语，让我在一股莫名引力的作用下，一步步走向她，吸引我不顾一切地投入她的怀抱。她抱住了我，抚摸我的背脊，那种久违的母爱蚀骨穿肉而来，仿佛她宽柔的怀抱，天生就是为安放我缺失的感情而生。她等在那里，多少年来，等着我来找她，等我扑向她，她就像扑向我失散多年的母亲，我复活的母亲。

在高台民居，我亲吻了那个熟睡中的孩子，那是我在亲吻自己另一种童年的可能性。高台民居，也是我成长空间的另一种可能。父亲，假如你没有走到北疆，因为细小的变故停留在了喀什，那个摇篮前哄孩子入睡的女人就是我，那些剪着天眼头，头上涂着黏糊糊的鸡蛋清的孩子，就是我的弟弟和妹妹。我那么熟悉这种味道和这个场景，好像这个女人就是我的前世，是我多年来沉睡不醒的记忆。

坎土曼巴扎，那个从早到晚守在馕坑边，把手伸到馕坑底下，为我拿出最热最新鲜的香馕的卷发大眼睛小伙子，他抚摸热馕时热辣辣的眼神，仿佛是另一双看不见的手抚摸他的情人。我恍然间疑心那目光，是不是少女时期开启过我情窦的最初的钥匙，曾几何时被我遗落在这条巷弄的馕坑边上。他用炙热的目光灼烤带着他火热体温的馕，滋养我在喀什噶尔的每一个清早的时光。

我为你们家砍柴
又为你们家打馕
这样的人世界上
有么

在那个维吾尔族人家的农家小院，我受一个白胡子的维吾尔族老人邀请，随着维吾尔族艺人们弹奏的木卡姆的乐声，跟着他健朗的舞步跳起了维吾尔族舞蹈，那个与我共舞的木卡姆老艺人，眼睛里的爱情，就是我八十岁的爱人的爱情。父亲，我闭上眼睛，你就在十二木卡姆的歌声里复活，为维吾尔族式的婚礼麦西莱甫奏乐歌唱。

在喀什，我还见到了一个小时候抱过我的人，他就是帮你种瓜、盖房子的南疆远房堂叔。八十二高龄，孤寡一人生活在一所空房子里，家徒四壁，他从家里唯一的家具——一个木头箱子里拿出苹果、石榴和巴扎的香馕招待我。

我抚摸远房堂叔的白胡子，想在最短的时间里熟悉它们。这些胡子，在我出生的头几年里，它们才刚刚在他脸上发芽，它们应该磨擦过我一到三岁的脸庞，他的肩头那时候就是我的坐骑，父亲，他的肩膀曾经代替过你的肩膀，他用和你一样的方式让我骑在他骆驼一样高的肩头，我借着他的大脚行走在我的童年里，他让我比同村的孩子走得更快，看到更高的地方。

从我说第一句维吾尔语开始，他应该是我的第一个母语教师，是他让我的维吾尔语，一开始就带上了浓重的喀什噶尔口音。在江南生活的二十年里，我已经残废的母语，找到了最初教会我的那个人，在见到他以后，我的母语完全康复，幼年的记忆大面积苏醒，我的母语经受住了喀什噶尔和亲人的考验。我终于明白，我童年所有的母语老师，都来自喀什噶尔这块地域，这是多么幸运的事情。

父亲，我是多么羡慕你，出生在这样的故乡，就像我的女儿羡慕我会说一口流利的维吾尔语，她希望她的孩子能生长在喀什，学会母语，像每个出生在喀什的孩子一样。

父亲，你的成长环境、语言环境、饮食习惯，所有的所有，都遵从着维吾尔民族的习惯。在另一种文化的浸染中，我深切地体会到，使一个民族保持完整的是它的文化习俗。

在喀什高台民居的陶土窑里，我看到了父亲和自己。那个坐在陶土窑里手抱着土陶，终日被窑内的温度熏烤的汉子，多么像是制作了我的人，我是他手上的那只陶罐，我真想把自己交给他，让他按他的方式，重新将我回炉，让我回到我本来的样子。

我偷窥火窑里熏烤的陶罐、陶壶和陶葫芦，我看见的那一只没有完全熏陶好的夹生陶葫芦，或许就是我现在的样子，花纹不清晰，着色不均匀，完全没有熟透的陶器那种从容淡定的成色。

我不是一个纯粹的品种，父亲，我本是一只喀什噶尔土陶窑里的陶器，我的陶土质地、泥坯和底色都属于喀什噶尔这块泥土，却被你孕育在北疆的土地上，又交给了另一种文化去雕刻，我一生都只能是个半成品。

我一直都认为人的价值在于后期的雕刻，其实后期雕刻的雕工再高超，也不能叫作浑然天成。那个制作陶罐的乌斯塔兹，用狐疑的目光盯了我好几眼。在这样的维吾尔族民间陶艺大师眼里，我只是一只漂浮在南方水域上夹生的喀什噶尔葫芦，雕着他所陌生的江南花纹。我看遍了每一个陶葫芦、陶壶和陶罐，在他陶土窑美丽的橱窗里，哪一只美丽的陶制容器都不是我。父亲，在任何一个文化里，我都是一个夹生的陶器，难道这就是我的宿命？

人一旦离开故乡，迷失似乎就被注定了。就像我穿梭在另一种文化和故乡记忆的交错点上，我和你一样恐惧断裂，恐惧变故，我找到了你真实的生活历史，现在，真正的那个你，被我用文字的凭据紧紧捏在了手心里，再也逃不掉了。我不希望失而复得的亲情，再次遭受遗失和断裂的疼痛，我们漂泊的灵魂，都可以得到停靠和安放。

喀什噶尔，我的故乡，你丢失的孩子们回来找你了。

父亲，让我们一起回喀什噶尔吧。

祈求真主：把你的目光安放在我的眸子里，让我时时处处看见你年少时的足迹。我感觉自己在携你的魂魄还乡，回到你离开了半个世纪、我们共同渴念的情感安放地——喀什噶尔，这个心里至高无上的故乡，有那么多亲人在等待着我们。

在四月的喀什噶尔，我每天在心里默念着：父亲，我在喀什找到了你，你遗失的名字，你走过的足迹，你学裁缝手艺的店铺，你经常出入的古城巷弄，你熟悉的食物，你喜欢的十二木卡姆，你经常向我们提起的阿帕克霍加陵和香妃墓，还有你做过礼拜的艾提尕尔清真寺。

喀什噶尔的正午，艾提尕尔清真寺宣礼塔上熟悉的声音，闭上眼睛就是你高诵《古兰经》的声音。巴扎上弥漫着维吾尔族人喜欢的各种香料混合的味道，那是你熟悉的一生都想念的味道。

四月是残忍的，树叶凋敝以死亡为代价，四月也是深情的，换来泥土中新的生命更替。父亲，你过世在这样的四月，一如我在这样的四月来到喀什噶尔。

父亲，你终于回来了，回到了我们的故乡喀什噶尔！

父亲，愿你魂安故土！

女儿：帕蒂古丽·乌拉依穆·麦麦提

2013 年 4 月于喀什

词语带我回到喀什噶尔

维吾尔族人说，喀什噶尔是一座让人看不饱的城。我把这句话直译给一个写作的朋友，她用汉语的思维方式纠正我，“应该是看不厌”。维吾尔语的意思是说，喜欢一座城，就像喜欢一个人一样，永远看不够，或者喜欢一样食物，这顿吃饱了，下顿还会饿。好比汉语说亲个够，维吾尔语说亲个饱。这个饱，相当于汉语中的“满足”，跟喜新厌旧的“厌”没有关系。

对一个词语的应用与传承中，或许我们看到的是一种民族的观念。维吾尔族是一个很注重语言方式的民族，对传统语言的维护，与维护身体和心灵的洁净同样看重。比如维吾尔语中几乎找不到与“厌”完全对应的词和与“厌”对应的情感。他们认为，用“厌”字表述的句子与情感，是不够健康和衡稳的。

纯净了一个词语，就纯净了一桩事物。稳住了一个句子，也就稳住了一份情感。语言最能反映一个民族的情感方式。就像一个人，不该厌弃真主赐予自己的身体。

在喀什噶尔，最让人怦然心动的，是维吾尔族人对一件事物的形容，总能按照人身上的各个部位，找到对应的大小、粗细和长短。比如树像脖子那么粗，瓜像脑袋那么圆，核桃像拳头那么大。好像他们描述的不是瓜果树木，而是人类的近亲。又比如他们对那些现代化的电子产品，并没有完全采用西语化的名称，很多仍然沿用了对人体组织或者器官的拟人化称谓。当地的维吾尔族人把手机“快没电了”说成“快没油了”，很形象地表达了他们的思维习惯。这其实是一个民族在高速发展的科技面前，一种认识世界的眼光和恒定的方法。

在维吾尔语中，油，类似人和其他动物的脂肪，代表着维持一个肌体正常运转的能量。把手机看作一个身体，那么面孔、皮肤、脂肪、骨骼、经络等依次下去，这样的称呼使用在任何一个机器上，几乎都是适用的。认识汽车、电脑如同认识一个人一样，不外乎五官、大脑、心脏、四肢等等，用人体的部位来对应机器，机器就成了人类豢养的宠物。又比如把“关机”叫“熄灭”，就像在说他们传统生活中熟悉的火炉和煤油灯，他们用这种方法减少了对机器的隔膜和疏离感，这样的称呼方式更容易让彼此亲近。

喀什噶尔人还经常会用已有的古旧事物，来为新的科技产品冠名，不外乎在按摩椅、剃须刀、秤之前冠以“电”。他们用这种简化了的办法，了解不同机器的性能，区分各自的用途。看似快速变化的事物，在他们眼里无非是装了电，万变不离其宗，后面关键性的称呼，还停留在过去的词语上。

有时候我想，在缓慢中生活惯了的人，恐惧的是快速的改变。就像坐惯了毛驴车的人坐在过山车上，会觉得晕眩。在这个时候，找到一种平衡和应对的方法，似乎显得十分重要。

世界还稳定在过去，一些事物只是被类似的更快捷的事物代替，事物的核心没有改变，变化的只是能源和动力部分。这样看起来，新的事物就变得容易被辨认，旧的东西没有被世界丢弃，世界也没有被新的事物挪动。世界变化再快，也不会抛下能够用自己的方法辨认它、能够用自己的方式稳住它的人。

喀什噶尔的维吾尔族人，正是用这样一些亘古不变的词汇，给飞速发展的世界加上简单的定语，就像给一匹奔跑的马套上籠子和嚼子，好在途中少一些冲撞，或者给驴蹄子打上铁掌子，让它在过猛的奔跑中减少磨损，以免伤了蹄子。

他们知道，在词语和思维方式中站住脚的世界，才是最牢靠的，在语言和习俗上保持其不变的特性，世界的关键就没有被改变。词语就像马鞍子、驴掌子，稳住它，脚下的世界就不会打滑。

就连喀什噶尔的青年人都觉得，新鲜事物被加上了传统的定语或者修饰词，生活变得便利了不少，这样的变化对他们是有利的。喀什噶尔的真味不会变，每个维吾尔族人回到这里，还能找到故乡的感觉，他们所有的感情，都能在这里得到安放。

因此喀什噶尔的维吾尔族人，把他们原始的情感方式投射到手机和电脑上，说手机“没油了”，就像说人饿了需要补充食物一样自然。他们用了解人的需要的方式，来对待一部机器，而竭力避免说类似“没电了”这样干巴巴的词汇。

有意思的是，即使一些搬到现代化楼房住的维吾尔族家庭，仍然在家里安装了煤炉，用来做饭、烧水和取暖。他们似乎舍不下看着炉火取暖带来的那种视觉上的温暖感。在他们的观念中，电，似乎代表着现代人为了便利所付出的某种代价。这里面还包含着一种潜在的节能意识，它来自一个古老节俭的民族内心崇尚的那种环保理念，那种伊斯兰信仰中憎恶浪费的思想，来源于那种农耕和游牧民族历史上形成的低能耗的生活方式。

只要“油”还没有被置换成“电”这个词，就证明自己还希望活在低能耗的时代，没有被现代化的生活完全改变，传统的回归照样可以在词语中进行，“煤油灯”和“熄灭”的时代可以随时回忆，人们在过去的语言中保全了自己。选择用“油”还是“电”，这就是传统与现代的界限。

在喀什噶尔出生和长大的维吾尔族人麻木提，是个严重的“思乡病患者”，他多年来在上海二手汽车市场做买卖，从上海挣来的钱，除了供儿子在上海读汉语学校，几乎都用在喀什噶尔近郊建设他的大平房和花果园。他渴望回归传统的喀什噶尔生活，却对儿子选择他自己的生活，给予了最大的自由。他幽默地说，他忧虑地球，而不忧虑他的后代。

在喀什机场下飞机的时候，看到漫天笼罩的黄尘，他就打趣说这种黄土可以治他的思乡病。落地后，在行李等候处，他对着同伴大喊“把阿尔瓦赶过来”。这句维吾尔语听起来，不像是说推一辆手推车过来，而像是说赶着毛驴车过来吧。麻木提仍然沿用了维吾尔族人对“车”这个词最原始的称呼，反正不用电也不用油，人推的和驴拉的都叫“阿尔瓦”。虽然车换了样式，称呼还是同一个，只要类似的词汇不变，生活再变也不怕。

一出候机大厅的门，麻木提的司机开了一辆桑塔纳，等候在门口。那天附近或许有什么集市，村道上到处能看见小拖斗汽车后面拴着的驴和羊，都在追着机器跑，牲畜被那些“电驴子”牵动着，跑得上气不接下气，扬起一溜溜黄尘。

麻木提看看天说，“土普恁嗒地”，意思是“这黄土的苦头”。你很难相信，说“黄土可以治思乡病”的那个人，跟说“这黄土的苦头”的是同一个人。然而，这样复杂的感情，确实同出自这个喀什噶尔人。

“嗒地”，我在喀什噶尔经常听到这个词。而在汉语中，几乎找不到与这个完全对应的词汇。“嗒地”的意思很接近“苦头”，汉语的意思是苦痛、磨难、不幸，维吾尔族人说“嗒地”时，却带着一种意犹未尽的味道，残存着痛苦中略带慰藉的记忆。或许是人对以往迷恋的事物，明知它给人的身体和精神带来苦痛和伤害，却仍然会对这种事物产生成瘾性的依赖感吧。

对“嗒地”这个词，恐怕只有维吾尔族人有这样独特的心理体验。说这个词时，他们似乎心有不甘，更多的是留恋它所带来的不易觉察的甜蜜感。那是一种说不清的回味与怀想，不是真的对成瘾物有所责怪，而是宁肯责怪自己意志不坚，语气中萦绕着在着迷的情感支配下，不忍责备成瘾物的意味。“嗒地”这个词汇，饱含了成瘾者对自己及成瘾物特殊偏爱之情的一种偏袒，还有与成瘾物之间日久生情后不忍割舍的情愫。

“嗒地”，即使对自己有害，却仍然深深迷恋的东西，即使远离，精神上却不愿割断对它的怀想。由此，与人的生命关联过的事物，被注入了一部分生命在里面，依附了人的感情，人便以看待旧时恋人的眼光看待此事物，而无法断然抛离和遗弃它，这种深沉自然的原始情感似乎显得很动人。人的感情总带有一种盲目性，如同对待爱情乃至烟酒，人类的情感方式或多或少都保持着一种原始的状态，有时动人的也许正是那种非理性的激情成分。

就像喀什噶尔老城一些高台民居的居民，搬进了新楼房，远离了地震的威胁，也逃脱了水电不便的生活，生命安全了，却要回过头去回味，上千年来人们用身体的温度维系的气息和余温，毕竟那是传统和民族记忆的温度，一个民族的基因密码或许就埋藏在那里。

后来，当我听到喀什噶尔老城的修复者，为了调配出与老城的生土墙墙色一模一样的防水黄泥，用鸡蛋清、米汤和稻草来混合，最终调配出最神奇的配方，顿时觉得这座古城仍然由爱它、懂它的人守护着它的灵魂。这些基因和密码被植入一幢幢修复后的维吾尔族民居中，一幢幢镶嵌维吾尔族特色的建筑，被保留了下来。

在传统与现代生活方式对人的争夺中，透过一个词，或许能感受到一个民族内心独有的情感体验。

麻木提虽然住在喀什噶尔新城的楼房里，但他又在郊区盖了平房，就是为了老人能在房子里生炉子。即便是煤炉有害健康，动辄容易煤气中毒，但是曾经与火炉建立的几百年上千年的伙伴关系，好多住在楼房里的人家，仍然在家里保留着一个派不上用场的生锈的煤炉和几捆再也没机会燃烧的柴火。生活里老人们总是停下来朝后看，似乎过去的生活还在不远处停留，会在他们回头看的时候追上来。

老人们总是生活在回忆里，不像年轻人，一走就走出去好远，让过去再也追不上他们。麻木提的妹妹在上海成了家，住在带电梯的高楼上，家里除了客厅布置得还有些像喀什噶尔的维吾尔族人家，厨房、卧房和卫生间，完全跟大上海的市民一模一样。麻木提用手机拍了妹妹家的录像，他妹妹的打扮除了头上的头巾，也完全是上海式的。

在我们同乘的飞机上，麻木提除了用他的烤馕和手机里的木卡姆音乐招待我这个生活在异乡的老乡，还与我一起分享他去西双版纳旅游时拍的照片。他说，在西双版纳，他看到当地人用人力三轮车运送一车车的孔雀，那情形就像鸡贩子在运送肉鸡。在他的印象中，孔雀是在维吾尔族歌曲中才会出现的神鸟，而在当地竟降格到鸡鸭的身份，令他惊讶不已。

一个地域的自然环境、思想观念和另一个地域的差异，会让珍禽的身份地位变得天壤之悬殊，看来麻木提一时还无法接受和反应过来。他指着录像里被主人安排蹲在车尾部的一只长尾巴的孔雀说，那是它的主人为了保护它美丽的尾羽不被折断，才让它享受蹲车屁股的特殊待遇。麻木提的目光随着孔雀长长的尾羽扫过手机屏幕。

孔雀与鸡鸭不同的只是它有华贵的尾巴，所以才会受到保护。有一条独特的尾巴是多么重要。麻木提若有所思地说。

在喀什噶尔高台民居的一条巷弄，去看主麻日晌礼的我，遇见了一位白胡子老者，他用拒绝、唾弃和踩踏的形式来接受乞讨得来的零钱。我看见施与舍之间，老人在对物欲的抵制与消解中保全了自尊。老人踩踏零钱的动作让我印象深刻，这真是一个智慧的动作，这种对待金钱的特殊方式意味深长，这个动作同时踩灭了金钱施舍者的优越感，也平衡了受施者作为人，生而平等的高贵尊严。

据说过去维吾尔族人每天做第一桩生意之前，都会放一张钞票在地上唾弃和踩踏，把对金钱的欲望消除在第一桩生意之前。等再捡起钞票时，他们的心情平静得就像捡起一片树叶或者纸片。即使一个人对金钱的欲念满怀，那欲念恐怕也会被统统消灭在这个看起来显得有些极端的动作里。

金钱只是肉体生存之需，维吾尔族人敬拜的不是叫作金钱的虚空之物，而是安拉的圣训经典，只有安拉才配让他们用洁净的手供奉在高处。这个踩踏金钱的动作的象征性意义似乎是，永远不可让信仰降格，永远不可让金钱高高在上。一旦让物质和贪欲占了上风，人就会降格为受物欲驱使的奴仆。

在喀什噶尔高台民居的屋顶上，我看到维吾尔族男人从四面八方会集到清真寺做主麻日礼拜。巷弄里、台阶上跪满了做礼拜的人。那个时候，房顶上的我很低很低，低到像一块薄薄的拜毯匍匐在屋顶。那些在平地上做礼拜的人站起来，跪下去，都比我高出很多。

对面的屋顶上，有孩子和父亲分别展开两块薄如轻纱的塑料拜毯，长方形，淡蓝底色，上面点缀着草莓色圆点图案。风一次次吹起拜毯的三个角，孩子紧紧按住第四个角，他用三块石子分别压住从拜毯三个角上面掠过的风，然后把自己的身体作为第四块石子，稳稳地压在了拜毯上，他的灵魂像蝴蝶落在恋慕的花上一样安稳，他跪拜的姿势像石头一样坚韧虔诚。

孩子的父亲在离屋檐一寸的地方反复地向西跪拜，他的灵魂仰望更高处，内心没有悬崖，没有危墙，没有废墟和坍塌这些词汇。信仰的圆柱支撑的屋顶上，安拉的手臂时刻护佑着他们，他在信仰和诵经声中稳住自己。鞋子安静地等候在他们左右，那是他们尘世的船只，抛下生计的奔忙，暂时停靠在屋顶。一只猫顺着人爬上来的木梯爬上屋顶，在他们脚边嗅了嗅，很满意地走开了。

稍远处的屋顶上，一片片花帽子时而隐没在屋顶的围墙里，时而浮上来，杏树茂密的绿叶守护着他们，把花香和绿影投注到他们的肩膀和花帽上。

喀什噶尔，礼拜五正午的古城上空，宣礼和讲经声呼应着，俯瞰土陶窑、过街楼，古城之顶的阳光中，弥漫着信仰的味道。

喀什噶尔，它深邃的目光穿透了我。站在高台民居屋顶，我像一尾搁浅在沙漠中饥渴已久的鱼，闭上眼睛感受正午的宣礼声，在古城的上空灼热的空气中震荡。

词语带着我回到喀什噶尔，这个维吾尔族人共同的故乡，一些东西正随维吾尔语浓重的卷舌音，随烤馕和孜然烤羊肉的香气，随巴扎上鼎沸的市声，随清真寺拱顶的月牙上面盘旋的白鸽和鸽哨，随老人和孩子的目光传递和生长，在高亢的诵经声中，在十二木卡姆的歌乐声中，在香妃故里沙枣花的香氛中，打动每一片新生的叶子，打动每一缕照临古城的阳光，打动每一个遇见它的人。

模仿者的生活

我觉得我在南方没有自己的生活，我的生活是模仿来的。好多时候，我都是在机械的模仿中打发日子，似乎常常有两个我在相互模仿，这个我在努力模仿我希望成为的那个我。其实在我还没有意识到这是一场漫长的模仿的时候，这一场模仿就已经开始。多少年来我在新疆和江南之间奔突，在这个我和那个我之间焦灼地跺脚，我试图从现在的我，回到过去的我，又分辨不清两个我之间，究竟哪个在模仿哪个，我在模仿中丢失了自己，为了分辨真正的我，常常弄得自己疲惫不堪。

一

小时候，父亲就向四邻炫耀我超乎一般孩子的模仿力。模仿能力是本能，还是一种天赋，我无法分辨清楚，至少我记得最早受父亲赏识是因为我的模仿惟妙惟肖。家里来了客人，他总把话题引向我，然后我的模仿表演就成了必备的节目。他咧着满是金牙的嘴笑着示意我："丫头，玛丽亚的奶奶是怎么走路的？"

父亲用他的笑声做暗示，把别人的目光引到我弓起的背和曲起的双腿上，接下来，我用一根假装的拐杖戳着地，一只手高高地背在弓起的脊背上，皱着眉眯着眼瘪着嘴，用假装苍老的颤声像老山羊一样地叫："玛丽亚、玛丽亚——该烧火做饭啦！"

这样的表演每隔几天就会来上一次，我的演技越来越精湛，以至于有时我怀疑我快要变成了那个蒙着黑盖头，穿着大襟衫，永远佝偻着背拄着拐杖，扯着跟她年龄不相称的尖细嗓子呼叫她的孙女的回族小脚老太婆。

没有人的时候，我绝对不敢模仿玛丽亚的奶奶，似乎只要有人在看着我，我就不会丢失自己，我担心没人看住我，一不小心我就变不回自己了。

我的模仿才能似乎显而易见。但那时候我不知道，一个好的演员，模仿别人模仿到所有的人都认为，他简直就是他表演的那个人后，他仍然能完好地回到自己才是成功的；而不是等表演结束了，演到连自己都不能辨识自己，把自己永远扔在了角色里面，再也拾不回来，就像把一只猴子扔在了一个满是镜子的屋子里任其挣扎。

演员都喜欢照镜子，我也不例外。如果家里没有人，我可以照上一天，在镜子里把自己迷失掉，再从大人的呼唤里把自己找回来。

模仿必须一遍遍地练习，一直到把自己练习成你要模仿的那个对象，和她不分你我。我模仿得最成功的是猴子，我几乎练习到把自己变成了一只猴子，走路的时候一蹦一跳，见了人就伸舌头、眨眼睛，喜欢没来由地在双眼皮间抹上亮闪闪的黄油，直到后来总感觉自己满身满脸都长了毛，伸手摸虱子和抓耳挠腮的动作都成了猴戏里孙悟空的动作。

我对猴子产生了无法言语的兴趣，村庄里来耍猴的，我从早跟到晚，我看猴子在主人鞭子的驱使下做一个又一个游戏，猴子那可怜的样子深深地打动了我，让我心生莫名的爱怜，我对猴子的同情超过了对弟弟妹妹挨打时的同情。这种无原则的同情似乎激怒了父亲，他说："猴子吃得比你好多了，可怜什么？它们过得比你好，还要你可怜？"

我还是觉得猴子可怜，它靠模仿人来讨人的欢心，获取生存的权利。

猴子或许并不像我这样认为模仿是可怜的，更不会认为模仿是一种艺术，正因为它们不能这样想，所以它们才显得更加可怜。也许猴子只是模仿了自己，但是在人的眼里，人们以为猴子在模仿人，我不知道猴子们的想法，也无法知道人的想法，我只知道人们和我一样喜欢看猴子模仿自己，虽然看得出很多人也和我一样觉得猴子可怜，却无法说出它们到底可怜在哪里。

我猜测它们可怜，是因为在模仿中失去了它们本来的生活吧，它们回不去了，形单影只地混杂在人群中，命运被它们模仿的对象掌握和操控。它们做不了真正的猴子了，用模仿换取基本的生存是可怜的吧，它们不情愿放弃本身拥有的生活吧，它们希望在那个远离人类愚弄的天然环境中和同伴一起做猴子，而不是靠模仿来博取人类的欢心吧。它们还记得生活原本该有的样子吧？无论它们吃得多好，它们是被豢养的，要玩后被关进铁笼子里，残酷的人类剥夺了它们做猴子的权利。

二

我想，那时候看到猴子为什么感到巨大的悲哀，也许我从那里看到自己一生命运的前兆。

我模仿各种各样的人：模仿太爷追打他的两个儿子，模仿太爷教训人的口气，后来爷爷打人恶狠狠的样子酷似父亲打母亲和我们的样子；再后来我从镜子里看到，我打孩子的样子几乎跟太爷和父亲一模一样，举着难以承受的重压一般，眉头紧蹙，青筋毕露，发怒时，完全变了一个人。我不知道这是生活的一种重复和模仿，还是遗传导致的必然。

从模仿里我发现了无穷的乐趣。我喜欢模仿裹着小脚的外婆拿着长长的玉米或葵花秆子一跳一跳地奔过来追打我的样子。有次我给同学模仿瘸腿的赵子虎老师走路的样子被他发现，至今还记得他无奈的苦笑。我模仿语文课的张老师把“张”发成“脏”音的滑稽腔调，结果受了父亲的表扬，因为所有维吾尔人说汉语，几乎都是张、蒋、江不分，父亲为我这个维吾尔族娃娃，居然也能挑剔出汉族人说汉语时的发音错误而自豪。父亲的纵容使我胆子越来越大，我开始模仿父亲的冷笑和他舔金牙的动作，我觉得这个动作特别有威慑力，这是父亲动怒的前兆，结果我的模仿揭穿了他的秘密，使他吓唬人的招牌动作变得无效。父亲显然并不喜欢这样的模仿，青筋毕露地呵斥我，气急败坏地说我想造他的反。我从中看到了模仿具有瓦解权威的能力。

我还善于模仿苏玛妹妹的哭闹，我的模仿使苏玛清醒地看到了她宠爱的妹妹耍赖时的丑态，结果恼羞成怒的苏玛忍无可忍，用我模仿她妹妹的样子来回击我，让我看到了模仿她妹妹时我的丑态。我吃惊地发现，当面模仿别人的丑态有着侮辱践踏别人尊严的效果，比任何谩骂更奏效，更能有效地伤害和打击自尊。在家里，我将这个侮辱手段运用到极致，结果导致不断地挨打。在发现模仿具有的非凡杀伤力后，我开始把它当作秘密武器，隐藏在我的生活当中，从此不敢轻易出手。

从上汉语学校开始，我对汉族人的模仿从舞台表演式的公开，走向隐蔽，走向生活深处的细节。在我生活的多民族混居的村庄，这样的模仿是被众人默许的，进退也比较自如。

我喜欢观察汉族女孩穿的拉带布鞋，我搞不清楚到底汉族跟维吾尔族是脚不一样，还是鞋子不一样。当我穿上同桌胡成霞的母亲给我做的黑拉带条绒鞋后，我对自己那双脚的关注度远远超过了其他，我觉得我的脚似乎变得跟汉族人一样，起初我以为脚和脚本身没有什么区别，是鞋的样式给了脚一个标签。后来我发现我的脚的形状，随着我穿的鞋的形状在改变，这种变化缓慢到几乎看不出来，当我春天把在皮窝子和裹脚布里装了一个冬天的脚剥出来，放进尼龙袜和拉带鞋时，发现我的脚已经走了样，显得很结实和野性十足，像是包裹了一冬的小兽被解放了，显然那双拉带鞋已经包不住我的脚，我只好翻出父亲搁置在仓房里多年的从喀什带来的手工牛皮靴蹬在脚上。

三十年后再回到村里，我发现胡成霞和她的女儿都穿上了牛皮靴，那种村里盛行过的黑色拉带鞋只有在老太太脚上才能找到。赵子虎的儿子的体态、神情甚至皱纹的走向都酷似那时候的赵子虎，他儿子成了不瘸腿的另一个赵子虎。村里人的所有孩子都那么酷似他们的父亲，以至我对着他们叫出他们父亲的名字，结果我的称呼被他们不断地纠正。那丝毫没有改变的环境，让我置身在小时候那个时代背景里，我的眼光和思维倒错——我走的时候，他们的爷爷刚好在他们的父亲的年纪，他们的父亲刚好在他们的年纪，而他们刚好在我当时的年纪。一下子冒出来这么些行为习惯动作声音相似的人，我不知道这是一种生活在模仿另一种生活，新的生命在模仿旧的生命，还是时光借助模仿再次警醒我这个自以为成功的模仿者，关于人生的真谛。

三

一度希望我的生活也能被人模仿，觉得被模仿让我有种成就感，在一定程度上也许可以证明我有属于自己的生活。我发现其实我也有我的模仿者，他们就是我的弟弟、妹妹和我的孩子。

我的妹妹在任何地方生活，都让我把穿过的衣服寄给她，因为她从小只穿我穿过的衣服，即使父亲特地为她做的新衣服，她也要我穿过了再给她。她无法接受自己穿一件我没穿过的衣服的形象。直到现在，她收入比我丰厚，还是接受不了穿我没穿过的衣服的那种样子，或许她感觉会认不出自己，我没穿过的衣服，会让她感觉自己是另外一个人，很陌生，她必须依靠模仿我生活。她为自己选择的生活和职业，也跟我有着惊人的相似，这在我看来不仅仅是一种遗传，或者随意的安排和巧合，这些都是她刻意的追求，是从小对我这个家中长女的模仿导致的结果。她喜欢上了文学和朗诵乡愁诗，她每次写文字前都要读我的句子，连朗诵都要模仿到和我声音语调一模一样才觉得放心，她恨不得把自己变成另一个我，甚至连她的婚姻，她生活中的失败，都与我一模一样。这些常常让我暗自惊奇。虽然能说一口流利的维吾尔语，在香港她却做着普通话推广的工作，在粤语和英语以及普通话之间打转的她，在没机会使用母语的地方，渐渐遗忘了民族和宗教身份。其实在我，又何尝不是远离了维吾尔语和清真寺？我这些年一直在为自己老了是回新疆，还是继续在南方把我的模仿人生进行到底而犹豫不定。或许在她看来，我在汉族人的世界里是一个成功者。其实我知道，我只是一个看起来还算像样的模仿者，我不知道我该怎样对她说清楚，你不应该模仿我，你应该有自己的生活。

我的模仿者中酷似我的还有我的女儿，她的种种选择简直成了另一个被复制的我，女儿有一回在舞台上穿着我的演出服，模仿了我跳新疆舞，我坐在台下摸索着自己的腿和手臂，恍惚间疑心台上的那个舞蹈的肢体是我的。她从我的生活里搬走我爱穿的衣服，搬走我爱读的书，贪婪地偷吃我爱吃的食物，连她选择的大学和专业都与我当初如出一辙，这还不够，她甚至妄想着连我曾经的生活都拷贝过来体验一遍。她如此执着于追求与我的形神的相似，让我这个被模仿的本体在面对她时，常常感受到类似被惊吓的不安感。一个模仿者成了被模仿者，这是一种悲哀。或许正是我在无意间安排了这种模仿，我把女儿从遥远的新疆接到身边，借口是给她最好的教育环境和天堂般的生活。然而，我一次次地看着她和我一样地分裂成两个她，一个是白天在新疆边陲小城的清真手抓羊肉店里洗锅刷碗端盘子，晚上乖巧地捧读《古兰经》的她；还有一个是在江南水乡求学，浸泡在吴侬软语里，在汉族男孩追求的目光中恍恍惚惚不知所措地摇摆，不知今后爱情婚姻宗教信仰前程命运该如何交托的她。

我这株北方植物自从嫁接到江南后，属于我自己的生活方式渐渐远离了我，我一直机械地适应着，女儿又接替我做了另一个南方生活的模仿者。当看了自己跟一群在南方城市做纺织工的维吾尔族女孩跳的新疆舞视频后，我吃惊地发现，我在台上多么成功地模仿了另一个自己。不知道女儿在走下舞台后，会不会也和我有一样的感觉。身在南方的我，成功地模仿了已经不在北方的那个我。显然，我是我自己的模仿者，我对自己进行的最成功的模仿是让所有认识我的南方人都以为，那个台上梳着很多辫子戴着花帽穿着艾黛莱丝裙的女孩就是过去的我。其实在多民族混居的北疆，我也很少有机会做这样一个自己。只是那时候，要求别人对自己身份认同的心理绝不像现在那么迫切，因为在那个到处是清真寺和维吾尔语的环境里，我也不像在南方那样容易丢失自己。

那个跳新疆舞蹈的舞台形象，曾一度成为身在南方的我内心模仿的一个对象。为了能接近和贴合这个形象，我在台下一遍遍地模仿练习，上台前花三个小时给自己打扮和化妆，我只是在三分钟里，欺骗了所有以为那就是另一个我的人。只有我心里清楚，那是我的另一个模仿作品，那个台上的人，从来就不是我，我也没有真正成为过她，从生下来就没有成为过她，送我来到这个世界的父母混合的两种血液（我父亲是维吾尔族，母亲是回族），把那个舞台形象中的我拦阻在我出生之前，于是，出生的是另一个我，一个混血的，民族界限不清的我。

四

在喀什的老巷子，我跟着几个搞摄影的朋友东张西望，他们拦住一个牵了毛驴过来的维吾尔族男孩，要给他拍照，那个男孩伸直十个手指头说了两个字“十元”。他生硬的汉语是模仿来的，伸出手指的动作却是我熟悉的，他们用这十个指头捧《古兰经》，用这十个指头在虔诚的祷告之后结杜瓦尔，现在他摊开的十个指头有点僵硬地捧住十元钱，站在巷子口让陌生人拍照。拍完照，他迅速朝四周看看，我猜恐怕他担心被老年人看见后挨拐杖。

我心里替他的尴尬开脱，他并没有明显地出卖什么，他用自己的模仿轻而易举地赢了十元，这只是两盘抓饭的价格，他完全没必要这么紧张，然而他的确很慌张，仿佛拿了不该拿的东西。我不知道他心里知不知道有模仿生活这么一回事，虽然这个模仿是短暂的，却表露出他内心的不踏实感。显然他的慌张不是模仿的，这种情绪是他自己的，从生硬中让人感觉他只在一刹那离开了自己，摇晃了几下后很快地回来，又迅速地稳住自己，然后停留在本色中。

一个民族固守一种传统的生活方式一定有他们的道理，或许正是这种朴素的生活方式可以带他们回到精神的乐园。随意地更改传统又无法用合适的方式去替代，其实就意味着这种生活方式庇护下的一种生活被打乱，使人们的精神世界产生震荡。

在库车的老街，我看过维吾尔族人赶巴扎（集市），其实就是在礼拜五大家赶着毛驴车来到一条干涸的大沟里，卖毡子的、卖洋铁盆的、卖杏子的、卖薰衣草的、卖土肥皂的，各种各样生活里用得着的东西占满了干沟的两旁，真正成交的生意很少，人们只是执着于这样一种先人留下的赶集方式。我看见父母带了三个女儿从桥上各自抱着三盆大丽花走到干沟里，一路引来不少小伙子目光的追随，一些老人到三盆大丽花前询问，跟她们的父母探听三个女儿的年龄，其实大丽花只是一种借口和掩护，父母带她们来这里只是为了她们能找到意中人。到了傍晚，我看见父母带着三个女儿从桥上往回走，三盆早上抱来的大丽花原样被她们抱了回去，她们脸上却平添了不少无法言语的满足和喜气，那是她们在古老的生活方式里获得的踏实的满足和愉悦，因为这种古老的寻找爱情的方式，在这个环境下是被默许和被祝福的。

在库车老街人们参加礼拜和赶巴扎，他们延续着一种约定俗成的生活方式，在延续这种生活方式里获得一种安全感和身份认同。我遇到的一个老者，他赶巴扎出卖的是一块旧玻璃，是他从自家土房子唯一的那方天窗上取下来的，他每个主麻日（礼拜五）在清真寺做完了礼拜，再抱着这块玻璃来大干沟里赶巴扎，其实别人出多少价格他都不一定出卖它，因为家里的那个天窗晚上还等着靠它去遮风挡寒。他带着这块玻璃只是为了有一个理由来这里，然后跟别人一样在阳光和飞扬的塘土下坐上一整天，跟老相识见见面问问好，谝谝闲话喧喧荒（聊天），等到集市散了再抱着玻璃回去，安回到自家的天窗上。也许到了下个主麻日，他又会带着那块玻璃去赶巴扎……看得出至于出售不出售这一物品对他来说，完全没有延续这种生活方式来得重要，这种生活方式才是他赖以生存的精神基础和依据。

我拜访过守了克孜尔千佛洞三十年的一位维吾尔族老人，陪伴他的除了千佛，只有在佛洞里进出比人更自由的四脚蛇。在小屋门前，老人省下儿子每天送给他吃的水养了一棵榆树，天不下雨，水分不足的榆树生了虫。为了消灭这些虫子，老人养了一只鸡，虫子生得太多，鸡吃不完，榆树叶子都被虫子打满了洞。为了能时常给这棵树浇浇水洗洗澡，老人想在住的小屋子前挖一口井，这口井老人挖了八年，已经挖到十三米深，却没有见到一滴水，老人还想继续挖下去，他说他在这里也算是一户人家，只要是一户人家，门口怎么能没有一口井。他说在这里除了缺少一口水井，他完全按着自己的意愿生活。其实他要的就是这样一种生活方式，一棵树，几只鸡，门前一口取水的井，在他看来，这样就是一户完整的人家。即使环境恶劣、条件艰苦，他依然心定神安。

真正的生活是一种习惯和习俗长久的延续，而并非快速地模仿一种习俗和习惯，快速的模仿不可能代替传统。模仿是中断了自己固有的生活方式，代之以另一种大相径庭的生活，快速的模仿必然导致盲目和仓促，无法细细回望传统，过去的方式被偷换和挪走，就会导致传统被隔断，文化出现断裂而无法延续。人一出生就开始了模仿，但这只是人本能地适应生存的应对方式，肯定不是人类的终极追求。

艺术式的模仿和旅游体验式的生活，好在模仿和体验过后仍能回到自己的生活中，就像演员在舞台上做短暂的逗留。而嫁接和移植式的生活，却要抛却过去已经形成的习惯和方式。快速的模仿如同把人装入了一个高速运转的复制系统，使人失去依托变得心怀恐惧浮躁不安，丧失心安理得的生活状态，让人疑心最终连死亡会不会也变成模仿的一部分。

在库车老街，我看一个维吾尔族女孩吃抓饭，那女孩坐在抓饭摊的草棚底下，面前的桌子上放着五元钱一盘的素抓饭。她低下扎头巾的头，下巴微微仰起，她从盘子的一侧把盘子里的米粒仔细地用拇指、食指和中指撮在一起送到嘴边，再微微前倾着脖子，用嘴唇去碰触那手里的抓饭。我看得愣了，那个环境下，我觉得她吃抓饭的姿势，是世界上最美、最优雅，对造物主所赐的食物满怀感恩和最虔诚的用餐姿势，她咀嚼的动作细细缓缓的，目光出奇的从容安静，仿佛这一盘抓饭可以吃到地老天荒。

老街上这排低矮的饭馆前，一溜都是遮阳的草棚，门前一只只大锅里抓饭冒着香气，成群的深眼窝高鼻梁的维吾尔族男人，留着长髯或短须，目光灼灼，女人们用乌斯曼染了连眉，包着花头巾或蒙着面纱，身着彩虹一样的艾黛莱丝裙，眉宇间透着高贵。这里看不见模仿的痕迹，食物、人群、服饰、语言，一切的一切都是土生土长，与生俱来，或许对不变生活的信赖，才会让这些维持着最基本的生活的一群人对明天充满安全感。

我在南方也能偶尔碰上从新疆来讨生活的维吾尔族人，他们把家乡烤制馕饼的馕坑筑在海边的城市，我想他们头脑中或许把沿海当成了南疆，把海洋置换成了沙漠，就像我吃杨梅时，眼前看见的总是葡萄。或许他们以为把馕坑筑在海边，就能把维吾尔族的生活方式也移植到沿海，就像我那些卖烤羊肉的老乡，总是成袋成袋地把新疆的孜然和辣椒粉背到南方，目的是做出地道的新疆烤羊肉。其实一旦离开了新疆，新疆烤羊肉就变成了一种模仿，环境、水土全然不同，烤羊肉摊永远只是一个蹩脚的道具，烤肉师傅也只是一些临时的角色，被扫在城市的角落里，像是流动舞台上蹩脚的群众演员。“新疆烤馕，新疆烤羊肉！”每次在南方城市的街头听到这句台词，我都没来由地感觉不真实，觉得这是对新疆烤馕烤羊肉的一种模仿，类似电视里上演的真人秀。

即便羊肉是新疆的，孜然和辣椒面是新疆的，卖烤肉的人也是新疆的，烤肉的味道也是新疆的，在庞大的南方物事的夹逼中，我仍然觉得那像是一种表演，而非正宗的生活。那些维吾尔族人周围的江水、垂柳、游船，全都是舞台上的道具布景，身在江南画境中，他们真正的生活却留在了万里之外，居无定所的他们，白天在大街小巷卖烤馕烤肉，晚上消失在这个城市的不知处。除了卖烤馕烤羊肉串的镜头，他们背后的生活几乎没有人了解和看见。他们没有自己确切的身份，他们是把维吾尔族的烤肉技术表演给人们看的一帮人，在南方靠模仿新疆的生活来维持自己在他乡的生活。

我大学的时候读的是内地的新疆少数民族班，班上有很多南疆来的维吾尔族女生，她们刚来的时候都是在裙子里穿着长裤，那些生活在大城市，完全褪去民族装束的北疆维吾尔族女生就取笑她们是土包子。过了半年，南疆女生就剥去了裙子里的长裤，有的还穿起了超短裙，裙子里穿长裤的事情很快成了流传在班里的笑话。这让人不得不惊叹时尚对传统的瓦解能力，它对脱离了本乡本土的少数民族人群的传统习俗一样是具有颠覆性的。那些民族学生的家长从遥远的新疆寄来烤馕、奶茶粉和风干的牛羊肉，尽力满足远离故土的孩子的那颗清真胃，然而，毕竟环境迥异，距离相隔，让这份维吾尔族的饮食习惯在内地难以为继，这些身处异乡的维吾尔族的后代，最多也只有在早餐时保持住吃馕喝奶茶的习惯，早餐桌成了他们唯一能够留住和展示自己民族身份的一席之地。班上组织我们参加维吾尔族学生的聚会，要求凑份子买一些饮料食品，我省下买饭菜票的钱也要去参加，倒不是因为那个聚会多么重要，而是因为不参加会让我感觉有失民族身份。

身份到底是不是真的那么重要，这个恐怕只有那些有共同体会的人才能够回答。如果那种生活不是你本来的生活，你却要坚持这种和你本来的生活完全不同的生活，感觉就是在给自己演戏。

五

在南方，我其实是一个缺失了部分身份的人，我常常渴望在生活的细节中找回自己确切的身份。初来南方的那段日子，物质和精神双重的夹逼，使我有更多的机会细致地审视和关注自己的内心。我常常发觉真正的我在远离，从梦中惊醒，我感觉那个主我在向这个客我挥手告别，客我像一个被遗弃的孩子，站在江南三月的冷雨中无人认领。白天我脸上带着焦灼的梦痕，牵着还不会说话的孩子的手，在大街上晃来晃去寻找清真饭馆和老乡的烤肉摊，试图在陌生的大街上找回原来生活的细枝末节和蛛丝马迹。我带回来变种的烤馕、辣椒面和孜然粉，试图用这些味道冲淡这个沿海城市里冲天的海腥气。

很快周围就有人开始规劝我：夏天要喝干菜汤，冬天要吃冬笋，海鱼要清蒸，鸡要白切。我厌烦透了模仿来的食物，做了一桌创造性的菜肴宴请几个诗人，为了回归本色，我们把所有的菜都做得酸溜溜、红彤彤、油汪汪，我在海鲜里放番茄，在鱼里撒辣椒酱，在鸡肉里放孜然。这场南北混血大餐，让江南的这帮不知道什么叫吃酸喝辣的才子佳人，尚未举箸就已吓得汗湿衣衫。

一个民族生存的依据，或许就是基于对先人生活的模仿，这种模仿延续着一种民族记忆，就是这种持久的记忆支撑了他们的传统信念。他们模仿着自己，一直生活在自我世界的他们无从调换模仿对象，似乎那样就意味着自我的磨灭。所以，那些我所见到的维吾尔族人，在南方宁愿守着冷清的烤肉炉和馕坑，也不肯尝试做别的生意，离开了烤肉炉和馕坑，他们怕的不只是赚不到钱，他们真正怕的是换了别的生意，就会失去自己坚守的一种生活方式和自己具有的那种民族身份。那些至今住在喀什老街的维吾尔族人很安稳，尽管离老街不远的新街上，已经为他们造好了现代化的楼房小区，他们却不愿意从老街搬出去。这无异于硬塞给他们的一种生活方式，一种生活方式很难搬走，他们对先人生活方式的记忆原样保留在生活的每一个细微处，老街那些沿街兜售烤包子的，那些做地毯和土肥皂的，那些给马和驴钉马蹄铁和驴掌子的，甚至在则拉提（坟院）里乞讨的白胡子老者，这些对先人生活的种种体验方式，千百年来一样也没缺损。

每次从新疆探亲（说是探亲，其实就是去看那块黄土和黄土下掩埋的亲人）回来的第一顿饭，都感觉是思想上毫无过渡地突然空降到南方的餐桌前，让我愣在一摊奇怪的食物前，很长时间回不过神来。我端坐在餐厅，看着摆在我餐桌上的鱼的尸体，那是两条白白软软的我叫不上名字的海鱼，它们躺在盘子浅浅的清汤里，似乎游不动了停在那里，我觉得它们是远离了海洋渴死的，在我看来那就是鱼的尸体，而不是什么食物，不同的只是它们被蒸熟了。在另外一个小盘里切得方方正正的一块生的豆腐，白生生颤悠悠地晃动，上面堆着细碎的榨菜末；还有就是被酱油和葱爆过的虾，红得发黑，长长的触须向盘子四周伸展，像是努力要爬出来。这些到了南方似乎已经吃惯了的东西，在我离开了一周后再见，居然一下子变得那么陌生遥远，上一顿饭的镜头还停留在大脑的沟回里，任凭这些盘子里的小怪兽怎么张牙舞爪虚张声势，也赶不走那些牢牢占据了大脑空间，让人心热魂颤的大盘鸡、手抓肉、拉条子。每当这样的时候，我眼前总浮现那个在库车老街的抓饭摊上优雅地吃着手抓饭的维吾尔族女孩，虽然那个老街已经拆了，但那个女孩以不变的姿态烙在了我的记忆里。

我在南方的饮食，完全是一种必要的生存程序的模仿，全然没有对食物的享受。也许胃才是人体中最敏感的器官，不对味的东西，它永远无法帮你模仿出快感。我曾竭力模仿沿海人用嘴剥虾吃的技巧，最后还是用手抓饭的姿势，把手伸进盘子去抓，总算保持了最后一点民族本色，从中也找着了一种手抓食物的快感。模仿的痛苦与被嘲笑之间，我宁愿选择被人嘲笑，起码别人可以在嘲笑中承认我是个异族人，使我与整整一屋子吃饭的人有了一个区分，哪怕是在嘲笑中，我起码有了一种身份被自己认同的安全感。而在大的宴请场合，为了保全那点可怜的自尊，我只好不去碰螃蟹和虾之类需要伸出我的新疆手去对付的奇形怪状的家伙。

我做过几次手抓饭给同事们吃，想让这些在南方对付惯了虾兵蟹将的家伙，也能模仿一次我的生活习俗，或者找回一点他们的河姆渡先民的生活体验，结果我把所有筷子勺子藏起来，也没有一个人肯对手抓饭下手。

无奈模仿是一场很势利的游戏，好比这些同事的小孩过生日时嚷着要吃奶油蛋糕，周日嚷着要去吃肯德基或者麦当劳。总有一方向另一方的习惯低头。

我觉得我在南方没有自己的生活，我的生活是模仿来的。好多时候，我都是在机械的模仿中打发日子，常常弄得自己疲惫不堪。或许，我真的已经在模仿中丢失了自己。

苏醒的第六根手指

认同是一种心理过程。而我从新疆来到南方后对自己的认同过程，一开始更像是一场对自我的逃离。

在一个文化习俗、生活方式全然陌生的环境中，过一种隐匿部分自我身份的生活，必须对自己的一部分假装不认识。逃离的过程中，我的生活越来越背离原样。异地的生活，把真正的我赶得远远的，越来越切近客我，本我就越离越远，由于身份的不确定性，只有把自己悬在两种生活之间，无法完全切入。

人的行为不得不落在一个个点上，比如文字、语言、饮食、交流方式，逃离自我有时会使人精神残缺。有时，在南方无法定位的尴尬身份，使我成了新疆生活的局外人和江南生活的观望者，矛盾、碰撞和分裂，让我在任何一种文化中，都显得格格不入。我只有不断地在两种文化间平衡自己。

一

小时候，新疆家门口的棉花地里，村里一个叼着旱烟的山东女人，当着村里一大群河南、宁夏、甘肃、陕西人和一帮维吾尔族、哈萨克族、回族孩子的面，让我伸出舌头，她要检查确认一下，维吾尔语、哈萨克语、汉语都会说的孩子，舌头是不是跟别人长的不一样。为了证实自己的语言能力，我把舌头够到了鼻尖上。她对我的父亲说："二转子"就是聪明，你这个丫头啥话都会说，以后准是个好翻译。

从那时候起我意识到，自己或许是比别人多了一样东西。

一个没有切身体会的人无法体会到，身上比别的常人多了一样东西和少了一样东西，同样是一件不自然的事情，甚至在别人眼里会显示为一种残疾。身上一旦多出了一样东西，连称呼和身份都会相应地改变。

我小时候的同桌张校长的女儿右手上长了六根手指，她就因此失去了自己真实的名字，我至今不知道她到底叫什么，大人小孩都叫她“六指”，就像叫一声“二转子”（混血、变种），全校都知道是在叫我。

我的父亲（维吾尔族）和母亲（回族）不是同一个民族，我是村里的“二转子”。“二转子”就是先天赋予我的身份。这个称呼在新疆很普遍，它从汉族孩子们的口里叫出来，却带上了某种歧视和贬义。老师也随着大家叫，称呼本来是从混血的概念出发，并无恶意。“二转子”就是聪明、漂亮，他们也会这么议论。而更多的人把这个称呼指向动物杂交配种后第二代的变种，比如骡子。这样就使这个称呼隐含了某种侮辱成分。

小时候“二转子”这个听起来不光彩的身份，激发了我内心最大的抗拒，谁叫都不吱声，或装作听不见，以此提醒别人我不高兴。一个陌生的与众不同的身份，从正面去理解和主动接受它，是需要时间和勇气的。就好比猝不及防，当众被扣上一顶不了解其性质的帽子，人本能的反应就是反抗。

我愤怒地瞪眼睛或者悲伤地哭丧着脸，根本于事无补，反而调动和激发了称呼发明者和传播者的兴致与胜利感，致使这一称呼在人群中更快地传递。当形势不由我把握，我只有以改变自身的姿态出现，最简单直接的办法就是改造自己，变得跟周围的人一样，以此向周围的人妥协。首先是改造外部特征，把一头黄发染成纯黑色，奇怪，全校的学生都很义愤，好像被我的行为激怒了，我居然将他们可以合理地称呼我为“二转子”最显著的特征破坏了，这使他们的称呼某种程度上成了一种虚设。

或许他们的愤怒还因为，我将头发染得跟汉族一样，这种妥协方式更像是在与他们对抗，我的作为是对他们优越感的一种削弱，因为建立优越感的对应物被抽离了。我觉得自己在汉族人群里掺了假，他们看到我的样子，也像一不小心咬到了大米饭里的碎石子一样不舒服。

这种心理，首先表现在对我由黄转黑的头发的描述和评价上：像是金毛猴戴了顶黑皮帽，假惺惺的。哈哈。黄狐狸头上顶了个黑毛盖子，压不住那股骚气。倒不是在他们眼里我真的成了蹿进人群里的野生动物，而是他们更清楚地看到了我不真实的乔装和扮演者身份。

对着镜子检查自己，我发现淡黄的眉毛和金色的睫毛，跟漆黑的头发形成的反差太大，使我对自己的改造显得不彻底，有些失真。为了让我的所有毛发保持高度一致，我冒着失明的危险，用黑色染发剂将眉毛睫毛一根根地刷成了黑色。我褐色的眼珠和金黄的瞳孔还是出卖了我，让我的伪装露馅。这次我获得的评价似乎更形象：明明是黄鼠狼，非要打扮成野猫子来吓人，四不像。

我吃惊于汉语这门语言的形象性和准确性，它镜子般反照出我的本来面目，让试图改变和隐藏的那个我原形毕露。对一种语言最深刻的认识，莫过于成为这些话语的目标和比喻中的主人公，它们选择了我，我成为无可推卸的对象，那些戏剧性的话语活生生地依附在我身上，成为我身份的隐形标签和滑稽的注解。

我的改造宣告失败。伪装适得其反，周围的人对我的所作所为更加警觉。我彻底暴露了在他们中间是一个异类的身份，并被他们用语言标记。

二

在别人的形容里，我横竖都成了另一个物种。我开始不断地比较，我身上究竟比别人多出了什么东西。由于过度的紧张和担忧，我经常梦到自己长出了类似尾巴一样的东西。醒来，总是下意识地摸摸屁股后面，然后莫名地悲伤，好像真的有根尾巴尾随着我。这是一根无形的尾巴，我拼命想隐藏它，别人却能从人群里一眼发现它。我担心自己跟故事里那只秃尾巴的狼一样，在嫁接了一条美丽的狐狸尾巴后，别人从此不再叫它狼，而改叫“狼狐”。

我开始注意观察我的同桌，恐怕是有着当校长的爹，人们除了叫她

"六指"，对她似乎没有更多的敌视。起先我心里觉得不公，认为同学将他们对"六指"的不满加起来，发泄到了我一个人身上。

仔细对比后我发现，"六指"除了右手上长了六根指头，其他方面都跟周围的人一样，她跟他们一样，讲一口混合着甘肃味和河南口音的汉话，都吃猪肉炒菜，不像我每天啃馕喝奶茶吃羊肉。最让我愤愤不平的是，就连"六指"都可以随便埋怨我"身上一股民族人家的奶腥味和羊膻味"。我不敢回击她身上有猪肉的土腥味，怕校长发怒，更怕触犯众怒。

张校长说话也不忌讳"六指"这个词，他管女儿叫"我的小六子"，他说蒙着脸，全校学生里他也能摸出自家的"小六子"。似乎长了六个指头并不是一件很不幸的事情。作为"小六子"的"六指"完全没有我拥有的那份悲哀。似乎她的悲哀全部转嫁到了我一个人身上，由我一个人承受了。

我每天注意她的右手，她的第六根指头萎缩在大拇指下面，几乎不参与那只手的任何动作，它只是被其他手指连带着被动地上上下下。它隐藏自己是因为知道自己弱小，不具备与其他手指抗衡的能力吗？甚至在她玩得高兴忘记它的时候，我也替她惦记着那根孤独的指头。别人提醒我，长久地盯着一个红眼睛的人，或脸上长了疤的人，那些病症就会出现在你自己身上。果真是这样，邻居家的古丽手上长了个瘊子，我经常看那个瘊子，结果我右手的食指上，也长出一个和她一模一样的。我上了汉族学校后，不再跟古丽做伴，但那个瘊子留下的浅浅的疤痕时常发痒。

我担心跟"六指"同桌，天长日久，我的手上也会长出"六指"那样的第六根指头。坐在她旁边，我忍不住要去注意，当她专心地听课看书写字的时候，她的第六根指头到底在干什么，想什么。

有段时间，我右手上的那个长过瘊子的地方不断发痒，慢慢地长出了一个肉瘤，我不住地去挠它，抓它，它变成了一个不会结痂的伤口。我撕扯它，希望把它根除掉，结果适得其反，它越长越长，最后快要跟一根小小的指头差不多。我怀疑自己已经被"六指"传染了。这个外来的丑陋的指头，在我手上安营扎寨，使得我不得不隐藏我的右手，举手时我把右手的中指和食指并住，也藏不住它，它从两个指头的夹缝里探出头来，窥探我眼里看到的一切。我在右手上缠上纱布，上课不得不用左手举手，我的右手看起来像是受伤了。

三

在南方这座居住多年的小城，我经常会遇见一位朋友，带着她六指的儿子来赴宴，每次那个孩子的六指都像磁石一样吸住我的目光。我内心非常清楚，我的目光会使对方尴尬，我还是止不住去关注那个多出来的指头，我的好奇心和无法制止的窥视欲变得格外膨胀。我看到那根多出来的指头，就像看到了被隐藏了多年的自己，每次遇见那孩子，都像是对自己内心某种隐秘的再访。

在用餐时，孩子那根寄生的指头毫无用处地耷拉在他大拇指旁，它似乎时时刻刻意识到自己卑贱而丑陋的模样，在别人的目光里躲躲闪闪，让我觉得看到了内心最羞耻的一处。席间，我对孩子加倍友好，来补偿偷窥带来的愧疚感。我越是想克制自己的窥视欲，这种欲望就越是强烈。我发现那个孩子目光里的阴郁和个性中的执拗，这些使他显得脸色青黄，眼圈灰暗，我能感受到他内心的压力。他为这根毫无用处的手指，要承受别人异样的眼光，我了解那种压抑感，我知道为此而做的所有反抗，都会使他的处境变得更坏。

孩子的父母会不忍心帮他切除这根多余的指头吗？或者他们会找到一种理由，鼓励孩子接受它？他会厌弃这根指头吗？这个小小的自己，一旦没有了它，孩子会想念它吗？人生从此会不会少了什么本该具有的东西？他为何无法逃离这个手指，这个手指是他的宿命吗？作为他与生俱来的一部分，六个指头的他，是不是比五根指头的他更完整？孩子长大以后，会因此比别人多一个方式认识这个世界吗？一个人身上多了一根指头，他的生命里会不会也多出一个精神指向？

我希望这些答案都是肯定的。有的时候，安静的第六根手指，似乎就是为了默默地观察其他五根手指而生，它或许看到了被高大的五根手指忽视遮蔽所无法看到的东西。

我对那个六指的孩子加倍友好的背后，何尝不是对内心隐藏的，幼年时代不被众人接纳的自我的庇护。那个下课后常常蜷缩在教室一隅，无法加入别人的游戏，自卑地做着旁观者的我，就像眼前这个孩子的第六根指头，活在个别人惊异、不解、排斥、鄙弃的目光里，在内心，他一定渴望这根软弱的第六根指头，跟其他五根指头一样被人接纳。

我很想无惧地告诉那个孩子的父母，异于常人而独有的一切，都不应该遭遇歧视和砍伐的命运，应该让独有得以保留。第六根指头是孩子不可或缺、他之所以为他的一部分，我可以看见那里面隐含着一个孩子小小的灵魂。

向父母伸出手，孩子希望的是完全的接纳，在握住他的五根指头的同时，握住他的第六根指头，任何看似多余的东西，一旦和其他肢体连接为一个整体，它就不再是多余的，而成为一个整体不可分割的组成部分。它们参与整只手所有的仪式，举手、鼓掌、接杜瓦尔（穆斯林礼拜仪式上掬起双手合十手心朝着面部的动作），上天并不会因为它是第六根指头，就拒绝它做神圣的事情，这根手指跟其他所有手指一样，洁净、虔诚。

一旦我认识了这样一根在我身上潜藏多年的手指，就是从内心接纳了自己不为人知或不被人接纳的那一部分。它不再是不能示人的隐秘，而是神明在我们身上的特殊记号和不可拒绝的神圣美意，用来告诉我们五根指头或者十根指头以外那些生命的意义。

这根谦卑的第六根指头，在我身上默默隐藏了那么久，它在固有的环境中无法全然显现，一旦离开自己生长的土地，为了确认自己的存在，它显现的欲望和需求显得更加强烈。也许是陌生的文化和背井离乡的极端感受，刺激了这根指头的苏醒。这根指头睁开眼睛，使用其他手指无法盗用的目光，打量它所处的世界。它尽力使五根指头见证它的独有性。

第六根指头与其他五根一样，一起参与重要的仪式和交流活动，来确立自己的身份，并且渴望变得强大，取得认同。因为它知道隐藏自己，不参与与其他指头的运动，就会被割裂，变得弱小，衰退直至失去存在的意义。

主动地了解其他手指和被其他手指了解，是有足够自信和智慧的表现。我开始坦然地承认我身上第六根手指的存在，它在我身上不再是尴尬的异物，而是多了一种自觉和意识，多了一根感触世界的神经和接受人类隐秘信息的天线，多了一种内视的眼光和精神指向。

就像认同和接受第六根手指的过程一样，在别人的生活和喧闹的文化里蛰居多年，或许正是认识一种文化和接受另一种文化的必然过程。这种意识的苏醒，不是让固有的文化转向，而是意味着多了一种被认可的文化空间。

四

认同似乎是双向的。一个人对另一种地域文化的认同里，恰恰伴随的是他人对自己身份的认同。

前一段时间，儿子从学校回来向我申诉，他的同学给他取了外号叫“切糕王子”，我惊奇于这种身份标签，居然会落在生长在江南，看似民族身份极其隐蔽和弱化的儿子身上。在一些公众场合，“切糕”这个符号也隐性地被标记在了我身上。似乎我这样一个目标对象，更容易激发出人们大谈切糕的兴致，我的各种身份在别人眼里一下子被简化成了一块“切糕”，从而义愤和不满有了一个迂回的发泄口。这应该是人们正常的心理反映，可我真想给自己一记耳光，我知道一记虚拟的耳光，打不掉我固有的身份烙印，也无法让我从源头洗刷这个外号给儿子带来的阴影，外号本身恰恰让我看到了儿子隐蔽的第六根指头。某种身份在这样的时候，反而容易得到认同和加强。就像我往往在遭受到性别打击时，才会加倍体会到自己的性别疼痛；就像早年支边宁夏的公公去世后，我在他的葬礼上哭得死去活来，他客死他乡的境遇，很容易让我联想到自己异乡人的身份；而在平时这种差异并不会被我所特别关注。

一个在南方念了五年大学的维吾尔族诗人告诉我，他无法准确地表达出那种异乡异地失魂落魄的感受，在我看来，不是像他说的那样，语言在表达之前分裂得无迹可寻，而是第六根指头一旦沉睡或被自我遮蔽，就已理所当然地被他排除在应表达的对象之外，从他的表达视野中遁迹，只作为可感受之物而被文字忽略，无法上升为被表达的主体。我看到他所有的文字，都是其他五根手指与世界的对话，而忽视了被隐藏的第六根手指那种难以描述的感受。他在生活快速转换的疲累中，无力审视或来不及辨认自己，无法抵御非自我生活强大的冲击力，使真正的自我无法着陆，从而导致了他与现代人共有的那种精神漂泊感。

我与一位南方的女友曾在一家中餐馆里，争论人的身份意识和精神的多指向性这个问题。还记得当时，旁边桌子的一个中国人和他的外国朋友不时地把头探向这边，对我们激动的争执表现出满脸的不解和好奇。

我摊开手掌，向女友伸展五个指头，扳着指头数我比她多出几种精神指向，宗教的、种族的、异乡的、文化的，我吃惊地发现，我伸出的手指多了一根。而她看不见在一些特定的场合，突然会冒出来的这根指头，如果我告诉她我有六根指头，这听起来像一个谎言。我把手收回来，我本来想用那只手拍案而起，拂袖而去，我同时发现了“拍案而起”和“拂袖而去”这两个成语所指涉的动作里，应该不包含我的第六根指头，由此我想到了语言这个指向，我本来跟这个对面的争论者所使用的，应该是两种不同的语种，而我在和她激烈的争论中，完全忽视了我与之争论的最基础的工具，我们能达成这场争论的条件就是语言。我用她的语言跟她争论，而不是自己的母语。如果用我的母语，不可能完成与她如此透彻的交流，连我都忽视了这一点，她更不可能意识到。在这场争论中，我用汉语清晰而深刻地表述了复杂的想法。我是该为暂时牺牲了自己的语言而遗憾呢，还是该感谢自己熟练掌握了汉语这个工具，我有点迟疑。也许在另一场以母语为交流工具的很随意的谈话里，我可以像五根指头的人那样与我的同族轻松地交谈。在这场吃力的谈话里，我的第六根手指顽固地醒着。整场谈话，我毫无迁就的感觉，心甘情愿地使用了迥异于母语的另一种语言，用她能听懂的交谈方式若无其事地与她交谈，就好像自己从来就没有另一种语言思维一样，而宁肯友好地妥协和让步，让我的第六根手指沉睡着。同样在南方的所有场合，我都毫无自觉意识地使用了这种语言。因为我知道换过来，所有交谈将无法持续。

坐在邻桌的一位中国男人和那位高大的外国男人，在吃面的间隙频频地探头往这边看。从外国男人吃力地使用筷子的手上，我看到了他在中国朋友面前竭力想隐藏的第六根指头。而那个正用熟练地用筷子专心地对付一大碗面条的中国男人，一定没有看到眼前这个外国人刻意隐藏的另一个指头。

“凡一民族文化的发展与衰退，在多数场合下，要视其与其他民族有无接触，这已成为一般原则。”也许是为了宽慰自己，我眼前居然闪过日本汉学家羽田亨《西域文明史概论》里的这样一句话。

五

我在《嫁到江南》中写过：“其实选择一个人，选择了一块地域，就等于选择了一种文化，选择了一种完全不同的生活方式。”在外人看来，我在南方的生活似乎“很有意思”。起初我毫不领会这句话的含义。后来我渐渐明白，他们是指一种特别的文化感受和心理体验。也许正是这句话在我生活中回响了好多年，慢慢唤醒了我沉睡的某种意识。好多时候，我觉得“有意思”，如果仅仅是好玩和有趣，这个表达对于我多少显得有些不严肃，这种表达忽略和简化了我内心的一种疼痛感，还多少有点割断和牺牲我原本的生活，就是为着体验这种“有意思”的意味。或许在别人看来，我完全可以选择以一种忽略疼痛的方式生活。这恰恰要忽略真实的存在感，就是忽略第六根指头的感受，或者让它沉睡不醒，人不是为了活得“有意思”才活着的吗，抛却真实自我的生活，倒真的不大“有意思”。

我可以对一些人放声唱维吾尔族和哈萨克族的歌，也可以同时唱唱越剧、姚剧和江南小调，讲讲宁波人待人接物中种种有趣的笑话；我能挑选“粗放”“委婉”“内敛”这样的词，去准确地对应各个民族的性格和内在情感，这些都基于我与他们几十年的共同生活对他们的了解；我大肆宣扬如何与人分享人类的秘密，并以分享秘密的名义，解读一些民族最隐秘的文化心理，我不希望把无法倾诉的孤独和秘密只说给墙或者羊听。

很多时候，我的秘密和心愿也会通过祈祷和倾诉来完成。在每次接杜瓦尔时，我第六根指头会禁不住颤抖，我用十一根手指遮住自己的羞愧的面孔，也许我惧怕多出来的第六根指头找我清算。

当我把所有的注意力都集中在这根指头上，自我就被催眠，对于一个被催眠的人，它就有了无限的号召力。多向度的生活容易使人产生迷失，在世界的繁复中，选择简化是一种智慧，也是最快捷地达到认同自我的方式之一。

人们总是对不了解和不确定的东西，抱有过分的好奇和恐惧，这根看不见的手指，有时它指向的是一种陌生的文化和习俗，有时它转化为一种语言和思维方式。它所代表的东西在应对不同的人和事物时，就像布莱希特戏剧中制造的间离效果，或者像一根魔术手指一样快速地转换，甚至连拥有它的主体也难以察觉它迅疾的变化。

对一根看不见的手指的雕刻过程，成了我感受它的神经和脉络的过程，成为我赋予它一种无法表达的寓意的过程。一根蜷曲和隐藏了几十年的指头，成了整只手存在的全部理由，当把这样意义上的一只完整的手，用语言呈现给别人时，那就是一种无法言及的幸福。

六

以一种文化身份介入和体验另一种不同的文化时，两种思维方式的分裂，有时会产生出奇幻的比较效果。

我在纸上用汉文字雕刻这只苏醒的第六根指头的时候，夜晚的睡梦中我不住地吐血，黏稠而艳红的血，红云一样布满一页页白纸，沾满了我的手掌，像是少女时代我用海娜包住指甲和手掌，让海娜汁液中的艳红渗透到指甲里、手掌间。很显然，在这个梦里我的手上还没有长出第六根手指。然而当我醒来，第一个意识，就是以我的梦境去对应汉语中“呕心沥血”这个成语，我用一个梦那么准确地阐释它，以至我现在提到这个词时，纸上红云密布的那个画面就同时出现。你可以换掉一个词，但不可能换掉我做过的那个梦和与这个成语对应的意境。我用一个后天学到的另一种语言里的词，精确地翻译了我的生活。也就是说，从梦中睁开眼睛的那一刻，语言先于我的意识分裂了。

连“凤仙花”这个海娜的植物学名称，在那个梦里根本没有出现，梦里的我，是那个用维吾尔语思维的、离开新疆之前的我。“呕心沥血”和“凤仙花”一样，是另一种语言灌输给我的，在这个梦里它似乎还没有生长出来。假如我只知道海娜，而没有进入过有“凤仙花”这个名称存在的另一种文化，我醒来后，绝不会将那个梦的寓意定位在“呕心沥血”这个词上，这些完全是学习和比较另一种文化产生的结果。可见一种文化对人的思维影响可以深入到梦境，进入到人的整个生命状态。

我清晰地记得幼年时，在汉语学校里学到“亡羊补牢”这个成语，熟悉畜牧生活的我，不难理解它的意思，这个词中最让我感动的是一个古代的汉族人对畜牧人群的体恤，从而让我对产生了类似拥有共同经历般的亲切感。以至从学校回到家里，我做的第一件事就是提醒父亲检查羊圈。人一旦从一种文化中获得认同和收益，就会随之对这种文化产生心理认同。

我不认识几个汉字的维吾尔族父亲，却牢牢记住了写在搪瓷盆底的“大众”两个字，尤其是对“众”字情有独钟，他饶有兴致地注视着这个由三个人叠加而成的象形文字，给我打了个比方：“众”里面有三个人，就是有我、有你，还有你妈；有回族、有哈萨克族，也有维吾尔族。父亲的话语暗含了汉字的“众”，对自己的身份认同的一种深刻的感激和认同。或许正是“众”，这个汉字中透露的人本意义，还有这个汉字中隐含的那种人文情怀，深深地打动了我的父亲。有时候我猜测，父亲是不是通过对不多几个汉字的辨认和领悟，还有与周围代表这种文化的人的接触，认同了汉文化中某些打动他的东西，才把我们家六个孩子全部送进了汉语学校。就像我，会不由自主地将“亡羊补牢”这个简单的寓言，与自己的生活联系起来，将它与另一种文化对游牧民族的关照联系起来，从而引发出对另一个民族的好感和文化认同。

真正理解一种文化，为这种文化找到一种合适的表达方式，并不是轻而易举的事情。就像我，为了不让一种熟悉的植物因为换了一个陌生的称呼，而在我的心里走样，对“乌斯曼”这种维吾尔族女子用来染眉毛的植物，直到现在，我也没有追究它在汉语里的植物学名字，一直把它看成专属于维吾尔族的词汇和民族文化符号，让它一直保留着在我心中最原始、最真实的样子。

经过近半个世纪汉语的浸染，我理解了父亲这个维吾尔族人，他为何能透过对几个汉字的理解，达到对持用这种文字的民族的胸怀和人本观念的深入理解。直到现在，我才将他当时想要表达而无法表达的意思，用文字还原了出来。

有时透过两种文化的缝隙看到的，才是没有被遮蔽的，我真正想从另一个民族身上看到的东西。

七

弗洛伊德认为，一个主体吸收另一个主体的某个方面之后，根据那个主体提供的模式，全部或部分地被改造。这个看似模糊的观念其实是在说，身份是在一系列认同过程中形成的。

一个民族真正跟另一个民族交往，双方必得放下一部分东西，掩藏起那根看不见的第六根指头。对于这个，恐怕那些在国外生活的中国人最有体会。你要学习另一个民族，又不迷失自己，这需要多么强的自觉意识。交往本身就是人类具有伟大意义的事业，人与人、种族与种族交往中产生的一切不适和疼痛感，都是人类在交流中必须付出的代价。

与主体民族的文化交融，往往是通过精神、语言等交叉作用形成的，我的身份也因此由经历、选择和社会力量混杂作用而逐渐被界定。我不得不猜想我的父亲，当年从维吾尔族聚居的喀什，到了乌鲁木齐这个维、汉为主体民族的城市；从一个阿訇，到一个工人，再下放成为一个农民，在北疆沙漠边缘多民族混居的小村庄，娶了一个回族女人，起初他是不是也有过对自我身份确认和对后代民族身份定位的担忧。

人的身份正是由于不断被掩藏而显得神秘。在新疆，“二转子”是一个神秘而尴尬的身份，从我的体会出发，“二”就是合成品，包含着无法合一的意思；“转”就是变化、不稳定，无法正确定位。这是我从两种文化的夹缝里看到的，对这个称呼隐秘含义的解释。

后来看到《汉书·西域传》记载的一个故事，不禁哑然失笑，说的是龟兹王绛宾娶了汉嫁给乌孙的公主所生的女儿，在汉宣帝时两人一起入朝并住了一年，回龟兹后龟兹王处处仿效汉族人，西域一带的人都说他非驴非马，称龟兹王为骡。

势力如王者尚受到一般人的嘲笑，看来要完成一种身份认同，是需要由完整的文化来作为支撑的，让固有的文化习俗转向另一种文化是何等的难。在两种文化间徘徊多年的我，也因此释然了，心里不得不认同了中国自古就有的这种“混血文化”的概念。

人类的历史本身就是一部混血史。混血本身就是杂交的结果，这是一类人的出生方式，也是他们的存在方式，他们携带着不同的文化印记生活。

就像小时候我们村里那个抽旱烟的山东女人，旱烟袋就是她不同于当地女人的一个标记，也是她不同于他人的第六根指头。她从遥远的山东来到新疆生活，迁徙的经历和异地生活的经验，让她具备了敏感的生活感受力和文化辨别神经，她能发现一个人不同于另一个人最根本的要素，比如语言、种族、血缘等等。她要检查我这个“二转子”的舌头，到底与其他孩子有什么不同，看起来那更像是检验不同动物杂交后，对后代遗传带来的影响，还够不上有意识的人类学和社会学等文化意义上的对比，但她毕竟看到了我混血的出身和最突出的特征，并预测了我未来几十年的生活。她在我的一生中扮演了一个预言家的角色，从那时起，她看到的恐怕不只是我长于他人的舌头，还隐隐地看到了我不为人知的第六根指头，尽管它那时还在蒙昧中，没有从我身上破肉而生。

一种隐蔽的“战争”

女儿初来南方时很敌视我，而且她不避讳这种敌视。最初我对这种看似无缘无故的敌视，百思不得其解。

女儿把她的整个家族和新疆这块地域的生活方式，完全照搬到了我所在的江南的家里，逼迫我不得不把一场新疆与南方持久的“拉锯战”展开在这个家庭里。我的身份在她的眼里被异化，化身成为一个南方人来同化自己的女儿，女儿的抗拒变成了对我所代表的南方地域文化习俗的抗拒，她敌视的，是我身上那种她所不熟悉的文化。

女儿对南方文化的认同，是在与我这个半路上杀出来的南方母亲的对抗中完成的，完成得极其艰难而不情愿。一开始，我将这种敌视单单理解为自己在幼年时期与其父亲离异，抛下她，从而导致了母女感情上的断裂。

敌　视

我不断回想自己初来南方的情形，那个时期，自己是如何独自完成这一被环境改造和同化的过程的。至少我刚到余姚不用立刻直面社会，有躲在亲戚家里带儿子的慢生活的过渡，还有言语方式刻薄的余姚四叔、六妈之类，乐于对我的生活习惯冷嘲热讽地做纠正，我会经常犯一些把炒茄子听成“炒夹子”，把臭冬瓜当成儿子的粪便扔掉等不可原谅的错误。由于环境的威逼，对于南方的待人接物方式和种种物事，我至少是抱以半主动的接受状态，不像女儿，突然被自己带着空降到这样一个环境中，弱小的她感觉到恐惧和威胁，那是对原先的自我逐渐消灭后，被另一个自己取代的恐惧。

女儿有我做经济后盾，另一份全然不同的生活是现成摆在面前的，不需要自己争取，她就越发不明白为何要改变自己去适应环境，于是，我这个母亲在她看来，对她不但不构成一种精神庇护，反而充当了帮助环境狠狠地改造她的帮凶。

我的任何恶劣都是双重的，对于她被同化，我是所有责任不可推卸的承担者，导致她从新疆的她变成余姚的她，其中我扮演了恶毒的威逼者的角色，我凶暴地对付女儿，对她的种种扭曲疼痛和不情愿视而不见，冷眼旁观，完全成了那个环境下严酷的化身，而不是一个宽和的母亲。

女儿看不见我背后推动我改造她的巨大环境力量，她只有通过以对抗我的方式来对抗环境，她对环境的所有不适应，都转化为对母亲这个角色的不适应。她抗拒了整整十年，家庭里的战火持续蔓延了漫长的十年，我成了每天举着手术刀一样冰冷的语言器械，试图在女儿身上下手的铁面人，母亲的形象不再是搭救弱小女儿的救命稻草，而成了修正和斧凿她的工具，她被修改得面目不清，被挤压得透不过气来，她身上的斑驳斧痕，是为母者的杰作，也是我的斑斑劣迹。是成果还是罪过，我已经无法为这个复杂的问题定性。给女儿一份好的生活，成了一句空话，一个骗局。母亲变得不可靠，不再可信。

把女儿生在新疆那样一个环境中，她已经长成了那样一个样子，我又将她从父亲身边掠夺过来，放入另一个完全陌生的地域，语言、生活方式、周围的人完全换了。为了让她快速地变成一个适合南方生活的人，我只看见她不能适应新环境的种种顽疾，像一个外科医生动手前那样，对她身上需要改造的部分圈圈点点，这里那里画上红色的叉叉，宣布这一块删除，那一块消灭，多余的部分一块块剜去，死亡、再造、重新生长，抑或连根切除、阻断。盲目地做着这些的时候，我只想着照搬一种模式，只顾着重新完成一件作品，而从不认为应该过问她的疼痛、焦灼和不适。我以为母者的尊严，逼迫她屈从，她根本无力申诉自己的感受和需要。由于我的冷酷，她也渐渐变得冷漠，这一切都在对对方的忽视和不解中紧张地进行，似乎停不下来，就像我最初来南方对自己的修改也是在不自知中完成的。假如女儿清楚地意识到本来的自己最终将被涂改，是会主动地接受涂改，还是遮住自己，保留那些至关重要的部分，不至于被生存改造得面目全非。或者面对环境的需要主动接受改造，本能地放弃抗拒，以减少内在的消耗和无谓的疼痛。

我不住地数落女儿从另一个地域带来的，另一个家族、另一个民族种种不合时宜的生活习惯和习俗，就像数落自己结痂的伤口，她背对着我，自尊地捂住为了适应环境，改造自己留下的种种疤痕。对她的反驳，我误以为她窥见了我的伤口，恼羞成怒后，我变本加厉地数落她，更加残暴地苛求她改正，并且将自己失败的种种惨痛教训强加到她的未来，以自己的疼痛来攻击女儿。已经改变了我的那些东西，也在她身上留下难以去除的印记，女儿的疼痛牵连和引发了我的疼痛，我身上那些本来隐蔽的伤口，经由女儿的疼痛提醒和影射，变得更加让我难以忍受。我和她就像关在一只笼子里的老鼠，感受到电击般的疼痛后，互相撕咬，疼痛越强烈，攻击也越猛烈。我无情地看着女儿挣扎。我知道她逃不出这个环境。谁也逃不出去了，我绑定了她，似乎我就成了一个胜利者。日子就这样在我们母女的疼痛间尖叫着改变。

每一天的环境和环境中所有的事件，都在催促和加速着女儿的改变，时间举着皮鞭，等候在推门而出和开门进来的她之间，每个场景都化身成我的样子，对着她指手画脚，你应该迈出右脚，不，你应该迈出左脚。她失去了自由行动的权利。就像我纠正她的坐姿、站姿和走姿，我模仿她走路时外八字、罗圈腿、弓背塌腰一副游牧民族骑惯了马的样子，从屋子这头，走到那头，无限度夸张地丑化她，让她站立不安、手足无措、主张尽失。她变成了一个对环境盲从，不敢有自己主意的人，她的主意被收进了一个看不见的口袋，由我来监视她不再打开。

我给这种修改找出各种理由，生存、适应、顺势、气候、地理、季节、风俗、礼节，注意语言方式，节制情绪，内敛情感。我把另一个地域的这些优点，放在她的躯壳里，结果竟然是那么的不协调，她变得动作僵硬，目光呆滞，行动机械，反应迟缓。被改造的结果是，在她没有学会接受一种生存方式之前，失去了旧有的生活方式，像一部安装错了的机器，丧失了正常的运转能力，变得别扭、蹩脚、笨拙，连最基本的待人接物都变得犹疑、迟钝、差错百出，灵活和自信在她这里，变成了奢侈的词语。

我的改造成了打击和摧毁的代名词。她应对的方式是关机，或者干脆死机，闭上嘴巴，关起耳朵，睁眼不见，充耳不闻，她关起门来自我封闭，拒绝来自外部世界的任何压力。突如其来的改变损坏了她本来完整的内部系统，她的自我修复功能尽失，麻木、不愿思考、暴躁、乖戾、孤僻、懒惰、没有是非判断能力，她或许觉得自己的大脑可以做废弃处理，另外的人统治了她的大脑，那个人强大到她无力抗拒。她脑子里装满另一个地域灌输给她的所有规则，这些条条框框规制下的她，惯于看别人行事的方式来行事，以别人判定对错的原则为原则，不再反抗，每天事与愿违地做着各种机械的肌肉运动，或许她对此并不自知。她的大脑充塞了过剩的信息又无法独立处理，反而处于一种看似闲置的奇怪状态，一个沉重的头颅，她每天扛着它，却是多余的。

于是，她的大脑用来做一些违规的事情，来显示自己的独创性。比如偷娱、偷食、偷闲、走神、逃离。她经常漫无目的地在街上游走，目光涣散，神情疲惫，看似在找寻什么她自己也说不出来的东西。或许她想以一种漫游的方式找寻失踪的自己。在我的视线以外，做我看不见的、永远不会知道的事情，那是一个大脑的秘密。她的一部分生命越来越变得使我不可知，也与她自身游离，让我担心和恐惧。我习惯了对一个大脑的控制，而不顾及她的缺血和缺氧的生活，对她的贫血导致的窒息、晕眩，完全归罪于先天的营养不良和意志薄弱。

我夸大她将来婚姻中的家庭暴力问题，将她未来的丈夫妖魔化，制止她产生回新疆的念头，那一块地域在我的嘴里被描绘成一副恐怖的样子。我熟悉她过去生活的那个家庭环境里，处处充满巴掌和拳头的交响，我为她描摹未来图景时，她的眼前展现的应该是一场接一场硝烟弥漫的家庭战争画面。

我和她都不会费力气去分析，那种家庭战争里，是不是充斥着不同文化、不同种族、不同地域人群混杂后产生的碰撞和冲突。那块宽阔的地域里生活着的人们，早已对这种家庭战火习以为常、司空见惯后安然接纳，在碰撞中生活的人，认识和不认识碰撞，并不能改变碰撞这个事实本身。

我的父亲就这样生活了一辈子，母亲的整个家族和异族的邻居，都是父亲一生嘲弄的对象，这并不妨碍他与他们朝夕相处，甘苦与共，甚至亲密无间。他对异族的妻子和邻居，就是在相互嘲弄和贬低中相互了解、相互接受的。被嘲弄的一方也总是抱以忍让和自省，因为他人更容易看清另一个民族的欠缺和不足，挖苦对方并不妨碍他同时吸收另一个民族的优秀之处，嘲弄对方，只是一个民族在与他族的融合中，给自己保留某种自尊的隐秘方式。

感　悟

女儿的难以适应，恐怕还在于她不断变换的“新母亲”和新环境。从小她的保护对象就频繁地更换，她先是被送给姑姑，姑姑有了孩子，她又回到了奶奶家，奶奶去世，她只好转移到父亲和继母那里，继母得了癌症，她才回到了我这里。甚至连她对父亲、母亲、姑姑的称呼，这些基本的东西也牵连着变动，她叫她姑姑为妈妈，叫她爸爸为叔叔，叫过我阿姨，叫了继母八年的妈妈后，我再次变成她妈妈。我希望能带给她一种恒定感，那种快速的变更、转换，容易使她对人生产生怀疑和不信赖。我不再更改她错误的民族身份、不合民族习惯的姓名，不知道她是不是会觉得，自己如今干脆变成了一个错误。

为了忏悔自己对她的改造，我不断地用一些物质的方法补偿她，使本来缺失的她，更加意识到自己的缺失和我对她的亏欠，以致她学会了不动声色地从我的愧疚中获利。她利用我的愧疚，失去我以后导致的母爱缺失，我改造她造成的她自我的缺失，让她变成了一个无法填补的无底洞，令我望而生畏。在家庭里，她成了不断讨要的角色，债务层出不穷，这个还债的角色让我厌弃她和我自己。

她的失去与得到之间导致的精神失衡，导致她不断地从精神上向我讨要和索取，她的需求被我忽略，或者欲望无法满足时，她就用暴怒或者冷漠来宴请我，母女间的血缘、身份的意义被抽离成一个空洞的称呼，或者这个称呼只成为一种交换基本生活保障的符号和条件，她可以以这个符号的名义，向我提取她想要的一切，而且一切是自愿的，不需要对这个为她付出的女人施舍一丝情感。神圣的母亲其实是完全降格为一台活的提款机，由此而生的精神之爱空置和缺席的悲哀，让人产生生不如死的悲凉之感。

我感觉疲累无望，她完全成了一个依附物，毫无独立性，她唯一让独立性显露的方式，就是对我的敌意和抗拒。有声的和无声的，潜在的和显性的，都很坚硬冰冷，让我寒彻心扉。我对她自以为善意的抚养和改造，都加深了母女之间的敌意仇视怨恨和裂隙。她的自尊和我的自省同时在呻吟，改造在持续，纠结就不停息，世界在崩塌，我们的关系被不明的东西扭曲，母女感情沦丧，生命在分崩离析。

母女生命里交融的那一部分，是谁也无法改变的，无论什么形式的修改和涂抹都无法改变，我们本是同一个肢体，这是一个身体的历史，她是由我而生的另一个生命。我们的痛和累，源自于忽视这样一个事实，试图想用冷漠掩盖甚至否认这个事实。彼此的认同这时显得如此重要，甚至性命攸关，我们之间，认同原始的母女关系，进而认同被另一种文化改变的彼此新的面目，是母女相认的另一个开始。这种新的母女关系中，应该蕴含了更加富有深意的东西，包含被另一种文化改造的相同的经历和同病相怜，也许新的认同才是平息内心战火，走向家庭和平的唯一出路。

理　解

我羡慕父亲，我是多么羡慕父亲，出生在喀什这样的地方，就像我的女儿羡慕我会说一口流利的维吾尔语，她希望她的孩子能生长在喀什，学会母语，像每个出生在喀什的孩子一样。

父亲的成长环境、语言环境、饮食习惯，所有的所有，都遵从着本民族的习惯。在另一种文化的浸染中，我深切地体会到，使一个民族保持完整的是它的文化习俗。

我和女儿都不再是一个纯粹的品种，我本属于另一块土地，却被父亲交给了另一种文化去打造，我一生都只能是个半成品，而我又将女儿雕琢成她现在的样子。

我一直都认为人的价值在于后期的雕琢，其实后期雕刻的雕工再高超，也不能叫作浑然天成。在任何一个文化里，我都是一个夹生的，难道这就是我的宿命？

当年父亲把我们家兄弟姐妹六个全部送进汉族学校，我每次逃离汉语课堂，躲进维吾尔、哈萨克伙伴的教室，被父亲一次又一次凶巴巴、恶狠狠地揪出来，扔给汉族老师时，不知道内心是不是也有过我对女儿那样的争斗。

如今穿梭在另一种文化和故乡记忆的交错点上，我和女儿一样恐惧断裂，恐惧变故，我找到了父亲真实的生活历史，我试图从父辈的经历来理解我与女儿之间的纠结，我不希望失而复得的亲情，再次遭受遗失和断裂的疼痛，我希望两个漂泊的灵魂，都可以在彼此中得到停靠和安放。

战　争

丈夫的聪明在于他并不直接反对羊肉手抓饭本身，而是从做手抓饭时的油污连带引起对电热锅的损伤出发，从羊肉容易引起内热出发，抨击这种不合时宜的饭食对这个家庭餐桌长久地侵占。

这个时候，儿子往往站在中立立场，以观光者的姿态欢迎外来物种带来的餐饮文化，他的言行已经开始明确代表开化的南方物种。女儿放下平时对我的对抗，她顽固的新疆胃与我没有被南方饮食同化的胃，结成牢固的同盟。羊肉往往与女儿难得的亲密一道而来，也随着消化一顿手抓饭所需要的时间一道消失，多数时候，我与她仍旧在鱼与虾的隔膜中生存，度过餐桌和餐桌以外的无奈时光。

支边宁夏的大姑子带来她的南北点心小吃，定居香港的妹妹带来中西混杂的变种西餐，侄女对土豆咖喱牛舌情有独钟，家族中每个人在餐桌上亲热的方向都不同，新疆来的侄子暑假里一个人吃掉了三百只鸡蛋，他怀疑除了这种带着壳从鸡屁股里降生的东西以外，出了壳被宰杀的活物都是不清真的。作为女主人，我只有在左右为难中不断煎熬，站在大杂烩的大铁锅面前，把一顿饭做成五种以上的形式，来满足天南海北亲人迥然不同的胃口。

独独最不适应的女儿，是被我要求必须完全适应南方饮食的，她必须留下来在南方生活一辈子。弟妹和他们的孩子只是南方生活的匆匆过客和浮光掠影者，可以随时离开。最小的弟弟从新疆来住了一阵子，对我为他规划的江南媳妇和未来南方生活唯恐避之不及，招架不了江南淡而无味的水产夹着尾巴落荒而逃。我不知该怀疑自己的选择，还是他们的适应能力，在南方生活真的有这么恐怖么？

南方十年，女儿至今抗拒江南的大米，为此她几乎废弃了主食。因为初来南方，在我的诱骗下，她吃下了过多的米，她始终认为，都是河姆渡先民的大米，给她植入了肥胖基因，现在好说歹说她都不愿再进食大米，除非是羊肉做的手抓饭。她恨不得把十年来的米饭，连同我灌输给她的南方文化都吐出身外，好把身子还原给十三岁之前的那个清瘦的新疆女孩。她不认同现在的自己，为了回到自己过去骨瘦如柴的样子，她内分泌失调，这种状况只有重新回到新疆探亲时才有所缓解。

她所认同的那帮亲人，虽然在她的现实生活中形同乌有，但他们代表着那种文化的面目，代表着另一种文化的身份，赢得了她更多的认同，在情感和精神上胜过了她对我的认同。他们的庸常、凡俗甚至困窘的生活，在于她都是亲切的，亲热过灵秀、丰裕、繁华的南方日常，我代表的是这种新疆的原生文化被江南生活改造异化后的形式，已经失去主体性，变得不伦不类。新疆熟悉的气味、口音、原生化的生活，都让她盲目地认定和跟从，她对于那样的生活产生的不是复合型的情感，那是简单原始，不假思索就可以有的情感，没有经过比较、提炼和理性的沉淀，去粗取精这样的精加工过程，是全盘吸收，而非剔除式的，这样的状态的她，对于我的强迫认同，抗拒在所难免。

其实，儿子在生长初期也有这种表现，只是表现比较隐蔽，比如他的“迟开口”一直不被我认为是文化差异造成的，在家庭内部的普通话和余姚方言两种语言的夹缝中，他的后开口完全是一种失语特征。最初他的反抗表现为“秽语症”，以此来实现他对听不懂的方言的抵制，他通过我对他粗暴的制止，来获得丑化地方语言的快感，我想他同时也获得了与强大的地方话的同化力量对抗的快感。他借助地方土语脏话，来耻笑和嘲弄这种对他来说陌生的语言方式，反而在这种抵抗中，不知不觉学会了当地方言，这种语言接受方式，真让我叹为观止。

女儿对于陌生语言方式，采取的则是自闭和不合作的方式对抗，这种沉默很强大，无法制服，她携带着另一个地域顽固的基因，固守她的语言方式。为了证明她的语言天赋，她宁可学英语，也不学半句地方话。

在女儿的关系上，我时时刻刻都在与另一个自我做斗争，一边谴责她的顽固不化，一边因为这种对至亲的谴责而心怀歉疚，加倍地用别的方式补偿她。我一会儿是苛求和改造她的那个残酷的人，一会儿是生养她的母亲，我必须时时刻刻把自己分开来看，这真让我和她都感到难以忍受的分裂和疼痛。但改造和调整却是必须的，在南方生活的每一天，从语言和行为方式、生活习惯到精神状态。

一种看不见硝烟的隐蔽的家庭文化战争无法停息，在餐桌上、床笫间随处都是，包容、改造，谁对谁错，抵抗、放弃，谁是谁非，亲情庇护下的争论永远没有输赢。固守的看似还在固守，其实已经在对抗中不知不觉地学习、融合，从而逐渐接受了另一种文化和生活方式。

图书在版编目（CIP）数据

模仿者的生活 / 帕蒂古丽 著. -- 北京 : 作家出版社，2018. 8（2023.2重印）

（中国多民族文学丛书）

ISBN 978-7-5212-0206-9

Ⅰ. ①模… Ⅱ. ①帕… Ⅲ. ①散文集 - 中国 - 当代 Ⅳ. ①I267

中国版本图书馆CIP数据核字（2018）第198188号

模仿者的生活

作　　者： 帕蒂古丽

责任编辑： 李亚梓

特约编辑： 谭　杰

装帧设计： 孙惟静

出版发行： 作家出版社有限公司

社　　址： 北京农展馆南里10号　　**邮　　编：** 100125

电话传真： 86-10-65067186（发行中心及邮购部）

86-10-65004079（总编室）

E-mail:zuojia@zuojia.net.cn

http://www.haozuojia.com（作家在线）

印　　刷： 固安兰星球彩色印刷有限公司

成品尺寸： 170 × 240

字　　数： 350千

印　　张： 23.75

版　　次： 2019年1月第1版

印　　次： 2023年2月第2次印刷

ISBN 978-7-5212-0206-9

定　　价： 68.00元
